人間台灣政治經濟叢刊 ①

人間出版社

日本帝國主義下的台灣

著者 涂照彥

漢譯 李明峻 校訂 于閨閑

出版贅言

◉編輯部

生活在一定社會發展階段中的社會科學工作者的責任之一，應該是透過正確掌握該社會所以構成和發展的一般原理、以及爲該社會獨特的歷史和外在（國際）環境所規定的條件，從而解明該社會全體的性質和形態。社會科學家的這樣一種對自己所處的社會之自我認識或者再認識的營爲——即經由對當面階段社會生產力發展的獨特性質或水平的把握，去探討當面社會相應的生產關係的獨特性質，從而自一定生產關係中的下層建築與上層建築的性質、內容、特質和相互關係，科學地、全面地理解我們自己社會之整體的性質、形態和發展階段，並且明確地把握我們社會在一定歷史發展階段中所存在的各種矛盾的核心和性質，從而進一步找到克服和揚棄這些矛盾，使我們的社會取得進一步發展的理論和實踐的方向與力量。

因此，現代各國家和民族的社會科學家以及革命．變革運動的理論家，都曾在一段比較長的時間內，以比較廣泛的共同討論和爭論的方式，進行過、或者正在進行著圍繞著上述諸問題之自我認識的理論與學術探索。一九三〇年代在中國北伐革命受挫後發生的「中國社會史論戰」；分別在二〇年代末和六〇年代初先後兩次、日本學界與社會運動界進行過「日本資本主義（性質）論爭」；一九八〇年五月光州慘案後不久，從韓國民主化鬥爭運動圈展開，而向韓國社會科學界擴大，至今爭論的深度、廣度不斷深化、理論收穫豐碩的「韓國社會構造體論爭」

，都是著名的例子。

但是，在一九五〇年以降受到美國反共．保守系社會科學高度支配的台灣社會科學界，一般地只能對戰後台灣資本主義做平面的、零細的和局部的考察和分析，而長期缺少對於台灣社會性質之結構性的、整體的、全面的研究；缺少把台灣戰後社會從其物質的、經濟的構成與相應的政治、文化、思維的構成所結合的整體，去究明其性質，探索其構造矛盾的本質與內容，更從而把握揚棄這矛盾，使社會和生活向前發展的歷史運動與趨勢——這樣一個視野。

八〇年代以後，台灣的歷史和社會，一時頗成爲讀書界關心的焦點。而坊間關於台灣史、台灣社會、台灣文化的出版物，受到探索思想出路的讀者所關注。然而，一般而言，這些出版物大凡都停留在感情論和道德論的水平，對台灣戰後資本主義的發生；發展；性質；特點；物質與人（即階級）的矛盾；變革運動的歷史規定；變革的主體力量；同盟者以及被變革的對象之物質（社會）與人（階級）的屬性……都不曾做出科學的、理性的分析。這是一九二〇年代末以迄三〇年代初台共兩個綱領中關於台灣社會性質規定理論、和四〇年代初蘆州人李友邦對日本殖民地台灣社會性質分析論的提起以後，台灣社會科學界長期重大退嬰和空白。

所幸，由於個別優秀的省籍社會科學家的自覺，在一九七〇年代中期和八〇年代初，在比較不受反共法西斯主義對學術研究橫加干涉的海外，不約而同地完成了殖民地時代和戰後時期台灣資本主義的研究。在方法上，有馬克思主義經濟學、政治經濟學、實證調查，也有依附理論。劉進慶、凃照彥、陳玉璽三位博士的相關著作，遂成爲《人間台灣政治經濟叢刊》系列最

初、最基本的形成要素。後來，編輯部又以段承璞（厦門大學台研所）、谷浦孝雄（日本・亞州經濟研究所）的相關著作豐富了這個系列。最近，我們又取得了日本東京大學出版會出版，隅谷三喜男、劉進慶、涂照彥共著的《台灣之經濟》一書的版權。這些研究，在方法上雖然不盡從政治經濟學的角度著手，卻都有整體的、結構性的、深刻實證的展開，對於台灣社會之科學的自我認識，有重要貢獻，也使這個叢刊更爲豐盛。

我們深切希望，《人間台灣政治經濟叢刊》系列的公刊，有助於台灣社會和歷史研究早日離開道德論和感情論的幼稚期，從而進入對台灣社會與歷史展開科學的自我認識的時代，並且經由對台灣戰後資本主義的深刻、百家爭鳴的探索與爭論的過程，對戰後白色的台灣社會科學歷史，做好結算和批判的工作，以利迎接台灣社會科學界的一個劃期性的時代。

人間出版社編輯部

目錄

序言

漢譯版序言

序章　研究課題與分析觀點——一

一　前言……一

二　再斟酌・再研究……二

1.　矢內原忠雄著書『帝國主義下的台灣』

2.　川野重任著書『台灣米穀經濟論』

3.　張漢裕與馬若孟的論文

4.　結語

三　對問題的認識及分析角度……一一

第一章　台灣經濟的歷史特徵及商品經濟——一七

第一節　前期性商品經濟的發達……十七
一　地主土地所有形態的產生……十七
二　商業性農業的發達……二十
三　對日本殖民地經營的限制……二五
第二節　資本主義生長的「基礎工程」……三三
一　運用警察制度和保甲制度……三三
二　推行土地調查工作……三六
三　完善貨幣・金融制度……四一
四　日本帝國主義統治的確立……四六

第二章　台灣經濟的殖民地化過程——五五

第一節　現代製糖業的勃興……五五
一　移植現代製糖業的契機……五六
二　糖業保護政策的展開……五八
三　現代製糖業的發達……六三
第二節　蓬萊米的登台及普及……六九
一　蓬萊米與日本農業問題……六九
二　稻米增殖事業的展開……七五

三　蓬萊米的普及與發達……八二
第三節　「糖・米相剋」關係的展開……八九
一　種甘蔗與稻穀面積的增減……八九
二　「糖・米相剋」的內容……九七
三　製糖會社彌補政策的展開……一〇四
四　國家强權的介入措施……一〇八
第四節　軍需「工業化」的起步……一二一
一　再重新改組的新動向……一二一
二　農業生產結構的調整及其意義……一二五
三　資金的籌措……一三〇
四　勞動力的動員……一三八
五　「工業化」的進展……一四三

第三章　台灣農業的畸形整編——一五五

第一節　對外經濟關係的扭曲……一五五
第二節　現代製糖業對台灣的滲透……一六五
一　砂糖工業部門的資本主義化……一六五
二　土地統治關係的發展……一六七

第三節 稻米商品經濟的發達……一八二
一 生產過程中的種稻結構……一八二
1. 稻農的規模及其階層結構 一八二
2. 本地地主與佃農關係的演變 一八六
3. 米穀集聚結構 一九一
二 流通過程的跛足形發展……一九五
1. 「土礱間」的形成與發達 一九五
2. 交易過程的雙重結構 二〇一
第四節 農業經濟日益窘迫……二一五
一 農業經營結構的梗概……二一五
二 稻農的經濟情況……二二〇
1. 對其經營結構的分析 二二〇
2. 對農家所得的分析 二二九
3. 對農家生活水平的分析 二三二
三 蔗農的經濟情況…… 二三四
1. 對其經營結構的分析 二三四
2. 對農家所得的分析 二四一
3. 對農家生活水平的分析 二四五

第五節　農民階層分化的趨勢……二五一
一　農民階層分化的動向……二五一
二　農民階層分化的主要原因——結構探討……二五五
三　一種解釋……二六二
第四章　日本資本的統治及擴張——二六九
第一節　台灣銀行的作用……二七〇
一　糖業金融機構的確立……二七〇
二　糖業金融的發展……二七三
第二節　糖業壟斷資本的形成……二八〇
一　日本國內資本的擴張……二八〇
二　第一次合併運動的展開……二八四
1. 歐美資本的敗退　二八四
2. 本地資本的從屬化　二八六
3. 日本資本合併運動的發展　二九一
第三節　糖業資本的膨脹與重新組合……二九九
一　糖業資本的膨脹——「黃金時代」的到來……二九九
二　第二次合併運動的展開……三〇七

三　砂糖金融機構的破產……三一二
第四節　日本資本投資領域的多面化……三二三
一　糖業資本的多面化投資……三二三
1.　投資事業的多面化　三二三
2.　第三次合併運動的展開　三三一
二　日本財閥資本的新擴張……三三五
三　國策會社——台灣拓殖會社的登台……三四四
四　台灣當地日系資本的抬頭……三四三
五　日本資本統治的全盛時期……三五三
第五章　台灣本地資本的對應與變化——三六七
第一節　台灣本地資本的生存形態及特徵……三六八
一　本地資本勢力的形成和生存形態……三六八
1.　共同體式的莊堡（村落）組織　三六八
2.　郊商組織的發達　三七〇
3.　台灣本地資本的存在形態　三七三
二　强制開港以後……三七四
1.　茶的出口過程　三七五

2. 砂糖的出口交易　三七七
第二節　本地資本的「整頓」和從屬化……三八八
一　「整頓」的內容……三八八
1. 地主階級的「整頓」　三八八
2. 對商人階級的限制　三九〇
3. 本地新興勢力的萌芽　三九三
二　從屬化的實際情況……三九五
三　五大族系資本的動向……三九八
第三節　本地族系資本的分化和變貌……四〇八
一　投資活動日見旺盛……四〇八
1. 第二次世界大戰帶來的繁榮　四〇八
2. 族系資本的投資活動　四一六
3. 族系資本發展的界限　四二三
二　民族運動出現分化……四二六
1. 殖民地民族運動的展開　四二七
2. 與殖民地社會經濟的關連　四二九
3. 族系資本的動向　四三〇
三　族系資本勢力的衰退……四三三

1. 積累來源的枯竭　四三三
2. 一九三〇年代以後的投資活動　四三五
3. 族系資本勢力的衰落　四四六
第四節　地主制的殘存與地主勢力的衰退……四六四
一　土地所有分布的變化……四六四
1. 一九二一年到一九三二年間的變化　四六四
2. 一九三二年到一九三九年間的變化　四七〇
3. 日本殖民地統治的結果　四七二
二　日本勸業銀行向農村擴張……四七五
1. 勸業銀行的性質及其政府的保護措施　四七五
2. 對台灣貸款的內容　四七七
三　農村高利貸地主勢力的衰落……四八一
第五節　農村高利貸的金融活動……四九二
一　台灣農村金融高利貸活動之類型……四九二
1. 三種類型　四九二
2. 第一種類型：外銷商品作物中的高利貸金融活動　四九四
(1) 茶葉金融　四九四
(2) 糖業金融　四九八

(3) 稻作金融 五〇一
3. 第二種類型：舊的商業組織之高利貸金融活動 五〇五
4. 第三種類型：傳統庄堡社會中的農村高利貸金融活動 五〇六
二 農村信用組合與高利貸金融活動……五〇九
1. 農村信用組合的發展 五〇九
2. 農村信用組合的金融活動 五一三
3. 農村高利貸地主勢力的對策 五一七
4. 農家貨款經濟的窘迫 五二一
終章 總結與展望——五三五
一 對關鍵問題點的再確認……五三五
二 台灣殖民經濟的特徵……五三六
三 對戰後經濟的展望……五三九

序言

在經濟學領域的殖民地問題研究，恰如亞當・史密斯在「國富論」中已經提及的，早在自由主義階段初期即已著手進行。而在進入帝國主義階段，研究此問題遂成為具有世界史性的共通課題而意義重大。儘管如此，關於殖民地問題的研究卻一直未能取得像經濟學其他領域的研究那種豐碩的成果。其原因何在？試想加以探討。

第一，迄今的經濟學均以資本主義，尤其以中心國家（或是工業先進國家）為主要研究對象，因而對殖民地問題的研究則採取「接近方式」，即做為與工業先進國家有關聯的外延性存在而加以研究。在那種場合，對殖民地問題的認識只不過是表示統治國對外擴張及統治的重要指標之一而已。因此，對帝國主義統治體制的批判性分析，即成為分析殖民地問題的基本態度。其結果，只能是將研究重點置於講解統治國家方面的所謂「外壓面」，而對殖民地經濟本身的分析反而會被疏漏。

第二，多半與經濟學中殖民地問題本身的世界史性質有關。亦即殖民地問題的各個方面，一向都被視為研究帝國主義階段的世界史的共通課題。因此，在針對殖民地問題進行全面、深入的研究時，一直是將研究的焦點置於統治國（帝國主義國家）與被統治國（殖民地）之間的垂直統治與被統治的關係，可以說這是一種片面的分析，是找不到令人滿意的答案的。儘管如此，對諸帝國主義國家各自在世界史上的地位，各殖民地在其所隸屬的統治國資本主義史上的地位，以及決定上述兩者在世界史和國際諸條件進行分析，則具有重要的意義。例如，拙論即必須對日本帝國主義在世界史上的地位，台灣經濟在日本資本主義中的地位，以及該二者的歷史特殊性做出總結。為此，對同被日本統治的朝鮮自不待言，也需要對美國統治下的菲律賓；英國統治下的印度、緬甸、馬來西亞；法國統治下

的越南以及荷蘭統治下的印尼等，與世界史共存的亞洲（甚至全世界）的各殖民地及諸統治國在世界史上所具有的特殊性加以分析。這顯然與在分析「國際經濟論」上開拓新領域相關聯。然而以解釋資本主義在世界史上發展的必然性爲目的的經濟學以及國際經濟論，目前還不能說已具有足以應付這一需要的充分的研究累積。

儘管如此，對殖民地問題進行歷史分析，無疑是解析現代帝國主義所不可或缺的重要的關鍵問題。尤其是對於生長在殖民地而矢志從事社會科學研究的人來說，親自客觀地體驗和審視自國充滿苦悶的歷史，並使其對其未來抱有期望，乃是不容迴避的課題。尤其對台灣進行研究時，由於各種問題已超出一國範圍，而又可能與今日的國際關係發生重要的聯動關係，因而此課題所具有的意義十分重大。然而研究此問題決非僅限於台灣出身者，這也是才疏學淺的我敢於編寫本論文的背景之一。

但是，對我個人來說，開始從事台灣殖民地經濟問題的研究，是在留學日本後期的幾年，約在結束研究生院博士課程之後。起初，我對國際經濟持有籠統的興趣，隨著時間的流逝，不知不覺地迷上了這個課題，爲此而於一九六一年的夏天負笈東瀛。此後，痛感需對屬於社會科學的經濟學加以理解，從打基礎開始於斯，在攻讀研究院課程期間，幾乎將時間都用在對經濟學的咀嚼與消化上。

「東大紛爭」（一九六八年至一九六九年）使我受到不少影響。一向怠惰的我，也感到已經到了必須進行正式研究的時期。原試想以低開發國一般性的個案研究來分析戰後的台灣經濟，但由於追溯到戰前殖民地經濟的原點，反而給自己埋下了日後不得不深入探討這一問題的伏筆。此時賜教予我的導師是川田侃先生。在我爲問題的探索而大爲徬徨之際，他提示了做爲本書根本的立論方向。它與踵繼東大經濟學系國際經濟論這一系譜的新渡戸稻造和矢內原忠雄二位大師的學派有一定緣結。事實上，我的研究主題不僅與二位大師對台灣殖民地的經營和研究有關，就連我所開拓的新課題，也是承襲二位大師的研究成果而得以成立的。

這一研究課題對於當時尚在起步的我來說，確實是一個相當沉重的包袱。我將自己的研究課題設定為「日本帝國主義下的台灣」，決定就日本資本主義的統治及經營的變化條件，以及隨之而來的台灣殖民地社會的經濟結構及其變化加以全面敍述。而日本資本侵入台灣以及由此引起的台灣本地資本的變化，則是本書所要研究的主軸之一。而對與此相關聯的問題的認識、分析的角度及內容的構成等，則由於在序章中已做詳述，擬在此加以省略不贅。

拙論的主要結構早已設定，但在進行研究的過程中，仍然遇到許多困難，時而也有很深的感觸。各種調查報告、統計資料以及各種論文，均係統治國日本專為適合於其推行殖民地統治及經營為目的而寫的。然而有關我們自己台灣社會的資料，即使包括個人傳記在內，也是非常貧乏的，也可以說是空白。台灣本地文化累積之缺乏，正說明本地社會及民衆長期受殖民統治造成的結果，是最嚴重的問題之一，而今仍然暴露出台灣自身文化的荒蕪這種悲慘的事實。

由於上述原因，如拙論中出現資料調查不足，或因粗淺的推論而造成錯誤，或在結構上出現論述不貼切等瑕疵，成了一本厚而成果微薄的書籍，這完全是由於個人能力有限，惶恐之至。尚祈諸位讀者不吝指教。

拙論之所以能夠勉强完成而得以付梓，功在受惠於良好的研究條件，以及多位良師、前輩和朋友們的幫助。其中，楊井克已和川田侃兩位老師，自碩士課程到博士課程，一直給予我寶貴的訓諭。尤其令人難以忘懷的是，川田老師甚至在日文的文章寫作方面，也給予我細密的教導。在此期間，我還獲得聆聽應用經濟學課程各位老師的講授及實習的機會。其中，受隅谷三喜男和大內力兩位老師的薰陶尤深。還有幫我審閱初稿的渡邊尚氏（現任京都大學副教授），以及在出版之際佐伯尚美老師從結構問題到細節的敍述方面不惜餘力地給予我懇切的建議，令我感到非常幸運。此外，我還要衷心地感謝讓我充分利用圖書的東大經濟學部圖書館，以及在資料方面給予我多方援助的亞洲經濟研究所、財團法人糖業協會和其他諸機構，以及朋友、前輩的大力鼎助。

在出版之際，承蒙川田侃老師的推薦及東京大學出版社的支持，接受了學術書籍出版基金的特別撥款資助而得以出版，非常感謝。還有，該出版會的石井和夫惠予筆者多方照顧，以及煩勞渡邊勳氏的校正與裝訂，在此一併致謝。對於以上諸君的大力協助，著者實感銘五內，在此謹獻上最深厚的謝意。另外，從內心感謝自研究院從事此項研究以來，一直辛勞助我的妻子——秀美。

涂照彥

一九七五年四月

寫於長崎縣立國際經濟大學研究室（佐世保·相浦）

凡例

一、文中的年月日除引用文句之外，一律使用西曆，引用文句中的年月日，加括弧註入西曆。

二、地名均沿用以前所用名稱，但在第一次使用時，則加括弧註明現在使用的名稱。

三、參考文獻中的出版日期及發行地點（不包括日本國內），僅在第一次出現時附上。若文獻出版日期不詳，則採用序文中所寫年份，或推測的日期（加問號）。

四、索引、文獻解題、附表等均予以省略。

漢譯版序言

一本社會科學方面的學術研究著作的寫作，究其背景，有其遠因，也有近事。「走過從前，回到未來」，不覺也東渡三十年了。

一九六一年六月，初初踏上東瀛之土，開始了海外求學的道程。十年寒窗，寫成了一篇博士論文，集其大成，由東京大學出版會出版（一九七五年），就是這本『日本帝國主義下的台灣』的日文原書。因此，這本書對我而言，是留日求學的最初的成果。因此，本書的著者有義務向讀者闡明寫這本書的來歷遠因，以增進了解這本書的思路和定位。

追根究源，這本書是衍發自矢內原忠雄所著『帝國主義下的台灣』。而矢內原教授是繼承他的恩師新渡戶稻造博士所講授「殖民政策」講座（一九二三—三八年）。更進一步說，新渡戶博士是日本最先在大學講授「殖民政策」（京都帝國大學，一九〇六—〇九年；東京帝國大學，一九一〇—二〇年）的開拓者，開日本「殖民政策」學問研究的風氣之先。而「殖民政策」這一講座，在戰後改稱「國際經濟」課程。也就是說，新渡戶稻造和矢內原忠雄兩位教授，在日本的大學講座之中，堪稱爲「國際經濟」（「殖民政策」）講座的開山鼻祖，一世龍門。

值得一提的是，他們在這師生承鉢、脉絡一貫之中，奠定了以人道主義爲依歸的國際和平思潮，更據以薪火相傳，教育後代。在當時，以武力征服殖民地被認爲理所當然。而當時的殖民政策學，也偏向於殖民地統制術之類。

但新渡戶博士對斯時這種學風，深以爲絕不可助長，並進一步加以痛斥，從人道主義和尊重人格的觀點，力倡保障殖民地人民的利益，並以此爲他的殖民政策學的基本理念，諄諄教誨於後代，孜孜不倦，在當時廣泛的學術界中，獨樹鮮明的一幟。

及至到了矢內原先生的時代（一九二三—三八年），日本資本主義從搖籃和成長的時期，進入成熟與膨脹的階段。日本開始對外侵略、壓迫鄰國民族，軍國主義日趨猖獗，露出了帝國主義獰惡面目。面對這全新的、緊要的關頭，矢內原教授挺身而出，向日本帝國主義發出嚴正的糾彈和正義的撻伐。一九三七年九月，以『國家的理念』爲題，著文發表於當時的『中央公論』雜誌（月刊），暮鼓晨鐘，警惕社會。但此舉却使他橫被誣構，成爲所謂「矢內原筆禍事件」的契機。矢內原教授被逼迫於翌年（一九三八年）辭離教壇。在當時，即使左翼、進步開明人士和學界，大都噤若寒蟬，而曲學阿世之徒，更不可勝計。有鑒於當時此一情景，戰後日本有一位歷史學家，對矢內原教授這種智勇的行爲，做出這樣的評價：「足爲後世之垂範」，至今傳爲佳話。

總之，我這本書，就是秉承在新渡戶、矢內原兩位教授所開創的學風——即基於人道主義的國際和平思想——所開花結實的。這一點，是應該做一個清楚交代的。

其次，應該也談一談上述這一門講座在戰後承前啟後的情況。因爲我這本書便是直接受到戰後這一門講座教授的指導與薰陶的產物。

如前所述，這一門「殖民政策學」講座，在戰後改制爲「國際經濟論」的課程，由楊井克已教授在一九四九迄一九六四年間；以及川田侃教授在一九六四年到一九七三年間，前後承擔講授。楊井教授的學問和研究，以「原論・階段・現狀分析」所貫通而成的方法論體系（一般稱之爲「宇野學派」）爲依據，重視國際經濟（世界市場）整體的全架構，獨創史觀；而川田侃教授則從和平問題研究著手，把經濟學引進國際關係中，從而開創了一個新的

境地。這兩位教授同是矢內原教授門牆的桃李，同門連枝，但方法論却迥然不同。著者先歸於楊井教授，却以教授年居退休而後轉承於川田教授。由於前後二師的承傳迥異，這本書便同時注入來自兩位教授不同的血液，渾成一體。不過，經濟學之學問的目標是不變的：即追求真理，探索資本主義發達過程的歷史法則，並爲人類的解放、尊重基本人權，建立民主與平等的和平社會而努力。本書所探索的最終目標，亦不外乎此。

這本書的寫作背景與遠因可暫盡於此。其次，則略談若干近事，以結束這篇漢譯本序言。本書在台灣漢譯出版，是突然而且也是偶然之事。記得是一年多以前的春天，素未相識的陳映真先生（人間出版社發行人）突然來信做了自我介紹，表示有意翻譯拙書在台灣出版。當時，我是考慮如下兩個因素而回信表示同意的：一爲陳先生肯冒虧損之險出版學術性專著的熱忱所動；二、我樂於看到台灣社會漸臻於開放，出版日趨於自由。我也能藉拙書在台出版情況，探看台灣的書刊市場對學術性研究專書的容納程度，心中期待學術性研究能在台灣社會生根，台灣市場足以回饋孜孜不倦的學問研究工作者。這對於立志從事學問研究的年輕人，應有相當的鼓舞。陳先生對這一點有正確的共識，值得在此一提。

任何一本學術性研究專著，多多少少都會有它的瑕疵，這是在所不免的。這本書自然也不例外。這本拙書之在台漢譯出版，對台灣學術界能做出多少貢獻，就完全有賴於賢明的讀者的評斷與指正了。對著者而言，只要本書能有抛磚以引玉的效果，就是望外之喜了。

本漢譯版第五章第五節『農村高利貸的金融活動』，是在日文原本中並未收入，而今於漢譯本特意加上去的。這在原博士論文本中所固有的一節，在日本出版時，因篇幅成本的關係，不得不割愛從缺。在此次漢譯本中，承陳映真先生的好意，得以恢復本來面目，全文譯出。

末了，我要藉這個機會再三向陳映真先生的好意與熱忱致最誠懇的謝意，同時對負責翻譯和審校的先生的辛勞

表示由衷的慰問與感謝。將來賢明的讀者若能對本書不吝匡正與鞭韃，尤所歡迎，並引以爲榮幸。

涂照彥

一九九一年九月，十五號颱風後雨過天青之日，於日本名古屋大學經濟學部研究室（千種校園）

序章　研究課題與分析觀點

一、前言

台灣經一八九五年中日甲午戰爭而由清廷割讓給日本之後，直至一九四五年第二次世界大戰結束的五十年間，被置於日本殖民統治之下。在此期間，台灣經濟受日本帝國主義的統治及經營，不容分辯地走上了殖民地化的過程。另一方面，日本資本主義亦以佔領及經營台灣這塊殖民地爲契機，愈益穩固了其發展帝國主義的基礎。拙著的研究課題即係以這一時期的台灣經濟爲對象，以確鑿的證據，就台灣殖民地化的全部過程，試做分析。在進入這一課題之前，擬首先對有關研究這一範疇的歷史性累積重新加以斟酌，並對其中存在的問題重加探討，然後闡明拙著對上述問題的意識及分析角度。

然而，令人遺憾的是，歷來對於台灣殖民地經濟的研究積累，不僅過於貧乏，而且留下許多空白。正如前文所陳，殖民地台灣對於日本資本主義的發達以及日本帝國主義的發展而言，已形成不可或缺的重要基礎，但是，向來的日本學術界多對這一類問題迄未予充分研究，使歷來有關台灣殖民地經濟方面的學術積累，依然未超出四十多年前矢內原忠雄所著「帝國主義下的台灣」（岩波書店，一九二九年出版）①的研究範疇。而且從研究中國的觀點看，對台灣的研究，仍是研究中國中的一個盲點，至今仍停留在未開發的領域之中。另一方面，在戰後的台灣，每當討論台灣在日本統治時期的問題時，一般只重視當時的政治和權力方面，雖也責難日本帝國主義對台灣的統治或剝削，但也很容易在評論日本殖民地經營的「現代化」或「成果」時，反而形成片面性的高度評價②。如斯，有關

台灣殖民地經濟的學術累積，只能仍以戰前矢內原忠雄的研究水平爲出發點進行研究。③

二、再斟酌、再研討

1. 矢內原忠雄著書「帝國主義下的台灣」

此書有關台灣經濟分析的理論方面成就，可整理成以下三點。

第一：矢內原忠雄將台灣經濟定位於日本帝國主義的統治之下，並明確了佔領殖民地台灣的日本資本主義的歷史性質。矢內原忠雄對此歷史性質所做定論如下：

「在當時（一八九五年），我國的資本發展階段，尚不存在必須佔領台灣的內在必然因素，只是在歐美帝國主義列强競相奪取他國領土的競爭漩渦中，我國對台灣進行了佔領。因而我國之取得台灣的行動也具有其帝國主義的意義。……由此，我國在尚未具備帝國主義的實質時既已採取了帝國主義的形態與意識形態。因而當時的日本雖尚未發達到壟斷資本主義階段，也不能將其造成取得台灣等結果的甲午戰爭視爲單純的國民戰爭，但它已具有早熟的帝國主義前期借助政治及軍事行動而展開到帝國主義時代這樣一種性質。亦即，它雖非一個真正的帝國主義，但已在實踐帝國主義的勾當。」（見原書，一二一一三頁。）

在這段文字中，矢內原忠雄使用「帝國主義」這個名詞達八次之多。對讀者來說，未免會覺得嘮嘮叨叨，但矢內原忠雄所要表達的，主要是關於日本之佔領台灣，絕對不可忽略日本資本主義的後進性及其早熟性，而日本資本主義的殖民地統治歷史的特殊性亦正在乎此。

當然，矢內原所規定的日本資本主義性質，在其自身的研究深化過程中曾有多大的發揮，是一個值得探討的問題。在此暫不做研究，擬首先指出此書的第二個成就。

此即矢內原將台灣資本主義化過程中，日本所進行的國家權力的活動及其性質，與日本資本稱霸台灣連繫起來，做了符合實際情況的冷靜而透徹的考察。在這一點上，矢內原首先將日本對台灣土地林野制度以及度量衡與貨幣制度的整頓，視爲日本資本主義征服台灣所必要的「基礎工程」（二三頁），並强調，與此相關，政府所採取的政策及所施行的工程，均係爲此而做準備。從而論證日本的國家權力實爲「原始資本積累的助產士」（同書三二頁）。而且這個國家權力日後爲日本資本「驅逐外國資本」（同書四三頁）以至「動員台灣人提供資金」（同書六〇頁）不僅扮演了極其重要的角色，並且在日本資本自身「形成壟斷」方面（六四頁），也根據「資本只有在與權力結合之時才能真正地變成壟斷性資本」這一原理（同書七三頁）直接或間接地援助了日本壟斷資本。對此，矢內原以很大篇幅做了清晰而深入的研究④。而且爲使日本帝國主義殖民政策的活動形態更加明確，其論述並未侷限於經濟方面，也延伸到教育、政治、法制等各方面，進而論及隨著帝國主義的發展必然引發的民族運動。矢內原先生對於台灣殖民地經濟所做的論證，可說基本上是正確的。衆所周知，這些論證，事實上已成爲日後研究台灣殖民地經濟問題的基本觀點⑤。

矢內原著書的第三個成就是，系統地掌握了台灣的殖民地經濟的發展過程。矢內原先生在此運用了「資本主義化」這個概念，將台灣經濟各個領域資本主義性質的發展對照資本主義發展史的一般規律而加以說明。做爲此書核心部分的第二章「台灣的資本主義化」的安排即是明顯的例證。而這個「資本主義化」概念，已成爲日後台灣經濟研究者共通的分析方法。單就這一點，也不能不說矢內原先生的成就確實是相當大的。

正如以上所做簡略的列舉，此書取得了引人注目的成就，也是使此書做爲一先驅性精心傑作至今依然保有其學術性生命的原因。但從另一方面看，與今日的研究水準相比較，即使是這種水平的研究著作，也不免有它一定的局限性。茲試論如下：

直截了當地說，此書在方法論方面的局限性，集中表現在貫穿全書而又成爲基本分析觀點的對「資本主義化」這一概念的了解上。矢內原未對「資本主義化」這一用語做出明確的定義，就用它來分析像台灣這樣的殖民地社會，又彷彿把它當成了萬能丹應用在各個方面。現在，如果對此稍做詳細研究，從書中使用此一用語的方法看，所謂的「資本主義化」，似乎可闡釋成以下兩個概念。

一個是指以台灣爲舞台的資本家企業，尤其是指日本資本家企業的發展。例如，「日本資本的活動促使台灣急激地資本主義化，而且使它發展到高度的資本形態」（該書五六頁）。又如，「台灣各行各業的資本家企業化的歷史，不外乎就是台灣資本主義化的歷史」（該書五四～五五頁）；再如，「以台灣資本主義化的基礎事業爲根底……，資本家的企業，特別是日本資本家的企業始得以發展」（該書四三頁）等等即爲其表現。另一個是，把「資本主義化」做爲表示殖民地這種後進社會的社會經濟歷史發展過程中一個階段的體制概念加以使用。例如，矢內原對於台灣壟斷（企業）的形成，使用「資本主義化」這一用語做了如下表現：「正如前資本主義殖民地的資本主義化是資本主義政府的殖民政策同樣，資本主義化了的殖民地的壟斷化，也必然是壟斷資本主義政府的殖民地政策。因而殖民地的經濟就會從前資本主義階段急速地向壟斷（資本主義）階段飛躍。」（該書七九頁）。如果按照此段語言的意思理解，就意味著：由於「像台灣這種前資本主義殖民地資本家企業的急速勃興」（該書五四頁），始能「使被日本佔領三十年後的今日台灣，全面資本主義社會化」。（該書五五頁）

總之，矢內原所說的「資本主義化」，似乎是指資本家企業發展的結果，即是殖民地社會經濟的組織和結構等整體急速地資本主義化。由於矢內原以這種方式運用「資本主義化」的概念，而又將它貫穿於該書的基本分析觀點，因而該書的分析對象只能侷限於糖業所代表的日本資本家企業的發展，而且又將由此篩選出來的資本家企業的發展說成是台灣的資本主義化。尤有進者，將資本家企業壟斷的形成，視同壟斷資本主義階段，從而做爲台灣的資

本主義社會化的論證。其結果，不僅是種蔗，甚至稻穀生產也被認爲可以成爲資本家大企業（該書六一頁）。從而，認爲台灣的資本主義化可使台灣農民農業工人化。而對於極關重要的地主階級，則在該書的「階級關係」項目中被降爲「中產階級」（該書一二九頁）。

前述對「資本主義化」的理解，出自矢內原對殖民地經濟史的片面認識⑦。之後台灣經濟發展的歷史事實，就真實地說明了這種理解從根本上是謬誤的。也就是說，台灣的本地地主階級，雖也受到日本殖民地統治與經營而日益衰落，但是他們仍然依靠土地所有制而得以殘存，而本地農民，除極少數外，大部份仍在繼續從事傳統的小片土地耕種才得以保存下來⑧。糖業的資本主義經營，從甘蔗的耕種面積看，僅夠糖業公司所需原料的兩成左右而已⑨。日本資本家企業在台灣的發展及其對台的資本制度浸透，並沒有達到能全面變革台灣傳統社會經濟的程度，因此，以矢內原的資本主義化概念，不可能充分了解台灣殖民地經濟的全貌，這是不足爲奇的。

追溯過去，台灣的本地經濟，早在被日本殖民統治之前，即已是對岸大陸的漢族移民社會，日後又由於被迫開港通商，商品經濟已經相當發達，而土地私有制亦採取各種複雜型態廣泛形成（見第一章第一節）。以這種本地經濟史上的特點爲基礎，日本帝國主義的統治及殖民地經營，由於其後進性及早熟性而不得不將台灣的本地地主制保存下來。更恰當地說，是積極地加以利用。在殖民者本身看來，與其大膽地廢除地主制以促進農業的資本家經營，倒不如對本地的地主制巧加利用，通過徵收苛刻的地租即佃耕關係，剝削農民，這對日本資本主義者本身而言，將更加能獲取利益。

鑒於這種原因，日本在台灣推行殖民統治體制，決不會去破壞本地的地主制，而且也不得不對當地資本的買辦活動，採取部份容許的形式。從而，日本帝國主義即在此種歷史條件下，積極地竭力保護與培育以日本資本家爲中心的資本主義企業（見第二章第一節），通過這種對台灣經濟的宰制，確保了自台灣這塊殖民地所掠取的經濟利

益。而台灣殖民經濟的基本特徵，就在於日本的壟斷資本（即資本家企業）和本地資本（即地主制）的並存。由此可見，矢內原所說的資本主義化，只不過是侷限於前者的資本主義化，表面上的資本主義化，並且顯然忽略了後者即本地資本（地主制）。因此，若以矢內原所說的「台灣資本主義化論」來看殖民地台灣的經濟情況，就無法充分理解它的全貌。

這樣一來，矢內原欲以其所謂「資本主義化」概念草率地全面用於台灣社會經濟，因而使書中所描繪的台灣殖民地經濟的局部「資本主義化」現象，一舉擴展成涵蓋全面的一種假象。而矢內原的「資本主義化」，就與本來不曾被歪曲的資本主義發展混同起來。因此，該書中雖多次使用「資本主義化」這一名詞，卻從未見使用「殖民地化」這個用語，就不足爲奇了。書中之未出現「殖民地化」這個用語，正象徵性地表現其根本性的誤謬。

由於該書存在上述方法論上的錯誤，尤其是忽略了應做爲分析對象的台灣本地社會的傳統經濟社會結構，該書在方法論上的癥結，還不止於此。事實上，對台灣社會資本主義化各方面的分析，也還存在各種缺點。直截了當地說，它集中表現在視台灣資本主義的發展與日本資本主義階段性發展毫無關聯。也就是說，矢內原把以台灣爲舞台的日本資本的活動形態，看成日本資本本身依其歷史發展過程而發展的活動形態。這種論證方式見諸於前述第二章第三節，特別是第二項的「資本形態的發展」。矢內原似乎認爲以台灣爲活動舞台的日本資本，其最初的形態僅屬於單純的商業資本，之後逐漸發展成產業資本，而後又進一步經由「壟斷的形成」向「外部（島外）發展」，隨之逐步自我推動資本形態的歷史性發展。當然，矢內原對於壟斷的形成，事先已經做了解釋說：「它的發展……是日本內地壟斷資本運動的反映」（該書六四頁），但他的解釋根據，只是單純地認定侵入台灣的日本資本，只不過是日本內地的壟斷資本這樣一個單純的「事實」⑪。而關於日本資本主義階段性發展的規律問題，在此則隻字未提。

矢內原這一方法論上的謬誤，在於從日本這個統治國的立場出發來研究台灣的「資本主義化」⑫，從而產生這

樣的結果，即一方面說這樣的「資本主義化」是指在台灣的日本資本家企業的發展，同時又忽略了統治國日本資本主義發展階段的特殊性來理解台灣經濟「資本主義化」的發展。如將這一點與前述該書的成就部分連繫起來研討，本書所說的第一個成就，即有關日本殖民地統治的歷史性的性質界定，實際上在深入地研究過程中，與其說未能充分加以發揮，不如說是將日本帝國主義殖民地統治的性質限定在其統治當時，而進行了靜態分析⑬。其次，對於日本資本和國家權力之間密切結合關係的內容及其變遷，矢內原並未對其歷史性意義與發展階段的特殊性做深入的研究，終於以一般論而結束。

根據上述的再次斟酌，我們擬再次例舉該書的各種論點，與矢內原的學說加以比較，以體會其間的脈絡。

2.川野重任著書「台灣米穀經濟論」

首先讓我們環視一下日本學術界，自矢內原的「帝國主義下的台灣」刊行之後，關於對台灣殖民地經濟較有系統研究的著作，可首推一九四一年川野重任教授所發表的「台灣米穀經濟論」（以下簡稱「米穀經濟論」）一書。此書主要針對矢內原論著中所遺漏的米穀經濟，做了拓荒性的研究，值得大書而特書。

該書值得注意之處有兩點：一是，對肩負台灣殖民地經濟單一農作生產結構之一翼的稻米經濟，做了一番詳細的實證分析。然而，該書只是對稻米經濟方面的問題做了網羅性的解釋，而在資料的整理方面卻仍有疏失的一面⑭。另一點是，該書確實充分理解了有關稻米商品交易階段中的不平衡性。

「從經由四十萬戶的稻米商人，七百戶碾米業者，到四戶出口商這樣一個明顯集中化的過程，以及由台灣本地農民↓本地地主↓本地仲介人乃至碾米業者↓日本國內系統出口商這樣一種交易路線，還有在稻穀交易與糙米交易、無檢驗交易與檢驗交易等的對比中，徹底表現出在進行交易的過程中一切不公平的性格。這一對比關係的實質……即是前資本主義性質的交易與資本主義性質交易之間的對立與抗衡的關係。」（該書二五三頁）

但是，川野在說明台灣島內的交易機構和運出機構之間屬殖民地性質的統治關係，以及日本稻米商人資本侵入台灣的契機等交易階段的不平衡性時，將需要說明的程序曖昧化，這是不無問題的⑮。

當然，「米穀經濟論」一書與「帝國主義下的台灣」相比，由於主題本身的關係，使研究問題的視野受到限制。而在對理論的掌握方面，也無淩駕後者之處。在此，不妨指出下述兩點值得注意的問題。第一，川野在討論台灣的米穀經濟時，由於未對日本資本主義的全貌進行觀察，在理論上提不出令人耳目一新的見解。當然，台灣米當時只不過是起了補充日本「內地米」的作用。但這補充作用正說明開發台灣米對日本資本主義的發展，特別是對其農業問題方面具有不可分割的深奧關係。由於川野未能充分發揮前述視野範圍，認定台灣稻米問題爲外地米問題，而又對其與日本本土的農業問題，特別是與日本本土米價政策的關係置之度外，將台灣種稻的發展過程，以台灣爲中心，依時序區分爲前史（明治時期）、在來米改良時代（大正時期）蓬萊米時代（昭和前期〔一九二六～一九三九年〕）、稻米運出管理政策的實施（昭和後期〔一九三九～一九四五年〕）等（七～二二頁）⑯。因此，終於未能對日本資本主義發展階段所規定的有關台灣稻米問題的發展變遷與變化，做出詳細的解釋。關於這一點，川野對「糖・米相剋」問題的認識尤爲表露無遺，即本應是發生在「蓬萊米時代」的問題（該書第二章第三節），他卻解釋成「在來米改良時代」中的「顯著特徵」（一三頁），同時，又把「蓬萊米時代」做爲「日本國內種稻和台灣種稻之間矛盾」（一二頁）的一大焦點。因此，川野不僅在認定「糖・米相剋」的時間問題上犯了錯誤，同時由於判斷受此錯誤的影響，對此問題所應具有意義的評價，也只能做出短淺的理解。川野之所以不能正確地掌握此問題，其根源在於他未能觸及日本資本主義的發展所具有的階段性，以及與此相適應的殖民地經營的變化，特別是沒有將有關日本國內農業問題的論證納入認識此問題的範疇⑰。

與「帝國主義下的台灣」相比較，「米穀經濟論」的另一個缺點在於，對揭露台灣殖民地經濟本質的分析顯然

不及前者。關於這一點，雖然應該考慮川野所處嚴峻的時局條件限制，但主要原因在於他未能將台灣米穀經濟擺在日本帝國主義統治之下加以冷靜而透徹的認識。例如，關於水利灌溉事業，他一面將其定義為「國家統治」（三六頁）或「殖民地性質」（四三頁），但又未能掌握其經營形態的變化，即由私設埤圳轉為官設埤圳、公共埤圳、甚至轉向水利公會制的必然性及其屬於殖民地的意義⑱。另外，理應把前述「糖・米相剋」問題視為殖民地經營，即統治過程所產生的日本資本主義的矛盾，但他卻刻意將其意義降格為台灣的土地轉用有可能擴大，以及增加對製糖會社壟斷資本利益的威脅等島內現象⑲。川野這種偏狹的觀點，終於導致其無法抓住台灣稻米經濟的本質，不得不將台灣種稻的發展說成「這不外乎是新統一市場（即擴大了的日本稻米市場——引用者）的形成，以及做為包括在此一市場經濟過程中的一個斷面」（三二〇頁），而將問題轉向到市場，亦即價格的層面上，以此做為分析台灣米穀經濟的結論。

3.張漢裕與馬若孟的論文

另外，如果我們將目光轉向戰後的台灣學界，迄今幾乎沒有人對戰前的殖民地經濟進行學術研究。即使有少數研究報告，也不過是在註②中所介紹的張漢裕、拉蒙・H・馬若孟合著的「日本在台灣的開墾和殖民政策（一八九五～一九〇六年）——對官僚式經營的一個研究」（以下均簡稱為「一個研究」）。據該書作者表示，「一個研究」的主題，著重於解明日本統治台灣初期的開墾和殖民政策的內容以及做為制定該政策的動機及其政策目標⑳。在這裏，不準備就此做深入的探討，但從結論說，「一個研究」為使日本的殖民地統治合理化，做了苟且偷安的解釋，不僅對兒玉源太郎和後藤新平在台灣殖民地的殖民經營暗中予以「正當化」，而且還給予極高的評價。亦即認為，擁簇於兒玉・後藤民政之周圍的能幹的領導人，以及年輕專家們（新渡戶稻造、長尾半平、祝辰已、中村是公等人）的輔佐，是使日本殖民政策成功的首要條件㉑。可以說，「一個研究」對問題的所有認識，均集中於認定日

本經營台灣這塊殖民地的成功，恰是由於有了以兒玉・後藤爲中心的優秀「官僚企業家」。

由於這樣的基本思考方式貫穿着「一個研究」的中心，因而在解析有關台灣殖民經濟問題時，此論文終於犯下了兩個重大錯誤：第一，不僅認爲日本在台灣的殖民政策與日本資本主義的階段性發展没有什麼關係，而且鼓吹「日本官僚萬能論」，似乎認爲台灣的殖民地經濟係由在台灣的日本官僚，特別是兒玉・後藤集團進行自主建設而確立的。例如，選擇製糖業爲第一優先的開墾和殖民事業；採用赤字財政及專賣財政，進而實現所謂「生物學政治論」的殖民政策等等，都被認爲是仰賴兒玉・後藤集團，特別是後者的優越才能而達成的。另一個錯誤是，認爲統治國對殖民地的經營，只要擁有像兒玉、後藤集團那種有才幹的官僚及「優秀的政策」，即能自然而然地獲得成功。例如該文認爲台灣財政即使没有日本本土的補助也能達到預算獨立一事，正表現出這樣一種思考㉒。「一個研究」把有利於實施各種政策的台灣本地社會經濟的各種條件完全排除在外。甚至可以說，「一個研究」一文係以台灣本地社會仍處於傳統的自給農業社會發展階段爲前提的㉓。因此，張漢裕、馬若孟二人對其研究對象的日本佔領台灣初期的墾拓和殖民政策，爲何須花費十年漫長歲月始能札根於台灣本地社會的這樣一個在其論文課題中極爲重要的問題，也終於避而不論了。

4.結語

以上係對以台灣戰前的殖民地經濟爲研究對象的幾種研究書籍或論文，進行了帶有評論式的研討，並指出其中存在的各個不同問題。正如迄今論述所明確指出的，上開著作及論文中，在方法論方面存在幾處同樣的缺點。第一是對台灣與日本資本主義在發展階段過程中的相互關係，或置若罔聞，或予以忽略；第二是對台灣的傳統社會經濟結構缺乏認識，因而未將其做爲分析對象而納入文中。第三是站在日本統治體制的立場，亦即只從外部來觀察台灣經濟等等。上述共通的缺點至今猶存的事實，證明了歷來關於台灣殖民地經濟的學術研究，迄未超出戰前「帝國主

義下的台灣」一書所涵蓋的範圍。

三、對問題的認識及分析角度

前面我們已對此問題的歷史研究做過一番研討，因而再次研究有關台灣殖民地經濟問題時，不需重複已在前面指出的關於矢內原著作中分析方法的基本錯誤及共通的缺點。必須而更需要的是克服這些缺點，重新定奪對問題的認識及分析的角度。

正如前面所論述的，殖民地台灣的經濟，事實上絕非已經被全盤資本主義化了，而即使是局部地被資本主義化，也並非與日本資本主義的發展過程無關。因此，在日本統治下的台灣經濟結構，基本上是由兩個方面構成，即一方面是受日本資本主義發展階段所制約的、以日本資本家企業為中心的「資本主義化」，另一方面則是深受其影響，但又繼續留存下來的台灣本地資本（地主制）為中心的傳統社會。因此，如欲描繪台灣殖民地經濟的全貌，就必須是兩項兼顧，既不能僅從因日本帝國主義統治而產生外在壓力的一面來看台灣經濟，也還要從台灣經濟內部來掌握殖民地化這樣一個內容必不可少的觀點。無庸贅言，此時我們必需立足於台灣經濟本身，亦即以台灣經濟為中心研究問題的基本觀點。那是因為，分析台灣殖民地經濟，係以台灣經濟本身為研究對象，旨在追究其在日本殖民地的經營統治下，發生了什麼樣的變化，而決非停留於解釋以台灣為舞台的日本帝國主義的活動本身。如前所述，後者這種研究帝國主義論的方法，只不過是對問題做出了片面且表面的分析而已。

這是因為在資本主義向台灣經濟移植時，也要受到台灣本地經濟歷史特質的左右。尤其在向台灣經濟移植的初期，台灣本地社會的傳統社會經濟結構，已給予日本的殖民地經營，即其為資本主義移植而進行的基礎工程以不少制約。正如前頁所略談，後文也將詳述，台灣自古即因通過與中國大陸的貿易關係，商品經濟相當發達。在土地所

有制方面，私有制雖未充分發展，但也勉强形成。因此，日本統治階級在構建殖民地統治體制時，爲處理土地私有制，不得不耗費許多時間。日本資本以國家權力無微不至的保護及培育政策爲背景進入台灣。對此，台灣本地資本勢力仰仗地主制而進行了抵抗，但不久也被重新編制而被迫後退。台灣經濟的殖民地化，就是通過日本資本的進入與統治，以及以台灣本地資本的抵抗以至弱體化爲內容的對抗關係，而逐漸實現的。

對日本統治下的台灣經濟，特別是對其被殖民地化過程的全貌及變化進行解析時，必須確定對上述問題的認識及分析角度。那麼，我們將根據對上述問題的認識，對拙論的結構及內容做一大略說明。

首先是，第一章的《台灣經濟的歷史特徵及商品經濟》。這主要是根據前述觀點，略述日本統治之前的台灣傳統社會經濟的歷史特點。亦即此章所欲研究的課題是，前期商業性農業的發達及前期地主土地所有制的形成，以及在此特殊歷史條件下，日本在初期所施展的殖民政策等。其次是第二章的「台灣經濟的殖民地化過程」。這是基於前一章的論點，針對日本殖民統治已略具規模的一九〇五年以後，即台灣經濟被納入日本資本主義再生產結構的所有過程進行探討。亦即，這裏所欲探討的內容是：始於一九〇〇年代後半期的近代製糖業的勃興，二〇年代中期所出現的蓬萊米的普及，進而是肇端於三〇年代後半期「工業化」推展的全部過程。其中，我們將跟踪日本資本主義的階段性發展以及隨之而產生的殖民地經營條件的變化，掌握和論證在相繼發生諸變化的過程中，使台灣實現殖民地的必然性。此外，對日本殖民經營所產生的矛盾，即「糖・米相剋」問題加以斟酌及判斷，也是本章所要討論的一個問題。

自第三章開始的後三章，均以前二章的分析爲背景，將從屬地、畸形地發展起來的台灣殖民地經濟結構，依據各經濟範疇的規定，進行立體的闡釋。首先是第三章的「台灣農業的畸形整編」，這是分析做爲經濟基底的農業・農民經濟爲課題，我們擬以糖、米二大輸出商品爲中心的單一農作生産形態這一側面，即從橫斷面來說明日本殖民

地經營、統治强加予台灣經濟的殖民地結構，以及由此而產生的偏差。換言之，就是要分別從對外經濟關係及內部結構兩個方面，掌握日本殖民地經營和統治對台灣農村經濟內部帶來多大衝擊以及什麼樣的特殊性格，並要闡明它對農民各階層的分解，以及農家經濟（稻作、蔗作）的實際狀況產生了何等影響。至於第四章及第五章，則是以個別資本所施展的具體活動形態，來掌握第二章所論述的台灣經濟的殖民地化過程。第四章的「日本資本的統治及其擴張」，主要是解明日本資本的侵入及統治過程，而第五章的「本地資本的反抗及變化」，則是解析做爲對立面的台灣本地資本從抗衡到退却的實際狀況。如前所述，台灣經濟之被殖民地化，是經過日本資本的侵入、統治與台灣本地資本的抵抗、到弱體化爲內容的對抗關係而實現的。而探討這兩者在具體的歷史條件下，展開了哪些糾葛，乃是所需研究的課題。在這裏，試圖以日本資本的統治及擴張的實際情況、台灣本地資本的存在情形、本地資本的獨特累積模式、日本的殖民政策、發生民族運動的必然性以及本地地主制的變化等等爲焦點，採取立體方式，分析二者的關係。

最後一章的《總結及展望》，係總結前五章的分析，在探討台灣殖民地經濟基本特點的同時，對它爲戰後經濟帶來何種影響問題也提出了若干展望。

經過上述問題的探討，我們熱切希望能稍微接近拙論開章明義所提課題，並能多少填補過去在研究此問題上的空白。

① 此書於一九六三年再度被收錄於「矢内原忠雄全集」第二卷，一七七~四八〇頁。

② 做爲「辯論詰難」的書籍，可列舉台灣銀行經濟研究室所編「日本佔據時代的台灣經濟史」第一、二册，台灣研究叢刊第五九種，一九五八年出版。然而，該書統計資料很多，其「辯論詰難」之觀點，主要是承繼「帝國主義下的台灣」一書的有關部分。相反，對日本殖民地經營政策，給予高度評價的，則是以張漢裕及馬若孟（Ramon H. Myers）二人共同執筆的一文（Japanese Colonial

Development Policy in Taiwan,1895~1906; A Case of Bureaucratic Entrepreneurship, the Journal of Asian Studies, Vol. xxII, NO.4, August 1963 PP.433—449）最具代表性。關於此書的論點，擬於後頁研論。（日本在台殖民開發政策（一八九五～一九〇六）——官僚經營的研究。亞洲研究雜誌，二二卷第四號，一九六三年八月，四三三～四九九頁）

③ 做爲蒐集有關台灣殖民地經濟文獻的目錄，有以下幾種：(1)一九五八年出版的台灣省立台北圖書館編「台灣文獻資料目錄」，一七二頁。(2)一九三六年，台北帝國大學文政學院南方研究室編出的「台灣文獻目錄（人文科學）」，五八頁。(3)一九六九年，南方農業協會編寫的「台灣農業關係文獻目錄」，三五七頁（附有「南方地區農業關係文獻目錄」及「台灣概說」）。(4)亞洲經濟研究所，一九七二年編「舊殖民地關係機構發行刊物綜合目錄——台灣篇」，二三七頁。此外，還有一九七〇年發行的一橋大學經濟研究所編「台灣的社會史調查——以統計表爲中心」（係打字印刷），三四〇頁。

④ 參照前述矢内原所寫「帝國主義下的台灣」一書中的七四～七九頁。

⑤ 其中，東嘉生（前台北帝國大學副教授）的遺著「台灣經濟史」（一九四四年出版）一書，可說是忠實地沿襲矢内原分析方法的一本著作。

⑥ 而構成該書第二章中心部分的第三節「資本家的企業」即是如此。附帶列舉其結構項目的順序於下：第一項是驅逐外國資本；第二項是資本形態的發展；第三項是壟斷的形成；第四項是向外部發展。該書對台灣經濟的「資本主義化」過程，做了符合實際情況的系統分析。

⑦ 矢内原認爲，美利堅合衆國及澳大利亞等舊「殖民地」，是由於其母國的投資及移民，「始以急激的速度完成了資本主義化」，因而斷定「殖民地的經濟史是現代經濟胎生而發展的，而且其發展可在短時間内急速達成」（矢内原忠雄所著「殖民及殖民政策」一書，一九二六年、一九三三年修訂四版，二三五～二三六頁。「矢内原忠雄全集」第一卷，一九六三年，一九四頁）。同時認爲，此種認識也可適用於台灣。這明顯地表現出矢内原對後進社會歷史發展的認識是膚淺的。

(8) 例如，若對一九二二～一九三三年之間的蔗作農家經營規模的分布加以觀察，擁有不滿一甲（約合〇・九七町，一町的面積單位約合九，九一八平方公尺）土地的農戶佔全部農戶的八四・二六%，有三甲以上土地者僅爲二・六一%。而從全島農戶看，佔全農戶四四・四九%的農戶，是屬於不滿一甲的小規模經營，而經營三甲以上土地的農戶，只佔全體農戶的一六・二四%（請參照本書第三章第二節、第69表）。

⑨ 被稱之謂糖價黃金時代的，第一次世界大戰結束後的一九二一～二二年，如將製糖公司的自營農場及一般蔗作種植面積加以比較，

在前者所佔比率中，最多者爲台灣製糖公司，佔二九・四三%，最少者是明治製糖公司的二・七五%。若再加上大日本製糖、東洋製糖及鹽水港製糖三家大公司，五家大製糖公司的平均自耕農場所佔率爲二〇・一二%（根據一九二四年出版「台灣糖業統計」的九八～九九頁計算。也請參照本書第二章第三節的第26個表格）。

⑩ 例如，矢內原首先描繪出初期資本活動的形態，說：「像台灣這種前資本主義性質的殖民地社會的資本主義化……完全係由外國商業資本所促成，……其資本的活動形態……主要是由單純的商業資本向產業資本發展」（同書，五〇～五一頁），他繼而又指出其資本的壟斷化，說：「在台灣成立並發達起來的資本家企業，又急激地壟斷化」（六四頁），而後，他又說明由壟斷發展爲對外擴張的情況說，以如此形式壟斷化了的日本資本，「更以台灣爲基礎，將其事業擴展到台灣以外的地區，以至達到其資本家統治範圍的擴大」（八三頁）。

⑪ 參照前章引用的矢內原著「帝國主義下的台灣」一書的七三頁。然而，矢內原一面指出「在台灣的壟斷資本是隸屬於帝國主義壟斷的一部分的事實」，一面又特意設立「壟斷的形成」這樣一個項目，並强調日本資本在台灣的壟斷化，這難免會給人一種奇妙的感覺。總之，他展開了一面將在台灣的日本資本視爲帝國主義壟斷資本的一部分，一面又將這一部分視爲台灣獨自形成的「壟斷資本」這樣一種議論。

⑫ 矢內原的這一立場，在他著書的一開頭即强烈地有所表現。即說：「本文（按指帝國主義下的台灣）的研究目的是：做爲我國殖民地的台灣問題的帝國主義性質，或是做爲帝國主義日本的殖民地台灣」（該書第一頁）。亦即，他所研究的主要課題是，解析「帝國主義日本」，或「（日本的）帝國主義的性質」，而對台灣經濟本身，只不過是爲了要完成這一課題所做安裝成的舞台及原始材料的客體。

⑬ 關於這一點，也强烈地表現在：矢內原對日本資本及國家權力兩者之間的緊密關係，只是做了羅列式的研究上（同書五六～六〇頁及七四～七九頁）。

⑭ 例如，該書的第97表「各種主要農作物栽培戶數及耕作面積」（一九二一年），及第106表「擁有耕地的多寡及戶數的變化」（一九二一～一九三二年）即爲其有力的例證。前者將栽培戶數限制在耕作面積達一甲以上者。後者必須是土地所有者由共同擁有換算爲個別擁有等，上述限制條件均被忽略，僅僅提供了直譯的資料（參照本書第三章第三節，注釋④）。

⑮ 例如，川野將土壟間（碾米業者）生存的「基本條件」，求之於「農民的經濟地位低下及缺乏販賣技術知識，以及技術水平的發展不平衡」（二六九頁）。在此，他忽略了日本資本即四大出口商家的統治本質。亦即，他似乎忽略了日本資本通過壟斷及金融控制，從碾米開始即理直氣壯地享有台灣米這一在經濟上佔據優越性的殖民地統治的本質。另外，他對三井物產、三菱商事、杉原產

業及加藤商會等四大出口商家利用何種契機成功地入侵台灣的歷史背景，也完全未加說明。

⑯ 他所提出的分類方式，至今仍在通用。例如，齋藤一夫所著「台灣的農業及經濟發展」（「農業綜合研究」第二三卷第二號。一九六九年四月）一文即使用了該方式，請參考本書第一一三～一一五頁。

⑰ 川野對移植蓬萊米到台灣一事，只重視技術的一面。他說：「由於發現了這種基礎技術，以及確立了以農業試驗場、農會的野生植物田爲中心的種子分配組織，使蓬萊米得以迅速擴至全島」（六二頁）。

⑱ 對此，川野做了以下敍述：「水利公會和公共埤圳公會之間，在經濟上幾乎沒有本質的差別。……如果說有差別，也不過是法制上的差別」（三八～三九頁）。在這裏，應該指出的是，他一方面忽略了國家權力對水利事業經濟負擔的減輕，一方面又漠視金融機關的强制借款（勸業銀行侵入台灣）對農民造成的經濟負擔這樣一種日本殖民政策的統治本質（參照本書第二章第二節）。

⑲ 前頁已闡述，請參考川野所著，「台灣米穀經濟論」一六七頁。

⑳ 張漢裕、Ramon H. Myers, op. cti., P.433。當時張漢裕就任台灣大學教授，馬若孟則是夏威夷大學副教授。

㉑ op. cti., P.438, P.448。

㉒ 張漢裕及馬若孟二人將台灣財政的成功做爲兒玉及後藤立下的大功績，並將其原因，列出以下三點：⑴自一八九九年採用赤字財政政策，並批准總督府建築物的改建計劃。⑵大規模的公共投資活動，導致了生產的擴大，增加所得稅及租稅的稅收，廢除舊租稅。⑶對鹽、鴉片、煙草及樟腦等立即進行專賣制，豐富了政府的稅收來源（op. cti., P.446）。

㉓ op. cti., P.433。這種想法表現出張漢裕迄今一貫的思維。參照張漢裕所著「日本佔領時代台灣經濟之演變」（收錄於台灣銀行經濟研究室所編「台灣經濟史二集」，一九五六年）七四～八四頁。

第一章　台灣經濟的歷史特徵及商品經濟

第一節　前期性商品經濟的發達

一、地主土地所有形態的產生

如欲研究日本帝國主義統治下的台灣殖民地經濟結構問題，則正如序章所述，首先必須弄清台灣本地社會經濟的歷史特徵。因此，本章擬將焦點置於日本佔領台灣之前，主要是清朝統治時期的台灣土地所有形態，並從其與商品經濟發達的關聯中，探究台灣本地社會經濟的基本特徵。

一六八三年台灣被納入清朝版圖時，其大部分土地尚屬於中國社會所稱的「荒蕪無主之地」。亦即大多由被稱爲「蕃族」的原住民，以共同體方式佔有的「蕃地」①。此時，正值海峽對岸的中國福建、廣東地區蒙受明末戰亂的餘波，並被捲入三蕃叛亂之漩渦。受其波動，當時台灣的情況是「無業之小民，苦於連年之擾亂，與政府獎勵移民相呼應，渡來者接踵不斷」②。於是，所謂的「富豪縉紳」便利用此機，將這些手無分文、流離失所的災民糾合起來，再將其自任開拓者期間在台灣私自佔有的土地，或割讓或給予他們。台灣的土地所有制即萌芽於此。然而，當時以這種方式被開墾的土地面積究竟達到何等規模，尚不得而知。這是因爲滿清政府唯恐台灣重燃反清之烽火，禁止攜眷移台，缺乏政策上的安定保障③。但實際上，從福建、廣東地區移居台灣者卻絡繹不絕。據說，一七二〇年左右，台灣所開墾的土地中，接近一半出自這些移民之手④。

然而，由移民所開墾的土地，在此階段仍主要限於政府當局認可的所謂「民營田」，其數量並不很多⑤。應該說，台灣開墾的正式化，係於十八世紀後半期（乾隆、嘉慶年間）左右，以中國大陸渡台的移民爲主流發展起來的。因爲，直至一七六〇（乾隆二十五年），清政府始逐漸准許人民攜眷移民台灣，之後此項政策未曾再有改變。另外，清廷於一七三一年及一七四四年所修改的對台灣土地開墾優待措施，也隨著移民的大量湧入，而逐漸具有其現實意義，並獲成效⑥。總之，台灣的土地開墾，約自十八世紀後半期始逐漸正式化，並以由南向北的順序推進，到十九世紀初期始告一段落⑦。

關於「民營田」的開墾，已於前稍述，開始是由有錢有勢者競相向政府當局申請，取得開墾許可，將自己的資金投注於土地，而後再招募無產佃農從事開墾。因而當初的台灣「土地所有」形態，並未超出基於中國大陸土地開墾慣例的墾戶與佃戶關係範疇。亦即，創業者（有錢有勢者）在土地開墾完成後，將開墾的土地管理權移交與出力開墾者（無產流民），而後者做爲其賠償，必須向前者永久繳納一定的租金⑧。如斯，台灣的土地開墾幾乎是原封不動地將中國大陸舊有的土地開墾習慣移植過來而開始的。而這種由出力開墾者向創業者繳納一定的租金的形式，即成爲後日所謂「大租」制度的原型。當時，創業者被稱爲墾首、墾戶或業戶、業主，出力開墾者則被稱爲佃戶或佃農。

然而，這種墾戶與佃戶的關係，其後隨著商品經濟的發達，逐漸變了質。在公元一七二二年左右，清朝政府雖仍禁止人們攜眷移居台灣，但卻將台灣的土地開墾列入正式許可制度而加以承認。但在三年後的一七二五年，台南卻很快成立了以島內外爲舞台進行商業活動的所謂「台灣府三郊」組織⑨。「三郊」即是指將台灣的米、砂糖、黃薑、樟腦、硫磺等運往中國大陸，而做爲回頭貨，則由中國大陸運進棉布、磁器、中藥、雜貨等日常用品，以鄉黨性質的組織控制了台灣的商業大權。清朝當時的鎖國主義，使得他們取得壟斷與對岸的貿易成爲可能。台灣通過此

種方式於十八世紀初期，即約與土地開墾的同時，與中國大陸保持了廣泛的商品流通關係。到十八世紀後半，在人的往來及商品流通方面，均已與大陸經濟處於非常密切的關係。由於移民而使台灣島內人口的增加，並非只增加了農民人口，也意味著從對岸移入了以販賣各種商品爲業的商人數目的增加。事實上，一七八〇～一七九五年之間，三郊的對岸貿易更加興隆，一八〇七年（嘉慶十二年）迎來了其全盛期。在此期間，台灣中部的鹿港、以及北部的八里坌（淡水港、一七九二年開港）相繼開港，正如台灣所流傳的「一府、二鹿、三艋」⑩，那樣的商業都市雨後春筍一般地興建起來。這好像是與土地開墾的推進狀態步調一致，也是遵循著由南漸北的順序。然而問題在於，隨著商品經濟的滲透與發達，墾戶與佃戶之間的關係發生了重大變化。亦即這種形勢的發展對佃戶有利。而原本體現墾戶與佃戶關係的大租，在中國大陸半封建社會發展階段所規定的，並非勞動地租，而是生產作物地租，況且其分配比例對佃戶極爲有利。亦即大租所繳納的，主要是米穀或砂糖，一般「以總收穫的十分之一爲大租之年額率」⑪。如此一來，商品經濟的發展將會刺激農業生產。因爲對佃戶來說，可根據生產物的增加，獲得更多的分配量，從而使他們可能因有所積蓄而富有。根據「舊慣例制度的部分調查」，佃戶由於「年年歲歲蒙受農業之利潤，已有賺下巨大資產者，且因其對土地具有直接關係，其勢力頗有淩駕於往時之墾戶，甚至達到掌握土地實權之勢」⑫。此段敍述事實即爲有力的說明。另一方面，與此相對照，墾戶本身則淪爲「倒產者漸多，或賣掉其土地權利，或將其土地權利輾轉典押與他人，日漸喪失與土地的直接關係」⑬。如此一來，佃戶實質上已經地主化，而從與墾戶原先的關係中解放出來，以至握有可自由處理原先的佃耕權，或將其所經營的土地轉租與他人等的經濟力量。時值中國大陸移民大量流入台灣之期，佃戶便將自己原先所經營的土地讓給他們耕種，此時便形成一個新的，被稱之謂現耕佃農階級。因此，原來的墾戶與佃戶關係此時爲之一變。佃戶每年向現耕佃農徵收一定的租額，再將其中的一部分轉納予墾戶。如斯，在同一耕地上，產生了墾戶向佃戶徵租，而佃戶又向現耕佃人徵租的兩個收租權，亦即形成

「一地二主」的地租關係。前者稱爲大租，後者稱爲小租。與此相適應，稱墾戶爲大租戶，稱佃戶爲小租戶，從而形成大租、小租的關係。這樣，便形成大租戶、小租戶、現耕佃農等三個階級，前後歷時約一個多世紀，構成台灣土地所有制的統治形態。

如上所述，被日本統治之前的台灣，包括與中國大陸的關係，其土地所有形態雖錯綜複雜，但總算是勉勉强强地完善了地主私有制。與此同時，使土地本身亦被做爲商品，成爲買賣的對象⑭。就此可以說，這一時期的台灣本地社會經濟，已被捲入相當發達的商品經濟關係。特別是一八四三年，大租戶向政府繳納的所謂「正供」（地租），已由納穀制改爲納銀制，此舉大大促進了台灣商品經濟的發展。轉改納銀制成爲可能，即意味著當時台灣的貨幣經濟，甚至是商品經濟，均已相當發達⑮。此次改爲納銀制，不僅是大租、小租必然要改爲納銀制，其重要的意義還在於使大租戶的實際所得減少了一半⑯。換言之，轉改爲納銀制，不祇是促進台灣社會商品經濟關係的擴大，也導致了大租戶衰落和小租戶擡頭這樣的階級變化。總之，可以認爲，十九世紀中期，台灣的土地所有形態已經轉向爲以小租戶爲中心的私有形態。

二、商業性農業的發達

如欲掌握被日本佔領之前的台灣本地社會經濟的歷史特質，則必須提出一個重要的方面，即早期商品經濟的發達，特別是屬於商業性質的農業的發達。前頁已有所敍述，台灣在土地開墾過程中，通過與對岸中國大陸的貿易關係，導致農產品市場的不斷擴大，商人及高利貸資本的侵入，從而顯現商品經濟關係的擴大。此種商品經濟關係擴大的特點在於並非欲在島内各地形成一個統一的單一市場，而是要在島内各地形成一個個獨立的市場圈，並通過對外貿易關係將它們連結起來。而島内各地市場圈之間的相互流通關係，雖說也通過陸上運輸，但主要是大大地依賴

於近海的海上運輸。因爲，從台灣的地形條件看，直接連結南北兩端的陸上運輸，當時尚存在許多困難⑰。

然而，開端於對岸貿易的台灣本地社會的商品經濟關係，自十九世紀中期以來，由於被强制開港而與外國市場發生新接觸後進一步有所加强。亦即，由於鴉片戰爭（一八四二年）等原因所招致的一連串强制開港，台灣的淡水和安平（台南）於一八六〇年、基隆和打狗（高雄）於一八六三年分別被指定開港，而以此爲契機，導致了北部的茶業、南部砂糖業的勃興。

第1表　台灣砂糖、樟腦、烏龍茶的輸出量（1000英磅）

年別	砂糖	樟腦	烏龍茶
1856年	21,280	1,300	—
70	79,461	2,240	1,405
80	① 141,531	1,640	12,063
84	② 128,632	61	13,155
90	96,183	1,064	17,017
93	67,919	5,321	① 21,906
94	97,831	② 6,877	② 20,534
95	94,214	① 6,935	19,556

引自 James W. Davison, *The Island of Formosa, past annd present*, 1903,395頁，442頁，457頁。
①和②是表示一年累積的輸出量中之第一位及第二位。

有關茶業方面，自一八六五年英國人約翰・鐸德（John Dodd）開始調查台灣茶業以來，外國商社（洋行）即伸出魔爪，搞茶業輸出。一八六七年茶葉首次輸往澳門，一八六九年又與美國市場掛上鈎⑱。於是，台灣茶以外國商社爲中心，急速地向外出口。如第1表所示，一八七〇～一八八〇年之間出口量增加九倍。據說，以往以播種甘蔗、黃麻爲主的台灣北部田園，却因此而一變成爲茶園⑲，由此大體可見茶業之發展迅速。衆所周知，隨著台灣茶與外國市場的連結，台灣島內出現了一個大規模的茶葉市場，即台北的大稻埕市場。一八八一年，包種茶的製造法由對岸中國大陸引進之後，台灣的茶業更加發達，其地位已提高到可與稻米並駕其驅的重要程度。

另外，再來觀察另一農業商品砂糖業，恰好時值日本開港（一八五九年六月）期間，使得隨著在台灣的外國商

社即洋行，將台灣砂糖輸往日本，進而便產生了新的市場。繼而由於一八七三年澳大利亞的「美波內砂糖公司」（Melbourne Sugar Houses）的大量收購，以及一八七六年適逢模里西斯、西印度羣島的甘蔗減產和法國甜菜的歉收，台灣的砂糖輸出得以順利發展，一八八〇年達到前所未有的高峯——一億四千萬英磅（見第1表）。據說，這一時期的輸出額，幾乎接近全部產量的八〇％⑳。得以如此大量的出口，正說明台灣的農村工業已有了相當高度的發展，業已掌握了製糖的全部工序。在這裏，擬將這種屬於商業性質農業的發達內容，特別是要與農民層的分化問題結合起來，略加詳述。

台灣傳統的砂糖生產工序，大致可分爲蔗作及製造粗糖（紅糖及粗白糖）、精製糖（白糖）的三個階段。這三個階段的生產過程，通常採取社會分工的方式。蔗作由蔗農担任，製造粗糖則交由「糖廍」，製造精製糖則由「糖間」分別進行。一般說來，蔗作的生產規模很小，通常多爲二、三反到四、五反（一反等於九九七・一平方公尺），而大多係由農民自家勞動種植㉑。粗糖製造過程則稍爲複雜，大致可分爲以下四個生產組織㉒。即：

(1)**牛掛廍**——由許多（十五～四十人）蔗農組成一合作社，爲各戶製糖提供拉石車用牛，並以此爲基準，負擔有關設備的費用，購置機械器具，蔗農們可使用所購機械壓榨各自種植的甘蔗，製造砂糖。

(2)**牛犇廍**——與牛掛廍同樣屬蔗農組織的合作社。但與前者所不同的是合作社人數較少，只有五～十人左右，而且爲彌補壓榨原料的不足，合作社成員需各自分別向他人購買甘蔗。此外，亦可接受他人委託的製糖作業。

(3)**公家廍**——是一種合股組織的合作社。社員按股份比例用現錢投資，設經理或董事職位。至於原料，或由自己購入，或接受委託。利潤來自銷售白糖製成品的所得，或接受委託加工的手續費。如合作社員本身爲蔗農時，其所種甘蔗或賣給合作社，或委託合作社加工製糖。其利潤則按股份多寡進行分配。

(4)**頭家廍**——係以有財力的業主（地主）或商人單獨出資設立。向他人購買甘蔗製糖，或在接受委託製糖時收

取加工費利益。

如從理論上對上述四種糖廍組織加以闡述，大致可得出下述結論：牛掛廍是缺乏資本的蔗農，一面成爲糖廍主的一員，將糖廍和勞動力出借給製糖人；一面又做爲製糖人，支付一定的使用費及工資進行砂糖生產㉓。因而其特徵是，每一個合作社員均爲蔗農，同時又兼做銷售工作，尚未達到雇用勞動、種植甘蔗與製糖分開的明確分工形態。那是一種爲適應商品經濟的發展而自然發生的自我完成性質的協同作業方式。

關於牛犇廍，此時已稍微明確地顯現出商品經濟的階級分化。即其所壓搾的甘蔗並非全部是其社員所種植，也採取收買方式。而在提供拉石車的牛隻方面，不同於牛掛廍主動提供牛的做法，而是按慣例相互出錢向他人借牛㉔。不過，甘蔗的收購，一直被視爲個人的分內事，由個人獨自進行，委託製糖者亦然。因而可以認爲，其生產組織尚未形成明確的分工體制。

在公家廍，蔗作與製糖完全分開，這與上述牛掛廍及牛犇廍完全不同。公家廍的活動方式是，或以共同資本購買他人的甘蔗製造砂糖，或接受委託製糖。如此，蔗作與製糖完全分開，社員祇接受所分配的利益。在這一點上，已具備了接近於資本家的作坊（manufacture）的性質㉕。

至於頭家廍，其分工關係更進了一步。如前所述，頭家廍係由大業主或商人負擔一切資本，屬於個人經營。其主要特色是，以預付款項購買甘蔗，獨攬大量產品的生產與販賣。也就是說，是以製造砂糖而營利的事業㉖。在銷售方面，也常常不經經紀商人之手，而直接與輸出口商接洽。因此可見，在上述四種形態中，頭家廍的商品經濟分工最爲徹底。

其次，再讓我們看看製造白糖的車間。這一階段，其生產活動已經脫離農村而在城市裏進行。在車間對糖廍製造的粗白糖進行再加工。從進行再加工的觀點看，這種車間純粹屬手工作坊，亦可謂之爲「工場」㉗。這種「工

場」的規模之大，遠非糖廍所能比擬。單從出口額看，其數量並不算多㉘，但這裏已在進行按工資領取勞動報酬的分工與分工合作。工場則由居住在城市的「資產家」經營㉙。

如上所述，台灣的砂糖生產在不斷採取各種形式中深深地紮根於農村社會。正由於這種情況，台灣的糖業與外國市場緊密地結合起來，給農村社會帶來了巨大影響。牛掛廍及牛犇廍的合作社員是貧農、佃農或中農，他們自己擔任蔗作或製糖，但當設立糖廍時，又必須預先支付一個製糖期所需資金，這對手頭拮据的他們來說，祇有向他人借貸經營。這就給地主或商人介入放高利貸以可乘之機。例如，根據英國人邁亞一八九〇年提出的關於台灣南部的粗糖砂糖栽培製造，以及砂糖貿易與外國人關係調查報告的一節中，談及其狀況稱：「打狗地方的甘蔗栽培者，對極少數債主連年不斷負債，其勞累苦楚實在令人憐憫……有人終身也無法償債，宛如為生活而遭役使的奴隸……因借高利貸而須償還的債是利上加利，最終釀成債外之債而一生淪為窮境者比比皆是」㉚。高利貸的年息高達一成八分到三成六分，又因高利貸的利滾利，遂使原借「不到區區五十至一百元的債金，沒有多久即加倍地增加，轉瞬之間即成了一筆巨額債務」。據說，農民因「失望之極而自暴自棄，終陷於放蕩無賴之徒者為數不少」㉛。

另外，達威特森亦針對這一點，於其所著書中例舉著名的陳氏農家為例，說該戶人家二十五年才將百萬元以上的惡債償清，並指出：「如果是純厚的農民，他就會一生直到老死做高利貸業者的奴隸，對其改善生活地位沒有一線希望。……多數農家甚至拿不出一點可供擔保的財產，多數債款是永遠無法償還的」㉜。很明顯，在此狀態下，農民淪落為無產階級是不可避免的。

像這樣農民階級的破產，在公家廍或頭家廍也同樣存在。例如公家廍，實際擁有資本的糖商，做為其壟斷砂糖的手段之一，是與地方熟練製糖的蔗農組合作社，貸與一切所需資金，任憑蔗農運用，自己則領取製成的砂糖。這反映了糖商勢力的擴大，以及地方生產者資金力量的日見薄弱㉝。另外，頭家廍的情況是，起源於前述土地開墾時

代，墾戶做爲開墾方法之一，設立了糖廍，招聘佃戶進行開墾土地、種蔗和製糖。因此，頭家廍的業主多爲地主，而供給原料者多爲佃農㉞。然而，隨著大租、小租關係的形成，頭家廍的業主權也逐漸轉移到小租戶，使從事耕種的佃戶既是蔗作原料供給者，又須按生產糖的比率，向小租戶繳納地租及製糖手續費。對此，小租戶則須借給從事耕種的佃戶以金錢或其他物品㉟。這一點說明，中國大陸所特有的地主、商人、高利貸三位一體的並存形態，已被移至台灣，並且生長和發展爲經濟基礎。在此狀況下，從事耕種的佃戶，則備受掠奪，祇能加速衰落。

總之，隨着十九世紀中葉的被强制開港及伴隨而來的對外貿易的發展，給台灣社會帶來了前所未有的高度商業性農業發達，從而爲商人資本及高利貸資本大大地拓展了在島內農村的活動餘地。以小租戶爲中心的台灣獨特的土地所有形態，即是在這種關係中形成並發展起來的。一八八五年就任台灣巡撫的劉銘傳，除在台灣北部鋪設中國第一條鐵路外，一八八七年還進行了台灣最早的土地丈量，定小租戶爲業主，使其成爲義務納稅人，同時將大租減少四成，即定下所謂「減四留六」法。劉銘傳的清賦工作最終雖未能貫徹，但確實鞏固了貢租賦源，使政府的實徵銀額隨之倍增㊱這一連串的動向，已清楚地顯示台灣早在日本佔領之前，即已達到相當高度的貨幣商品經濟階段。祇是雖由於被强制開港，使貨幣商品經濟更加强烈地被推行，但在被推行的過程中，至今一直與中國對岸的緊密貿易關係也被沖淡。其結果，在台灣島內形成了所謂本地式的經濟勢力，這種本地資本勢力的發達，將與後述文章有關，須特別加以注意（關於這一點，特別在第五章，對本地資本展開討論時，將成爲重要之點）。

三、對日本殖民地經營的限制

一般來說，封建社會的商業性農業的發展及商品經濟的發達，未必能立即轉化爲資本主義制度的生產。對商人、高利貸資本及外國的貿易資本來說，不將其轉換爲產業資本，而在現代以前的生產形態下，通過流通領域進行

掠奪是最爲有利的。從此意義講，台灣商品貨幣經濟的進展和發達，並未成爲促進資本主義化的因素。那是因爲，台灣爲適應商品經濟的形式，在一定程度上將舊有土地所有關係及經濟結構加以改變，但結果還是推動了台灣特有的、落後社會經濟關係的形成。而做爲本書課題的台灣殖民地經濟結構，雖也受到被日本統治的制約，但最終還是以這一段歷史特徵爲背景的。因此，對上述歷史特徵給日本統治台灣及資本主義移植台灣所帶來的影響，擬大致指出以下兩個方面。

首先是，台灣早期的地主土地所有制雖屢經曲折，但也已臻於發達。因此，這對日本殖民地經營，特別是對其糖業資本來說，幾乎不可能進行對土地的原始掠奪，收買土地也相當困難。從以後的發展看，台灣與其他殖民地諸國不同，糖業的種植園經營，只能在極爲有限的土地上進行，因而大多數的情況是，製糖公司不得不向蔗農購買做爲原料的甘蔗。於是，日本糖業資本與國家權力勾結在一起，依靠確保能壟斷採購原料的「原料採購區域制」方式，對農民進行剝削。但是，在區域內不可避免地會與其他商業性農作物，特別是稻米發生競爭。因此可以說，在台灣的日本糖業資本的掠奪條件是極不穩定的。總之，糖、米二大對外輸出商品的生產，形成日本資本主義再生產結構的一環，因而這種糖與米的競爭關係，使日本資本主義的矛盾在台灣尖銳地表現出來。但究其根本原因，台灣固有的土地私有制在起阻礙作用。

再者，台灣既已形成的土地私有制，使日本推行殖民地經營時，對本地農民的統治變得困難起來。如前所述，台灣的地租分配比率，對小租戶非常有利，因而以小租戶爲中心的地主勢力是根深蒂固的。加之，來自中國大陸的帶有商人性質的地主高利貸剝削，招致地主統治勢力的擴大，使得日本的殖民地統治也不可能排除其固有勢力。因此，台灣的資本主義化，就不得不通過保存、並利用地主制以求其發展㊲。有關此點還將於後頁詳述，這裏僅舉出幾個明顯著的例證，如：日本糖業資本從一般農民收購甘蔗時，成立了旨在將地方有勢力的地主拉入誘勸農民種收

甘蔗的所謂的「原料獎勵委員」制，以及繼承台灣總督府做爲警察統治輔助機關的所謂「保甲制度」，並加以擴大推行。

其次，就台灣已是相當發達的商業性農業社會從而對日本殖民地統治起制約作用問題，暫且提出以下兩點看法。

第一，不論是種蔗作或是種稻，日本均將可供出口的商品作物重新引進台灣，並使其大量生產和普及。這從台灣本地社會經濟的既成發展階段看，並非太大難事。因爲，台灣農民業已熟悉滲透進來的貨幣商品經濟，因而對日本人謀利的動機是敏感的㊳。

第二，不論從耕地面積看，還是從全部人口的構成比率看，台灣的農業人口已居高水準狀態。這對殖民地經營的日本來說，欲將日本國內農民遷移台灣搞是困難的。現未掌握日本侵台當時台灣人口的構成資料㊴，但根據日本首次正式進行的第一次人口調查，即第2及第3表所示數字，則可很明顯地看出，一九〇五年係日本佔領台灣滿十年，但在此十年間日本的台灣經營，並未能大加改變台灣的產業結構本身，究其原因，尚有待後頁敍述。在此十年之間的日本殖民地經營，日夜均在進行掃蕩「土匪」即抗日勢力（一八九五～一九〇二年）、土地調查及整理大租（一八九八～一九〇四年）整頓度量衡及貨幣制度（一八九九～一九〇四年）等，亦即日以繼夜地從事「台灣資本主義化的基礎工作」㊵，但台灣資本主義化本身，則並未取得多大進展。從這一點可以認爲，第3表按職業分類的台灣人口構成，若除去以日本人爲主的公務員及自由業，可大致反映日本佔領台灣當時的情形。因而從第2、第3兩表足可推測日本佔領台灣初期，農業人口已在台灣人口中佔居相當高的比率。

至於日本將其農民移殖台灣的企圖，由於當時台灣已擁有如此衆多的農業人口，再加上早已具有基礎堅固的共同體式莊堡組織（第五章第一節），因而幾乎是以全面失敗而告終㊶。與其相反，台灣的本地地主制雖然尚未充分

第 2 表　構成台灣人口的國籍別及地域別（調查時間 1905 年 10 月 1 日）

（單位：人，%）

	人口數	構成比
人口總數	3,039,751	100.00
日本人	57,335	1.89
本地人	2,973,280	97.81
其中：漢民族	2,890,485	95.08
福　建	2,492,784	81.99
廣　東	397,195	13.07
其他省份	506	0.02
平地山胞	46,432	1.53
山地山胞	36,363	1.20
其　他	9,136	0.30
僑居在台大陸人	8,973	0.29
其　他	163	0.01

根據臨時台灣戶口調查部「臨時台灣戶口調查結果表」1908 年，第 8、10 頁之資料。

第 3 表　台灣各種職業之人口構成表（調查時間：1905 年 10 月 1 日）

（單位：人，%）

職業別	總人口		職業人口 本業		職業人口 從屬	
	人口數	構成比	人口數	構成比	人口數	構成比
總　人　數	3,039,751	100.00	1,404,475	100.00	1,635,276	100.00
農林牧漁業	2,141,230	70.44	1,027,120	73.14	1,114,110	68.13
中之農業	2,038,795	67.07	989,940	70.50	1,048,855	64.14
工　業	192,479	6.33	90,475	6.44	102,004	6.24
中之食品及嗜好品製造	44,360	1.47	21,211	1.52	23,149	1.41
商業及交通業	310,484	10.21	122,068	8.69	188,346	11.52
公務、自由業	73,740	2.43	31,660	2.25	42,080	2.57
中之公務員(軍人除外)	36,218	1.19	17,434	1.24	18,784	1.14
其他	321,883	10.59	133,152	9.48	188,736	11.54

參考資料同 1-2 表，引用 42～44 頁。

發展，但也固定下來，因而對台灣本地農民的掠奪方式，只能主要通過本地地主制，以間接方式進行。從這一方面看，也應該說台灣的殖民地社會經濟結構，業已受到在日本統治以前發展階段的巨大制約。

① 台灣納入清朝版圖時，所開墾的土地僅為一八，四五三甲（一甲相當於〇．九六九九公頃，或是〇．九七八町），而列入政府戶口的戶數則有一二，七二七戶，人口只有一六，八二〇人（參照連橫所寫「台灣通史」第一冊；係台灣銀行研究室的複刻版，台灣文獻叢刊第一二八種，一九六二年出版，六一頁，以及高拱乾所寫「台灣府志」第二冊，同上複刻版，台灣文獻叢刊第六十五種，一九六〇年出版，一一三頁）。但據推測，實際上「台灣之民」擁有近二十萬人（參照前述連橫所寫書的一五二頁），而被開墾的土地面積，「實際上也無疑遠大於這個數目」（參照臨時台灣舊習慣調查會第二部調查「經濟資料報告」上卷，一九〇五年出版，五頁）。

② 參照臨時台灣舊習慣調查會第一部調查第三回報告書「台灣私法」第一卷上，二七〇頁。

③ 清朝政府正式允許大陸人民移居台灣，係一七二二年前後，但這僅是允許來台人員的家族移居台灣。而全面解除禁止渡航的規定，則一直拖到一八七五年。在這一期間的變化，可參照上述「台灣私法」第一卷上，七二頁；伊能嘉矩所寫「台灣文化誌」中卷，一九二八年出版，七九一頁；以及莊金德所寫「清初嚴禁沿海人民偷渡來台始末」（「台灣文獻」第十五卷第三及第四期，台北，一九六四年收錄）。

④ 參照上述「台灣私法」第一卷上，七一頁，以及藍鼎元所寫「平台紀略」，係台灣銀行經濟研究室複刻版，台灣文獻叢刊第十四種，一九八五年出版，三〇頁。

⑤ 參照台灣臨時土地調查局「台灣舊習慣制度部分調查」一九〇一年出版，六二、七五頁。附帶說明，台灣的土地制度業已根據其開墾歷史劃成官田、番地、及民業田等，但隨着時間的流逝，民業田逐漸佔居了絕大部分，遂構成台灣土地制度的統治形態（參考上述「台灣私法」第一卷上，三九二～三九三頁）。另據說，清朝統治台灣的初期，官佃田園有八，三九一甲，文武官田則有一〇，〇六三甲（參考台灣歸屬清朝後，諸羅知縣季麟光上督撫之文件，以及上述「台灣通史」第四冊，六五二～六五四頁）

⑥ 實際上一直比中國大陸多徵兩倍的台灣土地稅，一七三一年做了修改。對一七二九年（雍正七年）以後開拓的新田園，採用了約低於舊稅率五分之四的新稅率。這是因為，清朝政府參考福建省同安縣的法則，將一甲地定為二畝三步，根據田園的等級來劃分稅率，以一畝為一單位規定錢數，並將其換算成稻米繳納土地稅收所致（參考程家穎所著「台灣土地制度考察報告書」，台灣銀行經

濟研究室複刻版，台灣文獻叢刊第一八四種，一九六三年出版，四～六頁）。再者，對上述稅制，一七四四年又做了修改，但對這一年之後新開墾的土地，較一七二九年之前的租率還要低三分之二（同上）。

⑦ 參考上述『台灣私法』第一卷上，二六七頁，以及台灣總督府民政部殖產課的「台北縣農家經濟調查書」第一章「北部台灣開拓的沿革」，一八九九年出版，九頁。

⑧ 關於其具體事例，可參考臨時台灣舊習慣調查令第一部調查第三次報告書「台灣私法附錄參考書」第一卷上，一九一〇年出版，一八六～一八八頁。

⑨ 三郊係北郊、南郊、港郊的總稱。有關其活動內容，可參考本書第五章第一節。

⑩ 即表示開港順序：第一位是台灣府（台南），第二位是鹿港（中港），第三位則是艋舺（北郊），（參考劉克明著「台灣古今談」一九三〇年台北出版，一九～二〇頁）。附帶說明，也有人說艋舺是一七九四年（乾隆五十九年）的開港，（例如東嘉生所著「台灣經濟史」一九四四年台北出版，二九六頁），而根據連橫的「台灣通史」（同前述，第四冊，六二七頁）則說是一七九二年（乾隆五十七年）開港，此書採納了後者的說法。

⑪ 參考前述「台灣私法」第一卷上，三一六～三一七頁，以及前述「台灣舊習慣制度一部分調查」一二二～一二三頁。

⑫、⑬ 參考上述「台灣私法」二七一～二七二頁，以及「台灣舊習慣制度一部分調查」六四頁。

⑭ 在那種情況下引人注目的是，大租權的買賣價格，業已受米糖等商品作物價格所左右。也就是說「買賣價格要受米糖價格之高低的影響，不論台灣南北，均無不同」（參考前述的「台灣私法」第一卷上，三二八頁）。

⑮ 台灣曾在平定林爽文之亂（一七八六年）翌年的一七八七年，曾一度實施銀納制，即繳納現金制。當時，台灣的財政因該亂而陷入極端困難狀態，因而台灣知府鄭廷理策劃改納穀制爲納銀制。但這並非易事，終告失敗。（參考伊能嘉矩所寫「台灣文化誌」中卷，一九二八年出版，五七一頁）。此點明顯地表現出當時台灣的商品經濟尚未達到那麼高的水準。對此，一八四三年向納銀制過渡成功是值得注意的。但當時實施納銀制的動機之一，是爲了解決台灣的財政困難。

⑯ 例如，以當時台北地區地主的實例看，一石米的時價僅在一元左右，若推行納銀制而繳納現金，則是一石米以兩元多的比例被徵收。據說，大租戶的實際所得幾乎被減了一半（參考前述「台北縣農家經濟調查書」的七二頁）。無庸贅言，這是導致地主隱瞞田產的主要原因。

⑰ 這種狀況一直持續到日本佔領台灣的初期。一八八八年動工，一八九一年通車的中國第一條鐵路，僅限於新竹～基隆之間，而且該鐵路「結構極端不完備，橋梁地基都很差」（小川琢治著「台灣諸島誌」一八九六年出版，二七九頁）。據說，「台灣島內交通不

⑱ 便……沒有一條像樣的道路，河流也沒起到任何作用」（同上，二七七頁）。因而前述三郊之一的港郊，爲與台灣西部海岸的各港口從事貿易而利用了內海。

⑲ 參考James W. Davidson,所寫The Island of Formosa, Past and Present Historical View from 1430 to 1900，New York, 1903, PP.373～374。

⑳ 參考前述「經濟資料報告」上卷，五二頁。

㉑ 同上報告，一三二頁。

㉒ 參照原熙所寫「台灣的糖業」（「農學會會報」第三十三號，五三頁；第三十五號，三一四頁，以及信夫清三郎所著「現代日本產業史序說」，一九四二年出版，三一四頁。

㉓ 關於對糖廍各生產組織內容的敍述，主要根據「臨時台灣舊習慣調查會」「台灣糖業舊俗一斑」（一九〇九年出版）第一章。通常多認爲牛掛廍即是牛犇廍內。例如，臨時台灣糖務局編「第二次糖業記事」，一九〇三年出版，即屬其例。

㉓ 請參考前述「台灣糖業舊俗一斑」三一～三四頁。

㉔ 同右，五五～五六頁。

㉕ 參考前述信夫著「現代日本產業史序說」三二四、三二七頁。

㉖ 參考前述「台灣糖業舊俗一斑」六六頁。

㉗ James W. Davidson op. cit, P.447。

㉘ 從一八九五年以前的白糖輸出量看，一八八四年的九，二九九，〇〇〇磅達最高峯。但當時的輸出比例也不過佔生產量的七%左右。而在砂糖全部的輸出量中，白糖所佔的比率最多也不過是一〇%左右（參照James W. Davidson op. cit, P.457）。

㉙ 參考前述「第二次糖業記事」三六～三七頁，大川仁兵衛著「台灣南部的農業（第三回）」（「講農會會報」第二十九號，一八九七年四月出版，四一～四四頁）。此外，據大川記載，與台南支部直接相關的白糖製造所的業主全部係台灣本地人，而且其人數多達六一人（同上，四四頁）。

㉚ Dr. W. W. Myers, 1890 British Report for Taiwan.引用自牟田豐著「台灣創業介紹」，一八九六年出版，一四二～一四三頁。

㉛ 同上，參考一四三頁。

㉜ James W. Davidson. op cit, P.449。

㉝ 參考前述「台灣糖業舊俗一斑」六二～六三頁。

㉞ 同右，參考六六～六七頁。

㉟ 參考「第二次糖業記事」三一頁，以及前述信夫著「現代日本產業史序說」，三三〇頁。

㊱ 參考前述「台灣文化誌」中卷，五九八頁。

㊲ 帝國主義的殖民地統治自然要保存對自己有利的本地舊俗制度。無庸贅言，要使其發揮對自己更加有利的功能，爲其殖民地經營吸取最大限度的利益。從此意義講，保存本地地主制，也是爲了日本帝國主義的自身利益。

㊳ 對這一點，當時的台灣總督府統治當局也給予積極的評價。亦即「本島人均爲自古遷屋至本島的漢民族，他們具有相當高的農業技術，而且勤奮，謀利心理很强。應該說，本島農業之所以能以稻米爲首，積極栽種甘蔗、香蕉、鳳梨等商品農作物，除了自然環境優越之外，多爲依靠農民的這種很强的營利心理（參考台灣農會的「台灣的農業」，台灣總督府殖產局編，一九四一年出版，二三頁）

㊴ 日本佔領台灣之後，台灣總督府即很快通過各地的民政支部及民政支部辦事處，著手進行人口調查。但由於「土匪的擾亂」等情況，而未能進行徹底的調查。一八九六年四月以後，又進行了第二次調查，但對鳳山及台東兩個支部廳卻仍未加以調查，而其他地方的調查也是「猶未精確」。爲了提供參考，以第二次調查爲依據：除去日本人，台灣的人口數字是，以戶計算，共四三二，七八八戶，以人數計算，共二，一二八，二六七人（上述資料係根據台灣事務局編纂「台灣事情一斑」上卷，一八九八年出版，一七八～一七九頁）。此外，關於一八九九年以後的人口數，大致可參考台灣銀行「第十次金融事項參考書」（一九一六年出版，三四二頁）。

㊵ 參考前述「帝國主義下的台灣」四二頁（「矢內原忠雄全集」第二卷，二二一頁）。

㊶ 關於其事例的記載，可參考台灣總督府「台灣祖國人農業殖民」一九二九年記述。

第二節　資本主義生長的「基礎工程」

一、運用警察制度和保甲制度

始於日本佔領台灣的資本主義移植，面臨台灣本地勢力頑强的抗日運動，前後費時七至十年始得以開始推行。日本佔領台灣不久，很快即由台灣的一部分本地士紳和官僚成立了所謂的「台灣民主國」，由本地勢力領導，展開了對日抗戰。這個「台灣民主國」雖僅是曇花一現①，但它却帶來了個頭，使台灣全島各地的反抗勢力風起雲湧，此伏彼起。這使日本對台灣的統治——維持治安——很難進行②。但是，在這些反抗勢力當中，有的厭惡新政府的統治，以反抗日本官憲爲名而展開行動，但其中也包含不容忽視的潛在經濟力量，因而或多或少地獲得到島民的支持③。因此，日本政府，即台灣總督做爲「治匪」的方針，自一八九七年底開始實施了所謂的三段警備體制。該體制是，將台灣全島劃分成三個地區，將其中「土匪」最猖獗的山地一帶做爲「一等地區」，派駐軍隊充當警備，而對「土匪」騷亂較輕的平地市街劃爲「三等地區」，以警察維持治安；對相當一等地區和三等地區之間中間地帶的二等地區，則以憲兵爲主從事警備工作。然而，這一方針並未取得預期效果，僅實行一年多即被迫廢除。在此期間，台灣總督連續不斷地大換班④，暴露了日本殖民地統治的窘況⑤。同時，也顯示出台灣島內本地勢力具有根深蒂固的基礎。

台灣島本地勢力的頑强抵抗，使日本的殖民地統治，一面爲鎮壓「土匪」必須耗費龐大的軍事支出，另一面也迫使它拉開了結束軍政統治，代之以民政時代的序幕。就前者而言，例如日本佔領台灣翌年的一八九六年度，台灣的經常歲出爲五九一萬圓。其中所謂的「民政費」佔五三%，達三一五萬圓，而一八九七年度則增爲六二%，達四

七四萬圓。相反，一八九六年度的歲入則只有二六三萬圓，其不足部分的三二八萬圓則不得不仰賴日本中央政府做爲補助金的一部分予以提供⑥。自翌年的一八九七年度，日本在台灣設立了特別會計制度，僅將軍費支出劃歸爲日本中央政府一般會計的支出。但此項支出額高達五九六萬圓，其規模相當於同年台灣歲入總額一，一二八萬圓的五三%。如此龐大的支出，對於當時僅停留在產業資本發展階段的日本資本主義而言，確是一項沉重的負擔，尤其是中日甲午戰爭之後的反彈性經濟不景氣，更令人感到其負擔之沉重。此時，日本的部分輿論已開始對佔領台灣的經濟價值提出疑問，甚至產生以一億圓的代價賣掉該島的主張⑦。可以說，這種狀態表現了日本殖民地統治處於進退兩難的窘境。

另一方面，軍政統治鎮壓本地勢力的失敗，導致了兒玉源太郎（總督）——後藤新平（民政局長，後改稱爲民政長官）的所謂民政統治的登台。兒玉——後藤路線，對新領土的經營，科學地分析了台灣的風俗、習慣、人情等的當地土生土長的一切條件，並以此爲依據，制定了殖民政策⑧。基於這一政策的兒玉——後藤的民政統治，很快地成立了日本最早的人文科學性調查機關——臨時台灣舊習慣調查會。此外，又斷然地實行了土地調查和人口戶籍調查，還將台灣總督府的權力組織由原以軍部中心改成以民政部爲中心，儘可能防止來自日本中央的掣肘⑨。而在治安方面，則由平定「土匪」方式改爲招降，廢除上述三段警備制，代之而登台的是，殖民地台灣特有的警察制度和保甲制度這種兩輪運轉的統治體制。

台灣的警察，原在日本統治初期的軍政時代，是由陸軍省的雇員充任警察官的。但隨著一八九七年六月的官制改革，設立了六縣三廳，警察則有警部二七五人，巡查一，三〇〇人⑩。其後雖有一些變化，但只限於人數和配置的變化，其制度組織本身則依然與日本本國政府領導下的警察組織沒有太大的差異。但隨著官制改革，在台灣的地方廳設置了總務課、警務課和稅務課等行政機構，而各廳首長由普通的文官擔任。但其實際情況是，各廳的事務大

半由警務課執掌，總務和稅務如無警務課的協助，即無法執行任務。而在其下級官廳，其支廳長由警部充當，其以下的官吏全部爲巡查（在法律上稱「警察官吏」）⑪。三段警備制的廢除，使警務體制得以徹底推行，警察勢力滲透到政治機構的各個角落。其結果，「充當總督府的幫手，直接與人民接觸的是警察。而能接觸人民耳目的官吏，只有警察。」⑫。日本的殖民統治形成以警察爲中心的政治而紮根於台灣，是由於與本地抗日勢力處於緊張關係的結果。但這也給台灣殖民地社會留下了深刻的烙印⑬。

另外，關於推行保甲制度問題，保甲制度是古時候中國鄰保連帶的自治警察輔助組織，而日本佔領台灣當時的保甲編制，則是根據清乾隆以來所定的制度。「保甲制度」是根據街莊區域，以十家爲一牌，牌設牌頭；十牌爲一甲，甲設甲長；又以十甲爲一保，保設保正，是一種鄉黨組織。保甲的職務大致可分爲警察、戶籍、稅收三項，而其中以警察職務爲最重要⑭。該保甲制度被運用於日本殖民地統治的，乃出自治「匪」對策。一八九六年，台灣中部遭「大匪」之亂後，爲安撫民情，當時的內務部長古莊被派遣到嘉義雲林地方，他得知台灣存在保甲制度之後，即恢復這一制度，並逐步將其施行於全島⑮。於斯，一八九八年八月頒布了保甲條例（律令第二十一號），使其成爲日本統治台灣的基礎之一⑯。

這項保甲條例雖僅有七條法令條文，但其目的正像該條例所明記，在於以「連坐責任」來「維持地方的安寧」。爲此，規定設置壯丁團，並決定將其置於所在地主管警察官的指揮監督之下⑰。保正或甲長則由當地享有盛名的有識之士擔當，做爲不拿報酬的榮譽職，在自宅辦公而不另設辦事處。另外，壯丁團亦不支付薪資，僅在出差召集等情況下供給伙食費，亦即屬於無薪勞動。以這種形式被動員的人，到一九〇六年底已達九〇，九一五名，相當於當時的警察官吏一〇，一八四名（一九〇七年）的九倍⑱。日本的權力在於利用這種保甲制度，平時則利用它整理戶口，監視本地人民的日常行動、負責管理公共衛生、糾正吸鴉片的弊害、維護道路交通的安全，甚至預防害

虫獸疫等凡是與人民有關係的事物，無不直接或間接借助保甲的力量加以治理。廣泛而又巧妙地進行脫胎換骨式的殖民地統治。關於這一點，正如竹越與三郎在其所著「台灣統治誌」（一九〇五年出版）書中所指出的⑳，只靠軍隊和警察的力量，以有限的財政力量，是無法維持台灣的治安，但對保甲制度的繼承式的活用，不僅未給財政造成負擔，反而成功地維持了治安。

如前所述，日本的台灣統治，在兒玉、後藤時代，依靠以警察爲中心的地方行政組織和舊有的保甲制度，整備了它的統治體制。之後，前者做爲以警察爲中心的政治體制，自上而下地在台灣殖民社會中紮下根；後者則被改編爲相適應的治安機關的基層組織，發揮著它的作用，並被保存下來。這二大統治系統，做爲日本統治台灣這塊殖民地的基幹，形成日本殖民政策的一大特色。而創建及維持這一統治體制的法律基礎，不外乎是「六三法」㉑。該法賦予了台灣總督以廣泛的包羅萬象的立法權限，其結果，等於承認台灣總督擁有實際上的法律效力，可以無限制地發布命令或律令㉒。在此統治體制下，原存在的本地抗日勢力逐漸遭鎮壓，而對於不「歸順」的「土匪」，則進行殘酷的討伐㉓。這樣一來，日本維持其無情統治及治安，在台北地方約到一九〇〇年春、中部及南部地方約到一九〇二年夏，均勉强得以收效。

二、推行土地調查工作

隨着鎮壓了「土匪」和「民政」統治的形成，日本的殖民地經營始得以實地推行日本資本入侵台灣的「基礎工程」。做爲其「基礎工程」，引人注目的是，以整理大租權爲中心的土地調查工作以及以台灣銀行的機關活動爲基軸的貨幣金融制度的整頓。前者係在台灣本地人做出犧牲和負擔的情況下，明確了土地所有的單一和完整的權利關係，爲土地買賣帶來了方便和安全，後者係爲日本資本、尤其是製糖公司侵入台灣舖設道路。兩者互相配合，對日

本統治殖民地台灣，即移植資本主義，具有決定性的意義。在這裏，首先對前者的實際情況加以探討。

土地調查工作反映了日本的武力征服台灣係以自北向南逐漸推進的順序展開，首先是由台北縣的文山、石碇、擺接三區域開始的㉔。顯示土地調查工作第一步的台灣地籍規則和土地調查規則，是一八九八年七月公布。當時，日本的國家權力統治範圍尚僅限於台灣北部一帶。依據土地調查工作報告，正如第4表所示，自一八九八年七月到一九〇〇年的約兩年半時間，所測量的土地面積只不過一二九，〇〇〇甲，而且大部分集中在台北地方。在全島的「土匪」平定工作告一段落的一九〇二年夏天，是土地調查的顛峯時期。土地調查工作總共投入一，七六〇，〇〇〇人，耗資五，二二〇，〇〇〇圓，前後經過六年時間。它如實地告訴人們，本地民衆抗日勢力是何等的根深蒂固。反過來說，土地調查工作的完成也意味著日本對台灣的統治，亦即統治體制已經正式確立。

第4表　台灣土地調查事業之發展狀況

年　別	測定筆數（件）	測定面積（甲，概數）	主要對象地域
1898年*	16,227	3,650	台北
99	173,944	30,361	台北・基隆
1900	196,978	95,110	宜蘭
01	266,377	127,410	新竹
02	647,036	364,259	台中・台南
03	352,894	202,576	台南・屏東

本表根據臨時台灣土地調查局「第四回事業報告書」1905年，105頁而作成。
*號表示自該年7月開始進行測量。

有關土地調查工作核心之一的大租權的整頓問題，總督府在進行土地調查時，則根據業主（小租戶）申報的大租負擔，勸其同時開寫大租名册。據此，一九〇三年十二月發佈了確定大租權的公告㉕，從此以後，則根據該公告禁止設制大租權的新規定和提高租額。而翌年的一九〇五年五月，又公布「關於整頓大租權一事」（律令第六號），將上一年確定的大租權取銷。對於取銷了的大租權，則對有大租權者和有關繼承人以公債券方式加以補償。此時，有關者的數目、金額的規模、出錢的方

第5表　大租名冊閱覽人數及補償金額之交付

廳　　　別	權利者數（人）	義務者數（人）	合　計（人）	交付補償金（圓）
台　北	3,875	23,860	27,735	513,941
基　隆	804	10,547	11,351	82,277
宜　蘭	920	7,753	8,673	91,847
深　坑	350	3,955	4,305	16,517
桃　園	1,970	16,000	17,970	362,003
新　竹	1,966	12,139	14,105	210,054
苗　栗	2,256	16,216	18,472	135,707
台　中	2,910	13,755	16,665	378,488
彰　化	8,932	32,487	41,419	758,163
南　投	1,360	12,180	13,540	117,995
斗　六	3,333	28,902	32,238	217,754
嘉　義	2,134	39,920	42,054	191,051
鹽　水	5,630	35,234	40,864	186,434
台　南	389	6,877	7,266	45,514
蕃薯寮	613	2,933	3,546	36,632
鳳　山	1,127	20,548	21,675	201,359
屏　東	1,218	16,742	17,960	232,297
恆　春	9	87	96	1,437
計	39,799 (37,617)	300,135 (292,334)	339,934 (329,951)	3,779,479

本表根據臨時台灣土地調查局「第五回事業報告書」1905年，111～112頁，139頁而作成。

1)　括弧內之數字表示在法定公告期間內閱覽完畢之權利義務關係者人數。

2)　權利者中包括擁有大租權之典胎權者。義務者中包括對業主權負擔典權者。

3)　補償金額總數在圓以下之小數點已省略，故與合計金額稍有不符。

式等即成爲值得注意的問題的焦點。

有關上述事項，首先可參考第5表。該表在幾個要點上，爲我們提供了寶貴的資料。第一是，對有關台灣農村社會的土地所有關係，即三大階級關係的大致構成情形，我們首次得到了清楚的資料。亦即，有大租權利者的數字，如包括擁有典胎權㉖的人數，共計三九，七九九人，若再加上有關業主，則總數多達三三九，九三四人。如將此數與前述一九〇五年人口戶籍調查中，九九〇，〇〇〇人（第3表）的農業人口相比，根據整理出來的資料，從規模看，擁有大租權相關者㉗相當於農業人口的三分之一。如以此爲基礎，大致推測台灣

大租戶、小租戶、現耕佃人

農村的階級構成，一九〇五年前後的大租戶、小租戶和現耕佃人的人口概況是：大租戶，包括擁有典胎權者約爲三八，〇〇〇人；小租戶，包括自耕農約爲三〇〇，〇〇〇萬人；現耕佃人約在七五〇，〇〇〇人左右㉘。歸根結底，土地調查工作就是採取措施，對台灣所有的耕地進行調查，明確其土地所有關係。

在第5表中值得注意的第二個側面是，在顯示本地勢力地域分布中，擁有大租權利者及爲其服務者的地區結構。擁有大租權利者的分布區域，在北部地方主要集中在台北廳，在中部地方是彰化廳、中南部地方爲斗六、嘉義兩廳，南部地方則爲鹽水、鳳山、阿猴三廳。與此相適應，爲大租權利者服務的（主要指小租戶），也多集中在台北、彰化、斗六、嘉義、鹽水港、鳳山、阿猴等地。從整體看，在這七個廳內居住着相當於擁有大租權關係者的三分之二，二二三，〇〇〇人，日本進行武力平定時，中部的雲林（斗六）、嘉義及南部的鳳山等地使其遲遲不得進展，這與上述本地勢力的分布情況不無關係。

關於對大租權的整頓問題，最令人注目的是第三點，即在處理有關補償金一事上日本國家權力所施展的欺騙手法。這就是台灣總督府對擁有大租權利者每人平均只付予一〇〇圓的補償金（參考上述第5表），而且又主要是以公債券償還了事㉙。另一方面，對小租戶和一般農民則以大幅提高地租率㉚和揭發隱瞞田產爲手段，大加增徵地租。也就是說，土地調查的結果，田地的面積比劉銘傳丈量時增加了七一%㉛。而所徵收的地租額，較整頓大租權之前最多不過九二〇，〇〇〇萬圓左右（一九〇三年）一躍而增爲三倍的二，九八〇，〇〇〇圓（一九〇五年）。結果，台灣總督府僅地租收入一項便於一年之內增收二，〇六〇，〇〇〇萬餘圓，此筆金額恰好得用以支付大租權補償金的大半。因此，台灣總督府只以兩年的地租增收額即足以支付大租權補償金，且有剩餘。從其結果看，不過是以增加本地人（小租戶實際上是佃農和一般自耕農）的負擔來整頓本地人（大租戶）而已。從這裏可以看出日本帝國主義搞殖民地經營所進行的土地調查工作的本質。

台灣總督府採取了上述巧妙的詭計，將原封建土地所有形態的上層所有權者大租戶「收買」到政府的手裏，再使下層所有權者小租戶成爲完全的土地所有權者。而對補償金，正如前頁所述，則以公債券加以支付。實際上，台灣總督府無需負擔任何資金，即完成了上述任務。與此相反，許多舊大租戶只能將拿到的補償公債（日本帝國年利率五分的公債及台灣事業公債），一〇〇圓的只能以四〇圓到五〇圓的低價賣給「狡猾之輩」或是台灣銀行㉜。因此，多數昔日的大租戶便輾轉淪爲貧戶㉝。這樣，土地調查工作是做爲動員資本和加強日本資本（台灣銀行）的統治的一環而推行的（關於此點，本書在第五章第二節中將再作詳細論述）。

關於土地問題，與土地調查工作同樣引人注目的，現階段有兩件「基礎工程」，那就是對林野的調查和對林野的整頓。與土地調查工作相比，這兩大工作並非那麼煩雜，所需人員及經費也並非要求那麼大的規模。當時，日本對台灣的統治已經大致走上軌道，而本地人民主要是以農業爲經濟基礎，對林業則相對疏遠。

對林野的調查工作，始於日俄戰爭後，在台灣西部地區一帶正興起現代化的製糖工廠的一九一〇年，一直持續到第一次世界大戰爆發的一九一四年。而且與土地調查工作的內容大相徑庭。其結果是，確立了大部分都屬於官有地。關於日本國家權力確定林野所有權問題，在它佔領台灣之後的一八九五年，理所當然地發布了「官有林野取締規則」，凡未領有地券或所有權證的山林原野均收歸官有，即規定了所謂「無主地歸國有」的原則。林野調查工作將此原則最大限度地應用在迄今本地住民習慣於「擅自」開墾、耕種、造林，或採伐林產物的「緣故地」（譯按：即無確定的所有權，因長期約定俗成，爲地緣民衆利用，墾拓土地，日人稱「緣故地」。）由於缺乏其擁有業主權的證據，而以「保管林」的名義，被核定爲官有地。例如，在關於林野業主的一六七，〇五四件申告案中，判定爲官有地者達七五三，〇九一甲，而核定爲民有地者僅三一，一七九甲㉟。由於山林地與農耕地不同，尚未形成明確的私人擁有權，因而日本的國家權力在進行山林調查時，赤裸裸地肆無忌憚地施展了其掠奪和統治的技倆。

然而，所設立的上述「保管林」，由於對林野未徹底地確立單一且完整的所有權制，反而妨礙了對林野的殖民地式利用和處置㊱。因而自一九一四年起十一年間所施行的林野整理工作，即為糾正此缺點而採取的措施。其整理方法是，首先將官有林野區分為需保留林野與不需保留林野，將後者售予需要利用「保管林」者及「擅自」開墾等有關人，或做為預約的開墾成功之林地出售㊲。依靠這種整頓方法，台灣總督府共賣出二〇四，九一二甲林地，所獲收益為五，四五九，八六三圓鉅款㊳。關於此點，正如矢內原忠雄所指出的，這是日本政府通過强權而施行的實質上的沒收，是直接侵害私有財產制，也是以國家權力的直接介入來累積資本㊴。在台灣明目張膽地幹出此事，正是暴露了日本殖民政策的本質，即國家權力的性格，它具有重大的意義。

總之，林野調查和整頓工作的推進，有如土地調查工作同樣，是以本地人的負擔來動員本地資本，並將其做為資本主義化基礎工程中的一環，為日本資本家企業侵略台灣開闢道路。只是，在其調查、整頓的過程中，日本國家權力不得不對三者採取不同的方法。為明確台灣西部田園的所有權而進行的土地調查工作，日本政府年年確保地租的大幅增收，又將整頓大租權所付公債的負擔轉嫁給農民，以本地人的負擔對本地人（大租戶）進行了整頓。而對林野調查和整頓工作，則以「無主地歸國有」的原則為擋箭牌，不僅不給台灣本地人以任何合法的所有權，反而向他們掠奪鉅額資金㊵，國家權力通過後者，以徹底的方式，對台灣本地人的土地進行了直接的掠奪。

這樣，土地調查、林野調查和林野整頓這三大工作，同時將台灣本地的主要經濟勢力不折不扣地限定在農業所用土地之上。這也是其整頓台灣本地經濟勢力「基礎工程」的一環。

三、完善貨幣、金融制度

推行資本主義化「基礎工程」的一項重要工作是，準備制定以台灣銀行為中心的貨幣及金融制度。如前所述，

與對岸貿易往來的興盛及外國洋行的滲透，反映了台灣商業性農業的發展。因而從中國大陸流進的，以及台灣本地官廳發行的、民間私造的各式各樣的貨幣在流通，而且外國的銀幣也很多，因而日常交易所使用的貨幣竟達一百數十種，混亂不堪，而且價值基準也不統一。由於有關貨幣的基本法規尚未確立，因而既有稱量重量付銀幣的，也有像銅錢那種計量的㊶。加之，日本統治台灣初期的軍政時代，爲求支付龐大的軍費開支，流入大量的日本銀行兌換券、壹圓銀幣和輔助貨幣，使台灣的貨幣制度更加錯綜複雜。無庸贅言，這種狀態也給向台灣移植資本主義日本資本入侵台灣帶來了很大障礙。

完善貨幣、金融制度，具有一個很大的謀略，即將這裏錯綜複雜的幣制與日本本國的制度統一起來，由此而將台灣轉變成日本資本主義經濟圈的一個組成部分。但是，由於台灣本地人固有的根深蒂固的商品交易習慣，以及以茶、糖輸出爲金融重心的外國洋行的滲透㊷，加之全島統一治安的進展狀況，使日本政府謀求的統一幣制改革不能隨心所欲地進行。例如，一八九七年三月，日本以從中國獲得甲午戰爭的賠款（總計高達四七九〇萬英鎊之譜）爲準備金，公布了貨幣法，採行金本位制，但決定不在台灣施行。對台灣，日本政府不得不採取以金幣計算，但又承認原有銀幣流通，所以日本政府乃配合金幣計算，採行所謂的一種過渡性的銀圓法幣制度㊸。其結果，在台灣一個時期採行了不正常的金、銀兩位的貨幣制。也就是說，給台灣帶來了由於金銀比價的變動而形成台灣貨幣價值不穩定的貨幣制度。

爲應付這種局面，日本政府所開始整頓的金融制度，首先是創設台灣銀行㊹。讓我們觀察一下創立台灣銀行的宗旨，引文稍長，原文如下：

台灣銀行做爲台灣的金融機構，旨在爲工商業及公共事業通融資金，開發台灣的富源，謀求經濟的發展，進而將營業範圍擴大到南洋地方及南洋諸島，成爲這些國家的商業貿易機關，從而起協調金融的作用。現台灣的景況

是，像樣的金融機關甚少。由於無金融疏通之路，人們遭受異乎尋常的高利之苦，而且各種事業極少屬於本地人經營，基本上是被外國人所壟斷。因此，應該使這塊新領土上的人們理解金融機關的可信性，同時逐漸爲我國人（按指日本人）能在台灣辦理事業給與方便，從而必須爲此而開拓一條誘導之路。由於台灣遠離我國本土，最重要的是，需在經濟上考慮該島的獨立性，並做好準備，一朝有事能拿出維持經濟獨立的計策。另外，貨幣制度極其紊亂，市面流通各種雜亂的內外貨幣。從而需使台灣銀行充當整頓幣制之任。這即是需要迅速成立台灣銀行的原因。

總之，設立台灣銀行，使其擔負「幣制整頓之任」，其目的之一在於：使新領土的人民能理解金融機關的可信性，同時逐漸爲我國人（日本人）在台灣辦理事業給與方便。換句話說，即爲了打破本地人貨幣交易的舊習和從台灣驅逐外國資本，以便達到爲日本資本進入台灣而鋪路。但就實際而言，如果不驅逐舊的勢力，由日本新勢力對金融制度進行整頓，台灣的貨幣統一是不可能的。

然而，台灣銀行的設立，遠比預期的還要遲，其開始營業已是該銀行法公布後過了兩年半的一八九九年九月。其原因在於，甲午戰爭後的經濟不景氣和台灣的治安狀態不佳，使該銀行很難從民間募集股金㊺。其後，由於日本政府本身參與投資和保證填補虧損而得以解決㊻。此事反而加强了台灣銀行做爲政府機關的性格。

而開始營業的台灣銀行，爲達到其上述目的，不得不爲統一幣制而展開自主的金融活動。但是，這種過早創設的早熟的台灣銀行，直至一八九九年底，其一般放款額僅爲十萬餘圓，這如實地暴露出該銀行並未得到人們的充分信任㊼。因此，銀行只好着眼於政府事業資金的融資業務，一八九九年三月政府公布的台灣事業公債法，即爲其起點。

台灣事業公債，係台灣總督府爲完成前述土地調查工作、鐵道舖設和築港事業爲中心，加上廳舍建築事業等各項設施的工作，以歲入的本金和利息做爲支付保證而發行的。但其發行始終係以台灣銀行或國庫存款部承擔的㊽。

第6表　台灣銀行主要之資產科目　（1000圓）

科　　目	1898年12月	1900. 12	1901. 12	1902. 12	1903. 12	1904. 12
政府貸款	2,500	6,200	5,200	6,850	3,978	3,552
貸　　款	101	204	257	435	580	921
暫時透支存款	146	188	242	479	487	598
貼現票據	607	1,057	1,257	2,174	3,707	4,424
匯　　票	21	22	33	50	122	192
雜　　項	44	33	5	15	12	19
各種公債說明	236	2,215	2,138	2,086	2,084	2,698
存　　款	—	15	115	237	168	443
催收票據	—	—	—	—	519	463
承付票據	—	—	—	—	—	124

本表根據台灣銀行「營業報告書」第1期～第8期而作成。

也就是說，一九〇〇年度第一次發行的總額二，二一〇，〇〇〇餘圓的公債，全部由台灣銀行認購。其後到一九〇六年總共發行十五次，總額三四，五〇〇，〇〇〇餘圓的公債，則係特別發行方式，由二者共同認購，一次也未公開募集台灣事業公債。另一方面，台灣總督府爲推行上述事業所需挪用的經費，根據公債法第五條的規定，得以從台灣銀行調度臨時借款。這種臨時借款的期限，初爲一年，但自一九〇一年四月起改爲三年。通過兩者之間的金融關係，台灣銀行在創設當初即覓得一條生路。事實上，正如第6表所示，台灣銀行在創設當初即將其大部分運轉資金用於向政府貸款及認購公債，而台灣銀行所進行的貨幣和金融制度整頓，亦是採取與上層機關結合的方式進行的。前述有關整頓大租權所需認購的公債，亦是整頓貨幣及金融制度工作的一環。

隨著上述認購事業公債和向政府借款等的資本主義化基礎工作的穩定實施，台灣銀行的金融活動範圍逐漸地擴大。正如同上表所示，一九〇三年的貼現票據額已超過公債承兌額，其款項之大幾乎可與政府放款額的規模相匹敵，而押匯票據業務亦較前一年增加一倍。但無論是貼現票據或押匯票據，這些業務與向政府貸款及認購公債的性質大不相同，債權債務的規模將會因金銀比價的變動而大受影響。但是，在前述過渡性的「銀圓法幣」制度下，除了台灣本地人之間的交易，日本人方面和

管轄區域官廳內則以金幣爲價格的標準，而以銀幣、銀券爲交換媒介，因而不僅算帳或記帳非常複雜，同時也由於金銀比價的變動，導致人們搞各種投機交易㊾。亦即對台灣銀行來說，當金銀比價的法定行情傾向上漲時，銀行的存款即迅速被大量提出，貸款也隨之增加，但相反法定行情出現下跌徵兆時，銀行存款即突然增加，貸款亦隨之減少。這種狀況也表現在滙兌投機方面，台灣銀行直接蒙受着因法定行情變動而產生的差額損失，加之，所招致的滙兌投機的激化，將台灣銀行趕進「非常貧困的狀態」，甚至達到了「現幣制危及本行生存基礎」的程度㊿。台灣銀行的業務擴大，反而使自己陷入極其窮困的狀態，但台灣銀行亦因此不斷的向中央做工作，希望早日廢止銀圓法幣制度，而改爲金幣制。一九〇四年六月四日，台灣總督府未待帝國議會審議，即以「自衛之策」(51)名義，公布並實施幣制改正令（律令第八號），正象徵性地顯示此一問題的嚴重性。

台灣銀行迫於自衛之需而開始的稍微唐突的幣制改革，於同年七月一日發行了可兌換金幣的銀行券，除繳納公費之外，禁止一般性地通用銀圓；接著於一九〇六年三月停止發行銀行券，一九〇八年禁止以銀圓繳納公費。最後，將日圓的兌換期限定於一九〇九年四月底、銀行券的兌換時間則截至十二月底。至此，向來在這裏流通的銀幣和銀行券已完全從台灣市場消失。其後，一九一一年四月，貨幣法適用於台灣。使台灣與日本同樣，完全被劃規金本位制度的支配之下。

台灣的幣制改革，與台灣銀行的創立同時開始，通過認購事業公債及向政府貸款業務爲基礎而進行準備工作，後做匯兌、票據業務，進而隨着一般貸款的擴大，迅速得以實現。自一九〇四年七月起，台灣銀行發行金圓券，彌補了在發行準備時期由於銀市價格變動所引起的不穩定性，從而得以穩定債權債務關係和進行旺盛的交易。因而可以認爲，台灣的幣制改革至此可算告一段落。事實上，台灣銀行自一九〇五年以後，由於幣制改革而出現的金圓券流通，而使資金逐漸寬裕，產業及貿易金融亦正式登上舞台。同年，與日本勸業銀行簽訂「代理貸款」業務契約

（在第五章第四節中再加以詳述），開始為農工業提供長期低利資金。另一方面，開始收買歐美的匯兌，開始辦理茶葉輸出金融等，其活動非常積極。由於擴大到收買歐美匯兌，致使迄今在中間活動的舊勢力媽振館和匯兌館衰落，並將洋行的主力由中國本土遷移到台北㊾。而對砂糖業的融資將在後頁詳述（第四章第一節），糖業以貼現票據和押匯票據為中心而日益活躍。

歸根結底，台灣的幣制改革是為了日本資本能安全投資而創建基礎條件，具備了這個條件之後，始促成日本資本的流入，以及以製糖業為首的資本家企業的勃興。從上述台灣銀行的活動看，台灣的幣制改革決非本地人本身出自經濟情況而自發地發展出來的。正如矢內原忠雄亦指出的㊿此一改革只不過是出於統治國日本基於「金幣國」資本的需要，為促進對殖民地台灣的貿易和增加投資所必需。而且這一改革和移植，是為了剷除島內本地勢力、驅逐外國洋行等所必須做的，具有殖民地經營上的重大意義(54)。

四、日本帝國主義統治的確立

可以認為，上述台灣資本主義化的「基礎工作」，通過土地調查工作和整頓貨幣制度，約在一九〇四年左右完成。前者是為了確立生產手段的所有權，後者則是為了統一商品交換手段及基準，都是不可或缺的。此外，為統一商品數量的規定，一九〇一年實施了度量衡條例。一九〇五年前後，為促進商品的流通，大體上整頓了交通、通信等機關。接著，又在一九〇五年起實施了公賣制度，使支撐台灣總督府財政的公賣事業走上軌道。此年，總督府的財政已無需依賴日本的補助而能獨立。

如此看來，台灣經濟被納入日本資本主義再生產結構之中的時間，大約是在一九〇四年到一九〇五年左右。從這一點看，一九〇五年十月與土地調查並列進行的、推行殖民地統治所不可或缺的人口戶籍調查，其意義是極為深

遠的。這種類型的人口戶籍調查，當時即使在日本本土亦尚極難實施。正如巴克雷也指出的⑮，實施這樣的人口戶籍調查，正表現出日本統治台灣的控制力量已遍及島內各地的一個標誌；而這項工作的實施，是在日本佔領台灣之後，業已經歷滿十年的歲月才得以完成的。

日本的資本主義以日俄戰爭（一九〇四～〇五年）爲契機，名符其實地進入了帝國主義階段，而在其統治下的殖民地台灣，這一時期恰好資本主義化的「基礎工作」告一段落。這絕非偶然的巧合。

① 關於在這方面最近的研究，有黃昭堂「台灣民主國的研究」（東京大學出版會，一九七〇年出版）。

② 可以認爲，爲反抗日本軍的台灣島民抗日游擊隊活動，大體上到一九〇二年五月底告一段落。此時，由於「匪首」（按指抗日領袖人物）林少貓的戰死，而使日本的軍事行動正式停止。其後的「殲匪搜索」工作，則是以警察爲主力（參考台灣總督府警察沿革誌第二編「佔領台灣以後的治安狀況」上卷、一九三八年出版的〔台灣史料保存會的「日本統治下的民族運動」一書上卷——武力抵抗篇～一九六九年發行的複製版，六三〇～六三一頁〕）。關於這方面最近的研究，有許世楷所寫「日本統治下的台灣」（東京大學出版會，一九七二年出版）。

③ 此事可從當時的民政長官後藤新平在一八九八年三月召開第十三屆帝國議會的貴族院裏，强調維持「六三法」（後述）的必要中看出，即「在地方頗有名望者，僅一個台北縣就有八、九名，他們都從地方上的人民抽取「土匪稅」。這一土匪稅……是從其保護中以每百石純收穫中抽取三十石乃至四十石。而徵收「土匪」者均在各村之中。更有甚者，由頂替町村長的所謂街長、庄長代爲徵收。據說，其代替徵收的手續費遠比街、村長的薪俸還高。」（佐口島春男編「台灣統治關係議會獅子吼錄」一九二八年出版，一五二～一五五頁）。

④ 首任台灣總督樺山資紀的任期是一八九五年五月到九六年六月；第二任桂太郎自一八九六年六月至同年十月；第三任的乃木希典則自一八九六年十月至一八九八年二月。他們的任期最長也只有一年半，最短的不過四個月。官制的改革與廢止頻繁，官紀鬆懈，在台灣文武官員的相互傾軋等也表現出一部分問題。詳情請參考前述「日本統治下的民族運動」上卷，一八五～一八七頁。

(5) 對此，當時的讚岐地方大農商出身的自由黨的井上甚太郎親赴台灣視察後，發表了以下談話：「我到該島（按指台灣——引用者注）時，首先到總督府民政局殖產部詳細陳述了來島的理由，提出希望了解該地產業的情況，並期待達到從頭到尾視察的目的，然

而實際上卻不得要領，而執事者僅以『尚在調查中』一語加以推辭」（參考井上甚太郎著「產業視察錄」，一八九七年出版，第二頁），時爲一八九六年十一月。

⑥ 參考「明治大正財政史」第十九卷，外地財政，一九四〇年，九一五～九一七及九二八～九三二頁。此外，在包括臨時收支的歲出歲入會計中的有關國庫補充金項目，一八九六年度爲六九四萬圓，一八九七年度則達五九五萬圓（同前，九一七頁）。

⑦ 參考後藤新平「日本殖民政策一斑」（演講），一九一四年出版、第六頁。

⑧ 即所謂「生物學政治論」的殖民政策，關於其論點，可參考中村哲、後藤新平的「日本殖民政策一斑的日本膨脹論」，一九四四年出版，八～一一頁。

⑨ 一八九八年四月，台灣總督府將以軍部爲中心的官制，改爲由官房、民政部、陸軍幕僚組成的官制，同時，對軍部的發言權加以限制。即確立了沒有民政部的要求禁止動用兵力的民政部權限（參考鶴見祐輔著「後藤新平傳」第二卷，一九三七年出版，七一～七二頁）。而且後藤提出，統治台灣成功的原因之一，就是「能夠防止中央的掣肘」，並强調「開拓以總理大臣爲首的內閣成員的頭腦」（上述「日本殖民政策一斑的殖民膨脹論」，第六二頁）。

⑩ 參考竹越與三郎著「台灣統治誌」，一九〇五年出版，二四四～二四五頁。

⑪ 參考佐佐木忠藏著「台灣行政治論」，一九一五年出版，一〇九～一一〇頁。

⑫ 上述「後藤新平傳」第二卷，第一五一頁。

⑬ 與此相關，做爲日本官憲鎮壓台灣本地人的材料，可注視一八九八年十一月發布的「匪徒刑罰令」（律令第二四號）。根據該律令，設下了嚴格的規定，即凡是對官憲進行抵抗者，不論已遂還是未遂，全部處以死刑（參考外務省條約局法規課一九六〇年出版的「律令總覽」，第一六七頁）。

⑭ 如戶籍調查這類措施，只不過是根據警察或稅收的需要而進行的。但是，如果進行嚴密的戶籍調查，即使於糾察「盜賊姦宄」的逃亡者，也可挨戶催徵稅款，可達到毫無遺漏的預期目的。（參考臨時台灣舊習慣調查令第一部報告「清朝行政法」第一卷，一九〇五年，三一三～三一四頁）。

⑮ 前揭「日本統治下的民族運動」上卷，第二八〇頁。另根據一說是，保甲制度應用，是後藤新平閱讀「福惠全書」的保甲篇得到啓示而採用的（前述「後藤新平傳」第二卷，第一五五頁），但對後者之說持有疑問。因爲令人感到，鶴見實過於强調後藤的傑出人品，把不管適合不適合的東西，都搬來加以描述。

⑯ 要附帶說明的是，這一保甲制度一直持續到日本殖民地統治崩壞之前的一九四五年六月十七日。保甲制度被廢除的法律根據之一

是：「基於中央政府要改善外地同胞境遇的方針」（參照台灣總督府編「台灣統治概要」，一九四五年出版，一九七三年複製版，第八五頁）。

⑰ 參考外務省條約局法規課「律令總覽」（「外地法制誌」第三部之二）一九六〇年出版，第七九頁。附帶說明，一九〇九年十月曾對保甲條例的第三條進行過修改，補加了「總督府在認爲必要時，可任用保及甲的官員輔助區長執行職務」之項目。之後直到一九四三年五月，未曾修改保甲條例。

⑱ 參考台灣總督府一九〇八年出版的「台灣統治綜覽」，一〇二頁及一一八頁。

⑲ 參考持地六三郎著「台灣殖民政策」，一九一一年出版，第七七頁。

⑳ 同前書，二五一～二五二頁。

㉑ 正式的名稱爲「有關台灣所須施行之法令的法律」。其主要內容是：當台灣需要施行某項法律時，台灣總督可在其管轄區域內，經過勅裁發布與法律具有相同效力的律令。而在緊急狀態下，則可發布允許事後請求勅裁的緊急律令。此「六三法」是根據一九〇七年一月一日發布的「三一法」（法令第三十一號），實際上被繼續施行。關於在此期間台灣總督府律令制度的沿革情況，可參考山崎丹照所寫「外地統治機構的研究」一九四三年出版，二五五～三二九頁，以及中村哲所寫「殖民地統治法的基本問題」，一九四三年出版，一三五頁之後的頁數。

㉒ 順便說明，除最後一任總督安藤利吉之外，日本的歷任台灣總督根據該律令制定權所發布的律令，共達五二六件。其中，兒玉源太郎任內（一八九八年二月二十六日～一九〇六年四月二日）所發布的達一一三件，佔全部的五分之一（參照外務省條約局法規課「台灣的委任立法制度」、「外地法制誌」第三部之一，一九五九年出版，附錄三～四頁）。

㉓ 日本政府，即台灣總督府自一八九七年至一九〇一年的四年中所逮捕的「土匪」數爲八，〇三〇人，而被殺害者則有三，四七三人。對此，據說在一九〇二年的大討伐中，被俘虜而經裁判處於死刑者爲五三八人，另由於採取隨機應變措施而慘遭殺害者，多達四，〇四三人（參考前述「後藤新平傳」第二卷，一四九頁，以及前述「台灣統治誌」一六五～一六六頁）。

㉔ 參考臨時台灣土地調查局「第一回事業報告」，一九〇二年，第六三頁。有關這方面最近的研究，有江丙坤所寫「台灣地租改正的研究」，東京大學出版會，一九七四年。

㉕ 參考同上「第五回事業報告」一九〇五年，第一〇四頁。

㉖ 根據台灣的舊習慣，所稱的「典」，係指債務者接受他人的金錢借貸，而做爲抵押，使債權者享有使用其不動產的收益的一種關係；而所稱的「胎」，係指債務者做爲信憑交給債權者某種物件以借貸金錢的一種關係（參考上述『台灣私法』第一卷上，六五一～

七一〇頁）。因此，在此係指擁有大租權地位的債權者。

㉗ 對大租權的整頓，並未擴及澎湖、「蕃地」以及山地。

㉘ 大租名冊上既載有「將大租權業主權併有者混爲一談者」（上述臨時台灣土地調查局的「第五次事業報告」，一〇一頁），也有根據「大租名冊係由身爲大租負擔者的土地業主所申報」的，當然也很有可能兼自耕農身份的業主（小租戶）被列入。因此，有可能將大租戶和小租戶的人口數（戶數）重複列入。另外，依據一九〇五年的戶籍調查結果，若從九十九萬農業人口中扣除大租戶、小租戶的人口數，則現耕佃農的人數應有六十六萬人。而如將前述人數重複計算考慮在內，則現耕佃農的人口數必然多於此數。這大致是以台灣總督府的統計書（一九〇五年的佃農人口數是七四七、二九九人）爲參考而推斷的（「台灣總督府統計書」，十三、二八八頁。但需要記住，即使是這個統計書，其初期的數字也未必能說是可靠的）。此外，大租額所及耕地面積，據說達全島田地面積的六成（參考上述，臨時台灣土地調查局的「第五次事業報告」，九九頁）。

㉙ 以公債券來支付大租權的補償，如以面額一百圓換九十圓的比例計算，總額共爲三，六七二，四三六餘元。而餘款一〇七，〇四二餘元則係以現金交付。此外，無申請者部份的補償金額爲三，四六三餘元，其人數則有五三八人（參考上述同書「第五次事業報告」，一三八頁）。

㉚ 即一九〇四年十一月發佈的「台灣地租規則」。也就是確定耕地的地租比率，水田則收所收穫的六%~八%；旱田則收五%~七%，並據此地租率徵收下半年以後的地租（參考外務省條約局法規課的「日本統治下的五十年的台灣」、「外地法制誌」第三部之三，一九六四年出版，三六八頁）。

㉛ 其細目爲，水稻田耕種面積由二一四，七三四甲增爲三一三，六九三甲，旱田則由一四六，七一三甲增爲三〇五，五九四甲，總共增加二五七，八四〇甲（參考上述「第五次事業報告」，九七頁，以及台灣總督府稅務職員共慰會的「台灣稅務史」上卷，一九一八年出版，八六~八七頁）

㉜ 台灣銀行自一九〇五年至一九〇六年六月所收購的大租權補償公債的金額面達二，八九九，三五五元，佔全部補償額的七〇%以上（參考台灣銀行的「台灣銀行十年志」，一九一〇年出版，二九~三〇頁）。

㉝ 關於這一點，總督府當局亦不能否認「大租權者陷入窮困狀態」之事（上述「第五次事業報告」，一四〇頁）。但台灣銀行收購公債券，決非爲了大租權者，而是由於價格暴跌，爲了「預防公債券的信譽受到損害」。

㉞ 林野調查工作前後費時五年始得以完成。在此間所動員的人數共達十六萬餘人，總經費爲五八一，〇〇〇餘元。林野整頓工作自一九一四年開始，耗時十一年，所動員的人數總計八十三萬，所需經費三七〇餘萬元。

㉟ 參考台灣總督府殖產局的「台灣林業史」，一九一七年出版，九二頁。依據總督府內務局的調查結果，官有地爲七五一，九九六甲；民有地則爲三一，二〇二甲（參考上述同局的「官有地的管理及處分」，一九三五年出版，一四頁）。

㊱ 其最明顯的事例是，自一九〇八年以來鬧了十七年糾紛的「竹林事件」。該事件是對三菱製紙公司所佔用的竹山、斗六、嘉義三郡的一萬五千甲竹林及造林地，將由政府委任其墾伐經營一事，本地民發動了大規模的反對運動，爭奪土地所有權的糾紛事件。詳情請參考前述「帝國主義下的台灣」三六～三七頁，以及山川均的「殖民政策下的台灣」（「山川均全集」第七卷，一九六六年出版，二五六～二九〇頁，尤其是二七一～二七四頁）。

㊲ 分類調查的林地總面積達七一七，八三五甲。其中，須保留林地面積爲三一九，二九四甲；無須保留林地爲三九八，五四一甲。在後者之中，政府出售的「邊角地」有一八七，〇〇〇甲（參考台灣總督府內務局的「台灣官有林整理事業報告」一九二六年出版，二七七～二七八頁）。

㊳ 參考上述「官有地的管理及處理」，一六頁。另有一說是，政府出售土地所得收益，有五，八七二，六八一元（參考「關於台灣林業的調查書」第一分册，二六頁，出版日期不明）。

㊴ 上述「帝國主義下的台灣」，二六、三一頁。

㊵ 日本國家權力在進行前述土地調查時，當然不會不規定「無主地歸國有」的原則。只是當時尚無適用的機會。關於這一點的詳細情況將於本書第五章第二節中加以敍述。

㊶ 秤量主義主要是依據銀重量的價格來制定貨幣單位；而計數主義通常是將一枚銅錢定爲一文，以枚數計算做爲價格的基準（參考上述「台灣私法」第三卷上，一九一一年出版，二八一～二九七頁）。

㊷ 做爲外國洋行勢力最引人注目的是，「香港上海銀行」在茶葉外銷上所進行的金融貿易。該銀行應廈門某洋行的要求，在當地收購歐美銀行發行的附帶商業信用狀而在歐美提款的茶匯票，而後將所購貿易匯票提送倫敦兌現，在倫敦調度金融貿易（參考台灣銀行「台灣銀行二十年誌」一九一九年出版，一〇頁）。對此，在島內則進行經紀及寄售業務，同時具有接受製茶擔保而管理通融資金的本地系「媽振館」（係來自英文 Merchant 的音譯）。據說，該館七〇%的運轉資金依賴洋行（參考台灣總督府財務局金融課的「台灣的金融」一九三〇年出版，一三～一四頁）。也就是說，與倫敦金融市場相結合的貿易金融，經由廈門的香港上海銀行進入台灣島。另一方面，在砂糖外銷金融方面，洋行一方面經營其貿易業務，又同時兼任外國銀行的代理店，從中通融資金。例如，德記洋行充當印度特許銀行的代理店；怡記洋行充當香港上海銀行的代理店；海興公司則是國民銀行的代理店（參考上述「經濟資料報告」上卷，二一五頁。

㊸ 即依據一八九七年十月的敕令第三七四號，決定台灣暫可使用蓋有新政府戳記的原有一元銀幣，並可按時價繳納各種款項，或由政府給民衆付款等。台灣總督府緊接著又於一八九八年七月，以府令第十九號發出告示，說台灣通用的一圓銀幣及蓋有政府戳印的一元銀幣，可按時價通用而不受其數量限制（參考上述「台灣私法」第三卷上，二九九頁。前述「台灣銀行二十年誌」，四〇～四一頁，以及上述「台灣的金融」，六～七頁等等）。

㊹ 前述「台灣銀行二十年誌」，一四～一五頁。

㊺ 同右，參考二二頁。

㊻ 日本政府根據一八九九年三月的台灣銀行補助法，認購該銀行資本總額五〇〇萬元中的一〇〇萬元股份，並決定五年內將政府認購股份所得紅利，列爲銀行填補虧損的準備金。在日本政府的强力支援下，終於完成台灣銀行的股份募集工作（同上，參考二〇～二一頁）。

㊼ 讓我們觀察一下台灣銀行的存款金額，一九〇〇年下半期的存款已達六六八萬元，但屬於台灣人民的存款金額只有二四萬六千元左右，僅佔全部存款的四％（參考台灣銀行「第一次台灣金融事項參考書」，一九〇二年出版，一五頁）。由此可明顯看出台灣人民對台灣銀行信賴程度之低。

㊽ 參考上述「台灣銀行二十年誌」，一一五頁。

㊾ 即每當法定行情低於時價時，來自日本本土的匯兌量即突然增加，台灣銀行即會被擠兌巨額的準備銀幣，與此相反，如果法定行情高於時價時，來自廈門、香港、上海各地的銀幣滙款便會增加，或是以匯票換取銀券、銀幣，再折算金價套匯到日本內地，賺取二者之間匯兌匯率差價的所謂匯兌投機「日甚一日」（同上，四九頁）。

㊿ 同上，五三頁。

51 參考前述「台灣銀行十年誌」，六六頁。

52 參照上述「台灣銀的金融」，四頁，上述「台灣銀行二十年誌」，一二一～一三、二九〇～二九二頁；以及台灣總督府的「台灣茶葉一斑」，一九一三年出版，六八～七〇頁等。此外，當時的外國洋行有：Tate 商會（英國）；博依德（英國）；史密斯貝克（美國）；麻西（美國）；加登・馬汀生（英國）；克爾布倫（美國）；馬康泰勒（美國）等。

53 上述「帝國主義下的台灣」，四二頁。當然必須加上這樣的說明，即統治國日本對台灣進行幣制改革的目的，在於掠取台灣所產黃金。即自一八九九年十一月到一九〇九年末的十年中，日本銀行通過台灣銀行吸取台灣全島黃金生產一，五三〇萬元中相當於三分之二的一，〇〇〇萬元，並將此納入日本資本主義金本位幣制的正幣準備黃金，從而使日本得到維持其金本位制度的重要源泉（參

考上述「台灣銀行十年誌」，一一〇～一一一頁，以及村上勝彥著「吸收殖民地的黃金和日本產業革命」、「東京大學經濟學研究」十六號，一九七三年十二月，四〇～五三頁。

㊹ 關於日本統治台灣當時的台灣幣制改革問題，對日本貨幣政策進行過仔細研究而撰寫的先驅性研究論文，可例舉北山富久二郎所寫的「台灣的秤量貨幣制和我國的幣制政策」（台北帝國大學文政學部「政學科研年報」第二輯，一九三五年）。北山將台灣的日本幣制改革說成是「日本金本位制和台灣多元化秤量貨幣制的苟合性產物」，此外視台灣爲「日本資本主義的封建的殖民地」，並評稱「台灣本身已達到銀幣流通的低度發達階段」（參考上述「年報」，二七九頁）。

㊺ George W. Barclay, Colonial Development and Population in Taiwan, Princeton University Press, 一九五四年 出版，二五一頁。

第二章　台灣經濟的殖民地化過程

台灣經濟的殖民地化過程，若從歷史角度加以概觀，大致可劃分為以下四個階段。第一階段是前章所提到日本殖民地統治略臻完善的一九〇五年，大約為十年時間。亦即從事資本主義「基礎工程」的階段。第二階段是到一九二〇年代前半期的二十年左右，也就是現代化製糖業的發達階段。在此期間，台灣經濟以製糖業即蔗作農業為中心，不折不扣地成為單一作物生產形態的殖民地經濟結構而被單一化。第三階段是，從一九二〇年代中期左右到一九三〇年代後半期的十五年間，即蓬萊米與蔗作（糖業）併存而相剋的階段。在這一時期的台灣經濟，除原有的砂糖生產之外，還須重新進行蓬萊米的大量生產，面臨着形成以糖、米兩大出口商品為主軸的複合性經濟結構。第四階段是從一九三〇年後半期，特別是中日事變（按指七．七事變）爆發的一九三七年之後到日本統治崩潰的約七年間，亦即推行軍需「工業化」的階段。這一時期的台灣經濟，除進行糖、米的商品生產之外，亦成為生產戰時所需作物及軍需工業產品的基地，進入殖民地經濟多種形態的階段。台灣經濟的殖民地化過程，係在通過推進基礎整備、製糖業的現代化、生產蓬萊米、軍需「工業化」等各階段整體的步伐中體現的。

本章擬從製糖業的移植（第二階段）開始，探討上述殖民地化過程的軌跡。關於基礎整備（第一階段），已在前章第二節中有所敍述。我認為，台灣經濟的殖民地化過程，是在一九〇五年以後正式開始的。

第一節　現代製糖業的勃興

一、移植現代製糖業的契機

台灣經濟的殖民地化，是從移植現代化製糖業而正式展開的。對此，我們首先必須探討的問題是：爲何是從製糖業開始的?換言之，現代化製糖業被移植台灣的歷史必然性的根據何在?①。

有關這一問題，最重要是必須追溯當時的日本資本主義發展階段，及其產業結構的特性。很簡單，佔領台灣當時的日本資本主義，基本上還停留在產業資本階段，而較具完整的現代工業規模者，僅爲紡織業而已。除此之外，製紙業及製糖業尚勉强處於接近發展的初期階段②。值得注意的問題是，當時的日本製糖業正處於使原有產業走向加工進口原料的產業轉換期。因此，確保原料（粗糖）來源是個重大的問題。亦即，在這一時期，諸如東京的日本精製糖株式會社（一八九五年十月成立）以及大阪的日本精糖株式會社（一八九六年一月成立）等，採取股份有限公司形式的大企業相繼成立，生產方面而言，從質和量兩個方面大幅度地提高其生產力。但對這些大企業來說，所存在的重要問題是，受到其國內原料基礎的制約。如果僅以日本國內零散的、小農所生產的原料爲對象，精糖業的發展將必然被限制在狹小的範圍之內。如欲打破這一壁壘，則只能求助於國外的原料市場，謀求於轉換成進口加工產業③。當時日本製糖業所面臨的客觀環境，即是上述狀態。因而日本的佔領台灣，一方面成爲其本身扭轉航行方向，即由原有的產業邁入轉換爲進口加工產業的契機；另一方面通過台灣糖業的開發，爲其提供了穩定進口基礎的絕佳機會。從此意義看，日本佔領台灣，對日本製糖業確是「一種救援」④，具有決定其命運的歷史意義。日本佔領台灣後不久即推進向台灣移植現代化製糖業的根本原因，基本上必須於上述日本資本主義發展階段的特性之中去探求。同時，這也是日本將台灣的粗糖業深深地納入日本製糖業再生產結構的一個過程。

然而，這亦是規定日本民間資本侵入台灣的形態及速度的一種制約。也就是說，除砂糖之外，日本民間資本對

諸如茶、樟腦、米等台灣原有的特產商品，並非像對製糖業那樣的感興趣。這是因爲，從各種狀況分析，這些特產品沒有像砂糖那樣的發展前途。關於這一點，在台灣首創現代化製糖工廠的三井財閥系統的台灣製糖株式會社（一九〇〇年十二月創立）在回顧其公司成立當時的情況時，敍述了以下的一段話⑤：

「當時，台灣產業的主要產品爲米、茶、砂糖和樟腦。然而，有關樟腦的發展方針已定；至於茶，從當時的需求情況看，並不希望其漫無目標的增產；而在稻米方面，如欲一躍而提高到得以增產的集約式經營，則爲時尚早。然而，砂糖與稻米不同，是屬於對農業作物甘蔗的加工，當時可施改良的餘地很大，只要不斷地改善其品種，不僅可能增產，而從當時的情況看，即使增產亦無須擔心會擾亂市場。而從防範遏制進口的國家大局看，無寧說大大勃興製糖業，才是緊急而又必要的（傍點爲引用者所加）。」

關於樟腦，由於歐美資本的勢力尚根深蒂固，爲驅逐這些勢力，台灣總督已內定施行專賣政策⑥。至於茶，由於其銷售市場主要是依賴外國特別是美國，其流通相當不穩定，而對當時尚未確立壟斷支配權的三井財閥來說，如欲獲得壟斷利潤，尚且存在困難⑦。再者關於稻米生產，由於日本資本主義在其本國已擁有稻作農業，而從其發展階段看，既爲時尚早，也不適合日本市場的需要⑧。而且其做爲農作物的性質，基本上與蔗作屬於同一農業基礎，通過加工所能獲得的附加價值也並不多。因而對三井財閥來說，既不造成大的市場混亂，又能立即獲得穩定利益的，只有砂糖。無庸贅言，這不單只是三井財閥自身的問題，而從「國家的大局」看，也是一個理想的方向。

也就是說，這對做爲統治台灣主體的台灣總督府而言，亦是一箭雙鵰的方策。因爲，這樣一方面可解除每年約高達一千萬圓的砂糖進口，防止外匯的流出；另一方面，每年還可節餘近一千萬圓的所謂「殖民地經營費」，成爲取得台灣財政獨立的最有效方法。特別是甲午戰爭後反彈的經濟不景氣，自一八九七年左右開始日益深刻化，使台灣必須重振製糖業的迫切課題表面化⑨。因而就這一點來看，也應該說現代製糖業的移植台灣，具有適應於日本資

本主義發展階段的必然性。再者，不可忽視的是，在台灣的本地經濟中本已相當發達的傳統製糖業所具有的各種條件，對日本資本主義移植現代化製糖業，在某種程度上起到了駕輕就熟的作用。

二、糖業保護政策的展開

上述事實說明，現代製糖業之向台灣移植，是日本資本主義的歷史發展，並在此基礎上進行殖民地經營所產生的必然結果。這個走向，是在國家權力使用各種手段，具體地、不斷地介入之下，逐個實現的。因而本節將對台灣糖業的引進過程中國家權力所起的作用，略加詳細探討。

在論述以台灣總督府爲中心的國家權力在砂糖問題上所施措施時，則不能忽視對其起決定性影響的歷史文獻，即「糖業改良意見書」。衆所周知，該意見書則是新渡戶稻造博士於一九〇一年九月向台灣總督府提出的。籠統地說，其內容反映出新渡戶的農學專業，但其論述的重點，與其說是放在改進糖業製造部門，不如說是放在有關蔗作農業方面⑩。因而在迄今的研究中，並未就此意見書在台灣糖業史上所佔有的重大意義給與一致的評價⑪。但是，該意見書在闡述有關改進製造法部份，其主要着眼點顯然是放在設置大機械加工廠方面⑫，而且從後來的發展看，除意見書中有關要蔗農組成合作生產組織、制定法定蔗價，以及甘蔗保險部分外，其論點幾乎全面被台灣總督府所接受，並發佈只保護資本家大企業的「台灣糖業獎勵規定」。而且，新渡戶尤其强調，爲促使糖業的改進，將不可避免地以國家强權來對付保守的農民⑬。僅就上述幾點看，該意見書最終所起的作用是，爲國家制定「以國家權力的積極介入排除本地勢力及保護資本家企業」等爲基調的糖業保護政策，提供了有力的理論根據。

另外，以該意見書爲依據所展開的糖業保護政策，內容大致包括資本補助、確保原料、市場保護等三項措施。現分別概述如下：

第7表　糖業獎勵補助金明細表

補助項目	期間(年度)	金額(圓)
1. 補助製糖會社及製糖所	1900～08年	454,093
2. 補助購買製糖機器	1902～09	551,155
3. 補助改良糖廍	1908～10	209,929
4. 補助製造原料糖	1910～11	3,111,934
5. 補助消耗原料	1910	1,351,983
6. 補助製造冰糖	1914,1915,1917～20	27,335
7. 補助種苗[1)]	1902～13	720,828
8. 補助種苗及蔗苗圃[2)]	1916～26	532,686
9. 補助肥料[3)]	1902～16	4,120,286
10. 補助灌溉排水	1902～04,1907～08,1910～26	1,651,230
11. 補助開墾[4)]	1902～07	15,534
12. 其他[5)]	1906～15	45,951

本表根據台灣總督府殖產局「台灣糖業概觀」1927年，35～41頁，集計而成。

1) 其他尙有實物配給7,288萬8,000餘棵蔗苗。
2) 其他尙有無償配給2億204萬8,650棵。
3) 實物配給亦不在少數，但不計入。
4) 其他的無償借出荒蕪地面積爲9,214甲，而付予業主權的有7,552甲。
5) 包括農具補助費27,795圓，模範蔗園耕作補助2,000圓，模範蔗園標本補助1,856圓，甘蔗評鑑會補助14,300圓。

1. 資金補助措施　該措施大致可分爲台灣總督府的直接獎勵補助及以台灣銀行爲中心的砂糖融資活動等兩種。對後者即砂糖融資活動的詳細探討，將留在後章（第四章第一節）再述，這裏僅就前者即直接獎勵補助問題進行若干探討。

從直接獎勵補助的實績看，正如第7表所示，直至一九二六年度，現金補助總額已高達一，二七六萬圓，其內容的項目繁多。首先是對製糖公司及製糖所的補助，而購買製糖機械的補助，則是對改進糖廍起促進作用的過渡性獎勵，以及對誘導設立現代化製糖廠等工業生產方面進行直接補助。截至一九〇九年左右的十年間，補助金額已超過一百萬圓⑭。此外，有關改進糖廍的各項折舊補助，對當時面臨經濟持續不景氣的日本製糖業來說，恰好是吸收及合併處於改進過渡時期的糖廍及弱小製糖公司（第三章第二節），形成壟斷資本的一種幫助。其次，有關近四五〇萬圓的原料消費補助及製糖原料的補助，是在關稅自主權完全得到恢復的一九一一年七月之前，做爲暫時性對

策而進行的生產費補助及擴展銷售市場的補助⑮。上述補助主要是與砂糖製造及銷售直接掛鉤。但一九〇七年以後，總督府補助政策的重點，轉移到振興蔗作農業，增加了對肥料、蔗苗的補助，以及灌溉和排水的補助⑯。這些補助、係直接以農家經濟爲對象，其補助交付的形式令人注目。蔗苗補助自一九〇七年後，從交付實物轉變爲現金與實物交付併用，進而交付形式變成只以現金進行補助⑰。此外，肥料補助亦主要是以現金交付方式進行共同購買。至於灌溉排水補助，爲補助此類工程費，全部採用現金交付方式，其所實施的農地面積達十萬七千甲。總之，在進行農業過程中的現金交付補助的擴大，意味著貨幣經濟對農村的滲透比過去加强。同時，這種滲透也顯示侵入台灣的日本製糖公司對蔗作農民的控制力，更加直接地影響到農家經濟的內部。

一九〇七年左右，總督府將糖業補助的重點對象從糖業的工業過程轉移到農業過程的背景是：迄今補助的措施，存在着使工業部門得以先行發達而與農業部門形成不平衡的問題⑱。換言之，糖業跛行形的發展日見明顯，這對糖業資本來說，已形成阻擋其進一步發展的障礙。而從另一方面說，這是由於在工業方面確立了保護關稅，以及擁有以台灣銀行爲中心的砂糖金融的滋潤，致使糖業資本雖迄未接受直接補助，也能相對地輕鬆地得以發展。

總之，值得注意的是，總督府的直接獎勵補助，主要是根據一九〇二年六月制定的「台灣糖業獎勵規則」，將其支付對象限定於新式製糖工廠，而具有對舊式的糖廍採取否定的一面。也就是說，交付補助金，只限於「以台灣總督府所規定數量的原料，從事砂糖製造的業者」（該規則第二條），並限定裝有一天（十二小時）可消費一萬二千貫以上原料機械的粗糖製造業者，或裝有一天可消費二千四百貫以上粗糖原料機械的精製糖業者（該規則施行細則第七條）⑲。然而，當時的舊式糖廍只裝備着一天的搾蔗量最多能消費一萬二千餘貫原料的機械。因此可以說，總督府的糖業獎勵補助，顯然是與否定舊式糖廍，即本地經濟勢力有密切的關聯⑳。由此可知，總督府在糖業獎勵補助方面也表現出其殖民地經營的性格。

2.確保原料的措施　爲確保原料，總督府採取的基本措施是，設立「原料採取區域制度」。此一制度雖也成爲「製糖廠管理規則」（一九〇五年六月，府令第三十八號）的一環，但後者對設立新式製糖廠及改良糖廍，乃至改變事業方面，採取許可主義，旨在以此「防止濫設製糖廠」。前者更進了一步，對製糖廠則以「制止各工廠之間的原料爭奪」、「避免擾亂蔗價」爲目的。爲此，不但將全島的蔗作區域加以劃分或指定了原料採取區域，同時規定此區域內的甘蔗「未經許可，不得運出區域之外，或供作砂糖以外成品的製作原料」㉑。這種規定意味著迫使區域內的蔗農擔負必須將其栽培之甘蔗賣給政府所指定區域製糖廠的法律義務。就這一點看，此制度是對糖業資本獨佔購買原料權利的一種保護。因此，該「製糖廠取締規則」，以及在此基礎上制定的「原料採取區域制度」便意味着同時賦予糖業資本家壟斷生產及壟斷購買原料的雙重壟斷權。

不過，這裏所説的糖業資本家，當然是指日本的糖業資本家。因爲，在前述製糖廠取締規則中，業已訂有禁止「依靠傳統結構的糖廍」經營糖業，或購買甘蔗的規定㉒。如此看來，「原料採取區域制度」以及產生這一制度的「製糖廠管理規則」，也與前述資金補助措施同樣，不外乎是使製糖公司（日本資本）既可否定即驅逐原有糖廍（本地勢力），又可驅使蔗農（本地農民）隸屬化。其次值得注意的是，承認壟斷砂糖生產的許可主義，其所起的主要作用是，使先進的糖業資本能確保既得權益，並促其更加增大獨佔利潤。

3.市場保護措施　在這一方面，國家權力介入最深的是確立了關稅保護。與爪哇糖等外國進口糖相比較，台灣製糖業者所耗生產費用偏高，因而若無關稅保護，即難以確保日本的國內市場。日本佔領台灣當時尚未完全恢復關稅自主權，因而對台灣的糖業幾乎不能採取有效的保護措施。然而，在日本統治後的第二年即一八九六年二月，台灣受命可適用日本關稅法及關稅規則，即在關稅方面被納入日本國內市場㉓。從那時起，台灣糖業經營便與日本資本主義的發展階段相適應，隨著關稅政策逐漸帶有保護國內產業的性格，台灣糖業也得以全部享受其優越待遇。一

第 8 表　砂糖關稅保護之變遷(1911 年 7 月重新制定)　　(每 100 斤，圓)

舊税制(1906 年 10 月 1 日)		新税制(1911 年 7 月)	
分類	税額	分類	税額
第一種糖(荷蘭樣本編號1～7)	1.65	第一種糖(荷蘭樣本編號1～10)	2.50
第二種糖(荷蘭樣本編號8～14)	2.25	第二種糖(荷蘭樣本編號11～14)	3.10
第三種糖(荷蘭樣本編號15～19)	國定 3.25	第三種糖(荷蘭樣本編號15～17)	3.35
	協定 0.748		
第四種糖(荷蘭樣本編號20～25)	國定 3.50	第四種糖(荷蘭樣本編號18～20)	4.25
	協定 0.827	第五種糖(荷蘭樣本編號21～25)	4.65

摘自台灣總督府「砂糖關係調查書」1930 年，71～72 頁。

八九九年一月之後實施根據新條約修訂的關稅修正法，即是其推行保護政策的開始。以此爲契機，砂糖進口稅曾提高三次，遂逐漸獲得保護產業的效果。而在新條約居滿十二年有效期限的一九一一年七月，日本恢復關稅自主權後，台灣的糖業正式加入倍受保護的關稅保護壁壘之中（第8表）㉔。

然而，台灣糖業所獲得的市場保護效果，並不止於因設立關稅壁壘而提高的市場價格。隨著恢復上述關稅自主權，進行了第二次條約修正，據此而完全廢除了進口關稅中的協定稅率。此外，對供日本國內消費的精製糖，也廢除了對其進口原料糖的退稅制度。根據前者關稅修正法，日本國內的精糖製造業可全面獲得關稅保護。但根據後者修正法（其進口關稅率也已被提高），則對其使用進口原料糖不利。這就給台灣糖業向日本國內提供原料造成具有決定性優越地位的機會，而且日本國內市場做爲製品市場的作用，也根據精糖製造保護關稅而進一步擴大。正如後頁所述，台灣糖業的生產額，就在此時首次達到歷史最高峯，拓展銷售問題成爲當急之務而被提了出來㉕。應該說，上述對精、粗糖生產保護政策的統一，對台灣糖業來說，可謂是極得時宜的措施㉖。根據這一保護措施，在台灣的日本糖業資本不僅得以確保國內原料市場，更可進一步擴大其精糖製造業㉗。

第 9 表　現代製糖業之發達（1901 年～18 年）　（1000斤）

年期	現代製糖工廠			改良糖廍			舊有糖廍		總計
	廠數	能力	生產量	廍數	能力	生產量	廍數	生產量	生產量合計
1901	1	300	－	－	－	－	1,092	－	－
04	2	390	5,674	－	－	－	1,029	70,160	75,834
05	6	1,286	7,558	4	376	642	1,055	74,432	82,633
08	8	2,260	28,651	61	3,856	21,548	847	59,003	109,202
09	15	9,140	118,798	40	2,826	29,141	582	55,940	203,880
11	21	17,250	323,746	74	6,130	67,923	499	58,895	450,565
12	29	22,840	251,031	50	4,290	28,790	212	12,895	272,645
13	26	21,330	105,048	32	2,560	7,267	191	6,835	119,149
14	31	24,330	222,382	34	2,870	13,910	217	14,987	251,279
16	35	27,060	487,619	32	2,460	27,725	217	19,763	535,107
18	36	29,150	497,807	33	2,990	26,132	311	49,599	573,538

摘自拓殖局「台灣糖業政策」，1921 年，40～42 頁。

三、現代製糖業的發達

如前所述，日本國家權力所實施的糖業保護政策，完全偏重於培育和發展以日本資本爲中心的現代製糖廠。因而所謂的台灣製糖業新的勃興與發達，只不過是發展日本現代製糖廠的一個別稱而已。有關這一點請看第9表便可理解。當時，號稱新式製糖廠的現代製糖廠，自一九〇五年開始增加，至一九〇九年工廠數已達十五家。這些工廠的生產能力及生產額均大幅凌駕於舊式原有糖廍，或增添鐵製榨車而榨汁工程完全機械化的、經過改良的糖廍。也就是說，現代製糖廠的生產量，一九〇五年時只佔舊式糖廍及改良糖廍總生產量七五〇萬斤的一〇%，而到一九〇九年，其產量卻爲上述糖廍的兩倍，達一一，八八〇萬斤，佔台灣糖產量的三分之二以上。之後，現代製糖廠甚至達到約佔台灣糖產量九八%左右的程度，做爲日本壟斷資本之一翼，完全控制了台灣的經濟。

如上所述，日本的糖業資本於一九〇九年之後，已壓倒本地的舊式糖廍及改良糖廍，翌年的一九一〇年，又越過台灣中部的濁水溪而北上，頗有席捲台灣全島之勢。而到一九一一年，整個

第 10 表　台糖在日本砂糖市場之地位　（10 萬斤）

年別		日本總生產量			日本總消費量
		台灣	其他	合計	
1903	生產量	507	850	1,357	5,117
	%	9.9	16.6	26.5	100
1908	生產量	1,092	900	1,991	4,121
	%	26.5	21.8	48.3	100
1911	生產量	4,506	1,143	5,648	5,558
	%	81.0	20.6	101.6	100

取自前揭「砂糖關係調查書」176～177 頁。

第 11 表　砂糖出口之增加傾向(1896 年～1939 年)

（年平均 10 萬斤）

年期	生產量		總出口量		佔生產量之比率%	
	實數	指數	實數	指數	總出口	輸日
1896～99年	75[1]	100	72	100	96.0	48.0
1900～04	64	85	56	78	87.2	70.2
1905～09	126	165	118	164	93.7	93.3
1910～14	291	388	265	368	91.0	88.0
1915～19	541	721	524	728	96.8	83.9
1920～24	545	727	566	786	103.9	99.8
1925～29	920	1,227	895	1,243	97.3	95.1
1930～39	1,293	1,724	1,221	1,656	94.5	93.4

根據「台灣糖業統計」第 25 期，1937 年 77、107 頁計算

1) 僅爲 1898～99 年之平均。

台灣糖的產量高達四億五千萬斤，創下歷史最高紀錄，滿足了日本國內市場八〇%的需求（見第10表）。同時顯示，台灣已做爲日本資本主義的砂糖生產基地而居關鍵性地位。之後的一九一一到一九一二年間，台灣糖業因遭兩次暴風雨侵襲而受重大打擊，致使產量銳減，但既存的萬般周到的保護政策，旋即使其得以恢復。甚至可以說，正因遭此暴風雨毀滅性的打擊，日本糖業資本始得以成功地、幾乎是徹底地消滅了本地勢力，從而確立了其對台灣糖業的統治地位（參見第四章第二節）。而且，又趁第一次世界大戰後國際市場出現的異乎尋常的好景氣，得以更加發展擴大。如第11表所示，砂糖的產量以第一次世界大戰爲契機而大幅增加，而所增加的砂糖，幾乎都是用來出口。一九一七年的砂糖產量，也有價格急遽暴漲的因素，收入高達一億三千萬圓，佔工業生產額的八〇%。此外，甘蔗耕種面積也超過十五萬甲，佔全島耕種面積的二十八%㉘。正如後頁第三節所述，此事在說明，做爲出口商品的甘蔗，已將主要供應島內的原有農作物（台灣本

地米）趕出台灣農業的經過。如斯，在一九二〇年代初期之前，現代製糖業被順利地移植至台灣，成爲主導台灣經濟的基礎產業。就在這一期間，現代製糖業在台灣「安家落戶」，由於得到其穩定發展的保障，台灣的殖民地經濟發展偏重於糖業即蔗作，名副其實地朝着純粹單一作物生產結構的方向發展。

① 關於現代製糖業移至台灣的主要原因，如從一般常識考慮則是，諸如：台灣原有舊式製糖業的普及已具相當規模，因而促其成爲現代企業使其勃興比較容易；當時的日本經濟因大量進口砂糖，而處於大幅入超狀態。做爲解決國際收支的對策，須求助於殖民地台灣，進而在對殖民地經營問題上，做爲歷史條件，提出應及早實現台灣的財政獨立等（例如，從社團法人糖業協會所編現代日本糖業史』上卷，一九六二年出版，第二二七頁。）即可看出這種想法的一端。當然，提出這樣或那樣的條件雖亦不無其道理，但這並不能揭露日本資本主義在擴張過程中的殖民地經營的本質，是缺乏說服力的。這是因爲這些條件並不只是適合於製糖業。亦即從理論上說，如將蔗糖以外的產業移植至台灣促其發展，出口其特產品，並以其出口差額彌補砂糖的進口差額，則前述諸條件同樣可以達到。

② 關於當時日本的經濟情勢，可參考森喜一著「日本工業構成史」，一九四三年出版，一六四～一六七頁。

③ 明治十年代的日本精糖製造業，係以外糖爲原料開拓了一個新時代。但在當時，除外糖外還使用了日本生產的糖。從這一點看，尚不能說它完全脫離了原有糖業的制約。對此，明治二十年代的精糖製造業，如創業於一八九一年（明治二十四年）的鈴木製糖部所使用的原料，全部產自香港的粗糖，或產自南洋島的黑砂糖。由此看來，此情況否定了日本國內原有糖業利用其國內既存原料市場的一說。詳細內容請參閱上述信夫清三郎著「現代日本產業史序說」三〇七～三〇九頁。此外，關於日本的糖業史，特別是關於砂糖交易，在樋口弘所著「本邦糖業史」（一九三五年出版），一書中，載有系統的詳細敍述。但可惜他並未指出所引用資料文獻的來源，因而降低了其做爲學術研究書籍的價值。

④ 上述竹越與三郎著「台灣統治誌」，三九四及四〇一頁。

⑤ 伊藤重郎著「台灣製糖株式會社史」，一九三九出版，六五～六六頁。

⑥ 一八九八年六月，台灣總督府公佈了台灣樟腦與樟腦專賣規則（律令第一五號）以及台灣樟腦製造規則（同第十六號），使製造與販賣樟腦掌握在政府手中。（台灣總督府專賣局的『台灣的樟腦』，一九三七年出版，五頁。）

⑦ 當時三井物產會社僅佔日本全國出口的六％到一一％，遠不及一九一四年的二七・六％。（第一物產株式會社的『三井物產會社小

史』，一九五一年出版，一六一～一六二頁）。

⑧ 有關這一點應注意，台灣的稻米由於質量尚不適合於日本市場，而且其品種改良也未達到發展階段。

⑨ 甲午戰爭後不景氣的反彈，不僅使日本政府將一八九七年到一八九八年的對台灣財政的國庫補助金削減為四百萬圓；而且當時的藏相井上亦對即將上任的台灣總督兒玉源太郎表示，台灣產業，應該特別注意振興製糖業，藉以增加台灣的財政收入（參考前述『台灣製糖株式會社史』，六四頁）。很顯然，日本資本主義走向早熟的帝國主義時期去佔領台灣本身，就必然會招致其在財政負擔方面的困難。

⑩ 新渡戶在其意見書中提出下列七項改良台灣糖業的具體方案：㈠改良甘蔗品種。㈡改良培養方法。㈢水利灌溉。㈣將既存田園轉換為蔗作。㈤對開墾適合於蔗作的土地者給與獎勵。㈥改善製作法。㈦改良壓榨法。其中，前五項屬於蔗作農業的栽培技術改良，後兩項則是改善製作法。此外，在改善糖業方面所採取的方法有：提高外國進口糖的關稅、利用退稅加以保護、建設運輸路線、擴展銷售網路，制定法定蔗價、進行糖業教育、籌組產業工會、出版刊物、制定甘蔗保險、保護牛畜、獎勵副產品等十四項大綱。（詳細內容請參閱「新渡戶稻造全集」第四卷，一九〇六年出版，一九二～二二〇頁，以及矢內原忠雄所編「新渡戶博士殖民政策講義及論文集」，一九四三年出版，一七七～二四一頁。

⑪ 例如，河野信治一面說：「博士的眼光炯炯如炬」（河野信治著「台灣糖業觀」附錄，四二頁，一九一五年出版），但又認為意見書所具有的意義，主要在於農業改良（同上「日本糖業發達史」生產篇，一九三〇年出版，九七～九九頁）對此，信夫清三郎評稱：「其所提倡的最終目的在於設立機械化製糖廠」（前述「現代日本產業史序說」，三三八頁），對博士在工業方面的功績，給予極高的評價。此外，台灣糖務局的元老級官員山田熙斥責新渡戶的意見書是針對建設機械化製糖業的「小製糖論」，並批判該意見書推延了台灣糖業的發展（「山田熙談話」；前述信夫清三郎著書，三三九頁）。總之，從這些評價中可看出，該意見書畢竟是忽略了排除本地勢力與培育日本資本家企業相互結合的一面。

⑫ 請參考下一節「改進製造法的論點，歸根結柢是强調設置大工廠的必要性……」（前述，矢內原論，二二二頁）。

⑬ 參閱新渡戶稻造著「偉人羣像」，一九三一年出版，三三三～三三六頁（「新渡戶稻造全集」第五卷，一九七〇年出版，五六八頁）及石井滿春著「新渡戶稻造傳」，一九三四年出版，二〇六頁。

⑭ 例如，台灣製糖株式會社（股份有限公司）根據這一獎勵補助事業，迄至一九五〇年，從總督府共領取一八三，六〇〇圓的補助金（參照前述，社團法人糖業協會編「現代日本糖業史」，三一一頁）。此金額相當於該公司所繳納資金五十萬圓（一九〇〇年到一九〇一年）或一百萬圓（一九〇三年到一九〇五年）的三六%乃至一八%。

⑮ 當時，隨著台灣粗糖生產的增加，需加緊向日本國內市場擴張，即促其進口粗糖。但日本尚未完全恢復關稅自主權。在難以達到由關稅保護而確保市場的情況下，總督府做爲一時的應急措施，將向日本國內提供精糖原料的甘蔗收購費（每一百斤原料的售價爲一・九五圓）交付給台灣粗糖製造業者。但實際上，只不過是以與進口原料糖關稅相同的比例交付給台灣粗糖製造業者。（參閱農商務省農務局，農務彙纂第六十四回「糖業概觀」一九一六年出版，一二六頁）。這即是製造原料糖的補助費，亦即原料糖出口獎勵金。原料消費補助，是對製造直接消費糖的業者的補助。即每一千斤原料補助一圓，亦即所謂的甘蔗收購費補助，實際上，是爲了不讓甘蔗收購價格在與其他作物發生競爭時輕易跌價所設的生產費補助。

⑯ 亦即，迄今一年間多達二五二，〇〇〇圓的工業補助，到一九〇七年銳減爲二七，〇〇〇圓左右。而十年後，又被全部停止。對此，迄今的農業補助（蔗苗、肥料）充其量多不過十萬到十三萬圓左右，但在一九〇七年却劇增至二三八，〇〇〇圓，而於一九一〇年則達到六四一，〇〇〇圓。（第一次「台灣糖業統計」，一九一六年、八～九頁）

⑰ 種苗補助的實物交付，自一九〇二年（明治三十五年）直到一九〇六年（明治三十九年）。實物與現金並用交付，則是自一九〇七年（明治四十年）到一九一二（大正一年）爲止。一九一三年（大正二年）則以現金交付。（台灣總督府殖產局編「台灣糖業概觀」，一九二七年出版，三八～三九頁）。

⑱ 參閱前述，矢內原忠雄著「帝國主義下的台灣」二八六頁。但導致生產形態不平衡的原因，如只歸咎於總督府的保護政策，是不全面的。不可忽略後文還要提到的問題是，本地人曾確立過土地所有制。

⑲⑳ 參考鈴木武雄著「對台灣的糖廍研究」、「糖業」，一九三二年九月號、第六頁，以及前述信夫著「近代日本產業史序說」三三九～三四〇頁。

㉑㉒ 參考臨時台灣糖務局著「台灣糖業一斑」，一九〇八年出版，五三～五四頁。

㉓ 日本在佔領台灣初期，承襲了清朝的關稅，台灣糖被徵收了出口稅。但在日本的關稅法及關稅規則適用於台灣時，出口、進口都須課稅。亦即，對出口糖徵收五分錢的出口稅，而對進口糖每一百斤，紅糖則課以一角二分六厘錢，白糖則課以二角二分六厘錢，冰糖則課以三角一分五厘錢的進口稅。（參閱前述「台灣糖業概觀」，四八～四九頁）因而在出口稅額問題上，台灣製糖向日本出口比對外國出口處於有利地位。而在日本國內市場，對外國糖，只收進口稅額。但從保護糖業的觀點看，從價五分的稅率，幾乎是等於無稅，故無法達到有效的保護作用。

㉔ 由於一九一一年修改了進口稅率，對出口的紅糖，根據色澤設立了每一百斤或繳三圓一角、或繳四圓六角五分錢的關稅壁壘。（詳細內容請參閱「砂糖進口關稅沿革表」、『台灣糖業統計』，一九一六年出版，第三頁）。在這種保護下，台灣糖得到特殊的發

達。其中的第二種分蜜糖，其色澤超過荷蘭標本中的第十一號。又如未滿十五號的直接消費糖，其品質遠遠超過爪哇的黃雙糖而屬於優良產品，在日本國內市場保持着高出二圓左右的價差。（參考台灣總督府殖產局的「台灣之糖業」，一九三五年出版，三一頁）。

㉕ 在這裏只指出糖業聯合會於一九一〇年成立即可以了。該聯合會的目的是，表明於做爲壟斷集團所締結「供應協定及對裝運船同盟之契約」（小島昌太郎「對我國主要產業的卡特爾統制」，一九三二年出版，三四〇～三四一頁）。

㉖ 對精糖、粗糖生產保護政策的統一，已在偏向於對台灣糖業的保護，因而對內地精糖製造業來說，意味着原料糖價格的上漲。當時，日本精糖製造業的生產能力已具淩駕國內市場的規模，因而成品的對外輸出亦佔有非常重要的地位。（一九〇七年到一九〇九年，國內生產量的四〇%，約三，四五三萬斤向外輸出。詳情請參閱農商務省農務局的「關於對砂糖的調查」，一九一三年，一三二頁）。因此，對精糖業來說，爲確保對外出口，最重要的是確保廉價的原料糖。日本政府深知這一點，在修改關稅定率法時，加上了如下規定：「關於進口的原料，如果根據命令製造規定的出口產品，則可根據命令的規定，免除其全部或者部分的進口稅。」（第九條）關於此條款的訂定，無庸贅言，其背後必有日本國內精糖製造業資本的活動。（例如，大正製糖株式會社的「砂糖關稅及消費稅修改的理由」，一九二六年出版，尤其在一七～二〇頁、二八～三二頁更强烈地反映出這種情況）。

㉗ 一九一一年，台灣製糖開始收買神戶精糖；明治製糖也在開始收買横濱精糖，而且台灣的鹽水港製糖和台灣製糖幾乎同時在當地直接製造白糖，即着手進行耕地白糖的製造，這些都是受到保護關税統一的刺激而進行。

㉘ 上述數字，係根據「台灣農業年報」、一九三七年「台灣商工統計」一九二六年及「關於糖業的調查」一九三〇年出版等。

第二節　蓬萊米的登台及普及

一、蓬萊米與日本農業問題

一九二二年蓬萊米的移植成功及爾後的普及，大大阻礙了迄今在溫室裏培育的製糖業的片面性發達，招致台灣經濟在殖民地化過程中的軌道修正。也就是說，從以往的砂糖經濟一邊倒轉換爲糖・米經濟。從這一點看，蓬萊米的引進，對台灣殖民地經濟，具有不亞於移植製糖業的重大意義。

然而，在蓬萊米，或更廣泛地說，在整個稻作農業被移植到台灣的過程中所受到的國家權力的照顧，與現代製糖業所享受過的相比，那是微不足道的。這當然絲毫沒有否定日本國家權力即台灣總督府在台灣稻作發展上的指導性作用及控制力。但稻作的開發與製糖工業不同，它始終是以台灣農民爲直接主體農作，因而不可能將台灣稻作發展的一切都納入國家干涉範圍之中，而這種國家介入的消極性本身，反而造成使台灣稻作農業得以發展的特徵。這一點看，台灣稻作農業的發展與同處於日本帝國主義統治下的朝鮮相比，其形態大相徑庭①。

然而，蓬萊米的引進與現代製糖業的台灣移植同樣，其根子都在於日本資本主義的發展階段以及由此而產生的變態的殖民地經營②。從具體情況來說，我想指出兩點，即：當時日本資本主義所面臨的農業問題的性質，以及台灣殖民地經濟促進商業性農業充份發達的特殊狀況。一點是，日本資本主義隨着工業生產力的增大，不得不相對地將其工業製品向殖民地廉價出口，而隨着其國內農產品價格逐漸上漲，又不得不相對地從殖民地進口較廉價的農產品。這種在資本主義發達的情況下所必然產生的結果，以第一次世界大戰爲契機，更加明顯化。另一點是，統治國經濟發生這種變化的情況下，台灣的殖民地經濟，則以甘蔗栽培爲中心而發展起來的商業性農業爲基礎，始能比較

容易地應付過去。以下擬對條件的內容加以詳細探討。

衆所周知，日本資本主義在日俄戰爭之後，其壟斷資本主義的性質日漸濃厚。在此情況下，從一八〇九年到二十世紀初期發展較順利的國內農業，亦開始面臨各種不同的新難題，亦即其農業問題也開始現實化③。也就是說，日本資本主義向壟斷階段發展，不僅注定其本身要成爲稻米進口國，在其他方面也出現對日本農業不利的幾個重疊條件，例如，因農業恐慌而引發的農產品價格下跌、農村人口過剩的壓力增大、進口農產品競爭的激烈等。這些不利條件，一方面導致日本資本主義喪失使國內農民階層正常分解的能力，即所謂「中農標準化」傾向，另一方面，使過去帶有濃厚生產偏倚性格的農業政策基調，轉變爲以小農爲對象的社會政策性格④。

上述日本資本主義的發展及農政基調的變化，亦强烈地反映在米價政策上，尤其表現在進口稻米關稅制度的運用上。自一八八九年廢止備荒儲蓄法後，在原則上採取自由放任主義的米價政策，以日俄戰爭爲契機，設立了做爲非常時期特別稅的米穀進口關稅，終於由過去的財政關稅轉變爲旨在穩定米價的正式保護關稅⑤。這種米穀關稅，其本質只在於保護日本國內的小農經濟。在此期間，以這種辦法雖未能使日本「內地米」的價格大幅提昇，但也防止了米價下降到一定水準之下。在這一點上，米穀關稅發揮了重大的作用⑥。至於米穀關稅在維持小農問題上的具體效果有多大，應作何評價等，並非係本節所要探討的課題。當前所需探討的重要問題是，由於台灣的米穀免除了進口關稅，在價格上多少比進口米佔居有利勢頭，生產費亦較「內地米」低廉。尤其是進入一九二〇年代，從台灣進口米的價格，與日本國內的在來米抑或蓬萊米等「內地米」的價格差距逐漸縮小，並相對呈現漲價趨勢（第12表）。日本國內米與台灣米價格差距逐漸縮小的原因，雖有不少證據顯示台灣米在品質上已逐漸接近內地米，但應該說其基本原因仍在於內地米價在開始間接地牽制台灣米價⑦。促使台灣米出口的重要原因之一，是因爲日本國內的米價相對地偏高。台灣的稻米農業雖因日本米價政策所規定的關稅制度而處於附屬的地位，但也受其恩惠，得以

第12表　內地米（神戶）・台灣在來種米與蓬萊種米價格之變遷

（圓／石）

年度	內地米 (1)	西貢米	台灣米		米價差額	
			在來米 (2)	蓬萊米 (3)	(1)−(2)	(1)−(3)
1917年	19.81	17.90	15.41	−	4.40	−
18	33.10	22.40	23.71	−	9.39	−
19	47.18	36.45	33.59	−	13.59	−
20	45.71	37.91	32.98	−	12.73	−
21	31.83	20.22	19.00	−	12.83	−
22	36.31	17.29	17.14	−	19.18	−
23	32.89	18.95	18.18	−	14.71	−
24	39.36	24.10	22.25	−	17.11	−
25	42.56	25.35	26.18	−	16.38	−
26	38.76	25.95	23.87	29.12	14.89	9.64
27	36.87	21.13	20.25	26.95	16.62	9.92
28	30.54	23.17	19.07	23.75	11.47	6.79
29	30.12	−	20.50	23.39	9.62	6.73
30	26.53	−	16.70	20.38	9.83	6.15
31	18.57	−	11.43	13.93	7.14	4.64

八木芳之助「米價及米價統制問題」1932年，304、447頁。
此爲歷年度年平均價格。以100斤爲4斗4升而換算爲1石之價格。

通過價格關係與日本市場相連結。而從有關台灣內部方面的問題看，台灣的農家在甘蔗、稻米兩大商品作物中選擇哪一個的問題，將意味着不能不與日本資本主義發生矛盾的問題。

日本資本主義由於第一次世界大戰所帶來的飛躍發展，導致其米價的暴漲，因而對殖民地台灣更加强烈地要求擴大稻米的出口。大戰及戰後期間出現的空前好景氣，一方面由於工業發展吸收農村人口及增加農家兼業的機會，給稻米生產帶來極大影響；另一方面，因農民階層及勞工階級的主食改善，而使稻米需求大增⑧。受第一次世界大戰衝擊的日本資本主義，早已注定它將轉變爲糧食進口國。因而隨着其國內糧食需求的增大及稻米進口的困難，加之其殖民地台灣及朝鮮，亦因經濟的景氣而出現稻米消費增加、進口米減少的現象，迫使日本面臨稻米供需嚴重失調狀況（第13表）。由於上述米穀生產不足、國內消費增大、稻米進口困難，加上米穀大商人的大規模投機性囤積，以及由此而激發的向西伯利亞出兵（一九一八年七月）等，使日本米價的暴漲甚至引

第13表　日本內地米穀之供需狀況（1914～1920年度）　（1000石）

米穀年度	前年存餘量	生產量	總出口量	（來自台灣）	總供給量	輸出	輸日	總出口（含二次出口）	總消費量	每人消費量（石）	米價[1]（每石・圓）
1914年	2,992	50,259	4,307	(812)	57,558	250	135	385	51,327	0.981	17.39
15	5,846	57,008	3,085	(695)	65,938	622	160	782	58,921	1.111	13.02
16	6,235	55,924	2,426	(802)	64,586	677	208	887	58,226	1.083	13.21
17	5,810	58,452	2,505	(786)	66,768	837	235	1,074	61,220	1.126	18.57
18	4,474	54,568	6,534	(1,139)	65,577	266	206	475	62,740	1.143	30.01
19	2,362	54,700	9,500	(1,263)	66,562	125	193	333	62,078	1.124	43.89
20	4,161	60,819	3,067	(633)	68,046	95	123	222	62,318	1.118	48.56

根據農林省「米穀要覽」1933年作表。
1)　東京深川正米市場的內地糙米中米標準行情（單位：石）

發「米騷動」事件的程度。如斯，日本資本主義不得不以此次米價飛漲爲契機，策劃出一個能使殖民地農業適應於生產出口米的對策。朝鮮的產米增殖計畫，正是其典型的產物。

以蓬萊米爲中心的台灣米作農業的發達，基本上是適應於上述日本帝國主義的要求的。此外，台灣的殖民地經濟，爲足以迎合上述日本資本主義的要求，其商品經濟正滲透到農村社會，也同時形成爲生產出口米所需地主制的發達。首先，談一談前者（農村社會），原已相當發達的台灣商業性農業，通過近三十年的日本殖民地經營，使其有了更進一步的發展。例如，根據台灣總督府對引進蓬萊米以前的農家經濟調查（一九一八年到一九二一年）⑨，在農作物產量中，出售額所佔比重，蔗作農家爲八五%；以自給爲主的稻作農家也佔六五%。再者，若將台灣的米穀商品化比率與日本、朝鮮加以比較，根據八木的推定⑩，台灣達六四・七%（一九二五年至一九二九年的年平均），比日本的五四・七%（一九二四年至一九二八年），朝鮮的四八・二%（年代同上）均高出甚多。而從長期看，台灣的米穀消費，即使是在生產增加的情況下也有減少的傾向。例如，每人每年的平均消費量，從一九二三年的一・二三三石大幅減少爲一九三五年的○・八一六石。而從另一方面看，同一時期的台灣米的純出口量，也由四八一，○○○石，激增至四，四八六，○○○石，增加近十倍

⑪。上述數字說明了一個事實，即商品經濟在台灣農村獲得了何等大的發達，而本地農民又爲何會消費越來越多的雜穀（特別是蕃薯）去出售大米，即被迫進行所謂的窮困而窘迫的銷售。

其次，我們必須探討本地地主制的發達對稻作農業，特別是對蓬萊米的普及所起的作用。台灣的地主制，是在日本統治初期通過土地整頓消滅了大租戶，被轉變成單一的土地所有形態。在這種形態下，本地地主雖也遭到日本的統治與壓迫，但是在蓬萊米移植成功的頭一年，即一九二一年，仍擁有多達四十萬甲的農耕地，佔台灣全島農耕地面積的五八％。特別是適合於稻作的耕地所佔面積比重大，約爲七〇％，其面積達二八九，〇〇〇甲⑫。關於地租，據以繳納實物方式的年收穫量，約爲五〇％⑬，由此可見，在日本統治下的本地地主制，仍具有相當大的實力。處於如此重要地位的地主，其多數兼營碾米業。由於栽培收益高的蓬萊米，使他們獲得了更多的利潤。他們對商業性利益非常敏感，甚至想使農民繳納的地租改爲蓬萊米，以便賺取差額利潤⑭。例如，他們向佃農傳授蓬萊米的栽培方法，施予稻種、補助肥料，有時還實行一時性的減租措施⑮。誠然，也不能忽視地主採取上述措施，是受台灣總督府的影響。當時的台灣總督府，在蓬萊米的栽培獎勵方面，已將地主對佃農的無償發配稻種、減免蓬萊米的納租做爲地主的「愛佃措施」（愛護佃農運動），納入其與佃農改善關係的政策之中⑯。此外，蓬萊米對地主之所以有利的原因之一，是這些本地地主寄生在做米穀商品買賣的島内的流通行業身上，而日本的龐大資金尚不能充分侵入的社會經濟條件，也是必須重視的因素。總之，對台灣的地主來說，栽培蓬萊米所帶來的利益確實很大，而對引進蓬萊米也是極其敏感的⑰。

因此，關於蓬萊米的收益，即有利的方面，必須指出以下三點。第一，其商品市場的特殊性。即蓬萊米的收穫期，較日本國内米及朝鮮米，隔有相當一段時間，尤其是第一期稻，是從五月下旬到七月，而其出口期恰在内地米穀市場青黃不接之時，因而在價格方面，遠遠領先於朝鮮米，處於絕對有利地位。事實上，蓬萊米在台灣的行情，

第14表　糖、米、甘蔗價格比率之變遷（1515-30年）

（每100斤）

年度	糖／米價格比	收購甘蔗／米價格比
1915年	2.35	1.16
16	2.55	1.05
17	1.88	0.89
18	1.43	0.82
19	1.94	0.99
20	2.76	0.97
21	2.02	1.22
22	1.46	1.07
23	2.26	0.94
24	1.05	0.53
25	0.81	0.50
26	0.83	0.62
27	0.79	0.57
28	0.88	0.65
29	0.82	0.58
30	0.70	0.51

根據『糖業關係調查』1930年，149～150頁；「砂糖年鑑」1941年，48、84頁，「台灣米穀要覽」1939年，98～101頁等計算。
1924年以後之米價以蓬萊米價格為基準。

並不會由於農民在收穫期中急於出售而落價很大，甚至是跟在日本內地市場價格後面，趨向逐漸穩定[18]。從這方面看，蓬萊米的有利因素，還將進一步被發揮。第二，對自耕農及佃農來說，蓬萊米較在來米收益高。根據台灣總督府的調查[19]，不論自耕農還是佃農，平均每千斤碾好的蓬萊米，可獲得比在來米高出三圓到二十一圓的利潤。此外，對於具有佃農性格的台灣農家來說，在對生產稻米商品所須的技術改良方面，諸如對品質改良、增加施肥、普及深耕密植、除草、驅除病蟲害等，無須投進巨額資本也能輕易地完成，這對普及蓬萊米起了促進作用。第三，種蓬萊米比種甘蔗有利。蓬萊米所需種植地未必與甘蔗完全相同，而兩者之間的栽種時間亦長短不一，也不可能對兩者的生產費用加以明確比較。但從價格的變動看，不論是砂糖的市場價格，還是甘蔗的公司收購價，與米價相比，進入一九二〇年代相對地有所下降（第14表）。米價的這種相對地高漲，不僅有可能使蓬萊米將原有的甘蔗作物趕下台，同時也為蓬萊米的登台醞釀着適合的環境。此事即是下節所要討論的

「糖・米相剋」問題嚴重化的原因之一。

如上所述，種稻農業，特別是蓬萊米的移植台灣，也與現代糖業的移植台灣同樣，是日本帝國主義發展的必然產物。而且也是以台灣本地經濟特殊歷史的各種條件爲基礎的。

二、稻米增殖事業的展開

如前所述，台灣的種稻農業問題，若只指出它是自然發展的半個側面，當然是不充分的。不能忽視的是，日本的國家權力即台灣總督府一直在幕後扮演着指導角色，特別是在水利灌溉方面，進行了積極介入，並通過對水的控制，操縱台灣種稻農業的發展。當然，若與韓國等相比較，在種稻問題上來自上級的保護及培育，雖從質與量看都相當地小，但這正是由於台灣商業性農業的發達，使台灣總督府無須對水利灌溉以外的領域進行大量投資，但這決不意味日本國家權力對台灣種稻農業的控制有所減弱。

如將有關證實台灣總督府對稻米增殖事業的內容及活動所進行的資金投入加以概括性的整理，其情況正如第15表所示。從此表中可立即看出，投入稻米增殖的國家資金，幾乎完全用在灌溉排水設施上。亦即，直至一九三四年，在其總投入資金四，七四六萬圓中，有關權溉排水設施佔九八%，近四，六六二萬圓。一九一〇年以後，台灣的財政每年都有數百萬甚至數千萬的盈餘，即被稱爲擁有「洪水般收入」的利潤，這即是總督府得以在水利灌溉事業方面進行巨額投資的原因⑳。當然，這些投在灌溉排水設施上的資金，並非全部爲了稻米的種植，其背後還有對糖業的獎勵政策，保護製糖公司即日本資金的色彩極濃㉑，而對稻米增殖事業，則頗有附帶照顧的味道㉒。

然而，這並不表示國家在種稻農業上對水的控制有任何減弱之勢。台灣水利事業的組織形態及國家對這方面的統制監督，正說明這一點。如從法律的觀點來看台灣水利事業的組織形態，可區分爲官設埤圳、公共埤圳、水利組

第15表　總督府投入於稻米增產事業之資金（1906～34年）

（圓）

項目	金額	明		細
改良在來米	511,228	一般補助	415,228圓	1906～20年
		育種場補助	106,000	1915～20
獎勵蓬萊米	136,179	原種田補助	136,179	1930～33
獎勵二期稻作	163,602	只限台東廳及花蓮港廳		1920～25
灌漑排水設施	46,615,581	國庫補助	27,632,774 1)	1920～33
		使用公費之工程	18,249,002 2)	1907～33
		地方費補助	733,805	1901～33
旱田獎勵費	31,187	以種植甘蔗爲目的	31,187	1929～34
合計	47,457,777			

根據農林省米穀局「台灣米關係資料」1934年，158～186頁計算。
1) 其中嘉南大圳補助26,740,000圓，2) 其中有關蔗苗養成所的工程是1,315,653圓，該水利事業費爲16,387,869圓。

合、及認定外埤圳等四種形態。對其中的官設埤圳組織，總督府不僅對其灌漑事業進行直接保護監督，而且還要親自經營其設施，這正是國家對灌漑事業的最徹底的支配形態。由於動員民間資金搞大規模的灌漑事業有困難，才產生了設立官設埤圳的必要性。其內容是，除開鑿新設灌漑用水渠道外，還包括修改原有灌漑工程，普及灌漑工程及建立附屬事業的水力發電。因而並非僅以種稻灌漑爲中心。官設埤圳在一九〇八年設立後，直到一九二五年的十八年間，總督府在這方面投入了近兩千萬圓的預算，並將其視爲長遠事業而進行直接經營㉓。其後，諸如後面所述公共埤圳組合等團體逐漸被整頓，並被納入埤圳改修整理事業的一環。而官設埤圳則逐漸消聲匿跡，甚至大幅衰退到只能給嘉南大圳工程撥出補助金的程度。

有關第二組織形態的公共埤圳㉔，總督府因「生產上的需要」，立即在一九〇一年制定了公共埤圳規則，決定對具有「公共利害」關係的埤圳，特殊進行管理上的監督。即將享受埤圳灌漑的土地所有者、抵押權所有者、佃農及埤圳主等人定爲具有利害關係的人，並設立規約，制定有關相互的權利關係及在管理上的必要事項等。在必要的情況下，設置管理者，使其擔任埤圳的經營。而在規約、預算、以及對埤圳的廢除及變更等，均必須獲得總督府的認

第16表　總督府之水利支配發達狀況（1904～43年度）　（甲）

年度	官設埤圳		公共埤圳組合		水利組合		認定外埤圳		合計	
	數量	面積	數量	面積	數量	面積	數量	面積	數量	面積
1904年	–	–	106	88,689	–	–	–	109,410	–	198,099
10	1	3,817	176	155,424	–	–	12,325	79,896	12,522	228,873
15	3	11,216	159	162,304	–	–	11,902	76,454	12,064	249,974
20	3	11,488	111	207,762	–	–	12,122	95,487	12,236	314,737
22	–	–	115	227,302	1	1,428	12,127	96,137	12,243	324,867
25	–	–	3	80,192	103	190,389	8,472	90,759	8,578	361,340
30	–	–	2	135,621	107	231,509	6,987	88,039	7,096	455,169
35	–	–	2	139,052	106	244,250	7,015	97,067	7,122	480,369
40	–	–	?	139,849	?	321,694	?	87,425	?	548,968
43	–	–	?	140,107	?	400,885	?	21,007	?	561,999

摘自前揭「台灣土木事業統計年報」1932年，42～43頁，（1904～30年度爲止），台灣總督府「台灣事情」1939年，454頁（1935年度），大藏省管理局「台灣統治概要」（關於日本人海外活動歷史性之調查）1947年，246頁，（1940，43年度）

1) 官設埤圳自1921年開始被認定爲公共埤圳，納入公共埤圳組合之經營，其後又於22年度起，被變更組織成爲水利組合。
2) 公共埤圳組合中，嘉南大圳組合設立於1920年度，興泉圳組合則設立於25年。桃園大圳雖設立於19年度，但於30年度時被變更組織成爲水利組合。故從19年到24年的數字當中，尙包括組合以外的公共埤圳。此外18年度以前的數字，則視爲組合以外的公共埤圳。
3) 所謂認定外埤圳，乃未獲台灣公共埤圳規則之認定，同時也不屬於水利組合經營之埤圳。
4) 此表作成於1943年3月末。

可㉕。根據這個公共埤圳規則，總督府得以指定一部份埤圳設施爲公共埤圳，並得到從預算到人事進行某種程度干預的根據，從而確立了相當强有力的統制權㉖。此外，該規則於一九三〇年進行了修訂，將公共埤圳組合做爲法人組織，從以日本勸業銀行爲中心的金融機關獲得穩定的巨額的放款融資，開闢了土地改良投資之路。在此情況下，被認定的埤圳，其後每年增加，制定及實施水利組合令的一九二二年，其數目已達一一五個，其灌溉面積亦達二二七，三〇〇甲（參考第16表）。此時，公共埤圳組合在灌溉面積方面，已成爲總督府在水利控制上最重要的組織形態。

一九二三年以後，總督府的水利控制已轉移到水利組合之上。該水利組合，是依據一九二一年十二月頒行的「台灣水利組合令」及翌年一九二二年五月的同組合令施行規則而設立，成爲台灣水利灌溉組織的第三種形態。簡單地說，它與公共埤圳組合所不同的是，它使總督府的控制更

加廣泛，更加得心應手。也就是說，從沿革上講，水利組合是繼承公共埤圳的，但在關於組合規約的變更，事業計畫的策劃制定或變更，組合的合併、廢止、分割或區域變更等方面，均必須取得台灣總督的認可。而在財政方面，諸如資金借貸及其方法，利率、償還方式及變更，以至捐贈、補助的支出及徵收加入金等，也必須獲得台灣總督府的認可㉗。此外，對組合長的產生也不同於公共埤圳組合那樣按規定選舉，而是由總督或知事、廳長任命。更重要的是，該組合令對當組合員的資格問題也強加了下述規定，即「台灣總督所指定區域內的土地抵押所有權者，或以土地生產物爲原料的製造業者」㉘（傍點爲引用者所加）。很明顯，其目的在於使製糖公司參與水利設施，同時意味着日本民間資本與國家權力在水利組合方面加強了連帶關係㉙。就這一點來說，水利組合的成立，也意味着使日本糖業資本從土地所有的歷史性制約（本地地主制的發達）中獲得了某種程度的解放，並間接地加強了其支配力量。這也是成立水利組合所具有的重大意義之一。

然而值得注意的是，水利組合這一組織於蓬萊米移植成功的一九二二年成立後，急速成長。正如第16表所示，由水利組合組織的灌溉面積，除發生世界大恐慌的一九三〇年代的前半期之外，一直持續增加勢頭。特別是在移植蓬萊米的初期，到一九三〇年的八年期間，其灌溉面積激增至二三萬甲，大大超過在此以後的到一九四三年八年間的一五六，六〇〇甲。水利組合早在一九三〇年即已管轄台灣全島半數以上的灌溉面積，到一九四三年，其管轄的灌溉面積已達七〇%，不折不扣地躍居爲水利控制中心。

水利灌溉組織的第四種形態，則不屬於上述官設埤圳、公共埤圳及水利組合中的任何一種形態，正如其名字所示，是認定外的埤圳。此類埤圳，不接受公共埤圳規則的認定，也不屬於水利組合的經營範圍，而是一種單純的私人經營設施。從外表看，在其新建及改廢設施上，似乎完全按私人的自由意志行事，但「認定外」埤圳絕非意味着是國家「控制外」的埤圳。認定外埤圳雖在表面上是「認定外」，其結果還是與公共埤圳同樣，須遵守「台灣公共

埤圳規則」。亦即，根據該規則的第三條規定，「對公共埤圳的廢除及變更，必須有行政官廳的認可，而對新設埤圳，也以同樣規定處理」（傍點爲引用者所加）。因而，不僅對新設小埤圳，就連安裝汲取地下水的抽水機及利用泉水的架水槽，也不問其規模之大小、何種形狀，凡屬私設埤圳的改和修，事實上一切都被納入國家認可的對象當中㉚。日本在台灣的水利開發政策的特點，並非僅靠巨額資金的投入，同時也靠上述强度的行政統制。特別是對待本地人民私設埤圳的「認可外埤圳」，是一種不具國家資金投入的强度的行政統制，也可說是不花分文的殖民地經營的典型。

認定外埤圳，在受到如此强度的行政統制之下，其數目及灌溉面積的增減，也必然會受到國家根據形勢而製定的政策和所持態度的很大限制。如第16表所示，認定外埤圳在水利組合成立後（一九二四年以來），其埤圳的數量開始急遽減少，其灌溉面積也隨之相對減少。這種情況很明顯地表現出舊有的水利灌溉形態即認定外埤圳，被現代化的水利灌溉形態即水利組合淘汰的過程，同時也表現出通過外來勢力對水的控制，使台灣的水利事業被强制邁入現代化過程的一面。至於對本地地主與農民起了什麼作用問題，則與下一節「糖・米相剋」問題有所關連，是令人注目的。

不管怎樣，上述的國家權力對水的支配，一方面立足於商業性農業發達的台灣殖民地經濟的基礎上，一方面又巧妙地利用，使之對於日本資本主義最有利。日本佔領台灣初期，處在戎馬倥傯之間，水利事業只能委之於本地的私設埤圳（認定外埤圳）。當殖民地統治大致走上軌道，通過動員本地人的資金而財政制度得以完備後，官設埤圳便代之而起。而在一九一八年至一九一九年爆發了所謂的「米騷動」，使日本面臨必須認真推動台灣的種米農業之際，台灣的本地農民也因第一次世界大戰所帶來的異常景氣，生活上多少有了寬餘。從而，日本國家權力迅速地將公共埤圳制改變爲水利組合，盡可能朝着在農民本身的負擔中來達成對於水的支配的方向走。我們若從公共埤圳組

合及水利組合的貸款表看，正如第17表所示，國庫限定對公共埤圳組合即嘉南大圳撥款，而水利組合則採取所謂委託給日本金融機關的形式。金融機關的貸款利率肯定要高於國庫，而這些貸款最後還主要是由農民負擔，即由組合費來償還。因此，將公共埤圳組合重新改組爲水利組合，實則意味着減輕了國家對水利事業的負擔，而將這些負擔轉託在農民的肩上。而國家則一面以親自出資的形式，一面又通過站在間接支持立場的銀行資本，從金融方面也牢牢地掌握着對水的控制權㉛。

通過如此强有力的對水的控制，日本對台灣種米農業的開發，日益發揮其龐大的影響力。這種加强控制的效果，一方面是藉種稻農業爲基礎條件，將耕種田地的外延性擴大；另一方面將提高土地生產效率及改種作物等內包性發展具體化。首先談談有關前述田地面積的擴大問題，如第18表所示，在進入一九二〇年代以後有了顯著的進展。而蓬萊米的登台，正是由於田地面積的增加才成爲可能。自這一時期以後，灌漑及排水面積幾乎與田地面積不相上下，而可以推測出後者絕大部份係以某種形式受到水的控制的㉜。如考慮台灣農業的基本作物米及甘蔗，特別是前者，即所謂灌漑作物對水的依賴之高，對水的控制對台灣農業所具有何等的重大意義。也就無庸贅言了。

另一方面，要談談有關控制水的內包性效果。最能具體表現這一關係的，就是水稻的一年雙收，即所謂二期耕

第17表　公共埤圳組合及水利組合資金借入來源

（1932年度）　　（1000圓）

組合別	來源別	借入金額	償還金額	餘額
公共埤圳組合[1)]	國庫[2)]	18,735	614	18,121
	勸業銀行	12,353	4,745	7,608
	計	31,088	5,359	25,729
水利組合	勸業銀行	5,319	813	4,506
	三和銀行	5,000	400	4,600
	其他	203	30	173
	計	10,522	1,243	9,279
合	計	41,610	6,602	35,008

依據台灣總督府內務局「台灣土木事業統計年報」1932年，97～99頁計算。

1)　只有嘉南大圳和興泉圳兩個組合。

2)　全額均借與嘉南大圳。

第 18 表　水田耕地面積增加之狀況（1900～41 年，年平均）

（甲，%）

年期	耕地總面積		水田		旱田		構成比		灌漑面積在水田面積中所佔之比率
	實數	指數	實數	指數	實數	指數	水田	旱田	
1900～04年	478,439	100	253,255	100	225,184	100	52.9	47.1	—
05～09	664,914	139	326,542	129	338,372	150	49.1	50.9	66.5
10～14	708,384	148	346,515	137	361,869	161	49.0	51.0	69.3
15～19	743,793	155	350,147	138	393,646	175	47.1	52.9	78.4
20～24	776,691	162	377,434	149	399,257	177	48.6	51.4	87.0
25～29	821,264	172	399,441	158	421,823	187	48.6	51.4	99.5
30～34	841,069	176	434,502	172	406,567	181	51.7	48.3	107.2
35～39	876,585	183	532,304	210	344,281	153	60.7	39.3	97.4
1941	886,118	185	544,367	215	341,751	152	61.4	38.6	102.9

根據台灣總督府殖產局「台灣農業發達之趨勢」1930 年，2 頁，同「台灣農業年報」1939 年，12 頁，同，1943 年，4 頁，同內務局「台灣土木事業統計年報」1932 年，42～43 頁等而作成。

第 19 表　二期稻作田之增加傾向（1917～41 年）

（甲）

年期	合計		二期稻作田		一期稻作田		構成比率	
	實數	指數	實數	指數	實數	指數	二期稻作	一期稻作
1917～19年	346,134	100	223,340	100	122,794	100	64.5	35.5
20～24	377,434	109	259,267	116	118,167	96	68.7	31.3
25～29	397,641	115	289,670	129	109,971	90	72.3	27.7
30～34	434,502	126	309,460	139	125,042	102	71.2	28.8
35～39	532,304	154	331,379	148	200,925	164	62.3	37.7
41	544,367	157	334,844	150	209,523	171	61.5	38.5

摘自台灣總督府「台灣農業發達之趨勢」1930 年，2 頁，同「台灣農業年報」1943 年，4 頁。

種田的增加及旱田水田化。從有關後者的資料看(第18表)，旱田面積在一九二〇年代的後半期達到顛峯狀態，之後轉向劇減狀態，到一九四一年甚至減少到八萬甲左右。而這些減少的部份，都轉變爲水田。若從前者即二期耕種田的增加資料看(第19表)，一九二〇年以後約增加一一一，五〇〇甲，已超過同期水田面積增加數的一半多。簡單地說，這些二期耕種田的增加，相當於一期耕種田增加了二二三，〇〇〇甲的面積。特別是，由於水利灌溉而產生的二期耕種田，與開拓一期耕種田的情況大不相同，由於它的出現，實現了

土地利用的高度化，並隨之而產生了作物種類的多樣化及農業作業的通年化，從而可將其視爲給農家經營帶來了重大的變化㉝。對水的控制對台灣種米農業的影響之重大，正表現於上述幾點㉞。

三、蓬萊米的普及與發達

本項目將就日本國家權力利用上述「對水的控制」爲支柱展開稻米增殖事業問題，利用統計資料，對台灣的稻米生產爲何能以蓬萊米爲中心擴大爲出口商品問題加以闡述。

首先，讓第20表及第21表予以回答。第20表告訴了我們下列事實。即在蓬萊米尚未全面普及的一九二〇年代前半期之前，台灣的米穀生產，年均約在四四〇萬石到五〇〇萬石左右。其中，供出口者約爲八〇萬石到一〇〇萬石。即出口比率只佔一七％到二一％左右。而由於蓬萊米的正式普及，米穀生產開始出現劃時代發展的一九二〇年代後半期，輸往日本的數量急速增加，所增加的產量幾乎全部都用於向日本出口。因而出口比率急劇上昇，三〇年代後半期，已達到五〇％。換言之，產量的半數以上投向日本國內市場。如第21表所示，這主要是以蓬萊米爲主。而蓬萊米的出口量，則從一九二六年佔全部米穀的四〇％急速上升到一九三八年的八五％，完全取代了台灣在來米及圓糯米的地位。由於蓬萊米產量的八〇％到九〇％以上都用於出口，蓬萊米的殖民地商品性格也就暴露無遺。而蓬萊米登台的重大意義也在於此。也就是說，台灣的種米農業之所以從一九二〇年代後半期開始急速轉變爲幾乎全部供應出口的商業性農業，這完全是由於蓬萊米的移植成功與普及，而且專爲供應日本市場的需求。

台灣的殖民地經濟，由於蓬萊米的出現與普及，大幅度地修正了過去偏重於砂糖及種甘蔗的情況，而且轉變爲以糖、米兩大商品爲支柱的經濟形態。在後頁還將稍加詳細探究。到一九二〇年代前半期，主要以砂糖爲中心形成的台灣對外貿易結構，自一九二〇年代後半期起，轉變爲以糖、米兩大商品爲主的形態，而且這二者所佔對外出口

稻米 { 1925年以前：島內消費
1925年以後：出口（蓬萊米）

第20表　台灣米出口之增加傾向（1900～38年，年平均）　（1000石，%）

年期	生產量 實數(1)	生產量 指數	總出口量 實數(2)	總出口量 指數	(2)/(1)	輸往日本之比重 (輸日/生產量)
1900～04年	2,984	100	452	100	15.1	7.3
05～09	4,384	147	875	193	20.0	18.8
10～14	4,416	148	756	167	17.1	16.8
15～19	4,785	160	950	213	19.9	19.2
20～24	5,145	172	1,117	247	21.7	21.4
25～29	6,460	216	2,390	529	37.0	36.8
30～34	8,060	270	3,478	770	43.1	42.2
35～38	9,344	313	4,750	1,050	50.8	50.2

根據「台灣米穀要覽」1939年，9～12，61頁計算。輸往日本之比重則依據「台灣糧食統計要覽」1949年，台灣省糧食局（台北）計算。
生產量乃指該年第一期稻作米與前年第二期稻作米之合計（糙米）。

第21表　蓬萊米總出口量之增加傾向（1926～38年）　（%）

年別	總出口量之構成明細					總出口量佔生產量之比重				
	蓬萊米	在來米	圓糯米	長糯米	合計	蓬萊米	在來米	圓糯米	長糯米	總平均
1926年	40.55	21.38	38.07		100.00	68.62	12.87	—	—	36.01
28	42.94	21.66	31.58	3.82	100.00	66.16	12.70	106.87	37.49	34.63
30	48.28	15.82	34.06	1.84	100.00	72.77	8.01	101.44	21.06	31.21
32	66.20	10.22	19.19	4.39	100.00	87.54	7.88	99.71	53.82	41.35
34	76.17	6.96	15.86	1.01	100.00	96.49	9.73	98.91	25.17	56.53
36	75.85	2.30	20.04	1.81	100.00	78.70	3.24	99.32	40.47	50.22
38	84.32	3.07	11.30	1.31	100.00	80.90	3.97	108.10	30.82	50.25

根據「台灣米穀要覽」1936年，34～36頁，同1939年，66～69頁而作成。

總額，一直維持七〇%左右（第三章、第61表）。此外，正如第1圖所示，過去曾屬於台灣重要物產的茶、煤、香蕉等均處於生產停滯狀態，但稻米卻與砂糖並駕其驅，雙雙飛躍發展。以一九二五年為界，米穀生產做為商品所具有的意義，已與過去大不相同。亦即，稻米生產在一九二五年以前，主要是為了島內消費，而這一過去在生產量上一直居首位的作物，卻因現代製糖的移植，而被砂糖生產所凌駕於上，出現衰退趨勢㉟。但在一九二五年以

後，由於蓬萊米做爲出口商品的登台，稻米生產又重新得以急速發展，而且其生產價額也大幅超越砂糖。一九三〇年代初期，米穀雖因世界性經濟蕭條而導致價格暴跌，出現暫時性的大衰退，但自一九三三年開始，再度超過砂糖而居首位。一九二五年以後，糖、米二大商品之所以展開了拉鋸戰，正如前文所述，不外乎是因爲這一時期的台灣殖民地經濟，已進入與過去截然不同的殖民地化過程。

總而言之，隨著蓬萊米的登台與發達，自一九二〇年代中期之後，台灣的殖民地經濟已發生了質的變化，在此之前的以砂糖商品爲中心的單一作物化生產方式，已轉變爲以糖、米二大商品爲主幹的經濟狀態。雖然一般人都說台灣的殖民地經濟是由於糖、米二大商品生產的移植而形成的，但是這絕非自日本統治初期即同時並進形成的，而二者之間有其消長關係的。這一點與下節「糖、米相剋」問題有很大的關聯。

第1圖台灣主要產物生產之變遷

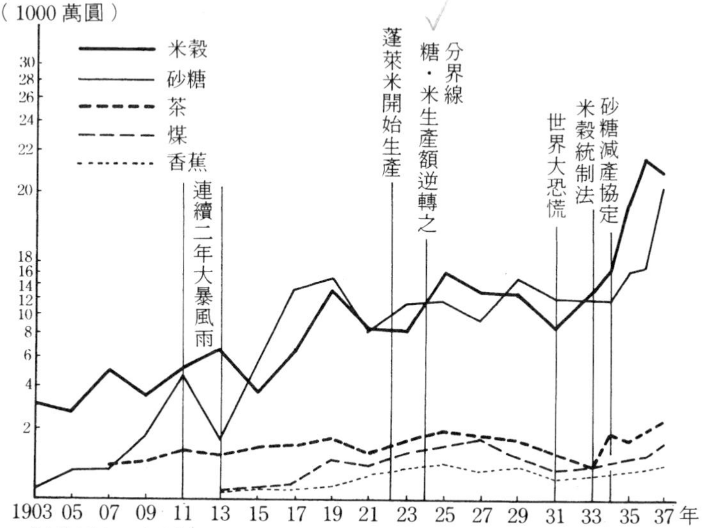

『台灣銀行四十年誌』1939 年，自182～183 頁。

① 朝鮮的情況是，一九二〇年設計了大規模的產米增殖計劃。對此，日本政府實施國庫補助六，五〇七萬圓，低利資金貸款二三，八九六萬圓的大規模援助。由此可說，已將朝鮮的種稻工作視爲國家事業而進行。關於這一計劃，最近的研究有：林炳潤的「殖民地的商業性農業的展開」，東京大學出版會，一九七一年出版。

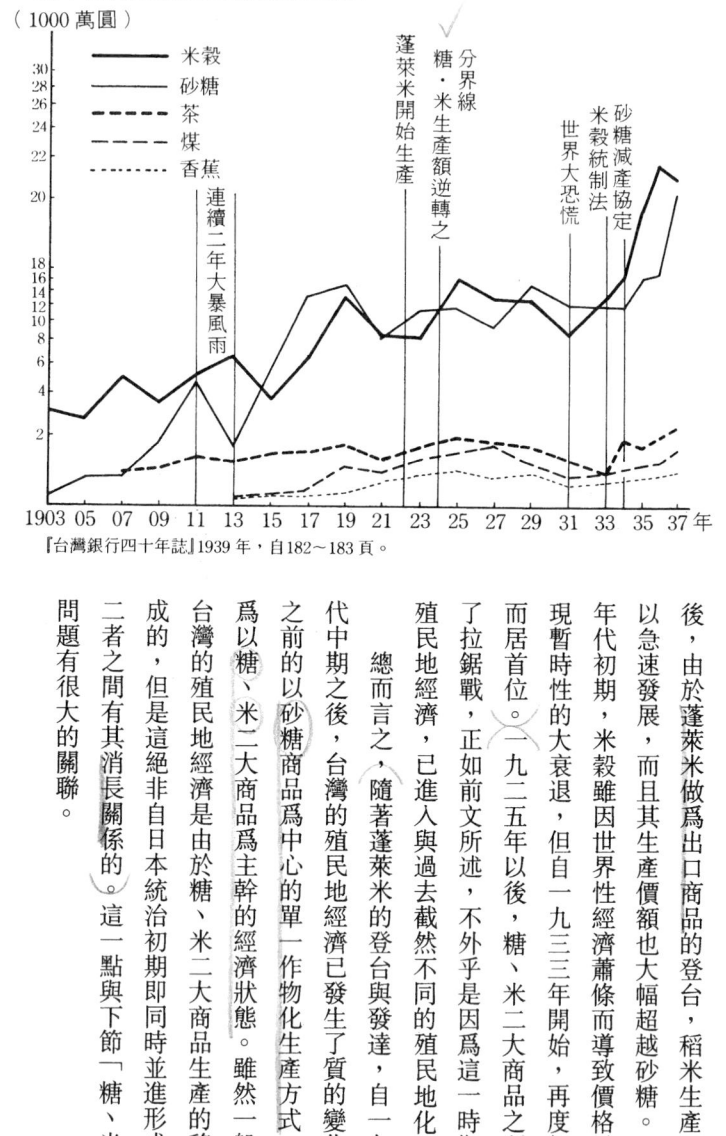

② 從歷史上看，台灣總督府開始注重種稻農業，是在日本佔領台灣六年後的一九〇一年十一月。當時的兒玉總督在其有關「殖產興業」方針的演説中提出「種稻的改善」即是證明。其演説要旨收錄於持地六三郎所著「台灣殖民政策」一書（一九一二年出版，一六九～一八二頁）。從時間看，不僅種稻事業的振興晚於糖業，而且其動機亦非以日本國內市場爲目標，而是謀求「向海外出口」。對台灣米的進口多少有些是感興趣，是日俄戰爭爆發及一九〇五年日本東北地方歉收時開始的。從此後，總督府才着手於對在來米的改良事業。（參考台灣總督府殖產局編「產米的改良與增殖」，一九三〇年，九～一一頁）

③ 對這一時期日本資本主義的發展及與農業問題的關聯問題，請參閱楫西光速、大島清、加藤俊彥、大內力共著的「日本資本主義的發展Ⅲ卷」，一九六七年，第七節。

④ 關於這種農業政策的基本變化，請參閱大內力著「農業史」，一九六〇年，一一七～一五五頁及上述「日本資本主義的發展Ⅲ卷」六九六～七〇三頁）

⑤ 參照八木芳之助的「米價及米價統制問題」，一九三二年，三三八頁。

⑥ 關於這一點的論證，詳見大內力著「日本農業的財政學」，一九五〇年，一七六～一七八頁。

⑦ 順便在這裏講一下，不知川野是否過於强調米穀品質統一在經濟上的意義，（前述川野重任著「台灣米穀經濟論」，六六頁）因而他說出「台灣米在日本國內市場的控制力量」一語，似乎台灣米在日本「內地市場」有「控制力」似的。川野的這種說法被人們認爲是顛倒事實，也無言以答。我想再次指出，川野在分析台灣的米穀經濟時，對日本國內市場的各種條件採取了置之不問的態度。

⑧ 參考大槻正男著「國家生活之農業」，一九三九年，二五～二六頁。當然，「米騷動」不能單純歸因於國內米穀需要的增加。

⑨ 見台灣總督府殖產局「台灣農家經濟調查」第二報（農業基本調查書、第五卷），一九二三年，一六頁。

⑩ 見前述八木著「米價及米價統制問題」四二八、四五七頁。

⑪ 根據帝國農會的「米穀問題參考資料」，一九三三年，三五頁，以及台灣總督府殖產局的「台灣的米」，一九三六年，三八頁，也可參考本書後面的第86表。

⑫ 見台灣總督府殖產局的「耕地分配及經營調查」（農業基本調查書、第二卷）一九二一年，四頁。特別是種稻中心地帶的台中州和新竹州，佃耕地佔全部耕地面積的比率，均超過七五％。

⑬ 係一九二七年的實際佃租率。見台灣總督府殖產局的「耕地出租經濟調查」之一，兩期田、單期田（農業基本調查書、第二五卷），一九三〇年，六～一五頁。

⑭ 參考色部米作著「關於在台灣生產（日本）內地米種蓬萊米的問題」「大日本農會報」一九二九年十月號，一一頁，及「台灣新

聞」所載「台灣米發達史」（農林省米穀局的「米穀政策資料」，一九三六年，四五五頁等）。

⑮關於其具體事例，見安藤泰夫著「關於蓬萊米」及「台灣農事報」一九二五年一月號，三八～三九頁。

⑯台灣總督府爲遏制當時的台灣農民運動所定的一個對策是，由一九二七年起，發動佃耕改善運動，在各州積極地設置和推動由地主，佃農等組成的任意協調團體（參考本書第五章第三節）。

⑰關於這一點，台灣與朝鮮的情況大異其趣。東畑精一著「日本農業的發展過程」（一九三六年）一書的九五頁亦有如此的提示。

⑱關於這一點的實證分析，請參考前述川野的「台灣米穀經濟論」一書，三〇九～三一一頁。

⑲見台灣總督府殖產局的「主要農作物經濟調查」之三，水稻。一九二六年的第一期，一八九頁。同上調查之九，一九二七年，第一期，一九五頁。

⑳從台灣特別統計的歲出與歲入規模的變化看，歲入從一八九六年的不足一千萬圓，增爲一九〇五年的二千五百萬圓及一九一〇年的五千五百萬圓，而到一九一九年以後則達到一億圓的大關。對此，歲出則從一八九六年的不足一千萬圓，到一九〇五年的二千萬圓，一九一〇年的四千一百萬圓。而一九一九年也祇有七千二百萬圓，達到一億圓大關則是在一九二七年以後。因而一九一〇年以後每年都有數百萬圓以至數千萬圓的財政盈餘。無庸贅言，這一財政盈餘實係來自台灣本地人之負擔。（對歲出入的統計數字，有張漢裕的「日本佔領時代台灣經濟之演變」、台灣銀行經濟研究室的「台灣經濟史二集」台灣研究叢刊第三十二種，一九五五年出版於台北，一〇〇～一二〇頁）

㉑總督府爲了甘庶園的灌溉排水，對民設埤圳的改善及擴大，以及官設埤圳的開鑿，已在一九一〇年度以後，給與五〇％以內的工程費補助，以資獎勵埤圳水道的開鑿及維修。（參考台灣總督府的「台灣事情」，一九三七年版，四一二～四一三頁）

㉒關於這一點，台灣總督府殖產局在做爲產業調查書所編集的「產米的改良及增殖」（前述）中，毫未提及水利灌溉設施問題，因而是純屬象徵性的。順便提一下，該局就「迄今的設備」問題採納了下述十三項建議，即⑴加强實驗及研究⑵獎勵改良稻種⑶獎勵二基作物⑷設共同秧田⑸獎勵密植⑹密植成績優逸的稗官⑺獎勵施綠肥⑻驅除及預防病蟲害⑼共同購買肥料⑽設立農業倉庫⑾檢查米穀⑿檢查稻種⒀檢查秧田（見同上書，八～三四頁）

㉓參考台灣總督府一九三九年出版的「台灣事情」，四九五頁。

㉔過去台灣所建埤圳設施，不管其規模多大，已發達到「有水處必見其設施」的程度（嘉南大圳組合）一九三〇年出版的「嘉南大圳新設事業概要」第一頁）。這些埤圳，或爲共同開墾，或係富豪之家的計劃，其修理維持費則由其地域內獲利的農家，主要是水稻農向其經營者以報酬方式繳納「水租」（參考前述「臨時台灣舊慣調查會第二回報告書」第一卷，四二四頁，以及台灣總督府農事

試驗場的「台灣重要農作物調查」第一篇「普通作物」一九〇六年，三三頁等）。

㉕ 見前述「台灣事情」一九三九年版，四四九～四五〇頁。

㉖ 參考上述「台灣事情」及前述佐佐木忠藏著「台灣行政論」，二九〇～二九一頁。

㉗ 參考前述「台灣事情」一九三八年版，四一七頁。

㉘ 同上，四一五頁。

㉙ 有關這一點，也可從制定組合規則看出。即組合的規則規定：必須得到「組合會員總數達二分之一以上，並擁有可成爲組合區域土地的總面積爲三分之二以上者之同意」（前述「台灣事情」，一九二三年版，二三九頁，以及大藏省管理局一九四六年出版的「台灣統治概要」，二四三～二四四頁）。從製糖會社所擁有的土地規模看，很明顯，水利組合若無前者同意，不可能制定組合規則制度，也不可能成立組合。

㉚ 做爲一九三四年到一九三九年米穀統制政策一翼而施行的嚴格的水利設施抑制措置的法律根據即在於此。（參考川野著「對台灣農業進行水控制的過程」及「帝國農會報」，一九四〇年十月號，三二八～三五一頁，以及台灣總督府殖產局一九三八年出版的「台灣的米」，二八～二九頁）。

㉛ 在此情況下，勸業銀行對台灣的貸款活動非常重要。關於這一點，將於第五章第四節談。

㉜ 施行灌溉、排水的耕地，當然不限於水田，也應包括旱田，統計表所示數字未必包括所有水田。從統計資料裏找不到詳細內容，但灌溉及排水的主對象無疑是水田。加上一九三〇年代以後旱田的面積明顯減少，因而不那麼重視田地面積與灌溉、排水面積之間出現的多少差異，也没有大過。而且自一九二〇年代後半期起，灌溉面積超過水田面積的年度多了起來，這是對蔗園等旱田灌溉普及的緣故。

㉝ 關於這一點，根據台灣總督府一九三七年出版的「輪作式調查」（農業基本調查書第三十五卷，五三～七一及四六三頁），二茬稻約佔全島一穫稻面積的六七％，這說明其利用率已相當高。

㉞ 國家權力所發起的稻作農業，當然不僅是通過控制水完成的。還有諸如米穀檢查（一九〇四年發佈「移出米檢查規則」、肥料管理（一九二七年施行「肥料取締法」）、限定品種（自一九一〇年起消除紅米，一九三〇年創設總督府農業試驗場）、修建農業倉庫（一九二〇年設立）等，根據需要，採取了在經濟上出資不多的行政措施（參考前述「產米的改良及增殖」，八～三四頁，以及前述「台灣的米」，二六～二八頁）。

㉟ 從第1圖所示傾向可知，如果台灣製糖業未逢一九一七一年到一九一二年之間的史上罕見的暴風雨，砂糖生產額不須等到一九一五

年，一九一二年即可超過米穀生產額。又據另外資料稱，砂糖（粗糖）的生產額已於一九一〇年達三，八〇〇萬圓，微超米穀的三，五〇〇萬圓。（見台灣農友會一九一五年出版的「過去二〇年間台灣農業的進步」，五一頁）。

砂糖 → 1920年代 → 米.糖相剋
蓬萊

第三節　「糖・米相剋」關係的展開

一、種甘蔗與種稻穀面積的增減

第2圖　各州甘蔗種植面積之變遷

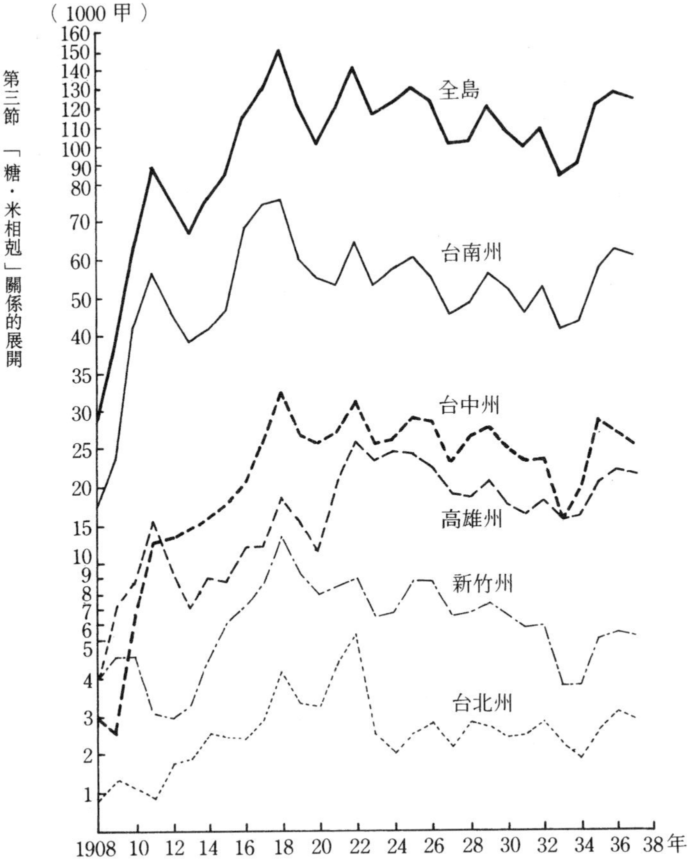

與第 22 表同。

一九二〇年代中期以後，殖民地台灣的位置，由先前的砂糖原料（粗糖）供給基地，變成了糖、米兩大出口商品的供給基地。隨着這種轉變，在台灣的殖民地經濟中，展開了所謂的「糖・米相剋」關係。從文字表現看，這個「糖・米相剋」問題是無主體性的，也未必能明確地的指出究竟是針對何者而言的「相剋」，但「糖・米相剋」關係是

在身爲殖民地的台灣這塊土地上展開的，毫無疑問，這種關係的發生，是區別台灣與其他殖民地所不同的最大特色之一。因爲，台灣的殖民地經濟，並未完全偏重於糖．米兩者中的任何一方，更可說是通過這兩大輸出商品的「相剋」關係而發展的。這就是台灣與其他許多殖民地經濟，即走單純化的、生產單一出口商品道路的殖民地化過程不同之處。

「糖．米相剋」關係，首先尖銳地表現在做爲商品作物生產基地，即種植面積的需求上，換言之，即尖銳地表現在耕種面積的增減上。包括原料甘蔗栽培農業工程的糖業發展，必然要求擴大播種甘蔗的面積。而種稻的發達，也同樣促使種稻面積的擴大。因此，應首先從耕作面積增減來探討「糖．米相剋」關係的展開過程。

首先談談關於播種甘蔗的面積問題，正如第2圖所示，除一九一二年到一九一三年因强烈颱風侵襲而出現減少兩萬兩千多甲的異常現象之外，直至一九一八年，甘蔗播種面積大體上持續維持擴大狀態。特別是一九一七年到一九一八年間，因受到頭一年的豐收及第一次世界大戰糖價暴漲的刺激，曾開創十五萬甲以上的空前栽種記錄，使甘蔗栽種面積佔全島耕地面積的五分之一①。爾後，這種傾向在一進一退的過程中逐漸減速，而這種狀態一直持續到一九三三年。因此可說，台灣栽種甘蔗生產的發展，一九一八年形成了一個重要的轉折點。

這種甘蔗栽種面積的變動包含下述兩個內容。第一，從一九〇九年到一九一〇年爲界，之後到一九一八年，甘蔗田逐漸從旱田轉爲水田②。第二，一九一八年以後，栽種甘蔗的北進停滯及其在南部的地位下降，尤爲重要的是後者。若欲進一步加以具體探討，則正如第22表所示，台中州的種蔗面積，在整個一九二〇年代，停於兩萬七千甲。三〇年代初期，更加減少。而在台南州，也從一九一〇年代後半期的六萬五千甲，減少到三〇年代前半期的四萬七千甲，呈現持續減少的傾向。其結果，台中州在全部種蔗地所佔比重保持在二一%～二三%的不增不減狀態。而台南州則從五四%降到四五%。甘蔗在其傳統基地蘊藏着栽種面積減少這種倒退的深刻問題，是由於以台

第 22 表　各州甘蔗栽培面積之變遷（1908～37 年，年平均）

（甲，%）

年期	台北州		新竹州		台中州		台南州		高雄州		東部地方		合計	
	面積	比率	面積	比率	面積	比率	面積	比率	面積	比率	面積	比率	面積	比率
1908～09年	835	2.46	4,265	12.59	2,713	8.13	20,411	60.26	5,467	16.14	179	0.42	33,870	100.00
10～14	1,656	2.23	3,889	4.96	12,531	16.85	45,281	60.89	10,069	13.54	934	1.53	74,360	100.00
15～19	3,101	2.58	9,168	7.64	24,858	20.71	65,009	54.16	13,627	11.35	4,262	3.56	120,025	100.00
20～24	3,533	2.89	7,808	6.40	27,354	22.42	56,836	46.57	21,269	17.43	5,230	4.29	122,030	100.00
25～29	2,632	2.25	7,706	6.60	27,157	23.26	53,309	45.66	21,136	18.10	4,820	4.13	116,760	100.00
30～34	2,409	2.44	5,268	5.34	21,613	21.90	47,274	47.90	17,050	17.28	5,085	5.14	98,699	100.00
35～37	2,907	2.33	5,295	4.24	27,216	21.80	60,401	48.38	21,627	17.32	7,391	5.53	124,837	100.00

根據「台灣糖業統計」第 13，1925 年，2～5 頁。同，第 25，1937 年，4～5 頁計算。

南、台中爲中心，激烈地展開了「糖・米相剋」問題，如下所述。

另一方面，從種稻，特別是蓬萊米耕作面積的變化來看，一九二二年只有四一三甲的耕作面積，而到一九三〇年則已增至十三萬甲，而到一九三五年，甚至超過三十萬甲。尤其在一九三五年，蓬萊米不僅凌駕於在來米的耕作面積（第 3 圖），其生產量也佔全部水稻產量的過半數③。蓬萊米的普及，與種蔗相反，是從北部地區開始，逐漸南下，從台北州擴至台中州及台南州。一九三〇年代前半期，僅台中、台南兩州即佔蓬萊米耕種總面積的五〇％左右（第 23 表）。而從州來看，台中州的蓬萊米約佔水稻面積的六〇％，台南州則約佔三五％左右。

耕種蓬萊米的急速南進與擴大，自然會與向北發展的甘蔗發生全面性衝突，即使所謂的「相剋」問題現實化。特別是中北部地區，迄今受北進甘蔗排擠的稻米生產，開始發生轉變，形成甘蔗即將被米穀（蓬萊米）席捲的局

第 3 圖　蓬萊米與在來米種植面積之變遷
（1920～42 年）

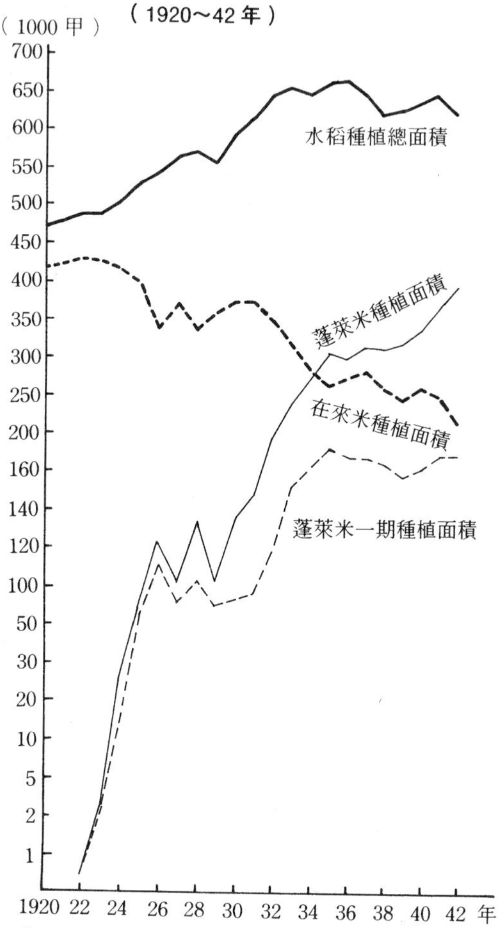

「台灣農業年報」，1931 年，22～23，30～31 頁；1936 年，28～31 頁；1943 年，18～21 頁。

面。此外，南部地區的甘蔗地也被霸佔，展開了與米相剋的關係。如將其具體情況結合農業生產的實際看，大體如下。

首先從栽種期看，直至一九三五年左右，蓬萊米主要是在第一期稻作，即係十月到十二月間插秧，翌年三月到四月間收獲的、以早期稻爲中心而發展的（第3圖），因此，與甘蔗的植苗期重疊④。但是，甘蔗一向習慣於在收穫期的十二月到翌年的四月間從甘蔗的梢頭採苗加以栽種。一九三五年以後，由於「台中六十五號」蓬萊米的培育成功，蓬萊米也適合於第二期作（五月到十月）。隨之，蓬萊米偏重於第一期種植的現象被大幅修正（第3圖）。在這一點上，蓬萊米與甘蔗的相剋關係，在某種程度上有所緩和。然而，甘蔗在七月到十一月之間栽種的早植方式，自二〇年代中期以後逐漸普及，進入三〇年代已達種甘蔗面積的八〇%左右（第24表）。由於這種早植方式必須在第二期米的收穫之前栽種，因而蓬萊米的第二期種植的展

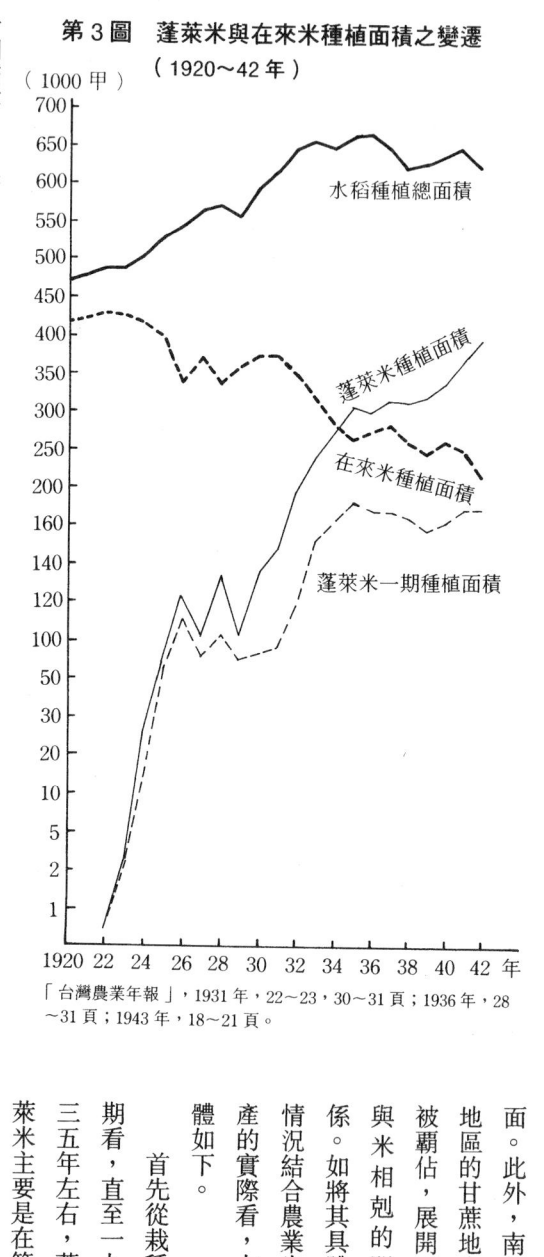

第 23 表 各州蓬萊米栽培面積之變遷（1922～40 年） （甲，%）

州別	1922年		1925		1930		1935		1940	
	面積	比率	面積	比率	面積	比率	面積	比率	面積	比率
台北州	413	96.72	23,056	32.56	29,617	21.90	46,020	15.09	55,562	16.63
新竹州	14	3.28	20,108	28.40	30,858	22.82	76,182	24.98	97,041	29.05
台中州	—	—	26,029	36.69	54,557	40.34	106,586	34.95	89,170	26.69
小計	427	100.00	69,193	97.65	115,032	85.06	228,788	75.02	241,773	72.37
台南州	—	—	1,187	1.69	16,612	12.28	44,186	14.49	45,582	13.65
高雄州	—	—	215	0.31	1,888	1.40	24,524	8.04	31,858	9.54
東部地方	—	—	231	0.34	1,705	1.26	7,487	2.45	14,819	4.44
小計	—	—	1,633	2.34	20,205	14.94	76,197	24.98	92,174	27.63
全島合計	427	100.00	70,827	100.00	135,237	100.00	304,986	100.00	334,033	100.00

根據台灣總督府殖產局「台灣米」1926 年，14～15 頁，同「農業年報」1936 年，31 頁，1941 年，31 頁，1931 年，23 頁等統計出。

第 24 表 現代製糖廠甘蔗早植比率之變遷（1917～35 年） （甲，%）

年 期	栽培面積(1)	早植面積(2)	比率(2)/(1)
1917～18年	121,295	1,291	1.06
21～22	134,682	45,613	33.87
25～26	117,205	64,241	54.81
31～32	97,769	82,123	83.99
34～35	103,214	81,598	79.06

摘自「台灣糖業」1935 年，51 頁。

開，就無從對蔗作的提早種植加以制約。由此看來，一九三五年之後的「糖・米相剋」也難以緩和。從後來的情況看，國家資本開鑿嘉南大圳，以及開始獎勵在水稻收穫之前趁機並種甘蔗苗的所謂「糊仔甘蔗」栽種方式等，即爲上述情況的反映。

從本地農民及地主的角度看，這種由耕種面積表現出來的蓬萊米播種面積的急速擴大及甘蔗面積的顯著減少，意味着種蓬萊米比種甘蔗的收益優越。在不考慮受土壤、氣候，以至品種，水利等客觀條件限制的情況下，收益高的作物從同一塊耕地上驅逐低收益作物的現象，在商品經濟相當發達的社會是必然的趨勢⑤。而在糖・米種植面

第25表　現代製糖會社所支配之土地規模※

（1916～35年）　　（甲）

	1916年	1921	1929	1935
會社所有地(1)	29,639	46,810	63,404	76,121
水田	10,817	15,733	19,905	30,688
1期	—	9,661	7,748	10,596
2期	—	6,072	12,157	20,092
旱田	18,823	31,077	45,373	45,433
租借地(2)	17,975 (18,454)	47,173	20,995	16,965
水田	8,978	34,867	14,092	8,598
1期	—	9,262	10,514	7,024
2期	—	25,605	3,578	1,574
旱田	9,219	12,306	6,780	7,414
合計(1)+(2)	47,614 (48,641)	93,983	84,399	92,136

摘自「台灣糖業統計」，1922年，44～45頁，同，1924年，112～113頁，同，1929年，69頁，同，1937年，70～71頁。
括弧內所得出之數字與統計書並不一致，推測是明細或總計數字有誤印。租借地包含官有之耕地。
※其中並不包含如鐵路或工廠等用於蔗作以外之目的的所謂「其他」用地。

積相對演變的過程中，對糖業資本來說，也面臨兩大實際問題。即製糖會社本身經營的私有土地及租借土地均不夠充分，從而使其在確保原料方面遭到極大的限制。

首先就前者而言，糖業資本對原料的獲得是相應於對土地控制形態的差異，而有如下三種方式：第一是獲得土地所有的方式。即製糖公司本身獲得土地的所有權，此土地則或自己栽種，或租給佃農栽種以達到確保原料的目的形態。第二是獲得土地租耕的方式。即公司從國家或是一般地主處租賃農地，以自己經營或轉租方式取得原料的方式。第三是原料收購的獲得方式，即製糖公司向採購原料地區、一般經營蔗園的地主或自耕蔗農，以單方的栽種甘蔗規定，做壟斷性的原料收購。前二者是製糖公司直接或間接地控制土地，可任意栽種甘蔗，即原料自給自足獲得形式。屬於此類的甘蔗面積，一九二〇年代以後趨向減少或停滯狀態（第25表）。也就是說，屬於製糖公司所有地自一九二二年的四萬七千甲左右，增加到一九三五年的七萬六千甲左右。但租賃地則在同期從四萬七千甲大幅減少到一萬六千甲。在此情況下，二者合計的自給種蔗面積，也從九萬四

第 26 表　現代製糖廠自給蔗作栽培面積之地位　（甲，%）

來源別	1916～17年		1917～18		1924～25		1934～35	
	面積	比率	面積	比率	面積	比率	面積	比率
合　計	117,920	100.00	123,108	100.00	115,401	100.00	101,145	100.00
自給地	8,055	6.83	11,732	9.53	17,031	14.76	19,705	19.43
收　購	101,855	93.17	111,376	90.47	98,370	85.24	81,440	80.52

摘自「台灣糖業統計」第 17，1929 年，40、43 頁，同，第 25，1937 年，28～33 頁。

千甲減少到九萬兩千甲。就甘蔗在圃期間的冗長性（十八個月）看，這些製糖公司所支配的土地並非全部能在同一時期栽培，最多也只有三到四成可同時栽種。因此，如從全島同期栽種的甘蔗面積看，屬公司所有地或租賃的所謂自給種蔗面積，最多也不過達到二〇%左右（第26表）。這一點表現出，前述種蔗面積的增減變化，大部分是根據一般甘蔗園地（原料獲得的第二種形式）的變化的推測，另一方面，也說明製糖公司的大部份原料供給都依賴這些一般蔗園。甘蔗、米穀栽種面積增減的影響，正是通過這一點表現出來的。

至於製糖公司的原料獲得原料問題，爲何不採取通過集團農地，一股腦收購的形式？又爲何不能這樣做？這是極爲耐人尋味的問題。不難想像，在商品經濟已相當發達，土地所有權已形成以小租戶爲中心的台灣，製糖公司要獲得大量農地是不容易的⑥。加上本地勢力的頑抗，及本地居民對土地所特有的眷戀與傳統觀念，確實也使此類土地集中所有更加困難⑦。另一個不可忽視的問題是，製糖公司的資本微薄，更增加了它的困難。除了資本相對地雄厚，而又在土地價格尚未明顯上昇期間即已迅速侵入台灣南部的台灣製糖公司之外，一般的製糖公司資本積累都尚不充分，若要大量購買一甲達數千圓的土地，並非易事⑧。在這種狀況下，製糖公司除憑藉國家的警察式强權，强行勸誘一般農民賣掉其土地外，主要還得依賴轉租農地及一般蔗園。而在蓬萊米尚未登台的階段，製糖公司在依靠採購原料區域制，對獲得原料如前所述並未發生多麼大的不穩定情況。而且採取這種間接方式後，就無需在土地方面進行大量投資。從這一點看，被認爲是一種理想的方式。換言之，製糖公司在獲得原料方面，與其說是其利潤來自自營農場的農業勞工榨取，不如說是

※原料採取區域制：只能限定銷路、使用對象
而無法限制農民種植何種作物 ⇒ 蓬萊米
（∵私有土地）

第 27 表　台灣砂糖在日本國內市場所佔之地位

（年平均 1000 擔，%）

	年度	生產量	輸入量	移入量※ 小計	移入量※ 來自台灣	總供給量
實數	1899～1903	901	3,699	407	407	5,007
	1904～08	838	3,341	869	769	5,048
	09～13	1,070	2,658	2,524	2,524	6,252
	14～18	1,577	2,407	4,024	4,024	8,008
	19～23	1,365	4,843	5,003	4,987	11,211
	24～28	1,365	6,489	7,856	7,699	15,996
	29～33	1,866	2,812	12,690	12,370	17,368
	34～38	2,299	2,232	14,706	13,941	19,236
	1939	1,174	14	17,493	17,232	22,681
比率	1899～1903	18.00	73.88	8.13	8.13	100.00
	1904～08	16.60	66.19	17.22	15.24	100.00
	09～13	17.11	42.51	40.37	40.37	100.00
	14～18	19.70	30.06	50.25	50.25	100.00
	19～23	12.17	43.20	44.63	44.48	100.00
	24～28	10.32	40.57	49.11	48.13	100.00
	29～33	10.74	16.19	73.06	71.22	100.00
	34～38	11.95	11.60	76.45	72.47	100.00
	1939	13.99	0.06	85.94	84.79	100.00

根據「台灣糖業統計」第 25，106，160 頁，「砂糖年鑑」1941年，32頁計算。

※：「移出、入」指日據時代台灣對日本之貿易上的運出與運入。「輸出、入」則指對外國之進出口。（譯注）

通過收購對一般農民的掠奪。無庸贅言，這種方式對糖業資本來說，是最得心應手的利潤獲得形態。

其次，在上述糖・米栽種面積的變化中所出現的另一重大問題是，「原料採購區域制」的低價原料獲得手段，已暴露出達到了極大的限度。如前所述，該制度禁止種蔗農將甘蔗運出區域之外，以及供應砂糖以外的原料加工，而只能賣給該地區內的製糖場。因而保證了製糖公司可壟斷式地收購或囤積區域內的原料。但這絕不意味着給予製糖公司可強制區域內的一般農民栽種甘蔗的絕對控制力。因爲，該制度只控制甘蔗的銷路及使用對象，農民還擁有「自由」選擇栽種作物的餘地。而蓬萊米的登台正好劇烈地撞闖了該制度在這方面的弱點，給迄今製糖公司輕易獲得原料的方式投下暗影。正如後面所述，製糖公司不得不因此而考究計謀，修正過去的原料收買價格，或設立新價格體系，或以某種約束力給種蔗農民以近乎公司的持續雇傭人員的地位等，即是明顯的例子。

第28表 台灣米在日本國內市場所佔之地位（1909～38年，年平均）

（1000石，%）

	年度	生產量	進口量	移入量 來自韓國	移入量 來自台灣	移入量 計	總供給量
實數	1909～13年	50,588	1,893	205	849	1,054	53,534
	14～18	55,242	4,492	1,431	847	2,278	59,014
	19～23	58,920	2,481	2,790	967	3,757	65,160
	24～28	58,003	3,297	5,432	2,287	7,719	69,021
	29～33	60,468	1,068	6,653	2,955	9,608	71,145
	34～38	62,757	216	8,649	4,857	13,506	76,479
比率	1909～13年	94.5	3.5	0.4	1.6	2.0	100.00
	14～18	93.6	2.5	2.4	1.4	3.9	100.00
	19～23	90.4	3.8	4.3	1.5	5.8	100.00
	24～28	84.0	4.8	7.9	3.3	11.2	100.00
	29～33	85.0	1.5	9.4	4.2	13.5	100.00
	34～38	82.1	0.3	11.3	6.4	17.7	100.00

摘自持田惠三「米穀市場之展開過程」，1970年，136頁。
總供給量中並不包括前年結餘量，而在總出口量中，雖包含了再輸出量，也不必加以重視。摘自農務省「米穀要覽」1934年，同，39年。

二、「糖・米相剋」的內容

「糖・米相剋」的問題，並非只限於甘蔗與蓬萊米的栽種增減問題，也不限定於所謂糖業資本這種個別資本或個別產業的問題⑨。「糖・米相剋」這種關係發生在做爲殖民地的台灣，其本身即意味著此一問題已經超越了台灣殖民地經濟的範疇，而必須將它做爲日本資本主義的再生產結構問題加以充分理解。如若忽略了這一點，必然會看錯「糖・米相剋」問題的本質。

我們如果從數量上評估台灣的糖・米在整個日本資本主義所佔居的地位，則如第27表及第28表所示情況。如將此二表加以比較，即可明確瞭解砂糖所佔地位遠高於米所佔的地位。亦即，在日本國內的總供給量中，台灣砂糖出口量的比率，從一八九九年到一九〇三年的年均八・一三%，持續上升到一九三九年的八四・七九%。關於這一點，即使是從出口量的絕對數看，也很明顯。無庸贅言，對日本資本主義來說，台灣糖業已屬不可或缺的砂糖供給基地。與此相反，台灣米所佔比率，即使

第 29 表　各主要米消費地中台灣米消費之地位（1922～36 年）　（%）

區域別	1922～26年平均				1934～36年平均			
	台灣米		朝鮮米		台灣米		朝鮮米	
	A	B	A	B	A	B	A	B
東京	13	3	6	5	37	23	23	25
神奈川	5	3	1	3	6	17	2	10
愛知	13	4	3	4	5	7	3	8
京都	4	2	4	7	2	5	5	20
大阪	1	0	53	54	8	8	34	55
兵庫	7	2	9	10	2	2	12	27
廣島	5	2	9	17	2	5	6	25
福岡	15	4	3	3	4	6	1	3
長崎	1	1	1	4	1	7	1	10
小計	63	2	89	14	69	11	86	24
日本內地總計	100	1	100	5	100	6	100	11

同第 28 表，改編自 139 頁。
A 表示地區性的分布，B 則表示佔各消費地稻米總消費量之比例。

到一九三〇年代中期，也僅佔日本國內供給量的六．四%，而就其上昇變化看，也只是在進入一九二〇年代中期才開始急遽上升。這種變化恰好與砂糖的情況形成顯明的對比。台灣的砂糖輸出，是在日本資本主義的所謂進口替代過程中逐漸被促進的，而米的出口恰巧碰上日本在第一次世界大戰後國內米的生產急遽停滯時期，因而獲得急遽成長。在這種攸關日本資本主義利害關係的限制下，台灣的糖米出口，也由此而顯示出前述對照性的變動。

然而，台灣出口米所具有的重大意義，並不能以上述事實來做出比砂糖低的評價。對此，首先稍微談談有關台灣米的出口內容。其一是出口的運貨期。台灣米，特別是第一期稻米的出口，主要是在日本國內米市場的所謂青黃不接的五月到七月期間，而朝鮮米的出口，則正好與日本米的出貨期重疊。兩相比較之下，台灣米在這適應市場需要方面大不同於朝鮮米，因而更加提高了台灣米對日本內地市場的必要性。其二是，在日本的主要消費地區，台灣米的地位高。如第29表所示，一九三四年到一九三六年之間，台灣米約佔東京米消費量的二三%，而在神奈川及大

第 30 表　殖民地和內地米價之比較※（1927～38 年）

（糙米、每石、圓）

年別	蓬萊米(A)	朝鮮米(B)	內地米(C)	A/B	A/C
1927年	28.55	34.03	35.93	83.89	79.46
28	25.44	29.22	31.38	87.06	81.07
29	24.82	27.99	29.19	88.67	85.02
30	22.88	26.48	27.34	86.40	83.68
31	14.43	17.62	18.46	81.89	78.16
32	17.66	20.43	20.69	86.44	85.35
33	18.30	21.54	21.42	84.95	85.43
34	20.67	24.29	24.80	85.09	83.34
35	25.71	30.15	29.86	85.27	86.10
36	26.96	30.76	30.70	87.64	87.81
37	27.40	31.60	31.73	86.70	86.35
38	29.72	34.00	34.06	87.41	87.25

摘自「台灣米穀要覽」1939 年，112～113 頁。
※　此爲東京之行情
內地米以深川標準中米爲行情，朝鮮米以標準中米爲行情，蓬萊米則以蓬萊三等米爲行情。蓬萊米 100 斤價格以 1 石 238 斤來換算。

阪亦各佔一七%及八%。此外不可忽視的是，台灣米在主要消費地的市場佔有率，也在不斷提高的趨勢。如同該表所示，台灣米正不斷地集中在東京等主要九個縣府，其比率爲，從一九二二年到一九二六年的平均六三%，上升到一九三四年到一九三六年的平均六九%。在此期間，台灣米在這些地區消費量的市場佔有率，也從二%大幅提升到一一%。也就是說，在東京、大阪等主要九個縣府的米消費量中，有一成以上是進口的台灣米⑩。與此相反，朝鮮米的集中程度，則由八九%降爲八六%，而在同地區消費量的市場佔有率，也從一四%增加到二四%，僅增加十個百分點。其次，就其佔日本國內的道府縣產米管理對外輸出量的比率而言，台灣米從一九二〇年的四・八%，急遽上升爲一九二六年的一三・三%，到一九三二年，則已達到二四・四%⑪。由此可見，台灣米在日本內地市場所佔地位不僅不低，還正以超過朝鮮米的步伐，不斷提高。

台灣出口米對日本資本主義所具有的重要性，並非止於上述量的擴大。而在日本資本主義的再生結構中，對形成低米價，台灣米確實起了重要作用。如前所述，台灣米做爲日本國內產米的青黃不接時期的銜接米，具有其重大的意義。從價格方面看，在與朝鮮米有同等市場佔有率的東京市場，正如第30表所示，台灣米仍低於日本國內米及

朝鮮米兩成至一成半。雖因台灣米在品質方面不及日本國內米及朝鮮米，而在價格方面不得不依此而降低，但在進入三〇年代，由於朝鮮米在價格上大致與內地米相等或有所超過，從而使台灣米在價格低廉方面更加具有其特殊的地位。正如前述，這一點乃是台灣米得以在日本國內市場擴大佔有率的有力因素。而在這種擴大市場佔有率的情況下，台灣米在價格方面所具有的市場影響力也在加强⑫。日本資本主義經過第一次世界大戰而進入壟斷資本的展開期，而它做爲壟斷資本的結構，需要進行低米價政策⑬，因而說，台灣米的存在具有極爲重大的意義。

正如上述，對整個日本資本主義來說，台灣米所具有的重要性絕不亞於砂糖。此事說明，日本資本主義對於台灣這塊殖民地，不僅加强了大量供給工業原料及其加工品（甘蔗及粗糖）的任務，而又在一九二〇年代之後，再加上大量供給主要食糧（米）的任務。這就是使台灣擔負雙重課題的根源所在。由此可見，台灣的砂糖及米既然是日本資本主義所不可或缺的必須作物，那麼就應該說，「糖・米相剋」問題也出自日本資本主義的要求而發生的⑭。從此而言，「糖・米相剋」問題基本上意味着日本資本主義本身的相剋，而絕非意味對台灣的殖民地經濟或者是對本地農民的「相剋」。這是在確定「糖・米相剋」問題的內容時，首先必須指出的第一點。

然而，與上述問題有關聯而更加重要的一點是，它又是本質優異的日本確立了壟斷資本之後的產物。「糖・米相剋」關係，是在第一次世界大戰後根據日本資本主義發展階段的需要，從過去的種蔗驅逐種米而逆轉爲種米凌駕於種蔗的過程中發生的。當時被認爲是台灣的內部問題，其後逐漸明確它是更高級的日本資本主義本身的問題。

簡而言之，「糖・米相剋」集中表現在，糖、米的價格比率自一九二〇年代中期以後，由於米價的上升而大幅下降的問題上。即以糖價爲分子，米價爲分母的糖・米價比率，正如第31表所示，從一九二四年左右開始急速下降。到一九三〇年，蓬萊米價基準爲七〇％，而在來米價基準則爲八八％。隨之，同一時期糖價的甘蔗成本佔有率，也從五〇％左右，大幅上升到七〇％至九〇％左右。由於甘蔗收購價格受米價的限制而變動⑮，因而糖・米價

第31表 糖、米價比率與甘蔗費用比率之變遷

（1905～38年）

	砂糖行情（圓）	蓬萊米行情（圓）	在來米行情（圓）	甘蔗價格（圓）	糖／米價格比率（倍）	甘蔗/砂糖價格比率 %
1905	7.083		3.33		2.11	
06	5.330		3.73		1.43	
07	5.560		4.87		1.14	
08	5.740		3.89		1.48	
09	6.400		3.47	2.779	1.84	43.42
10	6.000		3.67	2.655	1.63	44.25
11	5.650		5.04	3.333	1.12	58.99
12	8.140		6.15	4.561	1.32	56.03
13	7.380		5.84	3.910	1.26	52.98
14	7.950		4.67	4.483	1.70	56.39
15	8.400		3.58	4.138	2.35	49.26
16	10.130		3.97	4.190	2.55	41.36
17	10.970		5.83	5.170	1.88	47.13
18	11.870		8.31	6.829	1.43	57.53
19	22.490		11.61	11.444	1.94	50.88
20	30.330		10.98	10.597	2.76	34.94
21	13.940		6.89	8.415	2.02	60.37
22	11.200		7.69	7.172	1.46	64.04
23	16.070		7.10	6.655	2.26	41.41
24	13.860	13.21	8.83	7.066	1.05(1.57)	50.98
25	11.570	14.37	10.68	7.118	0.81(1.08)	61.52
26	10.230	12.38	10.13	7.680	0.83(1.01)	75.07
27	9.060	11.49	8.30	6.580	0.79(1.09)	72.63
28	8.460	9.59	8.22	6.212	0.88(1.03)	73.43
29	7.780	9.48	8.39	5.473	0.82(0.93)	70.35
30	6.200	8.81	7.08	4.505	0.70(0.88)	72.66
31	4.760	5.58	4.55	4.295	0.85(1.05)	90.23
32	5.490	6.89	5.85	3.265	0.93(1.10)	50.86
33	7.500	7.10	6.17	3.198	1.19(1.37)	37.94
34	6.490	8.00	6.89	3.672	0.93(1.08)	49.49
35	6.750	9.98	9.08	4.099	0.80(0.85)	53.37
36	6.950	10.53	9.47	4.170	0.75(0.83)	52.92
37	9.740	10.68	8.98	5.086	1.00(1.19)	47.67
38	11.220	11.35	9.92	－	0.99(1.13)	－

根據「糖業關係調查」1930年，149～50頁，「砂糖年鑑」1941年，48.84頁，「台灣米穀要覽」1939年，98～101頁而作成。

蓬萊米：三等米100斤，以在北部生產，基隆出口之貨物行情。

在來米：三等米100斤，以在南部生產，高雄貨倉交易之行情。但直到1925年止，引用台北市、台中市、台南市之中米平均行情。

砂糖：100斤蜜糖，但不含關稅及消費稅，1930年後，以30年5月當時之消費稅爲每100斤5圓，關稅3.95圓爲基準來計算。其中只有1932～37年間，消費稅4.55圓；關稅5.33圓來計算。（參考「台灣製糖株式會社史」，260～61頁。）

括弧內是以在來米價爲分母所得之數字。

比率的降低會直接使「糖・米相剋」問題具體化。但這種現象並非在日本佔領台灣後立即表現出來的，而是在一九二〇年日本發展爲壟斷資本時期，殖民地台灣轉化爲日本資本主義糧食供給地的過程中，急速表現出來的。

首先從糖價變動的情況看，除一九一二年受空前强烈颱風影響，糖價（年平均）因一時缺貨而暴漲外，直到第一次世界大戰發生前的十年左右，每一百斤從未超過七圓左右。衆所周知，這不外乎是受到帝國主義階段所特有的慢性經濟不景氣的影響所致。但這種價格標準，在後來的第一次世界大戰及日本發生關東大地震（一九二三年）所導致的變態性經濟景氣下，出現暫時性中斷。但是，自一九二五年開始的世界性糖業不景氣，特別是一九二九年日本砂糖市場達到自給自足狀況的前後，由於外國糖出現不景氣及台灣糖的過剩，糖價持續下降，甚至在一九三一年東京市場創下年均四・七六圓最低糖價記錄。糖價如此慢性低落，一方面使製糖公司不得不降低甘蔗的收購價格，另一方面通過糖・米比價的降低，相對地提高了米的有利性，這也是招致發生「糖・米相剋」問題的重要原因。

其次觀察一下米價的變動情況。第一次世界大戰後，特別是在蓬萊米登台的一九二〇年代中期以後，米價大幅度地超過了戰前的水準。而與糖價的變動相比，則尤爲令人感到其價偏高（第31表）。米價的這種相對性地上漲，係因台灣的米價，在蓬萊米登台之後，追隨相對居於高位水準的日本國內米價而被提升所致。但究其根底，正如前所述，在於日本資本主義的米價維持政策。即第一次世界大戰後，日本資本主義由於進入帝國主義階段所特有的農業問題的激化，使其不得不真正地轉換爲推行社會政策性質的農業保護政策，而米價維持政策正是這種政策的產物。因而日本國內米價水準之所以會高於殖民地米價⑯，不只是因爲生產費的差異，而帶有諷刺的意義的是，更重要的在於根據壟斷資本的要求而推行米價政策的結果⑰。蓬萊米登台後的台灣島內米價水準，是通過與日本國內地市場的連動關係而反射的一種强烈性格的反映。這就是在糖・米比價上，米價被規定要偏高的基本原因。而且這種米價的偏高，也是種米得以驅逐種蔗而發生糖、米逆轉的因素。「糖・米相剋」問題所具有的第二重要意義，即在

於此。

「糖・米相剋」問題的第三點是，日本帝國主義的資本制度未能破除台灣本地經濟地主制的根源在於，資本制浸透已達界限的問題。從現象看，儘管「糖・米相剋」問題如前所述，表現於糖・米價格比率的降低，但其根本性的決定因素，不外乎是土地所有關係。因爲，日本的糖業資本雖進入了殖民地台灣，但是獲得原料即甘蔗，幾乎完全未能實現成爲整個台灣的土地所有者，這就不得不將近八成的原料仰賴於一般蔗園供給，從而埋下了產生「糖・米相剋」的根子。

使日本糖業資本不可能全面獲得台灣土地的原因是，當時台灣本地社會商業性農業的發達，即土地私有制的形成，以及日本資本主義的未成熟性和後進性，即資本積累並不充分等條件造成的，但終究還是由於日本資本主義過早地佔領台灣，未能破除當地發達的地主制的原因所致。在此條件下，以國家保護爲基礎而制定的「原料採取區域制」對初期的糖業資本來說，是保證其資本存在的最適合的形態⑱。如前所述，隨著蓬萊米登台，以及這個對抗物競爭能力的提高，該「原料採取區域制」，已不能使製糖會社確保區內壟斷購買的有利條件。

對日本製糖業來說，除遭到上述土地所有方面的對抗外，也不能忽視「糖・米相剋」問題蘊藏着日本資本與本地資本在流通方面的拮抗關係。關於這一點，擬在第四及第五章加以詳述。而在這裏要先説明的是：台灣的糖業，約有八〇%的甘蔗係由當地地主或農民栽培的，但其加工及流通過程，則完全掌握在日本資本之手，本地資本幾乎無法與之抗衡。與此相反，種米的情況則是在米穀生產方面，當然要由本地農民進行，而且從碾磨精米，到島內的交易過程，幾乎都由本地商人或地主爲中心的「土壟間」（當地碾米業者）來進行。日本資本主要是在出口過程中，進行出口米的壟斷，但它仍然未能浸透到島內的流通環節之中。在這一點上，顯然與同爲日本殖民地的朝鮮大相徑庭⑲。因此，由於蓬萊米的登台而形成的米穀商品的發達，在某些方面也刺激了土壟間的發達，以及擴大了本

地勢力的活動餘地。對此，栽種甘蔗的後退，阻礙了製糖業的發達，也使日本糖業資本不得不退卻。而日本資本與本地資本的拮抗關係，便在糖・米商品的流通過程中展開。就這一點來說，「糖・米相剋」問題，也可說是一種民族之間經濟勢力的抗爭。

三、製糖會社彌補政策的展開

有關「糖・米相剋」問題，以上從幾個方面對其內容與意義進行了探討。然而還必須提出，製糖會社甚至國家權力對上述情況又採取了何種對策呢？本文現將就前者，即製糖會社進行探討，其內容大致可分爲操縱收購價格的對策及價格外的限制政策。

首先，從收購價格的操縱方面看，第一，製糖會社將收購價格結構加以細分，以便爲了自己的需要而加以靈活運用。亦即，製糖會社將甘蔗的收購價格，將過去單一的原料費加以細分，除原料費之外，還劃分有補助金、獎勵金等，並設立對其適用的基準，企圖通過其操縱使自己獲取最大利益，或將對其不利的方面壓制到最低限度⑳。例如原料費，一方面指定含糖率高的品種，對指定品種以外的甘蔗，採取低價收購，一方面根據收割狀態的難易制定差別收購價格㉑。製糖會社企圖藉助於前者的運用，以減輕原料費，而根據對後者的操作，使砂糖工業的生產效率與砂糖農業直接掛鈎，讓蔗農負擔自然條件所帶來的風險。其次，關於補助金問題，其標準是，主要以「後補償法」及「米價比準法」爲補助金依據。前者是指在甘蔗的收穫期由於會社的原因拖延了收穫期或放棄耕種造成蔗農種蔗的收入減少時，製糖會社必須給予蔗農在收入減少上的補償等。製糖會社以這種方法，一方面可抑止下一期種蔗面積的減少，一方面對那些不能轉種其他作物的甘蔗地，可避免因甘蔗收購價格的突然漲價而導致成本負擔的增大。其次，「米價比準法」即是爲抑制與種米收入的差距，適應甘蔗栽種期間的米價變動，增加甘蔗的收購價格。

從外表看，似乎製糖會社與蔗農共攤甘蔗栽種後米價漲跌的風險，但實際上是製糖會社暫且以最低的收購價格確保種蔗量的一種手法㉒。加之，製糖公司通過這種方法，一方面可在米價暴跌時將此種支出的減少部分整個納爲公司的利益，另一方面，在糖價暴漲時，其製品的漲價部分也可與公司的利益直接連結起來。正如後述，公司獲取原料的形式爲現金制，蔗農與糖價漲跌並無利益關係，只是要淪落爲單純的甘蔗銷售者。因此，「米價比準法」明顯地表現出此一政策的性格。

其次，就獎勵金制度問題稍加說明，早植獎勵法即爲其重要實例。此獎勵法係製糖會社對早植（七月至十一月間）甘蔗的蔗農給予一定獎勵金的措施。製糖會社可靈活運用此法在收穫甘蔗之前儘快確保原料。更重要的是，早植甘蔗如施肥培植適宜，不但可收穫兩倍於一般種植的甘蔗收穫量㉓，而其含糖率也高於一般種植的甘蔗，因而對製糖會社來說，對每甲收穫量的原料收購價格，無必要大幅提高，也可成爲與米穀等競爭作物相對抗的較爲有利的手段。正如前述，這種早植方式已普及爲種蔗面積的八成。這就是促使製糖會社獲取如此利益的巨大原動力㉔。

總之，原料費是付與蔗農的一種基本的、最低價格的「保證」，一般而言，只要糖價或米價無大變動，尚可平穩地決定收購價格。與此相反，在收購價格方面賦予補助金以靈活權力，使其爲緩和糖價或米價等小幅變動對種蔗的影響，採取適應價格變動的步調，調整支付的金額。獎勵金是爲了提高砂糖工業的生產效率而給予經營種蔗的一種鼓勵措施。從這一點看，它比補助金更加對製糖會社具有積極的意義。實際上，這種價格變動的與其說是追隨其他競爭作物，不如說是追隨糖價的變動。製糖會社以三種辦法對付三種人的手法制定甘蔗收購價格，即糖、米價出現大昇大跌時調整原料費，小升跌時調整補助金，而在與會社有直接利益關係時給予獎勵金等辦法彌補了在價格上與其他作物的差距。上述措施的巧妙運用，可由各會社和工廠，根據其時期和地區的對象及條件的不同，分別加以應付，並臨機應變㉕。具體地說，正如第32表所示，原料費在整個砂糖生產費中所佔比重，已趨向穩定，但各種原

第 32 表　甘蔗收購價格之明細（1910～38 年）　（年平均，每 100 斤，圓，%）

年期	原料費	各種原料費	製造包裝費	販賣費	營業費	合　計
1910～14	2.601圓	0.846	1.006	0.597	1.512	6.562
	39.64%	12.90	15.33	9.09	23.04	100.0
15～19	3.761	1.201	1.016	1.043	1.329	8.350
	45.04	14.38	12.17	12.5	15.92	100.00
20～24	6.294	2.563	1.648	1.058	3.001	14.564
	43.21	17.60	11.32	7.26	20.60	100.00
25～29	4.815	2.116	1.255	0.834	1.454	10.454
	46.06	20.24	12.01	7.97	13.91	100.00
30～34	3.053	1.084	0.939	0.821	1.064	6.971
	43.68	15.55	13.47	11.77	15.27	100.00
35～38	3.613	0.603	1.071	1.004	1.083	7.375
	48.82	8.15	14.48	13.56	14.63	100.00

根據台灣總督府「台灣的糖業」1935 年 74 頁計算。
(1)　各種原料費中包括補貼金，獎勵金。
(2)　販賣費包含在消費地販賣時，一切之費用。
(3)　1926～27 年期中，因旱災而致蔗糖產量劇減，生產費用高出平時許多。（12.046 圓）
(4)　1932～33 年期以後的原料費中，包含了一直併在各種原料費中之獎勵金。

料費，諸如補助金、獎勵金等，則變動相當大，這充分地說明了製糖會社在以後者靈活地操縱着甘蔗收購價格。

製糖會社在對付「糖・米相剋」問題上所採取的另一個策略是價格外的制約政策。主要有如下兩種：其一，預付金制度；其二，提高單位（面積、重量）生產效率政策。前者係藉農家經濟窮困化爲根據，使蔗農不得不繼續向會社預支現金，而後通過這個關係，强制蔗農在甘蔗栽種方面推進行責任生產量。後者則是與會社收益直接掛鈎，以提高甲的平均生產爲目標的所謂集約性經營方式。這兩種方式的任何一種，都是將甘蔗的收購價格隱蔽或隔離起來而不與其他競爭作物的收益發生關連的一種謀略。

支付預付金，一般作爲耕作資金使用，其本息的回收，是從甘蔗收購費用中扣除。但對蔗農來說，在種蔗的長期性與窮乏化的情況下，支付預付金大多用於維持生活，而實際上這種爲生活而支付預付金，在蔗農層中已比比皆是㉖。此外，從甘蔗出售金中扣除預付金的本息後，蔗農所剩下的實收金額也就更加減少，因而大多數蔗農都處於年年都不得不繼續向會社預領現金的窘境。正如矢內

原曾巧妙指出的那樣㉗，製糖會社利用預付金制度，使蔗農預領現金而被奴隸化，並淪落入比不自由的「自由勞動者」更加不自由的地位。此外，製糖會社在購置耕地時，可通過租佃關係形成地主式統制，強制農民栽種甘蔗，這也是陷農民隸屬於會社，而後預領現金使其奴隸化的一種重要的計謀。

第 4 圖　現代製糖會社生產性諸指標之變遷（1909～39 年）

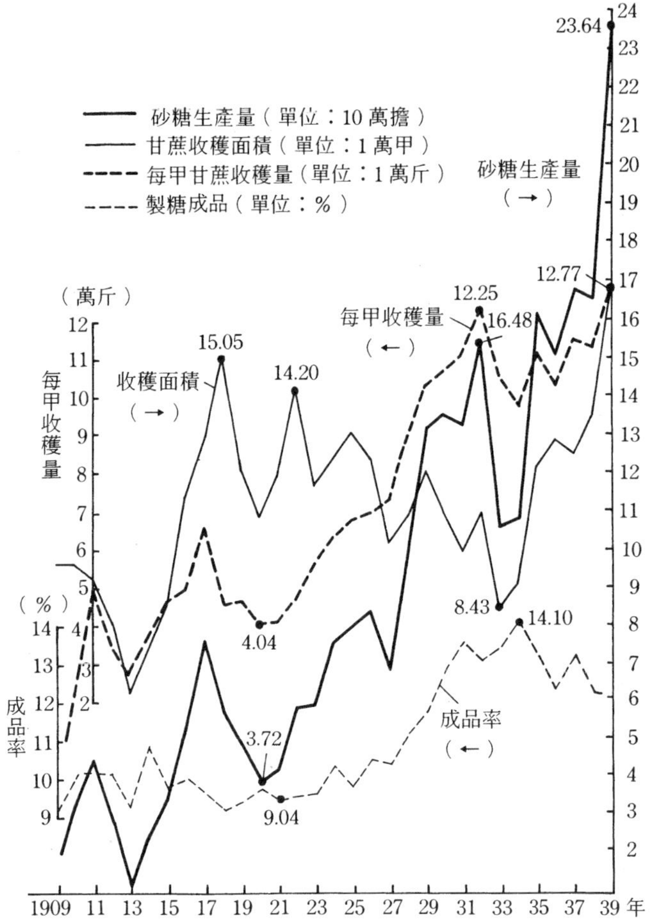

『台灣金融經濟月報』1944 年 5 號，引自封面第 2 頁

其次，在提高單位（面積、重量）生產效率的政策方面，除要增加甘蔗每甲的平均收穫量之外，還企圖藉加強甘蔗的糖份濃度，提高砂糖的收益率。對蔗農來說，增加單位面積的生產量，即使原料收購價格提高不了多少，但總收益也會增加。而對製糖會社亦可藉此避免原料費的累積性增加㉘。此外，砂糖收益率的上昇，即是每甲平均砂

糖生產量的增加，而可爲製糖會社增加收益。這些利益均係集約式經營所獲得。因而自一九二〇年左右開始，製糖會社便積極地推行諸如普及栽種爪哇種大甘蔗、早植、施肥、團體耕作等集約經營的奬勵政策㉙。如第4圖所示，單位生產效率，不論是每甲的平均收穫量，還是製糖的收益率，自一九二〇年代開始到一九三〇年代前半期，均有顯著提高。亦即，甘蔗的每甲平均收穫量，從一九二〇年的四萬斤，提高到一九三三年的十二萬兩千斤，創下增加三倍以上的記錄。此外，在製糖收益率方面，則從一九二一年的九・四%，提高到一九三四年的一四・一%，提高了五〇%。甘蔗每甲平均收穫量的三倍增加，以及製糖收益率五〇%的增加，這在種蔗面積不變的情況下，意味着製糖的生產效率提高了四・五倍。事實上，這種單位生產效率的顯著提高，是在甘蔗收穫面積已從十四萬兩千甲，急速銳減到八萬四千甲，即減少四〇%以上的情況下達到的。而從砂糖的生產量看，則是從三十七萬擔增加四・五倍左右的一六五萬擔。由此可見，製糖會社的集約式經營，一面解決了種蔗面積因蓬萊米的引進而形成的縮小困境，另一方面能儘可能地消解甘蔗收購價格與米價之間的連動關係，避免了爲保持壟斷的甘蔗收購價格而疲於奔命。因此，雖然引進了蓬萊米，製糖會社仍然能顯著增加製糖量的「秘密」，關鍵就在於提高了單位面積生產效率的政策。

四、　國家强權的介入措施

接著，必須談談日本國家權力在處理「糖・米相剋」問題深刻化時所採取的措施。其措施之一是，或多或少介入價格機構，謀求人爲地進行糖・米價比率的調整，即所謂的價格政策，其二是，通過對水的控制，使甘蔗、稻米種植大半被强制編入輪種體系，亦即所謂的水利政策㉚。首先對前者進行探討。

國家權力的價格介入政策始於一九三二年。該年修改了只能購買日本國內產米的米穀法，使政府也能購買殖民

地米（即所謂的「外地米」）。由於日本政府的這種購買措施，使台灣的米價理所當然地提高（第30表）。這是因爲台灣的米穀市場爲供給日本國內糧食，被置於日本國內市場一環而發達的所謂殖民地條件。而台灣的米價，徹底地受日本國內米價政策的制約。因而台灣米價的調整，基本上是在日本國內米價政策的延長線上進行的。

如從結論先說，價格政策之所以未收到效果的根本原因，也可從上述台灣米價的性格來推測。其開端在於硬要將台灣的米價抑止在與糖價相平衡的水準，從而與日本國內產米的價格維持政策不能兩立所致。亦即，一方面要將日本國內米價抬高到一定的水準，另一方面又要將殖民地米價抑制在不同於日本國內米價的低水準。此事在殖民統治情況下幾乎是不可能的㉛。這正是帝國主義矛盾的一個側面。特別是日本的情況不同，抑制殖民地米價問題，就不僅限於殖民地台灣，同爲殖民地的朝鮮，也須同時加以考慮。而且從自日進口的數量或日系大地主及米穀商人的勢力看，更需要重視朝鮮方面㉜。從這一情況看，並就日本資本主義總體而言，台灣米價政策的重要性，則是居於朝鮮之下第二位的位置。基於上述原因，日本對台灣米價的對策，就不得不在極不徹底的狀態中告終㉝。

另一方面，政府在糖價方面也採取了漲價措施，並從進口關稅政策中謀求對策。亦即，日本政府從一九三二年六月開始施行增徵三五％的關稅附加稅，並將其持續實施到一九三七年的九月底㉞。衆所周知的，日本資本主義爲擺脫昭和初期以來的蕭條及世界性經濟大恐慌，將再次禁止黃金出口以求匯兌回升，即振興出口做爲它的出路之一。但這種圓幣值的暴落，反而招致與砂糖相同的結果，即如砂糖這種從量課稅的進口商品與其他從價課稅的進口商品相比較，在稅額方面反而變成低價。對進口砂糖實施關稅附加稅，旨在糾正其質量差別，而並非謀求修正糖・米價格比率，但糖價卻藉此契機不僅從長期被陷於不景氣的鍋底中爬了上來而轉爲上漲，其後也繼續維持着較好的基調。然而，儘管政府施行了干預政策，糖、米價比率仍無多大改善（第31表），而米價的相對上昇，更加使糖價政策在未收到多大成果的情況下告終。

第 33 表　嘉南大圳輪作分布狀態

	1935年				1939年			
	戶數	構成比(%)	面積(甲)	構成比(%)	戶數	構成比	面積	構成比
在同一作物區耕作情形	2,637	32.16	2,540	15.05	2,613	30.82	2,182	13.18
在同二作物區耕作情形	3,191	38.92	6,053	35.88	3,308	38.98	5,818	35.12
在同三作物區耕作情形	2,372	28.92	8,278	49.70	2,564	30.22	8,563	51.70
計	8,200	100.00	16,870	100.00	8,485	100.00	16,585	100.00

摘自「台灣經濟年報」1943 年，311～312 頁。
1935 年所調查之部落數 112，
1939 年所調查之部落數 113。

其次，再探討一下利用控制水的辦法消解「糖、米相剋」的對策。其中最為典型的實例是，嘉南大圳的輪種制度。嘉南大圳設在「糖．米相剋」關係激化的台灣中南部。於一九二〇年九月開工，總工程費高達五，四一〇萬餘圓，花費十年時間，才於一九三〇年五月竣工㉟。當時，根據三年輪種法來配給水。即根據水路系統，將事業地區內的土地，以每一五〇甲為一個供水區（輪種區），然後再將每一供水區分成三小區，每小區約五十甲。最後根據供水量，設定種米、種蔗或種雜糧等的集體耕種三年輪種體系。如夏季給第一小區的種米的供水，秋冬乾燥季節則為第二小作區的甘蔗地供水，根據各自的需要分配水量，但第三小區的雜糧地則不供水。通過水的配給體系，嘉南大圳企圖由它來統制以三年輪種為基調的種米、種甘蔗以及種雜糧的栽種分配量。米雖可以一年種兩期，但這是三年才輪一次的耕作方式㊱。很顯然，這一三年輪種措施是限制各戶農家過去所擁有的作物選擇權，並強使農家種一期水稻及蔗作。國家權力企圖通過這一措施，把製糖會社從以往的苦於米價高漲，為確保製糖原料而迫提高甘蔗收購價格的高原料成本威脅中解救出來，並一舉消解「糖．米相剋」關係。

這種輪種的實際情況是，正如第33表所示，在一一三個村落當中，施行三年輪種方式的戶數，到一九三九年八月底，在戶數上佔三〇%，從面積看則近五二%。但仍有七〇%的農家及四八%面積的田地，仍在做為第一作物區及第二作物區耕種。此外，再從輪種後的栽種面積及產量的增加情況看，正如第34表所

第 34 表　嘉南大圳輪作之成績

	栽培面積				每甲之收穫量			總收穫量		
	總計(甲)	米作(甲)	甘蔗作(甲)	雜作(甲)	米作(石)	甘蔗作(斤)	雜作(圓)	米作(石)	甘蔗作(千擔)	雜作(千圓)
工程前(A)	157,570*	13,160	31,486	89,689	8.14	43,826	67.89	107,162	13,799	6,089
計　劃(B)	150,000	50,000	50,000	50,000	13.13	77,653	143.83	656,500	38,827	7,191
實　績(C)	137,560	49,687	37,137	50,736	15.78	125,179	199.28	784,007	46,488	10,111
增減率 C/A	87.86%	377.56	117.95	56.57	193.86	285.63	293.53	731.61	336.89	166.05

摘自「台灣經濟年報」1943 年，314～315 頁。
*包括養魚池 8,835甲，無收穫地 13,400 甲，此乃 1937 年度之實績。

示，種米的優勢地位似有所鞏固。嘉南大圳的輪種，使種米的栽種面積增加三・七八倍，而產量則大幅度增加七・三二倍。上述記錄均大幅超過種蔗的一・一八倍及三・三七倍。從這一點看，很難說通過控制水即可完全達到消解「糖・米相剋」關係這種人為的强權措施。究其原因，也可以說是台灣農家經營的零碎性㊲，但其根本原因在於決定土地所有的地主制，仍在暗中起作用，而日本政府卻無法介入此項土地問題㊳。嘉南大圳輪流灌溉所體現的日本殖民地水利政策，即對水的控制，也出現侷限性，始終未能突破台灣這種根深蒂固的本地地主制。

然而，根據嘉南大圳輪流灌溉的水利政策，在緩和「糖・米相剋」關係上，較前述價格介入政策更有强制因素，因而對製糖會社是確實有利的㊴。該區域內的十三個現代製糖工廠，由於實施三年輪流做法，得以節約勸誘及獎勵等各種費用，並可不勞而得每年一定的原料保證。不僅如此，由於得到水利灌溉，土地的生產效率大幅提高，而單位面積的生產量也得以急速增加，這些事實是不可忽視的。而從前述第 34 表中可以看出，每甲平均的收穫量，種米增加一・九四倍，而種蔗則增加二・八六倍。即嘉南大圳對區域內的土地生產效率所帶來的效果，栽種甘蔗比種米高出兩倍。如前所述，單位面積產量的增加，不但增加了蔗農單位面積的總收益，同時經此措施也使製糖會社得以緩和蔗農向其要求提高原料收購單價的壓力，而根據此情況，也有可能降低其收購原料

第 35 表　嘉南大圳事業費財源（1942 年）　（1000 圓）

財源別	金額	構成比率(%)
國庫補助金	26,740	40.43
工事期間中組合費賦課	8,931	13.50
借入金*國庫	18,735	28.32
勸業銀行	11,743	17.75
計	66,149	100.00

摘自「台灣經濟年報」1943 年，306 頁。
※借入金包含利息。

的單價。尤其是在嘉南大圳的灌溉區域，由於種蔗單位面積的生產效率的提高程度大於種米，因而在糖・米競爭問題上，製糖會社居於較以往有利的地位㊵。如前所述，一九二○年中期以後，儘管糖・米的價格比率相差懸殊，但甘蔗費佔糖價的比重自一九三二年一舉降低（第31表）的原因，即是嘉南大圳灌溉收效的一種明顯表現。而且正如第四章所述，製糖會社隨着侵華的戰爭所帶來的糖價回升結果，得以積累了龐大的財富。

在這裏須加注意的是，嘉南大圳在運營及籌措資金方面的殖民地性格。如第35表所示，在嘉南大圳事業費財源中，幾乎有七五%左右的四，五四七萬圓，來自國家的補助金及貸款。由於農產品價格的暴跌，一般農家的水租負擔能力被大大削弱，從而增加了國庫的支出。但這種國庫支出，自台灣在一九○五年財政獨立，實際上均係台灣的住民負擔。因此可以說，嘉南大圳的開發與運營，幾乎全是以本地人的財政負擔爲基礎的。而日本帝國主義，只不過是出自其本身的目的，而巧加運用了其現近代技術而已。通過這一點亦可檢驗出日本殖民地政策的基本統治性格㊶。而通過「糖・米相剋」的關係看，日本的殖民地經營最終還是通過控制水的過程中暴露了它的特徵。就此可以說，日本的殖民地統治，確實富有極其濃厚的亞細亞式的色彩。

儘管如此，在對付「糖・米相剋」問題上的日本國家政策及其所實施的殖民地政策，不管是價格政策，還是水利政策，只要日本的資本制無法突破台灣的本地地主制，便不能成爲一種根本解決問題的對策。其結果就會像諸多

帝國主義所採取的以戰爭形成國家强權的全面統治方式，來暫時對付這種矛盾。即日本政府於一九三九年制定「台灣米穀移出管理令」，將其與「糖業令」配合實施。以此爲契機，又於同年七月在總督府內重新設置米穀局，以便掌握所有的上市米穀及配給。另外，對本地地主也加强化了管理體制，從佃租費到農田價格，均由其直接統制，以此廣泛地擴充其權力㊷。這些措施使過去擔負蓬萊米生產及銷售的本地地主的利潤大幅降低。此時，「糖・米相剋」問題，也一轉而變成了整個戰時經濟問題㊸。

① 關於栽種甘蔗應注意的問題是，甘蔗的在圃期間比一般農作物長。若從七月到十二月「種植」，從翌年的十二月到下下一年的五月左右才能收穫，共長達八個月。而如在同一耕地連種甘蔗，在圃期間則至少是三年。如每年都要維持一定的種蔗面積，至少需要收穫面積的兩倍。三年輪種則約需上述的三倍。假設在一九一七年到一九一八年的時期裏，以二・五倍來確保一定的收穫面積，則需要有三十七到三十八萬甲，其佔全島耕地面積的比率也隨着大幅上昇。從甘蔗的收穫面積看，不能不考量這一點。

② 即以旱地面積的增加數與種蔗面積的增加數加以比較，一九〇八年以前，前者經常超過後者，但自一九〇九年以後情況逆轉，後者似已超過前者。二者面積的變化是，在一九〇九到一九一〇年左右以前，種蔗面積的增加主要是由於旱田的增加，而其後則意味着旱田之外的水田的穩步增加。這顯示種甘蔗使用水田。（參考台灣總督府一九三〇年出版的「關於糖業的調查」九七~九八頁）。

③ 水稻佔全部水、旱兩稻的面積爲九二%以上，產量佔九五%以上（根據一九二二年到一九四〇年的「台灣農業年報」）。因而，蓬萊米佔台灣水稻的比率爲百分之百的說法是無大錯的。

④ 原來，台灣的種稻農業與日本國內及同爲日本殖民地的朝鮮的一期稻不同，可能進行一年二期。而其第二期稻則正是與日本國內及朝鮮米的種植約在同一時期。因而決定蓬萊米爲一期稻的原因即在於蓬萊米的出口商品性格。這明顯地表明，蓬萊米已被納入日本米穀經濟圈的過程。而從殖民地台灣看，一期稻蓬萊米的這一傾向顯示，它與種甘蔗之間的競爭關係將會更加尖銳化。

⑤ 有關台灣的農產物收益調查統計，總督府殖民局已做了多次。由於做爲調查對象的經營規模和每甲的收穫量，已超出一般中農標準，又因各種農作物在圃期的長短相差太大等難點，要對種稻及種蔗的面積單位總合收益進行比較也極其困難，因而其實際情況不可能在調查資料中充分反映出來，祇能從其栽種面積的變化中分析其收益情況。如對栽種甘蔗的經濟調查，已在一九二六年到一九二七年期間及一九二七年到一九二八年期間連續作了兩次調查，其結果是：相當於甲的產量，前者平均是一〇三，六〇〇斤；後者

是一一九，一八五斤。（根據台灣總督府殖產局的「主要農作物經濟調查」之十二，農業基本調查之第二十二，二～一六頁，及同調查之十三，二～一六頁等統計算出）。與此相比較，在「台灣農業年報」中所示相當於甲的全島平均甘蔗收穫量，從年期算前者是六九，四六三斤，後者是七四，四三六斤（見一九三〇年出版的同上年報四八頁）。因而應該說，「經濟調查」所調查的耕地，是超過全島平均土地生產效率五〇%的優等地。因此，「農產物經濟調查」對種稻及種蔗所做收益差異比較，未必反映出實際情況。關於這一點，張漢裕的研究（前述「日本佔領時代的台灣經濟演變」及「台灣經濟史」第二集，八八～九〇頁）可做參考，但其研究也未必能說是成功的。然而，根據張的研究結果，甘蔗、米稻收益的優先順序爲：旱地甘蔗、在來米、蓬萊米、水田甘蔗（張的研究請見第11表），以此研究結果看，無法說明蓬萊米種植面積擴大的現實。

⑥ 關於這一點，還要例舉做過先驅性分析的根岸論文加以若干研討。根岸首先將台灣中部水田的種蔗與種稻（蓬萊米）的收支加以比較，其結果是：一九二九年末種植，一九三一年二至三月收穫的、相當於一甲的收支爲，蔗穫三三七圓（新種植）到二六七圓（已栽種）的利益。相反，種稻則是從獲利六九圓（一期稻）到損失十五圓（二期稻）。另外，在同一時期南部旱地的甘蔗，每一甲的收益是一九五圓，薯類的收益是四八圓（見根岸勉治一九四二年著「南方農業問題」一書，一五一～一五二頁）。基於這些數字，根岸認爲，種稻米在此期間種四次的收益是一〇七圓，薯類收兩次也不過是九五圓的收益。他又與雜糧等做了比較，說從收益看種甘蔗是有利的（同書，一五三～一五四頁）。如根據根岸的分析，蓬萊米急速發展的原因何在呢？關於這一點，並未提出令人信服的說明。當然，根岸所做的計算包括一九三一年的米價暴跌期（糖價的暴跌則在一年之後），故與一般正常期的情況不同。因而在這一點上，無人指責。另外，根岸在稍後一段時間，把研究方面轉向對甘蔗的收購價格及米價之間的關係。將其分析指出此二者具有極爲密切的關係。（參考同上書一五八～一五九頁）。這樣，根岸一面指出甘蔗在收益方面的優越性，一方面又强調它與米價有密切關係。此兩種（結論）之間有何種理論上的必然性，根岸根本沒有談及。既然甘蔗的收購價格處於跟隨米價的地位，那麼上述根岸所涉及的二種「結論」，就具有明顯的矛盾。讀完全書後，令人感到有好幾個地方存在這種理論上的欠缺之處。

⑦ 參考前述「台灣製糖株式會社史」，一二六頁。

⑧ 按照當時拓殖局的話說：「一般農民都是保守的，如放棄祖先以來傳統地所推持下來的土地，對他們來說是件重大的事，除利益計算，尤涉及感情，故風習不願放棄土地。」加之，「如果會社欲購買土地，恐會引起地主們的反感，從而會團結起來與會社相對抗，更有甚者，將會提出高價以對抗收買土地。」（拓殖局一九二一年出版的「台灣糖業政策」六七～六八頁）。

據台灣銀行的估計，一九一二年當時，製糖會社爲適應其製糖能力，如欲購入必要的土地約十八萬甲，所需資金達二十五萬圓。即使只想購買其中的三分之一土地，「除兩、三家有能力的會社外，其餘均需靠貸款」。而台灣銀行却暗示：台灣銀行自身給予貸款

或在國內資本市場籌措資金均有困難（見台灣銀行，一九一三年出版的「關於砂糖、米、茶調查書」，一九～二四頁）。

⑨ 關於「糖、米相剋」問題，簡單地回顧一下先驅們的各種說法，但尚未找到確實掌握問題所在的著作。矢內原就嘉南大圳的開鑿說：「放之於流水」（上述「帝國主義下的台灣」三六頁。他以上述名言，簡單地帶過。川野亦將此問題求之於台灣土地轉用可能性的擴大，以及對製糖會社公司，即對壟斷利潤的威脅增大（前述「台灣米穀經濟論」一六頁）加以帶過，也未能掌握此問題的本質。即使是張漢裕，對戰後重新出現的這一問題，雖認爲不能把它與戰前的問題視爲在本質上是同一性質，但並未展開較先驅們的理論更深一步的議論。矢內原所說的「放之流水」之說，與戰後此問題仍以同樣形態出現之事相證驗，其說明顯未能中鵠。另外，川野所說的兩個原因，絕非產生該問題的根本原因。但是，土地利用可能性的擴大，並非僅限於種蔗與種米作之間，而且所提由於費用增加的威脅，也並非全面掌握了相剋的意思。這是在「糖．米相剋」關係的展開過程中暴露出糖業資本所存在的弱點的一種表現。而張漢裕則與先驅的諸說大異其趣，將此問題還原於農家的米、糖選擇問題上，專門爲此在價格的計算上耗費了相當篇幅，未解明問題的本質即告結束。

⑩ 台灣米之所以能在這個巨大消費地受到歡迎，其原因之一是，台灣米與進口的外國米相比，並非是特殊商品，而是由於其質量與日本國內米相近，因而從其在與日本國內米競爭市場中的流通經費看，處在最有利的位置（參考持田惠三一九七〇年著「米穀市場的發展過程」一四〇頁）。應該再次指出，其背景是蓬萊米的登台。

⑪ 根據農林省米穀局「米穀時報」一九二八年十二月號，三三頁，及其一九三二年出版的「米穀要覽」四及三、三三頁算出。另外，根據石川教授推算，自一九二一年到一九二五年間，這一比率平均爲二六・五%，一九三〇年代前半期爲四六・五%（石川滋他著「戰前台灣經濟的成長」及一橋大學出版的「經濟研究」，一九六五年一月號，四八頁）。如考慮朝鮮米的進口量比台灣米的進口量多兩倍的規模時，其比重就不能算高。

⑫ 關於蓬萊米在日本內地市場的地位，下述看法值得注意，即「蓬萊米的聲價與日本國內市場的中級米無異，具備一般消費者所期望的價格低廉且品質中等的條件，特別是其上市的一期米大受歡迎。現在，日本國內的農家，像過去那種自家食用蓬萊米，而將自己所種米賣出的情況已減少，這一事實說明，蓬萊米已非次米，其市場聲價已明顯提高。（見鈴木直二，一九三八年著「從市場看產米改良——以東京市場爲中心」，一七二頁）

⑬ 在此必須指出的是，做爲資本的機構需要制定低米價政策的背景，即係以資本主義制度勞動工資關係的一般形成爲基礎的。第一，在日本資本主義內部不可避免地在形成伴隨米價上升的勞動市場。第二，米價的上升並非使其降低主食的質量，即使其忍受不愛吃的外國米，而是引發了要求提高工資運動的勞動工資關係出現了重大變化，即以前住礦山、工地宿舍的工人、北海道的破舊房屋、

徒弟、徒工等的雇傭關係已發生重大改變，即成立了工人階級（參考守田志郎一九六六年著「大米的一百年」，二〇四頁）。特別是第二點提出的問題富於啓發性，即運進在質量上與日本國內米接近的殖民地米以代替外國米的必然性，是從資本主義制度的勞動與工資關係加以説明的。但是，還必須加以下述説明，即在第一次大戰中進口外國米並不容易，而從日本資本主義立場看，在不受外國市場影響的殖民地改良米種增加生產是最合適的。特別是像在朝鮮那樣，日本的獨佔資本，如三菱的東山農事會社、東洋拓殖會社、不二興業會社等，以帝國主義的掠奪方式，自當地主，直接控制朝鮮農民，奪取其剩餘勞動。在此情況下進口外國米，當然不如盯住殖民地的米有利。

⑭ 關於當時的形勢，應該可以再加上以下兩點，第一，日本資本主義在像南洋地區那種尚未領有比台灣的砂糖更便宜的供給基地。第二，即使在殖民地朝鮮推行產米增殖計劃，日本資本主義也未能充分獲得足夠其國內市場消費的、大量質量優而且便宜的米。

⑮ 根據根岸基於東京分蜜的糖價、台中在來米的行情及新高製糖彰化工廠的甘蔗收購價（原料費、補助金等）所做證實甘蔗收購價與糖價及米價之間的相互關係，即與糖價的相互關係爲〇・五三〇六±〇・一三四五；而與米價的相互關係是〇・九二〇±〇・〇三一五（見前述根岸著「南方農業問題」，一九八～一九九頁）。但根岸在做此證實時，爲何不以蓬萊米的行情計數而用了在來米的行情呢？不明其原因，莫不是在「糖・米相剋」問題上把在來米放在心上吧。

⑯ 殖民地米的生產費比日本國內米低，這從殖民地統治的掠奪關係看是極其自然的事，無須贅言。關於一九三三年的產米生產費，拓務省所發表的數字是：日本國內米的生產費，每一石爲二二・一七圓；朝鮮米是二〇・九八圓；台灣米是一七・二六圓。由此來看，業已喪失限制運進外地米的理論根據（「中外商業新報」一九三四年二月七日所載「對台灣、朝鮮米生產費較高一説感到奇異」，農林省米穀局一九三五年一月所出「在朝鮮、台灣的米穀生產費資料」）。我們知道，台灣米的生產費無疑要比日本國內的米低，但需要確認的一點是，朝鮮米的生產費更低。

⑰ 首先要説明的是，不能因爲日本國內米價具有這種特性就意味米價維持政策的成功，反而可以認爲，正因爲它的處境困難，才表現出農業問題嚴重性的一面。又，關於日本農政問題的論述，暫且例舉齋藤仁所寫的一篇簡潔文章「日本農政的歷史性結構（「思想」雜誌，一九六五年十一月號）。

⑱ 在那種情況下，肥料費便宜時，自營農場的直接生產費也可能比平均的原料收購費（甘蔗收購價）便宜，但這種「相當美妙的事」（前述河野著書「日本糖業發達史」（生產篇）二九八～二九九及三二三～三二五頁）對經營初期的日本糖業資本來説，是連想都沒想過的。

⑲ 朝鮮的情況是，例如一九三一年，在碾米及精米工廠中，日本人經營者所佔比例是，工廠數爲五六・七%；搬運馬車數爲八〇・

一%，糙米製造量爲六七、八%，精米製造量爲七五・〇%（見東畑精一、大川一司一九三九年著「米穀經濟研究」四〇一頁）。

⑳ 例如明治製糖會社，它只在一九一二年設立了補助金制度，以做爲一九一一年到一九一二年的大暴風對策之一環。其後又在一九一七年春季左右米價飛騰時，以「甘蔗價格有不隨之漲價之虞，故於大正七年（一九一八年）再次恢復補助金制度，並逐步提高甘蔗收購價格，以防止（甘蔗）種植的減少。大正八年（一九一九年）以來，因米價漸落，但甘蔗種植卻有增加之勢，因而補助金也酌情加以減少，直至今日」（明治製糖株式會社一九二六年出版的「二十年史」，四～五頁，括弧及傍點爲引用者所加）。

㉑ 參考前述，根岸所寫「南方農業問題」一六〇～一六一頁，以及前述「台灣製糖株式會社史」二四二頁。

㉒ 根據這種方法，製糖會社考慮到與米價的平衡關係，將甘蔗收購價格的最後決定，延長到甘蔗栽種後一年半的收穫期。

㉓ 參考台灣總督府殖產局一九三五年出版的「台灣的糖業」，五〇～五一頁）。

㉔ 此外，獎勵金是以每甲的收穫量及甘蔗的糖蜜濃度爲基準發給。這些都是與追求單位面積最大產量的會社利益相關聯（詳情見上述根岸著「南方農業問題」一六五～一六八頁）。

㉕ 關於蔗作獎勵方法的具體分類，請見前述「台灣糖業概觀」一二二～一三七頁（一九二五年到一九二六年期）及台灣糖業研究會的「糖業」誌，一九三七年八月號（一九三八年到一九三九年期，蔗作獎勵號）。

㉖ 有關掌握這一點的實際情況，將於第三章及第四節加以有關說明。

㉗ 請看前述矢內原著「帝國主義下的台灣」三二八頁。然而，矢內原似乎是疏忽了製糖會社在獲得甘蔗問題上，意識著與米價的競爭關係而在耕種之前預付金的一點。或許因此而遺漏了甘蔗收購價格結構上預付金所具有的意義。

㉘ 增加單位面積產量的對策，對製糖會社具有多麼重大的意義，可從下述陳情書中看出：「我糖業政策的確定，必須極力謀求降低生產成本，而這一對策勢必有賴於農業。其結論是，除謀求每甲甘蔗收穫量之增加外，別無他途。此點係主業者當需始終不渝努力之處」（有關樹立「糖業國策的台灣當業者的陳情」、「砂糖經濟」，一九三四年一月，一～四頁）

㉙ 稍微詳細地談談實施這些獎勵對策的時間，如：爪哇的大莖種自一九二〇年移植，一九二三年到一九二四年左右起逐漸普及，一九二九年到一九三〇年佔全島蔗園面積的九〇%以上。製糖會社「頗有擬通過對收穫量多的大莖種的獎勵普及與耕作法的改善，在收支上與日本國內種米相抗衡之氣勢」（前述「台灣的糖業」四五頁）。另外，自一九二二年左右起，以增加甲收穫量爲目標，在各地設立「甘蔗三十萬斤會」或「甘蔗二十萬斤會」等組織，謀求以集約耕種方式增加收益。再者，一九一九年到一九二〇年每甲的施肥量爲一，一四八貫，而於一九三〇年到一九三一年則倍增至二，七五〇貫（同上書，五三～五四頁）。加之，製糖會社對蔗農除了發放耕種資金外，還連續不斷地發表支付蔗苗補助及貸款，肥料補助、苗園獎勵補助，集團獎勵補助、增收獎勵金等獎勵規程

（參考前述「台灣糖業概觀」一一九～一二二頁）。

㉚ 此外，還有米穀專賣論。關於這一點，請看高橋龜吉一九三八年的著書「現代台灣經濟論」，七三～八六頁。高橋係受台灣總督府的邀請而渡台。上述著書是在視察該島之後，以米穀管理案爲基礎所整理的。因而積極提出米穀專賣的論調，這是很自然的。

㉛ 有關這一點，也可從當時國務大臣的議會答辯中看出。即「給予朝鮮人（或台灣人）一種爲了（日本）內地的農村而犧牲朝鮮（或台灣）的農村的誤解，必須加以嚴重的警惕。」（見永井國務大臣的答辯：「殖民地的統制——根本方針」。請參考合同米穀交易所及同交易所成員組合聯合會一九三四年出版的「米穀統制法制定議會速記集」，一六一頁）。

㉜ 參照澤村康一九三七年出版的「米價政策論」，一五六～一五七頁。另外，澤村將這種米價政策形成過程的焦點，置於代表日本國內米的農村部與保護外地米的拓務省的對立關係上，指責拓務省「專心致力於保護外地的大地主及米穀商的利益，忘卻了運進外地米統制政策的本來使命」（同上書，一六〇頁）。但從台灣的情況看，此問題在闡述「糖・米相剋」關係的內容時都已涉及，他的這種說法並不十分妥當。

㉝ 從一九三三年的米穀統制法，一九三四年三月的臨時米穀移入調節法，一九三六年的米穀自治管理法及碾米共同貯藏助成法等一連串措置的結果看，在調整糖、米價格比率問題上，幾乎没有收效，正如本文第31表所示。

㉞ 日本政府廢除關税附加税，係基於如下理由。即①因簽定國際砂糖協定，世界糖價大致穩定。②令人憂心的「盾」（荷幣）也已穩定，因匯兌關係而對爪哇糖的擔心也已解消。③有關與台灣的競爭作物相剋而產生生產費增加問題的對策，亦將在議會中通過。來自成本方面的壓力也將會逐漸緩和。④根據匯兌管理法，將不會因進口糖而威脅日本國內市場等（參考前述「台灣製糖株式會社史」二五五頁）。但對荷蘭樣本第二號未達標準品，即桶裝紅糖、桶裝粗白糖等的關税附加税已決定予以擱置。從此情況看，廢除關税附加税，並非意味全面停止價格介入政策，而被撤銷的部分，也以滙兌管理法等取代。

㉟ 嘉南大圳的事業區域，遍及台南州下十郡四十六街庄，灌溉預定面積爲十五萬甲，組合員（地主、債主、佃農、埤圳所有者等）約達十萬人。該大圳，以六千億立方尺的烏山貯水池做扇形展開，擁有三四二公里的供水渠及二五五公里排水道的設施網，爲北港溪以南的十萬甲、以北的五萬甲耕地供水。詳情見公共埤圳嘉南大圳組合一九三〇年出版的「嘉南大圳新設事業概要」，二一～二三頁。

㊱ 詳情見同上材料第三章第二節的供水方法（一九一～一九六頁）。此外，台南州的耕地面積，一九三二年四月爲二四七，八八四甲。因而嘉南大圳的十五萬甲灌溉面積相當於該州耕地的六〇％左右。

㊲ 嘉南大圳的三年輪耕法，係以按地域爲基準的所謂地區型輪耕法，而不是以農家經營多角化爲目標的所謂農家型輪耕法。因此，農

家在這種輪耕法的基礎上，於各輪耕地域種植各種不同的作物，至少需要三甲以上的經營規模。（降矢壽著「農耕地各種作物區的分布情況及其改善事業—嘉南大圳組合區域」、「台灣的水利」，一九三六年出版，一一四頁）。但在台南州，經營規模達三甲以上的農家，僅有全州農家總戶數的一六·九%（一九三二年）到一五·九九%（一九三九年），一甲以下的零星經營農家佔四一·九八%（一九三二年）到四二·二〇七%（一九三九年）。（依據台灣總督府殖產局「耕地分配及經營調查」、農業基本調查第三十一，一九三四年，二~三頁，以及同上「農業所有及經營狀況調查」、農業基本調查第四十一，一九四一年，六~七頁）。

㊳ 在日本國內，表面上至少自一九二〇開始，於一九二六年制定了「自耕農創設維持補助規則」，即由自耕農創設的土地政策。但在台灣，尚看不出有這種動向。而在台灣看到自作農創設這種規則的動向，則是到了一九四四年九月，在「基於增强軍事力量」的方針下，以嘉義郡下日本人所有的赤司農林事業地爲對象開始的。（參考台灣銀行的「台灣金融經濟月報」，一九四四年九月號，七頁）。

㊴ 關於嘉南大圳的三年輪耕法對製糖會社所起作用的評價問題，當時有兩種不同的見解。一種是積極論。其根據是，由於實施了三年輪耕，製糖會社得以節約需要大量開支的勸誘獎勵等費用，亦可不勞而每年確保一定數量的原料。因而三年輪耕法對製糖會社來說，既是有利的，也是必要的方法。此見解帶有保護製糖會社的强烈色彩。另一種是，即所謂的消極論。即認爲，由於三年輪耕地區大部分適宜於種甘蔗，在實施三年輪耕法之前，可按自己的需要，在豐富的適用地中毫無拘束地選擇栽種甘蔗，調節製糖生產。如實行三年輪耕法，將會喪失這種自由選擇的餘地（參考東海林稔、財津亮藏所寫「關於嘉南大圳通水後的土地利用情況調查」、「台灣農事報」，一九三三年九月到一九三四年二月號的連載文章）。關於該消極論如何忽視設立嘉南大圳的本質問題，本論文已有所敍述，在此無須重提。

㊵ 關於嘉南大圳爲糖與米的單位面積生產效率所帶來的不同效果問題，前述根岸與川野二人都忽視了（參考前述根岸所寫「南方農業問題」，四七~四八頁；川野所寫「台灣米穀經濟論」，一九三~一九八頁）。兩人之議論，始終將嘉南大圳做爲劃分種植面積的「緩衝地帶」，而且始終是從量的方面加以觀察的。

㊶ 關於「控制水」的工程，從其機能看，不祇是灌漑、排水，也起防水的作用。關於這方面的日本殖民地政策，以動員本地人的勞動力爲特徵。即河川工程費原由「國庫」支付，但自一九二四年度以後，則變成從州及地方民衆那裏接受相當於工程費兩成工程材料的捐獻或義務勞動。而且自一九二九年度實施河川法之後，做爲地方分擔金，由州民分擔三〇%以內的工程費。（參考「台灣事情」，一九三八年，三八二頁）另外，關於排水灌漑的情況，特別是關於蔗園，台灣總督府自一九一〇年以來補助五〇%以內的工程費，以圖普及設施。（參考「台灣經濟年報」，一九四三年，三〇五頁）。

㊷ 例如，自一九三九年十一月起，爲抑制地主對米穀的囤積及消費，決定以現金交佃租。自同年十二月起，爲將租稅鎖定在同年九月十八日的金額，公布了「佃租統制令」，自一九四一年二月起而爲防止地主階級的土地投機，實施「臨時農地價格統制令」，同年十二月又依據「台灣米穀應急措置令」實施米穀配給統制規則（即設立處理米穀的的指定機關，組織米穀納入組合及米穀配給組合，做爲州廳爲區域的任意團體，以代替過去的本地資本即土壟間的米穀收集與分配）等。

㊸ 在此將情況稍加發揮：在一九四〇年十一月二日，台灣總督府對一九四一年度的米穀種植，强調米穀、砂糖重點主義。接着又在同月十六日拓務省主持的糖米調整會議上決定，在台灣採取糖、米互讓併進主義。這個糖米互讓併進主義即是：在當時的戰時經濟局勢下的台灣殖民地經濟，除了糖、米外，尚肩負著所謂時局作物的增產任務，而對做爲無水酒精原料的甘薯，戰時急需作物的黃麻，棉花、苧麻等等，糖、米要一面予予讓步，一面併進。這與以往僅限於糖、米二大商品併進主義的性質不同。從此意義看，「糖、米相剋」關係在戰時經濟體制下開始調整關係，並接受國家管制的强力指導。

第四節　軍需「工業化」的起步

一、重新改組的新動向

上述以糖、米兩大輸出商品爲中心而推進的台灣經濟殖民地化，進入一九三〇年代，面臨着一個嶄新的局面。衆所周知，這一時期的日本資本主義被捲入世界性經濟大恐慌的漩渦之中。爲了擺脫這一危機，便求救於通貨膨脹及海外侵略。自一九三一年九月的滿州事變之後，軍國主義的色彩日漸濃厚。但爲了順應形勢，殖民地經營亦不得不被迫改變政策。尤其是以一九三七年七月中日戰爭（七七事變）爆發爲契機，日本將其海外侵略，大幅轉向南進，而台灣在日本資本主義的軍事地位上所佔比重急速提高。與此同時，台灣經濟也隨着形勢的演變，在迄今的糖、米生產基地的基礎上，又增加到承擔軍需品生產基地以及南進基地的三重任務①。因此，台灣的殖民地經濟，由糖、米爲中心的農業本位經濟，或多或少地開始轉向以軍需產業爲重點的「工業化」，進入一個嶄新的局面。這種軍需「工業化」雖然隨着戰爭的結束而中斷，但它多多少少給過去稍微單純一些的殖民地經濟結構，帶來了複雜的因素，使歷經了半個世紀的殖民地經濟過程，增添了特異的性格。

如前所述，台灣經濟的整編是以一九三七年七月中日戰爭的開始爲契機的，但其根基則是在此以前逐漸奠立的。即日本資本主義爲擺脫三〇年代初期世界經濟大恐慌的困境，以及避免發生體制性的危機，對內轉而採取了脫離金本位的管理通貨制，對外則强行停止金本位，進行貨幣貶值，以壓低工人工資、降低產品成本辦法加强競爭力，以便對外傾銷。這一時期，殖民地台灣在日本資本主義的這種政策轉變下，受到極大的不良影響。這尤其反映在通貨膨脹，以及商品及資金流入的增大。

第36表　台灣・朝鮮・日本批發物價指數之變遷（1933～44年）

	台　灣	朝　鮮	日　本
1933年	100	—	100
36	108	100	109
37	123	—	132
38	142	140	140
39	158	163	154
40	178	180	173
41	186	187	183
42	195	196	199
43	218	216	217
44*	239	242	245

摘自台灣「台灣金融經濟月報」1941年，12月號、21頁，同，1944年12月號、16頁。
又摘自日本「財政經經濟統計年報」478頁。
※至該年11月止。

第37表　台灣對日本財政之負擔（1936～44年）

	支援額(1)	年度預算(2)	(1)/(2)(%)
1936年	1,900	79,357	2.39
37	6,315	103,908	6.08
38	14,537	111,186	13.07
39	17,658	128,242	13.99
40	23,362	166,965	13.25
41	24,545	185,259	26.78
42～44	299,653	1,118,851	20.49
計	387,970	1,893,768	

摘自「台灣經濟年報」1941年，763頁及「昭和財政史」XV，136頁。
此處之年度預算爲除了交通局，專賣局之收入外，其餘各種經費之年度總預算。

首先，探討一下通貨膨脹的波及問題。一九三一年十二月，日本再次禁止黃金出口，有意識地由緊縮財政轉換爲膨脹財政。隨着日本國內日益嚴重的通貨膨脹，波及到台灣這塊殖民地。如第36表所示，若與朝鮮相比，台灣的通貨膨脹，不僅接近日本國內通貨膨脹的速度，甚至具有超越之趨勢。從台灣市場結構看，本來就有許多日常用品依賴日本國內（第60、64表），因而這次通貨膨脹必然會帶有來自日本國內通貨膨脹的性格。然而，此次所受波及的通貨膨脹，不僅來自貿易關係的影響，而必須特別加以注意的是，以軍事費用的財政分擔以及公債的强制認購等國家權力爲媒介所造成的通貨膨脹，在急劇加速。關於後者，將留待後面敘

述。關於前者的情況是，台灣自一九三六年度開始，被迫負擔日本的軍事費用分擔金②。亦即自該年度起，以財政上的盈餘、租稅及專賣所獲利益等增加稅額的一部分轉入一般會計中。因此，台灣的年度支出年年激增，如第37表所示，直至一九四四年的九年間，已近十九億圓。另外，同一期間支援日本財政的金額，達三八，七九七萬圓。一九三八年以後，已達台灣歲出經費的一〇%到二六%左右。無庸置疑，日本的對外侵略使台灣成爲日本財政支援的一環，從而導致歲出的急遽增加，台灣的通貨膨脹也受此刺激而加速其嚴重程度③。此次通貨膨脹對台灣經濟的衝擊極大，如後所述，它一方面使以軍需產業爲中心的新興工業受到有形無形的刺激，另一方面使農業經濟進一步陷入窮困狀態，但爲促進勞動力的產生起了作用。

其次，讓我們從後者，即有關商品進口及資金流入增加的情況來探討。進口貿易規模及對日本國內銀行匯兌的變化，正如第38、39表所示④。日本的國際收支，隨着各國對日本商品採取抵制措施的加强，自一九三五年左右開始惡化，而台灣自日本的進口貿易，却若合符節地在該年達成史上空前的二億日圓的記錄。一九三八年又增至三億圓左右，兩年後的一九四〇年則創下高達四億圓的記錄。這一進口的大規模化，也有因通貨膨脹而導致的虛擬部分，但即使將這一虛擬部分除外，也可明顯地看出，這一時期的台灣經濟更加加强了對日本資本主義的從屬地位。亦即，在這種資金，商品進口激增的反面，也增加了因掠奪的强化而造成的出口，兩者相輔相成，將台灣市場納入以日本爲中心的集團經濟，即成爲區域經濟圈的一環。自日本輸入的商品中，有鐵製品、車輛、零部件類，肥料、紡織品等也明顯增加，即消費資料及生產資料的進口同時增加。另外，在匯兌關係方面，自一九三三年起，自日本流入的資金顯著增加，特別是一九三五年以後，竟達四億圓左右。而自一九三九年以後，台灣方面出現了大幅資金流入的記錄。當然，上述的匯兌資金並非全部用於投資，但不可否認，台灣已成爲日本的投資市場是不容置疑的。

總之，前述一系列活動，是日本資本主義極欲解脫世界經濟大恐慌，以及爲處理國內矛盾而向外尋找出路的過

第 38 表　台灣進出口規模之變遷　（100 萬圓，%）

	輸出	輸入	差額	輸入貨品內容				
				鐵製品	車輛類	肥　料	紡織品	木材板
1931年	201	115	86	10.4	3.7	4.3	19.7	4.7
32	224	133	91	11.6	4.0	7.7	21.5	6.1
33	231	150	81	15.2	4.2	11.2	23.9	6.9
34	279	177	109	17.0	7.0	16.6	27.7	7.9
35	314	218	96	21.8	9.5	22.8	30.4	11.2
36	359	244	115	21.2	10.4	28.5	29.2	13.1
37	410	278	132	9.1	5.6	37.8	32.1	14.6
38	420	328	92	12.3	5.4	44.9	41.9	17.4
39	510	358	152	13.7	8.1	37.3	35.4	20.8
40	459	426	33	38.2	13.2	42.0	38.4	30.8
41	380	372	8	36.3	9.7	36.5	34.6	19.2
42	420	338	82	20.9	10.8	29.5	62.5	6.4
43	293	292	1	20.0	11.2	20.3	40.8	5.3
44	216	121	95	－	－	－	－	－

根據台灣銀行經濟研究室「日據時代台灣經濟史」第一冊，137、150，161～163 頁而作成。

第 39 表　台灣和日本在銀行機關之匯款狀況（100 萬圓）

	自日本匯入	匯入日本	流入額
1931年	217.8	220.1	−2.3
32	258.6	254.8	3.8
33	316.0	259.6	56.4
34	339.4	308.0	31.4
35	414.3	363.5	50.8
36	445.1	386.2	58.9
37	470.1	440.3	29.8
38	589.7	544.4	45.3
39	732.7	603.5	129.2
40	768.6	602.8	165.8
41	911.2	694.9	216.3
42	1,105.8	836.5	269.3

摘自 1934～42 年之「台灣經濟年報」，1931～33 年之台灣銀行「台灣之金融史料」1953 年，台北，203 頁。

程中，已自三〇年代初期即逐漸對台灣殖民地經濟進行外壓式的整編。因此，台灣經濟的整編，即軍需工業的移植，並非是一朝一夕所達成的。而朝此方向發展的趨勢，在進入三〇年代時逐漸開始萌芽。

關於這一點，必須强調以下兩個問題。其一是，迄今已數次提出，即台灣的商品經濟原來就相當發達，而由於日本的殖民地經營，則更加發達。即使從其表現的一端，即農民層的分解問題看，也可得知，此事擬在下章進行詳細的探討。實際上，以佃農爲中心的無產階級化，已有相當程度的進展，並在不斷地瓦解地主階級的根基，而在台灣經濟的內部，培育了適應軍需工業的土壤。其二，必須指出的是，國家權力，即總督府權力機構的龐大勢力，已在台灣經濟中深深地紮下了根。這不僅說明這樣一個問題，即台灣經濟是一殖民地經濟，與日本經濟相比其自由主義色彩非常淡薄的問題⑤。集中在台灣總督府的國家權力，從三〇年代開始到四〇年代初期，以歲出的六〇％以上做爲事業費，全力投入殖民地的開拓（第44表），而且設立了諸如台灣拓殖株式會社那種國策會社，動員及支援日本的民間資本，而且還誘入外資，開發台灣的電力，促進了搞「工業化」所不可或缺的先行社會投資。上述措施的任何一項都代表着日本統治階級的利益。但不管怎樣，台灣總督府如此强大的經濟力量，對推動台灣經濟的整編起了具有決定性的原動力的作用。

總之，關於台灣經濟的整編問題，無論是外部因素或是內在因素，所需各種條件均較已齊備。下一個問題將是稍微具體地探討有關國家權力所採取的整編措施。

二、農業生產結構的調整及其意義

台灣總督府爲適應日本向海外侵略的進展所採取的經濟性措施，大致可整理成以下兩項。一是，將迄今以糖、米爲中心的農業生產結構，轉換爲諸如油料作物及纖維作物等所謂的時局作物，即農業調整政策。另一是，加速軍

第 40 表　總督府米穀收購價格之偏高狀況（1939 年 5 月 29 日）

	蓬萊米（台北州三等糙米）	圓糯米（同左）	長糯米（南部三等糙米）	在來米（同左）
自由市場米價（圓/100 斤）(1)	12.49	14.73	13.45	12.67
政府公定米價（圓/100 斤）(2)	10.83	11.57	10.22	9.51
公定米價偏低率(1)−(2)/(1)%	13.29	21.45	24.01	24.94
每一公斤偏低之價格（圓）	1.67	3.16	3.23	3.16
每換算一石後之偏低價格（圓）	3.97	7.52	7.53	7.36

依據劉明電「台灣米穀政策之檢討」1940 年，7～8 頁而作成。每石的蓬萊米和圓糯米以 238 斤；長糯米和在來米則以 233 斤換算。（皆爲車站出貨價格）

需性產業移植的「工業化」政策。上述兩項政策彼此密切關連，但本項將以前者爲主要探討內容。

農業調整政策的關鍵，即爲統制日本國內米價的「台灣米穀輸出管理令」。一九三九年五月所公佈施行的該管理令所具有的意義在於，除緩和及調整一般的「糖・米相剋」外，正如「台灣重要產業調整委員會」爲解釋該管理令所做的明確答覆那樣⑥，其直接目的在於調整台灣的重要產業，也起解決日本國內糧食問題的重要作用。因此可以說，所謂台灣農業結構的調整，歸根結底是基於日本資本主義構造再生產之一環的立場所採取的措施⑦。

形成該管理令根基的輸出米强制收購制度，即台灣運向日本國內的米穀，全部由總督府收購，並基於與農林省的協定，將米穀出售給日本米穀會社。如考慮這一組織形式時，則會發現，其焦點在於總督府的收購價格。試觀一九三九年五月所公佈的第一次政府收購價格，它比市場價格要便宜二三%到二五%（第40表）。尤其是對運往日本的蓬萊米，其所設定的收購價格高於島內消費米的在來米，這一措施，值得大家注目。究其原因，在於總督府企圖通過相對地優待輸出米及「虐待」非輸出米的差別價格政策，誘導蓬萊米的增產及在來米的減產。這種做法暴露了優先確保日本國內糧食供給來源，輕視台灣本地人糧食問題的日本殖民地政策。

當然，總督府的這種米穀收購政策，並非僅用於輸出米。而爲了能廉價收購輸出米，也有必要對台灣島內消費米的最高價格加以統制。於是，總督府在同年即一

第 41 表　米穀收購制農家之損失及總督府之收益推計(1939 年 2 期～1944 年)

類別	生產量(1000 石)	輸日量(1000 石)	每石之推定差額(圓) 各種	每石之推定差額(圓) 平均	農家損失金額(1000圓) 總計	農家損失金額(1000圓) 輸出部分
蓬萊米	27,373	11,953	7.17	7.87	196,264	93,070
再來米	15,070		8.13		122,519	
圓糯米	1,361		13.25		18,033	
長糯米	497		10.63		5,183	
計	44,301	—	—	—	341,999	—

生產量是根據「台灣糧食統計要覽」1959 年，台北，12～13 頁，糙米一噸換成 7 石。
每石之差額：總督府原價及在日本內地之差價，是以 1940 年爲基準〔劉明電，前揭論文(47～48頁)〕。原價是包括運費及米穀會社之手續費。

九三九年的十一月，實施了有關統制措施⑧，實際上將輸出米管理令亦適用於島內的消費米。這樣，一方面用行政手段截斷台灣島內米價與日本國內米市場的聯繫，另一方面也可將台灣島內米價與島內的一般物價隔離起來。

輸出米管理令所具有的最重要意義，就在於這種米價的差別結構。它不僅通過操縱米價威脅本地人的糧食問題，並或多或少改造迄今以米作爲中心的農業生產結構，主要是以國家權力採取，强制手段，從農民身上剝奪巨額財富，使其成爲推動「工業化」的有力槓桿。有關前者，容後再述。這裏先談談後者。總督府由於將島內輸出米的收購價格與日本國內米銷售價格之差額據爲已有，從而得以籌措巨額資金。根據第 41 表的推算，自一九三九年的二期米開始到一九四四年，其金額高達九，三〇七萬圓。而且總督府所强制掠奪的，並非僅止於此，還有通過對整個產米壓價所帶來的農民的負擔額，在同一時期，該負擔高達三億四千萬圓。其中雖也包括地主(小租戶)、土壟間以及出口商的負擔，但不容否認絕大部份是由農民承擔的。

台灣農民在國家權力的强制掠奪下，除被迫攤派巨額財富外，還得在低米價造成的低工資支配下，間接地被强制爲日本資本家統治階級服務。這是因爲台灣的工資本來就帶有利用農閑期出去幹活賺錢，以貼補家計的濃厚色彩，因而不能與一般的物價水準相比較，而它與米價的關係尤爲密切⑨。而且，由於總督府的收購政策，米價與一般的物價水準相比，有逐漸降低的趨

勢，因爲它被壓低了一〇%到二〇%⑩。

如上所述，統治當局以犧牲台灣本地農民爲內容的輸出米管理令，來調整農作物的栽種⑪。若從栽種面積及生產額的兩個方面來探討其結果，正如第42表所示，自一九三八年前後到一九四二年出現了顯著的變化。即一九三七年到一九四二年間，種米農業在栽種面積方面減少十二萬甲，其在總栽種面積中所佔比率，也由過去的五〇降到四四%。在生產額方面，也從過去佔農業生產總額的五八%大幅降至四七%。生產額比率的降低遠大於栽種面積比率降低的原因，可說是在米價收購政策下强烈反映出的低米價的實態。然而，如進一步探討調整種稻的內容，則如第43表所示，旨在專門抑制在來米以下的島內消費米。即在栽種面積方面，在來米以下的島內消費米，已從一九三八年的二九六，〇〇〇公頃減少到一九四四年的一八五，〇〇〇公頃，減少面積多達十萬公頃以上。此外，就生產量而言，在同一時期內，也從六一八，〇〇〇噸減少到三〇六，〇〇〇噸，減少了半數以上（根據資料出處的不同，計算單位也不同於過去的甲、石）。相反，做爲輸出所用的蓬萊米，在面積方面却增加了十萬公頃，大致維持以往的生產量⑫。種稻內容的這種變化，起因於政府對在來米爲中心的島內消費米的差別價格措施。此事尖銳地表現出犧牲台灣本地人糧食問題的日本統治的殖民地性格。

面臨這一種稻的衰減，種蔗的重振已成爲此時期最受矚目的現象。根據前述第42表可知，無論是從面積還是從生產額方面看，種甘蔗方面都有相當幅度的增加。日本統治當局對「米」進行產業調整，基於米穀輸出管理令使米價「標準價格化」，但却招致了有利於與米處在在相剋關係的「糖」的結果，因而最後也不得不對糖進行統制。例如，一九三九年十月發佈「台灣糖業令」，將甘蔗的收購價也列入認可制範圍之內⑬。儘管如此，種蔗面積仍然增加了兩萬甲，而在農業生產數量方面所佔比率，也從一九%增加到二三%。這從價格方面表示出，種蔗優於種稻的事實。究其原因，在於砂糖所具有的出口商品性格遠優於米，而對日本資本主義來說，是一個更大的利益源泉⑭。從第42表

第 42 表 台灣農作物構成種類之變化（1937～42 年） （1000甲，100萬圓）

	面積				生產額			
	1937～39年平均		1942 年		1938 年		1942 年	
	面積	%	面積	%	金額	%	金額	%
食用作物	821	62.75	830	56.81	270.90	66.84	294.26	55.27
米	756	50.16	636	43.53	237.90	58.70	248.08	46.60
甘薯	137	10.51	156	10.68	29.55	7.29	39.19	7.36
其他	27	2.08	33	2.26	3.95	0.97	6.99	1.31
特殊作物	257	19.61	275	18.82	99.99	24.67	169.94	31.92
甘蔗	142	10.86	161	11.02	78.19	19.29	123.41	23.18
花生	32	2.41	19	1.30	3.92	0.81	2.93	0.55
茶	46	3.51	42	2.87	9.18	2.27	17.36	3.26
其他	37	2.83	53	3.63	8.70	2.15	22.24	4.18
水果	43	3.29	92	6.30	18.71	4.62	32.45	6.10
香蕉	21	1.62	21	1.44	9.96	2.46	17.26	3.24
鳳梨	10	0.75	9	0.62	3.97	0.98	5.42	1.02
橘子	5	0.38	6	0.41	1.50	0.37	3.02	0.57
其他	7	0.54	56	3.83	3.28	0.81	6.75	1.27
蔬菜	42	3.21	44	3.01	15.69	3.87	35.72	6.71
草肥	146	11.14	220	15.06	—	—	—	—
合計	1,308	100.00	1,461	100.00	405.28	100.00	532.36	100.00

摘自台灣農會「台灣的農業」1941 年，27～30 頁及「台灣農業年報」1939 年，同，1943 年。

第 43 表 台灣稻作構成種類之變化（1938～44 年） （1000 公頃，1000 噸）

	面積				產量			
	蓬萊米	在來米	其他	合計	蓬萊米	在來米	其他	合計
1938年	301	247	49	598	754	516	102	1,371
39	308	236	58	602	685	474	120	1,279
40	324	250	40	614	615	425	71	1,111
41	353	240	29	623	682	441	51	1,174
42	380	206	12	598	768	366	21	1,156
43	382	205	7	594	753	352	12	1,117
44	401	181	4	586	753	300	6	1,059

根據台灣省糧食局「台灣糧食統計要覽」1959 年，6～7，12～13 頁作成。
因合計部分爲四捨五入，故必不一致。另由於資料出處相異，計算單位亦與向來者有異，姑任之。

及第43表中可明顯看出的是，爲調整產業，日本統治當局所採取的措施，僅就糖、米而言，不外乎是强化了優待種甘蔗與蓬萊米，壓制在來米的殖民地差別政策。從這一情況看，所謂的調整農業結構云云，並非是要從根本上改造台灣經濟的殖民地生產結構。

當然，國家權力在農業整編時所採的措施，並不止於上述有關糖、米問題。例如，一九三九年十一月的佃租現金化，也是爲了抑制地主或農民的自我消費。而同年十二月制定「佃租統制令」，也是爲了謀求米生產的穩定化。一九四一年三月頒佈的「臨時農地價格統制令」，則是爲謀求米價的穩定化。同年四月的「台灣農業水利臨時調整令」，則是爲了統制水利，六月的「工資統制令」則是決定農業工資的最高限額，十二月的「台灣米穀應急措置令」則是爲了設立處理米穀的指定機關。上述的一連串措施，多是爲了配合日本國內緊急措施而採取的。而從結果看，其壓迫本地地主勢力、增加農民負擔的招數是依然未變的（參照第五章第四節）。

三、資金的籌措

對上述農業生產調整政策，必須探討殖民地統治當局在「工業化」政策之外的其他方面所採取的下述措施。具體地說，可分爲資金的籌措及勞動力的動員兩個方面加以説明。

首先談談關於前者。重要的是，資金的籌措是推行政策性通貨膨脹完成的。如前所述，台灣的通貨膨脹是與分擔日本向海外侵略的軍事費用有密切關連的。除此之外，造成通貨膨脹的主要原因，還有台灣財政本身的膨脹，被强制認購日本推銷的國債，以及台灣銀行貨幣發行量的遽增等。台灣總督府特別會計的歲出，如第44表所示，一九三〇年至一九三八年間增加七，三〇〇萬圓，一九三八年至一九四四年則遽增五二，八〇〇萬圓，膨脹到前者的七倍以上。膨脹的內容，主要是以軍事費分擔及南洋開發等爲中心的「其他經費」增加了二二，〇〇〇萬圓，約佔增

第 44 表　台灣特別會計年度支出預算之明細
（1930～44 年）　（100 萬圓，%）

年度	行政費	教育費	調查試驗費	事業費	其他經費	合計
1930年	22.5	6.3	2.4	74.2	4.6	110.0
	20.5	5.7	2.2	67.4	4.2	100.0
35	22.2	6.2	2.6	82.9	9.9	123.9
	18.0	5.0	2.1	66.9	8.0	100.0
38	29.4	7.7	3.5	116.7	26.0	183.4
	16.1	4.2	1.9	63.7	14.2	100.0
39	31.6	8.8	3.8	141.3	32.0	217.4
	14.5	4.0	1.7	65.0	14.7	100.0
40	30.8	10.9	4.7	174.4	42.1	262.9
	11.7	4.1	1.8	66.4	16.0	100.0
41	34.0	14.0	5.2	183.8	52.8	289.7
	11.7	4.8	1.8	63.4	18.2	100.0
42	36.7	15.8	6.7	236.1	77.4	377.7
	9.8	4.2	1.8	63.4	20.7	100.0
43	36.1	20.7	7.5	277.7	160.7	503.3
	7.2	4.1	1.5	55.3	32.0	100.0
44	54.1	17.4	6.8	283.1	245.6	711.5
	8.9	2.9	1.1	46.6	40.5	100.0

摘自大藏省昭和財政史編集室編「昭和財政史」XV，舊外地財政（上）1960 年，90～91 頁。
上段爲金額，下段爲構成比。

加額的四一%。此外，交通、專賣、電力等事業費增加一六，四〇〇萬圓，佔三一%。亦即，造成台灣財政歲出增加的主要原因，係以軍事負擔及戰時拓殖建設積極化的兩項時局性需求所致。另外，從歲入情況看，如第45表所示，一九四二年以後的資料欠缺，但仍可看出其大半是靠政府企業的收入維持的。這些政府企業的收入，大致可與歲出中事業費支出的增加規模相等。由此可見，總督府是以專賣等政府企業的收入來籌措事業費的。但結果還是通過政府企業製品的漲價達成的，只不過是租稅的一種變形而已。況且它具有物品稅那種間接稅性格，最後還是歸結到台灣居民的一般負擔身上。另一方面，爲了維持事業費之外的歲出各項經費，總督府於一九三七年度開始整理稅制，並於一九四一年十一月，施行以間接稅爲主的大幅增稅⑮。無庸贅言，這些都助長了通貨膨脹的因素。

其次，大致談談刺激通貨膨脹的日本發行國債的強制認購，以及發行台灣銀行券的情況。首先，藉第46表提

示，此二者是怎樣成爲刺激通貨膨脹主要因素的？表中所示，台灣銀行的貸款額每年都在大幅增加，特別是一九三九年以後，其存款額平均只能勉强達到貸款額的三分之一，因而貸款的原本則不得不依賴於發行鈔票⑯。另外，台灣全島的金融機關，每年還必須一面進行巨大的超額放款，一面承受超過自身能力的日本國債的認購，其金額自一

第45表　台灣特別會計年度收入預算之明細
（1930～41年）　　（100萬圓，%）

年度	租稅	印花稅	公營企業*	公債	前年度結餘	其他**	合計
1930年	19.0	3.3	75.5	1.4	27.9	2.5	129.8
	14.7	2.6	58.2	1.1	21.5	1.9	100.0
35	21.9	5.1	94.8	–	29.4	4.7	156.5
	14.1	3.3	60.8	–	18.9	3.0	100.0
38	34.5	7.7	135.7	–	46.4	9.6	233.8
	14.8	3.3	58.0	–	19.8	4.1	100.0
39	41.9	8.4	164.7	6.3	50.4	16.9	288.5
	14.5	2.9	57.1	2.2	17.5	5.9	100.0
40	54.2	8.7	180.4	5.4	71.1	33.1	352.9
	15.4	2.5	51.1	1.5	20.1	9.4	100.0
41	62.8	8.7	185.6	7.1	90.0	60.0	414.2
	15.2	2.1	44.8	1.7	21.7	14.5	100.0

同第44表，摘自96～97頁。
上段爲金額，下段爲構成比率。
*包括專賣、交通、通信及其他。
**包括年度收入預算臨時租稅收入及同華北事件特別稅。

第46表　台灣金融機關信用膨脹之變遷
（1937～42年）　　（100萬圓）

	台灣銀行			全島金融機構		
	存款增加額	發行債券增加額	放款增加額	國債保有額	超額放款	合計
1937年	13.9	32.9	9.5	103.1	113.6	216.7
38	19.8	28.0	2.1	135.0	57.9	192.9
39	14.1	31.2	45.1	212.5	31.2	243.7
40	14.6	28.5	53.0	225.6	95.8	321.4
41	13.8	53.2	33.1	256.8	103.2	360.0
42	13.9	36.4	36.5	279.2	84.8	364.0

摘自「台灣經濟年報」1943年，383，391頁及前揭『台灣統治概要』479頁。

九三七年的一〇，三〇〇萬圓，增至一九四二年的二七，九〇〇萬圓，增加兩倍以上，達到超過台灣全部金融機關存款額五〇%的高水準。而且自一九四一年四月開始，一部分日本國債被允許做爲銀行準備發行鈔票的保證⑰。因而，此後隨着鈔票的發行增加，日本發行的國債也跟着累積式的增加，起了使通貨膨脹加速惡性化的作用。這不外乎是强化了隱蔽式掠奪政策的結果。

當然，日本統治當局並非無條件地以通貨膨脹技倆進行資金的動員。爲了盡可能減輕龐大公債的累加負擔，統治當局一方面將公債利率規定爲三分五厘的低利政策，另一方面，爲因應推進國債消化與擴充軍需生產力的需求，以及防止通貨膨脹的惡性波及，不得不實施必要的儲蓄獎勵政策。此兩種政策無疑是互相矛盾的，但就後者的情況而言，總督府於一九三八年五月規定了儲蓄獎勵的具體方法，並以此做爲國民精神總動員（所謂「皇民化運動」）的一環來實施⑱。爾後，這種經濟性以外的儲蓄增强運動，逐年有所加强，而其目標額也從一九三八年度的五千萬圓，大幅增加到一九四四年的七億圓（第47表）。爲達此目標，在官公署、銀行、工廠、各種團體、町會、部落會等均設置了新的儲蓄組合。

第47表　台灣戰時儲蓄運動之實績　（100萬圓）

	儲蓄目標	儲蓄實績
1938年	50	108
39	100	151
40	200	200
41	280	210
42	350	320
43	400	465
44	700	585

前揭，大藏省管理局「台灣統治概要」487～488頁。

在這種强有力的資金籌措運動之中，台灣本地人的資金被動員到什麼程度即成爲焦點之一。其中最受矚目的是强迫民間將黃金賣給政府。在本地人中，原來就有以黃金爲飾物的習慣，並大多使用於戒指、耳環、手鐲等飾品上。總督府也注意到這一點，於是便在强化黃金準備的名目下，提倡收購其所擁有的黃金，並自一九三八年度開始，將此列入國民精神總動員的一環實施。因此，僅在一九三八及一九三九年兩個年

第 48 表　台灣島內銀行存款，台灣、日本人別構成情況（1935～44 年）

年別	金額(100 萬圓)				構成比率(%)			
	台灣人	日本人	其他	計	台灣人	日本人	其他	計
1935年	50.6	121.4	—	172.1	29.40	70.54	—	100.00
36	51.8	128.6	—	180.4	28.71	71.29	—	100.00
37	38.6	148.3	—	186.9	20.65	79.35	—	100.00
38	57.8	191.2	0.2	249.2	23.19	76.73	0.08	100.00
39	95.6	225.5	0.1	321.2	29.76	70.21	0.03	100.00
40	65.3	129.8	166.8 (45.4)	361.9	18.04	35.87	46.09	100.00
41	64.4	99.1	257.2 (43.7)	420.7	15.31	23.56	61.14	100.00
42	78.1	118.0	325.1 (52.2)	521.2	14.98	21.45	62.36	100.00
43	—	—	—	630.2	—	—	—	—
44	—	—	—	924.3	—	—	—	—

根據前揭，台灣銀行「台灣之金融史料」143、193 頁而作成。
「其他」爲外國人，產業組合及其他。（ ）內爲產業組合。

度裡，總督府便收購了高達六，七〇〇萬圓的民間保有黃金⑲。而由此支付的大部分貨幣，也多數還流爲農村信用組合的存款（第49表）。最後仍又歸由政府金融統制的掌握之中，由於通貨膨脹的惡化，其幣值也大幅地被貶值。不論那一種措施，都可說是如實地表現出日本國家權力在殖民地的橫征暴斂。

其次，再看各種金融機關對本地人的資金動員情況，這主要可分爲銀行存款及市街庄（村）信用組合的存款兩大項加以說明。前者係以台灣銀行爲中心的銀行金融機關，主要爲日本資本家企業及都市的商工業者所利用；後者則以市街或村落的零星商工業者或地主、農民佔大多數⑳。因此，後者，尤其是農村信用組合的絕大部份存款，幾乎都是本地人的資金。此二者的存款，正如第48表及第49表所示，信用組合的存款額約達銀行機關存款額的五〇%，特別是一九三八年以後，有了穩步的增加。其中，又以一九四〇年以後，農村信用組合的存款額，超過日本人在銀行機關之存款額，這一現象令人注目。農村信用組合之存款額的增加，雖可說是多因政府藉黃金收購措施，

導致農村的現金還流，但也可說是因戰時經濟統制的進展，使過去紮根於農村的商人機構遭到破壞，反映出以往的高利貸在後退。也就是說，信用組合逐漸取代了農村的各種機構，並以一種統制機構的基層組織形態，被變成國家機關。

第 49 表　台灣島內信用組合存款增加之狀況　（1000 圓）

	市街區產業信用組合		農村信用組合	
	金額	增加額	金額	增加額
1935年	19,492	—	58,411	—
36	20,711	219	67,290	8,879
37	20,465	−246	63,732	−3,558
38	26,031	5,566	87,235	23,508
39	36,052	10,021	120,281	33,046
40	46,499	10,447	134,045	13,764
41	49,988	3,489	140,456	6,411
42	59,155	9,167	160,959	20,503
43	75,408	16,253	250,292	89,333
44	174,067	98,659	306,185	55,893

摘自前揭「台灣統治概要」484～485 頁。

第 50 表　活期存款與定期存款之變遷　（1000圓）

	活期存款餘額		定期存款餘額	
	金額	指數	金額	指數
1937年	26,081	100	64,819	100
38	35,161	135	74,187	114
39	51,155	196	100,434	155
40	73,364	281	96,037	148
41	92,490	355	95,030	147
42	109,472	420	132,057	204
43	120,161	461	180,059	278
44	158,494	608	201,771	311

摘自前揭「台灣之金融史料」192 頁。

此外，與信用組合的存款激增傾向相反，台灣本地人在銀行機關的存款額，除一九三九年出現急增之外，幾乎處於停滯狀態。一九三八及一九三九年時，曾由於農業豐收的影響及「繳出黃金運動」而造成一時資金還流，存款額亦出現暫時性的激增現象，但一般地說，

本地人的工商業活動，正如後面（第五章）所述，由於被日本企業的大力壓制，在存款方面也處於難以增加的困境。但是，四〇年代後半期的存款額比三〇年代後半期有所增加。這一情況倒不同於日本人的存款傾向。其次，擬探討一下存款的內容，一九三七年至一九四四年間，活期存款一直不斷地增加，並遠遠超過定期存款的增加率（第50表）。這一時期，由於「工業化」的明顯進展，導致企業會社的叢生，以及設立了旨在謀求更高統制政策的統制會社，促進了對活期存款的利用。此外，在通貨膨脹進展中所慣行的交易現金化，更加加速了對活期存款的利用㉑。但此類存款，係所謂的通貨性存款，而不意味原始資金的形成。此外，如再聯繫利用此存款的大多數會社是日本的國家資本及財閥資本情況加以考慮，則在銀行機關中日本人存款額的增加，與其說是銀行資金儲備的動員，不如說主要是由於交易的名目膨脹而進行的通貨性存款。就這一點看，此類儲蓄運動與「繳出黃金運動」同樣，主要還是以動員本地人提供資金為目標。這就是所謂國民儲蓄運動的殖民地性格。

另外，對上述被動員來的資金，總督府在用途上實行了統制。亦即，與日本國內的金融統制遙相配合，使一九三七年十月發佈的臨時資金調整法，以及一九四〇年十一月頒佈的銀行等資金運用令，也在台灣實施，也將台灣套進戰時金融統制的框架之中。這些統制，除促進認購公債之外，也具有防止資金流入不急需產業，確保生產擴充資金，特別是適應時局性產業的融資目的。然而在此種政府統治之下，銀行機關的貸款對象，完全是遵照國家的政策實施的。事實上，給予工業部門的銀行貸款款項大幅增加，正如第51表所示，自一九三七年的五，〇〇〇萬圓增加到一九四一年的一一，二〇〇萬圓，增加兩倍以上，而在全部貸款額中所佔比率，也從一六・五％上升到二二％，直至最後高居首位㉒。這些工業貸款額均限定於台灣銀行發放，就其細項而言㉓，做為傳統性工業的食品工業大大衰退，而化學工業、窯業、金屬工業等所謂新興工業則急速增大（第52表）。即食品工業在整個工業貸款中所佔比率，從一九三七年到一九三九年的八四％，降低到一九四〇年到一九四二年的六四％，降低了二十個百分點，而化

學工業在同一時期，則從七％增加到一七％，增加十個百分點。其次，窯業則從〇・二五％增加到五・二％，約增加五個百分點。另外，金屬工業也增加四個百分點左右㉔。上述情況亦可解釋為，以台灣銀行為中心的銀行金融機關，在資金統制的運用方面，已從以砂糖業為中心的食品工業擴展到以電力開發為背景的化學工業、水泥工業、以

第 51 表　各產業別之銀行貸款明細　（1000圓，％）

產業別	1937 年		1941 年	
	金額	%	金額	%
工業	49,515	16.5	111,910	22.0
礦業	8,701	2.9	8,093	1.6
農林業	74,455	25.0	108,351	21.3
水產業	1,241	0.4	8,893	1.7
交通業	1,389	0.5	2,884	0.6
商業	92,301	30.5	109,153	21.5
雜業	12,318	4.1	13,945	4.7
其他之事業及設施	32,324	10.8	102,550	20.1
其他	27,874	9.3	33,137	6.5
合計	300,118	100.0	508,916	100.0

摘自「台灣經濟年報」1943年，366～367頁，「台灣時報」1943年，3月號，15頁。

第 52 表　台灣銀行工業貸款之明細（年末累計）　（1000 圓，％）

業種別	1937～39年		1940～42年	
	金額	%	金額	%
紡織工業	2,334	1.47	2,401	0.71
金屬工業	111	0.07	12,997	3.83
機械設備工業	347	0.22	7,666	2.26
窯業	551	0.35	17,686	5.21
化學工業	11,563	7.26	56,373	16.62
木材及木製品工業	2,712	1.70	8,913	2.63
印刷及書本製造業	65	0.04	128	0.04
食品工業	133,960	84.12	217,793	64.21
電氣及瓦斯工業	7,104	4.46	13,532	3,99
其他工業	505	0.32	1,586	0.47
合計	159,252	100.00	339,175	100.00

摘自「台灣經濟年報」1943 年，367～368 頁。

至金屬工業。這是對日本工業結構逐漸揚棄輕工業而不斷向重工業、軍需工業、化學工業轉移的一種配合。同時也明顯地表現出台灣殖民地經濟的工業化依賴於外力的性格。最後，台灣的「工業化」大幅地傾向軍需產業，這正說明統制國日本在殖民地台灣所實行的金融統制政策的本質。

此種國家統制，同樣也施行於市、街等地的信用組合。不過，只是在實施的時間上比銀行機關要延遲很多。亦即，台灣產業組合的規則，直到一九四一年九月才勉强得以全面修改並付諸實施。之後根據上述規則，成立了連合會，使其對信用組合加强統制的措施法制化。一九四二年七月，在成立台灣產業組合連合會的同時㉕，有關信用組合的資金運用即被納入國家統制的範圍。由此，信用組合規定，對定額以外的儲蓄，必須保留其儲蓄額的四分之一以上，以做爲付還存款的準備金。此外，對從儲蓄總額扣除定額外儲蓄的餘額，也規定將其中的三分之一（市、街等地信用組合）或十分之一（農村信用組合）以上的金額存入連合會，或購買國債證券㉖。於是，信用組合的自我貸款活動，便因此而大受限制㉗，而流入信用組合的大部分資金，在連合會的動員之下，認購了國債證券。雖然時期拖後了一些，市街等地組合最後還是不得不在國家的統制及管理之下運營。

四、勞動力的動員

以下，我們將焦點移向「工業化」的另一個重要側面，即勞動力的動員問題。勞動力的動員，並不如前所述「繳出黃金運動」那樣，對原先死藏在農村的資金動員一下就解決問題。這必須首先從陶冶本地人適齡者成爲現實的所需勞動力來進行，而在台灣則是從「皇民化運動」着手進行的。這就突出了其做爲殖民地的特性。對日本的統治階級來說，爲了動員台灣本地人民勞動力，當務之急就是將本地人的精神結構加以日本化。

於是，總督府於一九三四年三月，以開辦台灣社會教化協議會爲契機，强力地推行了旨在使本地人生活方式

「內地化」的「皇民化運動」㉘做爲達此目的的「教化（按指教育、感化，下同）設施」，決定以神社爲地方的教化中心，謀求祭祀神宮大麻的普及化，同時發起日語的普及化運動，並對「國（日）語家庭」、「國（日）語部落」，以及學習日語表現優秀的市、街、庄給予嘉獎。當時，總督府企圖在於這些精神上的皇民化運動中摻進爲經濟開拓道路的意圖。亦即，將台灣「社會教化要綱」中的「振興並助長融合及親睦的一致協力之美風」爲指導精神的第二條，並使之有助於「在經濟及產業設施中……做出成果」。另外，强調亦開始重視「實際智識技能的啓發和培養」（第四條）。上述意圖甚至發展爲後述義務教育制度的實施。然而，這種官治式的皇民化運動，以本地人的「內地化」爲槓桿，秘密地展開了以搾取本地人勞動力爲目的的勾當。

這一皇民化運動，自一九三六年七月以後，以擧辦徹底振作國民精神及同化台灣本地人爲重點的「民風振興協議會」爲契機，終於使上述皇民化運動形成體系，並大力加以推進㉙。而以一九三七年七月爆發的中日戰爭（七七事變）爲契機，其所發動的國民精神總動員運動，逐漸使得皇民化運動進入具體實踐階段，並滲入各個領域㉚。有關中日戰爭長期化的形勢及欲使台灣經濟「工業化」的意圖，於一九三九年前後日益明確。隨之，皇民化運動便與「工業化」及「南進基地」一起成爲統制台灣的三大政策㉛。

然而，要想只藉這種精神上的皇民化運動，收到使本地人的勞動力得用於實踐運動領域的成果，畢竟是困難的。其次，關於使他們成爲勞動力的教育不是没做，問題在於，總督府所謀求的是戰時動員之一環的義務教育制度。即一九三九年十月決定，計劃於一九四三年度開始實施義務教育方針。一九二二年六月台灣總督府曾提出有關「期望能儘早實施義務教育」爲內容的義務教育彙報㉜，之後歷經了十七年，台灣的義務教育始得以見聞於世。當時局勢發展令人預想一九四二年度實施的陸軍特別志願兵制及青年學校大擴充，是爲了推行義務制，這可能因爲初等教育義務制的實施不容再拖延下去㉝。

當然，總督府在日本佔領台灣後不久的一八九八年七月，即將日本語傳習所改制成公學校，對本地人實施日本式教育。在決定實施義務教育制的一九三九年，已有超過五三%的學齡兒童，亦即有五十六萬個小學生進入公學校。而在此之前，也已普及了日本式教育（第53表）。上述義務教育的施行，使皇民化運動推行得更加徹底。從這一點看，施行義務教育並沒有那麼大的困難，而動員本地人的勞動力，也在短期內收到相當大的成果。加之，進入一九三〇年代，台灣農家在激化了的通貨膨脹及米穀控制政策等情況下，經濟狀態極端惡化，靠農業難以維持生計。因而一九三〇年代後半期以後，台灣的工人數目急遽增加㉞。這是因為有了上述的基礎條件。

總督府一面發起動員勞動力的運動外，一方面在對勞務的直接統制上，與日本國內遙相呼應，採取了強化措施。一九三八年四月，日本國內公佈了國家總動員法，同年五月在台灣亦適用此法。與此同時，總督府對勞務的統制急速強化，例如完善管轄勞務動員的機關，以及藉發動法令強化勞務統制。首先就前者而言，一九三八年將管理勞務的行政，從過去的文教局社會課轉移到殖產局商工課及官房企劃部。進而於一九四一年一月在企劃部新設勞務課，以謀求統制機關的統一化。此外，重新修改了過去未出失業救濟範疇的社會政策性勞務行政，將重點移到旨在順利完成戰爭經濟的

第53表　台灣「公學校」之狀況

年度	學校數（校）	教師數（人）	第一學年入學適齡兒童就學率（%）	學齡兒童就學率（%）	兒童數（人）
1917年	327	2,224	—	13.14	88,099
22	592	4,942	—	28.82	195,783
27	744	5,153	—	29.18	211,679
32	762	5,544	—	35.87	283,976
37	789	7,282	—	46.69	457,165
39	812	8,763	45.84	53.15	564,682
40	824	9,563	59.34	57.57	632,782
41	843	10,770	74.51	61.70	690,670
42	879	11,848	81.79	64.81	745,638

摘自「台灣時報」1943年4月號，17頁。
所謂學齡兒童乃指年滿6歲至14歲之間之兒童。另所謂的第一學年入學適齡兒童則是指在小學校初等科第一學年開始就入學的適齡兒童。

薪資修正及勞務的供需調整㉟。除此之外，一九四〇年設置勞務協會，以做爲勞務供需調整協力機關，並組織自總督府到州、市郡、街庄的基層機關，使其系統化。

就後者而言，在有關發動國家總動員法而產生的勞務統制方面，諸如一九三九年發佈的「學校畢業後使用限制令」（勅令第五九九號）、「國民職業能力申告令」（勅令第五號）、「防止從業者移動令」（勅令第一二六號）、「薪資統制令」（勅令第一二八號），一九四〇年九月又發佈了「養成工業技能者令」（勅令第一三一號）、「青年僱用限制令」（勅令第一二六號），一九四二年發佈的「勞務調整令」（勅令第一〇六三號）等，連續不斷地宣佈適用於台灣，並強制施行。上述種種法令，正如柯亨（J. B. Cohen）所指出的那樣㊱，其根

第54表　各工業部門台灣人・日本人之勞動者人數

（1944年10月1日）　　（人，%）

業別	總計	台灣人	日本人
任職於重要工場事業	88,004	78,735	9,269
	100.0	89.5	10.5
土木建築	31,619	30,005	1,614
	100.0	94.9	5.1
食品工業	28,569	25,559	3,010
	100.0	89.5	10.5
木材及木製品工業	18,847	18,426	421
	100.0	97.6	2.2
金屬機械設備製造	16,049	15,388	661
	100.0	95.9	4.1
化學工業	13,748	12,706	1,042
	100.0	92.4	7.6
紡織工業	12,105	11,564	541
	100.0	95.5	4.5
窯業及砂石工業	7,939	7,672	267
	100.0	96.6	3.4
印刷書本製造	5,410	5,084	326
	100.0	94.0	6.0
瓦斯、電氣、自來水	5,661	4,041	1,620
	100.0	71.4	28.6
計	258,392	238,856	19,536
	100.0	92.4	7.6

摘自前揭「台灣統治概要」93～94頁。
參照「國民登錄者集計表」。

第 55 表　台灣人・日本人之薪資差距*（台北市）

（日給，圓）

		1938年	1939	1940	1941	1942
紡麻女工	台人	0.44	0.52	0.65	0.80	0.80
木模工	日人	2.34	2.40	—	—	—
	台人	1.50	1.63	1.68	2.0	2.0
木器修飾工	日人	2.25	2.75	3.30	3.45	3.45
	台人	1.25	1.75	2.80	2.30	2.30
裝修工	日人	3.65	4.00	4.20	3.45	3.45
	台人	2.60	3.00	3.60	2.30	2.30
桶工	日人	2.25	2.10	3.20	2.80	2.80
	台人	1.45	1.65	1.90	2.20	2.20
製糖工	日人	2.45	2.54	2.04	1.71	1.71
	台人	1.57	1.69	1.40	1.35	1.35
木工	日人	3.65	4.00	4.50	3.60	3.60
	台人	1.40	2.35	3.50	2.40	2.40
電工	日人	1.78	1.91	1.98	2.00	2.00
	台人	1.40	1.42	1.52	1.80	1.80
總平均（指數）	日人	100	108	116	126	123
	台人	100	116	136	149	147

根據「台灣商工統計」第 19 次，1944 年，156～157 頁，及「台灣商業統計」第 22 次，1944 年，80～81 頁而作成。
*日本人薪資為從有記錄的資料中，抽出具有代表性的數據。

本目的在於使勞動者投身於軍需產業，並使該產業得以維持。

然而，儘管有如此多的準日本國內的勞動力動員、强化統制體制等法令，但必須注意的問題是，形成其基本體系的，仍然是對殖民地的薪資差別。關於這一點，可從兩個方面加以說明。其一是，大部分「工業勞動者」都由本地人構成，另一是，在薪資體系中，本地人的待遇明顯地低於日本。就前者而言，正如第54表所示，本地人約佔工業部門勞動者數的九二・四%，即近二三九，○○○人。至於其中有多少是被雇用於「工業化」開始後的新興工業，已無確實資料可查，但在化學工業、紡織工業、製材及木製品工業、金屬機械器具、窯業等五個業種中，日本人僅為二，九三二人（其中男性為二，三一六人）。與此相反，本地人約佔九五%以上，由此數字看，認為多數係本地人職工的看法是不會出大錯的。而從「內地人職工的狀況只不過是以本島人職工之指導者、或監督者的身份來視察工作」㊲這一事實上的指述看，此點是可

以肯定的。

這些佔絕對大多數的本地人勞動者，受到極其明顯的薪資差別待遇㊳。第55表所示即爲其一例。根據該表的總平均指數看，一九四〇年前後，出現了本地人的薪資較日本人遽升的傾向。這是因爲本地人職工的薪資過去一直被壓得很低，但這一時期，由於土木建築事業及重要產業工廠等需要大量本地人職工。因而這是由於供需關係的緊迫所致，絕非是統治當局爲糾正格差所致㊴。縱然如此，從一九四〇年全島總平均的薪資看，與日本人的兩圓六角錢相較之下，台灣人只不過是一圓一角八分錢，其水準尚不及日本人的三分之二㊵。

就上述的情況看，可將日本統治當局的所謂「工業化」特徵歸納爲以下幾點。第一，所謂台灣殖民地經濟的整編，即「工業化」，係以總督府爲中心的官治式「工業化」，是從上邊貫徹下來的。第二，是日本擴大海外侵略過程中的需要，因而台灣的「工業化」內容，即是沿着侵略這一條線的、以化學工業爲代表、軍需產業爲中心的「工業化」。第三，這個「工業化」，事實上只不過是日本資本主義向戰時經濟編制轉換的一個環節而已。前述各項統制措施，大部分與日本國內的措施相配合，而不是在台灣殖民地經濟發展過程中獨自產生的。第四，做爲以上各點的結論來說，其「工業化」必然是藉本地人的犧牲與負擔來完成的。在農業生產調整措施中，起關鍵作用的米穀收購制度不消說，爲實施初等教育義務制的財源，也都加諸於本地人身上，可以說這是自己負擔地方財政。這些都在表現殖民地的「工業化」性格。

五、「工業化」的進展

最後，將對在上述「工業化」政策的推動之下，台灣內部的工業部門出現何種變化問題，加以概觀。

首先，就工業生產各個行業的內容看，正如第5圖所示，化學工業自一九三二年開始轉向擴大趨勢。爾後，金

第 5 圖　各業種工業生產額之變遷（1926～42 年）

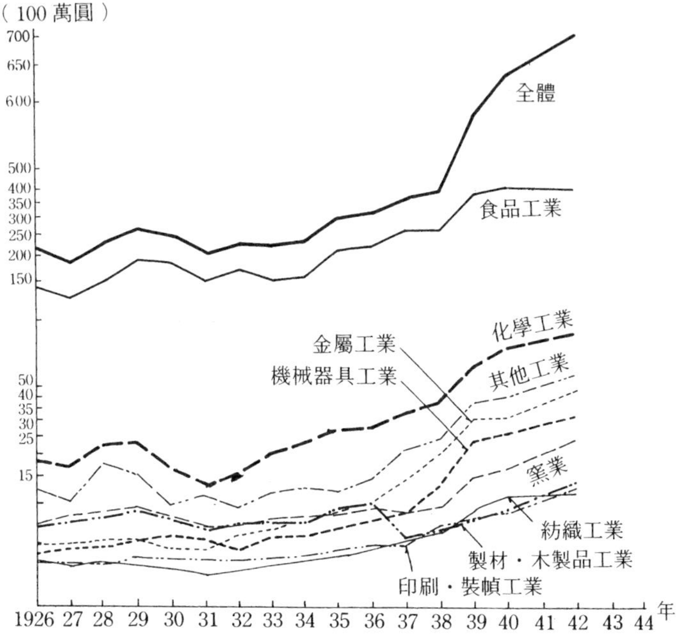

引自台灣總督府殖產局「台灣工商統計」，第 18 次，1938 年版，及大藏省管理局「關於日本人在海外活動之歷史調查」，台灣篇，第 2 分册第 4 部「台灣之產業」，213～14 頁

屬工業自一九三七年開始，機械器具工業自一九三八年開始，窯業自一九三九年開始，均各自邁入生產擴大階段。與之相反，食品工業自一九三九年以後陷於停滯狀態。結果，食品工業在整個工業生產中所佔地位，自一九三〇年代後半期開始明顯降低，進入一九四〇年降到六一%的地步。相反，化學工業與金屬工業却大幅提升，兩者合計約佔二〇%（第56表）。這種變化與前述台灣銀行發放的貸款配額略呈一致。可以認爲，這是國家所施政策的結果。只是在這種情況下，有必要考慮物價變動因素所反映的實際情況㊶。

尤以一九三四年七月日月潭發電所的完成具有決定性意義。對以電力爲原料的化學工業及金屬工業來說，價廉而又豐富的電力供給，得以與殖民地拓殖業政策結合，是具有莫大魅力的㊷。就因爲有這種電力開發的先行投資，以及

第 56 表　各種類工業之生產額明細（年平均）

（100 萬圓，%）

	總計	紡織	金屬	機械設備	雜業*	化學	食品
1921～24年	165	3	3	4	20	13	122
	100.0	1.7	1.7	2.1	11.9	7.9	74.6
25～29	217	3	4	5	32	20	153
	100.0	1.5	2.0	2.2	14.7	9.3	70.3
30～34	228	3	6	5	29	18	167
	100.0	1.1	2.5	2.3	12.9	7.8	73.3
35～39	387	6	17	12	45	38	269
	100.0	1.5	4.5	3.1	11.6	9.9	69.4
40～42	664	11	46	30	91	80	406
	100.0	1.7	7.0	4.5	13.7	12.1	61.0

摘自 George W. Barclay, Colonial Devolpment and Population in Taiwan, Princeton University Press, 1954, 38 頁。
*含印刷業、木材業及窯業，上段爲金額、下段爲構成比率。

第 57 表　台灣工業生產之增加狀況（年平均）

（100 萬圓，%）

	總計	農業	礦業	漁林業	工業
1915～19年	262.7	144.5	7.2	9.1	101.9
	100.0	55.0	2.8	3.4	38.8
20～24	411.5	207.0	12.0	23.0	169.5
	100.0	50.3	2.9	5.6	41.2
25～29	559.0	293.6	16.8	31.8	216.8
	100.0	52.5	3.0	5.7	38.8
30～34	525.5	255.8	15.5	26.5	227.7
	100.0	48.7	3.0	5.0	43.3
35～39	901.0	432.7	39.6	41.5	387.0
	100.0	48.0	4.4	4.6	43.0
40～42	1,388.4	576.4	62.8	91.8	657.4
	100.0	41.5	4.5	6.6	47.4

摘自 George W. Barclay, 同上 38 頁。
上段爲金額、下段爲構成比率。

電力的低價供給政策，才能使以化學、金屬爲中心的軍需工業得以迅速移植。

其次，對工業部門在整個台灣經濟中所佔比重的變化看，正如第57表所示，進入一九三〇年代之後，農業的比重多少有所降低，而工業的比重卻相反有所上升㊸。特別是一九四〇年代之後，這種對照性的傾向更趨明顯。最

第 58 表　會社成立之發達狀況*（1933～44 年）

（1000 圓）

年別	新設立		增資		投資		自日本移轉		解散		減資		資金純增加額
	會社數	資金	會社數	資金	會社數	資金	會社數	資金	會社數	資金	會社數	資金	
1933年	163	4,863	6	9,362	22	6,178	—	—	46	1,786	5	1,748	16,869
34	156	3,738	7	5,001	18	9,376	—	—	57	11,215	4	150	6,750
35	95	15,682	15	1,069	25	12,143	—	—	64	1,958	3	435	26,501
36	241	29,220	9	6,159	41	5,819	2	350	81	5,288	4	6,167	30,093
37	284	14,084	24	14,599	60	24,790	—	—	77	7,724	1	3	45,746
38	286	25,676	11	11,768	53	5,910	2	1,100	74	31,837	—	—	12,617
39	428	27,909	20	11,765	72	17,781	1	150	93	3,024	3	?	54,581
40	256	20,086	30	30,951	104	21,217	5	764	103	19,205	—	—	53,813
41	272	29,440	43	10,210	109	24,401	4	600	124	29,717	3	100	34,831
42	151	26,430	30	27,073	112	32,115	—	—	102	9,013	—	—	76,605
43	219	44,794	71	42,117	138	142,929	—	—	73	7,718	—	—	222,122
44	208	81,262	46	18,859	100	97,117	—	—	106	27,054	—	—	170,174

根據「台灣經濟金融月報」1939 年 2 月號，同 1943 年 5 月號，同 1944 年 1 月號及 12 月號統計資料而作成。
資金純增加額＝數設立＋增資＋投資＋自日本移轉－解散－減資
＊含株式、合資、有限、合股等會社。

第 59 表　各種類會社*之發達狀況（1942～45 年）

（1000 圓）

業別	1942 年		1945 年		增減	
	會社數	投入資金	會社數	投入資金	會社數	投入資金
紡織工業	34	11,579	19	17,444	−15	5,865
機械設備工業	60	27,779	84	16,734	24	11,045
窯業	29	13,040	41	20,571	12	7,531
化學工業	103	62,184	68	90,662	−35	28,478
金屬工業	15	9,736	37	37,005	22	27,269
木材及木製品工業	45	6,623	73	64,437	28	57,814
食品工業	285	174,970	255	283,298	−30	108,328
印刷及製書工業	24	1,933	30	1,300	6	−633
電氣瓦斯工業	4	101,759	7	120,687	3	18,928
其他工業	89	4,634	81	2,240	−8	−2,394
合計	688	414,236	695	654,378	7	240,142

摘自1942年「台灣商業統計」第22次，1944年，21頁，1945年「日據時代台灣經濟之特徵」台北，1957，91頁。
＊包含股份會社、有限會社、合資會社。

後，工業生產終於初次超過農業生產的水準㊹。但在這裏應該注意的是，農業生產因受到前述一九四〇年以後的米價抑制政策影響，其產量被估計得過少。就此而言，工業生產所佔的地位已達到大致可與農業相匹敵的程度。台灣的工業生產儘管出現喧鬨「工業化」的喝彩聲，但並未取得飛躍式的增加㊺。如要指出其原因，其一是，台灣的「工業化」，如前所述，比朝鮮的情況落後，一九三七年七月的中日戰爭開始之後才逐漸地積極起來。因此，其「成果」也要等到一九四二年以後才能看出來㊻。其二是，從日本殖民地經營的本質看，其基本意圖在於「工業化」絕不意味抑制農業生產，而是迫使當地人既進行農業生產又要進行工業生產。

但遺憾的是，找不到有關確認一九四二年以後「工業化」進展的工業生產統計資料。因而，只能根據會社設立時所繳資本金額的推移進行判斷。正如第58表所示，一九四二年以後出現明顯增加現象。亦即，迄今每年最多只有五，五〇〇萬圓的新入帳資本金，到一九四二年達七，七〇〇萬圓，一九四三年則達二二，二〇〇萬圓的高峯，即使一九四四年也有一七，〇〇〇萬圓。可以看出，一九四二年到一九四四年的三年間，被動員而新投入的資本，合計四六，九〇〇萬圓，其規模遠遠超過一九三三年到一九四一年間所被動員的二八，二〇〇萬圓資本。實際上，相當於前者的一．六六倍。從這些被動員而投入資本的工業會社的明細表看，由於出處的差異、時期及金額方面，正如第59表所示（由於統計的出處不同，因而在時期及金額方面各表並不一致），除食品工業外，化學工業及金屬工業在繼續發達，同時值得注意的是，製材及木製品工業表現出凌駕於後二者之上的明顯膨脹趨勢，即向該工業所繳納資本金額，一九四二年至一九四五年期間增加五，八〇〇萬圓，其結果是，在一九四五年發展到僅次於食品工業，電力瓦斯工業、化學工業的規模。以一九四三年二月日本軍隊從加達爾康納爾島（譯註：南太平洋所羅門羣島之一）全面徹退爲契機，突出了台灣的「要塞化」地位，因而一面在這裏建造軍事設施，一面疏散工廠及住宅，從而大大地刺激了台灣的木材工業㊼。此外，一九四二年以後食品工業也因運輸用船艙不足，以及日本國內向台灣攤

派的產品減少等，變爲以島內市場爲目標而得以振興。加之金屬工業也開始興盛，逐漸佔居僅次於製材及木製品工業的地位。

如上所述，台灣的「工業化」，姑且不論其實際的生產情況，但自一九四二年以後確實被强有力地推進了㊽。但在這個「工業化」的過程中，日本資本愈益膨脹，而台灣的本地人資本却與其相反，在遭受嚴重的壓迫之下不得不後退（第四、五章）。而且本地人又被套進差別待遇的低薪資政策框架之中，使其被榨取的程度進一步嚴重化。歸根究底，只要這個「工業化」是爲了日本軍國主義的戰爭目的而推行的，則台灣的工業就必然會大幅度地偏重於軍需產業，也就不能不使台灣經濟的殖民地畸形發展更加嚴重。

① 將台灣稱之爲日本資本主義的「圖南之翼」的說法並非第一次。「日清戰爭」，即甲午戰爭後決定佔領台灣以及第一次大戰末期左右，已有了這種稱呼。此次是第二次被强調爲南方發展之翼。但台灣的產業構造被修正以及將其置於必然要「工業化」的位置，這還是首次。對於這一點的考察，可舉北山富久二郎一九三六年所寫「以台灣爲中心的我南方政策的回顧與檢討」（「台北帝國大學紀念講演集」第五集，二四九～二七四頁。）

② 參考大藏省昭和財政史編集室一九六〇年編「昭和財政史」XV册，舊外地財政，上卷，一三六頁；一九四一年編「台灣經濟年報」，七六三頁。

③ 基於台灣財政本身所需要的公債發行量，一九三〇年代只有二，七七五萬五千日圓，僅佔同期歲出總額的二%左右。（參考前述「昭和財政史」XV册，九〇～九一、一三四～一三五頁）。此外，自台灣銀行的借款，一九三九年爲二千萬圓（見一九六四年出版「台灣銀行史」附錄參考統計表、借貸對照表〈資產〉）。因此可以認爲，根據台灣財政本身所需而產生的信用膨脹並非很大。

④ 毋庸置疑，台灣和日本國內之間的票匯，並不只限於銀行，亦有經由郵匯方式。但要確實把握這些票匯的內容，已沒有資料可查。因爲郵匯以個人匯款居多，而其他匯款只是由公司獨自經營操作。值得注意的是，雖是經由銀行的票匯，但這種出自殖民地關係的匯款，既不是全部都爲了彌補出口的超額，也不是全部都用於投資。

⑤ 具有此種單純的想法者，如楠井隆三，見其所著「台灣經濟編成論」、「台北帝國大學文政學部政學科研究年報」第七輯、經濟

篇，一九四一年出版，八~九頁（此論文後收入「戰時台灣經濟論」）。

⑥ 參考台灣總督府一九三八年出版的「台灣重要產業調整委員會會議錄」，四三頁。

⑦ 關於這一點，總督府的政策轉變引人注意。在台灣總督府一九三〇年十一月主辦的「臨時產業調查會」上，種稻振興政策是做為首要議題回答諮詢的。但在五年後的一九三五年十月的「熱帶產業調查會」上，種稻問題已不再成爲議題（詳見一九三〇年十一月出版「台灣總督府臨時產業調查會會議記錄」以及一九三五年出版的同「熱帶產業調查會會議記錄」）。

⑧ 總督府法定了島內消費糙米的最高轉賣牌價及精白米最高零售牌價，並決定自同年十一月二十五日起實施。（見前述一九四一年出版「台灣經濟年報」的附錄「經濟日誌」，三五頁）。

⑨ 關於其具體動向，見大藏省管理局出的「台灣的經濟」之一，關於日本人海外活動的歷史調查（以下簡稱爲「歷史調查」）通卷第十四冊，台灣篇第三分冊，一九四六年出版，一五五~一五七頁。但在此使用的物價指數，係以批發價算出。若欲掌握薪資的動向，則以生活必需品爲中心的消費者物價指數及生活費指數計算較爲妥當。

⑩ 以台北市批發物價指數爲分母，米價指數爲分子的米價比率是，自一九三九年的九五・八三%，降至一九四一年的九〇・八五%，一九四三年的八六・六二%，一九四四年（十一月前）的七九・五六%，逐年下降。（其基準以一九三七年七月中日戰爭爆發前爲一〇〇）。根據台灣銀行「台灣金融經濟月報」一九四一年十二月號、二一頁及一九四四年十二月號、一六頁算出。

⑪ 台灣總督府特地列出作物名稱，並規定其耕地面積及產量爲政策目標的所謂時局性作物爲：米、甘蔗、薯類、黃麻、棉花、苧麻、蓖麻等七種。（見台灣總督府「台灣米穀移出管理案概要」，一九三九年一月，一三~一六頁）。而制定這些「有用作物」爲政策目標的背景，是企圖以此改善日本國際收支的惡化。（森岡政府委員的議會答辯〈見台灣總督府「第七十四屆帝國議會台灣米穀出口管理關係議事錄」〉，一九三九年五月，二六頁）。

⑫ 蓬萊米耕種面積增大但其產量未隨之增加的理由是，戰爭經濟引起的肥料不足，或被迫在劣等土地耕種等。

⑬ 參考前述「台灣經濟年報」，一九四一年，四六〇~四六二頁。

⑭ 特別是在一九三九年以後，砂糖的出口大爲增加，備受矚目。即砂糖的出口由一九三八年的一，二〇〇萬圓，增至一九三九年的三，一〇〇萬圓，一九四〇年的三，七〇〇萬圓，又增加到一九四二年的四，九〇〇萬圓。對日本的出口部份，一九三九年爲二二，九〇〇萬圓，達巔峯，但一九四一年爲一五，七〇〇萬圓，一九四三年則銳減爲九，七〇〇萬圓（見台灣銀行經濟研究室「日本佔據時代台灣經濟史」第一冊，一九五八年台北出版，一四八頁）當時，國際收支的改善，正以日本國家之課題而備受矚目，故台灣砂糖的增加出口，對日本來說，無疑具有重大意義。

⑮ 參考上述大藏省所出「昭和財政史」XV冊上，一〇二頁。此外，從一九四五年度的歲入預算看，租稅收入中的所得稅爲四，五七二萬圓，砂糖消費稅爲三，〇九〇萬圓，台灣銀行券發行稅爲三，〇九〇萬圓，地租爲一，〇〇七萬圓等的稅收爲最大。（見前述大藏省管理局出版的「台灣統治概要」，四六五～四七三頁）

⑯ 例如，一九四二年底的銀行券發行剩餘量二八，九〇〇萬圓中，除去準備發行的正幣外，剩餘的保證發行額佔二一，五〇〇萬圓。這一部分僅爲銀行券發行引起的信用膨脹（商業票據及其他）（參考一九四三年出版的「台灣經濟年報」，三八三～三八四頁）。

⑰ 其法律根據爲「朝鮮銀行法及台灣銀行法的關有臨時特例法」（一九四一年三月三日，法律第十五號）。詳見一九六四年出版的「台灣銀行史」，八二二～八二三頁。

⑱ 其內容概要爲，徹底理解國民儲蓄的意圖、設定目標、具體方法、實行機關、運用收藏的黃金、表彰功績者等（詳見一九四二年出版的「台灣經濟年報」，二八六～二八八頁）。

⑲ 請參考一九四一年出版的「台灣經濟年報」，附錄「台灣經濟日記」，三六頁。此外，根據國防獻金等的獻金運動，本地人僅在一九三八年即被强迫交黃金六〇〇萬圓以上。（見前述「第七十四居帝國議會台灣米穀出口管理關係議事錄」，六五頁。）

⑳ 一九四〇年，台灣六〇九，八一七名組合員的行業情況爲：從事農業者爲六三．三二%，從商者爲一三．九二%，從事工業者爲二．八三%，從事漁業者爲一．三八%，從事林業者爲〇．六%，雜業者一八．四九%。（見台灣總督府一九四〇年「台灣產業組合要覽」，一二～一三頁）。

㉑ 前述「台灣經濟年報」，一九四三年出版，三八一頁。

㉒ 值得注目的是，銀行的工業貸款，至一九四一年從未佔很大比重。其原因之一是，從根本上看，台灣的「工業化」僅止於起步階段，大都依賴日本國內的閑置設備轉移（參考大藏省管理局出版的「歷史的調查」通卷第十三冊、第二分冊、第四部「台灣的產業」，二一六～二一七頁），工業貸款主要用於資金的運轉。

㉓ 從台灣銀行在全部銀行機關所佔比例看，一九四一年底工業關係貸款達九一%（參考一九四三年出版的「台灣經濟年報」，三六六～三六八頁），因而以台灣銀行的工業資金貸款來推斷全部銀行機構的動向也不會犯大錯誤。

㉔ 在這裏，應該注意的是，對電力開發事業的銀行貸款規模並未增加很多。這是因爲，電力開發的設備資金主要採取籌措公司債的形式。即台灣電力會社的債務自一九三七年起發行，一九四二年底除去歸還額，仍達到一一，八二五萬圓。其中，台灣銀行接受一〇〇萬圓，還有美金債三八，〇〇〇美元（參考一九四三年出版的「台灣經濟年報」，三七〇頁）。

㉕ 令人感興趣的是，總督府對信用組合加强統制的法律整備相當遲緩。其原因在於，如果在經濟統制以前，台灣也像日本國內同樣允

許設立產業組合聯合會，那麼該組織無疑也會同日本國內的全販聯（全國販賣聯合會）或全購聯（全國收購聯合會）一樣，在事業方面確立相當的地位（參考同上，二五二頁）。這一點與第五章的台灣本地資本勢力的動向有關，在這裏可先注意一下。

㉖ 然而，允許農村信用組合以郵政存款代替認購國債證券。

㉗ 此事强烈地表現出信用組合的存款剩餘額的增加及貸款的停滯化。即市、街、地信用組合及農村信用組合二者的總存款剩餘額由一九三九年的四，一五〇萬圓，增至一九四四年的三六，三五〇萬圓，增加近九倍。與此相反，貸款額在同一時期僅由一一，四九〇萬圓增至一六，三五〇萬圓，僅增加五十%。（見前述「台灣統治概要」，四八四～四八五頁）。

㉘ 有關於表示台灣社會教化協議會宗旨的台灣社會教化要綱中，總督府企圖以「旨在徹底貫徹皇國精神加强國民意識」爲指導精神的第一條，卻未掃除台灣本地人的民族意識（參考台灣總督府「台灣社會教化要綱」、「台灣時報」，一九三四年五月號，九五～九八頁）。

㉙ 參考慶谷隆夫著「台灣的民風振興運動」、「台灣時報」，一九三七年一月號，一一五頁。

㉚ 一九三八年二月，與日本國內成立的產業報國運動相結合，展開了皇民化運動即爲一例。關於這一點，請參考山英一著「台灣的勞動新體制問題」，「台灣時報」一九四〇年十二月號，四二～四九頁。

㉛ 一九三九年五月十九日，當時的小林總督於赴東京的途中，在記者招待會上鼓吹台灣的三大政策是：「工業化，皇民化、南進」大政。直至他被調離崗位，始終高唱此三大政策。此政策亦成台灣的現實動向（參考「台灣經濟日記」、「台灣經濟年報」，一九四一年出版，附錄，三〇頁；及前述「台灣銀行史」，八〇二頁）。

㉜ 見台灣總督府文教局學務課「（台灣）義務教育制度」，「台灣時報」，一九四三年四月號，一八頁。

㉝ 參考同上，二二～二三頁。

㉞ 就台灣工廠人口（擁有動力，或使用五人以上職工的設備，以及平常有五人以上的職工數工廠）的年均增加而言，由一九三〇年至一九三四年的七三六人，增至一九三五年至一九三九年的六，六九八人，進而迅速增至一九四〇年至一九四一年的一八，八二六人，此數已遠遠超過一九二〇年代的平均二，二一五人（根據以下資料算出：台灣總督府殖產局「工廠名册」昭和各年版，以及前述台灣銀行的「日本佔據時代的台灣經濟史」第一集，六七頁）。

㉟ 參考一九四二年出版的「台灣經濟年報」，一四頁。

㊱ 見J.B. Cohen, Japan's Economy in War and Reconstraction，大內兵衛譯「戰時戰後日本經濟」下卷，一九五一年，一七頁。

㊲ 見台灣總督府殖產局商工課一九四〇年出版的「台灣的工業」，二八頁。

㊳ 關於工資的等級差別問題，與日本人職工相比較，當然要考慮台灣本地人職工的勞動生產效率的水準。但遺憾的是，缺乏有關這方面的總括性的調查資料。但是，就熱帶地區的氣候條件而言，也有研究報告認爲，台灣本地人的勞動生產效率反而比日本人優秀。（小丸慈丹「台灣的氣候與作業效率的關係及日本內地人與台灣人的比較」，「台北帝國大學紀念講演集」第二輯，一九三七年出版）。但重要的是，從殖民地統治的特性看，日本人與台灣人的實質工資水準，必然是兩條不同的差別體系。

㊴ 關於台灣本地人工資急速提高的原因，有人傾向於認爲：或者是隨着學校教育與社會教育設施的完善而提高了本地人的素質，或者是本地人職工逐漸減少利用農閑期去打工勞動的做法，而轉化爲具有階級性的勞動者，隨之在技術上有所提高的結果（例如，前述大藏省管理局出書「歷史的調查」第五部「台灣的經濟」之一，一七九頁）。但其敍述未必正確。因爲，教育設施的充實和完善導致勞動力質的提高及熟練，又導致生產效率提高這種情況，並非以一九四〇年爲契機，而一朝一夕形成的。即使是承認這一點，又即使工資水準是根據上述情況而上升的，那也並不意味是工資水準的實際上升。低工資問題的焦點之一是，實際上所給予的工資能否與生產效率相稱的問題。在這裏值得注意的是，日本政府置當時勞動力緊張的供需關係而不顧，以强權推行工資統制，一九四一年以後，將土木建築事業的台灣本地人工匠的工資壓在只有日本人三分之二的水準（第55表）。

㊵ 見同上「台灣的經濟」（之一），一七三頁。

㊶ 以有限的資料爲參考，自一九三七年十月至一九四二年十二月近五年間的物價上升率如下：食品爲三八%，嗜好品爲五八%，衣服類爲一一一%，燃料爲四八%，建築材料爲一〇七%，料肥爲四二%，其他爲八三%（根據「台灣金融經濟月報」，一九四三年三月號的統計部分，一九頁）。

㊷ 在台灣電力會社的價格政策上有所表現。即台灣電力會社對一些新興工業，特別是特定的大宗用電戶，以一般大宗用電戶三分之一至五分之一的極低廉價格供輸電力。而做爲代價，從這些用戶（會社）獲取一定的營業紅利，即採取所謂的連鎖制。例如，對日本鋁工業株式會社，台灣電力會社以每一千瓦特時間五分錢的價格供輸電力，做爲代償，取得該社五〇%的營業利益（參考台灣銀行經濟研究室編「台灣的電力問題」，一九五二年出版，七四頁）。

㊸ 據一橋大學經濟研究所的推算，台灣的工業生產額，一九三五年以後，以一九三四年至一九三六年的固定價格，開始了持續性的增加。即一九三四年以前，最多爲一九三二年的四一，七〇〇萬圓，而自一九三五年以後，則以四四，三〇〇萬圓，四四，一〇〇萬圓，四六，九〇〇萬圓，四九，五〇〇萬圓，六八，六〇〇萬圓，六二，〇〇〇萬圓的速度持續增加到一九四〇年。特別是一九三九年以後，其增長尤其顯著。但欠缺一九四一年以後的資料統計（見一橋大學經濟研究所統計組一九一二年至一九四〇年「對台灣工礦業生產額的推算」，未公開發表。一九六七年出版，二頁）。

⑷ 一九三九年的工業生產淩駕於農業生產的原因之一是，製糖業受惠於風調雨順的氣候而產量大幅增加。即一九三八年爲一，六五〇萬擔的砂糖產量，一九三九年卻增加四四％而達到二，三六五萬擔（前述「台灣統治概要」，二九〇頁）。此外，砂糖行情的堅挺亦不容忽視。例如，中雙糖的納稅價格，在日本內地市場由一九三八年的每擔二〇・一七圓，一九三九年的二〇・八二圓，到一九四〇年的二二・八〇圓，反而趨向上升（見日本砂糖協會一九四一年出版的「砂糖年鑑」統計部，一五頁）。

⑸ 順便與朝鮮加以比較，台灣的工業生產在一九三〇年至一九三九年的十年間，由二四，七〇〇萬圓增加到五七，一〇〇萬圓，約增加二・三倍。而朝鮮的工業生產，則於同期由二六，三〇〇萬圓增至一四九，八〇〇萬圓，約增加五・七倍（台灣總督府總務局一九四三年出版的「台灣總督府第四十五統計書」工業統計部，四～五頁；鈴木武雄一九四二年著書「朝鮮的經濟」，二二三、二三三頁）。此外，據 Cohen 稱，在日本工業總生產中，台灣和朝鮮所佔地位是，一九三九年前者爲三・一％，後者爲五・七％（J.B. Cohen, op. cit.，大內述譯書，上卷，四七頁）。但從以上所舉台灣與朝鮮的工業生產額看，對 Cohen 所述比率懷有疑問。

⑹ 對此，台灣的「工業化」在一九四二年反而達到巔峯，其後因戰局的緊迫，運輸的困難，資源財力的不足等，除與軍事力量有直接關係的事業外，大都未收實際效果。在前述「台灣銀行史」的八〇八頁中即有這種看法。

⑺ 參考台灣銀行經濟研究室一九五七出版的「日本佔據時代的台灣經濟特徵」，九一頁。

⑻ 關於這一點，我們或許能在國民所得的變化中得到佐證。根據台灣首次進行的源泉課稅（由薪資、利息、退職金等直接扣除的徵稅方法）的定算率，自一九四二年以後，商工業個人所得及法人所得都在不斷增加。即前者由一九四二年的二三，六〇〇萬圓，增爲一九四三年的二八，六〇〇萬圓，一九四四年的三四，七〇〇萬圓。後者在同一時期爲一七，七〇〇萬圓，二三，六〇〇萬圓，二三，一〇〇萬圓（見「台灣金融經濟月報」，一九四四年八月號，一三～一四頁）。但需要考慮以下兩點，即：該統計數字未扣除物價變動因素。由於使用了從課稅角度核算的資料，未達課稅標準的所得沒加以計算。

第三章　台灣農業的畸形整編

如前所述，隨著糖、米兩大輸出商品以及軍需產業的勃興，使得台灣經濟被納入日本資本主義再生產結構中的一環，並從而加深其殖民地化的程度。透過此一隸屬關係的台灣殖民地經濟，雖然可以說使從來即相當發達的商業性農業得以更加蓬勃，並爲早先前期性商品經濟關係注入若干資本主義要素，但同時這一切明顯地呈現出從屬性和畸形性。

就本章的目的，主要地是針對此種庸屬性地、畸形地發展起來的台灣殖民地經濟結構，連繫做爲基礎的農村經濟，來進行橫切性的分析。在日本資本主義主導下，透過「由上而下」方式所引進的資本主義化，如何改變、或者不曾改變台灣農村經濟，同時這資本主義化又對整個台灣經濟的殖民地化，造成什麼反作用？此皆爲本章所欲闡明之課題。日本的殖民地經營及支配對於台灣農村經濟內部所造成的衝擊程度及特殊的性格，主要可從當時台灣的對外經濟，尤其是貿易關係及內部結構等兩個方面，獲得概括性的了解。以下即針對此一課題，探討其具體內容。

第一節　對外經濟關係的扭曲

首先，若從對外關係的角度來探討台灣的殖民地經濟結構，則可以用「對日從屬化」這一句來概括。台灣的對外經濟關係，在一九〇二年左右以前，乃以包括對中國大陸貿易在內的對外輸出爲主，而對日輸出僅屬少數。然而，自日本於一九〇五年對台灣統治確立之後，台灣對日輸出方面便急遽地增加。當然，近代製糖業的勃興，以及日後蓬萊米的培育成功，均造成台灣貿易傾向對日依存的命運。但是這兒所欲强調者，在於日本關稅制度之在台灣

的實施。

日本於一八九〇年九月制定關稅法，在佔領台灣之翌年（一八九六年十一月）起開始在台實行。由於當時日本尚未確立關稅自主權，因而關稅法的稅率僅訂爲物價的五分，可以說是相當低的協定稅率，但由於台灣亦適用此一關稅法，遂使得台灣經濟從此被納入日本的國內市場，並受日本關稅政策的規制。事實上，日本乘甲午戰爭獲勝，已於一八九九年成功地將稅率平均提高三倍，同時亦將輸出稅加以廢除。台灣在此時亦順勢改爲適用新修訂的關稅定率法。但是，由於維持殖民地經營所需的必要財源需有賴於台灣，因此台灣仍繼續適用輸出稅①。此外，針對輸往日本的貨物，另外制定與輸出稅率大致相同的出港稅。但是，被課徵出港稅的商品，僅限於魚乾、鱔魚、鹹魚、茶、苧麻、麻線、龍眼乾等，尤其是專門輸往中國大陸或美國的特產品（茶）。此外，由於茶的出港稅率有幾分低於一般的輸出稅率，所以台灣的殖民地商品，便以完全不課徵出港稅的糖、米，以及只課以某程度出港稅的茶爲主，在輸出入稅的雙重保護下，促成輸往日本市場。此外，日本商品在輸入稅的保護下，亦因而得以輕易地侵入台灣市場。

爾後，由於製糖業的發展，在產量激增的情況下，造成了擴張輸出市場的必要，而於一九一〇年廢止輸出稅及出港稅②。其次，由於日本在台灣的殖民地經營獲致相當的成果，以及總督府財政的獨立等因素，都成爲導致台日間完全的關稅同化的重大原因。因此，當日本於一九一一年完全恢復關稅自主權之後，台灣亦由過去的協定關稅改爲國定稅率，並大幅提高輸入稅。至此，台灣的貿易已完全被置於日本關稅自主權的管轄之下，其對日本市場的依賴與隸屬化亦因而確立。

在此，讓我們對台灣對外貿易的實態做概略的說明。60表乃以五年爲一區隔，顯示台灣對外貿易的規模，和其在台灣經濟中所佔的地位，以及對日依賴度的演變趨勢。這一張表直接說明了下列幾點：

第60表　對外貿易之地位（1897～1937年）

（1000圓，%）

年別	全島總生產額	總出口		總進口		佔生產總額之比率		總進出口中對日本依賴之程度比率		佔全島消費額※之比率	
		金額	指數	金額	指數	總出口	總進口	輸日	日本進口	總出口量	總進口量
1897年	−	14,857	100	16,382	100	−	−	14.17	22.73	−	−
1900	−	14,934	101	22,010	134	−	−	29.48	38.34	−	−
05	69,358	24,291	153	24,448	149	35.02	35.25	16.24	55.15	34.93	35.17
10	130,740	59,962	404	48,923	229	45.86	37.42	80.01	59.42	50.09	40.87
15	140,245	75,623	509	53,410	326	53.92	38.08	79.60	76.07	64.07	45.25
20	422,294	216,265	1,459	172,437	1,053	51.21	40.83	83.74	64.99	57.14	45.56
25	558,902	263,215	1,772	186,395	1,138	47.10	33.35	81.78	69.69	54.60	38.66
30	549,991	241,441	1,625	168,258	1,027	43.90	30.59	90.55	73.18	50.64	35.29
35	709,535	350,745	2,361	263,120	1,601	49.43	37.08	89.58	82.91	56.40	42.31
39	1,242,875	592,938	3,991	408,650	2,494	47.71	32.88	85.97	88.36	56.00	38.60

根據台灣總督府殖產局「台灣農業年報」1943年，10～11頁及台灣銀行經濟研究室「日據時代台灣經濟史」（第一集）1958年，136～137、149～150頁而作成。

※所謂消費額是指：總生產額＋總進口額－總出口額之殘額。

－號表示資料闕如。

第一，早在日本佔領台灣初期，貿易即已在台灣經濟中佔有相當高的比重。此一事實亦同時證實台灣經濟在日本佔領台灣之前，即因對外貿易而具有相當發達的商業。

第二，在一九〇五年，即日本帝國主義確立其對台統治以後，台灣經濟對貿易依存度才充分顯現，而且特別在以第一次世界大戰爲契機的一九一〇年代後半，此種依存度有飛躍性的提高。當然，未考慮物價的變動，而僅直接探索貿易規模的變遷，是極爲牽强的。但是，以一九一〇年代後半而言，出口在全島總生產中所佔的比例，的確高達五〇%以上。如後文所示，此時期是砂糖總出口量有飛躍的增加，並達總出口量的六五%的時代。總之，日本的殖民地經營，雖使原已相當發達的商業性農業更加提昇，但亦無非爲一種極度畸形的發展。

第三，日本對台灣的殖民地經營，使台灣對外貿易轉爲以出超爲主的形態。據日本統治後的貿易平衡以觀，除一九〇二年曾出超一八〇萬圓外，在一九〇八年以前均爲入超，但其後隨著現代製糖業的發達，而轉爲

出超。即自一九〇九年之後，除去一九一三年曾入超七五〇萬圓外，至一九四四年爲止的其餘年份，台灣貿易均呈現出超狀態。特別是在對日出超方面最爲顯著，因而强烈地表現出台灣的殖民地性格③。就此而言，台灣在對外貿易形態方面，確實與同爲日本帝國主義統治下的朝鮮，成著明顯的對比④。這顯示台灣商業性農業的發達程度，的確遠高於朝鮮。

第四，在台灣對外貿易中的日本的地位，依其對外及對日進口和出口而有對照性變化。亦即在台灣對外、對日出口中，對日本出口的比重遠高於自外、自日進口。迨一九〇〇年代後期，早已達八〇％。相對地，日本在台灣自外、自日進口總額所佔比重則遲至一九三二年方達到八〇％⑤。如前章所述，這說明了台灣殖民地經濟在整個日本資本主義全體中所佔的地位，在進入一九三〇年代後開始產生重大變化的緣由，而台灣殖民地經濟亦從而轉入一個新的局面。

讓我們記住上述台灣對外貿易關係的幾個動向，就台灣對外貿易的內容加以探討。首先，參照61、62表對輸出內容的說明。依表中所載，糖和米爲出口之大宗，且大多是對日輸出，已見前述。在此無須再做强調。然而由此二表可知：⑴台灣在單作式（單一種植）的生產結構下，使其輸出項目集中於少數商品之傾向，主要是以一九一〇年左右的砂糖爲開端，二〇年代中葉之後，因稻米的加入而更爲確立。⑵相應於此種過程，更强化了台灣對日本的庸屬性。⑶鳳梨、香蕉、酒精等農產品或這些農產品的加工品、軍需品，均被開發爲輸往日本市場的新商品。此種現象在二〇年代中葉之後，益爲明顯。

另一方面，在總進口方面，如63、64表所示：⑴進口商品與前述的出口正好相反，呈現强烈的分散性。而最主要的十二項商品總和，約僅佔總進口量的五〇％左右。⑵然而，在此十二項商品中，特別是肥料與鐵製品類有取代香煙、酒、鴉片等商品而日益增加之勢，而與持續佔一〇％左右的紡織品一道，這三樣商品佔到總輸入額的三分之

第 61 表　台灣出口主要商品之構成種類（1896～1939 年）

（％）

年別	米	糖	米糖小計	茶	香蕉	鳳梨	樟腦	酒精	木炭	其他	計
1896 年	8.01	13.42	21.43	51.37	—	—	21.48	—	0.20	5.52	100.00
1900	15.86	14.78	30.64	32.26	—	—	15.61	—	0.90	20.59	100.00
05	24.28	24.24	48.52	26.14	—	—	11.05	—	0.47	13.82	100.00
10	11.67	58.81	70.48	10.72	0.58	0.06	6.60	0.31	0.11	11.14	100.00
15	10.98	47.96	58.94	10.86	0.91	0.19	6.65	7.21	0.25	15.08	100.00
20	7.94	65.75	73.67	3.09	0.84	0.39	3.52	4.62	4.90	8.95	100.00
25	27.40	42.38	69.78	4.45	3.50	0.73	1.72	2.22	3.55	14.05	100.00
30	16.03	58.79	74.82	3.67	3.55	1.47	0.97	1.69	1.34	12.49	100.00
35	30.10	43.20	73.30	2.67	2.92	2.30	1.25	2.06	0.38	15.12	100.00
39	21.67	43.82	65.49	3.61	2.87	2.25	1.01	2.79	1.55	20.43	100.00

依前揭，台灣銀行經濟研究室「日據時代台灣經濟史」（第一集）140～142、147～149 頁作成。

第 62 表　台灣出口主要商品對日之依賴程度（1897～1939 年）

（％）

年別	米	糖	茶	香蕉	鳳梨	樟腦	酒精	木炭	全體總比率
1897年	0.04	44.42	—	—	—	11.93	—	—	14.17
1900	0.04	69.69	—	—	—	40.54	—	—	29.48
05	89.93	99.56	1.81	—	—	23.51	—	—	56.24
10	98.27	98.43	9.15	100.00	100.00	0.66	100.00	—	80.01
15	97.00	99.05	13.39	100.00	99.29	35.65	98.83	—	79.60
20	99.69	95.10	4.38	99.94	99.06	43.01	99.69	15.26	83.74
25	99.99	94.71	2.01	98.67	99.43	20.23	65.99	20.33	81.78
30	99.99	99.95	2.00	97.65	98.28	53.65	63.53	11.17	90.55
35	99.97	96.33	11.20	92.51	90.46	53.66	93.52	—	89.58
39	97.50	88.23	12.83	97.14	84.03	67.05	99.85	48.97	85.97

摘自前揭，台灣銀行經濟研究室，140～142 頁。

一。(3)上述這些商品，主要從日本進口的依存度日漸加強。將上述出口與進口情形相對比以觀，台灣的殖民地性格可在輸出入之集中於少數商品和對日高度依賴的兩個方面，較之輸入方面而言，更顯著地表現在輸出方面。

再就自日輸入的結構觀之，從肥料輸入的增加亦可看出台灣的殖民地性格。肥料在促進糖、米增產上所具有的重要性是不言而喻的。但是，自一九二〇年代中葉以後，肥料的輸入規模隨著糖、米輸出增加而躍登輸入項目中的第一位，這是非常值得注意的現象。此一糖、

第 63 表　總進口主要商品之構成種類（1896～1939 年）

（%）

年別	麵粉	大豆	水產	乳品及罐頭食品	煙、酒、鴉片	紡織品	紙類	肥皂火柴	鐵及鐵製品	車輪及零件	木材及木板	肥料	其他	計
1896年	2.54	–	0.79	0.42	18.28	18.27	2.21	1.10	0.21	0.02	–	0.34	55.82	100.00
1900	1.62	0.51	1.19	0.74	16.33	8.69	2.04	1.00	1.67	0.02	–	0.45	65.74	100.00
05	1.72	0.49	1.78	0.74	17.57	17.42	2.70	1.20	1.30	0.17	15.11	0.46	49.34	100.00
10	1.78	0.10	4.67	1.08	12.75	12.22	1.68	0.84	3.10	0.93	5.52	4.37	50.96	100.00
15	1.99	1.04	7.84	1.41	11.19	12.43	2.06	2.95	4.57	0.97	3.28	10.42	39.89	100.00
20	1.17	1.39	5.54	1.02	8.30	5.90	1.66	1.51	5.15	1.66	4.92	11.93	49.82	100.00
25	2.15	1.94	5.82	1.18	5.32	14.22	2.00	1.25	5.06	1.02	2.55	15.66	41.83	100.00
30	1.41	1.75	3.72	1.96	5.74	12.93	2.01	1.17	7.48	2.86	4.09	14.85	40.03	100.00
35	1.72	1.75	2.80	1.56	6.21	12.99	1.93	1.44	8.33	3.61	4.34	16.51	36.59	100.00
39	1.87	1.79	3.30	2.04	5.43	9.32	1.82	2.05	3.34	1.98	5.11	14.85	47.10	100.00

摘自前揭，台灣銀行研究室，153～155 頁。

第 64 表　總進口主要商品對日之依賴程度（1897～1939 年）

（%）

年別	肥料	紡織品	鐵及鐵製品	煙、酒、雅片	木材及木板	車輪及零件	水產	紙類	大豆	麵粉	乳品	肥皂火柴	全體總比率
1897年	–	–	–	–	–	–	–	8.38	–	–	61.90	1.06	22.73
1900	–	–	17.17	–	–	–	66.03	26.44	–	–	75.46	95.93	38.34
05	25.00	57.60	51.72	42.73	67.09	38.10	85.09	49.39	–	46.67	66.30	98.29*	55.15
10	58.97	67.11	46.54	29.68	81.72	21.15	99.08	72.11	–	74.63	80.04	95.61	59.42
15	57.85	87.08	96.52	44.41	79.82	88.01	99.26	79.05	25.49	100.00	80.09	98.54	76.07
20	38.72	79.71	98.05	44.77	71.98	92.96	93.02	91.29	34.69	88.82	68.69	99.42	64.99
25	22.92	83.36	95.06	61.25	63.98	99.74	94.18	91.84	8.28	98.28	83.97	99.96**	69.69
30	23.34	86.17	90.72	83.28	78.20	99.46	94.04	96.07	8.39	100.00	96.97	99.95	73.18
35	52.41	88.85	95.07	90.39	98.46	99.65	90.85	99.68	7.20	100.00	100.00	100.00	82.91
39	61.42	92.86	100.00	96.60	99.63	99.91	97.82	100.00	10.78	100.00	100.00	100.00	88.36

根據前揭台灣銀行經濟研究室，153～155、160～162 頁而作成。

*輸入額 252 千圓乃訂正自誤算的 293 千圓。

**輸入額 3,323 千圓乃訂正自誤印的 2,323 千圓。

第65表　台灣・朝鮮之對外貿易　（1000圓，%）

	台灣		朝鮮	
	金額	構成比率	金額	構成比率
進口總額	159,460	100	331,670	100
農產品	9,760	6	36,460	11
農產加工品	30,990	19	49,720	15
計	40,750	25	86,180	26
自日本運入				
農產品	3,660	2	13,660	4
農產加工品	18,810	12	28,120	8
計	22,470	14	41,780	12
出口總額	234,350	100	313,930	100
農產品	57,670	25	184,400	59
農產加工品	147,080	63	34,100	11
計	204,750	88	218,500	70
運往日本				
農產品	55,830	24	181,150	58
農產加工品	132,960	57	29,210	9
計	188,790	81	210,360	67

摘自奧田彧、島內滿男、野村陽一郎共著「台灣之農業」，農業經濟學會編「日本農業之展望」，1935年，727頁。
台灣部分爲1930～32年，3年平均後之數據。
朝鮮部分爲1931～33年，3年平均後之數據。

米輸出增加等於肥料輸入增加的貿易關係，事實上是在前者的主導下促成的⑥。然而，由於日本化學肥料工業發展受到很大限制，使得台灣在肥料輸入方面，一直至一九三〇年代中葉以後，自日進口量才超過自外國進口量⑦。特別是一九三七年四月，台灣實施硫酸胺進出口許可制，外國肥料便因而完全受到統制。如此一來，原本長年自英、德大量進口硫酸胺的情形，遂於這一年被迫終止⑧。取代英德產品的，則是所謂的「滿州品」，也就是說台灣僅能從滿州輸入化學肥料。因此，自一九三七年以後，台灣的肥料進口，實際上可以說已全部轉變爲輸入。此點可視爲日本對台灣的統治在台灣對外經濟關係上更趨强化了。台灣的殖民地經濟，不僅隨著糖、米輸出而被大肆剝削，從而產生極其扭曲的畸形發展，而且這畸形更因自日進口肥料的增加而被雙重化了。在這個意義上，自日輸入肥料的確立，更加突顯出日本資本主義對台灣進行帝國主義統治的相當重要的一個方面。

第66表　台灣對外各地區之貿易情形（1939年）

（1000圓，%）

區域別	輸出		輸入	
大東亞圈	580,390	97.88	399,729	97.81
日本	491,394	82.87	340,735	83.38
朝鮮	18,351	3.09	16,873	4.12
滿州	8,703	1.46	22,082	5.40
關東	27,417	4.62	10,299	2.52
中華民國	33,840	5.70	4,253	1.04
其他	685	0.14	5,487	1.35
英美圈	10,573	1.78	5,704	1.39
歐洲大陸	1,084	0.18	2,360	0.57
蘇俄	169	0.02	294	0.07
其他	722	0.12	563	0.13
合計	592,938	100.00	408,650	100.00

摘自東亞貿易政策研究會編（神戶商業大學）「大東亞共榮圈綜合貿易年表」第8卷下，1943年，110～112頁。

屬於英美圈的香港、新加坡、馬來西亞、緬甸、菲律賓等，因和大東亞圈重覆，故全部併入後者。

爲愼重計，吾人再將台灣與同爲日本殖民地的朝鮮的對日貿易關係做這比較觀察：如65表所示，台灣及朝鮮的貿易，可以說同是與日本形成所謂「農工分工」的形態。即二地均以出口農產品及農產加工品爲主，而進口非農產品。在依賴日本國內市場的條件下被强制發展殖民地農業的一點上，台灣、朝鮮兩地基本上是相同的。但是，事實上台灣的對日依賴度遠甚於朝鮮，而且應該充分注意到所供給的貨品並非農產物，而是農產加工品。加上台灣向來商品經濟相當發達，有許多諸如甘蔗之類的加工作物的栽培，正巧這些加工作物是日本農業所無法自給，因而更促進台灣殖民地商品的發達。因此，台灣殖民地經濟的對外貿易關係上的殖民地性格，就遠比朝鮮的還要明顯了。

此一台灣經濟的對日隸屬性，隨著日本資本主義在軍國主義對外膨脹到達極點的三〇年代後半以後，被進一步强化了。也就是說，如66表所示，台灣的對外貿易在一九三九年被納入所謂「大東亞共榮圈」，而所有的進出口已不得不幾乎完全依賴於「大東亞共榮圈」。應該可以說：台灣殖民地經濟的對日隸屬關係，至此時迨已全部完成了。

① 輸出税繼續存在的理由之一是「必需取得經營殖民地所必須的財政來源」（台灣總督府財務局「台灣之關税」一九三五年，三六頁）。

② 附帶一提的是，一八九六年～一九一〇年的十五年間之輸出税收入共達四八五萬七，五二〇圓，每年平均約達三十二萬圓（同右，參照三八頁）。

③ 若將台灣對外貿易的平衡分爲「進出口差額」與「對日進出口差額」來看，則前者大多爲入超，而後者是以出超爲主。「總進出口差額」，僅在一八九六～一九〇二及一九一五～一九一七年的六年間，有合計四，四四六萬圓的出超之外，其餘年份至一九四五年爲止全是入超。相對地，對日進出口差額在一九〇三年以前，每年平均入超二一七萬圓，其後則僅有一九〇七年的二一〇萬圓及一九一三年的二四〇萬圓兩次入超。（台灣總督府、台灣貿易四十年表〈一八九六～一九三五年〉一九三六年：一、四六七頁）。

④ 就朝鮮而言，其總進出口貿易差額，僅見一九二四年的一，九四五萬圓與翌年（一九二五年）的一六二萬圓出超，其餘各年均持續入超，且其入超額超過一億圓者有一九〇三、一九三五～一九三七年。其中特別是一九三七年，入超甚至高達一七，八〇〇萬圓（見「昭和十二年朝鮮總督府統計年報」一六頁）。一九三三年以後，其對日進出口固定入超的情況，則與台灣大相逕庭（「朝鮮貿易年報」一九三〇年版）。

⑤ 若再詳細比較上述的對比性動向，則在總輸出中日本所佔總出口的比率，在一九〇八～一九一九年間大約在七〇％左右，一九二〇～一九二九年間爲八〇％，而一九三〇～一九三八年爲九〇％。相對地，在總進口中日本所佔比例，在一九一二～一九一七年間，才難得地上升至七〇％。但在一九一八～一九一九年間，其比例反而降至六〇％左右。此後，在一九三〇～一九三一年才又回升到七〇％，而在一九三二～一九四三年則保持在八〇％左右。參照台灣銀行經濟研究室編，「日據時代台灣經濟史」（第一册），一九五八年，台北，一三六～一三七；一四九～一五〇頁。

⑥ 關於此點，可參見以下之所論：「在米、糖景氣的時期，各種肥料的使用量顯著增加，特別是連繫到最近由於蓬萊米栽植異常發達及芭蕉栽培的普及，更刺激對肥料的需求」（參照台灣總督府財務局「大正十四、大正十五、昭和元年台灣貿易概況」一九二七年，一八四頁）。

⑦ 如衆所周知，即使是日本國內，亦一直等到一九二〇年代後半才由化學肥料取代大豆粕餅，而雄霸肥料市場。當時主要是輸入硫胺以替代大豆粕餅。當時，先是輸入的硫化胺驅逐了大豆粕餅。日本國内的硫化胺價格，一直到一九三〇年代以後，才與進口硫化胺相同。從供給量來看，兩者亦大約在此時才幾乎相等。（此一動向具有重要的歷史意義。參照大内「肥料之經濟學」一九五七年、第二章）。台灣自日進口肥料亦配合此一動向，大約在三〇年代中期以後，才開始超過自西洋輸入的數量（關於台灣歷年販賣肥料

總進口量的演變，參照台灣總督府「台灣之農業」一九三〇年，一七六～一七七頁；台灣農會「台灣之農業」一九四一年，一六八頁）。

⑧ 參照台灣總督府財務局「昭和十二年及昭和十三年台灣貿易概況」一九四一年，一八五頁。

第二節　現代製糖業對台灣的滲透

一、砂糖工業部門的資本主義化

關於現代製糖業給台灣社會經濟所帶來的影響，在以資本經營形態爲主的砂糖生產部門中，表現得尤爲明顯。此時，舊式糖廍及糖間被淘汰，即使殘留的改良糖廍亦極爲有限。如前頁第9表所示，日本資本所經營的現代製糖廠，在其砂糖生產量方面大幅超過本地經營的舊式糖廍、糖間及改良糖廍是在一九〇九年。此時，現代製糖業幾乎已經確立，爾後現代製糖業進一步增加其比重，以致佔居砂糖生產量的九八％（第67表）。這樣以來，從工業生產部門看，現代製糖業的確立，可說已完全使舊式生產形態發生了變革。

其次，關於確立現代糖業的另一個側面，即觀察其所創造的薪資勞動階層的規模大小問題，實際上並不像預期的那麼龐大。由於找不到有關糖業工廠工人方面的詳細統計資料，無法確實地掌握其全貌，但根據一九三〇年的國勢調查，可知其大概情況①。該調查按職業分門別類的工業人口，正如第68表所示。製糖業是台灣最大的工業，但根據該表所示，從事這一行業的勞動人數，僅爲九，〇三五人，尚不及整個工業人口的六％②。其中，包括女工的本地人僅爲五，七五〇人，只佔台灣總勞動人口一二六，五五四人的四．五五％。從這一點看，台灣現代製糖業的發達，雖在工業部門貫徹資本主義化，但是其資本規模的擴大化，並不需要很多工人，而且在相對少的勞動力中，又有相當一部份（約三分之一）是由日本國內的移民維持的。因此，在促進本地人勞動商品化方面，只能說並未帶來多麼大的衝擊力量③。

再者，必須注意的是，台灣本地人的薪資水準，與同一製糖業工作的日本人相比，又被壓低五五％左右。即根

第 67 表　現代製糖業之發展（1921～44 年）

（1000 斤，%）

年度	現代製糖廠		改良糖廍		舊式糖廍		佔生產量之比率			
	工廠數	生產量	工廠數	生產量	工廠數	生產量	合計	新式	改良	舊式
1921年	42	401,948	22	8,695	171	10,580	100.00	95.42	2.06	2.51
27	45	671,018	9	5,572	115	8,644	100.00	97.63	0.81	1.26
33	45	1,028,067	8	16,784	79	11,356	100.00	97.34	1.59	1.08
37	48	1,645,751	7	17,372	70	15,797	100.00	98.02	1.03	0.95
44	45	880,266	5	4,945	35	7,078	100.00	98.65	0.55	0.79

根據台灣總督府殖產局『第 26 次台灣糖業統計』1938 年，12、76 頁（1921～37 年）及曾汪洋「日據時代台灣糖業之研究」（台灣銀行「台灣銀行季刊」第 2 卷第 2 期，1944 年之部分）而作成。

第 68 表　台灣工業人口之構成情形（1930 年 10 月 1 日）

（人）

業種別	總數			台灣人			日本人			外國人		
	計	男	女	計	男	女	計	男	女	計	男	女
工業總計	151,890	122,240	29,650	126,554	98,563	27,991	14,138	13,151	987	11,152	10,481	671
食品製造	29,702	24,451	5,251	24,329	19,451	4,878	3,947	3,738	209	1,425	1,261	164
中砂糖類製造	9,035	8,787	248	5,758	5,568	190	3,216	3,158	58	61	61	–
土木建築	27,330	26,672	658	23,495	22,843	652	2,593	2,588	5	1,239	1,238	1
木、竹、草、藤類製造	25,058	20,700	4,358	21,998	17,690	4,308	1,016	1,001	15	2,044	2,009	35
窯業、砂石加工業	7,802	7,345	457	7,186	6,742	444	342	333	9	241	237	4
被服及服裝製造	17,768	7,323	10,445	13,348	3,701	9,647	991	462	529	3,429	3,160	269
紙品印刷業	9,733	6,652	3,081	8,912	5,917	2,995	626	605	21	194	129	65
金屬工業	6,026	5,892	134	4,882	4,780	102	377	366	11	765	744	21
造船、運輸工具製造	4,494	4,474	20	3,192	3,176	16	1,195	1,191	4	107	107	–
製鹽業	4,009	3,801	208	3,978	3,770	208	26	26	–	5	5	–
紡織工業	7,523	3,490	4,033	5,916	2,105	3,811	687	555	132	917	828	89
瓦斯、電氣、自來水	2,933	2,883	50	1,524	1,498	26	1,395	1,371	24	14	14	–
精密工業	2,866	2,764	102	2,246	2,154	92	105	105	1	513	504	9
化學工業	3,268	2,559	709	2,861	2,180	681	375	358	17	31	20	11
機械設備裝置業	2,498	2,464	34	2,041	2,012	29	340	335	5	116	116	–
其他	780	670	110	646	544	102	122	117	5	112	109	3

摘自台灣總督府臨時國勢調查部「昭和五年國勢調查結果表」全島綱，1934 年。
*包括中國大陸人及朝鮮人。

據一九二七年的調查，日本人的日平均薪資，製糖期間爲二·五圓，不製糖期間是二·一八圓；但台灣人的平均薪資則分別爲一·二七圓和一·一一圓④。造成本地人低薪資水準之因，當然也有勞動內容的差異與生活水準的差距，但根本原因則在於多數受雇於製糖會社的工業勞動者，多多少少與農家經濟連結在一起⑤，其薪資收入，只不過是起一個補貼家用的作用。也就是說，正由於這種半兼業性勞動者的存在，才使製糖會社得以壓低本地人的薪資水準。儘管如此，也並未改變製糖業的勞動人口仍佔台灣現代勞動階層最大多數的情況。

有關現代製糖廠在促成勞動力商品化的作用方面，除上述原因之外，還需要注意，每年在製糖期間，臨時雇用四至五個月的所謂季節性雇用工人的影響問題。如前所述，其人數與製糖廠的在編制專業人員不相上下，甚至還會超過一些。但所付薪資方面，卻僅相當於在編制專業工人製糖期間所領的津貼，其金額極爲低廉⑥。他們大多爲本地農民，而且都是以補貼家計爲目的的季節性工人。又由於他們多爲種蔗農家出身，因而其所領「薪資」遂成爲支撐農家經濟收入的一部分，甚至成爲製糖會社抑制原料收購價格的一個籌碼。總之，製糖會社通過低薪資與低價格的相互作用，制約種蔗農家，同時成爲其累積財富的源泉。

二、土地統治關係的發展

其次，是探討栽種甘蔗的農業部門，以糖業資本的控制土地及因此而產生的新階級關係爲焦點，分析現代製糖業的發展給台灣本地社會帶來的影響。如前章所述，製糖會社的原料來源共分爲社有農地、贌租農地和一般蔗園三種，但它們對台灣社會帶來的影響卻大異其趣。

首先從一般蔗園看，雖尚未發現根據直接控制土地而產生的階級關係，但通過收購甘蔗形式的變化，間接地蘊育著朝新方向發展的動力。即舊式及原有糖廍長年慣用的實物分份制（分糖法），早已改變爲現金交易制（甘蔗收

第 69 表　蔗作農家經營規模之情況　（戶，%）

規模別	蔗作農家				全島農家			
	1920～21年期		1932～33年期		1921年		1932年	
	實數	%	實數	%	實數	%	實數	%
1 分以下	5,504	5.03	4,671	5.15	127,998	30.24	93,423	24.32
1～未滿 5 分	46,254	42.28	48,757	53.88				
5分～未滿1甲	33,556	30.67	22,830	25.23	96,933	22.90	77,477	20.17
1～未滿 3 甲	20,412	18.66	11,872	13.12	145,966	34.48	150,839	39.27
3～未滿 5 甲	2,470	2.26	1,434	1.59	33,342	7.89	40.007	10.41
5～未滿 10 甲	899	0.82	663	0.73	15,463	3.65	18,763	4.88
10 甲以上	299	0.27	259	0.29	3,576	0.84	3,643	0.95
合　　計	109,394	100.00	90,486	100.00	423,278	100.00	384,152	100.00
總面積(甲)	117,150	(1.0709)	62,301	(0.6885)	691,367	(1.6334)	780,227	(2.0310)

關於蔗作農家，乃摘自「台灣糖業統計」第 13，1925 年，48 頁，及同第 23，1935 年，75 頁。
關於全島農家，乃摘自「耕地分配及經營調查」，「農業基本調查書」第 2，1921 年，2～3 頁，及「耕地分配及經營調查」，同，第 31，1934 年，2～3 頁。
（ ）內爲每戶平均之面積數。

購法）⑦。於是，貨幣經濟便隨著直接進入蔗農的經濟體系，致使農家經濟不可避免地受到巨大影響。由此而陷農家經濟於貧窮狀態的問題，擬於第四節詳述，這裏要探討的是這種收購原料的辦法，使蔗農變成以製糖會社爲對象的原料供應者，被完全切斷了與製糖加工的關係。這樣一來，種蔗農家不僅得不到在製糖過程中技術革新的利益，而流通過程中的利益亦無緣分享。不僅如此，在種蔗過程中可能遭遇的病蟲害和自然災害等的損失負擔亦統統加在蔗農身上。加之，由於糖業資本對土地（社有農地、贌租農地）控制的不斷擴大⑧，迫使一般蔗農的經濟規模日漸零星化，從第69表中即可見其端倪。如一般蔗農所擁有的耕地面積，僅佔全島耕地面積的一七%（一九二〇年）至八%（一九三二年），但其戶數卻佔全島農家的二六%（一九二〇年～一九二一年）至二四%（一九三二～一九三三年）。根據上述數字可大體弄清，與全島的平均數字相比，一般蔗園農家的經營規模零星化的程度。根據上表統計看，每戶農家的平均甘蔗經營規模，從一九二〇年到一九二一年的

一・〇七甲，減爲一九二三年到一九三三年的〇・六九甲，約減少四成。而同一時期的全島農家耕地卻由一・六三甲擴大爲二・〇三甲，即約擴大兩成以上。兩者相比即可對照地看出，一般蔗農經營規模的零星化傾向。再者，若仔細檢查其經營規模，未滿一甲的經營者所佔比例，自一九二一年的七〇・九八%，提高至一九三二年的八四・二六%。尤有甚者，經營零星化現象最爲明顯的是，耕地達五分（面積）以上的農家明顯減少，而一分以上未滿五分耕地的極少零星經營農家則與日遽增。（十甲以上的蔗農家數亦在減少）。在這裏看到的是，中小規模的經營已經淪落爲極少的零星經營。蔗農的這種分化，與全島農家一甲以下者減少，一甲以上者增加的一種傾向於中農標準的現象，大相徑庭。

處於耕地日益零星化的一般蔗農，雖被迫侷促在極狹小的耕地上，但又不能完全脫離這塊耕地。總之，做爲殖民地的台灣經濟，正如前章所述，直至一九三〇年代後半期，還談不到有什麼工業的發展，只是一種以糖、米等商業性農業及其產品加工業的畸形發展，因而沒有使農民成爲工業工人的雇用機會。而從日本的殖民地經營即統治者來說，只有上述情況才可能使其製糖會社在推動一般蔗農經營零星化的同時，壓低製糖工廠本地人的薪資及抑制對一般蔗農的甘蔗收購價格⑩。而從台灣的農村經濟看，一方面因對甘蔗的收購轉爲現金交易方式而加强了分工化及商品化；另一方面則因製糖工廠的低薪資及工業不發達而阻礙了領薪資工人的出現。這種半成熟的商品經濟滲透形式，正顯示了在日本帝國主義統治下，做爲殖民地的台灣經濟被强制發展成畸形商業性農業的一個側面，而且是一個極其重要的側面。

其次，擬進一步探究受製糖會社控制最徹底的社有農地，以及幾乎與社有農地受控相同的轉租農地。製糖會社直接控制土地，即保有自營農地，起始於糖業資本爲對付要求提高甘蔗收購價格的本地農民而採取對策之時⑪。而以一九一一年至一九一三年爲界，這一控制土地的對策急速擴大。這是因爲，當時受颱風襲擊以及空前的米價大暴

第70表　現代製糖會社之土地使用明細

（甲，%）

所有別	自佃農別	1920年 面積	1920年 構成比率	1923 面積	1923 構成比率	1929 面積	1929 構成比率	1935 面積	1935 構成比率
會社所有地	自耕農	19,235	22.50	23,799	27.95	36,456	38.60	41,096	44.61
	佃耕農	23,187	27.12	33,400	39.22	35,739	37.84	35,025	38.02
	計	42,422	49.61	57,199	67.17	72,195	76.44	76,121	82.62
租賃地	自耕農	23,764	27.79	13,644	16.02	16,206	17.16	11,072	12.02
	佃耕農	19,319	22.59	14,308	16.80	6,049	6.40	4,943	5.37
	計	43,083	50.39	27,952	32.83	22,255	23.56	16,015	17.38
全體	自耕農	42,999	50.29	37,443	43.97	52,662	55.76	52,168	56.62
	佃耕農	42,506	49.71	47,708	56.03	41,788	44.24	39,968	43.38
	計	85,505	100.00	85,151	100.00	94,450	100.00	92,136	100.00

根據「台灣糖業統計」第12，114～115頁，同第13，50～51頁，同，第17，70～71頁，同，第25，70～71頁而作成。
使用於農耕地之諸物，不包括建築物、鐵路等用地，及流失荒廢地等。另，所謂構成比率表示佔農耕地全部面積之比率。

漲，使本地農民感到種甘蔗比種稻米遭颱風襲擊的危險性大，而且從當時的收穫量看，一旦米價上漲，就會使種甘蔗者處於極爲不利的境地。而從製糖會社的角度看，儘管提高了原料收購價格，但仍難確保廉價的甘蔗⑫。因而製糖會社不得不探索一條能長期確保廉價而又豐富的原料來源之路，於是，便從一九一三年前後開始積極推行收購土地的措施。當然，在擴大土地所有者之間，也有一部分人是爲了將來地價上漲時獲取資產自然增值利潤。然而，這種發自本能的爲保衛其資本而展開的土地收購行動，也因本地人對土地的執著不放，而不得不動用總督府、地方官廳勢力以及警察權力來强制執行⑬。然而，製糖會社以警察强權爲後盾的土地購買收策，在其購買過程中却遭到了本地勢力以及輿論的强烈反抗，而且製糖會社也受到其本身的財力限制，做爲克服上述難點的對策，遂推出限定於取得土地佃耕權的所謂確保徵租地的政策⑭。這樣一來，糖業資本便擴大了對土地的控制，除自有土地之外，還獲得了與自有土地同樣可自己經營的徵租地。如將社有地及徵租地加在一起，糖業資本所控制的土地，一九三五年時高達九萬兩千甲(前述，第25表)⑮。

但製糖會社對其所獲土地，並未全部用做自營農場。因爲，比較零散的土地不適宜於資本密集性的經營，而在某種情況下，通過嚴苛的佃租關係，使蔗農佃耕部份土地，反而對糖業資本有利。正如第70表所示，製糖會社實際上已將社有農地及徵租地的四〇％～五〇％佃租給農民，而且大部份是社有農地，一九三五年其面積佔佃耕地的九成。也就是說，糖業資本在農業生產部門，一面採取資本家式的大規模農業經營，一面保有可與大農業經營相匹敵的佃租地。從這一點看，糖業資本家在農業部門的表現，正與其在工業生產部門的資本經營模式相反，可說是具有極爲濃厚的地主性格。於是，糖業資本便根據上述一般蔗農標準以下的零星經營，會社自營農場及徵租地的資本家式大規模農家經營；會社所有地及以取得土地佃耕權形式的地主佃租制經營的三種模式，控制原料供給，擴大再生產。可以說，在農業生產部門的資本主義化之所以發展有限，是與上述糖業資本的土地控制形式有密切關聯的。

其次擬籠統地探討一下，由於糖業資本對土地的控制而產生的階級關係。首先看看製糖會社的自營農場，應該指出的是，那裏所雇用的農業工人，實際上並非是純粹的農業工人，基本上還是農民。這些受雇於自營農場的耕作工人，屬於所謂的日雇勞動者，他們的多數雖是常年的受雇者，但並無明文的雇傭契約⑯。他們多以農業爲正業，只是利用剩餘勞動時間來此工作，因而甘心領取較季節臨時工還低的微薄薪資，藉以補貼家計之用⑰。由於是零星式的農業經營以及工業尚不發達的跛足式的農業兼業，遂使他們甘心於從事農奴式的低薪資勞動。

令人遺憾的是，尚找不到有關這些季節性受雇於製糖會社的農業勞動者，即農民的實際數目。因而暫時只能從往本行政區以外地方打工的農民的調查資料，以及日本的國勢調查資料中，勉強掌握其規模。根據前者的調查資料，雖時間稍遠，但正如71表所示，去外地從事種蔗勞動的農業工人，亦即農民，已佔全體蔗農的七〇％，即一五、六〇〇人。若再加上在本行政區內打工的農民人數，則肯定會遠遠超過上述數字。另外，根據一九三〇年的國勢調查，如第72表所示，以農耕爲本業並兼營副業的本地農民，一九三〇年十月已有一三九、三〇〇人。但以農耕

第71表　出外務農勞動者人數（1918年）

（人，%）

作業別	男		女	
	人數	構成比率	人數	構成比率
甘蔗種植	13,311	72.40	2,255	63.70
稻米種植	2,558	13.86	291	8.22
茶葉(含栽茶、採茶、製茶)	369	2.00	575	16.24
開墾	368	2.00	145	4.10
一般農事	1,723	9.33	252	7.12
雜糧	69	0.41	20	0.62
計	18,397	100.00	3,538	100.00

摘自前揭，台灣總督府殖產局「台灣農業勞動關係之調查」1919年，111～112頁。

第72表　台灣農業之副業人口（1930年10月1日）

（人）

職業別	本業			兼業、副業者			副業者		
	計	男	女	計	男	女	計	男	女
合計	1,142,661	843,941	298,720	139,286	111,102	28,184	23,935	21,352	2,583
農耕業主	380,028	349,565	30,463	100,627	93,062	7,565	16,289	15,782	507
農業管理人，職員	1,169	1,168	1	100	100	—	26	26	—
男工，女工	29,465	25,717	3,748	579	421	158	23	22	1
其他之農業勞動者	99,046	77,468	21,578	6,102	4,903	1,199	3,364	2,121	1,243
農業助手	632,563	389,656	242,907	31,815	12,554	19,261	4,213	3,386	827
園藝，植樹者	76	74	2	52	52	—	—	—	—
其他從事農耕者	314	293	21	11	10	1	20	15	5

根據台灣總督府「昭和五年國勢調查結果表」，120、146、154頁而作成。

第73表　農業勞動者分布狀況（1930年）

州別	男	女	計
台北	10,112	1,811	11,923
新竹	18,241	3,993	22,234
台中	18,436	3,233	21,669
台南	16,201	5,523	21,724
高雄	24	33	57
其他	14,454	6,985	21,439
計	77,468	21,578	99,046

摘自「各州昭和五年國勢調查」第14表。

高雄州之農業勞動人數少得不可思議，但因無法取得其他資料補正，故只得依此刊登。

爲副業者爲數較少，男女合計僅爲二三、九〇〇人。此外，以農業勞務爲副業者僅有三、四〇〇人。問題在於表面上以農業勞務爲正業的農民，其人數高達九九、〇〇〇人。到製糖會社自營農場打工的農民，大多屬於這一個階層。現擬展示這一階層的地區分佈，指出在種蔗中心地區的台中、台南、高雄各州從事農業勞務者的人數，藉以推算從事種蔗農業而外出打工的農民人數。根據第73表所示，在此三州地區的農業勞務者人數，男女合計爲四三、四〇〇人。如以前述往行政區以外地方打工的農民數佔種蔗農民總數七〇%爲計算的基準⑱，則可推斷外打工者約爲三萬人（其中雖可能包括製糖會社以外的受雇者，但大致可視爲三萬人左右）。

如以這個推定數字來觀察製糖會社自營農場的農業工人，即外出打工的農民人口，只不過佔台灣從事農業人口的極小一部分，這從第72表所載副業人口資料看，可一目瞭然。即從事農業人口共約一，一四三，〇〇〇人，而在製糖會社自營農場中打工的爲三萬多人，尚不及其三%。由於製糖會社採用「利用電力灌溉，使用蒸汽式機械犁及專用荒地犁等耕具」，進行所謂「大農式深耕法」⑲的資本家企業經營方式，以一台二百二十五馬力的機械每天便可翻鋤三十甲的耕地，因而無須雇用大量本地農民。同時，自一九一八年至一九一九年前後開始，由於第一次大戰導致的勞動力不足及勞動薪資暴漲，促使各地開始使用拖拉機。隨著農具的改良及耕地的集約化，使種蔗勞動力的需求相對減少⑳。

其次，再探討一下直屬於製糖會社的佃耕地及其佃耕農民。如前所述，製糖會社取得佃租權的耕地，一九一〇年代前後達到顛峯，其數量接近四萬七千甲，但在二〇年代以後，隨著製糖會社直接所有的土地，即農地會社所有化的日益增加，而逐漸走了下坡路。且因後來其中的近一半會社農地再次佃租給農民，使會社的佃耕地直到一九三五年仍佔整個用地的四三%，即有近四萬甲之多（參考前述第70表）。然而，有關直屬糖廠的佃耕蔗農總數，卻無可查清的統計資料。如根據一九〇五年台灣製糖會社的情況看，六十八甲四分的佃耕地，擁有一八九戶佃農，因而

第 74 表　直屬於現代製糖會社佃耕農之推定戶數

	1920年	1923	1929	1932	1935
會社佃租地之面積(1)	42,506 甲	47,708	41,788	36,593	39,968
全島每戶平均之蔗作面積(2)	1.0709 甲	0.8378	0.7655	0.6797	0.7311
佃耕農之推定數量(1)÷(2)	39,692 戶	56,944	54,589	53,837	54,668

摘自「台灣糖業統計」第 12，114～115 頁，同第 13，48 頁，同，第 23、75 頁，同，第 25,71,73 頁，同，第 22,73 頁。

每戶平均只有〇・三六甲的佃耕地㉑。從這種極爲零散的經營規模看，佃耕農家單靠製糖會社的土地是無法維持生計的。因而他們勢必要擁有一些許自耕地，或承租其他人的佃耕地，加在一起才得以勉强糊口。此外，從製糖會社看，零星分散的土地難以進行大規模經營，而在放租佃耕地時，勢必要優先照顧具有利害關係的、較爲密切的一般蔗農。由此可推知，那些直屬於會社的大多數佃耕蔗農，都是一般的蔗農。根據台灣總督府殖產局在一九二二年八月所做的調查㉒，全島的甘蔗栽培戶數共爲一二五，八二四戶，而同一時期的一般蔗農則爲一二四，七四〇戶㉓。由於二者的戶數極爲接近，可明顯地看出直屬於會社的佃耕蔗農，大多數爲一般種蔗農家。此外，若將屬於會社的佃租地面積，除以每戶平均的蔗作面積，則可推算出直屬製糖會社的佃耕蔗農戶數。其結果正如第74表所示，即一九二〇年代以後，直屬於製糖會社的佃耕蔗農戶數，約爲五五，〇〇〇戶左右，相當於全島蔗農戶數的四五%。由此可知，糖業資本一方面在自營農場控制著三萬名農業工人，即外出打工的農民，一方面又通過佃耕關係，使大大超過自營農場農業工人數的五五，〇〇〇戶種蔗農家隸屬於它。而從糖業會社將比其農場所控制的農業工人及出外打工的農民還要大量的種蔗農家，即佃農隸屬於它的情況看足可以推斷，糖業資本在農業生產部門中更加暴露了其非現代化的，即地主的性格。

更值得注意的是，製糖會社未必與蔗農亦即佃農直接訂有佃租契約，而有時是採取由地方權勢轉佃的間接性出租方式。例如早在一九一二年到一九一三年時，台灣製糖會社對負責擴大甘蔗栽植面積的原料獎勵委員們，每人分給一百甲或兩百甲的佃耕地，然

後由他們分租給農民佃耕㉔。在此種情況下，向國家繳納的租稅，由會社負擔。這種出租方式，恰似會社成了大租戶，負責向國家納稅，而原料委員(地方權勢、地主)則成爲小租戶，負責向會社(大租戶)繳納大租（贌耕費），農民則成爲現耕佃人，負責向原料委員（小租戶）繳納小租（佃租）。於是，所謂大租權—小租權的舊式現代土地制度又再度出現。由此看來，製糖會社不僅是統治其直屬佃農的地主（小租戶），也亦兼身於大租戶的位置㉕。

再者，就與佃耕蔗農訂立直接佃租契約而言，製糖會社以土地所有者或佃耕權所有者的身份訂立契約的目的，並非在於佃租費的收入而是爲了獲得甘蔗。在這一點上，製糖會社確實處於極特殊的地位，但它並不意味減免佃租費。例如，一九一二年到一九一三年間，中央製糖會社（後來稱明治製糖南投工廠）在佃租契約中加上「栽種甘蔗時期的佃租費爲當年收穫量的二分之一」一項規定㉖。此佃租費比後述台灣的一般佃租費只會高而不會低。此外，如前所述，台灣製糖會社以大租權方式與原料獎勵委員訂立的契約中規定，佃租費一律是每甲十二圓。但，其與直屬佃耕蔗農所訂立的契約中，則規定爲十四圓到二十圓㉗。由此可見，直屬佃耕蔗農的佃租負擔十分沉重。爾後，隨著「糖・米相剋」問題的發生與加劇，製糖會社爲便於獲取原料，採取稍微壓低佃租費的政策，但由於大部份佃租費均以實物（米或砂糖）換算時價，或由甘蔗收購價格中扣除爲原則。由此，蔗農所付佃租不僅被製糖會社剝奪，也易受米價或糖價漲落的影響，以致常因時間與地點的不同而相差甚遠㉘。而在另行繳納佃租費的方式方面，如拖欠繳納時間，則從直屬於會社的蔗農存放的押金中扣除——雙方訂定佃租契約時，佃農提供一定數目的金額給會社（地主），以做爲佃耕的保證金。當契約解除時，會社則無息退還給佃農㉙，否則每月必須繳納一分五厘到二分的滯繳利息。在此情況下，直屬於會社的佃農，所處地位極不安定，其經濟亦因此而陷入極端貧困狀態㉚。

然而，製糖會社將自己置於地主位置的目的，並非只限於佃租收入，而是爲了獲得原料。因此，與蔗農訂立佃租契約的特點在於强制農民栽種甘蔗的一種約束力。根據「某權勢會社」下屬，一製糖廠的佃租契約書的內容看

㉛。有以下規定：製糖會社可按照此佃租契約，迫使佃農接受會社的指導，使佃農負擔栽種甘蔗的義務，並將其作物按時價賣給會社，甚至禁止佃農從事農業以外的副業。視情況需要，還可隨意要求佃農提供勞動力。對此種強加給佃戶的高壓式佃租契約內容，矢內原曾以愛爾蘭史上著名的小屋農民（cottiers）與之相比，稱台灣種蔗佃農已淪落爲製糖會社以預支方式收買的奴隸㉜。當然，並非所有會社的佃租契約內容都完全一致，也並非所有的佃農都處於同樣地位，但只要是這種佃租契約是爲了會社獲取原料的重要手段之一，種蔗佃農被迫處於隸屬會社地位的事實就不容否認。

以上，對糖業資本通過控制土地而產生的特殊階級關係及其內容做了若干探討。最後，想再就本地地主的地位問題進行一些分析。簡言之，本地地主中的少數「權勢者」，由於充當了製糖會社的原料獲得組的助理員或原料獎勵委員，從而成爲糖業資本的買辦。另外，其他的大多數地主則與製糖會社相同，變成了掠奪佃耕農民的剝削階級。就前者而言，正與前述台灣製糖會社的情況相同，這些本地地主以原料獎勵委員的身份，將得自會社的土地再分佃給農民，利用其中間地位賺取租耕費及佃耕費的差額。亦即處在小租戶的地位上，擔當製糖會社收購原料的任務。其中，尤以明治製糖會社的制度最爲嚴密。該會社讓本地地主擔任原料收購助理員，並扮演在製糖會社與農民之間疏通意見、調解爭執的角色，還負責種蔗獎勵、調查蔗園的引導、甘蔗收割及搬運的監督等職。他們甚至受命於製糖會社，爲能順利地控制甘蔗的收購價格，還必須隨時向會社報告農民的想法及農村的各種情況㉝。製糖會社則根據他們在自區域的活動成績，發給報酬，從而使他們深深地陷入了充當買辦的勾當㉞。對這種甘蔗買辦地位的本地地主，台灣人民甚至譏諷說：「原料委員是製糖會社公司養的狗」㉟。

然而，多數種蔗地主仍然只是單純收取佃租費的地主。他們雖也處於製糖會社與一般蔗農之間徵收佃租的地位，但多爲先從製糖會社領取佃農繳納的款項（包括種蔗獎勵金及補助金），然後收取其中的半額做爲佃租費㊱。

但實際上，佃耕蔗農並未領到其餘半數的甘蔗貸款，而只能領到地主扣除各項費用後的餘款。因此，儘管現代製糖業已移植台灣多年並有所發展，而台灣農村舊有的地主與佃農關係，除了使佃租費從繳物制轉爲繳現金制之外，本質上並無改變。更有甚者，種蔗地主通過佃租費剝削蔗農的掠奪關係，藉着製糖會社這種支付貸款方式更加有了牢靠的保障。同時，爲配合糖業資本獲取原料的需求，種蔗地主已漸次被納入糖業資本所設圈套，藉以求生，並被利用。㊲

① 日本在台灣進行的國勢調查，始於前述一九〇五年的第一次臨時戶口調查。截至一九四〇年爲止，前後共進行五次。但在有關職業及人種區分的調查方面，則除一九〇五年之外，僅有一九三〇年的第三次調查。此外，其對職業劃分的規定也缺乏一貫性，因而無法從資料中掌握逐年的變化情況。

② 關於這一點，如與現代製糖會社的資本規模加以比較，則更能顯示出這些拿工資的勞動者所創成果之微薄。換言之，製糖會社因第一次世界大戰後的不景氣影響，而被迫進行整頓，但其資本總額仍高達二五，三〇〇萬圓，若加上改良糖廍部分，則超過二六，〇〇〇萬圓，佔全部工業資產的九〇%（此數根據台灣總督府一九三〇年出版的「關於糖業的調查」，九二頁；一九二〇年出版的「台灣商工統計」，三頁算出）。這一數字說明，佔整個工業會社資產九〇%的製糖業，其就業人口僅佔全體工業就業人口的六%。當然，在製糖業的就業勞動人口未必都是現代製糖工廠的工人。參考下述注釋③。

③ 第68表所示「砂糖類製造」欄內的人口數，並非全是現代製糖廠的勞動人口。根據總督府的調查，所謂「製糖廠的定員雇用勞動者」人數一九二七年底有三，八八一人。其中，日本人爲一，〇二八人，本地人爲二，八三四人，外國人（均爲自大陸移來的熟練工人）爲十九人（同上「關於糖業的調查」，一六九頁）。

④ 包括本薪及各種津貼。下同。（同上一六九頁）。

⑤ 例如，見下述資料，即「製糖會社所雇用的勞動者，多數是本島人農家子弟，因而與農家經濟和糖業經營均有密切關係。」（同上，一六八頁）。

⑥ 在一九二七年度的製糖期間，現代製糖廠臨時雇用的工人總數，男性爲五，四三四人，女性爲三〇二人（皆爲本地人）。其每天的工資，最高爲一圓三角四分，最低爲四角七分。製糖會社對臨時工的雇用辦法，一般以直接雇用爲多，但有時也有承包和兼用的情

況。（同上，一七〇頁）。

⑦ 其理由是，大量生產使原料供給者增多。在此情形下，過去的分糖法已不可能實行，擔心會引起不必要的混亂。但未說明改用原料收購法的時間，而從上述文脈推測，至一九一〇年前後已大體轉用。（請參考前述「台灣糖業概觀」，一一八～一二〇頁）

⑧ 有關全島耕地經營規模的調查，戰前僅曾進行三次。除第69表所列一九二一年和一九三二年之外，另一次是一九三九年。由於三次調查的方法及內容並不一致，難以將三次的調查數字加以簡單的比較（此點將於第五章第四節述及），但目前尚無可供替代的資料。此外，由於缺乏一九三九年蔗農經營規模的資料，因而暫以一九二一年和一九三二年的兩次資料加以比較。

⑨ 這裡應特別注意的問題是，種蔗的成長期要比種米、薯類等一般經濟作物長三至四倍。而一九三二年又處在經濟恐慌時期，種蔗的耕地面積較前更少。此外，一九三四年到一九三五年期間，一般蔗農約有一二二，八〇八戶，種蔗作面積爲九二，七〇〇甲。（請參考「台灣糖業統計」，二五及七三頁）

⑩ 關於這一點，根據前述信夫的分析（「現代日本產業史序說」，三五四～三五六頁）已略有提及，但信夫的問題在於將一般蔗農認定爲自耕農，忽視了一般蔗農的階級性關係。糖業資本爲達到低薪資及低價收購原料的目的，想方設法使一般蔗農淪爲零星經營，從而將他們綁在僅能依賴栽種甘蔗維生的框架裡，或使其在製糖會社的土地上栽種甘蔗。

⑪ 例如，台灣製糖會社在開業的第二年，即碰到利潤敏感的農民要求提高甘蔗收購價格的局面，因而不得不將收購價格提高三成。由於在收購價格上受到很大損失，從而想出的對策（參考前述「台灣糖業概觀」，一二〇頁）

⑫ 同上，一二一頁以及相良捨男一九一九年所著「從經濟上看台灣的糖業」，八二頁。

⑬ 同上相良捨男著書，八四頁。此外，矢內原曾以林本源製糖會社爲例，指出該會社曾利用警察權力强迫出售的案例，這也是衆所周知之事（參考前述「帝國主義下的台灣」，三〇、三六頁）。

⑭ 在南部地區發展的製糖會社，曾於地價低廉時，推行收購土地的政策，而在中北部地區的製糖會社則一般均致力於購耕自種方式（同上，相良捨男著書，八四頁）。

⑮ 在這裡必須注意的是，也可從第25表看出，進入一九二〇年代，租借土地的現象反而減少。以第一次世界大戰爲契機而出現的經濟景氣，一方面促使商品經濟進一步深入台灣農村社會，導致本地地主出售土地，另一方面因糖價暴漲爲糖業資本帶來積累巨大財富的機會，從而使其有能力收買及擴大會社的土地。

⑯ 前述（「從經濟上看台灣的糖業」，九四頁，以及台灣總督府殖產局一九一九年出版的「關於台灣農業勞動的調查」，一二三～一二四頁）。

⑰ 在一九二七年底，在製糖會社自營農場勞動的工人，其每天的平均工資，男性最高爲八角八分，最低爲四角；而女性最高爲八角二分，最低爲三角五分（前述「關於糖業的調查」，一七〇頁）。據説，「這些外出打工者中，多數是在工作餘暇爲多獲一些許工資而出外打工，而在鄉里擁有正業。全部依靠勞動維生者爲少數（前述「關於台灣農業勞務的調查」，一二〇頁）。從這一點看，矢內原（前述「帝國主義下的台灣」，三二六頁）及信夫（前述「近代日本產業史序説」，三五三頁）將他們界定爲「純粹的農業勞動者」，這並不準確。

⑱ 由於資料的限制，無法看出不同年齡勞動階層的詳細情況。因而七〇%的設定基準似乎偏高。但從資料調查的對象僅爲佔全島甘蔗耕地八成的三個州，前述七〇%的基準也許即可適用。

⑲ 前述「明治製糖株式會社三十年史」，三六頁。

⑳ 前述「台灣的糖業」，五三頁。

㉑ 參考「臨時台灣糖務局第四年報」，一二〇頁（前述「現代日本產業史序説」，三五四頁）。

㉒ 台灣總督府殖產局一九二一年出版的「主要農作物調查」農業基本調查書第四卷，二頁。該調查指出「如在同一土地同時栽植二種以上作物時，則分別進行計算」（同調查書，凡例第三項。）由此看來，該調查所載甘蔗栽培戶數，也包括兼營其他作物的農戶。

㉓ 但這是一九二一年到一九二二年間的戶數統計。一九二五年出版的「台灣糖業統計」，第十三册，四八頁。

㉔ 參考前述相良著「從經濟上看台灣的糖業」，九九～一〇〇頁。

㉕ 關於前現代的出租方式的規模，以及這一方式其後的變化，並無可供參考的資料。但如考慮下列兩點，則可推測出該方式已於一九二〇年代以後銷聲匿跡。第一，由於進行了品種改良，使甘蔗受風水害的威脅減少。特別是在一九二〇年代以後，由於正式地改進了大農場集團經營方式，使自營農場的單位面積產量增加。第二，更重要的是，自二〇年代後半期以後，由於日本化學肥料工業大爲躍進，台灣製糖會社在受惠於增加用肥及享受低價肥料的情況下，不斷增加了自營農場的用地面積（參考河野信次一九三〇年著書「日本糖業發達史」生產篇，二九八～二九九、三二三～三二五頁）。

㉖ 前述「從經濟上看台灣的糖業」，一〇〇頁。

㉗ 同上，九九～一〇〇頁。此二項佃租的差額均成爲原料獎勵委員們的紅利。這是因爲製糖會社未親自招募佃農，而將這一招募權利交由原料獎勵委員進行處理所致。

㉘ 例如，根據根岸的調查，一九三〇年左右，會社所有地的地租，就水田而言，新高製糖嘉義工廠每甲八十圓，而明治製糖總爺工廠每甲卻只有三十二圓。而有的工廠，其旱田佃租較水田佃租高六六%，但也有僅爲水田佃租三八%的（前述「南方農業問題」，一

三二頁，第4表）。

㉙ 這種機構是由於製糖會社沿襲台灣種稻關係的舊習所致。參照本章第三節的注釋⑨。

㉚ 製糖會社佃耕地的出租期間因工廠而異，一般以五至六年較多。這多因甘蔗栽植是二年一期乃至三年一期。但在出租期間，如製糖會社希望自營種蔗，或基於會社的利益考量必須收回租耕地時，則佃農必須同意即刻解除契約。與此相反，佃農如基於本身的利益，向製糖會社請求歸還租耕地時，則除須有適當的契約繼承者，還須獲得會社的允諾。由此看來，即使在契約期間，佃農的佃耕地隨時都有被會社收回的可能。此時，會社只是在原則上對佃農做地上物的賠償，但通常是以佃農違反契約，怠於種蔗，抑或認定其不適合從事佃耕經營等理由，不做任何賠償（前述「南方農業問題」，一三五～一三六頁，以及台灣總督府殖產局一九二五出版的「台灣佃戶事情」豫報之一，二四～二五頁）。

㉛ 前述，矢內原著「帝國主義下的台灣」，三二九～三三〇頁。

㉜ 同上，三三〇頁，以及同人所寫「愛爾蘭問題的發展」、「經濟學論集」第六卷第三號。然而，從製糖會社方面看，這是對付「糖．米相剋」問題的政策。自蓬萊米的已普及化的一九二〇年代中期以後，上述問題對製糖會社來說，日益嚴重。製糖會社遂乘勢强化了這種事前借貸制度。一九二八年至一九二九年間，製糖會社的事前貸款達到空前的一，八七九萬圓，正反映了這一事實（「台灣糖業統計」第二十五，七二頁）。但是，矢內原在探討上述事前借貸制度時，專將分析的重點置於農民受經濟上的限制方面，而忽略了因條件的變化而需要該制度的一面。（前述「帝國主義下的台灣」，三二八～三三一頁）。此外必須指出的是，製糖會社在運用事前借貸制度時，還利用了保證人制度一事。例如台灣製糖會社，即是根據種植甘蔗的株數，每甲事前貸款三十五至五十圓以內，而農民在借貸的同時須指定保證人，同時，又使一庄（村）或一堡（村落）的借款人結成一個整體，在返還借款方面負有連帶保證的責任（參照木村增太郎一九一一年，出版的「日本之糖業」，二〇二～二〇三頁）。

㉝ 參考前述「明治製糖株式會社三〇年史」，四一頁。該株式會社於創立之初便設立原料委員制，「囑託於各原料採收區域內的台灣有權勢力人士」擔任，其數約達二百人。

㉞ 此外，本地地主亦有爲取得製糖會社之佃租，而將私有地借出者。這樣一來，本地地主每年即可從製糖會社領取龐大的租賃金。例如，一九二〇年至一九二二年，製糖會社在這方面所支付的租賃金約達二一，七五四，〇〇〇圓之多（參考「台灣糖業統計」第十二册，七五頁）。

㉟ 參考陳逢源一九三三年著書「台灣經濟問題的特質及批判」，二三五～二三七頁）。

㊲ 參考台灣農友會一九二九年出版的「台南州北港郡下分片佃耕習慣」，一一頁。

㊳ 目前尚無表明一般蔗園的本地地主與小佃農關係的農戶數資料。而將蔗農區分爲自耕農、自佃農和佃農，並統計其戶數數據者，也只僅有一九〇四年到一九〇九年間的記錄資料。以一九〇九年爲例，自耕農爲二三，五二八戶，種蔗自佃農爲六，七六一戶，佃農爲二七，六〇三戶（參考一九〇九年出版的「台灣總督府統計書」第十三冊，三二四～三二七頁）。由此可知，蔗農中仍以佃農居多。

第三節　稻米商品經濟的發達

一、生產過程中的種稻結構

台灣的稻米生產結構與朝鮮不同，幾乎看不到由日本資本控制的資本家式的經營。可以說，係以地主與佃農關係為底邊的零細小農經營佔統治地位。而就其加工銷售過程而言，是以本地資本為中心，由礱米業者即土礱間以個人經營的形態在活躍地從事這項工作。這一點與製糖業的情況迥然不同。如前所述，製糖業的生產與銷售，幾乎全由日本資本一手包辦。因而在製糖業方面所表現的資本主義化進展，可分為工業生產部門及農業生產部門兩個部門來加以探討。但是，在種稻方面則看不出其在加工過程中資本主義化的進展。因此，即使將其劃分為工業生產部門及農業生產部門來進行觀察，也並不具有太大的意義。而米穀商品的資本主義化，與其說是生產過程不如說是在流通過程較有表現。也就是說，日本資本對台灣米穀生產的擴張，只表現在米穀的輸出貿易過程。基於這種認識，擬對種稻經濟分為生產過程及流通過程兩大部分，加以探討。

1.種稻農家的規模及其階層結構

首先，從推斷種稻農家戶數著手進入本題。根據台灣總督府於一九二一年進行的第四次「農家基本調查」，從每戶平均栽種稻米面積來推算全島種稻農家的戶數，正如第75表所示，在種植水稻的農家中，種一期稻者為一八一，八〇〇戶，種二期稻的有二三一，八〇〇戶，合計共達四一三，二〇〇戶。但是，此次的調查對象，僅限於栽種面積在一甲以上的農家，因而所推算的種一期及二期稻的戶數，屬於最低限度的數目①。此外，總計戶數中還包括兼種一期與二期稻的農家，而不能說四一三，二〇〇戶就是實際的種稻農家戶數。因而必須是以種二期稻的二三一，七

第 75 表　稻作農家戶數之推定（1921 年）

（甲，戶）

種類		依據農業基本調查：耕作戶數	依據農業基本調查：總耕作面積	依據農業基本調查：每戶平均耕作面積	依據米穀要覽：總耕作面積	依據米穀要覽：全島耕作戶數最低推定數
水稻	1 期	170,579	204,201	1.1971	217,599	181,772
	2 期	210,647	231,027	1.0967	254,173	231,762
	計	381,226	435,228	1.1417	471,772	413,219
旱稻	1 期	19,141	10,703	0.5592	9,578	17,128
	2 期	42,799	26,563	0.6206	29,441	47,440
	計	61,940	37,266	0.6016	39,019	64,859
總計		443,166	472,494	1.0662	510,791	479,076

根據台灣總督府殖產局「主要農作物耕作戶數及面積」，「農業基本調查」第 4，1922 年，1 頁，同「台灣米穀要覽」1937 年，4 頁作成。
「農業基本調查」之耕作戶數只限於耕作面積在 1 甲以上之農家。

六二戶爲計算基礎，斷定在種一期稻中不兼種二期稻的農家戶數，然後再將兼種農戶加進去，即可推算出水稻種植農家的總戶數。從一期稻的種植内容加以觀察，然後分出單營一期稻的農家總戶數。由此推斷，應爲二三，〇〇〇戶左右②。因而可以認爲，種植水稻的農家總戶數，最少也已達二五四，七八戶左右。再者如未將佔陸稻種植農家六四，九〇〇戶三分之一的，即二一，六〇〇戶水稻種植農家列入計算範圍，則可推定全島的種稻農家總數至少已達二七六，三〇〇戶。此數相當於全島農家戶數的六〇％至六六％③。

總之可以確定，台灣的種稻農家總數，在一九二一年即已大幅度超過全島農家戶數的半數④。而如再加上蔗農家中也多少兼種稻米者，則種稻農家的實際戶數還要多，無疑約佔全島農家戶數的三分之二，甚至是七成。然而，隨著蓬萊米的登台與普及，使種稻農家的戶數發生了什麼樣的變化問題，由於一九二一年以後不曾對栽種面積達一甲以上的農戶進行調查，因而推定種稻農家的戶數愈加困難。在此僅能根據一九二一年第四次「農業基本調查」資料的幾個前提條件⑤來推斷其後種稻農家的戶數。其結果，正如76表所示，截至一九三〇年代中期，種稻農家確實有所增加，其戶數已由一九二五年的三一二，三〇〇戶增爲一九三五年的三九一，五〇〇

第 76 表　稻作農家戶數之變遷（1925～39 年）

（戶）

年別	水稻數戶				旱稻戶數		稻作農戶總計
	2 期稻作戶①	1 期稻作戶②	僅 1 期稻作戶數 ③=②×13.5%	計④=①+③	總數⑤	僅旱稻戶數⑥=⑤×1/3	⑦=④+⑥
1925年	263.013	199,040	26,870	288,883	70,308	23,436	312,319
32	280,803	212,500	28,688	309,491	67,841	22,614	332,105
35	336,573	240,814	32,510	369,083	70,274	23,425	391,508
39	321,272	224,310	30,282	351,554	41,039	13,679	365,233

摘自下揭附表

附表　全島稻作農家戶數推測用之耕作面積及戶數

（甲，戶）

種類		1925 年		1932		1935		1939		平均每戶之耕作面積
		面積	戶數	面積	戶數	面積	戶數	面積	戶數	
水稻	1 期	238,271	199,040	254,384	212,500	288,278	240,814	268,521	224,310	1.1971
	2 期	287,350	262,013	307,957	280,803	369,120	336,573	352,339	321,272	1.0967
	計	525,621	460,385	562,341	492,547	657,398	575,806	620,860	543,803	1.1417
旱稻	1 期	10,953	19,587	12,130	21,692	17,535	31,357	6,968	12,461	0.5592
	2 期	31,344	50,506	28,683	46,218	24,742	39,868	17,721	28,555	0.6206
	計	42,297	70,308	40,813	67,841	42,277	70,274	24,689	41,039	0.6016
合計		567,918	532,656	603,154	565,704	699,675	656,232	645,549	605,467	1.0662

耕作面積乃根據「台灣農業年報」1931 年、及同 1943 年、及「台灣米穀要覽」1937 年而定。
平均每戶耕作面積乃根據 1921 年之數據。（按第 75 表）

第 77 表　稻作農家之地位（1921～39 年）

（戶，%）

年別	農家總戶數		米作農家	比重	
	農業年報	農業調查	戶數	①	①
1921年	385,277※	423,278	275,300	65.85	59.96
25	393,777	—	312,319	79.31	—
32	404,002	384,152	332,105	82 20	86.45
35	419,865	—	391,508	93.25	—
39	428,492	431,784	365,233	85.24	84.59

※1922 年　摘自「台灣農業年報」1931 年，14 頁，同，1943 年 8 頁。「農業基本調查書」第 4，1922 年 3 頁，同第 34，1933 年，3 頁，同，第 41，1940 年，7 頁。

第78表　稻作農家自佃農別推測戶數(1921～39年)　(戶，%)

	全島農家				稻作農家			
	合計	自耕農	自佃農	佃耕農	合計(推測)**	自耕農	自佃農	佃耕農
1921年	385,277*	116,700	111,512	157,065	277,921	83,376	80,597	113,948
	100	30	29	41	100	30	29	41
25	393,777	114,291	118,488	160,998	312,319	90,573	93,696	128,050
	100	29	30	41	100	29	30	41
32	404,002	132,230	119,338	152,434	332,105	106,273	99,632	126,200
	100	32	30	38	100	32	30	38
35	419,865	132,108	128,395	159,362	391,508	121,367	121,367	148,773
	100	31	31	38	100	31	31	38
39	428,492	140,129	134,013	154,350	365,233	120,527	113,222	131,484
	100	33	31	36	100	33	31	36

*1922年　**摘自第77表
摘自「台灣農業年報」1931年及同，1943年。

戶。一九三九年雖曾略有減少，但仍達三六五，二〇〇戶。其增加的原因，主要是：水利灌溉事業的擴大；蓬萊米登台帶來的收益，以及因商品經濟發展，市場稻米不足而導致强制栽培，還有因工業尚不發達，農民轉業不易等。上述種種均構成了種稻農戶增加的充分條件。通過這些條件，台灣農業內部的種稻積極性日益深入發展。

其次，如欲確定種稻農戶在全島農家總戶數中所佔位置，正如第77表所示，顯然具有舉足輕重的分量。例如，一九三五年曾高達九三%。這一數字係根據推定數字算出，難免有些誤差，但稻農的比重因蓬萊米的登台而急遽上升一事，則是確實的。自一九三九年起，總督府採行種稻抑制政策，使種稻農家的比重稍有下降，但仍保持着八〇%左右。

而問題的焦點在於，如此普遍的稻米生產，是在什麼樣的生產關係中進行的，亦即地主與佃農之間的關係包括什麼內容，其對稻米生產的影響程度多大等。如欲探討這些問題，首先必須掌握在種稻農家中的自耕農及佃農數量。對此，先以「台灣農業年報」所載自耕農、佃農的農戶構成比率加以推定，正如第78表所示情況。此處所示自耕兼佃農的

標準並不十分明確，但所謂佃耕農家即爲毫無自耕地的純粹佃農，而自耕農家則是只經營自有耕地的農家⑥。根據此表，種稻佃農約佔全體農戶的四一%至三六%，約爲一一四，○○○戶到近一五○，○○○戶的程度。如包括自耕兼佃農，則種稻農戶中約有三分之二以上的約二○○，○○○戶至二七○，○○○戶或多或少地處於佃耕關係。此表所列種稻佃農或自耕兼佃農的戶數，係根據全島農家的自耕農及佃耕農的構成比率推算，因而其在全體種稻農家中所佔比率，必然會隨着後者之減少而逐年降低。另一方面，從水田佃耕面積的變化看，亦可推知佃耕地在總耕地面積中所佔比率逐年減少，但其實際面積卻在大幅增加。例如，一九二一年至一九三九年之間即增加九五，○○○甲以上（第79表）。這些水田不同於旱田，絕大部分都可耕種水稻。因此，假定每戶平均耕地面積與一九二一年調查時相同，則一九三九年的種稻佃農以及自耕兼佃農的戶數，理應比第78表所示者還多。由此可見，以第78表所推算的種稻農家中，佃農及自耕兼佃農的戶數，實際上是低估了的數字。

第79表　佃耕農地面積之變遷（1921～39年）（甲，%）

年別	水田		旱田		合計	
	小作	%	小作	%	小作	%
1921年	233,466 （69.12）	58.07	168,580 （47.68）	41.93	402,046 （58.16）	100.00
32	264,026 （66.64）	63.19	153,799 （40.05）	36.81	417,824 （53.55）	100.00
39	328,770 （61.29）	68.38	152,029 （47.93）	31.62	480,799 （56.33）	100.00

摘自台灣總督府殖產局「耕地分配及經營調查」，「農業基本調查書」第2，1922年，4頁，同第31，1933年2～3頁，第41，1940年，6～7頁。
（ ）表示佃耕地分別在水田、旱田耕地面積中所佔之比率。

根據上述資料看，約有七○%的種稻農民，以及七○%的種稻田地的稻米生產是在地主與佃農的關係中進行的。到了一九三○年代中期，由於蓬萊米的產量已佔稻米生產的半數以上，因而地主與佃農的關係亦以蓬萊米爲中心而展開，米穀的流通也深受其影響。

2. 本地地主與佃農關係的演變

台灣的地主與佃農關係，如前章所論，主要是將中國大陸舊的土地所有制原封不動地移植過程中成長的，因而與其有着密不可分關係的租佃方式也繼承了中國大陸的慣例，從而它其有不同於日本佃耕關係的幾個特點⑦，要之，即(1)佃農須付給地主「定頭金」⑧及「磧地金」⑨；(2)旱田的佃租經常採取預繳方式；(3)種二期稻的田地，其佃租雖可一年分兩次繳納，但在種第一期時，須先繳付大部分佃租；(4)因風、水、旱等自然災害造成歉收時，亦不減免佃租，即存在「鐵租」的舊習慣；(5)將繳納實物佃租的地點定在佃農的住處，而佃農必須冒着莫大的風險去負擔保管的責任；(6)地主可任意更改佃租；(7)在地主及佃農之間，尚有專以賺取中間利益爲職業的佃頭或稱二頭家在飛揚跋扈地進行榨取等。此外，佃租分爲「物納」與「銀納」兩種。一般水田多採用物納方式，旱田則多採用銀納方式⑩。一般來說，佃租的比率北部地區略高於南部地區，因而其佃農的負擔十分沉重⑪。總督府於一九二〇年開始進行農業基本調查工作，並初次公開了佃租的情況。正如第80表所示，一九二一年仍然繼續北高南低的狀態，而且水田的佃租率高出全島平均佃租率的五〇%以上。尤有甚者，大部分佃租契約皆爲口頭約定，書面契約極少。而訂立書面契約的當事人，大多屬於大地主或者是會社等特殊情況。同時，契約內多未規定期限，即使偶爾有所規定，也多爲短期契約，容易被中途解約，因而地主可毫無忌憚地抬高佃租。除此種種不利條件之外，再加上前述定頭金及磧地金，迫使一般佃農瀕臨於窮困的邊緣，而且其絕大部分

第80表　佃租費之比率（1921年）　（%）

州　　別	水田	旱田
台　北　州	52.60	34.67
新　竹　州	53.67	31.39
台　中　州	51.93	36.84
台　南　州	46.15	26.78
高　雄　州	44.99	32.46
台　東　廳	45.78＊	32.26
花　蓮　港　廳	43.83	17.89
全　島　平　均	50.18	27.85

※按資料爲55.78%但推測爲誤印，故加以訂正。
摘自台灣總督府殖產局「各州佃耕習性調查」1926年，附錄39～40頁。

第 81 表　二期稻作田佃租費之比率（1927，37 年）（%）

州　別	1927 年			1937 年		
	上田	中田	下田	上田	中田	下田
台北州	53.3	54.3	53.9	51.3	50.7	47.5
新竹州	50.7	50.6	50.6	55.0	53.9	53.4
台中州	49.6	48.8	49.0	55.9	50.1	48.7
台南州	43.5	45.0	46.0	57.7	42.9	42.9
高雄州	45.4	44.1	45.8	48.6	44.4	41.3
台東廳	48.2	47.9	47.9	—	47.8	51.4
花蓮港廳	42.3	42.6	42.3	37.3	45.6	42.7
全　島	49.3	49.1	49.4	54.4	48.2	44.5

根據台灣總督府殖產局「耕地借貸經濟調查」（之一，兩期稻作田，單期稻作田），「農業基本調查書」第 25，1930 年，6～15 頁，同「農業基本調查書」第 39，1939 年，1～5 頁而計算。

上述之「農業基本調查書」中，並無區分上、中、下之區分，所以按 1～5 等則田，6～10 等則田，11～15 等則田而劃分爲上、中、下田。另 16～17 等則田只有台南州及高雄州才有，在此略去。而台南州的中、下田幾乎全爲單期稻作田及三年輪耕田，高雄州及花蓮港廳則包含單期稻作田。

被陷於赤貧狀態⑫。

蓬萊米的登台與普及，對直接生產者來說，並未能改善其原已不利的佃租慣例。由於蓬萊米種的米價遠遠高於在來米種的米價，因而從一九二四年的第一期稻開始，以北部地方爲首的部分地主便開始爲以蓬萊米繳納佃租而活動。相反的，佃農方面則主張以在來米繳納佃租，或直接繳納碾好的蓬萊米，但須減繳一成至兩成。於是，舊有的佃租慣例便做爲問題而被突顯出來⑬。由於蓬萊米是日本資本主義回銷本國的必要生產物，地主與佃農之間的這一爭議當然不同於以往，而成了涉及日本資本主義再生產結構的問題。加之在此前後突然活躍起來的島內民族運動，亦擴及農民運動，使地主與佃農的關係形成殖民地統治者無法置之不理的重大社會問題。這種事態後來雖招致政府的干涉和介入（見第五章第三節），但沉重的佃租負擔仍未能得到任何改善。當時，總督府亦對佃租負擔進行過調查。如第81表所示，自一九二一年以後，僅於一九二七年及一九三七年進行過兩次調查。如表中所示，在此期間以播種蓬萊米爲中心的二期稻的佃租率並無太大變化，但在產量較高的上等田則略有上升。由於蓬

萊米的單位面積產量較在來米高出一七％到二〇％⑭，上等田佃租率的提高，實際上使地主獲得比迄今更高的佃租。關於中等田的佃租率，則從一九二一年的五〇・一八％（第81表）降爲一九三七年的四八・二％（第81表），佃租率略有下降，但從長期看，由於蓬萊米生產率的提高，地主所徵收的佃租的絕對量還是增加的。由此可見，蓬萊米的登台所造成的商品經濟發展，導致了佃租率的多元化、以及上等與下等田之間的差距擴大。對佃農來說，這種耕地等級的多元化並未因耕種蓬萊米而增加收益，或大大減輕佃租負擔。

此外，佃耕農家在蓬萊米引進之後，由於商品經濟的發展及政府的指導，得以藉訂立書面契約而獲得了較爲穩定的佃農地位，但隨著佃租繳納時期的變更，以及對繳納品種及品質的要求嚴格化，實際上是被更加大了負擔。一般來說，由於蓬萊米的第一期稻恰好碰上日本國內米的青黃不接時期，因而其價格要比第二期稻高。而從收穫量的穩定性來說，由於第二期稻易遭風水災害，對地主很不利，因而以北部爲中心的稻種區，自然就偏重在第一茬稻期間繳納佃租⑮。這就引起佃農之間流傳著下述一段話：「一期稻毫無所剩，還要靠更加靠不住的二期稻來維持這條朝不保夕的生命⑯。」其次，由於價格上有利，使地主在收實物佃租時不收在來米而改收蓬萊米。在改變收租內容之初，曾採行補助肥料、種子或減少一成至兩成佃租的優待方式，遂使佃農的負擔暫趨和緩⑰。但隨著佃租的多元化及合作化，佃租負擔亦因收穫量的增多而加重。但繳納佃租由在來米改爲蓬萊米的普及程度，目前尚無資料可查⑱。

那末，台灣的地主階級爲何能維持上述佃租慣例，輕而易舉地得以剝奪佃農們半數或者更多的收穫呢？以下擬就此進行探討。

一般地說，我們可從下述幾個方面來探究其原因。第一，台灣的地主以前述土地開墾過程中產生的特殊土地所有制，以及相當發達的商業性農業爲背景，在台灣的農村社會擁有根深蒂固的基礎。另外，由於農民階層的進一步

第82表　台灣、日本、朝鮮佃耕之比重（1921年）（%）

地區別	面積			戶數		
	水田	旱田	平均	佃農	自佃農	合計
台灣	69	48	58	42	22	64
日本內地府縣	52	39	46	28	42	70
北海道	58	45	47	45	15	60
朝鮮	64	43	51	40	37	77

摘自台灣總督府殖產局「台灣佃耕農實況」（豫報之一）1925年，3～5頁。

分化（見第五節），致使零細的經營形態遍布於農村。由於土地所有制的發展與小農經營形態的零細化，激化了農民之間謀求佃耕地的競爭。其結果，農民爲了求得生存，遂不得不忍受苛酷的佃租條件，這就給地主創造了提出更嚴苛佃租條件的機會⑲，表示土地所有制即地主制度發達與否的佃耕地面積及佃耕農家所佔比率，以一九二一年爲例，如第82表所示，台灣遠高於同時期的日本國內及北海道、朝鮮。根據資料顯示，佃耕地佔耕地面積的比率，台灣是水田達六九%，旱田達四八%；日本國內則分別是五二%及三九%，北海道是五八%及四五%；朝鮮則爲六四%及四三%。此外，就佃耕農在農家總數中所佔比率，台灣高達四二%，均高於日本國內及朝鮮。這種以水田爲主的高比率佃耕面積，以及大量佃農的存在，成爲種稻農業佃租過高的根源之一。

其第二個原因，不能忽視現代製糖會社的發展以及蓬萊米的登台。如前所述，現代製糖會社在台灣以自南向北的順序，同時以「贌耕」方式獲取原料而得以發展。自一九一〇年代中期開始，這些會社即以這種「贌耕」方式向盛行稻作的北部地區進展，結果更加激化了佃農求取土地的競爭，並進一步加速了佃租比率的提高⑳。而且，由於蓬萊米的出現，使地主嚐到蓬萊米價的甜頭，越發增加了其實際佃租收入，並導致水田耕地的擴大，提高了地主地位的穩定性（第79表）。亦即水田的高佃耕率及佃耕面積的擴大，在農業人口增加的情況下，使農民陷入競爭佃耕地的泥沼中，並造成佃租率的提高。此外值得重視的是，由於米糖出口商品的發達，也促使了商品經濟的發展及單作式生產結構的形成。這樣一來，既促進了農民階層

的分解，又阻礙了農業人口的增加，這也是造成佃農之間競爭佃耕地激化的原因之一。

台灣的地主制能穩定地收取高額佃租的第二個原因是日本的殖民政策。如前所述，日本爲其殖民地的統治需要，極其注重舊有的佃耕慣例，但日本統治階層所採取的佃耕制度改善工作，基本上是擴大農業生產及穩定農村社會，即使地主與佃農關係「合理化」並保持其安定的對策㉑，而對嚴重壓迫農家經濟的高額佃租，則未見有任何改善措施㉒。而從日本資本主義的後進性特質看，與其打破台灣的地主制推行農業資本主義化，不如保存台灣的地主制，在徵收地租關係之上，對農民的剩餘勞動進行層層的掠奪，是最爲理想的體制。特別是在種稻方面，由於多數本地地主與商人掌握著稻米商品在島內的流通過程，日本資本無法插足其間，而對各地出口稻米的登市、聚集等，只得依賴台灣資本主義前期性的本地資本。此時，高額的佃租正是促使地主、商人向農民收聚米穀，再匯集於市場的重要推力之一。因此，在維持高額佃租這一點上，日本統治階層與台灣本地地主可說是利害一致的。可以看出，在改善佃耕制度方面，日本殖民政策是有其限制的。

高額佃租能夠長期維持的第四個原因，幾乎所有的佃租都是採取實物繳納的方式。因爲，若佃租採取繳納貨幣的形式，當米價高於某一水準時則無可厚非，而如因經濟形勢變化，米價下跌至某一水準以下時，則農民難以承擔高額佃租。而農民採取繳納實物形式，當米價劇幅下跌時雖也難以生活，但因價格的變動差額已轉嫁給地主承擔，農民尚且能夠承受。另就地主的立場來看，爲能長期從農民徵收高額田租，也願意承擔部分價格變動的風險，而採取實物徵租方式自然較爲有利㉓。於是，農民薄弱的經濟力反而成爲維持高額佃租制度的原因。這種似乎矛盾的關係，正是台灣農業的一般現象。

3.米穀集聚的結構

在這種高額佃租的狀態下，通過地主與佃農的關係，台灣的米穀究竟有多少是經由地主之手集聚起來，又會有

第 83 表　米穀生產分配之推測量

（1000 石）

	總生產量			佃耕地部分			自有及地主部分之50%	
	水稻	旱稻	合計	水稻	旱稻	合計	實際數量	佔總生產量之比率
1921年	4,732（69.12）	244（47.68）	4,976	3,271	116	3,387	1,694	34.02
32	{ 7,672	401	8,073	5,113	161	5,274	2,637	34,37
	{ 8,529（66.64）	420（47.68）	8,949	5,684	168	5,852	2,926	32.70
38	9,599（61.29）	218（47.93）	9,817	5,883	104	5,987	2,994	30.50
39	8,051（61.29）	201（47.93）	9,152	5,486	96	5,582	2,791	30.50

根據「台灣米穀要覽」1937 年，9～10 頁中，「台灣農業年報」1943 年，16、18、28 頁而作成。
（ ）爲佃耕地佔耕地面積之比率。1939 年便根據 1938 年來作，地主部分乃以佃耕地比率推測量之一半來計算。
1932 年以上段數字爲 31 年第 2 期收穫量及 32 年第 1 期收穫量之總合。此數字亦引用於 84 表中。

多少被商品化而流通於市場？我們必須在最後從其機轉（mechanism）層次加以探討。

關於這一點，完全找不到具體調查過的統計資料。因而，只能從自耕農和佃農的耕地面積及每甲的平均佃租做爲推算的根據。然而，前者僅有一九二一年、一九三二年及一九三九年的三次調查記錄，而後者也只有一九二一年、一九二七年及一九三七年的三次數據。而從耕地面積方面看，由於一期稻和二期稻的生產力差距頗大，而自耕農與佃農的耕地面積也未有記載，故極難推定佃租方面的米穀聚集程度。同時，有關土地所有構成的資料，也由於在一九三二年及一九三九年的調查中没有記載，因而也無法查知徵收佃租時米穀集聚的階層性分布狀態的變化。所以前述基於佃耕關係而集聚的米穀傾向，只能是做爲一般土地大致分成自耕和佃耕兩種地，而且由此所推算的米穀生產分配比率，亦必然要受佃耕地在耕地總面積中所佔比例的很大限制。

事實上，依據上述一般方法計算的結果，由第83

表可知，地主的收租比率隨着佃耕地在耕地總面積中所佔比率的逐年下降，亦從一九二一年的三四・〇二%降爲一九三九年的三〇・五〇%。此表所記載的地主所得佃租，即是對照佃耕地在耕地總面積中所佔比率，算出佃耕地的稻米總產量，最後再乘上五〇%佃租率而得出的。一般地說，地主爲獲取更多的佃租，要求多種生產效率高的上等水田，以便使其佃租收納額較一般土地高。如統一考慮這一點，則第83表所列地主所得的佃租，實際上可說是相當保守的估計。

根據上述計算方法得出的地主所收佃租米穀數量，從一九二一年的一六九萬石，大幅增至一九三二年的二九三萬石，以及一九三九年的二八〇萬石。由於蓬萊米登台帶來的土地生產效率的顯著提高及佃耕關係的穩定發展（即佃租比例的商品經濟性合理化）等，均使地主所得的佃租大幅增加。總而言之，在台灣的以地主與佃農關係爲基軸的稻米生產結構，包括約七〇%的種稻農民、約七〇%的佃耕農地，以及六五%的稻米產量。這就是稻米生產結構的實際情況，也是地主統治的現實情況。

最後，擬根據前述稻米的生產結構，進一步探討關於稻米流通分布的狀況。亦即對地主徵收的佃租米穀和農民保有的自家米穀中各有多少以商品形態流入市場問題進行研究。但由於資料的有限制，無法推定一九二一年及一九三九年的實際狀況。而對不從事耕種的所謂寄生地主的數字，僅一九三二年的調查報告有所記載。在此，以下述兩個條件爲前提，分別算出一九三二年時地主與農家的米穀商品化比率。其前提條件是：(1)八四，二三四戶的寄生地主均以佃租米穀作爲自家消費之用，如有餘糧，才向市場出售；(2)自耕地主完全消費自己所生產的米穀，與佃租米穀毫無關連。第84表即是以此算出的結果。同表中關於寄生地主每戶消費量的計算，主要是依據下述兩種資料來源算出的，即：(1)「農家經濟調查」（「農業基本調查書」，第三十冊。主要是以種稻農家爲對象，於一九三一年三月至一九三二年二月所算。以下簡稱「調查資料」）所載，西部五個州的自耕農平均消費額爲二一八圓九分，即十

第 84 表　推測生產稻米商品化之比率（1932 年）　　（1000 石，%）

種類	生產分配		調查資料			年報資料			左二者平均		
	實際數量(A)	構成比率	販賣量		商品化比率	販賣量		商品化比率	販賣量		商品化比率
			實際數量(B)	構成比率	(B)/(A)	實際數量(C)	構成比率	(C)/(A)	實際數量(D)	構成比率	(D)/(A)
地主米	2,637	32.66	1,424	27.77	54.00	2,137	41.67	81.04	1,780	34.71	67.50
農民米	5,436	67.34	3,704	72.23	68.14	2,991	58.33	55.02	3,348	65.29	61.59
合計	8,073	100.00	5,128	100.00	63.52	5,128	100.00	63.52	5,128	100.00	63.52

調查資料：「農家經濟調查」，「農業基本調查」第 30，稻作農家，1934 年，1.23 頁。
年報資料：「台灣農業年報」，1940 年，17 頁及「台灣米穀要覽」1939 年，99 頁。
生產分配：按前揭第 83 表。
地主數：84，234 戶，按「耕地分配及經營調查」，「農業基本調查書」第31，1934 年，3 頁。
販賣量：5,128 石，按後面 85 表。
地主米之銷售量乃寄生地主戶數 84,234 戶乘上每戶平均消費量 14.393 石及 6.222 石，再從地主佃租米（2,637 千石）中扣除而得到之數據。農民米之銷售量乃總銷售量 5,128 千石）中扣地主米銷售量之結餘。

四．四石，（一石約可換算爲十五圓一角四分五厘，請參考㉔）。(2) 根據「台灣農業年報」（以下簡稱「年報資料」）所載自耕農每戶約爲六．三三人再依據「台灣米穀要覽」所載每人平均消費額爲〇．九八三石的數字，然後將二者相乘，可得出每戶平均爲五．九三七石的消費量。由於根據前二項資料得出的數目，而二者之間的差距又表現得如此之大，因而只能在了解這種前提條件與資料受限制的情況下，對此表加以詳細分析，而後得知兩者的米穀商品化比率分別是：地主徵收的米穀爲五四％到八一％，平均約爲六七％；農民保有米穀爲五五％到六八％，平均爲六六％左右。一般地說，前者是高於後者。這主要是由於，台灣的地主通過徵收高佃租率，將大量米穀納爲己有，再將其多數流向市場。另外，從二者在總銷售量上所佔比率看，地主徵收的米穀約佔二八％到四一％，農民保有米穀則爲五九％到七八％，可見是後者高於前者。從這一點可知，台灣農民自己所生產的米穀，並非用於自家消費，而是處於儘量向市場銷售才能勉强糊口的狀態。正如此表所示，無論依據何種資料推算，均得出這樣的結果，而農民必須拿出半數以上的自家米穀到市場銷售。而當時的全球性經濟不景氣也投下了暗影，致使台灣農民的所謂窮困被迫性販賣的性質更加突出。

從宏觀上看，如以稻米的總收穫量與島內非農業人口的消費量及全島總出口量的合數相比，即可推算出稻米商品化比率的大致變化，即第85表所示。從此來看，台灣稻米的商品化比率，遠遠高於日本國內及朝鮮㉕。而自一九三二年的六四%至六六%進一步躍升爲一九三六年至一九三八年的七五%。然而，這一商品化比率的推算，並未將農業人口與非農業人口之間的消費習慣差異及消費量的差距，以及各地區以蕃薯等雜糧爲代用糧的情況考慮在內，因而未必能正確地反映出其實際的狀況。但在進入三〇年代之後，商品化比率確有進一步的提高。從這一點來看，決不能將台灣農民的窮困被迫性販售的性質僅歸因於前述世界經濟不景氣的暫時性因素。同時，台灣人口年平均消費量的逐年降低（見第86表），正說明佔半數以上人口的農民，確實在繼續過着窮困而被迫銷售自家種米的生活。值得注意的是，日本殖民地式經營造成的農家商品化經濟的進一步發達（見下節）；高額的佃租比率，以及受日本殖民地政策保護而長年安享巨額佃租的地主制等，才是台灣農民繼續過着窮困而被迫銷售自家米的根本原因。

二、流通過程的跛足形發展

1.「土壟間」的形成與發達

如前所述，台灣島內的稻米交易，幾乎都由以「土壟間」即碾米業者爲中心的本地勢力掌握。因而在探討稻米流通過程的全貌之前，擬首先將土壟間的歷史沿革，做一簡單的概述。

從字義來解釋土壟間，土壟即指土製的碾米臼，而「間」則是「室」的意思，因而土壟間即是碾米工場。後來轉爲稱一般的碾米業者爲土壟間㉗。而從其歷史過程看，與其說土壟間是在碾米業的基礎上發展起來，倒不如說它原是農村金融業兼稻米交易機關，再加碾米加工機能較爲妥當。台灣的「舊習慣調查」㉘雖然對此略過而不談，但上述事實說明這一點。

第 85 表　推測台灣米穀商品化之比率（1929～38 年）

（1000 石，%）

年別	總收穫量 (P)	非農業人口之消費量(A)	總進口量 (B)	總出口量 (C)	商品化量 (A－B＋C)	商品化比率(A－B＋C/P)
1929～31年	7,026	2,318	251	2,396	4,463	63.51
32	8,073 (7,758)	2,045	256	3,339	5,128	63.78 (66.10)
36～38	9,478 (9,490)	2,339	9	4,836	7,166	75.60 (75.51)

摘自台灣總督府米穀局「台灣米穀要覽」，1939 年，98～99 頁，同殖產局「台灣農業年報」，1940 年，17 頁。

（ ）之數據爲總收穫量加上前年期結餘量，再減去存留到翌年期之結餘量，亦即所謂的實際供給量，依此而計算出商品之比率。

然因 1929～31 年，結餘量不詳，故只列舉根據總收穫量之商品化比率。總收穫量爲前年第 2 期收穫量與此年第 1 期收穫量之總計。

第 86 表　平均每人米穀消費量之變遷

（1922～35 年）　　（1000 人，1000 石）

年別	米產量	人口數量	平均每人消費量(石)	總出口量
1922年	4,712	3,822	1.233	481
23	4,115	3,892	1.057	1,196
24	3.467	3.957	0.876	1,779
25	4,550	4,062	1.120	1,720
26	4,389	4,093	1.072	1,712
27	4,937	4,187	1.179	1,699
28	4,937	4,284	1.152	1,905
29	4,789	4,389	1.091	1,637
30	4,990	4,506	1.107	2,120
31	4,929	4,634	1.064	2,588
32	4,676	4,757	0.983	3,083
33	4,782	4,883	0.979	4,068
34	4,270	5,013	0.852	5,043
35	4,201	5,148	0.816	4,486

摘自 1925 年以前之帝國農會「米穀問題參考資料」，1933 年，35 頁。人口則爲「台灣總督府統計書」，1928年、28～29頁。1926年以後台灣總督府「台灣米」1936年，38頁。

人口中不包括「山地之山胞」。

換言之，土礱間原係扮演籌措佃耕資金的角色而起家的㉙。由於台灣的土地所有制係沿襲中國大陸的一地二主制及苛刻的高額佃租，使土礱間得以進行高利貸式的農村金融行爲。其做法是，起初借給佃農的資金採取現金形式，但其償還則採取實物形式，由於償還的實物米穀都是稻穀而非粗米，如欲銷售以換取現金，就必須再經過加工㉚。於是，土礱間便因此而發展了礱米加工機能。同時，由於一部分大租戶及小租戶本身缺乏礱米器材，土礱間則負責收購所集聚的一部分準備上市之稻穀。

由此可見，土礱間原以經營農村金融即高利貸爲本業，其後才附帶發揮礱米業的機能。因而對土礱間來說，礱米加工只不過是使回收的出租實物現金化的一種手段。因而也未必僅由土礱間來承擔礱米加工㉛，而大多數稻米則由大小租戶以及個人將其礱爲糙米，而後經由各自渠道，被中間業者、精米業者、以至輸出業者加以採購及銷售（見第87表）。關於糙米的交易過程，土礱間未必介入其與米商之間的交易活動。它確實經過米穀交易的一系列過程，但礱米原先只是它的附隨性機能，後來才逐漸發展成做爲礱米業的土礱間。

從其形成過程看，土礱間原來是高利貸業者，並附帶從事稻米的販售活動，而礱米機能只不過是它的第二位工作。但在一九一二年前後，由於盎格魯巴魯浦式礱米機的普及，以及中

第87表　糙米之交易過程（舊習慣）

佃農	米販—米商—輸出業者 米商—輸出業者 米店
土礱間	米商—輸出業者 米店 輸出業者
大小租戶	米販—米商—輸出業者 米商—輸出業者 米店 輸出業者

米販或米商不僅銷售給米商或輸出業者而已，亦銷售給米店，但上表中省略。另輸出業者尚包括運輸商。
摘自前揭「經濟資料報告」，上卷，30～31頁。

南部地方興建發電廠而推動電動機的廣泛使用，大為改善了土壟間的碾米能力。加之，自一九一三年開始的稻米產量的增加和大量交易，促使碾米業的「專門化」㉜。從這一時期開始，台灣農家即不再自行碾磨糙米，而改為委託土壟間加工後銷售的辦法。於是，土壟間便開始雇用稱之為「出庄」的領薪工和稱為「糶長工」的義務工人，令他們前往各地大量收購稻穀㉝。同時，土壟間不只是與農家進行交易，據說部分土壟間亦於一九一三年起，還介入生產者與中盤商之間的交易，並從事米穀輸出工作㉞。從上述活動看，土壟間正式成為碾米業者，是在一九一〇年代前半期左右。

隨着土壟間正式轉化為碾米業者與流通業者，使其所進行的稻米交易活動，亦由過去作為回收貸款手段的領取稻穀方式，逐漸改變為積極收購稻穀的形式。在此期間，土壟間所採取的稻穀收購方式，大致可分為下列四種㉟：

(1)青田買賣——此辦法多用於米價騰貴的歉收年份。在水稻即將結穗前後，土壟間即派「出庄」、「糶長工」到各地，以市價為基礎進行唱價決定交易價格。成交後預付相當於稻穀市價的六至七成款項，農民則於收成後二十日內繳納穀物。此時再付清餘款。

(2)放庄——土壟間以每月二至三分的利息向佃農貸款，而佃農做為償還依據與土壟間簽訂稻穀收成後交貨的買賣契約。到收穫期時，雙方再根據當時的行情進行稻穀交易。這是賺取預付款與收購款差價的一種算細賬的方式。

(3)放敷——即土壟間通過稱為「埔頭店仔」的雜貨商人收購稻穀的方式，但從策略上考慮，多採取先貸款給埔頭店仔的辦法。其後，埔頭店仔向農民賒賣雜貨，到收穫時間再以時價抵算相當於欠帳的稻穀。之後再將稻穀售予「出庄」、「糶長工」，或直接賣給土壟間。

(4)依時行情——即委託販售之意。土壟間先與農家交涉，要求其於某一時期提供所定數量的稻穀後，再將預付

貸款給予農民。之後，根據雙方一致達成的稻米價格進行交易。這是細算提前貸款金額與委託稻米交易金額差價的辦法。此時雙方須扣除貸款期間的利息。

如前所述，土壟間蓄聚稻米的方式，已從領取稻穀作爲償還金融貸款的辦法，轉變爲主動提供款項以積極獲取稻穀的作法。亦即原先的目的已變成了必要的手段。這種作法的改變，使其由碾米業逐漸轉變成以流通業爲本行的工商業者。然而，他們當然不會改變其作爲高利貸業者的本質。因此，只要台灣的地主制即高額佃租仍根深蒂固地繼續存在，農民即難以按自己的期望改善經濟生活，並將永遠被迫處於貧困狀態。而只有在這種情況下，土壟間才能以高利貸式農村金融業者的姿態，橫行無阻㊱。事實上，土壟間與地主經常是同一人格的人。因此，土壟間始得以與台灣地主制共呼吸、同命運地生存下去。

就此意義講，蓬萊米的登台並未改變土壟間在稻米流通過程的活動形態及地位。如前所述，蓬萊米的登台及普及並没改善台灣的地主制與高額佃租的現象。正如第88表所示，蓬萊米登台後的農家稻米銷售方式，大致可分爲實物買賣、寄倉買賣、結價買賣、及依時買賣的四種交易形式㊲。其中，根據正式調查，相當於「青田買賣」的結價交易形式居第二位，全島共有四十一個市、郡推行這種形式。事實上，預先貯存實物，視市場價格變動再決定出售的「寄倉買賣」爲數很少。因爲，一般農家均處於不得不在收穫實物之前賣出的窘困狀態㊳。至於結價買賣方式，亦是一種尚未收穫實物即須賣出的方式。此種交易形式多在擁有財力的土壟間和資金

第88表　稻穀販賣形態順位別之市郡數量

交易形態	第1位	第2位	第3位	第4位	未買賣
現物買賣	50	2	1	—	—
寄倉買賣	1	5	17	6	24
結價買賣	—	41	1	1	10
依時買賣	2	3	13	5	30

根據台灣總督府「有關台灣農家米穀販賣之調查」，1936年，18～25頁而計算。

窘迫的小農之間進行，是一種前期交易性格濃厚的交易形態，而在繳納佃租時期或舊曆年前後盛行，或在購買肥料及納稅等農家經濟最窘迫之時尤爲盛行㊴。如前所述，土壟間依舊保有高利貸的性格，並寄存於當時的地主制，極其活躍地進行前述交易活動。從本質上看，土壟間可說是碾米業者、地主及金融業者三位結合一體的組織。上述各種現象足可證明這一事實㊵。

當然，由於蓬萊米的登台而帶來的稻米生產激增和輸出數量的擴大，加上商品經濟的發達導致農家越發需要現金等，進一步刺激了土壟間的交易活動。正如第89表所示，自一九二〇年代中期開始，土壟間上等糙米的碾磨量即急劇上昇，到一九三五年終於達到稻米總產量的八〇%，超過七一〇萬石。此外，土壟間的戶數也於一九二〇年代後半期開始增加，到一九三五年達到一，七〇〇戶。然而，在一九三〇年代後半期，由於農業倉庫的發達及稻米管理的强化而受到來自上層的壓力之前，土壟間幾乎操縱了島內絕大部份的交易。如以這種情況與第85表的商品化數量相比，則饒有趣味的是，二者

第89表　「土壟間」碾米事業之發達（1914～37年）

年別	碾米戶數（戶）	職工人數（戶）	糙米碾量（1000石）	收穫量（1000石）	佔收穫量之比率(%)
1914	610	2,268	778	4,531	17.17
16	637	2,371	1,070	4,987	21.46
18	737	2,928	1,442	4,792	30.09
20	828	3,068	1,635	4,890	33.44
22	743	2,860	1,618	5,202	31.10
24	845	2,979	2,548	5,246	48.57
26	878	3,164	3,381	6,101	55.42
28	1,136	3,674	3,816	6,841	55.78
30	1,588	3,917	3,974	7,111	55.89
31	1,656	4,052	4,856	7,516	64.61
32	1,656	3,927	5,358	8,073	66.37
33	1,612	3,918	6,136	8,666	70.81
34	1,557	4,066	6,742	8,934	75.46
35	1,700	4,435	7,114	8,906	79.88
36	1,060	3,206	5,473	9,532	57.42
37	1,108	3,533	5,283	9,231	57.23

根據「台灣工商統計」，1924年，73，同，1933年，50～51頁，同，1937年，54頁而作成。
1934年以後，爲以糙米一石＝143瓩之換算率來算。而收穫量乃指前年第２期稻作收穫量與此年第１期稻作收穫量之總和。

第90表　「土壟間」之組織規模※（1932年）

資本規模別	株式會社	合資會社	個人經營	共同經營	組合經營	計	構成比率%
1～5千萬圓未滿	1	9	63	2	1	76	8.65
5千～1萬圓未滿者	2	27	178	16	3	226	25.71
1萬～2萬圓未滿者	1	56	222	34	7	320	36.41
2萬～3萬圓未滿者	1	24	81	8	7	121	13.77
3萬～5萬圓未滿者	1	9	59	8	15	92	10.47
5萬～10萬圓未滿者	0	2	16	2	15	35	3.98
10萬～100萬圓未滿者	3	1	1	0	4	9	1.01
計	9	128	620	70**	52	879	100.00
%	1.02	14.56	70.53	7.97	5.92	100.00	

摘自前揭，根岸「南方農業問題」，72頁。
＊只限於出口至日本的米商業者，包含農業倉庫。
＊＊除資本額不明之4經營者外。

的活動大體吻合。換言之，當稻米的商品化數量由四五〇萬石（一九二九年至一九三一年）增爲七二〇萬石（一九三六年至一九三八年）時，土壟間的上等糙米碾磨量亦由四〇〇萬石（一九三〇年）提高至五四〇萬石（一九三二年），甚至七一〇萬石（一九三五年）。亦即，此時島內的稻米交易幾乎全部集中在土壟間。

土壟間雖在島内擁有絕對控制力，但如從其經營形態及資本組織形式看，則帶有極其濃厚的前現代性格。單就稻米輸出方面看，一九三二年時，以個人形態經營者竟達七〇%，而從資本規模看，未滿兩萬圓的小額資本工場也佔全部廠家的七〇%（見第90表）。此外，無論是會社組織或共同經營者，絕大多數仍由具有血緣關係的家族構成。就其使用的動力來看，雖絕大部份使用電力，但大半爲三馬力左右的發電機，而每家的職工人數多爲二至三人。以這種零星規模的個人經營形態佔壓倒多數的土壟間，其所以能阻止日本資本的入侵，並大幅囊括島內的交易數量，主要是因爲擬在下章敍述的若干個理由。在此所需注意的是，土壟間在本質上寄生於地主制，並兼發揮農村金融業者作用的三位一體的存在形態而展開的多方面活動。

2.交易過程的雙重結構

第91表　輸日米之獨占情形（1935～37年平均）　（1000袋，%）

輸日商	1935年		1936		1937	
	處理量	比重	處理量	比重	處理量	比重
三井物產（台北支店）	2,735	28.75	2,937	28.02	3,045	27.90
三菱商事（台北支店）	2,041	21.45	2,159	20.60	2,280	20.89
加藤商會（台北支店）	1,915	20.13	2,231	21.28	2,159	19.78
杉原產業	2,135	22.44	2,356	22.47	2,055	18.83
小計	8,827	92.79	9,643	91.99	9,539	87.40
其他之移出商（22社店）	686	7.21	840	8.01	1,375	12.60
總計（26社店）	9,513	100.00	10,483	100.00	10,914	100.00

根據台灣總督府殖產局「台灣米」，1938年，58～59頁作成。

如前所述，大部分集中於土礱間的稻米商品，其大部分即將轉向對日本市場的輸出。而這些米一般都在兩、三個月前做爲期貨由土礱間轉移至負責出口業者手裏的㊶。這裡所指的「輸出業者」幾乎都是日本系資本，特別是三井、三菱兩個會社幾佔全體對日輸出稻米的五〇%，如再加上加藤、杉原兩會社，則由日本資本經手的比率將超過九〇%（第91表）㊷。因此，土礱間最終亦不得不將所加工的精米售予這些日本資本即四大商社。這樣一來，台灣產米的流通過程，即可明確形成島內集聚過程即碾米加工業者，以及出口到島外的過程，即負責輸出業者這麼一種分工形態。前者係由本地系的土礱間擔任，後者則由日系資本的輸出商社包辦。如將上述稻米交易過程整理成圖表，即如第6圖之所示。

這樣一來，台灣的稻米交易過程，係以本地的土礱間爲中心的島內交易機構及以日本出口商爲中心的輸出交易機構，以相互取長補短而並存的形式，形成了所謂「雙重結構」。蓬萊米登台的結果，創設了這種雙重結構的交易機構，但最後，仍然是日本資本凌駕於台灣這個老字號的交易機構土礱間之上。這個流通組織的雙重結構，就其內容看，可以歸納出四個特徵：第一，前者兼差米穀匯集、加工調整等加工與商業的活動，後者只是進行單純的輸出商業交易。第二，前者無需顧及品質的統一，而主要以米穀加工和銷售島內消費米爲主要業務，後者則要求米穀規模統一，作爲

第6圖　台灣米穀交易過程之體系
（1935年左右）

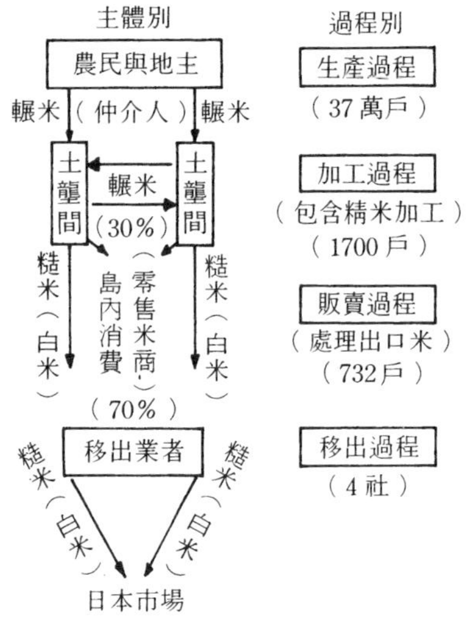

參照前揭，台灣總督府「台灣之米」，53頁。

輸出商品，要進行米穀檢驗，而此項工作係以國家權力為背景進行的。第三，前者為多數處於競爭狀態的零星性經營，後者則是處於壟斷地位的巨大商社。第四，前者不論人員或資本，全部隸屬於本地系統，後者則居於日本資本的壟斷控制之下㊸。概括地說，前者係以本地資本為中心，具有濃厚的前現代性格。相反，後者則以日本資本為中心，貫徹資本主義的合理性。這樣一來，擁有鮮明對照性格的二條流通體系，卻在稻米的流通過程中並存，所說的米穀商品流通過程的跛足性，即意味着上述情況。

在台灣的稻米流通過程中形成的這種跛足性的雙重結構，正意味著日本資本並未能驅逐土壟間，反而必須加以積極地利用。但在探討該問題的原因時，不能疏忽下列兩點：第一，日本資本無法從根本上摧毀台灣的地主制，反而有它必須與之相溫存與利用的原因。此點已在前面做過敍述，這裡不再重複。其次，土壟間與地主制相結合，以高利貸性質的農村金融為基礎繼續發展的情況，前面也有所述，在此擬加以省略。但必須强調的是，日本資本即對日出口業者通過對土壟間的利用，得以在日本國內市場充分發揮了經濟上的優越性。

如前所述，台灣種稻的佃耕地，約佔全部水田耕地面積的三分之二以上，而台灣的種稻農家，則由於高額佃租

第92表　蓬萊米之產地價格與輸日價格　（每100斤，圓）

年別	輸日港邊糙米現貨行情①	產地稻穀行情		差　額 ①－②
		每1000斤價格	糙米價格②	
1927年	11.49	85.75	11.25	0.24
28	9.59	68.87	9.04	0.55
29	9.48	69.67	9.14	0.34
30	8.81	65.21	8.56	0.25
31	5.58	39.52	5.19	0.39
32	6.89	51.88	6.81	0.08
33	7.10	50.85	6.67	0.43
34	8.00	58.68	7.70	0.30
35	9.98	72.97	9.58	0.40
36	10.53	78.81	10.34	0.19
37	10.68	77.80	10.21	0.47

根據「台灣米穀要覽」，1939年，98～99，104～105頁而作成。
北部出產米是依據基隆貨車裝載行情，產地稻穀行情則以台中市三等米100斤爲基準。
稻穀100斤相當於糙米76.2斤。

及高度的商品經濟關係，陷於因貧窮而被迫銷售自家消費米的狀態，而不能不將其所生產的稻米七〇%以上賣掉㊹。這種情況迫使零細耕作的農家必須以不敷成本的低價來出售產米。這或可顯示農民被迫處於爲社會提供無償勞動的狀態。從這一點看，台灣生產的稻米，做爲商品是廉價的，從而在市場上擁有強大的競爭力㊺。對此，土壟間也僅能賺取加工調製的微薄工資，以及抽取極低的中間手續費。例如第92表的推算，如將稻穀碾成糙米的價差，與輸出港口的糙米價格相比，即使包括工資，每百斤最多也只純得五角五分錢（一九二八年），最少則僅爲八分錢（一九三二年）㊻。在稻米輸出過程中，土壟間只能獲得微薄的利潤現象，足可證明日本資本即輸出業者利用土壟間，將台灣稻米的經濟優越性，完全納爲己有的掠奪本質。日本資本仰仗其壟佔地位，從土壟間買出無須再經加工調製的檢驗合格的米，只再辦理簡單的輸出業務即可大量集聚廉價稻米。這就是日本資本即輸出商未必要驅逐土壟間的最大原因。

然而，日本資本即輸出商通過本地資本即土壟間集聚輸出稻米的狀況，決非意味這兩條流通體系是對等的並存

關係。它依然是一種殖民地的統治與被統治的關係。最明顯的例子表現在稻米金融方面。亦即，日本資本抓住土壟間不僅從事加工販賣，也涉足農村金融而極須大量資金這一點，以預先貸款等方式，展開了資金的出借工作。例如，一九〇五年六月，三井物產會社立即以此方式進行巨額金融活動㊼。其後，預先貸款即成爲匯集輸出稻米的慣用手段。無庸置疑，土壟間又將得自日本輸出商的資金，反手貸予零星耕種的農民，以保證稻米的收購數量。日本輸出商以這種手段將土壟間置於控制之下，進而又通過土壟間達到間接控制農民的目的。

但進入一九二〇年代，這種預先貸款的慣例，助長了投機性買賣的盛行，以至於土壟間常將貸款轉爲他用，或變賣契約稻米以致無法繳交等，對日本資本來説，並未充分收效，反而招致了嚴重的損失，因而出現了欲將此制度合理化的活動。亦即自一九二五年前後，銀行機關及產業工會等機關融資活動開始擡頭，取代了輸出商之間的商社融資活動。從銀行機關的情況看，正如第93表所示，以一九三〇年爲界，稻米融資的規模即顯著增大，尤其是代表日本國家資本的台灣銀行，代表財閥資本的三和銀行的擴張明顯。相反，屬於台灣本地資本的彰化銀行和華南銀行的停滯與後退現象令人矚目。這些銀行直接貸予土壟間的融資到底有多少，至今尚不明確，但其貸款對象肯定是信用組合、土壟間、以至地主㊽。於是，土壟間一面受日本輸出商壟斷收買的控制，一面又被日本巨大銀行體制的金融控制，而它自己却做爲農村的簡易金融機關，將零星耕作的農民隸屬胯下，在農村社會保持著穩固的地盤。而日本資本即輸出商社便巧妙地利用土壟間的各種機能，輕易地從農民那裏掠取大量的輸出稻米。

進入一九三〇年代，特別是在一九三〇年代後半期，土壟間被迫做了大幅度地縮減。因爲自一九三〇年起將農會的稻米管轄任務交由產業工會，這就使起始於一九二〇的農業倉庫的米穀經營突然變得積極起來。直至一九三二年，正式運營的農業倉庫只有十六個，但到一九三八年，已達一三五個，而且幾乎都屬於產業工會經營㊾。這些農業倉庫和產業工會倉庫的稻米，在一九三四年時僅佔輸出稻米總額的二一・六六%，但至一九三八年卻已達三二・九%㊿。

第93表　各銀行機關之稻米融資（1942～38年，累計額）　（1000圓，%）

年別	總　額	台灣銀行	三和銀行	商工銀行	彰化銀行	華南銀行
1924年	143,543	69,735	12,614	8,492	9,680	9,414
	100.00	48.59	8.79	5.92	6.74	6.56
26	145,415	49,561	11,359	31,058	11,496	42,705
	100.00	34.08	7.81	21.36	7.91	29.37
28	140.217	91,134	18,473	8,359	14,820	7,432
	100.00	64.99	13.17	5.96	10.57	5.30
30	157,438	105,018	13,481	19,621	16,053	3,264
	100.00	66.70	8.56	12.46	10.20	2.07
32	183,236	126,919	25,182	18,213	11,138	1,783
	100.00	69.26	13.74	9.94	6.08	0.97
34	243,389	169,806	33,613	20,212	18,924	734
	100.00	69.79	13.82	8.31	7.78	0.30
35	262,498	168,471	30,155	35,858	27,248	765
	100.00	64.18	11.49	13.66	10.38	0.29
36	301,261	184,367	39,154	41,831	35,477	430
	100.00	61.20	13.00	13.89	11.78	0.14
37	317,334	203,957	42,548	36,614	33,796	419
	100.00	64.27	13.41	11.54	10.65	0.13
38	347,323	238,936	43,230	32,681	31,658	820
	100.00	68.79	12.45	9.41	9.11	0.24

根據台灣總督府財務局「台灣金融年報」，1934年，92～94頁，同，1939年，116～118頁而作成。

由於一九三一年修改了稻米檢查辦法，加上自一九三五年實施稻米品種與等級的重新分類而加强了檢查制度，這對具有前現代交易性格的土壟間來說，對其操縱輸出稻米的活動帶來了極大的困難。當然，這也表現出日本資本企圖向碾米業擴張的意圖。亦即，日本資本對土壟間的做法是，能利用的部分盡最大努力加以利用，而對其「不合理」的部分則盡量促其合理化。在這裡充分暴露出其殖民地統治的本來面目。然而，土壟間與農民之間迄今建立起來的關係，不會輕易被切斷，產業工會倉庫的擴張也有它的局限性[51]。

土壟間之所以不得不邁上没落之途，其主要原因在於，自一九三〇年代後半期開始制定的一連串國家統制措施。尤其是一九三九年十一月的「台灣米穀輸出管理令」，以及一九四一年十二月的「台灣米

穀應急措施令」的制定。特別是後者，規定除自家用米外的所有稻米均須全數售予政府，即採取了一種强制配給制度。由於這些措施，土壟間完全失去了活動的餘地，而在交易過程所起的作用亦被全面否定，只能成爲一具有名無實的形骸。而前者，爲抑制地主的米穀消費，改行以現金繳納佃租方式，以便直接統制佃農。這一措施也大大削弱了種稻的利益。而依附本地地主制生存的土壟間，也急激地衰退下去。

① 但全島的種稻農家未必都擁有一甲或一甲以上之耕地面積。第75表反映出這樣一個事實，即根據「米穀要覽」記載的全島稻米栽培總面積，較「農業基本調查書」中所載的總面積數爲多。但有關第一期陸稻栽培面積的調查結果，卻與此完全相反，「農業基本調查書」的數字則比「米穀要覽」多。爲何形成這一矛盾數據，目前尚不明其原因。但欲推定準確的稻農總戶數，依此資料則極爲困難。

② 推定出二三，〇〇〇戶的依據是按「農業基本調查」第四册所載資料，一期稻的種值面積爲二〇四，二〇一甲，其中一年一收地爲一四，九五四甲，二期稻有一八九，二四八甲。但因前者一年只能收成一次，因而不可能將種一期稻的農家戶數與二期稻農家戶數的重複計算。反之，一期稻的兩期稻田，由於一年可收兩次，因而對二期稻計算重複的可能性是有的。依據此調查，二期稻中兩穫稻田的面積約爲一七六，八三三甲，比一期稻的兩期稻田少一二，四一五甲。此數說明至少是一二，四一五甲的一期稻二穫稻田未被計入二期稻之內。如將此面積加上前述一年一收稻田的一四，九五四甲，則可查知具有二七，三六九甲的一稻田並不屬於二期稻。如將這一面積除以每戶栽培面積的一·一九七一甲，則相當於二二，九〇〇戶。此戶數相當於栽植一期稻總戶數一七〇，五七九戶的一三·五％。如以此比率乘以全島一期稻農家最低戶數一八一，七七二戶，則約有二三，〇〇〇戶。這是本文所述一期稻的農家戶數。本文以「簡單除法」所進行的推定，是以經營一期稻年收一次而不兼營二期稻的農家所做的假設。這一假設如根據氣候條件分析，正如一年收一次的一期稻稻田多分布於北部，而一年收二期稻稻田多分布於南部的情況相吻合。

③ 台灣全島農家戶數雖可從一些資料中推算，但這些數字未必一致。根據一九二一年「耕地分配及經營調查」（「農業基本調查書」第二）中記載，該年農家戶數爲四二三，二七八戶（同上「調查書」三八頁）。「台灣農業年報」則自一九二二年起才有農家戶數之記載，而該年的記錄爲三八五，二七五戶（同「年報」，一九三一年出版，一四頁）。再者，根據台灣農會資料之記載，一九二二年農家戶數爲三七五，二七七戶（「台灣的農業」，一九四一年出版，二〇頁）於此，本書原則上是以前二者爲基準來推算其比率的。

④ 關於這一點，川野推定種稻農家單營水稻者爲二七萬戶。兼種陸稻者三三萬戶，並推定其約佔農家總戶數的六三%至八〇%（前述「台灣米穀經濟論」二〇三至二〇四頁）。但就連川野本人也承認該數字顯然過於誇大。因爲川野並未注意「農業基本調查書」所示數字，只是栽種面積在一甲以上的農家戶數。此外，該「調查」的數字顯然出自印刷之誤，但川野未經校正即加以引用（同書第九七、九八表）。從這一點看，川野的推定未免有些草率。

⑤ 其前提條件是：第一，平均每戶的栽植面積，即爲第75表所示，其後亦無變化。第二，僅種一期稻而未種二期稻者，約佔全部種一期稻農戶總數的一三・五%（此點可參照注12）。

⑥ 在「台灣農業年報」的記載中，並未對自耕農及佃農的內容做出任何規定。在日本國內進行農地改革之前，大致將農民分爲六種。⑴⑵擁有出租耕地達一町以上之農家爲地主或地主自耕農、⑶擁有自營耕地九〇%所有權者爲自耕農、⑷擁有自營耕地五〇%到九〇%者爲自耕農或佃農、⑸擁有自營農地五〇%到九〇%者爲小自耕農。⑹完全沒有土地者爲佃農。（參考大內力一九六一年著「農業問題」六八～六九頁）。至於台灣是否也採行相同規定，則不得而知。依「台灣農業年報」記載，僅分爲自耕農、自佃農與佃農三種。但在一九三二年及一九三九年的「農業基本調查」」（「耕地分配與經營調查」）中，則寫有下列規定：「耕地爲自己耕種者爲自耕農，自耕兼佃耕關係者爲自耕農兼佃農，佃耕者爲佃農。」（同上，第三一，附錄，五頁；同上，第四一，一二三頁）（同上，第三一，附錄，五頁；同上，第四一、一二三頁）。如將「農業基本調查書」與「台灣農業年報」的自耕農、佃農的構成比率加以比較，則二者並無太大差別，因而後者大體上是以與前者的規定相似的基準區別自耕農及佃農身分的。

⑦ 請參考台灣總督府殖產局、產業調查書「佃耕制度的改善」，一九三〇年出版，七二～七四頁，及「台灣的佃耕情況及其改善設施」，一九二七年出版，四九～五〇頁。

⑧ 「定頭金」是佃農在簽訂合同時，提前繳納給地主的現錢（一般每份契約爲二圓錢），地主在契約生效期間，予以無息保管，期滿後歸還。相當於一種協議遵守的保證金。但其實際內容各地均有所不同。參照農林省農務局一九三七年出版的「朝鮮及台灣的佃耕情況」，一六八～一七〇頁；以及台灣總督府殖產局一九三一年出版的「台灣的佃耕慣例」，其一，「台北州管轄內」一九三一年出版，六八～七〇頁；同上其二，「新竹州管轄內」一九三三年出版，六九～七一頁。

⑨ 所謂「磧地金」，係指佃租契約成立後，佃農領受耕地時繳納給地主一定的佃租保證金（一般一石（台斗）的佃租約爲二圓）。地主在契約生效期間，可無息使用這筆款項。參考（注8）日本農林省農務局所出「朝鮮及台灣的佃耕情況」，一七〇～一七二頁；台灣總督府殖產局出「台灣的佃耕慣例」，其一，七〇～七六頁及其二，七二～七七頁。

⑩ 參考前述「台灣佃耕情況」（豫報之一），三五頁。

(11) 例如，據一八九八年的調查，台北地區的佃租約較百年前增加三倍，較二十年前增加二倍。佃農的純所得尚不及總收穫量的十分之四（參考前述「台北縣下農家經濟調查書」，八九～九〇頁）。
(12) 參考河田嗣郎著「台灣的佃耕制度」及京都大學「經濟論叢」第二六卷第六號，一九二八年六月，四〇頁。
(13) 參考台灣總督府殖產局「關於台灣佃耕問題的資料」，一九三〇年出版的一六四頁；以及新竹州一九三八年出版的「新竹州的農業」，七五頁。
(14) 例如，從一九三七年的每甲平均生產量看，蓬萊米在一期稻時爲一五，九六四石，二期稻爲一四，四三五石；相反，在來米的產量則分別是一三，三四〇石和一二，三六〇石。（參考一九三九年出版的「台灣米穀要覽」，一七頁）。
(15) 參考前述「台灣的佃耕情況及其改善設施」，一四頁。
(16) 參考梶原通好（當時的總督府官吏）著「本島的佃耕問題及地力問題」、「台灣農事報」一九二六年一月號，一四頁。
(17) 參考色部米作著「關於台灣產内地米種蓬萊米」；「大日本農會報」，一九二九年十月號，八～九頁；前述「台灣米穀經濟論」，六九頁。
(18) 從地域看，例如新竹州普及蓬萊米後認爲：「大部分地區一般都指定種植的品種……唯有桃園大圳地區幾乎都是一期稻的蓬萊米，二期稻則生產圓糯米」。參考前述「台灣的佃耕慣例」，其二，「新竹州管轄内」，三九頁。由此看來，有關蓬萊米的繳納佃租問題，受到了地域的很大限制。從台北州的佃租繳納情形看，一九三六年六月底蓬萊米在佃租稻米中，僅佔一五%左右，意外的低（參考台北州「台北州的佃耕情況及改善施設概要」，一九三七年出版，一七〇～一七二頁）。如果這是事實，可能是受到了季節的影響。
(19) 參考台灣總督府殖產局「各州佃耕慣行調查」，一九二六年出版，七一頁及二二八頁。
(20) 以彰化郡爲例，「約自大正四、五年起，各項物價飛漲，地價騰貴，再加地租的稅率提高，以及製糖會社的租耕申請，造成佃農激烈爭奪佃耕地。直至大正七、八年時，佃租較過去增加兩成至四成」，參考台灣總督府殖產局「各州佃耕慣例調查」二四三頁。
(21) 佃耕改善事業的先驅，是一九二二年台南州的新營郡。政府於該郡所轄各街，組織業佃會（地主與佃農之間的協調團體），並以此爲中心，成立新營郡聯合業佃會，專門從事改善佃耕慣例，調停佃租糾紛，協調地主與佃農的設施，謀求農產品的增加及農村的和諧。關於此等政府的「業績」，均詳載於「本島佃耕改善事業成績概要」的各年版中。
當時在總督府的管轄下，大約有三種改善地主與佃農關係的事業團體。其一是，以台北、新竹二州爲中心的業佃會和台中的興農唱和會等，是專以改善佃耕爲目的的溝通團體。其二是，以台南州、高雄州爲中心的農業組合和農業改善組合等，以農事一般的改善

爲目的，佃耕的改善也是其目的之一。其三是，高雄州的州農會。撥給這些團體的州的預算，年僅爲數千圓至一、二萬圓，這對日本統治者來說，是微不足道的。此外，地方有力人士與警察，常是這些團體的重要職員。因此，政府經由這種人加以統制（參考前述「佃耕制度的改善」，附錄，三～一三頁）。

㉒ 這些佃耕改善團體所進行的改善佃耕慣例的內容，主要是將重點置於普及契約方式和穩定佃耕關係。從簽訂書面契約的佃耕面積比率，可看出契約方式的普及程度。據調查，其普及程度由一九三〇年六月的一七％增至一九三八年三月的七四％（請參考前述「佃耕制度的改善」，一二二頁，及一九三八年出版的「台灣事情」，四四四頁）。從其內容看，本文已有所指出，並未將極端損害佃農經濟的舊佃耕慣例，如定頭金、磧地金及佃租等免掉或減輕，而是傾向於保留（參考前述「佃耕制度的改善」，一〇八～一〇九頁）。

㉓ 在這方面，對日本的統治階層來說，是與本地地主同樣有利的。另外，以實物繳納佃租所具有的經濟意義，在大內力的尖銳分析中得到啓發。（參考大內力一九六一年所寫「農業問題」，二三一～二三二頁）。

㉔ 二者之差距大的原因，從資料看，每戶平均人口數和與每人平均米的消費量相差太大。亦即，根據「調査資料」，自耕農每戶的平均人口爲九．六二人，而每人平均米的消費量則爲一．四九六石（參考同「調査」，第一卷，二三頁。原資料對消費額以「圓」表示，而根據「年報資料」，每石約爲一五圓一角四分五，故換算爲「石」）。對此，「年報資料」和「米穀要覽」中的數據是，各爲六．三三人和〇．九三八石（參考同「年報資料」，一九四〇年出版，一七頁；及同上「米穀要覽」，一九三九年出版，九九頁）。從一般常識的考慮，地主每戶的人口數和每人平均米消費量應高於一般農家，這是無庸置疑的，但不認爲其差距竟達一倍以上。附帶一提的是，根據一九三一年至一九三二年的「種米農家生產費調查」，全島五州的自耕農家，其每人平均米的消費量是一．三九九石。

㉕ 根據八木的推算，日本國內及朝鮮的米穀商品化比率，一九二四年到一九二八年間，各爲五四．七〇％和四八．二〇％。（參考前述「米價及米價統制問題」，四二八頁）。

㉖ 關於土壟間，有關其起源及形成過程的實際情況，以今日的研究水平尚無法清楚明瞭地加以回答。如將迄今的各種說法加以分類，有以下兩點，一說土壟間原爲農家的一種副業，不過是家庭工業式的碾米業。而在發展爲中小企業形態的專門性土壟間之前，處於過渡期形勢時，則是明治末期。根岸同意此說（參考前述「南方農業問題」，五八～六〇頁）。川野亦根據此說加以敍述（參考前述「台灣米穀經濟論」，二五五頁）。而根岸並未對此說進行明確而又有條理的分析。川野文章以「根據古老的說法」開頭，抬出八十年前台灣的一個大地主林本源的後代林時甫，說他曾經營土壟間，並將私有稻穀輸往中國大陸，其後遂慢慢衍生出其他的土壟

間同業等，以「古老的説法」爲言，提出並未必切合他自己論旨的擬法。總之，關於土壟間萌芽時期的專門用語概念並不明確，而如根據此説，至少是日本佔領台灣當時，没有土壟間這種稱呼，甚至連萌芽性質的東西也没誕生。另一説法的敍述是相當粗枝大葉的。認爲土壟間早已存在於安政年間，並將碾好的稻米輸往中國大陸。（例如，台灣總督府殖產局一九三七年出版的「台灣的工業」，一二四頁即載有此説。）但這與其説是一種學説，不如稱其爲一項記錄。因爲，它仍未表明土壟間是否屬於一種碾米的專門行業。然而，如依據此説，土壟間是早在日本佔領台灣之前即已活躍在稻米交易過程的一種行業。總之，存在着如此截然相反的兩種説法，但不論那一種説法都對土壟間的活動與內容曖昧不明，卻又在濫用「土壟間」一詞。姑且不論其那一種説法正確，重要的是必須弄明白土壟間的內容定義。但這就首先必須在某種程度上明確掌握土壟間的起源及其成長過程。

㉗ 參考「關於台灣的碾米業（土壟間）」，總督府農務局米穀課「米穀時報」，第十六號，一九二五年九月，二一頁。

㉘ 前述臨時台灣舊習慣調查會第二部調查，「經濟資料報告」，上卷，以下係根據此報告的論述。

㉙ 「舊習慣調查」對此點有下列敍述：因「個人貧困，家亦無剩餘者居多，故在收穫之前仰仗貸款者不在少數。而做爲其金融機關，僅有土壟間。」（同上，二八頁）。

㉚ 土壟間爲何不能不同意以實物償還貸款的方式，或者是它强迫佃農接受這種條件，「舊習慣調查」並未加以説明，只提到佃農在「收穫之後，常以稻穀做爲歸還本利的方式」（同報告二八～二九頁）。做爲上述問題的原因，最重要的是，土壟間係以高利貸爲正業，使農民於收穫後立即償還，可預防其倒債。由此可見，早期的土壟間並非專以碾米加工賺取利潤爲其經營動機。

㉛ 「舊習慣調查」對此有下列敍述：「穀子即稻穀一部分交給土壟間，其餘則仍留在大小租戶及佃農之手」（同上報告二九頁）。這些稻穀多由其各自所有者在自營的土壟間加工爲糙米。

㉜ 參考台灣總督府殖產局一九一三年出版的「台灣產業年表」，第九册，二八六頁。

㉝ 參考一戶正侯所著「國內及國外的台灣朝鮮定期米穀交易情況及統計」，一九二〇年出版，五五頁。所謂「羅長工」，即指凡事收取手續費的掮客商。一般是每六〇石即向土壟間領取一至二圓的手續費。

㉞ 參考台灣銀行一九一三年出版的「關於砂糖、米、茶的調查書」，四二～四三頁。

㉟ 參考前述「國內及國外的台灣朝鮮定期米穀交易情況及統計」，五五八～五六〇頁，以及台灣銀行總務部一九一一年出版的「中部產米的交易及金融，沿革」，一五～一六頁。

㊱ 參考下列敍述：「當前台灣的多數農民經濟上仍處於貧困狀態，必須依賴事前借貸制度，以擔負其生產費用與家計。由於處境貧

窮，故無暇顧及買賣條件是否對其有多大的不利」（前述「關於台灣的礱米業（土壟間）」，「米穀時報」，第十七號，三一頁）。

㊲ 該調查只調查了米穀的直接販售問題。而所述四種交易形態，均係直接販賣而非委託銷售。所謂「實物買賣」，係指簽訂契時即持有實物，在契約生效時即決定價格的一種方式。所謂「寄倉買賣」，雖也是實物買賣的一種，簽訂契約時並未議定價格。所謂「結價買賣」，則是一種期貨買賣，訂約當時並未持有實物，但與契約生效的同時決定價格。換言之，相當於收成之前先行交易的「青田買賣」。「依時買賣」則是既無實物又不決定價格的一種買賣契約方式。參考台灣總督府殖產局一九三六年出版的「關於台灣農家銷售米的調查」，一八頁。

㊳ 例如，在蓬萊米發源地北部地區的情況是：「一般農家無長期儲存米，而囤積米糧以待米價騰貴再訂立契約者，僅限於極少數大地主」（桃園郡）；而在「糖・米相剋」最激烈的中部地區情況則是：「在收穫前數日或收穫後十日之內訂立契約者最多……能較長期地儲存米糧並考慮米價升降再行訂約者，僅限於少數大地主和豐裕的自耕農」（台中市）（同上，三七～三八頁。）

㊴ 參考同上資料，一一一～一一九頁。

㊵ 但無法獲得有關土壟間的兼業調查資料，因而不能以統計方式表達其職業出身類別。但衆所周知，在他們當中兼業者頗多。例如下述：「經營土壟間者多爲地主和稻米掮客商……他們兼營礱米、掮客、金融貸款行業」。（參考「米穀時報」，第十六號，二二頁。）此外，又有稱：「本島人雖標榜經營米商，但實際上也有以米商的身分開辦織品及雜貨商行及從事製糖開墾業者」。（參考前述「中部產米的交易及金融沿革」，五二頁。）也有的敍述是：「山區茶販……多兼營礱米等其他營生，並從事粗茶的中間買賣」（參考馬場宏景一九三四年著書「台灣產業情況（農產品）——附交易關係」，二八頁）。實際上如從土壟間的分布地區看，並非只集中於農村，在搬運站及城市也有某種程度的集中（這方面的實際情況可參考前述「南方農業問題」，六五～七二頁）。

㊶ 參考台灣總督府殖產局一九三八年出版的「台灣的米」，五五～五六頁。

㊷ 在一九二四年左右，日本資本所佔台灣輸出米的比率，只不過一三・三七％（貝山好美著「關於台灣米及米穀統制」；前述「南方農業問題」，三六～三七頁）。此外，從全島的貿易總額看，一九二九年日本資本系統佔總出口的五六％（其國家資本爲四％），本地資本系統爲二八％（其餘的一六％爲其他外國資本），而從總進口看，日本資本佔八〇％（其國家資本爲三％），本地資本佔一九％（其他外國資本爲一％）。（參考「台灣新民報」第三四五號，一九三一年一月一日，二四頁）。日本資本之所以能在稻米輸出過程中佔居制霸地位，主要是由於一九三〇年代初期的經濟不振，造成本地米商勢力衰落所致（詳見本書第五章，第三節）。

㊸ 指出這種交易的跛足性，首先是川野，可以做爲川野論文的一大業績而給予評價（前述「台灣米穀經濟論」，二五〇～二五三

頁)。但川野對島內交易機構與輸出交易機構之間存在的統治關係與殖民地性格以及其歷史意義，採取了不聞不問的態度，此問題我已在序論中指出過。

㊹ 有關這一點，如加以詳細補充説明，正如第84表所示，地主所有米爲二六三萬七千石，而農民的售米量爲三七〇萬四千石至二九九萬一千石，二者合計爲六三四萬一千石至五六二萬八千石。這些即是農民被迫繳出的稻米數量。將這些米與總產量的八〇七萬三千石相比，則相當於七八%到七〇%，二者平均起來也有七〇%左右。

㊺ 衆所周知，最早提出此種經濟優越性的，是將台灣米與朝鮮米視爲「外地米」的東畑精一。(參考東畑精一著書、「外地米的經濟優越性」及「帝國農會報」，一九三四年六月號，一七~二五頁)。但東畑精一却將此經濟優越性歸因於「外地的種稻農家比日本內地更具有內在的資本主義因素」(同上，一八頁)。這一觀點是值得懷疑的。台灣的情況主要是，根深蒂固地盤據着掠取高額佃租的地主制。此外還必須指出的是，東畑精一忽視了來自這種優越性的經濟利益皆被日本輸出商即財閥所吮吸的事實。

㊻ 從蓬萊米碾製情況看，根據台北州及台中州米穀商同業工會的調查，在土壟間從事勞動的工人薪資，即使加上電費，也只佔土壟間經營費(包括直接經費和間接經費)的六·四六%(參照甲本正信著「關於土壟間」及「台灣農事報」，一九三五年六月號，二〇頁)。此外，根據根岸的研究，從台中蓬萊米前五年的生產情況(一九三〇年至一九三四年)看，其產地稻穀行情是，平均每一千斤爲五圓三角二分，其中的碾製費只不過佔一八%多一點，但其薪資極低，還比不上買麻袋和米穀輸出檢查費多(前述「南方農業問題」，一〇一頁)。這些資料證明，土壟間的利潤並非來自碾米加工，而大多是獲取投機性商業利潤，或從高利貸融資中盤剝利益。例如，一些土壟間通過「青田買賣」，迫使農民簽訂每千斤較時價便宜十元的契約等，即爲有力的證據(參考前述「米穀政策資料」，三七二~三七三頁)。

㊼ 據説，當時三井物產著手收購台灣中部稻米時，其方式是預先貸與農民收購總額六成的款項。以此爲開端，以後每季均預先貸與三〇萬至四〇萬的款額(參考前述「中部產米的交易及金融沿革」，一七~一八頁)。

㊽ 參照台灣總督府財務局一九三〇年出版的「台灣的金融」，六七頁。

㊾ 參考前述「台灣的米」，一九三八年，二〇頁。

㊿ 有關一九三四年的數據，請參考前述甲本正信著書「關於土壟間」及「台灣農事報」，一九三五年六月號，二三頁。而關於一九三八年的數據，則請參考入鹿山成樹所著「關於台灣的米穀檢查及「台灣農會報」，一九三九年六月號，二〇頁。

51 例如：(1)土壟間可進行「青田買賣」，但產業倉庫則不可能；(2)土壟間可在農家的庭院承辦實物交易，但產業倉庫則不可能進行如此細緻的活動；(3)土壟間可對農民提供各種服務，但產業倉庫則無法辦到。(參考前述甲本著書「關於土壟間」，二三頁，以及前

述川野著書「台灣米穀經濟論」，二七七頁）。但更重要的一點是，產業倉庫絕對無法取代土壟間的金融活動。有關這一點，農村信用組合的活動引人注目。

第四節　農家經濟的窘迫化

一、農家經營結構的梗概

在探討台灣農家經濟之時，首先要闡明農家在台灣經濟中的地位及其經營的梗概。

首先，擬弄清農業人口在就業人口中所佔的位置。戰前的台灣，對生產事業類別的人口調查資料，只有一九〇五年的人口及戶籍調查，與一九三〇年的國勢調查（第94表），因而無法掌握到其後的變化。但根據這兩次的調查資料，得知在這二十五年期間，台灣本地農業人口（資料上包括林業、畜業等）從一〇二萬七千人，增加到一一九萬二千人，約增加十七萬人，但佔就業人口的比率，却從七三・一四%降到七一・四二%，稍有下降。而包括農業人口所扶養的眷屬，則從二一四萬人膨脹到二五三萬人，佔台灣本地總人口的比率由七〇・四四%，降爲五八・七四%①。農業人口比率雖在大幅度降低，但仍有六〇%左右的台灣本地人口以農業

第94表　各種產業就業人口之構成

（1930年10月1日）　　　　（人，%）

	全體		台灣人	
	實際人數	構成比率	實際人數	構成比率
農業*	1,197,073	66.87	1,191,679	71.42
水產業	28,643	1.60	26,846	1.61
礦產	19,756		18,862	1.10
工業	153,803	8.59	125,822	7.54
商業	178,345	9.96	150,996	9.05
交通業	63,149	3.53	49,792	2.99
公務人員・自由業	75,996	4.25	37,435	2.24
佣人	9,877	0.55	8,035	0.48
其他	63,454	3.55	59,584	3.57
合計	1,790,096 (4,592,537)	100.00	1,668,551 (4,313,681)	100.00

根據台灣總督府「昭和5年國勢調查結果表」，1934年，52～53頁。（全島編）而作成。
※者包括林業及畜產業。
（ ）者爲包含無業人口之總人口數。

第95表　台灣、日本農家經營之規模　（台灣：戶，甲，日本：1000戶，町）

規模別	1921年				1932年				1939年			
	台灣		日本		台灣		日本		台灣		日本	
	戶數	%	戶數	%	戶數	%	戶數	%	戶數	%	戶數	%
未滿5戶	127,998	30.24	1,917	35.13	93,423	24.32	1,936	34.32	108,754	25.19	1,854	33.75
5戶～1町以下	96,933	22.90	1,822	33.40	77,477	20.17	1,933	34.26	88,976	20.61	1,800	32.77
1町～2町以下	100,403	23.72	1,143	20.95	99,129	25.81	1,243	22.03	112,555	26.07	1,326	24.14
2町～3町以下	45,563	10.76	334	6.13	51,710	13.46	324	5.75	57,404	13.29	314	5.72
3町～5町以下	33,342	7.89	151	2.76	40,007	10.41	130	2.30	41,711	9.66	122	2.22
5町～10町以下	15,463	3.65	89	1.63	18,763	4.88	76	1.35	19,057	4.41	76	1.39
10町以上	3,576	0.84			3,643	0.95			3,327	0.77		
計	423,278 (385,277)	100.00 (1.7945)	5,456	100.00	384,152	100.00	5,643	100.00	431,784	100.00	5,492	100.00
總面積	691,367		6,097,926		780,227		5,992,036		853,561		6,079,246	
每戶平均	1.6333		1.1176		2.0310		1.0618		1.9768		1.1069	

台灣部分：摘自「耕地分配及經營調查」（「農業基本調查書」，第2、第31、第41）
日本部分：摘自「農林省農事統計表」，1922年及「農林省統計表」，第17次，1940年。
（ ）乃根據「農業年報」之農家戶數所計算出之農家每戶平均耕地面積。另，1甲大致相當於1町。

為生。

在這些農業人口中，從事耕種甘蔗或米穀的人口，如按迄今有關敘述推算，種蔗農家約為九萬戶（第69表），製糖公司直屬的佃耕蔗農約五萬四千戶（第74表）、種稻農家約三十三萬戶（第76表），總計達四十七萬戶。其中，當然也包括種蔗兼種稻的農家，以及為自家種蔗也兼為會社佃耕的農家。所以實際上種蔗、種稻或同時身兼二者的農家，可視有三十五萬戶到四十萬戶左右。一九三〇年底，這個數字佔全島農家四一一，三七七戶中的九〇%，甚或超過此數②。若以此比率來區分第94表所示之一一九萬農業人口，可以推定其中有高達一百萬左右農民實際是從事種蔗或種稻，甚或兩者兼種的。

其次，擬對農家的經營結構進行一些探討。一般地說，台灣農家的經營結構自古即多為零星經營③。從前述有關論述以及參考第95表，即可明瞭其概略面貌。一九二一年，經營面積未滿一甲的農家，達全島農家戶數的五三%，而到一九三二年，仍達四四%。為探討上述零星經營的零碎程度，擬以日本零星經營加以比較。但由於台灣

第96表　台灣、日本農家之比較（1930年）　（台灣：甲，　日本：町）

	農家數量（戶）	農業人口（人）	平均每戶人口(人)	耕地面積		耕地總面積
				平均每戶	平均每人	
台灣	408,616	2,644,504	6.47	2.049	0.316	837,302
日本	4,743,519	27,186,448	5.71	1.255	0.219	5,954,137

台灣部份：摘自前揭「昭和5年國勢調査」，26頁，「台灣農業年報」，1936年，11頁。
日本部份：大日本農會「本邦農業要覽」，1942年，49頁，「農務省統計表」，1940年，1頁。

當時的統計資料極不完備，而且台灣與日本的土地丈量單位也不同，實難以進行嚴密的比較。但從數字對比可充分看出大致趨勢。根據第95表，台灣農家的經營規模，乍看起來不能說比日本農家還要零碎。例如，日本農家的經營規模在一町以下者幾乎佔三分之二，而台灣則約佔五三%或四四%。從每戶農家平均經營面積來說，日本爲一町多一些，台灣則約爲二町。但台灣與日本不同，具有光是以這些表面數字說不清楚的幾個重要的前提條件。第一，在台灣有日本資本的擴張，或多或少憑藉土地的所有權來支配農民。一九三九年，日本資本共擁有水旱田十一萬一千甲左右，佔全島耕地面積的一三%以上（473頁第209表）。如再加上製糖會社的徵借地一萬六千甲左右（第70表），日本資本所控制的土地便超過全島耕地的一五%。這就爲台灣創造出相應的佃耕農家。但台灣本地農家平均每戶的經營規模，實際上是小於第95表所示數字。第二點，這一點則是最重要的。台灣與日本不同，基本上是殖民地社會，即在地主制的頭上還騎着個日本資本，迫使大多數農民承受地主與日本資本的雙重剝削。從這一點看，台灣的農家經營與同樣規模的日本農家相比，其條件是更加嚴苛的。第三，從農家每戶平均的總人口數來說，台灣比日本多。根據兩地同時進行的國勢調查（一九三〇），正如第96表所示，台灣每戶的平均人口，比日本多〇・七六人。因而如以農家人均耕地面積相比較，台灣爲日本的一・五倍，其差距已在縮小。加之，如再考慮日、台兩地在經營集約程度上的差異④，可以認爲，台灣農家的經營規模與日本沒有大的性質差距，或者是說實際上更爲零細。

有關農家經營的零碎性問題，台灣雖與日本有類似的共通點，但以下幾點表現了兩者的不同性。亦即台灣農家的經營內容，一般來說是一年多收和各種作物的輪種。輪種的情況容後再敍。在這裡值得注意的是，儘管台灣農民的經營是零星性的，但台灣農民之所以能夠承受上述地主與日本資本雙重剝削的秘訣，在於一年多收及輪種所形成的耕種面積包容力的擴大，以及為達此目的而增加了自家勞動力的投入。

考慮上述幾點，再看第95表關於所載經營規模的逐年變化，即可發現如下事實，即台灣農家各種經營規模的分布，大致上與日本類似，絕大部分為一至二甲為中心的所謂中間規模。衆所周知，日本的情況是一九三〇年代以後出現了農民階層分解，即所謂的「中農標準化」傾向，其原由經過迄今的研究，在某種程度上已有所明確⑤。但台灣的情況則不同，由於欠缺將自耕農與佃農分類的統計表，弄不清前述一至二甲規模集中化傾向的所屬階層。再者，雖說台灣的農家經營規模也表現出與日本大致相同的以一至二甲為中心的集中傾向，但在日本，未滿一町及二町以上的上、下兩層均在逐漸減少，台灣則與其相反，以一九三二年前後為界，這種上下兩層却朝着完全不同於日本的方向發展。即以一九三二年前後為界，未滿一甲的下層從減少趨勢轉向增加，而二甲以上的上層反而從增加傾向轉為逐年減少。這種轉變情況又可能是由於調查方法不同所致⑥，但值得注意的是，台灣的農業經營規模既具有集中於一至二甲為中心的傾向，也出現了其上下兩層在前後兩個時期朝相反方向變動的情況。

關於農家的經營結構問題，擬對輪種的形態加以分析。如上所述，台灣農家的經營方式一般來說是零碎的，但另一方面，由於台灣受惠於自然條件，即氣溫、陽光、水分等的優勢，適合於熱帶性農作物的栽培，甚至可以經年栽培農作物，使土地的利用率達到最高點，這即是台灣所具有的最大特色。在高溫濕潤的氣候條件下，不但可栽培的作物種類多，而且對作物的選擇餘地也很大。加上很少有栽培季節的限制，因而可以採取將許多作物進行各種搭配栽種的輪種方式。

第 97 表　台灣農家之輪耕狀況（1936 年）　（件）

		輪耕週期別	1年	2年	3年	4年	5年	6年	7年	8年	9年	計	面積(甲)
水田	二期稻作田		35	34	23	11	1	–	2	2	–	108	142,689
水田	單期稻作田	第1期單期稻作田	4	2	3	–	–	–	–	–	–	9	3,300
水田	單期稻作田	第2期單期稻作田	23	17	28	15	3	1	1	3	–	91	52,134
水田	單期稻作田	三年輪耕	–	–	74	–	–	–	–	–	–	74	54,938
水田	單期稻作田	小計	27	19	105	15	3	1	1	3	–	174	110,372
水田	計		62	53	128	26	4	1	3	5	–	282	253,061
旱田	平地旱田		24	57	82	39	12	9	1	7	1	232	105,148
旱田	山地旱田		7	7	16	11	1	–	4	2	–	48	19,214
旱田	計		31	64	98	50	13	9	5	9	1	280	124,362
	合計		93	117	226	76	17	10	8	14	1	562	377,423
	面積(甲)		172,042	54,519	112,727	18,639	4,709	5,154	1,173	8,250	210	377,423	–

根據台灣總督府殖產局「輪耕方式調查」，「農業基本調查書」，第35，1937年，456～466頁而作成。澎湖廳除外。

根據一九三六年所進行的對主要輪種方式的調查，明確了上述情況。根據該調查，正如第97表所示，其輪種事例多達五六二種，其中甚至還有九年輪種的方式。如以周期來分類，水田的情況是，除嘉南大圳具有強制性三年輪種的七四種外，大體上一年輪種的情況最多。關於旱田，三年輪種佔統治地位。這種情況正說明，輪種經營多爲水田種稻旱田種蔗爲中心而進行的⑦。這種輪種的多樣化，不僅能在某種程度上緩和農家經營的零碎性，也可使被迫陷入窮困境地的小農，仰賴農業維持起碼的生活。

對這種輪種經營方式，應該注意以下兩點：第一，利用綠肥栽培作物者特別多。採用綠肥的輪種方式多達一八六例。台灣由於高溫潮濕，土壤的養份分解快，因而栽植綠肥作物以恢復地力是農業經營中的重要一環。這對農家經濟起到以下兩個作用：其一是，使農家需支付現金的同時，可降低單位面積使用豆餅或化學肥料的生產費⑧。其二是，可藉輪種經營使農民增投自家的勞動力。一般來說，農家爲彌補所售農作物的低價格，大

多將自家勞動力儘量投在自己的耕地上，謀求農作物的增產。但這需要具有兩個或其中一個必要條件，即一是耕地面積須有某種程度的規模，二是具有可根據其勞動的閒忙適當分配各種作物輪種經營的條件。正如前述，由於台灣的農家經營規模非常零碎，因而第二個條件即是否可能輪種經營便具有重大意義。

台灣農家的繁忙期，從種稻看，如果是一年種二期，則共有四次，種甘蔗則一年有一至二次。而稻、蔗兼種時，則有五至六次的繁忙期。隨著攤派次數的增多，忙閒之間的差距也因之縮小，繁忙期自家勞力的用場則隨之增加⑨。而如果若再加上種稻、蔗以外的作物時，則勞動的集約度就會更加提高。實際上，在糖・米相剋關係中，儘管種稻遠比種蔗有利，但農家仍會多少栽培甘蔗的最大原因，除受製糖會社的經濟統制而需種植外，多基於有效利用自家勞力的農家本身的勞力分配關係⑩。此外，農家爲緩和特定作物價格不穩定的衝擊，也必須不斷地努力謀求作物的多樣化及多產化。但也因此而不得不將自家勞力投入這塊小的土地去謀求輪耕的多樣化。在農產品價格被壓制在低水準的殖民地社會中，農民努力的結果，只不過是爲統治國社會無償奉獻自己的勞力而已。從此意義講，輪種的多樣化及普及化，更加起到一種加强剝削台灣農民的作用。在探討輪種經營時，除單純的自然條件外，這種社會經濟所起的作用，也是不容忽視的。

從上述台灣農家經營看，其特點是規模的零碎性及輪耕形式的多樣性。台灣農民在這種經營結構下，最大限度地投入了自家勞力以從農業生產。因而在瞭解農家經營結構這些基本特徵後，再進一步去詳細弄清農家經濟的實際情況。

二、稻農的實際經濟情況⑪

1. 對其經營結構的分析

第 98 表　稻作農家平均每戶用於農業之資產（1931～32 年平均）　（圓，%）

分類	金額				構成比率			
	自耕農	自佃農	佃農	平均	自耕農	自佃農	佃農	平均
所有部份	10,497	5,017	931	5,488	100.00	100.00	100.00	100.00
土地	8,306	4,002	154	4,154	79.13	79.77	16.17	75.68
改良土地	5	—	—	2	0.04	—	—	0.03
建築物	1,272	397	175	615	12.12	7.91	18.44	11.21
農具	115	107	94	106	1.10	2.13	9.91	1.92
動物	232	163	160	185	2.20	3.25	16.87	3.37
植物	267	245	208	240	2.55	4.88	21.85	4.37
實物	300	104	159	188	2.86	2.07	16.76	3.42
租借部份	667	3,437	6,172	3,425	100.00	100.00	100.00	100.00
土地	556	3,437	6,106	3,400	98.27	100.00	98.93	99.25
其他	12	—	66	26	1.73	—	1.07	0.75
合計	11,164	8,455	7,123	8,914	—	—	—	—

根據台灣總督府殖產局「農家經濟調查」其 1＜稻作農家（「農業基本調查書」，第 30，1943 年）。5～6 頁而作成。

首先，通過對種稻農家經營費用的分析，探討其有關農業生產情況的各種條件。

第 98 表顯示了充當農業生產之用的固定資產及庫存情況。由此可知，土地佔全部資產的八五%至九〇%。而除去土地及作爲一般生產條件的建築物，土地的改良設備極其貧乏，而且農具、牲畜等勞動手段的比重也很小，相對地說，需要勞力加以管理的植物和實物的量却特別的大。這說明，台灣種稻農家的技術水平之低。但在保有如此貧乏的農業用資產當中，如按階層加以分類，則自耕農爲最多，佃耕農爲最少。這顯明地表現出資產的私有傾向。佃農的農業用資產約有九〇%是靠租借而來，而其中絕大部分是土地，而這些土地的面積幾乎是自耕兼佃耕農的一倍。這說明做爲調查對象的佃農，雖被稱爲佃耕農家，但其經營規模却頗爲龐大，屬於所謂的上層佃農，即大地主佃農⑫。他們不僅在資產方面，就連下述農業經營費用，也都必須緊緊地仰賴於大地主的資金。

而從台灣種稻農家的固定資產看，在生產條件上，自耕農處於最有利的地位，其次是自耕兼佃耕農，至於佃農

所處地位最低。爲了更具體地進行觀察，應將注意力置於農業經營費上，第99表顯示了這方面的情況。此外，如以此表爲基礎，大體上將其內容整理爲固定生產資料部分（薪資除外的流動生產資料部分加固定生產資料償還部分）；工資部分（根據前述調查，係實物部分加現金部分，但不包括自家勞動）；負債利息、佃租費及各種負擔（原表中區分爲農業、家計及其他項目，但這裡只算農業項目部分）等三個項目時，可得出第100表所載數字。

根據第99表所載種稻農家的農業經營費看，首先是自耕農最多，佃農其次，自耕兼佃農最少。但三者之間並無多大的差距。如從上述農業經營費中扣除薪資、負債利息、各種負擔和佃租，再看第100表的固定生產資料部分，則三者之間的順序仍然未變，但自耕農與自耕兼佃農及佃農之間的差距就很明顯，而佃農與自耕兼佃農之間的差距就比較小。此外，佃農的經營費之所以多於自耕兼佃農，其原因不在固定生產資料部分，而是由於利息、佃租費、各種負担部份的關係，特別是佃租費的巨額負担所起的決定性作用。然而值得注意的是，從生產資料部份看，雖然不多，佃農却有超過自耕兼佃農的現象。

從第99表中看生產經費的內容，不論那一個階層，都是肥料費最多。其次是薪資（不包括爲自家勞動），家畜飼料費，再往下排爲種苗費、農具費。其中值得注意的是，佃農所投入的肥料費略超過自耕兼佃農。此外，所用家畜飼料費，佃農也多於自耕兼佃農。這並不說明佃農的家畜多，但從第98表的動物一項中得知，佃農擁有相當於自耕兼佃農的資產。可以認爲，佃農與自耕兼佃耕之間並沒有多大差別，只是佃農所擁有的副業性家畜較多⑬。從農業總收入的構成看，佃農在飼養家畜方面所佔比重極大。這顯然是爲應付不景氣的謀生之策。這即是佃農投向家畜及飼料費之大於自耕兼佃農的原因。而有關勞動工資問題，上表的統計數字係不包括自家勞動力的雇用部分，但佃農的工資支出與自耕兼佃農幾乎相同。最後是種苗費，自耕兼佃農雖稍多於佃農，但兩者相差不多。

以上對生產經費的的內容中比較重要的支出項目大致做了分析，而比較明確的是，台灣的種稻農家的生產結

第99表　稻作農家之農業經營費（1931，年度，五州平均）

（圓，%）

項目	實數				構成比率			
	自耕農	自佃農	佃農	平均	自耕農	自佃農	佃農	平均
土地、土地改良費	0.37	0.27	3.69	1.36	0.03	0.02	0.34	0.13
建築物費	47.67	22.39	15.69	28.58	4.40	2.23	1.46	2.71
農具費	30.50	28.72	23.06	27.43	2.82	2.86	2.15	2.61
種苗費	48.36	30.05	26.15	34.85	4..46	2.99	2.44	3.31
家畜、飼料費	143.90	116.43	138.99	133.11	13.28	11.62	12.96	12.64
肥料費	292.26	221.87	222.02	245.38	26.97	22.12	20.71	23.31
水電瓦斯費	0.42	0.46	2.76	1.21	0.04	0.05	0.26	0.12
農藥費	0.58	0.26	0.93	0.59	0.06	0.02	0.09	0.06
加工原料費	5.42	10.99	7.40	7.94	0.51	1.09	0.69	0.75
工資	264.54	150.13	145.28	169.98	19.80	14.97	13.55	16.14
負債利息	78.38	87.19	8.44	58.01	7.23	8.69	0.79	5.51
動、植物減價額	9.70	12.27	7.96	10.57	0.89	1.23	0.74	0.85
各類負擔	166.51	78.30	16.83	87.31	15.37	7.81	1.57	8.28
工租費	37.54	239.27	446.59	241.13	3.46	23.85	41.66	22.90
租借金	—	0.04	0.82	0.29	—	0.00	0.09	0.03
其他	7.42	4.39	5.39	5.74	0.68	0.45	0.50	0.55
計	1,083.58	1,003.03	1,072.00	1,052.87	100.00	100.00	100.00	100.00
現金	779.12	541.20	530.82	617.05	71.90	53.96	49.52	58.61
減價額	75.87	53.68	33.89	54.47	7.00	5.35	3.16	5.17
實物	228.59	408.15	507.29	381.35	21.10	40.69	47.32	36.22

根據前揭「農業經濟調查」其1，稻作農家（「農業基本調查書」第30）15～16頁而作成。

第100表　稻作農家農業經營費之分析
（1931年度，五州平均）

（圓）

區別	自耕農	自佃農	佃農	平均
不變資本財部份	587	448	454	496
勞資部份	215	150	145	170
其中，實物	15	28	10	18
現金	199	122	135	152
小計	801	598	599	666
利息‧佃租費‧各類負擔	282	405	473	387
合計	1,084	1,003	473	1,053

根據前揭「農業基本調查書」，第30，15～16頁計算。
農業用之土地面積，自耕農2.9190甲，自佃農3.6729甲，佃農3.0559甲，平均爲3.5492甲，（每戶平均）

構、生產手段，特別是勞動手段，都比較貧乏。實際上，一般都是以增加施肥與人的雙手勞動來提高產量，而並非是有效利用耕畜或機械等勞動工具。在這種生產結構的情況下，當然是自耕農的技術水平最高，但佃農又優於自耕兼佃農，這一點確與日本大不相同⑭。台灣的佃農之所以能進行固定資本性格的經營，是因爲有賴於大地主的支援。換言之，地主的統治是根深蒂固的。有關這一點，也可從第98表中所示，佃農所投入的農業經營費竟超過其九五〇圓農業資產的一二〇圓的現象中可以看出。地主爲確保其高昂的佃租，提前貸給佃農農業經營費，這充分表現出地主與高利貸結合一體的性格。給人以奇異印象的佃農經營費的增加，即出自這一原因。

接著，擬對農業生產力的結構加以分析，無庸贅言，勞動生產力即是投入必要的勞動量而生產出一定量的使用價值。由於無法直接掌握使用價值與投入勞動力之間的相關資料，因而也不可能獲知其總的生產力。因此，只好利用手頭有限的資料加以推算。正如第101表所示，以農業收入總額與耕作收入額做爲農業總生產量與耕種生產量的指標，然後再求出土地、薪資和固定生產資料（生產用農業經營費）的生產力。此時，以金額的大小來計算投入量的多少，以兩者之間有一定的關係爲前提條件。

第101表　稻作農家之農業生產力
（1931年度，五州平均）

（圓）

區別		自耕農	自佃農	佃農
土地(A)		8,862	7,438	6,260
勞資(B)		215	450	145
不動資本財(C)		587	448	454
耕作收入(D)		1,521	1,446	1,130
農業總收入(E)		1,882	1,670	1,448
粗耕度 (B)／(A)		2.43	2.02	2.32
土地生產力 (D)／(A)		17.16	19.44	18.34
勞動生產力	(D)／(B)	7.07	9.64	7.79
	(E)／(B)	8.75	11.13	9.99
不動資本財生產力	(D)／(C)	2.59	3.23	2.50
	(E)／(C)	3.21	3.73	3.19

根據前揭「農業基本調查書」，第30，15～16頁而作成。

第102表　稻作農家農業總收入之明細（1931年度，五州平均）　（圓，%）

		實數			構成比率		
		自耕農	自佃農	佃農	自耕農	自佃農	佃農
耕作收入	米	1,221	1,223	929	66.97	73.52	64.14
	甘蔗	114	101	12	6.23	6.04	0.80
	甘藷	48	57	50	2.63	3.42	3.47
	其他	139	65	139	7.64	3.86	9.59
	小計	1,521	1,446	1,130	83.47	86.57	78.00
養畜收入	豬	114	109	98	6.28	6.53	6.77
	其家禽、家畜	34	34	99	1.85	2.03	6.83
	其他	18	16	24	1.01	0.94	1.65
	小計	167	159	221	9.15	9.50	15.28
其他收入	農產加工收入	10	12	9	0.53	0.72	0.66
	山林收入	14	10	7	0.79	0.60	0.50
	其他收入	110	44	81	6.06	2.61	5.59
	小計	134	66	97	7.38	3.93	6.75
	合計	1,822	1,670	1,448	100.00	100.00	100.00

根據前揭「農業基本調查表」，第30，12頁而作成。

同表所示，不論是勞動生產力，還是固定生產資料的生產力，自耕兼佃農遠高於自耕農及佃農。其次，在勞動生產效率方面，佃農超過自耕農，但在固定生產資料方面，則是自耕農超過佃農。另外，在土地生產力方面，自耕兼佃農雖採取了勞動粗放形經營，但其土地生產力卻是最高。換言之，自耕兼佃農最爲享有土地生產力的優越性，而自耕農雖施行密集式經營，但其土地生產力最低，因爲它的左右土地生產的自然條件最差。它施下的肥料最多，但其收成並不多。上述情況說明，自耕農除了土地以外，其他各種生產條件均居最優勢地位，但由於土地生產力低，致使勞動生產效率和固定生產資料的生產力均低於自耕兼佃農，甚至還低於佃農。相反，自耕兼佃農在土地生產力方面處於最有利地位，佃農則大致處於兩者之間。

爲了更具體地探討前述問題，茲再對作物栽種結構進行大致分析。當然，此調查無法直接掌握作物栽種結構的情況，只能通過農民的收入結構間接地進行估算。根據第102表，首先可以看出的是，自耕兼佃農種稻的集

中程度高於自耕農及佃農的事實。其次是，與種稻差距很大的養豬與種蔗，自耕農比自耕兼佃農更加致力於種稻以外的商業性農業，因而甘蔗及其他的耕作收入高於自耕兼佃農。這種種稻以外的作物收入意外多的情況表明在自耕農的耕地中旱田多於水田，而由此也可得知，台灣的佃耕地偏重於水田（第79表）的事實。此外，再看佃農，其種稻的比例更低，因而更加需要仰賴於養畜收入。這說明，佃農僅靠耕作收入不足以維持生活，而不得不在飼養家畜的副業上尋找收入來源⑮。這一點也可從佃農的耕種收入看，佃農擁有很多旱田，但對栽培長期性作物甘蔗一直躊躇不前，致使種甘蔗的收入微不足道，這一現象也是一個有力的證明。

根據上述的收入結構可以得知，自耕農與佃農皆比自耕兼佃農擁有的旱田多，但在如何利用土地種植方面，卻處於不利的地位⑯。水田可進行稻米二期栽種，但旱田卻只能種值甘蔗等園藝作物。而且在銷售價格方面，甘蔗價格一向跟着米價波動的這種關係，使栽種甘蔗的條件不利。另外，自耕兼佃農在耕作收入上雖比自耕農及佃農更加依賴於種稻，但在甘蔗、薯類及其他經濟作物方面也廣爲耕耘，因而形成相當平衡的收入結構。這正顯示它在巧妙地運用輪種方式，以及力所能及地利用自家勞動。自耕兼佃農在耕地種類方面，正因爲擁有很多生產效率高的水田，才可能收到上述效果。由此可見，自耕兼佃農儘管在農業經營費的支出方面少於自耕農與佃農，但相對地獲得了較多的收入。第101表簡明扼要地顯示了這種情況。

其次，從種稻農家的經營結構着手研究，其商品化即其因貧窮而被迫廉價銷售米穀的情況已達到什麼程度。關於這一點，可從兩個側面進行探討。一是在經營費中現金支出所佔比率；一是在農業收入中現金收入所佔比率。前者在103表中，後者在第104表中各有所示。綜合兩表，便可一目瞭然，佃租負擔少的自耕農，其商品化程度最高，與此相反，佃農的商品化程度最低。對佃農來說，由於其佔四〇％的農業經營費，要用近七〇％的實物形態支付，其農業收入，特別是要因種稻的商品化而大受限制。另外，自耕農所支出的農業經營費，諸如各種攤派、家畜費、工

資、肥料費等，均被迫要以現金支出，因而迫得自耕農不得不謀求農業收入的現金化。從這一點看，受商品經濟影響最大的是自耕農，而對佃農則影響最小。但佃農在支付家畜費、工資、肥料費方面的現金化程度也並不低，爲支付這些費用，除利用米的商品化及勞動力商品化來增加收入外，尤其要飼養家禽以供販賣。因而在飼養家禽方面的

第 103 表　農業經營費中現金形態之比率（稻作農家，1931 年，五州平均）

（%）

項目	自耕農	自佃農	佃農	平均
建築費	5.41	6.52	14.47	7.35
農具費	26.39	24.16	40.33	29.53
種苗費	48.12	29.42	32.01	38.71
家畜費用	96.58	96.20	96.70	96.52
飼料費	31.26	33.36	24.59	29.72
肥料費	73.06	71.24	60.30	68.66
工資	92.98	81.42	92.83	89.53
各類負擔	99.03	100.00	100.00	99.39
佃租費	45.68	8.20	31.92	24.79
全體	71.90	53.96	49.52	58.61

根據前揭「農業基本調查表」，第 30，15～16 頁而作成。

第 104 表　農業收入現金形態之比率（稻作農家，1931 年度，五州平均）

		自耕農	自佃農	佃農	平均
耕作收入	稻米	59.67	54.60	43.29	53.32
	甘蔗	72.71	86.09	0	74.96
	甘藷	3.62	3.45	9.88	5.58
	其他	45.60	28.62	47.96	43.36
	計	57.60	53.61	41.93	51.87
養畜收入	豬	56.85	54.91	62.88	58.03
	家畜禽	6.23	8.37	45.71	30.10
	其他	0	0	7.61	3.16
	計	40.28	39.55	49.21	43.68
其他收入	農產加工	2.05	18.59	0	7.23
	山林	0	3.98	17.15	5.12
	其他	64.78	54.05	44.51	55.80
	計	53.19	39.93	38.18	45.34
	合計	55.69	51.74	42.79	50.57

根據前揭「農業基本調查表」第 30，12 頁而作成。

商品化程度，佃農大大超過自耕農及自耕兼佃農。値得注意的是，這與米商品化程度的自耕農、自耕兼佃農、佃農的排列順序恰好相反。

在農家經濟商品經濟問題上必須注意的是，種稻農家在農業經營費（佃租費除外）中的最大支出項目是肥料費與工資，而且均須支出大量現金。而從肥料費的支出看，無庸贅言，多用於進口日本的肥料方面。而在工資支出上，種稻農家的勞動分配尚有從合理的多角經營方面重新研究的餘地。如再稍加詳細地探討一下後者，工資的現金支出比例，以自耕兼佃農最低，這個階層採用合理的輪耕經營最爲積極，但其現金支出比例已達八一%。這尖銳地表現出日本資本主義强烈要求殖民地台灣種稻的企圖，以及台灣農家從種稻轉向合理的輪種經營的困難程度⑰。從此意義講，在工資支出中現金佔高位比例，是台灣農家經濟中所具有的殖民地性格的特徵。這對以後探討農民層分解的動向具有極爲重要的意義。

第105表　稻作農家之農業總收入
（1931年度，五州平均）　（圓，％）

項　　目	自耕農	自佃農	佃　農
農業收入	1,822	1,670	1,448
農業經費	1,084	1,003	1,072
農業所得(1)	738	667	376
各種負擔(2)	167	78	17
小計(3)＝(1)－(2)	571	589	358
家　計　費(4)	955	664	534
扣除差額(3)－(4)	－384	－75	－175
(1)／(4)	75.1	100.4	70.5
(3)／(4)	59.9	88.7	67.2

根據前揭各表而作成。

第106表　稻作農家之耕作收支（1931年度）　（圓）

	自耕農	自佃農	佃　農
耕作收入	1,521	1,446	1,130
農業經營費	1,084	1,003	1,072
扣除差額	437	443	58

根據前揭「農業基本調查表」第30，12，15頁而作成。

2. 對農家所得的分析

以上就種稻農家各階層的農業經營費及農業收入做了大致的探討。農業收入扣除農業經營費，其餘額即爲農業所得。以下擬就農業所得對維持農家生活所起的作用問題進行研究。

第 107 表　稻作農家之各類負擔（1931）　（圓）

	自耕農	自佃農	佃農
國　　稅	46.27 (45.19)	24.29 (23.84)	0.84 (0.84)
州　　稅	30.15 (22.61)	15.61 (11.31)	3.08 (0.42)
街 庄 稅	21.60 (8.93)	13.19 (4.92)	3.68 (0.14)
農 會 費	6.90 (5.16)	4.18 (2.70)	1.57 (0.11)
水　　費	56.80	17.82	5.52
其　　他	4.79	3.21	2.14
計	166.51 (81.89)	78.30 (42.77)	16.83 (1.51)

摘自「農業基本調查書」第 30、28 頁。
（ ）爲地租或其附加稅

種稻農家的農業收支概況，正如第105表所示。自耕農無須負擔佃租費，其農業所得最多，佃農則最少。這是自耕農收入大，佃農收入小，而農業經營費則兩者大致相同的必然結果。自耕農的農業收入大是因爲除去耕作收入外，還包括家畜等其他收入。而扣除這一部分的收入，僅以其耕作收入，扣除其農業經營費之後的結果，就是106表所示情況。也就是說，自耕農比自耕兼佃農的剩餘額少。而其農業所得差距，與其說是出自農業經營費的差距，不如說是主要因爲自耕農耕作收入外的農業收入多於自耕兼佃農。換言之，自耕兼佃農的耕作所得大於自耕農，因此若以純粹的耕作收入維持生計，自耕兼佃農自然處於最有利的地位。這一點對後述農民階層分化的動向影響很大，值得注意。

再看第102表，包括耕作之外的農業收入的農業所得，自耕農是比自耕農兼佃農多，但如從農業經營中扣除必要的各種負擔，則如第105表所示，自耕農爲五七一圓，自耕兼佃農是五八九圓，可見自耕兼佃農仍處於稍微有利的地位。而從各種負擔的內容

第108表　稻作農家農業外之收入（1931年度）　（圓，%）

	金額			構成比率		
	自耕農	自佃農	佃農	自耕農	自佃農	佃農
財產運用收入	411	55	31	72.92	24.69	16.84
農業外生產物之收入	11	17	15	2.03	7.49	7.85
勞動收入	40	133	95	7.17	60.40	51.06
兼差收入	9	2	35	1.57	1.02	18.96
贈與收入	51	8	4	9.09	3.56	2.18
其他收入	41	6	5	7.22	2.84	3.11
合計	564	221	185	100.00	100.00	100.00

摘自前揭「農業基本調查書」，第30, 18頁。

看，則與第107表所示，自耕農大於自耕兼佃農。這是因爲，自耕農必須負擔以地租爲主的較重的國稅、地方稅，而且水租費的負担也大部分落在自耕農身上⑱。這一點强烈地表現出日本殖民地統治政策性格的一個側面。亦即日本的統治者階級對台灣的農民，一方面通過本地地主制對佃農吸吮高額佃耕費，一方面又通過地主制度（財政控制）、水租制度（對水的控制），迫使自耕農承受各種超出法律的負擔，對其進行無情的掠奪。因此，自耕農在這種日本殖民地統治政策之下，本已很難維持家計的農業所得，被迫再大幅削減，甚至使農業淨所得低於家計費的六〇％。結果，自耕農爲維持家計造成大幅的逆差，自耕兼佃農也因各種負擔使家計陷於赤字。甚至佃農也因農業諸負擔使其農業淨所得僅剩下最低生活費（家計費）的七〇％⑲。

種稻農家爲了彌補農業所得的大幅赤字，不得不謀求農業以外的收入，而其內容則如第108表所示。根據此表可知，自耕農大多依賴利用財產所得的收入，而自耕兼佃農以及佃農則大半是依賴勞動所得的收入。自耕農利用財產所得的收入，從其投入形態看，其中多爲以農業金融業者身份獲取高利貸收入⑳。自耕兼佃農以及佃農却很少有利用財產得到收入的。他們除出賣勞動力之外，無法獲得其他收入。從這一點看，佃農更多地表現出傾向無產階級的成份，而自耕農則或多或少地顯示出資產家的性質。

現在要對前述農業外的收入能對農業收入的逆差起多大彌補作用問題進行探討。農業外的收入當然不能直接轉入農業收入，而是爲了能夠獲得收入，需要支出一定的經費，還要向國家或自治團體繳納各種負担。扣除這些開支而後所剩的餘額，才是農家的所得。其結果正如第109表所示。根據此表可知，佃農仍然有十二圓的赤字，自耕農則勉強維持平衡，只有自耕兼佃農多少有些剩餘。這絕非是由於自耕兼佃耕農的農業外收入特別多的關係，而是因爲在農業收支中，自耕兼佃耕農的逆差本來就比自耕農及佃耕農少的緣故。關於這一點，前文已做探討，在耕地生產效率方面，自耕兼佃耕農具有最有利的條件（有很多水田以及可輪種經營等），而做爲國家剝削農民的地租及水租等農業上的各種負擔，也比自耕農少。

第109表　稻作農家之綜合收支（1931年度）　（圓）

項別	自耕農	自佃農	佃農
農業外之收入	564	221	185
農業家用外之支出	130	16	11
家用各項負擔	34	19	11
扣除差額	399	186	163
農業收支	−384	−75	−175
綜合收支	15	111	−12

摘自前揭「農業基本調查書」第30, 20, 29頁。

而從第109表的農家綜合收支看，必須注意以下兩點。其一是，此表中的農家，皆爲經營規模三甲以上的上階層農家。而這一階層的農家經濟處於逆差赤字（佃農）或勉強維持（自耕農）狀態的事實說明，一般農家的經濟狀態已達到何等嚴重的程度。恐怕應該說，絕大多數農家都到了不借錢即無法維持生活的狀態。其二是，此表的調查時間爲一九三一年，恰好是世界大恐慌時期，亦即農業陷入恐慌的谷底時期。因而可說，此表所示農家經濟狀態，是最險惡時期的情況，因而無法代表整個殖民地時期的正常農家經濟狀態。儘管如此，也還必須指出的一點是，農民爲獲取第108表所示的農業外收入，亦即勞動收入與兼業收入，正由於工資水平與正常狀態相比而大幅下降，因而農民不得不投入比平時更多的勞動時間。亦即農民所必須投入的勞動日數，要遠多於勞動收入及兼業收入兩者

第110表　稻作農家之家計費（1931年度，五州平均）　（圓，%）

		金額			構成比率		
		自耕農	自佃農	佃農	自耕農	自佃農	佃農
第一生活費	居住費	37.83	14.12	12.44	3.96	2.13	2.33
	飲食費	441.03	339.04	288.60	46.17	51.05	54.04
	水電瓦斯費	69.66	44.08	32.76	7.29	6.63	6.13
	治裝費	36.29	31.89	20.23	3.80	4.80	3.79
	雜物費	15.59	10.10	6.72	1.63	1.52	1.26
	小計	600.40 (275.72)	439.23 (203.26)	360.75 (199.55)	62.85 (45.92)	66.13 (46.27)	67.55 (55.31)
第二生活費	教育費	12.72	2.88	3.62	1.33	0.43	0.68
	修養費	5.40	1.63	2.30	0.57	0.25	0.43
	交際費	50.64	46.89	40.85	5.30	7.06	7.65
	嗜好費	56.30	17.99	16.91	5.89	2.71	3.17
	娛樂費	3.44	1.61	1.72	0.36	0.24	0.32
	衞生費	48.62	51.41	31.30	5.09	7.74	5.86
	婚喪喜慶費	76.46	65.61	42.11	8.01	9.88	7.89
	各項負擔	34.38	18.62	11.29	3.60	2.80	2.11
	其他	66.86	18.32	23.19	7.00	2.76	4.34
	小計	354.82 (322.28)	224.96 (199.07)	173.29 (156.03)	37.15 (90.82)	33.87 (88.49)	32.45 (90.03)
	合計	955.22 (598.00)	664.19 (402.32)	534.04 (350.58)	100.00 (62.60)	100.00 (60.57)	100.00 (66.64)

根據前揭「農業基本調查書」，第30，23～24頁而作成。
(1)（ ）爲現金支出金額及其比率。
(2)每戶人數，自耕農爲9.62人，自佃農9.54人，佃農8.69人，平均爲9.28人。

在農業外收入中所佔使用日數的比重。由此看來，農家經濟，特別是佃農的情況，肯定是處於比第109表所示內容還要嚴峻的狀態。

3.對農家生活水平的分析

最後，擬略加探討表示種稻農家實質生活水準的家計費內容。第110表顯示了各階層家計費的詳細情況。從此表中可得知，第一，生活費（可視爲最低生活費）在全部生活費中所佔的比例是，佃農最大，自耕農最小。由這一點可推斷，自耕農的消費水平最高。

在此不想對其內容作深入地探究，但值得注意的是：第一，除自耕農之外，其餘農家的飲食

費均佔家計費的一半以上。第二，與飲食有關的照明與取暖費頗大，並大大超過服裝費。第三，在第二生活費中的交際費及婚喪節祭費，即使佃農所用金額也相當之高，這說明社會團體的束縛仍然根深蒂固，以致成爲農家的莫大負擔。第四，衛生費支出頗大，由於社會保障很差，保持自己的勞動力也成爲很大負擔。第五，教育費、陶養費等文化費用均極少，但其中自耕農尚處於較高水平，此階層受日本教育的影響明顯。最後，現金支出佔相當高的比率。這表示，台灣農家一方面繼續維持傳統舊生活方式，另一方面則在日本殖民地統治下，也不得不改變其生活內容。教育費、陶養費、醫療保健費、娛樂費、諸負擔等均屬於後者，而這些也加强了第二生活費中的現金支出㉑。

如果能以第一生活費在全部生活費中所佔比重來表示農家消費水平，並以此做爲台灣與日本農家生活結構的基準，便可看出台灣農家的消費水平。第111表即屬於這個問題的綜合統計表。由此表可得知，在第一生活費的比例方面，台灣的自耕農接近於日本的B羣自耕農，而台灣的自耕兼佃農則接近於日本的A羣自耕兼佃耕農及佃耕農。這種情況意味著下述事實，即台灣種稻農家的消費生活水平，經營規模達三．五甲的上層自耕農，大致與日本擁有一町四反至五反的自耕農處於相同水平。而自耕兼佃耕農及佃耕農的情況則更加低下，只等於日本

第111表　台灣・日本農家之消費水準（1931年）（%）

		階級別	第1生活費	第2生活費	合計
台灣		自耕農	62.85	37.15	100.00
		自佃農	66.13	33.87	100.00
		佃農	67.55	33.45	100.00
日本	A羣	自耕農	59.7	40.3	100.00
		自佃農	65.9	34.1	100.00
		佃農	68.5	31.5	100.00
	B羣	自耕農	61.2	38.8	100.00
		自佃農	60.9	39.1	100.00
		佃農	65.0	35.0	100.00

農家經營規模：台灣平均3.5甲，日本A羣在1町（9.918㎡）以下，B羣則爲1町4段（13.886㎡）。
台灣部份：摘自同前揭第98表，23～24頁。
日本部份：摘自大內力「日本國內農民層之分解」，1969年，196～197、220～221頁。

第 112 表　蔗作農家平均每戶農業用資產

(1931～33 年平均，期初，五州平均)　　（圓，%）

項　　別	金額				構成費用			
	自耕農	自佃農	佃農	平均	自耕農	自佃農	佃農	平均
所有部份	12,309	6,144	2,647	7,224	100.00	100.00	100.00	100.00
土　地	10,359	3,932	1,171	5,327	84.16	64.00	44.25	73.75
土地改艮	—	—	4.28	1.30	—	—	0.16	0.02
建築物	484	1,118	339	660	3.93	18.20	12.82	9.14
農　具	139	118	163	139	1.13	1.93	6.15	1.93
動　物	275	183	199	220	2.24	2.97	7.51	3.04
植　物	833	648	720	734	6.77	10.55	27.20	10.16
實　物	218	144	51	141	1.77	2.35	1.91	1.96
借貸部份	630	6,305	11,428	5,890	100.00	100.00	100.00	100.00
土　地	630	6,305	11,361	5,870	100.00	100.00	99.41	99.65
其　他	—	—	77	20	—	—	0.59	0.35
合　計	12,938	12,449	14,075	13,119	—	—	—	—

根據台灣總督府殖產局「農家經濟調查」其 3，蔗作農家（「農業基本調查書」第 34，1936 年）5～6 頁而作成。
調查期間：1931 年 3 月～1933 年 2 月。

經營一町以下的下層自耕兼佃耕農的水平。亦即，台灣上層的農家水平只能與日本的下層零星農業相比。台灣農家生活的消費水平被壓得如此之低，即是台灣輸出米比日本「內地米」便宜的最大原因，也是日本的殖民地經營所謂的「成果」。

關於台灣種稻農家的窮困狀態，究竟給農民階層的分化樣態帶來什麼影響，容後再述。在此必須先談有關台灣農家的另一類型，即種甘蔗農家的經濟內容問題。

三、蔗農的經濟情況

1. 對其經營結構的分析

對種蔗農業的分析，也可與種稻農家採取同樣辦法進行，因而以下便以與前文同樣的分析順序，說明種蔗農業經濟的內容。

首先，為配合前述第 98 表，提出第 112 表進行探討。根據此表便可得知，種蔗農家的農業用固定資產及庫存，與種稻農家的情況相同。土地佔八五%到九

○%，勞動的對象所佔比重高於勞動手段，農業的技術水平依然很低。但與種稻的情況相比，對種蔗的調查結果顯示出以下幾點不同的情況。其一，資產額的順序是，佃農最大，其次是自耕農，自耕兼佃耕農最小。特別是佃農的所有資產，比種稻的大。然而，自耕兼佃農特別是佃農的資產大半都要依賴借貸。由此可見，地主即製糖會社的控制力量無疑要比種稻情況的地主控制力量更加根深蒂固。其二，所保有的植物財產多於種稻的農家。這可能是由於甘蔗的栽種期特別長所致。

其次，爲與前述第99及第100表相配合，則展示第113及第114表。首先，根據第113表所示農業經營費的順序看，以佃農爲最大，自耕農最小。但是，如從第114表看經營費扣除工資、負債利息、佃租費之後的固定生產資料部份，則自耕農超過自耕兼佃農，躍升到佃農之後。由此看來，佃農的生產技術似乎比自耕農優越，甚至也比自佃農優越。這裡顯示出與種稻情況的顯著差異。這可能由於佃農主要是隸屬於製糖會社，而且很多農業經營費也仰賴於製糖會社的關係。

如從表示生產經費內容的第113表來看前述問題，在有關支出項目中最大的肥料費及工資，佃農均超過自耕農及自耕兼佃農。這是由於佃農隸屬於製糖會社，被强迫進行深耕及勞動密集經營。有關此兩項經費支出，自耕農與佃農的差距並不太大。而關於家畜、飼料費方面，則以自耕農爲最大，佃農最小。這一點也不同於種稻農家的情況。擬於後述的是，佃農依賴養畜而謀求副業收入的勁頭不大，而是被捆在專門從事種蔗這一行業上。

在農業經營費的支出構成方面，種蔗不同於種稻之點大致有如下四項。第一，肥料費的支出比重較高。種稻的肥料費支出比重佔農業經營費總額的二三%，而種蔗則達二六%。第二，工資支出的比重較低。種稻佔一六%，種蔗則佔一三%。第三，從總體看，佃租費是最高的。種稻的佃租費二三%，而種蔗則佔二六%，特別是自耕兼佃農，甚至高達三四%。有關佃租費的情況說明，自耕兼佃農的經營狀況，幾乎處在與佃農條件相近的惡劣狀態之下

第 113 表　蔗作農家之農業經營費（1931～33 年，五州平均）　（圓，%）

項別	實際數量				構成比率			
	自耕農	自佃農	佃農	平均	自耕農	自佃農	佃農	平均
土地・土地改良費	—	—	—	—	—	—	—	—
建築物費	41.86	38.83	38.45	39.77	3.50	2.84	2.13	2.76
農具費	29.44	24.43	29.03	27.58	2.46	1.78	1.61	1.91
種苗費	62.19	64.42	68.22	64.80	5.20	4.70	3.79	4.50
家畜・飼料費	129.50	110.60	87.19	110.05	10.83	8.07	4.84	7.64
肥料費	374.20	334.25	423.05	375.17	31.31	24.40	23.47	26.04
水電瓦斯費	2.46	—	2.92	1.75	0.21	—	0.16	0.12
農藥費	0.11	0.45	0.02	0.20	0.01	0.03	0.00	0.01
加工原料費	22.25	1.38	30.36	17.45	1.86	0.10	1.69	1.21
工資	143.72	145.14	295.92	190.54	12.03	10.59	16.42	13.23
負債利息	212.07	103.05	106.61	142.05	17.75	7.52	5.92	9.86
動・植物減價額	7.47	9.00	8.48	8.31	0.63	0.66	0.47	0.58
各類負擔	126.18	62.62	36.29	76.71	10.56	4.57	2.01	5.32
佃租費	38.34	468.75	657.34	376.44	3.21	34.21	36.47	26.13
借貸費	1.76	0.07	0.40	0.76	0.15	0.01	0.02	0.05
其他	3.48	7.10	17.97	9.15	0.29	0.52	1.00	0.64
計	1,195.03	1,370.09	1,822.25	1,440.73	100.00	100.00	100.00	100.00
共中，現金	846.33	1,060.69	1,459.57	1,107.54	70.82	77.42	80.98	76.87
減價額	68.45	63.63	59.78	64.13	5.73	4.64	3.32	4.45
實物	280.25	245.77	282.90	289.06	23.45	17.94	15.70	18.68

根據前揭「農業基本調查書」，第 34，12 頁而作成。

第 114 表　蔗作農家農業經營費之分析
（1931～33 年，五州平均）　（圓）

	自耕農	自佃農	佃農	平均
不變資本財部份	673	591	705	654
工資部份	144	145	296	191
實物	4	5	3	4
現金	140	140	192	186
小計	817	736	1,001	845
佃租利息	378	634	801	596
合計	1,195	1,370	1,802	1,441

根據前揭「農業基本調查書」第 34，3 頁而作成。
農業用土地面積中，自耕農 5.8019 甲，自佃農 5.0114 甲，佃農 5.3834 甲，平均 5.3996 甲（平均每戶）。

㉒。第四，負債利息頗重。種稻爲五・五一％，而種蔗則達九・八九％，特別是自耕農，甚至高達一七・七五％，僅次於肥料費的支出。而自耕兼佃農及佃農在這方面剛好顛倒過來，是最輕的。這種傾向也說明下述的事實，即製糖會社對種蔗農家，例如對佃農及自耕兼佃農，可通過土地的直接控制（製糖會社所有地）及間接支配（轉購地）達到栽種甘蔗即獲取原料的保障，但對於自耕農則無法達到這一點，因而不得不利用預先貸款等資金的束縛做爲原料保障的手段。自耕農所承擔的過重的負債利息，露骨地表現出日本糖業資本的這種統治策略。

總之，這種種蔗農業經營費的構成內容，明顯地反映了糖業資本的統治態勢。亦即，遭受糖業資本直接控制最强的佃農，除佃租費外，肥料費及工資費的負擔最重，因而這方面所遭受的剝削也最强。此外，受糖業資本資金的緊緊束縛而承受强烈控制的自耕農，也不得不在肥料費及負債利息上，承擔更多的支出（約達農業經營費的五〇％），因而也在這方面受到殘酷的剝削。其次是自耕兼佃農，與佃農的情況相似，除佃租費的負擔外，以肥料費及工資的負擔最重，因而來自這方面的壓迫也最强。由此可見，自耕農、自耕兼佃農和佃農因分別被置於各種不同的種蔗條件之下，一面承受糖業資本的統治，一面進行種蔗生產，而從它們各自情況所反映的農業經營費的構成，也就各有其差異。

其次，爲探討農業生產力的結構，爲與前出第101表相配合，提出第115表。由此表可得知，勞動生產力的順序是，自耕農最高，自耕兼佃農次之，而佃農的勞動生產力與前兩者的差距很大。但在固定生產資料的生產力方面，則以佃農爲最高，自耕農及自耕兼佃農次之。此外，在土地生產效率方面，自耕農最高，緊接在後的是佃農，自耕兼佃農最低。但是在投入的勞動方面，佃農的密集度最高，而自耕農的密集度最低。根據以上各種指標來分析種蔗的生產力，則可歸納如下，即佃農在各種生產條件方面與種稻的情況大不相同，處於最優越狀態，但這絕不是因爲勞動生產力或土地生產力的水平最高，而是藉製糖會社這個後台，大量投施肥料，以及投入比自耕農、自耕兼佃農

第115表　蔗作農家之農業生產力(1931～33年，五州平均)

（圓，%）

區分	自耕農	自佃農	佃農
土地(A)	10,989	10,237	12,532
工資(B)	144	145	296
不變資本財(C)	673	591	705
耕種收入(D)	2,134	1,857	2,428
農業總收入(E)	2,430	2,116	2,645
粗耕度 (B)／(A)	1.31	1.42	2.36
土地生產力(D)／(A)	19.42	18.14	19.37
勞動生產力 (D)／(B)	14.82	12.81	8.20
勞動生產力 (E)／(B)	16.88	14.94	8.94
不變資本生產力 (D)／(C)	3.17	3.14	3.44
不變資本生產力 (E)／(C)	3.61	3.58	3.75

摘自前揭「農業基本調查書」第34，12，24頁。

第116表　蔗作農家農業總收入之明細

（1931～33年，五州平均，平均每戶）

（圓，%）

		金額			構成比率		
		自耕農	自佃農	佃農	自耕農	自佃農	佃農
耕作收入	甘蔗	1,185	1,049	1,840	48.75	49.59	69.57
	稻米	591	678	442	24.30	32.04	16.71
	甘藷	147	40	77	6.06	4.24	2.92
	其他	212	90	69	8.73	1.89	2.62
	小計	2,134	1,857	2,428	87.78	87.78	91.82
養畜收入	豬	89	89	107	3.66	4.23	4.06
	其他家禽·家畜	45	47	41	1.85	2.23	1.56
	其他	15	14	12	0.64	0.70	0.44
	小計	150	152	601	6.15	7.16	6.06
其他收入	農業加工收入	16	4	27	0.65	0.19	1.00
	山林收入	32	37	—	1.31	1.77	—
	其他	98	66	30	4.05	3.10	1.12
	小計	146	107	56	6.01	5.06	2.12
	合計	2,430	2,116	2,645	100.00	100.00	100.00

摘自前揭「農業基本調查書」第34、10頁。

近一倍的雇用勞動所造成的密集經營，謀求農業收入增加的結果。特別是對勞動生產效率偏低的狀況，意欲以加强勞動的投入來彌補這種劣勢。由此可見，糖業資本的物質攻勢即投入肥料及對佃耕農的掠奪强化即勞動投入等，均爲維持佃農生產力

的最重大因素。與此相反，自耕農在土地生產力方面佔居優勢，而在勞動生產力方面也居最高水平，但因採行勞動粗放式經營，以致犧牲了固定生產資料生產力。因而在農業收入上形成自耕農少於佃農的結果。相反，自耕兼佃農的生產力結構與自耕農相近，甚至比自耕農更差。

接着對各階層的農業收入構成進行分析。以第116表與種稻農家情況的第102表加以對照即可發現，除佃農外甘蔗栽種率極低，甚至沒達到五〇%。相反，包括佃農在內的稻米耕種率頗高。從整體看，栽種甘蔗的收入比率將近佔九〇%，高於種稻農家。種蔗農家對甘蔗之外的作物，特別是種稻的傾向性相當强，而從農家爲確保自給食糧角度看，這是理所當然的措施，但以此與種稻農家的情況相比，則可清楚地看出「糖・米相剋」的問題所在。此外，種蔗農家對此現象反應相當敏感，這也可從稻米耕種率極高的情況中看出。但佃農對種稻的反應最差，其七〇%的農業收入必須仰賴栽種甘蔗。而從這種甘蔗高栽種率的現象中可以看出，製糖會社的控制力在佃農中最爲牢固的事實。

這種栽種構成內容，反映了各階層的勞動力分配情況。在耕種收入方面，自耕農的耕種分配最爲平衡，佃農則相反。由此可說，自耕農最善於利用輪耕經營。這也可從自耕農在勞動生產力方面居最高位的情況中看出。另外，從土地生產力看，佃農藉增投肥料與勞動密集式經營來提高土地生產力，而自耕農則多依靠輪耕經營。使其成爲可能的基本原因之一，即是自耕農不太偏重於旱田，而且擁有相當數量的水田。自耕兼佃農在這方面也近似自耕農的栽種形態。

接着再探討農業經營的商品化程度。首先以第117表與種稻農家的第103表相對照，從總體看，農業經營費的現金支出率極高，而且引人注目的是，又是按照自耕農、自耕佃農、佃農的順序上升。種蔗的情況是，以現金形式付佃租費的比率幾乎達八四%，因而佃租費的負擔，起促進商品化的作用。此外，在支出頗大的肥料費及工資方面，現

第 117 表　農業經營費現金形態之比率（蔗作農家）
（1931～33 年，五州平均）　（％）

	自耕農	自佃農	佃農
建築物費	6.93	3.81	21.74
農具費	22.72	29.10	25.97
種苗費	49.70	68.94	43.92
家禽費	92.87	95.80	94.99
飼料費	15.80	22.42	14.94
肥料費	68.59	76.18	89.36
工資	97.08	86.67	98.83
各類負擔	100.00	100.00	100.00
佃租費	74.86	84.09	83.93
全體	70.82	77.42	80.99

摘自前揭「農業基本調查書」第 34，12 頁。

第 118 表　農業收入現金形態之比率（蔗作農家）
（1931～33 年，五州平均）　（％）

		自耕農	自佃農	佃農
耕作收入	甘蔗	93.37	87.53	92.09
	稻米	60.89	54.10	36.50
	甘藷	37.64	10.55	8.95
	其他	62.26	30.49	32.09
	計	77.45	70.91	77.61
養畜收入	豬	63.76	66.91	66.50
	家禽	4.44	10.54	11.26
	其他	0	0.13	0
	計	39.29	42.93	47.45
其他收入	農產加工	0	49.05	0
	山林	33.91	0	0
	其他	11.79	4.47	9.82
	計	15.32	4.67	0.52
	合計	71.37	65.56	74.15

根據前揭「農業基本調查書」第 34，10 頁而作成。

金支出率也遠高於種稻的情況，肥料的現金支出尤其如此㉓。另外，從農業收入看，如以第118表與前頁第104表相比，可知其商品化程度之高，其中尤以佃農爲最。由於栽種甘蔗而造成現金收入的極高比率，也決定了整個農業收入的商品化比率的高水平。如此看來，商品經濟對種蔗農家的影響，遠比種稻的情況强烈。而引人注目的是，這又

是以佃農爲中心展開的。前文業已有所觸及，糖業資本對佃農的控制最爲牢固的情況。而從加强商品經濟滲透這一點看，與剝削種稻農民的地主制有很大的不同。這在探討後述農民階層分解的動向時，將是一個焦點。

2. 對農家所得的分析

第119表　蔗作農家之農業收支
（1931～33年，五州平均）　（圓，%）

項目	自耕農	自佃農	佃農
農業收入	2,430	2,116	2,645
農業經費	1,195	1,370	1,802
農業所得①	1,235	746	843
各項負擔②	126	63	36
小計③＝①－②	1,109	683	807
家用費④	971	932	774
①／④	127.19	80.04	108.91
扣除餘額③－④	138	－249	33
③／④	114.21	73.28	104.26

根據前揭「農業基本調查書」第34，10～12、18～19頁而作成。

與商品經濟的滲透同樣引人注目的另一個側面是農家所得的內容。而在探討此問題的焦點是，種蔗農家以其農業所得可維持其家計到什麼程度的問題。在此揭示第119表與種稻農家的第105表加以對照。從種蔗農家的情況來說，自耕兼佃農的農家所得尚不足於家計費的二〇%，但自耕農及佃農却處於足可維持的狀態。這與種稻農家的情況相比却是相反的的現象，即種稻的自耕兼佃農大致可藉農業所得維持家計費，但自耕農及佃農則極爲不足。其次，從種稻農家來說，如從農業所得扣除農業生產的各種負擔，任何一個階層都不足以維持家計，但種蔗農家的情況不同，除自耕兼佃農之外，其他均仍有餘裕。

但不能以上述情況即斷定種蔗農家的生活水平一定高於種稻農家。有關消費生活的具體情況，容於後文詳述，但對有關農業收支的內容，則請務必注意第119表所示的界限。第一就是，此表中的種蔗農家經營面積每戶平均達五・四甲，係高於種稻農家三・五甲的上層農家。附帶一提的是，一九二二年經營規模在五甲以上的農家

戶數，尚不滿全島農家的六％（參考前述第95表）。此外，即使將相當於經營面積一半的二・五甲用於種甘蔗，對照全島的蔗農經營規模，則可從上述第69表推論：二・五甲以上的種蔗農戶，尚不及全島種蔗農戶的一〇％。第二則是，由於蔗、米價格的差異而導致的收入差額。米價與糖價均在一九三一年降到最低水平，爾後逐漸恢復，但甘蔗降爲最低價格則是一九三三年（請參考上述第31表及第131表）。但正確地說，第105表對種稻農家的調查時間是一九三一年三月至一九三二年二年爲止的整一年期間，這一期間的米價是低迷不振的。與此相反，對種蔗農家的經濟調查時間是一九三一年三月至一九三三年二月爲止的整兩年時間，這一期間的甘蔗價格雖在逐漸降低，但並未達到最低價，而且關於附帶種稻的部份，米價的反升也被列入。在這個調查期間由於對蔗、米價格變化不正確的推算而導致農業收入的變動，使第120表所示內容顯得比第105表有利。因而第119表的內容，需要打不小的折扣。但對種蔗農家來說，如以往只靠耕作收入，如第102表所示，畢竟是不足以維持家計費的。而他們若不謀求耕作外的收入，甚至農業以外的收入，無疑是無法維持生計的。

第120表　蔗作農家之耕作收支

（1931～33年，五州平均）　　（圓）

	自耕農	自佃農	佃農
耕作收入	2,134	1,857	2,428
農業經營費	1,195	1,370	1,802
扣除餘額	939	487	626
家用費	971	932	774
扣除不足	－32	－445	－148

根據前揭「農業基本調查書」第34，10，12、18～19頁而作成。

再回過來看第116表，在農業收入方面值得注意的是，種蔗農家對耕種收入的依賴程度大於種稻農家的現象（第102表）。特別是種稻及種蔗佃農，他們對耕種收入的依賴程度差距相當大。例如，種稻佃農依賴農業收入的程度爲七八％；而種蔗佃農則高達九一％。此外，前者耕作收入的商品化程度僅爲四二％，但後者則超過七七％（請比較第104及第118表）。如此巨大的差距說明，種蔗佃農受製糖會社的甘蔗收購價格

第 121 表　蔗作農家之各類負擔（1931～33 年）　（圓）

	自耕農	自佃農	佃農
國稅	43.50 (43.50)	15.63 (15.63)	4.29 (4.29)
州稅	27.37 (20.46)	13.62 (7.81)	6.88 (2.15)
街庄稅	22.58 (8.43)	11.89 (3.12)	7.68 (0.86)
農會費	4.99 (3.06)	3.12 (1.18)	1.68 (0.46)
水費	22.92	15.17	13.29
其他	4.82	3.19	2.47
計	126.18 (75.45)	62.62 (27.74)	36.29 (7.76)

摘自前揭「農業基本調查書」，第 34，22 頁。
（ ）爲地租或其附加稅。

第 122 表　蔗作農家農業外之收入（1931～33 年）　（圓，%）

	金額			構成比率		
	自耕農	自佃農	佃農	自耕農	自佃農	佃農
財產運用收入	159	364	41	34.45	73.09	23.61
農業外生產物之收入	13	10	9	2.73	2.03	4.94
勞動收入	207	81	85	44.66	16.32	49.05
兼差收入	56	27	31	12.23	5.44	17.80
贈與收入	1	2	1	0.21	0.32	0.53
其他收入	25	14	7	5.42	2.80	4.07
合計	461	498	173	100.00	100.00	100.00

摘自前揭「農業基本調查書」，第 34，14 頁。

所左右的實際情況。另一個值得注意的情況是，種蔗農家依賴耕種以外的收入低於種稻農家，因而直接遭到因農產物價下跌而陷於貧困的狀態。

關於體現日本殖民地統治政策的各種農業負擔，正如121表所示，種蔗與種稻農家同樣，都必須負擔以地租及水租爲主的國稅和地方稅。但比起種稻農家，自耕蔗農與自耕兼佃耕蔗農的負擔差距倒不很大。但重要的是，佃

農的負擔較大。由於這些負擔係全部以現金支付，佃農也被迫受到商品經濟的深刻影響。

其次，根據與第108表相對照的第122表，再對種蔗農家的農業外收入進行探討。從此表中可以看出，自耕農與自耕兼佃農的農業外收入均比佃農多兩倍。尤其是自耕兼佃農的收入超過自耕農，而其中的七三%又屬於利用財產的收入，因而可以認爲，該階層帶有濃厚的資產家性格。與此相反，自耕農的勞動收入爲第一位，與其利用財產的收入合起來，約佔農業外收入的八〇%，因而依賴於該兩方面的收入。其次，佃農的農業外收入雖説極其微薄，但約有五〇%依賴勞動收入，並且也在依賴利用財產的收入及兼業收入。從種蔗農家的農業外收入構成看，勞動力商品化的壓力，在自耕農與佃農身上表現得較爲明顯，而種稻農家的情況，則在自耕兼佃農及佃農身上表現明顯，情況很不相同。

第123表　蔗作農家之綜合收支（1931～33年）　（圓）

	自耕農	自佃農	佃農
農業外之收入	461	498	173
農業、家用外之支出	29	41	10
家用外各項負擔	19	27	10
扣除差額	413	431	152
農業收支	138	−249	33
綜合收支	551	182	185

摘自前揭「農業基本調查書」，第34，14～15，24頁。

接著再看種蔗農家的綜合收支。如第123表所示，自耕兼佃農的經濟狀況遠不及自耕農，只與佃農並列，或居其下。將其與種稻農家的情況相對照，則可看出台灣農家經濟的一般傾向，即不論是種稻還是種蔗的，那一個階層所具有的資產家性格最強，那一個階層就會在農業收支上產生大幅度的逆差，從而使其綜合經濟狀況陷於極壞狀況。這從種稻農家看，表現在自耕農身上（參照第109表），而從種蔗農家看，則是自耕兼佃農（第123表）。從第109表及第123表中可清楚地看出台灣的資產家式農民階層，雖然必須大幅度地依賴利用財產所得的收入，但無法積累資產，甚至淪落到與佃農相同的位置上。如果連這種資產階級性的農家也有積蓄上的困難，則台

灣一般農民的發展乃至上升的力量，就有更大的限制性了。

3.農家生活水平的分析

最後擬對表現種蔗農家實際生活水平的家計内容，以對照種稻農家形式進行探討。爲與第101表相對照而提出第124表。從表中首先可發現的是，蔗農的家計費支出額比種稻農家大。其中，尤以自耕兼佃農與佃農的差距最明顯。由於家計費數額的大小要受家庭人數的影響，爲正確掌握這一數字，需要計算家庭成員的人均費用。從第125表中看到的、最令人注目的情況是種蔗自耕農的人均費用超過了自耕兼佃農，而自耕農與佃農之間的人均家計費的差距，則蔗農小於稻農。其消費生活水平，則各階層大致相近。而從其具體内容看，與稻農的情況同樣，第一生活費所佔比率，佃農爲最高，自耕農最低。但從自耕農及自耕兼佃農的情況看，蔗農的第一生活費比率低於稻農。但種蔗佃農的第一生活費比率反而高於種稻佃農。這可能是由於對蔗農的調查與對稻農的調查對象不同，而是上層農家的緣故，但從種蔗的佃農情況看，正如前例第115表所示，由於多採用勞動密集式經營，因而在其第一生活費中飲食所佔比率特別大，這就大幅提高了佃農的第一生活費比率。

再從第二生活費方面看，這也與種稻農家的情況相同，自耕農爲最多，佃農最少。此外，交際費及婚喪節祭等費用的支出所佔比例也最大。而在某些項目上因自耕兼佃農超過了自耕農而受到注目，諸如教育費、婚喪節祭費及嗜好費（娛樂費）等即是。特別是在教育方面，自耕兼佃農大大超過自耕農，這與種稻農家的情況不同。但種稻農民在綜合收支方面，自耕農也處於幾乎與佃農同樣的極壞狀態，其教育費的支出也很大（第109表、第110表），而其對利用財產獲取收入的依賴程度也特別高。從這些共通點看，教育費支出的數目大，有力地說明了下述事實，即他們爲解除在農業上的窮迫狀態，其手段之一即是自己接受教育，以此謀求農業外的收入。而對依賴於利用財產獲取收入的他們來説，也有使自己成爲知識分子，脫離農業之路的一條道路。因此，教育費支出的增大也意味着來自經

第124表　蔗作農家之家計費（1931～33年，五州平均）

（圓，％）

		金額			構成比率		
		自耕農	自佃農	佃農	自耕農	自佃農	佃農
第一生活費	居住費	25.93	20.37	23.63	2.67	2.19	3.06
	飲食費	433.83	437.77	444.16	44.69	46.99	57.42
	治裝費	61.18	53.28	30.96	6.30	5.72	4.00
	水電瓦斯費	50.82	71.21	44.26	5.23	7.64	5.72
	雜物費	17.18	10.26	7.18	1.77	1.10	0.93
	小計	588.94 (305.97)	592.89 (255.50)	550.19 (282.33)	60.66 (51.95)	63.64 (43.09)	71.13 (51.32)
第二生活費	教育費	28.96	65.89	9.19	2.98	7.07	1.19
	修養費	4.92	2.66	3.36	0.51	0.29	0.43
	交際費	82.77	57.86	47.79	8.53	6.21	6.18
	嗜好費	50.29	52.15	34.35	5.18	5.60	4.44
	娛樂費	5.32	1.47	3.51	0.55	0.16	0.45
	衞生費	72.52	29.39	31.61	7.47	3.15	4.09
	婚喪喜慶費	58.40	92.27	59.23	6.02	9.90	7.66
	各類負擔	33.54	23.77	15.16	3.45	2.55	1.96
	其他	45.18	13.29	19.15	4.65	1.43	2.47
	小計	381.90 (344.02)	338.75 (289.94)	223.35 (197.63)	39.34 (90.08)	36.36 (85.59)	28.87 (88.48)
	合計	970.84 (649.99)	931.64 (545.44)	773.54 (479.96)	100.00 (66.95)	100.00 (58.54)	100.00 (62.04)

根據前揭「農業基本調查書」，第34，18～19頁而作成。
(1)（ ）爲現金支出金額及其比率。
(2)每戶人數：自耕農爲11.13人，自佃農爲13.25人，佃農爲10.43人，平均爲11.65人。

第125表　蔗作・稻作農家平均每人之家計費

（圓）

	自耕農	自佃農	佃農
蔗作農家	87.2 (11.13)	70.3 (13.25)	74.7 (10.45)
稻作農家	99.3 (9.62)	69.6 (9.54)	61.4 (6.14)

摘自前揭「農業基本調查書」，第30，1，24頁，同第34，1，19頁。
（ ）內爲家庭人數（單位：人）

濟上的一種壓力的增大。值得注意的是，此情況對後章所述台灣農民運動所帶來的影響即台灣的農民運動之所以能在短期間內澎湃發展，並迅速席捲全島，這可能與自耕兼佃農的教育水平遠高於自耕農水平的事實大有關係。

其次，如以第一生活費佔全部生活費的比例做爲代表消費生活水平的一個指標，那麼可以說，與種稻農家相比，種蔗農家的經營規模大且因蔗價的時差關係，其自耕農及自耕兼佃農的生活處於稍佳狀態。但與日本農民相比，則只不過是第111表所示B羣（擁有一町四反到一町五反的小農）中的自耕兼佃農的程度。而種蔗佃農生活最差，遠不及該表所示A羣（擁有一町以下零星土地）的佃農。當然，也可能由於台灣與日本的生活方式不同，生活費支出項目的金額也會因此而出現相當的差異。但第一生活費佔七一％的事實，無疑是體現了種蔗佃農消費水平極端惡劣的狀況。從其結果看，台灣的種蔗農家大致與種稻農家同樣，雖在島內屬於上、中層農民，但生活水平却只相當於日本的零星農及小農，或居於其下。這也可說是日本殖民地經營「賜」給台灣農民的一個「成果」。但即使在這種情況下還有一點是必須注意的，那就是種蔗農民與種稻農民不同，蔗價的下跌尚未達到歷史上最低的嚴峻程度。

① 根據一九三〇年出版的「台灣農業年報」，第一五頁算出。
② 根據同上資料一九三一年出版的第一四頁算出。
③ 例如梶原通好一九三一年著書「台灣農業論」的二五～三〇頁即是。
④ 關於台灣農家經營的調查資料甚少，因而無法對日台之間經營密集程度加以比較。但如以「反」的收穫量來進行比較，而假設以日本爲一〇〇，台灣的水稻則是六五，旱稻爲五一，甘薯八四，小麥五三，甘蔗是一八四，粟米是三七。換句話說，除熱帶產物外，大約相當於日本的六五％～七〇％（但這只是一九三〇年到一九三二年的平均數。請參考奥田彧與其他學者共同執筆的「台灣的農業」；農業經營學會編的「展望日本農業」一九三五年出版，七一八頁～七二一頁）。
⑤ 關於整理日本的農業經營規模變化的著作有：東浦庄治一九三三年所寫「日本農業概論」，一〇二～一一三頁；東畑精一及宇野弘

藏一九五九年共編的「日本資本主義及農業」，一九一頁～二八六頁等，此外還有大內力一九六九年整理的「關於日本農民階層的分化」。

⑥ 關於對台灣耕地的所有及經營規模的調查方法上的困難，將在第五章中有關地方加以詳細說明，在這裏必須注意的是，關於共有地內容的不一致。即在一九二一年進行調查時，計算了共有地所有者的平均農家戶數，但在一九三二年及一九三九年兩次調查時，僅計算了一個代表者。因而正如本書第95表所示，一九二一年的農家戶數比一九三二年多出將近五萬戶，另與「農業年報」的農家戶數相比較，也多出四萬八千戶。而一九三二年的調查，反比「農業年報」的農家戶數大約少了二萬戶。這種在統計數字上不合攏的地方很多。這是由於當時的統計不完備，造成現在只能對台灣農業經營規模的變化做一粗略的描述。而這種描述也是不完全的。

⑦ 事實上，包括種稻在內的輪耕，在水稻方面具有二四六個實例，旱稻亦有一九〇實例，總計高達四六二個實例。另外，有關種蔗的輪耕作亦達三二三個實例（根據台灣總督府殖產局一九三七年出版的「輪耕式調查」及「農業基本調查書」第三五冊，附錄一～三頁算出）。

⑧ 將綠肥（包括種子）分為自給和採購的兩種加以分析，其情況如下：例如一九二七年第一期稻時的蓬萊米栽種情況，自耕農自給為一圓零二分，採購的是五圓一角一分；佃農自給為七角九分，採購為六圓四角二分。另外，如按綠肥和化肥分類，自耕農在綠肥方面是六圓一角三分，化肥是六九圓四角二分；佃農則分別需要七圓二角一分和五七圓零五分（根據台灣總督府殖產局一九二八年所編「主要農作物經濟調查」第九冊、「農業基本調查書」第十九冊的種稻農家部分，六四～六五頁）。換句話說，綠肥料供給的幾乎八〇％依賴採購，而其所需金額只是化學肥料的一〇％左右。

⑨ 具體的調查資料可舉台灣總督府殖產局一九四〇年出版的「農業勞動調查」及「農業基本調查書」，第四〇冊。

⑩ 參考上述原著書「台灣農業論」，三六～三九頁。

⑪ 關於對台灣農業有連續性的調查資料，只有一九三一年至一九三二年間所實施的對種植作物分類的農業經濟調查。而且做為調查對象的農家戶數是，稻農五四戶、茶農一二戶、蔗農三〇戶、三年輪耕者六戶、種雜物者三戶，總計五類一〇五戶。另外，這些做為被調查對象的農家，其經營規模均屬於上層的大戶。從這一點看，該調查的內容能否反映全島的平均值以及一般農家的實際情況，這是存在問題的。但現在只有這份調查資料，不得不依照這個線索來進行分析。但在使用這份調查資料時，心中必須有一個界限。另外，為不失去平均值的意義，本項將考察對象限定於農業開發平均進展的西部五州（台北、新竹、台中、台南、高雄）。另外，關於以下的分析方法，得前述大內力著書「關於日本農民階層的分化」的啓發，特別是第四章的幫助很大。因為是在商品經濟相當發達的台灣，這種分析方法是應該被承認的。

⑫ 順便提一下，被做爲調查對象的農家，其經營規模每戶平均達到三·五四九甲（自耕農爲三·九一九〇甲；自耕兼佃農爲三·六七九甲；佃農爲三·〇五九甲。根據台灣總督府殖產局一九三四年出版的「農業經濟調查」第一册種稻農家及「農業基本調查書」第三〇册第三頁）。從本書第95表所示全島經濟規模分布情形看，全島農家只有一〇·四一％達到這個階層。該階層以上的上層農家，全島只有一七％。

⑬ 關於這一點，如果將家畜和飼料費分開來算，就會更加清楚地表現出來，即佃農的家畜費爲三九圓五角四分，遠超過自耕兼佃農的二二圓九角（參考同上「調查書」，第三〇册，第一五頁）。

⑭ 從農業經營費看，生產條件有利的順序是：自耕農、自耕兼佃農、佃農，請參考「有關日本的分化」，一七七～一八〇頁，二〇七～二〇八頁及二二六～二二八頁。

⑮ 在台灣農家飼養家畜的收入中，佔最重要地位的是養豬收入。台灣的養豬頭數，一九三一年到一九三二年平均達到一七七萬頭，每一農家平均達四·三三頭。與日本國內相比較，在總數上將近日本的兩倍，而平均每戶的養豬頭數高於日本的二七倍（參考奧田彧一九三七年著書「台灣的農業」，二一頁）。而台灣唯一的牲口——牛，當時有三萬頭，平均每戶農家擁有近一頭，（一九三三年出版的「台灣農業年報」，八九頁）。值得一提的是，台灣的養豬頭數從一九二二年的一二六萬七千頭增加到一九三二年的一七五萬頭，十年之間增加將近五〇％。但相反，牛的頭數在同一時期卻從四〇萬九千頭變成三六萬六千頭，減少約一〇％。

⑯ 有關佃農擁有許多旱田的提法，與前述「台灣的佃農集中於水田」的提法是自相矛盾的。但這裏所指的是，與自耕兼佃農相比較而言，是相對性的意思。換句話說，水田的佃耕地多半屬於自耕兼佃農，而旱田的佃耕地則多屬於佃農。這個事實從農家的作物收入構成中可明顯地看出來，當然，這個「事實」也關係到此次經濟調查的「客觀性」。

⑰ 有關這一點，只能從自耕兼佃農和佃農身上看到，也可從單位面積平均雇用勞動者的比率中偏重於蓬萊米而非在來米的情況中看到。即台灣農家平均每一甲雇用勞動力的比率，佃農爲：一期在來米佔三五％、一期蓬萊米佔三六％、二期在來米爲二九％、二期蓬萊米爲三六％，自耕農則一期在來米爲二三、一期蓬萊米五一％、二期在來米爲二一％、二期蓬萊米爲四四％（參考「主要農作物經濟調查」第六册、「農業基本調查書」，第一六册、一九二八年出版，二七五～二七七頁、同上「調查」第九册、上揭「調查書」第十九册，一九二八年出版，二〇七～二〇九頁），不論在何種情況下，耕種蓬萊米的雇用勞動力比率都相當高。此外，日本國內稻農的勞動者雇用比率爲：佃農是六％、自耕農爲二三％（帝國農會編「昭和六年度產米生產費調查」及前述「台灣的農業」，二一八～三一一頁）。與此相比較，應說台灣的稻農對雇用勞動力的依存度相當高。

⑱ 關於這一點，特別是在農產品價格停滯、農業收入大幅減少時期反映明顯。自耕農由於農業的各種負擔，不論種的是蓬萊米種或是

在來米種，每一甲的種稻收支都比佃農還差（參考台灣總督府殖產局編「米生產調查」第一册、「農業基本調查書」，第二七册，一九三一年出版，二～三頁）。公家所徵租稅所起的加重性作用值得注目。

⑲ 在此特別需要注意的是，在農業的經營費中將自己供應的物品和肥料計算了進去，但卻未將自家勞動統計進去。亦即如將自家勞動也計算進去，農家的農業收支將會出現很大的逆差。順便提一下，每一甲的種稻生產費中自家勞動所佔比例約爲二五％（參考前述「農業基本調查書」第一六册，二六一及二六三頁；同上「調查書」，第一九册，一九七及一九九頁）。

⑳ 從自耕農利用財產的收入爲四一一圓的情形看，利用現金的形式達三八〇圓，佔前者的九二％（同「調查書」一八頁）。而從農家負債金額方面看，自耕農是二，〇七七圓，自耕兼佃農是一，一二四圓，佃農是二五三圓（同上「調查書」一一〇頁）。從這一點推測，可以肯定，能利用自耕農金融貸款的人，多數是自耕農或自耕兼佃農。而值得注意的是，自耕兼佃農的負債中，九一％是爲了農業經營（自耕農是五六％）。

㉑ 修養費、教育費、各種負擔、娛樂費支出的一〇〇％都是以現金形式支付的，另外，醫療保健費的九二％也是如此。對此，婚喪節祭費用的現金支出爲七二・六％（詳細的部分請參考上述「調查書」二四頁）。

㉒ 如進一步探討，可以認爲，佃農直接隸屬於製糖會社，而自耕兼佃農則是在本地地主和製糖會社的雙重租佃關係下受統治的。但自耕兼佃農的佃租支付比重，幾乎與佃農相接近。由於自耕兼佃農被課徵的佃租只限於佃租地部份，因而對這部分的佃租負擔比佃農還要沈重。這是因爲佃農是承包製糖會社的社有地而耕種，而自耕兼佃農是承包製糖會社的購耕地。如果是這種情況，自耕兼佃農則實際上就揹上了雙重重擔，即承耕製糖會社的購耕地，必須向會社和本地地主支付雙重佃租。

㉓ 有關這一點可根據每一甲的肥料自給率蔗農比稻農低的情況得知。即稻農的情況形是，每一甲的肥料自給率，自耕農爲：一四％（一期蓬萊米）和三五％（一期在來米）；佃農爲：九％（一期蓬萊米）和二八％（一期在來米）。蔗農的情形是，每一甲的肥料自給率，自耕農是五・六％，自耕兼佃農是四・二％，佃農是七・八％（參考前述「農業基本調查書」，第十九册，種稻農家，二一一、二一三頁、同書第廿三册，種蔗農家，一九二九年出版，一一五頁）。

第五節　農民階層分化的趨勢

一、農民階層分化的動向

第126表　台灣農業人口之增減趨勢
（1910～39年）　　（1000人，％）

	農業人口				總人口數
	自耕農	自佃農	佃農	計	
1910年	704	491	893	2,087	3,219
	(21.9)	(15.3)	(27.7)	(64.8)	(100.00)
16	712	601	966	2,280	3,510
	(20.3)	(17.1)	(27.5)	(65.0)	(100.00)
19	730	643	924	2,297	3,630
	(20.1)	(17.7)	(25.4)	(63.3)	(100.00)
21	708	643	876	2,227	3,751
	(18.9)	(17.1)	(23.4)	(59.4)	(100.00)
26	702	726	949	2,377	4,155
	(16.9)	(17.5)	(22.8)	(57.2)	(100.00)
30	741	792	1,001	2,534	4,593
	(16.1)	(17.2)	(21.8)	(55.2)	(100.00)
31	746	811	1,026	2,583	4,715
	(15.8)	(17.2)	(21.8)	(54.8)	(100.00)
32	837	771	968	2,576	4,930
	(17.0)	(15.6)	(19.6)	(52.3)	(100.00)
33	839	800	99.6	2,634	5,061
	(16.6)	(15.8)	(19.7)	(52.0)	(100.00)
34	851	843	1,007	2,701	5.195
	(16.4)	(16.2)	(19.4)	(52.0)	(100.00)
35	881	875	1,034	2,790	5,316
	(16.6)	(16.5)	(19.5)	(52.5)	(100.00)
36	876	918	1,061	2,855	5,452
	(16.1)	(16.8)	(19.5)	(52.4)	(100.00)
37	877	941	1,062	2,880	5,609
	(15.6)	(16.8)	(18.9)	(51.3)	(100.00)
38	872	956	1,069	2,897	5,474
	(15.2)	(16.6)	(18.6)	(50.4)	(100.00)
39	926	944	1,055	2,925	5,896
	(15.7)	(16.0)	(17.9)	(49.6)	(100.00)

農業人口部份：摘自「台灣農業年報」，1924年，22頁，同，1928年，15頁，同，1933年，17頁，同，1943年，9頁。
總人口數部份：摘自1910～31年，「台灣現住人口統計」，1932年，1頁。1932～39年之「台灣事情」，1936年，18～19頁，同，1939年，27～28頁。

第 127 表　台灣農業戶數之增減趨勢（1922～40 年）　（1000 戶，%）

	農家戶數				構成比率		
	自耕農	自佃農	佃農	計	自耕農	自佃農	佃農
1922年	116.7	111.5	157.1	385.3	30	29	41
23	113.3	116.0	159.2	388.5	29	30	41
24	114.3	116.1	159.8	390.5	29	30	41
25	114.3	118.5	161.0	393.8	29	30	41
26	114.6	119.3	161.9	395.8	29	30	41
27	116.9	112.0	160.0	398.9	29	31	40
28	118.3	124.5	162.7	405.5	29	31	40
29	118.1	125.9	163.7	407.7	29	31	40
30	119.5	126.4	165.4	411.4	29	31	40
31	119.0	127.9	167.9	414.9	28	31	41
32	132.2	119.3	152.4	404.0	32	30	38
33	129.4	121.7	155.0	406.2	32	30	38
34	130.1	125.0	156.9	412.0	32	30	38
35	132.1	128.4	159.4	419.9	31	31	38
36	132.3	134.1	161.8	428.1	31	31	38
37	131.1	134.8	161.5	427.4	31	31	38
38	130.2	135.6	158.7	424.6	31	32	37
39	140.1	134.0	154.4	428.5	33	31	36
40	137.4	134.4	158.2	429.9	32	31	37

摘自「台灣農業年報」，1933 年，17 頁，同，1943 年，8 頁。

在前一節，根據一九三一年至一九三三年間對農家經濟的調查資料，對稻農及蔗農的經營與家計，從微觀上進行了粗略的分析。這一節的主要目的是，根據上述研究所獲成果，從宏觀上對農民階層的動向進行研究。因而仍然要根據上述調查資料，在不失去公正對待台灣農家實際情況的前提下，爲了論敍的方便，首先擬從歷史的發展情況來闡明台灣農民階層的動向。

此問題可由第127表加以說明。根據第126表概觀台灣農民階層的動向，大致可歸納爲下列三點：第一，台灣的農民階層大致上處於分化過程。正如此表所示，其農業人口雖從一九一〇年的二〇八萬七千人穩增爲一九三九年的二九二萬五千人，但在總人口中所佔比率，反而從六五%下降到五〇%以下①。從一般情況看，農業人

口的自然增加率要比非農業人口的自然增加率高，因而農業人口比率的下降，純粹意味著農業人口的外流。第二，這一分化現象最明顯的時期是一九一九年至一九二一年及一九三一年至一九三二年。在這兩個時期，台灣農業人口的絕對數也已減少，即在前一時期減少七萬人，使農業人口比率降至六〇%；後一時期則減少七千人左右，使其比率降至五二%。一般認爲，前一時期的減少，是由於一次大戰後不正常的經濟景氣影響，使人口集中於非農業部門，造成農業人口的外流。但後一時期卻正處於世界經濟大恐慌時期，不僅是農業外部的吸引力不大，反而是要從農業內部擠出一些人的時候。儘管如此，台灣農業人口也出現一些外流的情況。這與日本國內的現象不同，頗爲引人注目②。第三，如從農民階層看，上述兩個時期的農民階層分化，出現了不同的動向。亦即，一九一九年至一九二一年間的農業人口減少，是由於自耕農及佃農減少所致；相反，一九三一年至一九三二年的農業人口減少，主要是由於自耕兼佃農及佃農減少所致，而自耕農反而有所增加。也就是說，在這兩個時期，雖然佃農都在減少，但自耕兼佃農在前一期則處於停滯未動狀態，而後一時期有所減少。至於自耕農，則前一時期有所減少，後一時期反而有所增加。

從上述農民階層的動向看農家戶數的變動，雖僅有一九二二年以後的數據，但就其內容看，則正如第127表所示，與上述農業人口的動向完全相同。即從長期看，雖然農家戶數是絕對性的增加，但在一九三一年至一九三三年卻大爲減少。此外，若以其階層看，自耕兼佃農與佃農在減少，相反，自耕農却有所增加。如以此類推一九一九年至一九二一年間農家戶數的動向，可能也與農業人口的變動相同。亦即，在此期間農業戶數的絕對性減少，主要是由於自耕農與佃農減少所致。這就顯現出台灣農民階層分化的一個層面。即從長期的趨勢看，台灣的農民階層一直處於分化過程，而其中尤以一九一九年至一九二一年與一九三一年至一九三二年明顯，不論從人口數還是從戶數看，都出現了絕對性的減少。而這種減少的趨勢，在前一時期是以自耕農及佃農爲中心，後一時期則是以自耕兼佃

第128表　自・佃農別農家每戶之平均人口數
（1923～39年）

	自耕農	自佃農	佃農	平均
1922年	6.0	5.8	5.6	5.8
26	6.1	6.1	5.9	6.0
30	6.2	6.3	6.1	6.2
32	6.3	6.5	6.4	6.4
35	6.7	6.8	6.5	6.6
39	6.6	7.0	6.8	6.8

摘自前揭「台灣農業年報」。

第129表　農業人口與戶數之增減　（1000人，1000戶）

期間		自耕農	自佃農	佃農	全體
1921～30年	人口	33	149	125	307
	戶數*	2.8	14.9	8.5	26.1
1931～39年	人口	185	152	54	391
	戶數	20.6	7.6	−11.0	17.1

摘自前揭「台灣農業年報」
*1922～30年，因採四捨五入，所以和合計並不一致。

農及佃農爲中心的。

其次，擬根據第128表的數據，試探農業人口與農家戶數的變動反映在每戶農家平均人口數變動的情況。從此表內容看，台灣農家的每戶平均人口數，主要是以自耕兼佃農及佃農爲中心在不斷地增加。亦即從整體看，平均每戶人口從一九二二年的五・八人增加到一九三九年的六・八人。其中，自耕兼佃農從五・八人增加到七・〇人，佃農從五・六人增加到六・八人，增加速度最快。一九三九年時，二者均超過自耕農家的平均人口數。有關農家人數增加的意義，且容以後再述，在此擬進一步探討有關增加的情況（第129表）。根據此表可知，一九二〇年代與一九三〇年代呈現出的局面相當不同。即佃農農家的人數增加，主要是由於一九二〇年代的人口絕對性增加超過了戶數的絕對性增加，但一九三〇年代則是戶數的絕對性減少爲其特徵，人口的增加並不明顯。而與此相反，自耕兼佃農則與一九二〇年代相比，一九三〇年代主要是人口的相對性增加與戶數的相對性減少所致。而自耕農則是人口、戶數雙方均有絕對性增加爲其特色。由此可描繪出台灣農民階層分化的第

二個側面。即台灣的農民階層分化，雖以自耕兼佃農及佃農爲中心出現出現農家戶數人口增大傾向，但這主要是，一九二〇年代以自耕農爲中心，一九三〇年代以佃農爲中心，明顯地出現了脫離農業即走向沒落的趨勢。而其中自耕兼佃農則處於比較穩定的地位。

其次，擬從經營規模角度探討上述農民階層的分化動向。由於未就此問題對各階層進行過調查，無法正確地掌握這方面的動向。但我們已從第95表中得知，一至二甲的農民階層，在一九二一年、一九三二年、一九三九年時，其經營規模均呈現不斷增加趨勢。以下擬結合上述農民階層的變動，推斷其經營規模的增加是以那個階層爲中心展開的問題。這即可以指出下述台灣農民階層變動的第三個側面。亦即，台灣農民階層的經營規模多數傾向於一至二甲。一九二〇年代，此傾向主要是自耕兼佃農及佃農，一九三〇年代則是以自耕農及自耕兼佃農爲其主流③。而從農業戶數看，一九二〇年代佃農戶數的增加遠不及自耕兼佃農，而在一九三〇年代，則自耕兼佃農戶數的增加遠不及自耕農。由此可見，其發展主要是以後者爲主體。

二、農民階層分化的主要原因——結構探討

下一個要研討的是，農民階層的分化爲何會呈現出上述變動問題。在回答此問題之前，必須首先分析促使農民階層分化的各種主要原因，特別是限制農業經營的各種條件。由於此等主要原因及各種條件的內容繁多，在此不可能一一列舉，而且又受調查資料的制約，更是不可能求其周詳④。因而在此擬以上述所做對農家經濟的分析結果，設定一個探討導致農民階層分化原因的框架，代替去分析其各種原因及條件。

首先，擬通過農業收支的差額來探討農家經濟的變遷。即以農業所得爲準，扣除地租和水租等農業經營的負擔，再扣除家計費，算出農業收支的差額，以此爲農業經營的最後結果。而在這種做爲農業收支結果的差額擴大

第130表　每甲稻作・蔗作平均總收入之變遷
（1916～40年）　　（圓）

年期	稻作		蔗作	
	金額	指數	金額	指數
1916～17年	272	100	247	100
18～19	517	190	240	99
19～20	427	157	343	147
20～21	345	127	291	138
21～22	314	115	279	117
22～23	333	112	321	132
23～24	476	175	324	139
24～25	585	215	350	154
25～26	500	184	387	173
26～27	441	162	414	177
27～28	444	163	471	212
28～29	440	162	538	242
29～30	350	129	548	247
30～31	265	97	512	230
31～32	396	146	549	247
32～33	362	133	396	178
33～34	483	178	365	164
34～35	566	208	568	255
35～36	621	228	469	211
36～37	620	228	587	264
37～38	743	273	649	292
38～39	753	277	786	354
39～40	662	243	596	268

摘自張漢裕「日據時代台灣經濟之演變」，前揭，台灣銀行經濟研究室編「台灣經濟史二集」，90～91頁。

時，就會成爲增强農民階層分化或脫農傾向的推動力。因而在這裡以假定農業經濟費（包括農業工資）及家計費不變爲原則，而對農業外之對人口吸引力問題，則視爲不能控制的原因而暫不列入考慮範圍。

因此，這裡僅以上述農業收支結果爲基準，推定農家經濟的變遷與轉化。首先，就農業收支的分析結果再做簡單的確認。

(1) 在種稻農業的收支中佔優勢地位的順序是：自耕兼佃農、佃農、自耕農（第105表）。

(2) 種蔗農業的收支順序爲：自耕農、佃農、自耕兼佃農（第119表）。

(3) 自耕農及佃農是種蔗比種稻有利，但自耕兼佃農則是種稻比種蔗有利（在此不討論經營規模的差異）。

以上三點極爲重要。但這三點主要根據一九三一年至一九三三年期間所做的調查結果，因而還必須擴及這一時期之外的情況，來研究其分析是否妥當的問題。

例如，如將反映作物價格及農業生產效率兩者變化結果的每甲的平均總收入，以種稻及種蔗的情況加以對比，

第131表　甘蔗價格對稻價比率指數之變遷(1914～43年)

年期	甘蔗收購價格指數(A)	以米價爲基準之蔗價指數(B)	每甲平均生產量指數(C)	對米價每甲平均甘蔗收入有利性之指數(D)＝(B)×(C)/100※
1914～15年	100	100	100	100
15～16	99	122	124	151
16～17	94	102	146	149
17～18	108	82	92	75
18～19	147	76	94	71
19～20	242	95	83	79
20～21	201	91	94	86
21～22	168	103	95	98
22～23	162	100	112	112
23～24	146	90	131	118
24～25	147	73	144	105
25～26	157	68	151	103
26～27	162	76	150	114
27～28	151	87	193	168
28～29	149	84	223	187
29～30	145	84	234	197
30～31	130	96	243	233
31～32	125	136	272	370
32～33	105	75	232	174
33～34	108	77	207	159
34～35	124	82	246	202
35～36	129	64	225	144
36～37	149	68	256	173
37～38	160	82	250	205
38～39	168	77	335	258
39～40	174	71	210	149
40～41	189	81	116	95
41～42	228	86	152	131
42～43	233	85	152	129

摘自張漢裕前揭論文，93～94頁。
甘蔗之收購價格乃以歷年「台灣糖業統計」之砂糖每100斤原料費及製糖率來推算，米價則根據台北市糙米銷售價格。
*逾100之指數，表示其相等之有利性。

即可了解該兩者的差異。如第130表所示，種稻的一九三一年爲二六五圓，而種蔗的在一九三一年至一九三三年的平均值是四七二・五圓。這是由於前者正處於價格最低時期，而後者尚未進入低價時期，因而每甲收益較前者多一百餘圓。不可否認，這一差別將會大幅提高種蔗農家的相對有利性。爲使上述農家經濟分析結果具有平均值的意義，

第132表　蔗作收入調整後稻作農家之農業收支
（以1931年期爲基準）　（圓）

	自耕農	自佃農	佃農
蔗價降36%時			
農業收入*	1,781	1,634	1,444
農業經費	1,084	1,003	1,072
農業所得(1)	697	631	372
各類負擔(2)	167	78	17
小計(3)=(1)−(2)	530	553	355
家計費(4)	955	664	534
(1)／(4)(%)	73	95	70
扣除餘額(3)−(4)	−425	−111	−179
(3)／(4)(%)	53	83	66
蔗價降50%時			
農業收入**	1,765	1,619	1,442
農業所得	681	616	370
扣除餘額	−441	−126	−181

*據前揭第102表，甘蔗收入部份減少36%後，所得之數字。
**依同表減少50%後，所得之數字。

第133表　蔗作收入調整後蔗作農家之農業收支
（以1931～33年期爲基準）　（圓）

	自耕農	自佃農	佃農
蔗價降36%時			
農業收入*	2,003	1,738	1,983
農業經費	1,195	1,370	1,802
農業所得(1)	808	368	181
各類負擔(2)	126	63	36
小計(3)=(1)−(2)	682	305	145
家計費(4)	971	932	774
(1)／(4)(%)	83	44	23
扣除餘額(3)−(4)	−289	−627	−679
(3)／(4)(%)	70	37	8
蔗價降50%時			
農業收入**	1,838	1,591	1,725
農業所得	642	221	−77
扣除餘額	−457	−774	−887

根據前揭第116、119表而算出。
*，**同前表。

還必須對影響種稻與種蔗每甲平均收入的作物價格與農業生產效率變動的兩大主要原因進行深一步的研究。

首先，在作物價格變動方面，根據第131表所示，蔗價在一九三一年至一九三二年時，比米價高出三六%，而從歷年來的變化來看，這是極其異常的現象。這個現象意味著，與種稻農家相比，這一時期種蔗農家的經濟狀況，比其他時期「有利」。此外，再與其前後期間相比，以一九二五年至一九二六年或一九三六年至一九三七年爲例，蔗價僅及米價的六八%（以一九一四年至一九一五年爲基準），若將其與一九三一年至一九三二年的高達一三六的指數加以比較，則是降低了五〇%。爲使這種蔗價的變動能在農家經濟上有所反映，則需對種蔗的收入部分進行調整，並對種稻農家與種蔗農家的農業收入加以比較。第132表和第133表即是對此問題的回答。根據此二表，明確了下述四點。

(1) 種蔗農家與前頁第119表的情況不同，不論是自耕農還是佃農，均有大幅度的逆差。

(2) 在此情況下，各階層的先後排序順序，與先前所確認的情況不同，而是由自耕農、佃農、自耕兼佃農的順序轉變爲自耕農、自耕兼佃農、佃農（但種稻農家的自耕兼佃農、佃農、自耕農的順序未變）。

(3) 當蔗價與米價的變化一致時（如前述減少三六%），種蔗的自耕兼佃農與佃農的農業收支惡化情況就會比種稻農家更加嚴重，就連自耕農也只是稍微有點利而已。

(4) 當蔗價比米價下跌到如同一九三二年至一九三三年的下降五〇%的最低水準時（一九二五年至一九二六年，或一九三六年至一九三七年），蔗農的農業收入，就連自耕農也比較稻農更壞。

從上述的關係看，意味着需要重新修正先前所確認的農業收支結果，即先前確認的對蔗農有利，是由於一九三一年至一九三二年時蔗價處在比米價高的異常狀態，而並非蔗價的一般情況。而蔗農的情況經常是，儘管經營面積大於米農，其經濟狀態也是極差的。此種傾向在佃農及自耕兼佃農身上表現尤爲明顯。把這種關係放在心上，再去

考慮農民階層分化的動向，則大致可歸納出如下具有規律性的問題，即在台灣農家中，縱然是擁有三、五甲（種蔗）乃至五甲（種蔗）土地的上層階級，但做爲一個農家來說，其穩定性是極差的。其中，尤以種蔗佃農與自耕兼佃農爲最差，其次是種稻的自耕農，及種蔗自耕農，而種稻的自耕兼佃農與佃農則情況尚好。因此，農民階層的分化，即脫離農業或没落，就是依循上述順序發展的。

第7圖　單位面積米・糖產量之比較
（米產量100）

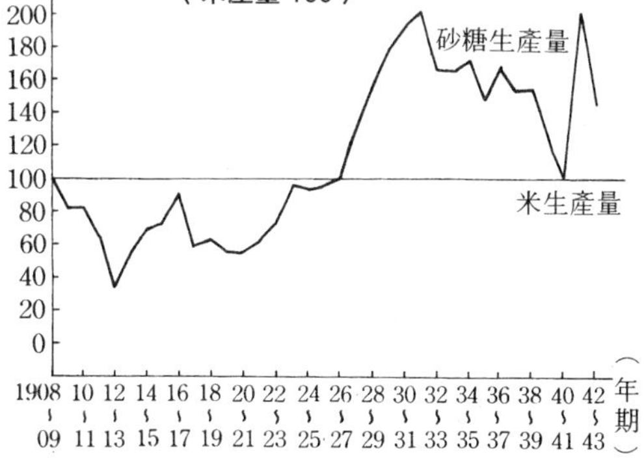

引自台灣銀行『台灣米糖比價之研究』1953年，台北，35頁。

其次，擬從農業生產效率即每甲平均產量的變化，以種稻與種蔗二者加以比較，來探討影響每甲平均收入的另一主要原因。如前所述，製糖會社爲解決「糖・米相剋」問題，自一九二〇年代後半期起，即積極改善種蔗的單位面積產量。如以種稻的單位面積生產量爲基準，種蔗單位面積產量的變化，即爲第7圖所示。一九三一年至一九三二年，種蔗的單位面積產量則達種稻的兩倍，係前所未有的高度。因而儘管當時蔗價下跌，這種種蔗生產效率的急劇上升，無疑在某種程度上起了抑制種蔗農家經濟惡化的作用。如將這一點與種稻的變動相對照，則可整理爲第131表中(C)(D)的兩項數字。依據此表，將甘蔗換算成米價的每甲平均收入指數，則從一九二七年開始急速的上升，不僅彌補了蔗價跌落的損失，甚至還高出五〇%以上。由於甘蔗的異常漲價，從而使一九三一年到一九三二年的指數達到三七〇。從甘蔗每甲平均收入的變化中，即得知與稻農相比較的蔗農的經濟狀況。即在一九一七年至一九二二年時，蔗農一般是比稻農的情況差，而在一九二二年至一九二七年間，又大致恢復

第 8 圖　農產品價與農家消費品價格之變遷

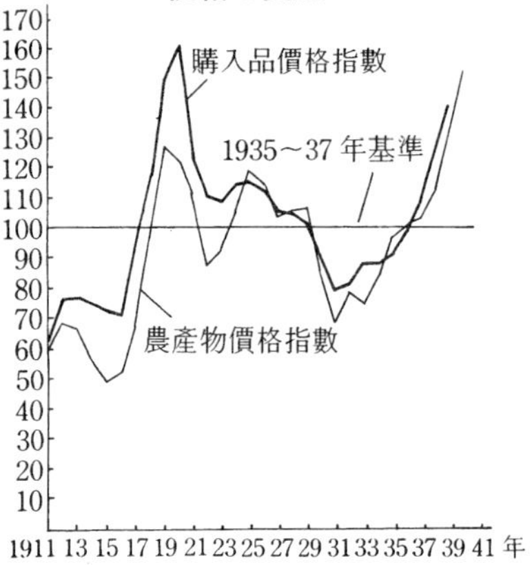

引自 Teng—hui Lee（李登輝）後出（第 134 表），op. cit., Table 5，及「農產品價格指數」（1901～45 年，同氏提供）
1935～37 年＝100。

第 9 圖　農產品價格之變遷

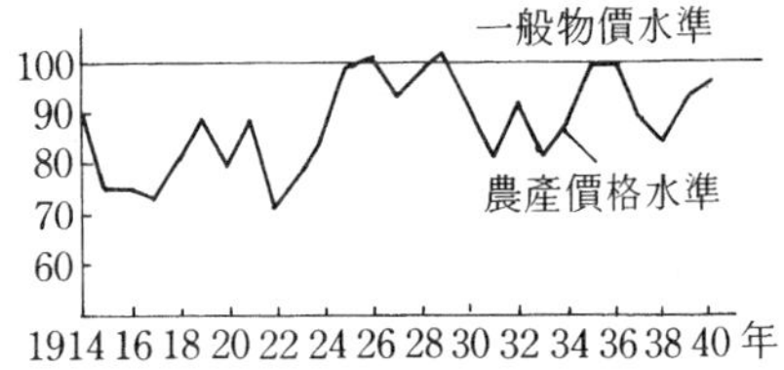

物價水準：「台灣商業統計」，1943 年，計算乃引自農產物價格水準；李登輝提供資料。
1935～37 年＝100，一般物價＝100。

到與一九一四年至一九一五年的相等狀況。而自一九二七年以後，則又出現大幅度改善的傾向。但自一九三二年以後，由於每甲的平均產量停滯不前，使價格的影響因素變強，從而陷蔗農於經濟極度不穩定的狀態。栽種甘蔗收入指數的大幅上升時期，則僅爲一九三四年至一九三五年，以及一九三七年至一九三九年的這些期間。但與一九二〇年代中期以前的年月相比，蔗農的經濟狀況是較爲良好的。

以上根據稻農與蔗農的經濟情況，探討其各階層的差別，並就米蔗價格及農業生產效率的變化，對農家經濟狀態趨勢進行了研究。而當論述制約農業經營的條件時，農業工資問題是不能遺漏的課題。由於資料的限制，未能進行分析，但正如前面所述，農業工資基本上是隨著米價變動而變動的傾向性很強（參照第二章第五節），因而它不至於成爲大幅改變農家農業收支的因素⑤。其次，爲能瞭解一些農家經濟的一般趨勢，已將農產品價格與農家採購品價格的變動，以及農產品價格與一般物價的關係等，利用第8及第9圖來加以說明。這兩附圖可以得知，一般來

第 134 表　農產物價及農家購入品價格之指數變遷

	蔗價	米價	蓬萊米價	購入品總和	農產品總和	肥料
1912年	57.9	69.7	－	76.3	68.5	63.0
14	63.7	49.4	－	74.4	56.5	63.0
16	70.0	45.6	－	71.0	52.7	74.0
18	78.1	95.3	－	116.9	97.5	116.6
20	175.3	109.1	－	160.7	121.8	155.4
22	121.4	79.4	－	110.8	87.8	104.1
24	105.9	99.0	－	114.0	103.6	115.1
26	114.0	105.5	－	111.7	115.0	115.5
28	109.4	88.2	(89.6)	104.9	105.4	107.8
30	104.9	76.0	(83.1)	89.4	85.31	84.5
31	94.4	45.7	(50.6)	79.9	68.4	69.4
32	90.3	69.4	(69.6)	81.6	78.6	66.7
33	76.4	69.6	(67.4)	88.1	74.6	76.5
34	78.5	75.3	(74.8)	88.1	34.0	80.4
36	93.3	103.6	(103.3)	98.4	100.2	105.0
38	116.2	107.7	(106.4)	125.6	112.8	119.7
40	126.8	－		139.8	152.5	140.4

蔗價部份：摘自張漢裕，前揭論文，93～94 頁。
米價部份：摘自「台灣商工統計」，1939 年，151 頁。（每 100 公斤，台北市糙米批發價，蓬萊米爲產地糙米批發價，台北市，三等 100 斤爲單位）
其他摘自李登輝，*Statisticil Tables, Methodology Data Sources and Conclusions*, Reading. Intersectional *Data Sources and Conclusions*, Reeding Capital Flows in the Economic Development of Taiwan, 1895 ～ 1960.（Occational paper, No.11, Cornall University, 1968）Tables 5.
1935～37 年＝100。

說，不論是與農家購入物品價格，抑或與一般物價相比，農產品價格均處於極爲不利地位⑥。特別應該注意的是，以一九一五年到一九一六年、一九一九年到一九二〇年、一九二二年到一九二三、一九三一年到一九三三年，以及一九三八年前後，這一不利關係的發展更爲明顯。在上述這些時期，做爲農家來說，是其不穩定性表現得最爲明顯的時期。

三、一種解釋

以上主要是根據蔗、米價格的變化及農業生產效率的變動，對蔗農與稻農經濟情況的變化及其趨勢進行了粗略的探討。但現在必須基於這些分析，對前述農民階層分化的動向做出一定的解釋。一般人都會認爲：農民階層的分化，並不是受農業內部經濟關係的單方面制約達成的，反而是更加强烈地反映了農業外的人口吸引力及推動力造成的人口移動關係。但是，從台灣

的情況來說，由於其具有殖民地式的經濟結構，當然是要强烈地反映出農業內部的經濟關係。特別是直至一九三〇年代後半期，由於是糖、米的單一栽培式生產結構，更加說明是由於農業部門的內部關係造成的⑦。因此，在這裡以農家的經濟狀態爲主軸，分析農民階層分化形勢，並非是不現實的。

因此，根據前述農家經濟的分析，探討其對農民階層分化現象的影響，大致可歸納出如下的關係：

(1) 從長期看，台灣農民階層處於分化過程的原因，應該說，主要是由於台灣農家的經濟結構係以栽種糖、米等出口商品爲中心，從而必然處於極不穩定的狀態。而這種不穩定性，正是出自殖民地經濟結構，即糖、米單一作物生產結構造成的，而高度的商品化即包括窮迫性販售，更加强化了這種不穩定性。農業人口在一九一九年至一九二一年之間的大量外流，以及一九三一年至一九三二年之間的外流現象，均說明農家經濟不穩定性的深刻程度。

(2) 從農民階層及作物種類看，一般而言，具有相對穩定性的階層，種稻農家爲：自耕兼佃農、佃農、自耕農；種蔗農家爲：自耕農、自耕兼佃農、佃農。再者，如對一九一九年至一九二一年期間，將自耕農及佃農的減少情況加以對照，前者即自耕農的減少部分多爲稻農，而後者即佃農的減少部分多爲蔗農。總之，這是因爲二者均處於最不穩定的狀態。此時的種稻自耕農脫離農業，可能是由於第一次大戰後的異常好景氣而轉化爲商人。但種蔗佃農的脫農現象，則可視爲與此形勢相適應的勞動力供給階層增加所致。此外，一九三一年至一九三二年自耕兼佃農及佃農的減少，前者多爲蔗農，後者則多爲稻農⑧。另外，這一時期自耕農之所以增加，大多是由於經濟不景氣而使地主收回土地，或佃農主動退還耕地所致⑨。值得注意的是，自耕農對其所收回的土地，一般傾向於轉用爲種蔗⑩。

(3) 台灣農民階層的分化是同農家戶數人口的增大同時展開的。其根本原因在於，農民大量投入自家勞動來彌補農家經濟的不穩定性。這是因爲，自家勞動的增加，無需付出勞動工資，可在某種程度上緩和農家經濟的不穩定

性。而此舉却造成了台灣農家向着家族式經營以及零星式經營的方向發展。如第135表所示，如從農業經營費中扣除雇用薪資部分，則農業收支便得以獲得相應的改善。但採取這種辦法能夠將農業收支轉化成黑字者，也只有種稻的自耕兼佃農與佃農。這是因爲，其他階層的農民，即使完全不計本身的薪資，亦無法藉農業經營來維持家計，遲早也將會被迫脫離農業。處於這種關係，台灣農家戶數人口增加的階層，主要是種稻的自耕兼佃農與佃農。而從前述種蔗佃農也大幅度地傾向於勞動密集式經營形態看，此階層農家戶數的人口有可能增加。但必須注意的是，這些種蔗佃農正是從製糖會社承租即借耕相當規模耕地的上層階級。

(4)　另外，並非所有的階層均可憑藉自家勞動力的增加，來克服農家經濟的不穩定性。不適合採用這種形式的階層，將不得不走上或没落或脫離農業之路。如第135表所示，種蔗的自耕兼佃農由此而處於最窮困的地位，因種蔗的自耕兼佃農的衰落也是最快的。儘管種蔗的自耕兼佃農出現衰落的傾向，但從整體看，自耕兼佃農的活動仍然是相當穩定的。由此可推斷，這是由於種稻的自耕兼佃農的穩定性彌補了其減少的部分。與此相反，自耕農則不論是種稻還是種蔗均不穩定，極易受米價及蔗價變動的影響。自耕農的戶數及人口富於變化，而在分化過程中又缺乏一致性，均反映了上述狀況。佃農則是除了部分上層之外，其生活最爲困窘，其利用財產的收入幾乎等於零，因而脫農化傾向最爲明顯⑪。特別是種蔗的佃農與種稻的相比，其家計淪爲赤字的可能性最大，因而可推斷，種蔗佃農的衰落最爲

第135表　雇用勞資扣除後之農業收支*

		自耕農	自佃農	佃農
稻作農家	農業收支	−384	−75	−175
	雇用工資	215	150	145
	差　額	−169	+75	−30
蔗作農家*	農業收支	−289	−587	−679
	雇用工資	144	145	296
	差　額	−145	−442	−383

摘自前揭，第101、109表及第115、133表。
*農業收支是以蔗價調整降低36%後而推定。

急劇。一九三〇代佃農戶數的絕對性減少，即是這種狀況的反應。然而，在這一時期的後半截，由於軍需產業的移植而多少加强了農業以外的人口集中。因而對這方面的影響也應加以考慮。

(5) 最後尚須探討的是，台灣農民階層的上升性分化爲何停滯在一至二甲或勉强到三甲的程度，而又是什麼原因將農民的發展遏制在這一經營規模的問題⑫。爲解答這個問題，必須擁有區別各個階層、各種經營規模的經營費用的資料。但由於資料的限制，只能從先前分析過的農業收支變動情況來加以推測。也就是說，農產品價格的水準、雇用工資的水準，以及農業生產力的水準等三項條件，大大地制約着農民的農業經營上升力，使其僅能達到一至二甲或勉强到三甲的程度。因而可以說，如欲通過農民的發展來推動農業經營規模的繼續上升是困難的，在這方面，如果想以確鑿的證據進行深入地分析，只能等待日後的研究。但在此必須指出的是，不論是農產品價格水準問題，或是雇用工資問題，還是農業生產力問題，這些基本上都與台灣經濟的殖民地性質有密切關聯，也與日本的殖民地經營以及日本資本主義的發展，特別是與其發展農業的性格具有密不可分的淵源。同時，也有本地地主制即其與佃農關係的影響，這亦不容忽視。台灣農民階層的分化之必然會按前述扭曲形態進行，這就必須從上述台灣經濟的歷史性特殊條件中尋找脈案。

總之，台灣農民階層的分化問題，應該將之視爲日本資本主義再生產結構中的一環來加以研究。因爲，制約農民經營結構的價格水準，農業生產力的技術水準，以及工資水準，從根本上就是日本資本主義再生產結構的一環，從外部壓過來的他律性制約條件，而並非是台灣殖民地經濟本身所能左右的自律性條件。從此意義講，台灣的農民階層分化，自日本佔領台灣之後，即與日本資本主義的發展結下了不解之緣。因而必須由此探求其根本原因。除此之外，令人頗感興趣的是，台灣的農民階層分化與日本的變動，即形成一至二甲或至多三甲的農民經營規模，「小農標準化」的傾向相類似。此外，從台灣農民階層化分的趨勢看，在整個一九三〇年代，一直是處於佃農減少，自

耕農增加，自耕兼佃農穩定的狀態，在這一點上值得注意的是，不能忽視舊有的本地地主制，即地主與佃農關係在逐步修正中所起的作用。然而，佃農的減少及自耕農的增加，以及因家族投入勞動而使農民經營標準化的現象等，從基本上逐漸縮減了地主榨取農民勞動的機會。從這一點來說，台灣農民階層的分化與本地地主勢力的衰退，是可以結合起來考慮的問題。

總之，日本資本主義的殖民地經營，一方面使台灣農民陷入不穩定的狀態，導致農民階層以不正常的形態分化；另一方面，使本地地主階級內部受到侵蝕，從而動搖了其作爲一個階級的地位。而以糖、米兩大出口商品爲主的台灣殖民地經濟結構，則基本上是在日本資本主義的上述統治與經營下，而被扭曲，並從其內部產生階級關係的變化。因此可以說，農民階層分化的活動，正是表現台灣殖民地經濟在起變化的一個側面，而且是極爲重要的一個側面。

① 關於這一點，如與同爲日本殖民地的朝鮮相比，即可以了解，台灣農業人口的比例是相當低的。即朝鮮直至一九三九年，其農業人口仍佔居其總人口的七二·五％（請參考前揭「朝鮮的經濟」，一六頁）。一九三〇年時，朝鮮的農業人口比例爲七七·一％（根據朝鮮總督府一九三二年出版的「朝鮮要覽」算出）。

② 從日本農業人口的演變看，如以農家戶數爲例，一九二四年至一九三三年之間，幾乎是在不斷地增加。即一九二四年時，日本農業人口共爲五，五三二，四二九戶，到一九三三年則達五，九二一，五三五戶。在此期間，僅一九二八年至一九二九年之間曾出現減少二九八戶的記錄（請參考農林省一九三〇年出版的「農事統計表」，一〇頁及一九四〇年出版的「農林省統計表」，八頁）。另根據本書第127表所示，在一九三一年至一九三二年間，台灣農業人口反而減少了一九，〇〇〇戶。

③ 因爲，在前面論及農民階層分解趨勢時，已明確指出，一九二〇年代是自耕農銳減，一九三〇年代是佃農没落或脫離農業傾向最嚴重的時期。

④ 例如，在制約農業經營的各種條件中，有三個條件是不容忽略的。即農產品價格、農業的生產效率和農業勞動工資。但在台灣，找不到有關的完整資料，特別是在農業勞動工資方面，幾乎是等於没有。關於這方面的資料蒐集，曾在台灣農復會（JCRR）任職甚

久的李登輝教授，所曾進行的初步研究，令人注目（Tenghui Lee, Statistical Tables, Methodology Data Sources and Conclusions, Reading Intersectional Capital Flows in the Economic Development of Taiwan, 1895—1960. Occational Paper, No 11, Cornell University, 1986. 其後又於一九七一年刊登 Intersectional Capital Flows in the Economic Development of Taiwan, 1896—1960.）。但李教授的研究，在對農家經營規模和自耕農、佃農等結構性的分析，缺乏觀點，令人感到是一種數字的羅列。由於受資料限制，即無法就前述農家經營規模集中在一至二甲左右傾向的原因做進一步的探究。因而在有關農民的各階層方面，僅能概略地加以敍述。

⑤ 其中，尚有一項條件即地價的動向問題，無法加以具體敍述。但是，如果說地價原則上就是地租的資本還元程度水平上的變化，這種試論也可能是妥當的。

⑥ 上述不利於農產品價格的關係，主要是由於農業與工業，特別是小農式農業和資本家工業對不景氣的應付能力存在明顯差距的緣故。台灣則由於處在殖民地支配體制下，這種不利關係的特徵是，以日本市場爲主軸的不景氣，以及日本資本家的剝削。一九三一年日本政府斷然決定降低甘蔗的收購價格，這對製糖會社來說：「這無疑是令人痛快的決斷」（財津亮藏著書「重新斟酌本島的農業恐慌」、「台灣農業報」一九三一年十一日號，二二頁）。此言毫無掩飾地吐露了殖民地統治者的心情。

⑦ 試看當時台灣工廠的雇用規模，即一九二九年底，擁有職工三〇人以上的工廠有一〇四家，職工總數僅爲九，四三〇人。也就是說，平均每家工廠的職工爲九一人。這些工廠大部份是製糖工廠無疑。對此，職工人數在三〇人以下的工廠數爲二，二三七家，職工總數共爲二一、九六三人，平均每家工廠不到一〇人（請參考台灣總督府殖產局一九三〇年出版的「台灣的工商業」，二〇～二一頁。即擁有職工三〇人以上的工廠僅佔全部工廠的四%，由此可見，台灣的工廠尚停留在以家庭工業爲主的階段。

⑧ 只是在一九三一年至一九三二年自耕兼佃農的蔗農較稻農不利，佃農則相反，稻農反而不利。（可對第109表和第123表加以比較）。

⑨ 這一時期，佃農們的鬥爭策略是，「如地主不接受延期繳納佃租或降低租金的要求，便交還租地」，即出現了主客相反的形勢。（請參考財津亮藏著書「關於對本島農業經濟的若干展望」及「台灣農事報」一九三一年八月號，一七頁）。由此可推知，種稻佃農所處的經濟惡化狀況是何等的深刻。

⑩ 做爲其理，有下述三點。第一，自耕農的情況是，種蔗的收入比種稻的收入高（可對本書的第132表和第133表加以比較，即使甘蔗的價格下跌三六%，種甘蔗也仍有利可圖）。第二，將種甘蔗與種稻加以比較，則種蔗較爲不需要勞動力。因而對地主來說，在雇用勞工的支出方面花費較少。從這一點看，特別是對由自己經營耕地的新的兼農地主階級來說，若再加上下述第三點，則更形有利。第三，種甘蔗，則可利用從製糖會社獲得提前貸款等有利措施。從以上三點看，自耕農及地主如收回耕地，則用其種甘蔗遠比種稻

有利。

⑪ 在一九三〇年代，佃農一方面由於家族成員的規模擴大，一方面則又由於戶數的絕對數字減少，從而出現下述兩種現象。一是經營規模零碎的下層佃農日趨脫離農業，另一是家族的合併在發展。後者是由於農家擬以加强家族的勞動，作爲度過不景氣的對策。

⑫ 無庸贅言，農民階層的分化，使產生了集中於這農民性經營規模的傾向，但這決不意味著在這農民階層中的各別農民的地位是永久穩定的。因爲，在被帝國主義統治的殖民地，特別是在商品經濟相當發達的台灣，不可能有永久穩定的農業經營。也就是說，農民的地位經常是在殖民地經營和統治之下，時而衰落或時而繁榮，但看來還只能是傾向於不斷衰竭的狀態中而經常處於不穩定的地位。這裡所說的集中化傾向，從這個意義上，是做爲台灣農民全體的動向來理解的。

第四章　日本資本的統治及擴張

日本資本對殖民地台灣的擴張，正如迄今已有所闡述的那樣，對製糖業的控制比對稻穀更加厲害。這種情況直至一九三〇年代後半期工業化已經明顯開始起步之前亦未曾有所改變。

如將日本資本的擴張過程與台灣糖業的發展過程加以對照，則可將其分爲下列三個時期。第一個時期是始於日俄戰爭後企業勃興（一九〇六年）時期的機械制大工廠的設立，到爆發第一次世界大戰（一九一四年）的約十年間。在這一時期，日本資本一面驅逐在台灣糖業中舊有的歐美勢力，一面不斷地壓制本地勢力，並在此基礎上親自發起第一次合併運動。因而這一時期可稱之爲糖業資本的壟斷形成期。第二個時期是，自爆發第一次世界大戰到包括發生昭和金融恐慌的一九二〇年代末期之前的約十五年時間。這一時期，在台灣的日本糖業資本迎合着戰時及戰後的好景氣，急速膨脹，但後來又遭到了不景氣而不得不發起第二次合併運動。這時的合併運動的內容，如後文所述，造成了少數日本財閥資本分割和壟斷台灣糖業的局面。但在另一方面，使以台灣銀行爲中心的糖業金融機構遭到失敗。從這一點可以說，這一時期堪稱爲糖業資本的膨脹與改編時期。第三個時期是，自一九三〇年代以後到第二次世界大戰結束的約十五年時間。這一時期，一方面是由於日圓下跌而糖價上升，後又以九一八事變爲開端，向海外擴大砂糖而形成糖價的好景象；另一方面，砂糖原料的收購價格，也隨着米價而被壓低，從而使糖業資本家自三〇年代中葉以後得以實現利潤的持續增加。但糖業資本並未將所獲利潤投於糖業，而是轉向其他產業或證券投資。從某種意義說，這種現象雖也顯示糖業資本開始使其經營多角化，但也看得出以「工業化」開始向台灣擴張的日本資本又出現了將其手由糖業伸向新興化學工業等軍需產業的趨向。可以認爲，糖業資本的多角化經營與日本資

本整個投資領域多角化的潮流是同出一轍的。從這一點來說，這一時期日本資本的發展係以投資領域的多角化爲其特徵。以下擬對上述內容進行深一步的研究。

第一節　台灣銀行的作用

一、糖業金融機構的確立

首先擬弄清楚的問題是，日本向台灣擴張時，爲糖業融通資金而扮演重要角色的台灣銀行的糖業金融機構。由於日本資本主義具有早熟的帝國主義的性格①，因而日本資本在初期階段欲以本身的財力積極打入台灣糖業是決不可能的。當時起堵塞這一空隙作用的台灣銀行，具有極爲重要的意義。但即使是台灣銀行，如果沒有國家權力的一連串政策保護單靠其自身的財力與信用，是不可能的繼續擴大其對砂糖的融資活動的。關於這一點，擬首先探討政府的一些保護措施。

其一是，總督府於一九〇五年六月公布製糖工廠管理規則，爲糖業資本制定了原料採購區域制。毋庸贅言，這項制度爲日本糖業資本帶來了無法估量的利益。僅從金融方面看，正因爲制定了原料採購區域制，台灣銀行才有了得以安心開展糖業金融的根基。換言之，台灣銀行可根據區域内栽種甘蔗的實際情況，預先推測各工廠的砂糖製造量，並根據這一推算，事前即可獲得保證能從各製糖會社收回融資貸款的條件②。推行原料採購區域制所具有的在金融方面的意義即在於此。對日本的糖業資本，台灣銀行之自其創業初期即毫無例外地向其提供設備投資所用固定資金③，上述情況即是其背景。

其二是，自一九〇八年二月起，日本政府允諾延繳砂糖消費稅，同意以台灣銀行的定期存款存摺作爲擔保。原

先規定根據一九〇一年八月所制定的砂糖消費稅法，砂糖自工廠、海關及保稅倉庫運出時，必須繳交砂糖消費稅。如延期繳納，製糖會社必須代之以提供政府認可的有價証券及現金④。對製糖會社來說，這種砂糖消費稅的繳納方式，遂使其投入的固定資本逐漸巨額化，並隨著產量的增加，所需繳付的稅金亦相應增加，這對其資金的運用成了一大負擔。在此情況下，日本政府採取前述保護措施，給製糖會社帶來了極大的方便。因爲，對有價證券及定期存款等資金的調度，製糖會社實際上可使用台灣銀行所發行的貼現票據，以此方式來調撥定期存款，可說是極爲方便⑤。因爲，製糖會社只要繳付貼現票據與存款利息，即可享有六個月的砂糖消費稅延緩繳納期限。

第三，通過設置工廠財團制度促進固定資金的融資措施。亦即，總督府於一九一〇年五月發布了「台灣製糖及纖維工廠的胎權規則」，據此規則認定製糖會社爲工廠財團⑥。製糖會社遂得以依據此項規定，將屬於工廠的一切動產與不動產一起設定爲財團，將其做爲胎權的目的物品，從而獲得融資上的方便。之後，日本政府又於一九二三年制定了工廠抵押法，使其所設置的工廠財團措施更加充實。而且在促進固定資料的融資措施中，製糖會社不僅在砂糖消費稅及酒精石稅方面可得到延緩納稅的好處，而在貸款與會社債等籌措資金方面，也獲得莫大的利益。對固定資本不斷巨大化的糖業資本來說，此項措施從金融上看，對糖業可說具有劃時代的意義⑦。而對銀行金融機關來說，以此做爲融資擔保，來擴大融資的保障，亦具有極爲重大的意義。

如前所述，國家權力在對糖業的融資方面，對糖業資本及銀行金融機關，根據其需要，給予了無微不至的法律保護。台灣銀行對糖業資本的融資，就是在這種以國家權力的保護爲背景開始發展並壯大的。有關這一點容後再述。在這裡，擬將注意力放在台灣銀行如何以國家權力爲媒介，與糖業資本形成密不可分關係的問題上。正如本書第一章第二節所指出的，台灣銀行以「逐漸給日本人在台灣建立事業以便利，並爲此而進行誘掖輔導」爲設立宗旨，因而必然要成爲其殖民地的國策金融機關，積極地對糖業進行融資。另外，對糖業資本來說，其向台灣擴張，

亦是「奉台灣總督府之旨意，仰賴其保護」⑧的一種國策性企業，因而其與台灣銀行在金融方面的密不可分關係，也是必然的趨勢。此外，日本資本在台灣發展糖業的成敗，即是決定日本初次經營殖民地能否成功的一個試金之石，也是左右其統治台灣成敗的一個重大因素⑨。因而從台灣糖業——國家權力——台灣銀行這種三位一體式的結合看，以台灣銀行爲中心的金融活動是必然的趨勢。

再看有關台灣銀行籌措資金的能力，即信用問題。由於台灣銀行要推展遠超其本身銀行資本及證券總值的糖業融資⑩，除了要盡力獲得其本來的資金源泉即存款之外，還需依靠其自身的信用，在日本國內的金融市場籌措資金。亦即台灣銀行自一九一二年十月起通過證券經紀人藤本證券株式會社，在製糖會社的承兌票據上背書，而後於東京、大阪兩大金融市場出售，藉以從兩大市場吸收資金⑪。台灣銀行以這種辦法解決了大部份糖業融資⑫，而從製糖會社的這種承兌票據辦法，在日本金融史上，可視爲銀行承兌票據的開端而具有劃時代的意義。同時，台灣銀行藉由糖業票據的承兌，得以與日本國內金融市場結合，使日本國內的資本家也加深了對台灣糖業的認識，亦具有重要意義。

台灣銀行的資金籌措，當然不止於這種票據背書的方式。由於對糖業的融資規模龐大，如後所述，也不受景氣循環的變化影響，因而即使碰到不景氣的局面，也能維持高水準。而台灣銀行以票據背書方式所籌措的資金，由於受日本國內金融形勢的制約，也並非能完全解決對糖業的融資。於是，台灣銀行根據台灣總督府法令（一九一三年六月公布的第六號律令）的「台灣擔保附件：會社債委託規則」，承擔製糖會社發行公司債的起債責任，得以在日本國內金融市場停滯時募集公司債⑬。一九一五年，大日本製糖及東洋製糖會社便被認購總額達五一三萬圓的公司債。值得注意的是，以此爲開端，負責糖業會社債承購業務的台灣銀行，甚至認真考慮自歐美金融市場籌措資金的可行性問題⑭。

此外，台灣銀行在對糖業進行融資時，也直接接受了日本銀行的特別融資。尤其是在匯兌資金方面，台灣銀行早於第一次世界大戰爆發後的一九一四年十月，即已接受了日本銀行的融資⑮，而於大戰結束的一九一九年四月則進一步將其正式化。當時，製糖會社與糖商已預料砂糖將會出現世界性短缺現象，遂共謀做投機買賣，自爪哇買進三八萬噸糖，但爲支付總額高達一億七千萬圓的貸款而困窘不堪。據說，推算其可得高達三千數百萬圓的轉賣盈餘，因而日本銀行以「體察其情況」爲名，通過製糖會社的交易銀行，給予了資金的融通⑯。台灣銀行之得以順利地對糖業進行資金通融，是由於在緊急情況下，有日本銀行的優厚支援，從而在籌調款項上獲得方便所致。

由此可知，台灣銀行之所以能快速拓展對糖業的融通資金活動，其背景是與日本國內金融市場具有聯繫，以及與日本銀行亦即日本政府勾結往來的親密金融關係。從這一點也可看出，以台灣銀行爲樞軸的糖業金融機構，絕非是從日本經濟體系中分離出來而進行獨自活動。總之，由於上述機構的確立，日本資本對台灣糖業的統治地位更加鞏固。

二、糖業金融的發展

通過上述金融機構的確立，台灣銀行逐漸加强與擴大了其對砂糖業的通融資金活動。但正式地開展這項活動，是在一九〇五年以後。當時，恰好由於日俄戰爭之後日本國內企業勃興，另外，正如本書第一章所述，這一時期日本對台灣的統治權已確立，而日本資本對台灣擴張所不可少的「基礎工程」亦大體完成，日本資本控制台灣糖業的時機趨於成熟，這就使台灣銀行的通融資金活動日見活躍。

按照第136表所示，事實上台灣銀行對糖業的貸款，早於一九〇五至一九〇六年即急激增加。即從一九〇三年到一九〇四年的總額至多不過四百萬圓的水平，增至一九〇五年至一九〇六年的一千萬圓，又增至一九一〇年至一九

一一年的五千萬圓，到一九二一年達到三億一千九百萬圓的高峯，使整個糖業貸款在前後十九年間增加一一八倍。其貸款規模遠遠超過砂糖的出口額⑰。由此可知，對糖業的貸款絕非是一般商品出售式的金融。關於這一點，可從第136表看出下列幾點問題。

第一，糖業貸款主要以「本地貼現」與「押匯」兩種形式爲主，尤以前者所佔比率較高。所謂「本地貼現」，是製糖會社以台灣銀行爲領款人，將其發出的期票於該銀行貼現兌換。正如前文所述，這是以延期繳納砂糖消費稅的名義所給予糖業的貸款照顧。實際上，「本地貼現」及「放款及透支」等項目，主要係爲糖業生產提供資金爲內容，而「外地貼現」、「押匯」及「其他」則被認爲是有關商品出售的貸款⑱。依據該表所示，前者在生產貸款方面所佔比率，自一九一一年以後即達五〇%以上，有時還超過八〇%。由此看來，糖業貸款主要是以提供生產資金爲中心而發展起來的。

第二點是，這種爲生產提供通融資金的活動，當然要受上述國家權力的保護措施所左右。而更重要的是，它同時要受到日本資本主義形勢發展的强力規制。也就是說，通過下述一系列措施，使爲生產提供的貸款比率逐漸提高。如：一九〇六年至一九〇八年間，總督府制定「原料採購區域制」；一九一一年至一九一三年間，製糖會社被批准可以台灣銀行定期存款證書做爲延期繳納糖業消費稅的擔保；一九一七年至一九二一年間，實施了台灣製糖會社及工廠的胎權規則⑲；一九二五年至一九二九年間，施行了工廠抵押法等。這樣一來，台灣的日本糖業資本遂得以法律保障爲背景，從台灣銀行接受了絕大部分的生產貸款。同時在這一時期，日本資本主義也遭逢了各種不同局勢的衝擊。例如，日俄戰爭之後的企業勃興，接着又出現不景氣及經濟恐慌的慢性化，之後又在第一次大戰的後半期及戰爭結束後出現異常乎尋常的好景氣，而後又遭到昭和年代初期的金融恐慌等。在日本資本主義遭逢的上述各種景氣變動中，對糖業生產的貸款一直不斷地增加一事，如實地表現出日本資本對台灣糖業的擴張，是在日本資本

第136表　台灣銀行之糖業金融（1903～37年）

（1000圓，%）

年別	當地付款之遠期匯票	貸款及透支	左小計(A)	他地付款之遠期匯票	押匯	其他	合計(B)	A／B	佔重要產物※貸款總額之砂糖比重
1903年	1,599	204	1,803	752	111	－	2,666	67.63	32.19
04	1,454	378	1,832	2,132	158	－	4,122	44.44	36.96
05	2,567	757	3,324	2,559	1,094	－	6,978	47.64	35.43
06	3,590	1,133	4,723	2,469	3,033	－	10,226	46.19	37.90
07	4,341	433	4,774	1,182	3,772	－	9,728	49.07	26.44
08	7.481	1,633	9,114	3,368	5,022	－	17,505	52.07	35.64
09	8,687	1,360	10,047	6,629	11,032	－	27,728	36.26	50.22
10	8,387	2,370	10,757	8,199	13,018	－	31,975	33.64	43.85
11	27,541	964	28,505	9,544	15,527	－	53,577	53.20	53.11
12	35,756	1,721	37,477	7,132	14,411	－	59,019	63.50	53.76
13	53,576	2,439	56,015	3,442	7,285	－	66,741	83.92	47.77
14	45,589	2,684	48,273	15,639	11,485	－	75,398	64.02	55.96
15	26,752	2,438	29,190	12,986	14,844	－	57,021	51.19	46.05
16	32,536	3,987	36,523	10,993	16,657	3,467	67,640	54.00	51.77
17	47,110	6,866	53,976	19,432	18,617	3,373	95,398	56.58	46.19
18	74,869	9,902	84,771	20,976	19,194	1,629	126,571	66,98	46.22
20	190,872	23,205	214,077	32,617	43,416	2,286	292,395	73.21	52.24
21	262,480	4,799	267,279	19,026	31,079	1,530	318,914	83.81	63.15
23	95,254	4,570	99,824	9,628	34,532	312	144,297	69.18	57.05
25	107,575	3,322	110,897	5,432	35,254	207	151,789	73.06	60.73
27	172,935	4,103	177,038	4,954	41,138	10	223,141	79,34	71,89
29	247,674	11,229	258,903	10,309	36,698	3	305,914	84.63	66.17
31	188,735	3,029	191,764	31,450	36,305	－	259,518	73.89	64.66
33	151,757	1,843	153,600	26,709	32,537	－	212,846	72.16	57.08
35	135,278	2,211	137,489	7,245	31,881	1,523	178,139	77.18	48.15
36	137,044	1,838	138,882	9,569	32,422	1,117	181,989	76.65	46.86
37	138,250	1,838	140,088	7,604	36,144	557	184,393	75.97	43.31

摘自前揭「台灣銀行二十年誌」285～286 頁，「同四十年誌」160～161 頁。
※所謂重要物產貸款包括對砂糖、米、茶、樟腦、金、酒、煤炭 7 大物產之貸款。

主義整個再生產的大結構中展開的。同時也明顯地表現出日本資本絕非僅在台灣謀求獨立發展。換言之，在台灣的日本糖業資本是以台灣銀行爲中心的金融機構爲主軸，作爲日本資本主義再生產結構的一環，在台灣進行擴張、發展與膨脹。這個糖業融資機構，直至發生昭和金融恐慌而導致台灣銀行大倒退之前，一直都在順利地發揮其機能。

從第136表可看出的第三點是，與前一點有關，即爲生產砂糖的貸款，即使在不景氣時期也保持着上升傾向，而在日本糖業資本面臨股票市場暴跌的局勢下，製糖會社照樣能得到台灣銀行的大量生產貸款而進行其擴大再生產。一九一一年至一九一二年及一九二〇年代初期的情況即是如此⑳。值得注意的是，這種特殊的貸款形式，顯現出台灣銀行與糖業資本之間密不可分的關係。在本書的第二章業已曾述及，糖業資本一直在收購原料的價格問題上煞費苦心，但在砂糖生產過剩問題上，除一九三三年至一九三四年因經濟大恐慌而使生產縮減外，向來不爲此紛擾。在台灣的日本糖業壟斷資本的發展極限，主要在於引進蓬萊米而造成出口商品之間的相剋關係。

如上所述，日本糖業資本是以台灣銀行爲中心的糖業金融機構爲其背景，擁有豐厚的資金，而即使遭逢不景氣的局面，也能夠持續擴大再生產，獲得鉅額利潤。如前面已經明確指出，糖業資本的利潤來源，基本上是由於將蔗農在經濟上置於隸屬地位，對蔗農進行經濟剝削。片面壓低甘蔗的收購價格，使種蔗自耕農成爲單純的甘蔗銷售者而被完全排除在製糖利益之外，又由於預先貸款所造成的經濟隸屬關係，致使蔗農意欲轉種其他作物也不容易。此外，由於種蔗佃農完全隸屬於製糖會社，就連想幹點農業之外的事，也受限制。對這些種蔗農家，糖業資本給予大量的預先貸款。而這是爲提高土地生產效率爲主、而最大限度剝削勞動力的肥料費貸款，以及直接約束蔗農生活的耕作資金預先貸款等二者（見第137表），無庸贅言，這種鉅額貸款的來源，主要是通過台灣銀行爲中心的金融機構來提供㉑。

總之，迄今對糖業貸款機構的情況已經說得很清楚了。它主要是以台灣銀行即日本糖業資本爲中間基軸，在其

第 137 表　製糖會社之蔗作預支情形（期間累計）　（1000 圓）

	耕作費	肥料費	蔗苗費	其他	合計
1920～24	24,179	25,497	2,343	0	52,020
1925～29	29,849	44,377	6,171	1,675	82,072
1930～34	25,272	26,713	3,483	1,774	57,242
1935～36	12,907	17,381	1,805	1,019	33,113
計	92,207	113,968	13,802	4,468	224,447

摘自「台灣糖業統計」第 25，72 頁，及台灣銀行「台灣之金融機關」，1939 年 11 月，56 頁。

上則由日本銀行即日本國家權力來統轄，其下層則由日本糖業資本將台灣蔗農隸屬化，從而形成整體機構中的一環。糖業貸款機構就是依靠這種層次始具有其存在的意義。而在此整體機構下的糖業貸款對日本資本完成制霸台灣，以及促使台灣經濟的殖民地化，扮演了重要的角色。從這一點看，應該說，台灣銀行，即日本糖業資本中的糖業金融機構，是使台灣經濟扭曲發展的最重要的經濟動脈之一㉒。而糖業金融機構所具有的殖民地性質的意義，也在此暴露無遺。

① 日本資本向台灣的擴張，如從日本資本主義的歷史發展看，台灣是其最初的資本輸出對象，但絕非是由於日本國內結構性的資金過剩所致。而多半是由於日本與世界各先進國家的帝國主義政策對抗激化中，被迫進行的資本主義化。也就是說，日本的台灣擴張，是屬於日本資本主義的早熟性及後進性的產物。日本的這種資本擴張，可將其視爲一種自我拔高的不自量力的資本輸出。正如本文在序章所述，將這一點明確指出的，是矢內原忠雄，可說他具有先驅性功績。但於一九〇七年之後，這種情況多少開始發生變化。究其原因，一方面是日本資本主義面臨早期的慢性不景氣現象，另一方面是台灣已邁入壟斷資本形成期，造成這一時期特有的資本過剩情況。（關於此項的詳細情況，請參考前述大內力所著「日本經濟論」上册，一八三～一八六頁）。但從日本資本輸出的早熟性格看，即使進入這一時期，無疑仍需國家權力的支持，並制定强硬的保護措施。

② 由於這個原因，台灣銀行才强烈主張實施原料收購區域制（參考田中重雄所著「明日的台灣」，一九三六年出版，四二頁）。

③ 參考前述「台灣銀行四十年誌」，一五三頁。

④ 參考前述「明治大正財政史」第一九卷，三五五～三五八頁。

⑤ 參考前述「台灣銀行二十年誌」，二八四頁，以及「台灣銀行四十年誌」，二〇三頁。

⑥ 即爲總督府所公布的第四七〇號政令。但該規已於其一九一一年十月所公布的第七四號府令；一九二二年二月所公布的第一一〇號府令等，前後進行過三次修改。其詳細內容收錄於內外糖業調查部一九二四年出版的「砂糖交易年鑑」中卷，七～二〇頁。

⑦ 見前述「台灣銀行四十年誌」，一五三頁。但在實際運用上仍存在一定距離。見後注⑲。

⑧ 係台灣製糖株式會社的創立宗旨。（見前述同會社史，七六～七七頁）。

⑨ 參考同上，一三六頁。

⑩ 台灣銀行的糖業貸款，由一九〇三年的二七〇萬圓，增至一九〇六年的一千萬圓，後而急增至一九一四年的七千五百萬圓。但台灣銀行的已繳資本額，不過由二五〇萬圓增至八七五萬圓。但該銀行如欲以其本身的資金糖業貸款，即使加上準備金及銀行券，到一九一四年九月底也尚不足二千七百萬圓。（見前述，「台灣銀行二十年誌」卷末營業對照表。另再參考、加藤俊彥所著「本邦銀行史論」，一九六三年出版，二一八～二一九頁）。

⑪ 參考服部文一著書「藤本證券經紀人證券株式會社三十年史」，一九三六年出版，四八～五〇頁，以及前述田中所著「明日的台灣」，四二～四三頁

⑫ 對其實際情況，只能從台灣銀行的「支付承諾」（載於一九一三年上半期以來的財務報告）看。其期末餘額由一九一三年三月的七五萬圓增至同年九月的五二六萬圓，到一九一五年三月，進一步超過一千萬圓。其後，又於一九一八年九月達六千二百萬圓，遠超過台灣銀行三千萬的資本金額。尤有甚者，一九一九年九月時，當銀行的資金增爲六千萬圓時，其支付承諾的餘額亦超過一億三千七百萬圓，創下空前的巔峯記錄。在這一期間，其總承諾額必然要遠多於這些，約爲高達三倍的規模。（詳見前述，「台灣銀行二十年誌」附錄，以及「台灣銀行四十年誌」附錄所載統計表。但前者只有一九一八年以前的統計資料）。

⑬ 爲此，日本政府甚至於一九一四年二月向帝國議會提出台灣銀行法修正案，要求在該法第五條中追加信託業務。這是因爲台灣銀行一直被禁止接受公司債及信託業務。附帶提一下，上述修正案在同月十三日以第七號法律公布。（參考「台灣銀行十年後誌」一九一六年出版，五一～五三頁）。

⑭ 參考同上，五三～五五頁。

⑮ 其金額最多爲二千四百萬圓（參考日本銀行調查局編「日本金融史資料」，明治大正編，第二二卷，一九五八年出版，一九八～一九九、三七二～三七四頁）。

⑯ 參考日本銀行調查局編「世界戰爭結束後的本國財界動搖史」，出版日期不明，二七九～二八〇及四一九頁。此外，日本銀行的資金通融措施，不僅是製糖會社所背書的商業票據再貼現，同時也准許商品擔保（庫存證券）票據的再貼現，將指定倉庫以外的庫存

證券視爲擔保物品，而給予九〇天的特別貸款（見同上資料，四六一頁）。

⑰ 從一九〇三年至一九二三年看，砂糖總出口額爲九億六千八百萬圓（台灣銀行「日本佔據時代的台灣經濟史」，第一册，一九五八年台北出版，一四〇～一四一頁）。但台灣銀行的糖業貸款金額卻高達一七六，八〇〇萬圓。本書第136表欠缺一九一九年及一九二二年的數據，而其數字應爲二億四八一萬六千圓及一億九，五五七萬六千圓（台灣總督府財務局金融課一九三〇年出版的「台灣的金融」，一一二～一一三頁，但其內容並不甚詳細。

⑱ 見前述「台灣銀行二十年誌」，二八六頁。

⑲ 如前所述，該規定公布於一九一〇年五月。但當時由於胎權設定所需災害保險費偏高，故以取得台灣銀行的票據貼現方式貸款較爲有利。之後，隨著該項保險費的降低，這一根據工廠胎權設定的貸款方式才逐漸被利用。迄至一九一八年，計有大日本製糖會社等九家企業進行債權總額爲一千八百萬圓的胎權設定（見前述杉野所著「台灣商工十年史」，二一三～二一四頁。

⑳ 這一點，對台灣銀行敍述如下：即一九一一年至一九一二年時，「本行不僅暫時停止了對一部分週轉資金的回收，還繼續進行了下期週轉資金或其他應急資金的通融」（見前述，「台灣銀行四十年誌」，一五八頁）。此外又說，一九二〇年代初期「對陷入困境的企業，發放了相當多的救濟資金，以致力於防患其破產之未然」（同上）。

㉑ 據台灣銀行稱，台灣銀行對製糖會社的貸款，遠超過對製糖會社屬下農民的貸款。一九一八年，後者僅爲七六七萬圓，而前者卻高達二，〇八〇萬圓，約近後者的三倍（見前述「台灣銀行二十年誌」，二一五頁）。

㉒ 此外，尚可舉出另一家金融機構，即以勸業銀行爲中心的農業金融機構。對該機構將於第五章提及。

第二節　糖業資本之壟斷的形成

一、日本國內資本的擴張

第 138 表　台灣製糖會社股東之構成（1900 年 12 月末）

持股數	股東人數	股　　東
1,500股	1名	三井物產合股會社
1,000	2	內藏頭，毛利元昭（公爵）
750	1	陳中和(台灣人)
550	1	吉川經建（子爵）
500	11	林友幸（子爵），原六郎，田島信夫，武智直道，長尾三十郎，上田安三郎，益田孝，藤田傳三郎，R.W.艾爾溫(美人)鈴木藤三郎，住友吉左衞門
400股以下	79	其中台灣人王雪農持 250 股，在台日人賀田金三郎持 100 股，其餘之 77 人均爲居住在日本國內之不在股東。
合計20,000股	95	

摘自前揭「台灣製糖株式會社史」，83～87 頁。

日本資本正式對台灣糖業進行擴張，始於日俄戰爭後的企業勃興時期。充當前鋒的是，最早染指台灣糖業並與國家權力密切勾結的台灣製糖會社。該企業於一九〇六年八月制定在台灣興建第二、第三製糖工廠及酒精工廠的計劃。同時，又將其資本由創設時的一百萬圓一舉增資爲五百萬圓①。第二工廠與第一工廠均設於橋仔頭，係號稱壓榨能力可達四百噸（美式換算單位，以下同）的最新式工廠。設在後壁林的第三工廠，其壓榨能力更甚於前者，達一千二百噸②。以此爲開端，一九〇八年從日本國內渡海而來的有明治製糖與大東製糖會社新設工場，大日本製糖設置了分蜜糖工廠。一九〇九年，東洋製糖會社也尾隨而至。

現擬對各會社的資本系統加以簡單的介紹。台灣

製糖於一九〇〇年十二月設立於東京，係以三井物產的合股會社爲首，非在地股東爲中心的三井集團系統在台灣的一大製糖會社（表138）③。明治製糖原本屬於大阪的日本精製糖株式會社，日俄戰爭之前即已計劃在台灣搞其事業，但由於後者與日本精製糖株式會社進行合併，故暫時予以擱置。但此時三菱資本系統的近藤廉平、淺田正文參與創設明治製糖會社④，淺田等人又將澁澤榮一抬到顧問位職，設立了明治製糖會社。但在有關股份的發行方面則與台灣製糖相同，並未採取一般的公開募集方式，而幾乎是由發起人與贊助人共同分擔⑤。後述的大東製糖係台灣製糖爲在阿猴廳（現屏東縣）發展而設立的分支企業。其所發行的十萬股之中，有八萬股爲台灣製糖會社所掌握⑥。大日本製糖會社則是由前述東京與大阪兩家日本精製糖會社會併而成立，雖在台灣設立了粗糖工廠，但其本社仍在日本國內。從這些製糖的創立看，幾乎没給台灣本地資本留下參加的餘地⑦。此外，東洋製糖係以德久恒乾、臼井房吉、松原茂久、小栗富治郎等大阪系資本家爲主，與糖務局官僚淺田知定聯合組織的製糖會社。由於原料採購區域制的關係，將德久恒範名義下的股份讓渡給台灣的本地人，但其股份僅佔發行總數十萬股中的三，二一九股⑧。

如上所述，這些在一九〇六年至一九〇八年間染指於台灣糖業的會社，多屬於日本國內財閥資本系統或資本家系統。這些會社，大多選擇最適合於栽培甘蔗的濁水溪以南地區，而當時總督府的糖業政策，亦限定大規模製糖工廠的設置地點，必須在濁水溪以南。一九〇九年至一九一〇年時，在台灣的日本人主導下，出現了所謂的糖業第二次勃興。這些在台日本人，受日俄戰爭興起的企業熱的刺激，又受到日本國內資本發起的一次糖業勃興的刺激，煽動起他們意欲設立製糖會社的創業熱潮。一九〇九年六月，任職於阿猴廳港西里糖業組長的渡邊等人，率先設立高砂製糖會社。接著，台南市的有志秋山一派及小松楠彌一派，亦於同年八月分別獲准設立苗栗製糖會社和北港製糖會社。一九一〇年六月，台北的木村新三郎等人又創立台北製糖會社。七月，台北的花田等人亦設立了中央製糖會

第139表　現代製糖會社之勃興（按設立先後，1900-13年間）

會社名稱	總會社地點	成立年月	開工時間	成立時之資金	計畫及設備能力	發起時資本來源／系
				（萬圓）	（噸）	
台灣製糖（股份）	屏東	1900.12.	1903	100	300	日本內地資本
維新製糖（合股）	鹽水港	1902. 7.	1904	20	40	台灣本地資本
新興製糖（合股）	鳳山	1903. 4.	1905	24	156	〃
賀田組製糖	花蓮港	1903. 5.	1905	…	60	日本內地資本
南昌製糖（合股）	屏東	1903. 7.	1905	60	60	台灣本地資本
蔴豆製糖（合股）	鹽水港	1903.10.	1905	50	60	〃
鹽水港製糖（合股）	〃	1903.12.	1905	30	350	〃
台南製糖（合股）	台南	1904. 5.	1906	35	180	〃
明治製糖（股份）	蒜頭	1906.11.	1908	500	1,500	日本內地資本
怡記商會製糖場	三嵌店	1906.11.	1910	20	300	英國資本
大東製糖（股份）	歸來	〃	－	500	1,000	日本內地資本
大日本製糖（股份）	五間厝	1906.12.	1909	1,200	1,200	〃
東洋製糖（股份）	水堀頭	1907. 1.	1909	500	1,000	〃
F. S. D. 會社	三嵌店	1901. 1.	1909	80	850	英國資本
林本源製糖（合股）	溪州	1909. 6.	1911	200	750	台灣本地資本
高砂製糖（股份）	旗尾	〃	－	250	1,200	島內日系資本
苗栗製糖（股份）	後壠	1909. 8.	1911	50	350	〃
北港製糖（股份）	北港	〃	1912	180	1,000	〃
新高製糖（股份）	大湖	1909.10.	1911	500	1,000	日本國內糖商資本
台北製糖（股份）	台北	1910. 6.	1912	300	500	島內日系資本
帝國製糖（股份）	台中	〃	1912	500	1,050	日本國內糖商資本
中央製糖（股份）	南投	1910. 7.	1912	500	750	島內日系資本
辜顯榮製糖（股份）	連交厝	1910. 7.	－	100	500	台灣本地資本
斗六製糖（股份）	斗六	〃	1912	300	500	島內日系資本
永興製糖*（股份）	噍吧哖	1910.11.	1912	60	300	台灣本地資本
埔里社製糖（合股）	埔里	〃	1912	30	300	島內日系資本
台東製糖（股份）	卑南	1912. 9.	1916	350	350	〃
台南製糖（股份）		1913. 3.	1913	300	420	日本國內糖商資本

摘自黑谷了太郎「台灣製糖業界企業主體之變遷」，「台灣時報」，1935年，1月號，2月號及「台灣糖業統計」，1918年18～19頁。

※永興製糖的全部事業後來被台南製糖公司繼承，而後又被日本資本所收購。

譯注：合股爲合股會社之意

社⑨。另一方面，日本國內的糖商，如東京的大倉喜一郎及横濱的阿部幸兵衛等糖業資本家，亦於此時向台灣擴張。一九〇九年十月，首先設立了新高製糖會社。一九一〇年六月，又創立帝國製糖會社⑩。隨著日本在台灣的本地資本及日本國內糖商的這一動向，本地資本及英國資本由於來自上級的斡旋，也設立了二、三個屬於自我防禦性的製糖會社（第139表）⑪。此外，由於台灣總督府在日俄戰爭之前，曾勸誘本地人開設一些小規模的製糖會社，從而造成台灣製糖會社泛濫狀態。如第139表所示，截至一九一二年九月，在台灣設立的製糖會社和工廠，竟達二十七家之多。

通過上述概略的觀察，似可將這一階段日本資本侵入台灣的特點，大致分爲三個時期加以説明。第一期是，一九〇一年到一九〇五年的前後約五年時間。這一時期可稱之謂日本資本的試驗期。在這一時期中，本地資本共設立六家小規模的機械製糖廠，而日本資本則除了三井財閥的台灣製糖會社之外，僅有設在東部的賀田組製糖廠。由於當時尚未確立治安體制，加上對開創新事業的惶恐情緒等，形成了日本資本向台灣擴張的「試驗期」⑪。第二期是，一九〇六年到一九〇八年的三年間，亦即日本國內資本向台灣市場擴張的「侵入期」。在這一時期，明治製糖、大日本製糖及東洋製糖等日本國內的主要財閥資本，開始正式侵入台灣的糖業市場。此時正值日俄戰爭結束後的企業勃興期，日本資本受此形勢刺激，加速向台灣伸出觸角。同時，在殖民地台灣，招攬日本國內資本的各項「基礎工程」也已大體完成，可説設立現代化製糖廠的各項條件也幾乎具備。這種內外形勢的日趨成熟，導致日本國內資本急速地侵入台灣市場。第三期是，一九〇九年至一九一三年的五年間，這一期堪稱是在台灣的日本資本的活躍期。在台灣的日本人受到其本國資本擴張的刺激，出現了或多或少利用本地資本開設製糖工廠的情況。因而這一時期開設的製糖會社大多屬於中型規模。此外，日本國內的糖商爲掌握分蜜糖的販賣渠道，收買本地資本經營的改良糖廍而設立製糖會社的現象也有所出現⑫。因而在這一時期，日本糖業資本的收買、合併運動，也與上述活動

相應發展。

二、第一次合併運動的展開

日本的國內資本大量而且集中地向台灣擴張，從而引發了自一九〇九年左右開始的第一次製糖業合併運動。由於現代製糖廠的機械化工業的出現，必然需要獲得大量的原料即甘蔗，因而以原料採穫區域的擴大為中心，糖業資本之間的紛爭不斷激化。而這其中便孕育着台灣糖業合併運動的胚芽，而在糖業勃興的後期，這一運動即呈現逐漸表面化。這一合併運動恰好是與日本資本主義轉向帝國主義階段的過渡期相配合而展開的，因而並非僅為擴大獲取原料之爭的局部性運動。從根本上說，是日本資本主義發展階段的規律性結果。因此，台灣糖業壟斷的形成，則必然是日本壟斷資本形成的一環。

這一具有複合性意義的合併運動，其所展開的內容雖然是多方面的，但在此擬將其分為三種形勢加以說明。第一是，歐美資本遭到日本資本的挑戰，完全被驅逐出台灣製糖業之外；第二是，台灣本地資本因遭受日本資本的壓迫，或從糖業中敗退，或被貶為從屬地位，轉任為買辦；第三是，日本資本以上述二個「成果」為基礎，在糖業方面確立了初期壟斷地位。以下擬就上述三種形勢進行較深入的探討。

1.歐美資本的敗退

在台灣糖業的舊有勢力，大致係以洋行即外國商社為中心。日本佔領台灣初期，諸如德記、怡記、慶記、美打、海興及東興等主要洋行，基本上是利用買辦化了的本地商人，與其結成「特種關係」，從而控制台灣砂糖的集聚和輸出⑬。因此，對日本資本向台灣糖業的擴張，最主要的任務就是摧毀歐美資本勢力。

日本資本向台灣的擴張，首先是三井物產會社於一九〇二年在台南設立辦事處，翌年開始收購米，同時收購紅

糖，以此爲濫觴，抓住了向洋行勢力擴張的突破口。三井物產一方面攏絡以往專屬洋行的本地買辦商人，積極地向他們貸放營運款項，努力將其扶植成自己的勢力，另一方面努力爲自己招攬船舶，安排出口糖的裝運，藉以牽制外國的商船公司。繼而於在一九〇五年十一月，橫濱的增田屋商店與安部幸兵衛商店共同組織合股會社，在台設置辦事處，企圖對抗洋行及三井物產會社。首先，他們將原來的港口接運改爲車站接運，又進一步改爲產地接運，爲製糖業者提供各項方便。此事意味着日本資本謀求連根拔除以買辦制度爲唯一靠山的洋行的地盤。在這方面，三井物產會社也付出了莫大的犧牲，廢除了買辦制度，從而變爲與製糖業者直接進行交易⑭。此外，台灣總督府也爲大阪商船會社提供補助金，使日本公司在入侵台灣方面佔居優勢，終於迫使英國的道格拉斯汽船公司於一九〇五年完全退出台灣海運界⑮。從此，船運砂糖的洋行勢力便被一掃而光。因此，自一九〇七年到一九〇八年，神戶的鈴木商店及湯淺商店、大阪糖業會社等陸續向台灣擴張，開始採購砂糖。這樣一來，台灣砂糖交易的競爭便在日本商業資本相互之間展開⑯。

如前所述，遭日本國內資本打擊的歐美糖商資本，大部分都與台灣島內製糖業界脫離了關係，只有很少一部分仍將資金投入製糖廠，以求確保其勢力。一九〇六年九月，怡記商會將迄今以買辦名義經營的改良糖廍變爲自己的名義，並增加資本額，計劃經營分蜜糖製工廠（產量三〇噸）⑰。之後，又進一步誘導英國的資本家加入，於一九〇九年一月組織了F.S.D股份有限公司（Formosa Sugar and Development Co., Ltd. 製造能力爲八五〇噸），使其繼承自己的一部分事業，而怡記洋行也於同年二月經營鳳山工廠。但這些公司於一九一一年八月被怡記製糖株式會社統攝，又終於翌年一月被三井財閥系統的台灣製糖會社合併⑱。至此，歐美資本完全被逐出台灣的糖業界。

怡記製糖會社被合併而消滅一事，做爲顯示歐美資本向台灣糖業擴張的徹底失敗而具有歷史意義，但這畢竟是發生在日本佔領台灣十六年之後的事。因而此事其中也表現了日本資本向台灣發展的問題，同時也强烈地反映出日

本資本主義的性格及特徵的一個方面。也就是說，日本資本爲摧毀歐美資本的既存勢力，首先必須通過其半官方的國策機構，即台灣銀行達到其在台灣發展的目的，同時也不能不着手通過商業部門獲取巨額利潤。因此，對驅逐歐美資本具有決定性影響的直接投資，即正式進行工廠經營，只能等到一九〇六年以後。這種情況，一方面說明日本壟斷資本以其半官方性機構而進行殖民地市場開拓而擴大日本權益之便而進行累積，顯示了其商人性格，在另一方面說明了日本資本主義爲抗衡歐美先進資本主義各國的既存勢力，雖然時機已晚，也不能不强行直接投資的所謂後進國的性格。值得注意的是，日本資本之所以需要花費十六年時間才將歐美資本完全驅逐出台灣糖業，正表現出日本資本的未成熟性及日本資本主義的後進性。

2.本地資本的從屬化

已於第一章有所敍述，關於本地人經營的製糖廠，本書一直係以糖廍及糖間的形式經營下來的。糖廍則由於進行了動力的部分改良，遂變成了改良糖廍，但這不過是日本資本的大機械製作工廠擴張之前的過渡現象⑲。另外，糖間也由於日本資本的侵入而由一九〇二年的一四七家銳減爲一九一一年的七家，且只是依靠島内市場而殘存下來⑳。而如此拘泥於糖廍及糖間的本地資本，於一九一一年至一九一二年左右急劇衰落。

但在本地糖商資本中仍有一部分轉爲小規模的新式製糖廠（見前述第139表）。這些小型企業主要是在一九〇二年至一九〇四年之間成立的。其中，南昌製糖會社於一九〇七年四月被合併於台灣製糖會社下臨時性的大東製糖會社，其後隸屬於台灣製糖會社。台南製糖會社亦同樣於一九〇九年十月被台灣製糖會社吸收合併。而麻豆製糖及維新製糖兩家會社，也分別在一九〇七年八月及一九一一年七月被明治製糖會社所合併（見第140表）。當時，最引人注目的、排名第二的新式鹽水港製糖工廠，也由於接二連三地遭暴風雨的災害及資金不足，而不堪於其窮困境遇，遂於一九〇七年三月招致台灣儲蓄銀行介入，不得不加入該銀行台南的槇哲分行㉑。以此爲契機，以横濱糖商安部

第140表　台灣製糖業之合併運動（1907～20年間）

合併會社	被合併會社	資本系統別	被合併年月
㈠台灣製糖（股份）	①大東製糖（股份）	日本國內資本	1907年5月
	a) 南昌製糖（股份）	台灣本地資本	1907年4月
	②王希璧製糖場	〃	1909年6月
	③台南製糖（股份）	〃	1909年10月
	④怡記製糖（股份）	英國資本	1912年1月
	a) F. S. D.（株）	〃	1911年8月
	怡記商會製糖場	〃	〃
	⑤埔里社製糖（股份）	島內日系資本	1913年8月
	a) 埔里社製糖（合股）	〃	1911年6月
	⑥台北製糖（股份）	〃	1916年8月
	⑦加祿堂製糖	（不明）	1917年5月
㈡明治製糖（股份）	①蔴豆製糖（合股）	台灣本地資本	1907年8月
	②維新製糖（合股）	〃	1911年7月
	③中央製糖（股份）	島內日系資本	1913年6月
	④大和製糖（股份）	台灣本地資本	1920年11月
	a) 辜顯榮製糖	〃	1919年12月
㈢鹽水港製糖（股份）	①（舊）鹽水港製糖（合股）	台灣本地資本	1907年3月
	②高砂製糖（合股）	島內日系資本	1910年11月
	③台東拓植（股份）	〃	1914年6月
	a) 賀田組製糖	〃	1911年4月
	b) 台東拓植（合股）	〃	1912年12月
㈣東洋製糖（股份）	①斗六製糖（股份）	島內日系資本	1914年8月
	②北港製糖（股份）	〃	1915年3月
㈤帝國製糖（股份）	①南日本製糖（股份）	島內日系資本	1916年8月
	a) 苗栗製糖（股份）	〃	1912年3月
㈥台南製糖*（股份）	①永興製糖（股份）	〃	1913年3月
	②（合）宜蘭製糖所（合股）	〃	1916年8月
	a) 宜蘭殖產（股份）	〃	1915年8月

摘自黑谷前揭論文，「台灣時報」1935年2月號，33～34頁，阿部留太「砂糖會社如何形成」，1933年，226～228頁，前揭，台灣總督府「台灣糖業概觀」，144～218頁，「台灣製糖統計」，1918～19頁。

*此與1909年10月被台灣製糖（股份）合併的台南製糖（股份）不是同一家。

幸兵衛爲首的日本人資本家便紛至沓來，加入向台灣擴張的隊伍，他們將資本額增加爲五百萬圓，從此新公司的大部分股權均被日本人掌握。鹽水港製糖會社雖仍維持着其企業名稱，但實際上本地資本的勢力幾乎已完全被驅逐。

值得注意的是，在本地資本勢力敗退的過程中，代表台灣本地勢力的幾家族系資本的動向。在製糖業領域，從過去即保持關係或新加入此行業的本地族系資本，大致可分爲下列四家。那就是早年即從事砂糖交易的屈指可數的本地有勢力的糖商陳中和家族，以及由陳系家族派生的王雪農家族；台灣最大地主林本源家族；發展與對岸中國大陸貿易，主要經營水泥外銷的辜顯榮家族等㉒。其中王雪農家族由於財力最爲單薄，不久即衰落㉓。亦即，王姓家族一度曾將觸手伸向台南製糖、鹽水港製糖及斗六製糖業等會社㉔，但前二者已分別被台灣製糖會社及日本人糖商所併吞。一九〇五年由於根據估價而進口的砂糖價格大跌，導致王姓家族在押匯方面蒙受多達三〇萬圓的出口損失，不得不放棄所持製糖會社的股份。而與日本人合股經營的斗六製糖廠，也由於後來改組成股份制度，於一九一四年八月被東洋製糖會社合併。這樣一來，王姓家族資本很快就從糖業部門消失㉕。這種王系家族的敗退，正是體現當時本地糖商盛衰的一個縮影。

再看陳中和家族。衆所周知，該家族於日本佔領台灣之前即做爲糖商而横跨横濱、香港及台南三地，從事三角貿易。如前所述，陳中和也是台灣製糖會社的大股東之一（第138表）。該家族在台灣擁有台灣製糖及維新製糖會社，而又於一九〇三年四月創設第三個新式工廠，即新興製糖廠。該廠在形式上至少經營到一九四一年。由此可知，陳姓家族是一個始終如一、不折不扣的糖業世家。但該家族亦由於日本資本的入侵，無法保持自身的勢力。陳家初在台灣製糖會社中居於僅次於財務總長的第三位股東董事地位。但其後因該會社於一九〇六年進行第一次增資，很快就從此位置跌了下來，而其所持股份的順序，也隨着歷次增資而下降㉖。另外，新興製糖會社在未被台灣製糖會社合併（一九四一年）之前，不論從金融上或從經營上早已被日本資本控制。一九〇八年三月，根據日本商

法改組成同名的新會社時，陳姓家族爲了事業的發展，需要增加六〇萬圓的資本。在此情況下，也不得不招聘東洋製糖會社的董事石川昌次前來擔任業務董事。另外，台灣總督府糖務當局也以財政紊亂爲由，居間斡旋，以新興製糖所有工廠設備爲擔保的條件，准其向台灣銀行貸款二六萬圓，但同時藉機對其進行嚴格監督，其後陳家在償還上述貸款的同時，卻從台灣銀行及三十四銀行（後成爲三和銀行）借入比上次貸款多兩倍的五七萬九千圓，使該會社再度受糖務局的監督㉗。這樣一來，即使是與砂糖淵源最深的陳氏家族，爲使僅有的一家工廠步上軌道，前後也花費了十年的工夫㉘。

其次，再探討一下被稱爲台灣第一富豪的林本源家族。一九〇九年六月，林本源因受到當時的臨時台灣糖務局長大島久滿及台灣銀行總經理柳生一義等人的慫恿和引誘，興建了資本爲二百萬圓的林本源製糖合股會社㉙，在該會社的經營方面，因委任糖務局技師小花和太郎爲常務董事，從而使會社的實權被小花掌握。該會社成立當時，爲購買機器設備而從台灣銀行及三井物產會社貸款四〇萬圓。同時又單獨接受台灣銀行的八五萬圓貸款。因而該會社在成立初期，即依賴台灣銀行及三井物產會社的資金。而在購買土地時，也因受「官憲援助」，而造成前述轟動社會問題。在一九一一年至一九一三年受到連續不斷的大暴風雨衝擊後，終於被迫在一九一三年十二月改組成股份有限公司。但由於實收資本僅爲一五〇萬圓，因而又從台灣銀行接受九〇萬圓貸款，這就不得不聘請該銀行經理監督田邊米二郎擔任董事。翌年七月，在台灣銀行的擔保下，又接受了明治生命火災保險公司九〇萬圓的貸款㉚。由此可說，該公司自創建到改組，其經營越來越受到台灣銀行的强力控制。

最後再探討一下辜顯榮家族的情況。如前所述，辜氏家族主要是致力於貿易行業，但隨着日本統治勢力的浸透，雖然下手很晚，但也插進了製糖業。然而，辜氏家族卻有不同於其他家族資本的活動風格。也就是說，辜家首先着手於製造紅糖，欲以此爲基礎，再伸展爲製造白糖。一九〇七年，辜氏家族先於彰化廳的南靖埔庄、斗六廳的

麻園庄及旅瓜寮庄，以及嘉義廳的潭底庄等設置糖廍㉛。其後，又收買了本地人蔡春海所經營的頂寮糖廍，後又在三省庄增設大豐分館，以及在連交厝增設改良糖廍。一九一一年又收購了本地人陳梓成所經營的大排沙製糖公司，創設了大和製糖工廠。一九一四年辜家又收購了烏塗仔製糖廠，這樣，辜氏家族即總計經營製糖工廠十八家㉜。值得注意的是，辜氏家族之所以能在製糖業得以如此順利的擴展，主要是由於吸收並合併本地資本所致㉝。但是，也正由於這個原因，其活動範圍始終侷限於以島內市場爲目標的紅糖製造。一九一九年十月，該家族總括繼承了辜顯榮私有的四家改良糖廍，設立了資本達五百萬圓的大和製糖株式會社。但在該會社尚未動工的一九二〇年七月，因「由於會社的資金及經營問題」原因㉞，而被明治製糖會社所合併。由此看來，辜氏家族資本也未能突破日本資本支配下的勢力範圍，插不進分蜜糖及耕地白糖的生產領域，始終侷限在紅糖的製造方面。

如前所述，隨著日本資本的擴張，本地資本所擁有的不僅是舊有的糖廍。就連改良糖廍、糖間，以至於新式的製糖廠，都逐漸被收買、合併，或者受其控制而形成從屬關係。但在本地資本的被從屬化過程中，可看出日本資本的擴張及統治的幾個特色。第一是，日本資本基本上是藉國家權力的殖民地開拓，並等待其動員本地資本設立製糖廠，而後利用其經營不善或資金不足，設法奪取實權。林本源製糖會社設立的始末即是一大明證。在該會社中，台灣銀行是實際掌權經營者，而林家只不過是一個出資者。第二是，日本資本的介入方式，主要是順應本地資本的規模及性格，採取迴然不同的辦法。例如，對陳氏家族及林氏家族等擁有許多土地的地主式製糖會社㉟，日本資本即不採取收買、合併的方式，而是藉由資金借貸及人事干預，掌握會社的實際控制權。相反，對王雪農家族那種經濟基礎較薄弱的會社，日本資本則採取一舉收買、合併的方式。一九〇四年之本地人設立的小規模製糖會社，幾乎都是以這種方式被消滅的。此事雖可認爲與日本資本的財力有關，但更重要的是，對日本資本這股新勢力而言，陳氏家族及林氏家族面對日本資本這種新勢力多少已被買辦化，成爲日本殖民地經營所需的極佳使役對象。第三是，即

使都是日本資本，也可分成日本國內資本及日本在台灣的資本。前者居於領導地位，成爲收買、合併的方式的支柱；後者不少係以掠奪本地人改良糖廍爲目的，因而或多或少也有本地資本的參與㊱。但這些當地的日本資本，遲早亦會遭到被日本國內資本吸收的命運。

3.日本資本合併運動的發展

正如前文所述，向台灣糖業擴張的日本資本，一方面將既存的歐美資本勢力從這一領域掃地出門，另一方面則設法壓制本地資本，迫使其逐漸衰落或淪爲從屬地位。就這樣，日本資本將台灣糖業握於手中。但這也激化了日本資本相互之間的競爭。此即迄今所見到的一系列動向中的第三種形勢。

第一次合併運動始於一九一〇年十月，係以鹽水港製糖廠吞併高砂製糖廠爲發端而展開，一直持續到一九一六年八月，台灣製糖會社吞併台北製糖而告一段落。現以合併會社爲支柱，包括本地資本系統與歐美資本系統，將其按時間順序加以整理，其情況正如第140表所示。該表說明，合併運動的展開可以說是以台灣製糖、明治製糖等日本國內資本系統爲中心展開，經過兩次合併運動，共有二十二家會社銷聲匿跡。它們分別是：台灣製糖併吞九家製糖廠；明治製糖併吞四家；鹽水港製糖併吞三家；東洋製糖、帝國製糖、及台灣製糖各併吞二家。從新式製糖廠看，曾辦理操業登記者，總計二十八家，但在一九一六年左右卻減少到十一家。但其砂糖產量卻由一九〇四年的三九〇噸，增加到一九一六年的二七、三六〇噸，而其資本額亦由五百萬圓增爲一億零一四〇萬圓㊲。其中，以台灣製糖爲首，加上明治製糖、鹽水港製糖、東洋製糖以及大日本製糖等五大會社，不論是從實繳資本還是從生產效率看，均佔全部製糖企業的四分之三左右（見第141表）。亦即通過第一次合併運動，初步達到了資本集聚及生產集中的效果。同時可以說，日本國內資本系統的優勢地位，也在此次合併運動確立。

從宏觀看此次合併運動，具有以下幾個特徵。

第 141 表　排名前五家會社在製糖業之壟斷性

（1915年期）　　（1000 圓，1000斤）

會社	實收資本		生產量	
	金額	%	數量	%
台灣製糖	18,400	29.67	72,060	23.02
明治製糖	8,925	14.39	45,073	14.40
鹽水港製糖	7,875	12.70	42,341	13.53
東洋製糖	5,900	9.51	42,566	13.60
大日本製糖	5,300	8.55	36,205	11.57
小計	46,400	74.81	238,245	76.11
新高製糖	3,500	5.64	28,046	8.96
帝國製糖	3,000	4.84	20,552	6.78
台北製糖	2,250	3.63	3,270	1.08
南日本製糖	2,100	3.39	3,867	1.24
其他	4,775	7.70	19,058	6.09
小計	15,625	25.19	74,793	23.89
合計	62,025	100.00	313,038	100.00

摘自台灣總督府殖產局「台灣產業年報」第 11，1915 年，260～264 頁。

第一，其前半段，可說是日本資本壓倒乃至驅逐本地資本及歐美資本勢力的過程。前者以一九一一年七月明治製糖會社將「受總督府保護的台灣人糖廠中最具古老歷史」㊳的維新製糖收買而告一段落；後者則正如前文所述，以一九一二年一月台灣製糖會社併吞怡記製糖公司而降下帷幕。總之，日本資本爲擴大自身的勢力，最重要的是首先必須剷除既存勢力。

其第二個特徵是，前面已經略微提過，在進行合併運動的過程中完成了對原料採取區域的劃分工作。由於現代製糖廠的出現，使生產力飛躍增大，這就必然需要獲取大量原料。就這一點看，合併運動雖主要是爲了壟斷市場而兼併企業，但擴大原料採購區域的色彩也很濃厚。從主要製糖會社的種蔗區域看，正如第142表所示，台灣製糖會社主要以屏東、鳳山一帶爲基礎，並將台灣南部納入其勢力範圍東洋製糖及大日本製糖兩會社則係以台中、虎尾一帶爲基盤，佔有台灣中部地區；鹽水港製糖及明治製糖兩會社，則將勢力設定於前二者的中間地帶中南部地區，前者於新營、岸內一帶，而後於總爺、蒜頭一帶，各設置了重點地區。而這五大製糖會社幾乎佔有全部甘蔗種植面積的七〇%。

第 142 表　原料收集區域之分布

會社名	嘉義廳	台南廳	屏東廳	台中廳	台北廳	計	重點收集區域
1910 年							
台灣製糖	－	6,953	4,709	－	－	11,662	台灣製糖：鳳山，屏東，橋頭。
明治製糖	－	3,480	－	－	－	3,480	明治製糖：蒜頭總爺，南投。
鹽水港製糖	4,853	－	－	－	－	4,853	鹽水港製糖：新營，岸內，旗尾。
東洋製糖	3,113	－	－	－	－	3,113	東洋製糖：南靖，北港，斗六。
大日本製糖	6,451	－	－	－	－	6,451	大日本製糖：嘉義（五間厝）。
小計	14,417	10,433	4,709	－	－	29,559	
新式工場總計	－	－	－	－	－	32,933	
總計	－	－	－	－	－	64,335	
1916 年							
台灣製糖	－	14,340	8,570	1,674	－	24,584	
明治製糖	5,032	5,747	－	3,246	－	14,025	
鹽水港製糖	8,038	－	3,243	－	2,117	13,398	
東洋製糖	14,247	－	－	808	－	15,055	
大日本製糖	11,667	－	－	－	－	11,667	
小計	38,984	20,087	11,813	5,728	2,117	78,729	
新式工場總計	－	－	－	－	－	99,541	
總計	－	－	－	－	－	114,133	

摘自「台灣糖業統計」，1918 年，33 頁及「台灣產業年報」，第 11，1915 年，263～264 頁。
（第四章　p295 頁）

圍繞原料採購區域的劃分以及競爭，主要是以中南部地區爲主而展開。這是因爲各個主要會社在台灣的擴張順序都是從南方逐漸向北推進，以及在甘蔗栽培的氣候及土壤等自然條件上，南部地區也更加適合等原因，整個競爭的舞台主要是以較適合甘蔗生長的中南部區域爲主而展開的。於是，在第一次合併運動中所形成的原料採購區域的勢力範圍，以日本國內資本系統爲支柱的劃分更加明顯，因而這不能不對下一節所要敍述的第二次合併運動帶來一定的影響。也就是說，以昭和金融恐慌爲契機，東洋製糖會社被迫進行整頓，同時圍繞原料採購區域重新整編的趨勢也表面化。因而可以說，第一次合併運動爲即將到來的第二次合併運動套上了一個大框架。

具有上述特徵的第一次合併運動，已在開頭時談到，絕非僅意味着殖民地或區域性

第143表　未繳納消費稅及未支付票據清單 （1907～16年）

（1000圓，%）

	台灣製糖					明治製糖				
	未納之消費稅	未支付票　據	右小計(1)	實收資本(2)	(1)/(2)	未納之消費稅	未支付票　據	右小計(3)	實收資本　(4)	(3)/(4)
1907年	–	405	405	3,250	12.55	–	–	–	1,250	–
08	577	3,374	3,951	5,500	71.84	20	–	20	1,741	1.15
09	1,748	5,243	6,991	5,500	127.10	404	772	1,176	2,000	58.80
10	4,184	4,170	8,354	10,402	80.31	790	–	790	3,500	22,57
11	3,204	1,570	4,774	15,000	31.83	837	170	1,007	5,000	20.14
12	2,987	1,133	4,120	16,500	24.97	2,085	913	2,998	7,450	40.29
13	2,843	2,294	5,137	16,500	31.13	2,245	1,484	3,729	7,450	50.05
14	2,932	2,324	5,256	18,500	28.41	1,896	2,777	4,673	8,925	52.30
15	3,032	2,939	5,971	18,500	32.28	2,433	3,359	5,792	8,925	64.90
16	3,052	1,182	4,234	18,500	22.89	2,283	3,244	5,527	8,925	61.93

摘自台灣製糖及明治製糖各期營業報告書。

範疇的事，而必須將其視爲日本資本主義再生產結構的一環來加以探討。這就是合併運動的第三個特徵。由於日本資本主義在一九○七年初次面臨慢性經濟不景氣，因而滋生了擬通過企業聯合達到獨佔市場的想法㊴。製糖業也於一九○八年成立企業聯合式的糖商共同銷售組織，而台灣糖業的產量也在一九一一年佔據日本市場的八一%，出現生產過剩傾向（參考前述第10表）。在這種內外條件交集的情況下，台灣的日本糖業資本也由於生產力的發達，無法避免要經歷資本集中及企業壟斷的過程。

最後擬探討的是，在此次合併運動過程中，就台灣製糖及明治製糖兩家企業的未支付票據及未繳納消費稅兩項結算，來探討有關日本資本受到以國家及台灣銀行爲中心的龐大金融支援情況。第143表即說明了這一情況。該表表明，台灣製糖會社的未繳納消費稅和未支付票據，一九○八年之後急劇劇增，特別是一九○九年至一九一○年，此兩項目的結算金額，有時超過已繳資本，有時佔據其八○%。其後，此兩項結算也佔據已繳資本額的三分之一或四分之一間。同時，明治製糖會社的此二項結算亦自一九一二年起劇增，最後達到佔據已繳資本六

〇%的高度。從這種財務狀況看，在上述合併運動過程中，糖業金融機構所發揮的功效之重大，是無庸贅述的。

① 在增資的四百萬圓中，撥給設備投資所用的有：第二工廠八七萬圓，第三工廠二〇六萬圓，酒精工廠一〇萬圓，共計三〇三萬圓（請參閱台灣製糖株式會社「第七次營業報告書」，一九〇六年七月至一九〇七年六月出版，第二頁）。

② 之後，壁林工廠甚至被稱爲「世界屈指可數的工廠」（參請閱一九〇八年出版的「台灣製糖株式會社沿革概要」，一七頁）。

③ 台灣製糖會社創立當時，台灣總督曾與三井財閥以下述條件達成協議，即「方針是：股票可大量發行，但要分給少數股東，並以「三井家系統可持有其四分之一股份」（請參閱前述「台灣製糖株式會社史」，七三頁）。此外，該會社創立時曾起產婆作用的井上馨，爲避免吸收「僅顧慮短期利益的烏合股東」，而積極動員三井家族及毛利家族參與投資（參閱該社史，七四頁）。

④ 曾任大阪日本精糖株式會社發起人之一的小川鉼吉，接受台灣總督府糖務局官員相馬半治的磋商後，與三菱資本系統的近藤、淺田二人進行商談，此舉遂成爲設立明治製糖會社的前奏曲。以此爲契機，淺田於一九〇六年六月與小川及相馬二人前往東京，訪問在東京出差的當時身兼台灣總督府財務局長和糖務局長的祝辰己，陳述其計劃成立製糖會社的內容，並要求准許其設立（請參閱前述「近代日本糖業史」，三一六頁，以及前述「明治製糖株式會社三十年史」，第二頁）。

⑤ 明治製糖會社的股東人數，創立當時曾一度多達六七三人，但在發行的十萬股股票中，僅將其中的八千股發給「與企業相關人士」，其餘則有意識地散發給工廠附近的台灣本地人（同上「明治製糖株式會社三十年史」，四一頁）。實際上，僅有八九名本地人掛名爲「股東」，而其中的五八人則是持股在十股以下的小「股東」（根據該會社一九〇八年十二月至一九〇九年六月發表的「第一期營業報告書」附錄「股東名册」）。

⑥ 請參閱前述「台灣製糖株式會社史」，一五六～一五七頁。

⑦ 包括該企業於一九〇六年十二月所獲得的，在斗六廳設置粗糖工廠的許可。根據第二十三次營業報告書，在一，五九六名股東（一九〇七年四月三十日當時）及所發行的二十四萬股股票中，根本沒有台灣本地人的名字。而從藤山雷太擔任董事長時的第一次營業報告書看，在三，二一九名股東和所發行的二十四萬股票中，僅提到六名本地人，而且他們所持股數僅爲一百七十股（根據該社一九〇九年五月至同年十月發表的「第二十七次營業報告書」附錄「股東名册」）。

⑧ 根據相馬半治的回憶錄記載，東洋製糖會社創設時的資本系統，如從與日本精糖會社有關係的「松本重太郎等大阪一派」與淺田共同參加的情況看，也屬於大阪資本系統，但詳情並不明確（請參閱相馬半治所寫「還曆日記」，一七七頁，以及前述「近代日本糖業史」，三二〇頁）。根據該會社「第一次營業報告書」記載，在三，〇三二名股東中，台灣股東的人數包括在台灣的日本人共五

四名，但對台灣本地人的股東人數不明（根據該會社一九〇七年三月至同年六月所發表的「第一次營業報告書」附錄「股東名冊」）。

⑨ 關於上述動向，請參閱黑谷了太郎所寫「台灣製糖界的企業主體變遷」（「台灣時報」一九三五年一月號及二月號），以及台灣總督府所出「商工月報」，一九一〇年一月號及九月號所載「會社設立動態」。

⑩ 新高製糖會社屬大倉系統資本，由大倉喜一郎、高島小金治（大倉的女婿）等人與糖商安部幸兵衛合夥組成，全部股東僅有四〇人，以在嘉義廳設立現代工廠而創立（請參閱西原雄次郎著「新高略史」，一九三五年出版，一～一〇頁）。帝國製糖會社創立時，則除了安部還有松岡富雄、山下秀實、松方正熊等人參加，係在中部水田地帶購買幾個由本地人及在台灣的日本人所經營的改良糖廍而起步的。林烈堂經營的台中製糖會社（產量一二〇噸）及林瑞騰經營的協和製糖會社（產量一〇〇噸）亦被納入其中（請參閱前述「台灣糖業概觀」，二〇六頁）。

⑪ 前述「台灣製糖株式會社史」，一四七頁。

⑫ 再談談有關日本國內糖商設立鹽水港製糖會社等問題。鹽水港製糖會社係由安田幸兵衛、荒井泰治等人收買本地人經營的舊鹽水港製糖合股公司而於一九〇七年三月設立的。關於台南製糖株式會社的設立，則是由安部幸之助，河合芳太郎等以繼承本地人經營的永興製糖株式會社全部事業的形式而開始的（參閱前述「台灣糖業概觀」，一八四～一八五頁、二一〇～二一一頁）。中央製糖株式會社則是由橫濱糖商增田商店的中村房次郎等人所創設，其股東也大多為原田太郎、增田增藏、小野光景、朝田又七、茂木保平等橫濱貿易商所組成（請參閱前述「現代日本糖業史」，三二三～三三三頁）。

⑬ 洋行方面利用專屬買辦（中間商），仗恃其豐富的資金，預先貸給製糖業者，並與其簽訂獨家收購砂糖的契約。此外，又與商船會社密約裝貨規定，使其遵守如無洋行同意，不得運載砂糖的規定。當時台灣的輪船海運業務，均由總公司設於香港的英國道格拉斯輪船公司所壟斷。關於這一動向及其後的敘述，可參閱前述「台灣商工十年史」，一八九～一九〇頁；台灣總督府民政局一八九七年所出「殖產部報告」第二卷第一冊，八二～九六頁，以及前述「經濟參考資料」上卷，二〇六～二一八頁。

⑭ 三井物產會社雖設有洋行那種專屬買辦，但他們經常將三井物產會社的預先貸款挪為他用，因而導致不斷發生收不回貸款的呆帳等損失（前述「台灣商工十年史」，一九一頁）。

⑮ 參閱前述「帝國主義下的台灣」，四四頁。

⑯ 早在一九〇九年即由三井、安部、增田、鈴木、大阪糖業及湯淺等六大糖商成立以協定價格為主要內容的糖商俱樂部企業聯合組織，即為其象徵。

⑰ 前述黑谷論文，載於「台灣時報」，一九三五年一月號，二一頁。

⑱ F.S.D Co. Ltd.註册地爲英國利物浦市。但怡記商會却把註册地點放在台灣的安平（台南）。因此，在台灣製糖會社繼承此二公司時，必須首先擁有該二公司的工廠資產，而後依據日本商法規定，創設怡記製糖株式會社（資本一五〇萬圓，全額均已實收），最後才能辦理合併該公司的手續（前述「台灣製糖株式會社史」，一六六～一七七頁）。

⑲ 從改良糖廍的數目看，一九〇五年至一九〇六年間由四家急增爲五二家，到一九一一年時，又增至七四家，達顛峯，其後即急劇減少（「台灣糖業統計」一九一八年出版，二〇頁）。亦可參照本書第9表。

⑳ 從糖間的數目看，一九〇二年有六九家專製白糖，七八家專製粗糖，共計一四七家。但一九一〇年卻劇減成二一家，一九一一年進一步減爲十五家（台灣總督府殖產局一九一一年出版的「台灣之糖業」，一六七～一六八頁）。此外，一八九七年三月左右，全島製造紅糖及粗白糖的工廠，約達一、三三四家。據推算，其中製造白糖者約爲一成，即一一三家（前述「殖產部報告」第二卷第一册，五四～五五頁）。

㉑ 請參閱宮川次一郎一九二八年所寫「槙哲」，七七頁以下，以及前揭述「台灣糖業概觀」，一八四～一八六頁；前述「現代日本糖業史」，三二〇～三三一頁。

㉒ 除了王氏家族，其餘的主要本地家族資本，將於第五章詳細闡述。

㉓ 王雪農於一八九八年離開陳中和經營的和興公司，在台南設立自營的德昌號（資本三萬圓，合股組織），開始從事糖、米買賣，不久即獲十四萬五千圓巨利。又以此爲資金，與陳中和等人合資創設南興公司。該公司將糖、米輸送日本國內，而王雪農又以此而擁有商業資本。他設立鹽水港等製糖會社，即這利用這一時期所積聚的資金。這些經過以及其後的敍述，均根據前述「台灣商工十年史」，四八三～四八四頁。

㉔ 斗六製糖會社的設立，約在一九一〇年九月。當時係由田邊貞吉、松江春次（新高製糖會社）、石川昌次（東洋製糖會社）、松方正熊（帝國製糖會社）以及王雪農等人擔任董事（前述「商工月報」，一九一〇年十月號，一二～一三頁）。

㉕ 王雪農在其斗六製糖會社被東洋製糖會社合併之後，又組織成立億源米糖株式會社（資本三〇萬圓，實收資金十三萬圓，以下同）及株式會社億源商行（資本二〇萬圓，實收五萬圓），繼續從事米、糖中間買賣，後於一九一九年九月因病逝世。結果，這二家企業的結局是：前者被三井、增田資本所吸收，其後變成沙轆製糖株式會社（總資本額爲二五〇萬圓）；後者由王氏的內弟（日本人）掌握，二者分別成爲日本資本的一部分，終於落進日本資本以及日本人的手中（參閱前述「台灣商工十年史」，八五、四八五頁；「商工月報」一九一五年十一月號，二四頁，以及一九一六年三月號，一七～二四頁；台灣新聞社一九一七至一九一八年出版

的「台灣糖業年鑑」第二卷，一二〇頁等）。

㉖ 在台灣製糖會社於一九〇六年首次增資時，陳中和所持股票數尚佔第三位，但在一九一〇年倍額增資（由一千二百萬圓增至二千四百萬圓）時，其所持股票數降至四，一二五股，後退至第十三位（根據該社第一至第十次的營業報告書的附錄「股東名冊」）。因而可推斷陳中和放棄一部分股票的時間爲一九〇九年左右。

㉗ 關於以上敍述，請參閱前述「台灣糖業概觀」，一五七～一五八頁。

㉘ 在時間上可能稍有推後，但從一九二六年六月新興製糖會社的股票分配看，在總數二萬四千股中，石川持有六百股，陳中和有九千二百股，其餘全部歸陳氏家族（根據該公司一九二五年七月至一九三五年六月的「第十九次營業報告書」，附錄「股東名冊」）。

㉙ 當時，資金的大部分來自稱爲六興公司的林氏家族，以林鶴壽的名義存在香港上海銀行的一五〇萬圓公業資金。（參閱前述「台灣製糖業概觀」，一九三～一九四頁。

㉚ 前述「台灣銀行十年後志」，五九頁。

㉛ 這些糖廍的資本均在一萬五千圓至六萬圓之間。其規模是，每日壓榨量在四〇噸至八〇噸之間（參閱前述「台灣糖業一斑」，七〇～七一頁）。

㉜ 尾崎秀太郎爲代表的一些人所寫「辜顯榮翁傳」，一九三九年在台北出版，九五頁。

㉝ 在本地家族資本中，該家族具有非常特殊的地位，詳見本書第五章。

㉞ 前述「明治製糖三十年史」，一九頁。

㉟ 新興製糖會社擁有八六〇噸壓榨能力的設備，一，四九八甲企業所有土地，以及高達八〇%的原料自給率。林本源製糖會社則擁有八四〇噸壓榨能力的設備，一，八七五甲的企業所有土地，以及八八%的原料自給率(前述「台灣糖業概觀」，一五八、一九六頁)。

㊱ 其中，鹽水港製糖、斗六製糖、永興製糖會社等即爲明證。如前所述前二者均有王雪農家族的參與，無庸贅述。永興製糖會社則是由住在台北的日本人柵瀨軍之佐等人設立的。其經過是，首先接辦本地人經營的永興製糖會社在噍吧哖及三重溪的改良糖廍，再將前者的壓榨設備由一二〇噸擴充到三〇〇噸，又將後者的設備由四〇噸擴充到一二〇噸，而後被九一〇年七月提出申請，而後被批准設立（參閱前述黑谷論文，「台灣時報」，一九三五年二月號，二九頁）。

㊲ 參考一九二〇年出版的「台灣糖業統計」，一六頁。

㊳ 前述「明治製糖株式會社三十年史」，一一頁。

㊴ 參閱前述「日本經濟論」上冊，一六六、一七八～一七九頁。

第三節　糖業資本的膨脹與重新整合

一、糖業資本的膨脹——「黃金時代」的到來

經過第一次合併運動而大為集中了的台灣日本糖業資本，又由於第一次世界大戰的爆發而導致砂糖市場的巨變，使其再次獲得飛躍發展的機會。在此以前，由於遭到一九一一年八月及翌年九月連續發生的巨大暴風雨的襲擊，對日本糖業資本家來說，其所遭受的打擊之重，恰似「一大鐵槌」劈頭打了下來①。但第一次世界大戰所帶來的異乎尋常的好景氣，不僅使其獲得恢復元氣的機會，而且起了反彈作用，在短時期內即收到了驚人的巨額利潤，亦即實現了糖業資本的黃金時代。

創造這個黃金時代的原因，必須研究當時世界砂糖市場的巨變。當時，世界砂糖市場的重心在歐洲。一方面存在德國及奧地利等世界屈指可數的甜菜糖生產國，另一方面則有佔世界砂糖消費國前一、二位的英國，二者每年具有高達二百萬噸的交易額。但因爆發了第一次世界大戰，徹底地破壞了這種世界性的供需關係，導致了嚴重的供應不足②。同時，日本國內砂糖市場的供求關係也發生了極大變化。當時，由於每人平均消費量的驟增，以及與此不相適應的國內生產停滯等原因，出現供給不足局面③。由於這種內外條件的巨大變化，東京砂糖市場中原一百斤售價十四圓（含稅）的分蜜糖，以及原本一百斤售價十九圓的精糖行情，卻於一九一四年八月中旬很快地各自創下十九圓及二十五圓的高價記錄④。糖業資本由於爆發了第一次大戰，趁火打劫，獲取利潤，糖業資本的黃金時代就是這樣拉開了帷幕。

以下擬就這一點進行具體的探討。根據第144表，扣除關稅及消費稅後一百斤砂糖的批發價是，一九一四年平均

第144表　砂糖價格，生產費用及會社收益

（1914～20年，分蜜糖）　　（每100斤）

	東京批發價(1)	砂糖生產費(2)	左項中之原料費及原料雜費	該年利益(1000圓)				
				台灣製糖	明治製糖	鹽水港製糖	東洋製糖	大日本製糖
1914年	7.950	6.963	3.910	2,301	1,350	780	382	2,365
15	8.400	7.223	4.483	3,542	2,299	1,544	1,514	2,877
16	10.130	6.284	4.138	6,021	3,789	2,922	3,383	3,825
17	10.970	6.733	4.190	8,980	4,416	5,029	6,127	4,684
18	11.870	9.552	5.170	7,018	2,476	4,318	2,142	5,232
19	22.490	11.961	6.829	6,959	4,188	7,867	6,352	8,948
20	30.330	20.771	11.444	22,121	11,516	14,824	13,284	14,263

摘自台灣總督府殖產局「砂糖關係調查書」，1930年，134、149～151頁，及台灣糖業聯合會「製糖會社要覽」1933年，1、15、29、43、175頁。
1) 不包括關稅及消費稅
2) 不包括所得稅及固定資產之折舊費。另，副業利益及副產物不得扣除。

爲七圓九角五分左右，到一九一八年即逐漸提高到十一圓八角七分。而在一九二〇年，則驟升爲三〇圓三角三分。與此相反，砂糖生產成本，尤其是與原料有關的費用，却被大幅抑價，因而批發價與生產成本之間的差額逐年擴大，一九一九年至一九二〇年之間，每一百斤的差額竟達十圓之多。因此，糖業資本所獲利益逐年升級。特別是一九二〇年，主要的製糖會社均獲一千萬圓，甚至二千萬圓左右的利潤。這些利益的數目之大，幾乎可與實收資本相等。從這一點看，第一次世界大戰給糖業資本帶來的異乎尋常的好景氣，不折不扣地堪稱爲黃金時代。

前述日本資本所獲得的巨額利潤，主要是在種蔗農民付出巨大犧牲的基礎上實現的。對此，第144表具體地提示出下列二點。第一，原料價格及原料諸費用的上升程度遠不及砂糖生產成本的上升幅度。例如，在一九一九年至一九二〇年之間，前者由六・八二九圓上升到一一・四四四圓，升幅爲五・六一五圓，但後者升幅則高達八・八一〇圓。後者上升的主要原因是營業成本等流通費用的增加。第二，在台灣島內設根據地的製糖會社較在日本國內設據點的製糖會社增益更加明顯。前者，

第 145 表　排名前六家會社 1920 年上半期之盈餘及股利

（1000 圓，%）

會社名	實收資本		盈餘	股利	股利率
台灣製糖	20,835	(38,100)	15,331	10,418	100.0
明治製糖	9,950	(19,000)	8,450	4,912	98.7
大日本製糖	14,125	(18,375)	8,260	4,944	70.0
東洋製糖	12,550	(22,030)	13,284	7,508	70.0
鹽水港製糖	11,250	(18,123)	12,385	5,625	100.0
帝國製糖	10,500	(18,750)	7,839	5,250	100.0
合　　計	79,210	(134,380)	65,549	38,657	—

摘自日本糖業聯合會「製糖會社要覽」三版，1936 年，1、10、15、24、29、38、43、52、57、66、175、181 頁。
（ ）爲 1921 年下半期之實收資本。

如台灣製糖等四家製糖會社，在一九一九年至一九二〇年之間，每家獲利的遞增額達一倍以上；而後者如大日本製糖會社，僅增利六〇%。這是因爲，該會社在台灣僅擁有兩家製粗糖工廠，但其利潤的出處主要是精糖加工。若將二者所獲利潤幅度加以比較，便可推知糖業資本的利潤根源，主要是對甘蔗收購價格的操縱。

以獲得巨額利潤爲背景，糖業資本便愈益膨脹起來。如第145表所示，六家大規模製糖會社在一九二〇年至一九二一年間，大幅增加其資本，由原七，九〇〇萬圓的實收資本額，一舉上升到一三，四〇〇萬圓。這些新膨脹的五，五〇〇萬圓，只用一九二〇年上半年的盈利六，六〇〇萬圓加以補償，仍綽綽有餘。實際上，糖業資本已將這半年所得盈利中的三，九〇〇萬圓撥用於紅利而加以發放，但最後由於企業增加資本，這筆紅利又轉回企業。加上這些，又重新動員了一，六〇〇萬圓的資金⑤。如斯，糖業資本利用砂糖市場出現的好景氣，除了盈利，還從股市動員來新的資金。

另外，不可忘記的是，從以台灣銀行爲中心的金融機構流入巨額資金的問題。已如第136表所示，台灣銀行對砂糖業者所提供的貸款，由一九一五年的五，七〇〇萬圓，增爲一九二一年的三一，九〇〇萬圓，增加了五倍多。其中，由台灣銀行提供的票據貼現貸款，高達二六，七〇〇萬圓，約佔全部貸款的八三%。這一金額遠已超過前述砂糖業因經濟景氣所賺取的巨大利益，以及由股票市場所獲新資本，甚

第 146 表　借入項目及實收資本金額（1920 年上半期，期末餘額）（1000 圓，%）

會社名	未納之消費稅	應付票據	担保借款	計(1)	實收資本(2)	比率(1)／(2)
台灣製糖	5,014	24,482	—	29,496	20,835	141.57
明治製糖	1,768	3,654	4,481	9,903	9,950	99.53
鹽水港製糖	2,951	9,503	—	12,454	11,250	110.70
東洋製糖	251	4,786	—	5,037	12,550	40.14
大日本製糖	5,868	14,909	—	20,777	14,125	147.09
帝國製糖	1,154	10,130	—	11,284	10,500	107.47

摘自前揭「製糖會社要覽」10、24、38、52、66、181 頁。

第 147 表　主要資產科目動態
（1920 年上半期～1922 年上半期）

資產科目	台灣製糖	明治製糖	大日本製糖	鹽水港製糖	東洋製糖
土地	8,248	922	643	3,809	2,140
建築物機械	9,182	7,119*	1,752	9,292	4,438
鐵路	308	1,107	94	1,201	1,643
蔗作預支金	219	1,446	385	1.067	604
小計	17,957	10,504	2,874	15,369	8,825
總資產純增加(減少)額	21,370	17,613	-15,590	10,706	16,133

摘自前揭「製糖會社要覽」7～10、21～24、35～38、49～52、180～183 頁
*含工程訂金 110 萬 7000 圓。

至凌駕於製糖會社的實收資本之上（第 146 表）。這一點有力地說明了由於糖業經濟的繁榮，進一步加深了糖業資本與台灣銀行之間緊密的金融關係。

其次，擬進一步研究這些巨額資金投向了什麼領域的問題。因不可能完全捕捉其實際情況，只有從各製糖株式會社的資產負債表所載主要資產科目結算來推測一些情況。通過所整理的第 147 表看，各會社的投資方向雖略爲不同，但主要都是爲擴大以建設機械爲中心的設備投資，以及爲獲取原料而購置土地，或者大力增加對種蔗農民的預貸款項。台灣製糖及明治製糖、東洋製糖三家企業將其總資產的純增加額的八〇%乃至六〇%的資金投

向爲提高工廠生產力和能穩定獲得原料方面。而鹽水港製糖及大日本製糖採取了更加積極的作法。因而對這方面的投資甚至出現了孤注一擲的情況。有的投資額超過了總資產純增加額，有的甚至不管土地的減少而强行購置⑥。這些新的投資，不只是投入砂糖工業，也爲砂糖農業帶來多方面的技術革新。例如，品種改良、蔗苗改革及密集形耕種等即爲其主要內容。結果，糖業資本成功地使單位面積產量大爲提高（參考前出第4圖）。

如前所述，第一次世界大戰爲砂糖經濟帶來了好景氣，不僅使糖業資本大爲增加，也同時得以實現技術革新，從而大享降低成本的成果。這也是被稱頌爲砂糖資本「黃金時代」的原因。但是，生產力的增加及資本累積的膨脹，並不意味糖業資本爲台灣經濟帶來了使其安定的穩定因素。對此，可指出以下兩點：第一，確保原料的自給體制並未由於投入資金及製糖會社獲得土地而形成⑦。第二，尤爲值得注意的是，所擴大的設備投資並未全部投入台灣島內，反而是以投向島外爲主。例如，台灣製糖會社於一九一七年收買了爪哇的一個製糖工廠，即南國產業公司（資本三五〇萬圓）。此外，又在一九一九年改造了神戶精製糖會社第一工廠的設備；一九二〇年又擴大了其第二工廠（產量爲二五〇〔英式單位〕噸）並著手建設九州製糖所（精製糖工廠，投資二六〇萬圓）⑧。明治製糖會社則於一九二三年收買日本國內的日本甜菜製糖會社（實收資本三〇〇萬圓）以及帝國製糖會社的神戶工廠（生產能力爲一〇〇噸），同時著手在上海創設明華糖廠（二〇〇噸）⑨。就連大日本製糖會社也改變了以往的保守態度，於一九一八年合併了朝鮮製糖會社（資本五〇〇萬圓），翌年一九一九年又設立了北海道製糖會社（五〇〇萬圓），進而於一九二三年收買了內外製糖會社，並將凱達琳農作株式會社購爲己有⑩。此外，台灣製糖、帝國製糖及鹽水港製糖三家會社由於購買輪船而將手伸向了兼營一般海運事業⑪。由此看來，糖業資本膨脹後的最大的特色是向台灣島外的擴展。

衆所周知，日本資本主義以爆發第一次世界大戰爲契機，擴大其勢力範圍及權益，稱霸於東方市場。同時，糖

業資本也趁機向台灣島外進行投資。一般來說，糖業資本係屬日本資本的一部分，其流動不會與日本資本有所不同。但僅以這種理解，仍然會存在解釋不通的問題。欲究其原因，尚有許多問題值得研究。在這裏可以指出的是，正如迄今多次强調的，由於台灣確立了土地所有制以及本地社會所特有的根深蒂固的土地保有觀念，致使土地價格藉第一次世界大戰後的經濟景氣而暴漲。因而即使掌握巨額的利潤的糖業資本，也並非就可輕易獲得土地⑫。同時正像所實施的原料採購區域制度那樣，在國家權力的周全保護下，對那些陶醉於「利潤洪水」之中的日本糖業資本來說，將巨額資金固定地投資在土地上，也決非是上策，還不如以收買甘蔗的方式掠奪農民的剩餘勞力反而有利。總之，值得注意的是，台灣的日本糖業資本以台灣島內所獲巨大利潤轉向島外進行擴大再投資，正充分地暴露了日本糖業資本的帝國主義性格。

在糖業資本的膨脹過程中，具有幾個值得注目的特徵。第一，糖業資本在此一時期中逐漸地建立其混合企業形態。所謂糖業資本的混合企業形態，一如將在下一節加以詳述，主要是在一九三〇年代以後才明確地呈現出來。但它並不單是以分蜜糖工廠爲中心，謀求獲得甘蔗原料到成品生產消費的技術和經濟上的一貫性，從而兼營各種生產過程的技術性混合形態，而是包括從事一些與糖業完全無關的行業。只是在這一時期，仍主要以與糖業有關產業爲多⑬。第二，由於後來的蓬萊米登台而發生所謂的「糖．米相剋」關係，使糖業資本不得不面臨嚴重局面。這是因爲，這一時期的糖業資本增加，即固定資本巨大化，使糖業資本喪失了適應經濟不景氣的力量，疏忽了提昇原料成本的重要性。可以說，固定資本的飛躍性增大，是促使糖業資本在「糖．米相剋」關係中陷入嚴重困境的原因⑭。而從某種意義上來說，這也爲以昭和金融恐慌爲契機所形成的糖業資本第二次合併運動打下了基礎。

關於糖業資本向台灣島外大幅擴張而值得注意的第三點是，台灣銀行的貸款活動彷彿是與此擴張運動若合符節地，以砂糖貸款爲中心，偏向於台灣島外及日本國內。如第148表所示，進入一九一六年，台灣銀行對日本國內的貸

款超過對台灣本島的貸款額，甚至在一九二一年以後由原來的二億圓左右大幅增加到四億圓。至此，台灣銀行將半數以上的貸款都轉向日本國內，再加上對海外其他地方的貸款，則向島外的貸款部份已佔該行全部貸款的七〇％以上。根據台灣銀行的說法，形成這種現象的主要原因是「在第一次世界大戰後的經濟景氣時，台灣銀行在日本的分店，由於處理外匯的關係，而與當時較有勢力的一、兩家商社締結了密切的交易關係」⑮，從砂糖貸款看，台灣銀行的貸款，也隨著糖業的發達，將其重點由對固定資本的貸款轉到以銷售產品爲中心的週轉資金貸款，而且這些業務大多是在日本國內辦理的⑯。總之，從台灣銀行這種偏向台灣島外的貸款結構看，應該說它已經失去了與其名稱相符的性格。這就是台灣銀行在後述第二次糖業合併運動中，隨著重新改組過程的進展，不得不放棄它在金融界領導地位的原因。但對台灣經濟來說具有重大意義者在於，該銀行始終是爲日本國家權力及其國內資本，特別是糖業資本服務而設置的金融機關，因而從上述各種動向中更加清楚的暴露出其外來

第 148 表　台灣銀行對島外之貸款
（1915～29 年，年底餘額）　　（100 萬圓）

	島內	島外			合計
		日本國內	海外	小計	
1915年	44.1	37.2	36.9	74.1	118.2
16	50.5	63.7	62.1	125.7	176.2
17	68.9	143.2	150.7	293.9	362.8
18	81.9	238.9	142.1	381.0	462.9
19	135.3	192.9	209.5	302.4	537.7
20	156.1	188.4	123.9	312.3	468.4
21	159.0	227.0	133.0	360.0	519.0
22	211.5	290.2	73.2	363.4	574.9
23	233.2	321.7	118.3	440.0	673.2
24	224.7	414.3	119.9	526.2	758.9
25	212.7	417.8	77.9	495.7	708.4
26	167.1	421.6	61.6	483.2	650.3
27	171.1	312.3	36.8	349.0	520.1
28	156.1	130.4	29.2	159.6	315.7
29	147.1	117.2	19.0	136.2	283.3

摘自台灣總督府財務局「台灣之金融」，1930 年，104～105 頁。
1) 因採四捨五入，合計並不一定一致。
2) 包含代理貸款。

的殖民性格。台灣銀行決非是一度深入本地社會之後又大幅轉向對日本國內貸款的⑰。

然而，台灣銀行轉向對日本國內貸款，對日本經濟也成了一大問題。因爲，這一時期的日本經濟業已轉向壟斷階段，而台灣銀行向日本國內的「逆轉」，並非能與既存的一流財閥平起平坐，而無非是與一些圈外的二、三流財閥企業聯手⑱。正由於這些企業的基礎脆弱，才使台灣銀行日後招致因昭和金融恐慌的打擊而破產的後果。在這些財閥當中，正由於鈴木商店與台灣糖業的買賣業務具有深厚關係，因而日後鈴木商店的衰落與台灣銀行的破產，也由於這一銷售關係對台灣糖業的重新改組帶來了極爲深刻的影響。第149表所示即爲製糖會社與銷售會社之間的關係。由砂糖交易到砂糖生產，由流通過程到生產過程的發展，反映了日本糖業資本的歷史形成。此過程中，三井物產會社掌握著台灣製糖會社，三菱物產會社控制著明治製糖會社⑲，鹽水港製糖會社則由安部幸兵衛商店所掌握。⑳但特別值得特別注意的是，鈴木商店掌握著東洋製糖會社的包銷權，並將其勢力伸向鹽水港及林本源兩製糖會社。

第149表　製糖會社之業務往來會社(1917～20年左右)

會社別	業務往來會社	
	日本國內	海外市場
台灣製糖	三井物產	三井物產
明治製糖	明治商店	三菱商事
東洋製糖	鈴木商店	鈴木商店
大日本製糖	直營	三井物產、鈴木商店湯淺貿易等
鹽水港製糖	鈴木商店、安部幸兵衛商店	三井物產
帝國製糖	安部幸兵衛商店	安部幸兵衛商店
新高製糖	直營	大倉商事
台南製糖	安部幸兵衛商店(關東) 高津商事(關西)	安部幸兵衛商店
林本源製糖	直營(鈴木)	直營(鈴木)
新興製糖	直營(不定)	直營(不定)

參考日本銀行調查局「日本金融史資料　明治大正編」第24卷，1960年，939頁及前揭，杉野「台灣工商10年史」1919年，193頁。

第 150 表　砂糖價格、生產費用及會社收益(1921 年～29 年，分蜜糖)（每 100 斤）

	東京批發價(1)	砂糖生產費(2)	其中，原料費及原料雜費	該年利益(1000 圓)				
				台灣製糖	明治製糖	鹽水港製糖	東洋製糖	大日本製糖
1921年	13.940	16.995	10.595	5,168	2,365	2,557	-1,658	3,859
22	11.200	12.988	8.415	506	3,035	1,998	1,384	3,551
23	16.070	11.541	7.172	8,036	5,307	5,884	5,930	6,118
24	13.860	10.519	6.655	11,086	5,380	5,505	4,168	5,803
25	11.570	10.385	7.066	7,664	4,590	2,755	3,092	4,536
26	10.230	10.707	7.118	5,169	3,921	1,862	3,064	3,821
27	9.060	12.046	7.580	5,278	4,100	2,274	1,555	5,489
28	8.460	9.871	6.580	4,290	4,972	-18,162	—	4,915
29	7.780	9.262	6.212	5,676	5,093	-6,843	—	4,463

摘自前揭「製糖會社要覽」1、15、29、43、175 頁。
注釋同第 144 表。

二、第二次合併運動的展開

第一次世界大戰期間，特別是戰後形成的砂糖熱潮，雖於一九二〇年三月交織著反彈性恐慌，這種砂糖熱也持續了一個時期。但這種熱潮只不過是一時性的變態現象。同年七月，由於歐美各國控制了對砂糖的採購，糖價立即暴跌。所謂戰後的砂糖黃金時代，在此一瞬間即降下帷幕。

從第144表及第150表看，儘管糖業聯合會採取了市場對策㉑，東京的批發糖價仍由一九二〇年的一百斤平均爲三〇圓三角三分，跌到一九二一年的十三圓九角四分，創下了近六〇%的暴跌紀錄。之後的一九二二年再度暴跌。這種跌價，使砂糖的生產費被迫由三圓五角五分降低到一圓七角八分八厘，使糖業資本陷入虧本境地㉒。之後，由於一九二三年發生關東大地震，庫存砂糖燒失（一一〇萬袋），造成砂糖短缺現象，加之當時的古巴糖及歐洲甜菜糖減產，外國進口砂糖量小，使糖業界出現暫時性景氣復興，但也沒給糖業資本帶來多麼大的利益。從而使砂糖業界出現長期蕭條景象。

這種蕭條的長期化，使類似鈴木商店這種屬於財閥系統外

圍的，以一次大戰爲契機而急驟發展起來的企業，一舉陷入無法維持其經營的苦境。特別是鈴木商店，由於它肆無忌憚的膨脹政策而受到報應，因而遭到嚴重的打擊。如前所述，該商店作爲砂糖銷售公司，與台灣的糖業資本具有很深的關係，另又維持著在第一次世界大戰時與台灣銀行結下的密切關係。因而該商店的衰落，一方面形成促進台灣製糖業重新組合的契機，另一方面則成爲引發台灣銀行破產的導火線。

在此所指製糖業的重編，不外乎是指糖業資本的第二次合併運動，但這與前述第一次合併運動的特點明顯不同。一言以蔽之，第一次合併運動的特色在於，爲獲取原料而致力於劃分原料採取區域；第二次合併運動的特色主要在於分割市場，亦即加强了對市場的壟斷。迄今，台灣的製糖業以台灣製糖爲首，明治製糖、鹽水港製糖、東洋製糖、帝國製糖，以及將據點置於日本國內的大日本製糖等各巨大製糖會社並立狀態。而從所屬資本系統看，也是多方面的。經過這次合併運動，糖業資本大致可劃分爲三井、三菱及日糖（大日本製糖）等三大系統。

也就是說，糖業資本的第二次合併運動的開端是，一九二七年三月，日本資本系統的鹽水港製糖會社收買本地資本系統的林本源製糖會社㉓引發的。後來又以鈴木商店的倒閉，及台灣銀行的停業爲契機，使這一運動急風暴雨般地展開，導致日糖系及三菱系財閥的迅速崛起。日糖系財閥在收回鈴木商店的銷售權之後，於一九二七年七月，以日糖系統的大日本製糖會社股份兩個股及東洋製糖的三個股爲條件，合併了鈴木商店的旁系企業東洋製糖（資本三，六二五萬圓，實收資本二，二〇三萬圓，以下同）但不包括南靖工廠（一千噸）及烏樹林工廠（七五〇噸）㉔。由此以來，大日本製糖會社的資本便從二，七二五萬圓一躍而增爲五，四一四萬圓。其在台灣的粗糖工廠的製造能力，亦由虎尾二家工廠的三千二百噸，增加到包括斗六、北港、月眉、烏日四家工廠在內的六千四百噸。此外，同年七月又將大倉財閥系統的新高製糖會社（資本二千八百萬圓，實收資本一千零七十五萬圓）以委託經營方式，納入自己企業的名下㉕。如斯，大日本製糖會社遂以兼營台灣粗糖業的大企業面貌出現，從而在台灣製糖業中

第151表 糖業資本的累積與集中(1926~28年) (1000圓,萬斤)

系別		資本額(1928年6月30日) 登記資本	實收(%)	製糖量(%) 1926年11月~27年10月	1927年11月~28年10月
三井系	台灣製糖	63,000	38,100 (21.73)	1,801.6 (26.45)	2,377.8 (24.96)
三菱系	明治製糖	48,000	34,800 (19.95)	867.1 (12.73)	1,877.0 (19.70)
	鹽水港製糖	58,500	34,875 (19.89)	837.8 (12.83)	1,209.0 (12.69)
日糖系	大日本製糖	51,417	34,749 (19.82)	613.0 (9.00)	1,795.9 (18.85)
	新高製糖	28,000	10,705 (6.11)	530.5 (7.79)	670.4 (7.04)
	東洋製糖	—	—	818.1 (12.01)	—
	以上小計	248,917	153,229 (87.40)	5,504.0 (80.82)	7,930.1 (83.82)
	全體合計	282,867	175,326 (100.00)	6,810.2(1) (100.00)	9,527.7(2) (100.00)

摘自台灣總督府「台灣事情」1928年,348~351頁。
1)爲13家會社之合計
2)爲11家會社之合計

佔居了獨霸一方的地位(見第151表)。

對此,三菱財閥系統則抓住鹽水港製糖會社經營不穩的機會,擴大了自己的勢力。三菱商事原爲明治製糖會社辦理原料進口及將其產品運往中國大陸的業務。當鈴木系統衰落,其鹽水港製糖會社在金融方面陷入困境時,三菱商事會社立即以該會社的增資失權股票與之交換,從而取得銷售權,並依此插手在日本國內的銷售業務。一九二七年八月,三菱商事會社又强逼鹽水港製糖會社斷絕與其淵源很深的代理店安部幸商店的關係,企圖一手獨攬其銷售權㉖。如斯,三菱財閥系統得以染指鹽水港製糖,而其旗下的明治製糖會社亦收買了東洋製糖會社的兩家工廠(南靖及烏樹林),進一步拓展自身的勢力㉗。從此,明治製糖會社的資本,一九二七年九月已由該年三月的三,七五〇萬圓大幅增爲四,八〇〇萬圓。這樣一來,三菱財閥系統在台灣的糖業界已具有不可動搖的勢力。在此期間,看不出代表台灣製糖會社的三井財閥系統有什麼活躍勁頭,但在鹽水港製糖會社因金融困難而遭整頓時,也曾乘機將其旗尾、恒春二廠以一,三〇〇萬圓的低價收買下來,三井財閥系統在台灣南部的優越地位進一步加强。如斯,日本資本對其在台灣糖業的重新瓜分及控制,便形成日糖

系、三菱系及三井系三大日本資本系統鼎立之勢。正如第151表所示，當時這三大資本佔有了整個製糖業實收資本的八七％，以及全部製糖量的八四％。

關於台灣糖業的這種重新整合，可舉出下列幾個特徵。第一，原料採購區域亦隨之被重新分割，在原料採購區域的各資本系統的勢力範圍劃分得更加清楚。迄今，在原料採購區域內，各種勢力比較分散，但由於台灣製糖會社收買了鹽水港製糖會社的旗尾及恆春兩廠；明治製糖會社合併了東洋製糖會社的南靖及烏樹林兩廠，以及大日本製糖會社合併了斗六、北港、月眉及烏日四個工廠後，使各自系統更加明確。亦即，三井財閥系統的勢力範圍主要在台灣南部的屏東、高雄一帶；日糖財閥系統則在台灣中部的台中、虎尾一帶；而這二地之間中南部的廣闊平原則屬於三菱財閥系統的範疇。這種勢力瓜分的結果，使糖業資本在甘蔗收購政策上，加强了對付農民的地位。

第二，加强了三大資本對砂糖銷售市場的控制力量。合併運動暫告一個段落的一九二八年十二月，台灣製糖、明治製糖及大日本製糖三大會社爲討論糖價對策問題，召開所謂的三巨頭會議，決定放棄過去的糾紛及地盤關係，成立一個砂糖供應組合，並立刻簽署協定，也已於一九二九年三月開始進行活動㉘。由於該組合進行了人爲的統制，糖價一時呈顯穩定。如將這種情況與迄今曾活躍於糖業界的增田、湯淺、安部及鈴木等各系統的糖商，在第一次大戰後的反彈性不景氣及昭和金融恐慌的影響下相繼衰落等情況結合起來看，砂糖供應組合的成立，則正意味著糖業壟斷資本壓倒了商業資本而確立了優勢地位。糖業的企業聯合也因此而進一步加强㉙。

第三，經過此次合併運動，本地資本甚至在形式上都難以保全自己。林本源製糖會社被鹽水港製糖會社收買一事即是明證。林氏家族雖仍身爲鹽水港製糖會社的大股東，但卻沒當上該會社的董事㉚。

總之，從糖業在台灣殖民地經濟中的重要地位看，三大資本在台灣糖業壟斷統治地位的確立，也可以視爲該三大資本對整個台灣經濟的壟斷性控制。迄至一九三〇年代中葉，製糖業的已繳資本佔台灣全部工業廠商實收資本的

第152表　糖業之地位（1935年）

項別	金額(1)	項別	金額(2)	比率(%) (2)／(1)
耕地面積（甲）	856,775	甘蔗栽培面積	121,605	14.2
農家戶數（戶）※	411,981	蔗作戶數(新式製糖廠區域)	126,808	30.8
農家生產額（千圓）	361,046	甘蔗生產額	55,233	15.3
工業生產額（千圓）	269,494	砂糖生產額	164,068	60.9
公司實收資本額（千圓）	230,935	製糖會社(9家)實收資本額	185,550	56.1
工業會社實收資本額(千圓)	200,192	同上	185,550	92.6
輸移出額（千圓）	350,745	砂糖輸移出額	151,533	43.2

摘自高橋龜吉「現代台灣經濟論」1937年，202頁
※爲1934年。

第153表　台灣銀行之主要科目（下期餘額）

（1000圓）

	登記資本	實收資本	各種準備金	存款	貸款※	台銀紙鈔發行量	超額融資
1915年	20,000	12,500	4,150	74,580	115,130	17,611	40,550
16	20,000	14,992	4,880	111,019	172,609	24,452	61,590
17	20,000	20,000	5,380	240,265	357,956	33,512	117,691
18	30,000	25,000	6,030	389,201	457,271	42,108	68,070
19	60,000	37,465	7,030	286,529	529,609	49,654	243,080
20	60,000	45,000	9,680	182,242	455,939	40,249	273,697
21	60,000	45,000	11,080	159,818	501,259	40,864	341,341
22	60,000	52,488	12,180	170,253	556,345	34,244	386,092
23	60,000	52,500	12,980	201,905	630,609	39,703	428,704
24	60,000	52,500	13,780	224.984	716,714	51,260	491,730
25	45,000	39,375	1,840	134,380	670,859	53,186	536,479
26	45,000	39,375	1,766	92,807	666,488	48,640	573,681
27	15,000	13,125	1,906	75,375	540,733	53,602	465,358
28	15,000	13,125	－	76,090	340,377	55,713	264,287
29	15,000	13,125	－	71,678	320,383	49,241	248,705

摘自前揭「台灣之金融」1930年，85～93頁。
※包括貼現票據。

九三%，而其砂糖生產亦佔整個工業生產量的六〇%（見152表）。從這些指標看，十分令人注目的是，三井、三菱及藤山（大日本製糖會社）三大財閥鼎立的資本共佔有台灣糖業經濟的五分之四。

三、砂糖金融機構的破產

鈴木商店的衰落，直至台灣銀行的破產招致了以台灣銀行爲中心的砂糖金融機構的全面倒閉。如將台灣銀行的主要帳目加以整理（見第153表），便可發現：自一九二五年以後，其資本急劇減少。當時台灣銀行正陷入危險狀態。如從台灣銀行的存款及放款看，其存款總額於一九一八年底達三八，九二〇萬圓的頂點之後，即不斷下降，在發生昭和金融恐慌的一九二七年底，甚至銳減爲七，五三七萬圓。與此相反，其放款卻自一九一五年起出現急劇增加傾向，一九一九年底的放款額爲五二，九六〇萬圓，一九二四年底則進一步達到七一，六七一萬圓。從這種相反的趨勢看，台灣銀行自一九一四年以後即不斷擴大超額放款規模。從其放款超出存款部份看，一九一

第154表　台灣銀行島外存款之變動情形（餘額）

（100萬圓）

	島　內	島　外			計
		日本國內	海外	小計	
1915年	21.0	37.2	16.4	53.6	74.6
16	24.0	69.1	18.0	87.0	111.0
17	26.2	173.9	40.2	214.1	240.3
18	34.3	289.9	65.0	354.9	389.2
19	42.9	141.5	102.2	243.6	286.5
20	42.6	79.8	59.9	139.7	182.2
21	31.5	73.4	55.0	128.4	159.9
22	31.7	95.1	43.4	138.5	170.3
23	36.3	126.5	39.1	165.6	201.9
24	35.3	114.3	75.4	189.7	225.0
25	34.9	66.4	33.1	99.5	134.4
26	36.3	28.2	28.4	56.5	92.8
27	44.9	19.8	10.7	30.5	75.4
28	44.2	22.4	9.6	31.9	76.1
29	39.9	22.6	9.2	31.8	71.7

摘自前揭「台灣之金融」98～99頁。

九年僅為二億圓左右，但到發生昭和金融恐慌前夕的一九二六年，卻創下了五七，三〇〇萬圓的空前紀錄。而且，不論是存款還是放款，都是以日本國內為中心開展的。如從存款看（見第154表），台灣島內的存款業務大致平穩，但島外的存款，特別是日本國內的存款，極不穩定，結果使整個存款業務處於不穩定狀態㉛。關於放款，一九二三年時台灣本島出現放款高峯，之後即開始下降。但相反，日本國內的放款業務卻一直增加，直到一九二六年達四二，一〇〇萬圓的頂峯（見第148表）。因而所謂的超額放款問題，主要是以日本國內金融為中心展開的。

就這樣，以第一次世界大戰為契機，台灣銀行的金融重點已由台灣島內轉移到日本國內。這意味着日本國內企業的經營惡化，將會立即與台灣銀行的金融危機相牽連。事實上，台灣銀行因對日本國內關係企業的放款成了呆帳，又不得再次放款加以挽救，從而陷入惡性循環狀態㉜。其中，最大的放款關係企業就是鈴木商店。在該商店一九二七年四月十六日宣告破產時，台灣銀行對鈴木商店關係的貸款總餘額高達三億四，八〇〇萬圓㉝。這個數目幾乎等於該銀行至同年六月底當時對日本國內放款總餘額三億五，三〇〇萬圓㉞，也佔該銀行貸款總額五億七，九〇〇萬圓的近六〇%。關於台灣銀行與鈴木商店之間的借貸關係不再詳細闡述，但從借貸資料可以清楚地看出，鈴木商店破產而立即招致台灣銀行信用落地的情況。實際上，台灣銀行已處於「呼天天不應，喚地地不靈」㉟的窘境，因而不得不自同年四月十八日起在三週內將台灣本島總行及分行以外的日本國內及其他各地的分行臨時停業，並全部取消該行的準備金及公積金，同時將資本總額由四千五百萬圓減為三分之二的一千五百萬圓。但即使這樣，也連續發生五期營業虧損。如斯，台灣銀行迅速衰落，其作為金融機構的地位大為降低㊱。

實際上，台灣銀行對糖業的貸款，以一九二九年的三億六〇〇萬圓為限度而開始減少（見第136表）。在經過昭和金融恐慌後的整頓過程中，雖也向昭和製糖會社等關係企業增加過放款，以及自一九二八年因砂糖生產過剩而造成放款固定化等，也使台灣銀行對糖業貸款規模出現某種程度的擴大㊲，但從其後的貸款狀況看，到一九三四年即

第 10 圖　台灣銀行重要產物*融資額之變遷**

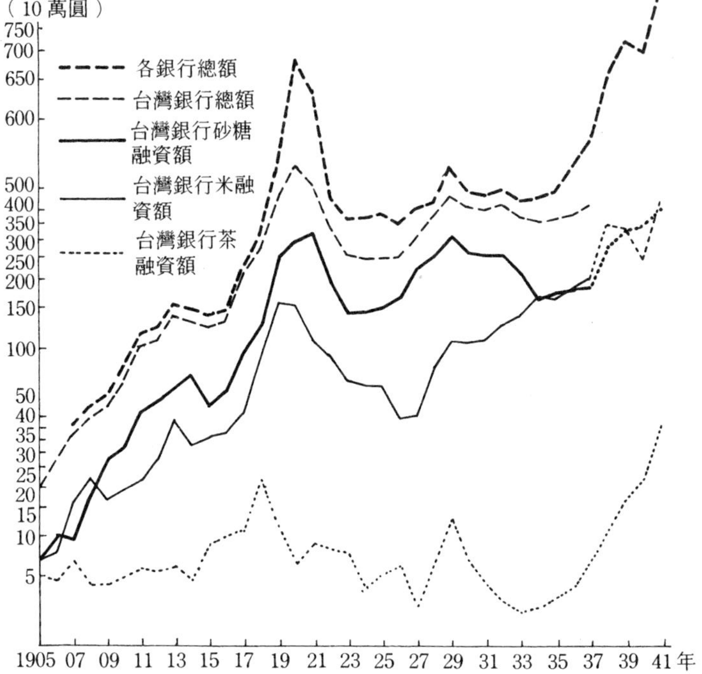

引自台灣總督府財務局「台灣之金融」，1930 年，70～71 頁，112～113 頁（1905～29 年間），同「台灣金融年報」，1938 年，115 頁（1929 年～37 年間），台灣銀行調查部「台灣金融經濟月刊」，1944 年 9 月號，5 頁（1938～41 年間）。

*重要物產指砂糖、米、茶、樟腦、酒精、金、煤炭等 7 項產物。

**1938 年以降之放款額顯示出各銀行之總額。

減至一六，六〇〇萬圓，甚至低於對米穀業的貸款。正如第10圖所示，自一九二七年至一九二九年之間，台灣銀行對重要物產的貸款已偏向米穀類。蓬萊米的登台造成對米穀業的貸款增加，但也明顯地表現了台灣銀行對糖業貸款的減少趨勢。

爲適應台灣銀行這種衰落趨勢，對糖業資本如何脫離迄今對該銀行在金融上的依賴，這是一個令人感興趣的課題。如從主要製糖會社的資金來源來看這個問題，則如第155表所示，除鹽水港製糖會社因被迫重新整頓而減少資本，以及鈴木商店因破產而揹着巨額貸款之外，主要有下述兩種傾向。一種是，以自身的信用爲憑藉，向外界

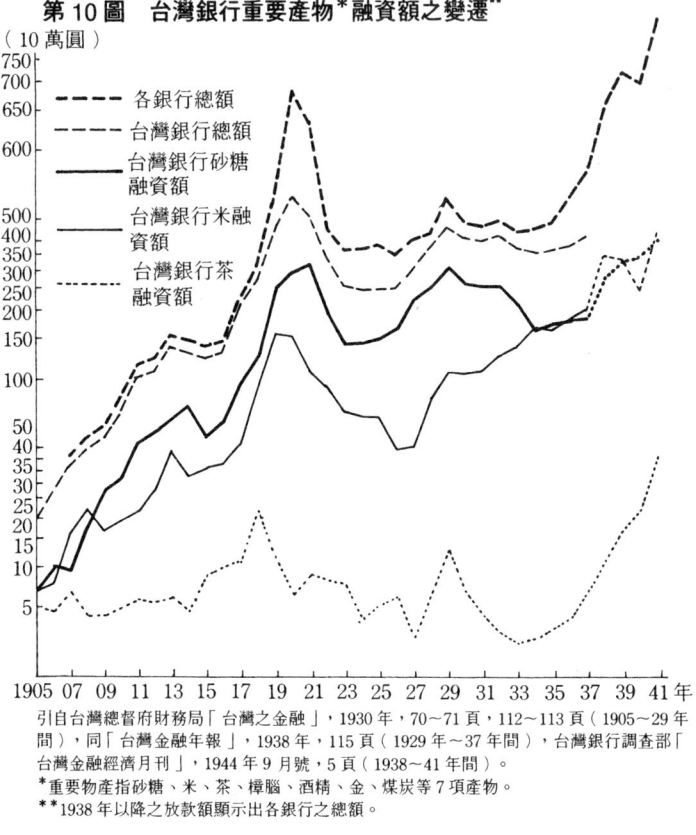

第155表　製糖會社資金之來源（1927～32年比較）　（100萬圓，%）

		台灣製糖		明治製糖		大日本製糖		鹽水港製糖	
		27年9月	32年9月	27年9月	32年9月	27年10月	32年10月	27年9月	32年9月
自有資本	實收資本	38.1	43.1	34.8	34.8	34.7	40.1	34.9	17.5
	各種準備金	16.6	21.1	10.1	12.3	19.8	21.2	9.7	0.9
	其他	4.9	6.0	3.3	3.4	5.1	3.2	0.9	1.5
	計	59.6	70.2	48.2	50.5	59.6	64.5	45.5	19.9
		(68.2)	(68.8)	(60.1)	(76.7)	(51.5)	(58.1)	(38.2)	(21.5)
他人資本	會社債	10.0	15.0	—	—	20.0	20.0	13.5	10.0
	應付票據	5.5	5.6	6.1	5.4	16.9	13.6	16.7	0.1
	借款	1.1	0.1	—	—	—	—	34.8	41.1
	應付帳款	9.0（應付帳款及未繳稅金合計）	9.2（應付帳款及未繳稅金合計）	2.0	0.9	3.0	1.7	2.3	7.4
	未繳稅金			6.9	8.0	9.2	9.2	5.8	5.8
	其他	2.3	1.9	17.0[1]	1.0	7.1	2.0	0.5	8.4[2]
	計	27.9	31.8	32.0	15.3	56.2	46.5	73.6	72.8
		(31.8)	(31.2)	(39.9)	(23.3)	(48.5)	(41.9)	(61.8)	(78.5)
	合計	87.4	102.0	80.2	65.8	115.8	111.0	119.1	92.7
		(100.0)	(100.0)	(100.0)	(100.0)	(100.0)	(100.0)	(100.0)	(100.0)

依據前揭「製糖會社要覽」累計而成。
1) 含擔保品1億4,500萬圓。
2) 含產品擔保借款7億6,000萬圓。

籌措資金，發行公司債。當時，台灣製糖及大日本製糖等會社均使用此種方式。前者自一九二七年連續三年發行三次總額達三千萬圓的公司債，主要由三井銀行承銷㊳。後者於一九二八年二月及八月兩次發行一千萬圓的公司債，之後又於一九三三年及一九三四年，發行總額達二千五百萬圓的公司債㊴，兩次均由三井及三菱銀行承銷。另外一種方式是，盡量避免向外界籌措資金，以縮小資產規模辦法提高本身資本的比率。明治製糖會社即為其中一例。該會社於一九三〇年停止了因昭和金融恐慌而商借的一千五百萬圓擔保貸款，以圖縮小資產規模㊵。又如第155表所示，明治製糖會社自一九二七年九月起，在五年的時間內，約將資產規模縮小二〇%，從而使其本身的資本比率由六〇%提高到七七%。

總之，由於台灣銀行的衰微而導致糖業金融機構的衰退，迫使糖業資本不得不拿出新的

對策，設法充實自身的金融能力。以昭和金融恐慌爲界，使迄今糖業資本與台灣銀行之間的緊密關係發生了很大的轉變。另外，也由於後來台灣銀行將貸款對象轉向米穀業，因而台灣經濟的行情變動，主要是受米價，特別是蓬萊米價的行情所左右，這就增加了推測行情的複雜性㊶。同時，由於所增加的貸款並非僅限於米穀銷售及出口等商業性周轉資金，而在一九二八年到一九二九年左右，還有意識地將稻米生產週轉金也列入貸款對象㊷，以有利於蓬萊米的生產。因而可以說，台灣銀行對米穀業貸款的增加，對普及蓬萊米幫了大忙。這很明顯地使以往的「糖・米相剋」關係更加惡化。

總之，台灣銀行經營失敗的導火線是鈴木商店的停業整頓，但究其根本原因，則在於：日本資本主義藉第一次世界大戰後出現的異常景氣而獲飛躍發展，同時也孕育了各種不可避免的矛盾。而這些矛盾正是導致鈴木商店倒閉的根本原因㊸。從這一點看，昭和金融恐慌對台灣經濟來說，只不過是外來的因素。此外，從鈴木商店與台灣經濟的關係看，當時該商店兩翼之下共擁有直系企業三五家，旁系企業三〇家，合計共六五家㊹，是一個僅次於三井物產會社的新興財閥，也是巧妙利用第一次世界大戰的經濟景氣而迅速膨脹起來的。但對台灣經濟來說，則並無多麼深厚的關係。如前所述，其與糖業的關係，除以東洋製糖會社爲其旁系企業之外，與鹽水港製糖及林本源製糖會社等也存在產品銷售關係㊺，但從資本關係看，則僅與室蘭殖產會社（一九一五年三月設立，實收資本四七五，〇〇〇圓，下同）及日本拓殖會社（一九一九年十一月設立，總資產爲三〇〇萬圓）二家發生關係㊻。由此可見，鈴木商店的破產並非由於台灣島內經濟形勢的影響，而完全出自島外日本資本主義的緣由。然而，台灣經濟之所以會被捲入的根本原因在於，台灣經濟已被納爲日本資本主義再生產結構中的一環，而從其直接原因看，則是台灣銀行與該商店之間的不健全的貸款關係。總之，台灣銀行和台灣糖業只不過是根據日本資本主義的需要而移植到台灣的這麼一個向來就是外來殖民地的性格，至此一覽無遺，從而對糖業資本的重新整合，具有極爲深遠的意義。

① 西原雄次郎一九三四年編「日糖最近二十五年史」，七三頁。此番的暴風雨侵襲，不僅使砂糖生產量由一九一一年的四五〇萬擔劇減到一九一三年的一二〇萬擔，約劇減四分之一，而且此次災害的影響不止於當年，還會給以後造成相當嚴重的後果。尤其可能引起甘蔗病蟲害的蔓延，以及導致米穀及其他一般農作物的價格暴漲，使糖業資本陷入困境。其影響可能是多年的。

② 從一九一四年至一九二〇年間的世界砂糖的供需關係看，在生產方面，甜菜糖產量由九七六萬噸降到三六一萬噸，共減產六〇〇萬噸以上。但蔗糖產量則由九八九萬噸提高到一，二二一萬噸，只增加了二三二萬噸，但從總數看，減少了三〇〇多萬噸。當時，德國減產三分之一，法國減產五分之四，俄國減產五分之四，匈牙利及奥地利減產二分之一，主要生產國都是大幅減產。究其原因，一方面是由於世界大戰造成的工廠被破壞及耕地的被荒蕪等直接因素，另一方面則是因勞動界不安，聯盟罷工，石炭原料不足，交通機關不完善等因革命或戰亂所導致的間接結果。另外從消費情況看，即使不考慮大戰中的延緩消費，而戰後消費也估計需要二，一八〇噸。因而，世界砂糖市場處於約六百噸的供應不足狀態（請參閱 T. Zeller, Der Kampfzwischen Rohr und Rübenzucher 1920,以及鈴木進一郎一九二二年譯「大戰前後甘蔗甜菜兩糖的競爭」，南洋協會台灣支部發行，九八～一一〇頁）。

③ 第一次世界大戰開始之前的十年間，幾乎處於停滯狀態的每人平均的砂糖消費約十斤左右。但由於大戰期間及戰後的經濟景氣，使日本國内的砂糖需要量由戰前的五百萬擔，一舉增加到戰後的一千一百萬擔，增加二倍以上。其背景主要是，以砂糖爲原料的食品、罐頭及煉乳等用糖工業的勃興和市場的擴大。對此，台灣的砂糖產量在一九一七年達到七六三萬噸的高峯後，即於一九二〇年減產到三七二萬擔，減少一半，降到與一九一五年的三七四萬擔相差無幾的水準。因此，日本必須仰賴進口的砂糖消費量爲五〇%（前述「糖業調查」，一六七～一七七頁）。這意味著此時期的日本國内砂糖價格，很容易受國際市場行情的影響。

④ 前述「台灣製糖株式會社史」，一九〇～一九一頁。

⑤ 即從理論上説，從增資的純增加額五千五百萬圓中，扣除三千九百萬圓的紅利，其差額一千六百萬圓才是重新動員的資金。

⑥ 從這些當中選出主要的看，台灣製糖會社於一九一六年九月合併了台北製糖會社（資本二八八萬圓），將勢力延伸到北部之外，又於一九一九年左右，在台灣島内的溪州、東港投資三百萬圓，着手擴大設備及設置新工廠（請參閱該社「第二十三次營業報告書」一九一九年十月至一九二〇年三月，六頁；「第二十四次營業報告書」一九二〇年四月至同年十月，八頁，以及前述「台灣製糖株式會社史」，一九九～二〇〇頁）。另外，明治製糖會社除在一九二〇年合併辜氏家族的大和製糖之外，又於在一九二一年在台灣島内建成溪湖工廠。此外，還進行了機器設備更新，特别是裝置了甘蔗細碎機；利用炭酸法改善耕地白糖的製造；成功地移植了爪哇的大莖種甘蔗苗（一九二四年）等，在一九二〇年代初期相繼進行技術革新。其中，特别是細碎甘蔗機的裝置，被譽爲「爲提高工廠效率及總產量帶來革新」（見「台灣製糖株式會社史」，二〇二頁）。實際上，以「得到更加能顯示工廠成績的辦法」（該公

司「第二十七次營業報告書」一九二一年十月至一九二二年三月，四頁）而受到注目。

⑦ 例如，從自耕農場的面積來看一九二一年至一九二二年主要製糖廠的原料自給率，則最高的是台灣製糖會社，約達二九・四三%，最低的是明治製糖會社，僅佔二・七五%，鹽水港製糖會社達一七・三八%，大日本製糖會社爲三・六七%；東洋製糖會社則有二五・九二%；全部的平均值爲二〇・一二%（根據一九二四年出版的「台灣糖業統計」第十二册，九八～九九頁算出）。

⑧ 參閱前述「台灣製糖株式會社史」，一九二～一九三頁，以及該公司「第二十五次營業報告書」，一九二〇年十月～一九二一年三月，一四頁。

⑨ 明治製糖會社早於一九二〇年即在上海選定一萬零六百坪（一坪等於三十六平方尺）的租借地，並經由三菱商事上海分店的協助而收買下來。建設明華糖廠的廠址就是使用這塊租借地（參考前述「明治製糖三十年史」，二〇～二四頁）。

⑩ 凱瑟琳農作公司原爲荷蘭人創立於爪哇的凱瑟琳農作股份有限公司，但一九二〇年被赤司初太郎、石川昌次及林熊徵等人經營的內外製糖會社所收買，但後來大日本製糖會社又將內外製糖會社合併，因而等於也擁有凱瑟琳公司。由於該公司是依據印尼法律所設立，大日本製糖會社雖擁有該公司的全部股票，但必須採取將該公司的事業經營及管理等一切，委任一家荷籍拓殖公司（請參照鹽谷誠一九六〇年編「日糖六十五年史」，三九～四〇頁；以及前述「日糖最近二十五年史」，一一八～一二一頁）。

⑪ 參閱前述「帝國主義下的台灣」，二九七～二九八頁。但一九二三年時帝國製糖及鹽水港製糖會社停止海運業務，台灣製糖會社亦於一九二七年將所有船舶轉讓給明治海運會社。

⑫ 關於台灣的土地價格，目前尚無完整的調查資料。據根岸教授說，在日本佔領台灣時，一甲的地價約在七〇圓左右。但在一九一一年左右，據說水田是一千圓，而「看天田」（一年種一次的稻田）及旱田則是一五〇圓（請參照前述「南方農業問題」，一三一頁）。根據殖產局的首次調查，一九一九年時，每甲農田最貴的是新竹州的七千五百圓，最便宜的是高雄州的二千五百圓；旱田最貴的是台北州的三千二百圓，最低的是高雄州的九百圓（這項調查不包括東部，見「台灣農業年報」一九二七年，一四四頁）。另外，根據勸業銀行的調查，一九二四年時最高地價是台北州的六千圓（每甲稻田）及高雄州的一千六百圓（每甲旱田）（同上「年報」，一四四頁）。總之，在第一次世界大戰期間及戰後，地價猛漲這一事實是無可否認的。本書在第二章第三節注⑧中曾指出，在一九一二年左右，製糖會社爲獲得土地以確保原料來源，約需二千四百萬圓，但如在此期間地價平均上漲三倍，則製糖會社至少需花費七千萬圓來購買土地。

⑬ 其主要的是，明治製糖會社插手明治商店（資本七百萬圓，一九二〇年設立，下同）、明治食品（資本一千萬圓，一九一六年成立）、河西鐵道（資本二百萬圓，一九二四年成立）、極東煉乳（一百五十萬圓，一九一七年成立）等會社；鹽水港製糖會社則插

手花蓮港木材（資本七十五萬圓，一九一九年成立）、台灣生藥（資本五十萬圓，一九二二年成立）及新興產業（資本十萬圓，一九一九年成立）等會社；大日本製糖會社則插手藤山家族爲中心的藤山同族（資本八百萬圓，一九一四年成立）、集成社（資本一百萬圓，一九二〇年成立）及藏王礦業（資本一百萬圓，一九一六年成立），日本金錢登錄機（資本二百萬圓，一九二〇年成立）等會社（根據小野文英一九三八年所編「製糖企業壟斷讀本」，一〇五～一〇六頁；「台灣經濟年報」，一九四二年出版，三八八頁）。

⑭ 在那種情況下，固定資本不論在島內或島外都沒有很大差別。因爲，對規定糖業資本的存在，不會產生任何改變。由於單位面積生產效率的提高，降低了擴大面積的必要性，但絕不能說因此而加强了糖業資本在「糖・米相剋」關係上的立場。因爲，單位面積生產效率的提高，將導致耕作面積的減少，從而促使原料獲得量減少的可能性反而增加。也就是說，反而加强了其不穩定的狀態。

⑮ 前述「台灣銀行四十年誌」，七〇頁。

⑯ 製糖會社中與製糖業務無關的首腦，大都屬於置身於日本內地的不管具體事務的經營者，他們經常在台灣銀行日本分行進行資金融通，並將其匯至台灣工廠，以充周轉資金之用，其後再以匯票償還（參閱前述「台灣銀行二十年誌」，二八二頁）。

⑰ 關於台灣銀行將貸款的重點由島內轉移到島外一事，日本銀行曾批評其爲「主客顛倒」（日本銀行「日本金融史資料」明治大正篇，第二十二卷，九一三頁），但根據本文所考察，應該説，這不是什麼主客易位，而恰恰是淋漓盡致地發揮了台灣銀行的本質。

⑱ 參考「本國銀行史論」，三六八頁，以及大內力等合著的「日本資本主義發展Ⅲ」，五五三頁。

⑲ 過去，明治製糖會社的代銷業務係由增田商店承擔，但在一九二〇年的所謂財界動搖時期，由於該商店陷入重新整頓狀態，明治製糖會社便另創株式會社明治商店，並將日本國內的銷售代理權轉給後者。以此機會，明治製糖會社便將砂糖的進出口業務委託給三菱商事會社。此時，三菱合資會社接受了增田商店所持有的三千股明治製糖會社的股票（參考「株式會社明治商店十五年史」，一九三六年出版，二二一頁）。

⑳ 安部幸兵衛商店亦於一九二〇年財界動搖期時一度告急，後得鹽水港製糖會社的援助，使擁有一百萬圓資本的安部幸商店得以起死回生（參閱前述「砂糖調查書」，一四一頁）。

㉑ 同年（一九二〇）七月二十一日，糖業聯合會爲防止市場價格下跌，從市場收購四十萬擔分蜜糖，而後按各製糖會社的生產能力分給它們。但第二次則因各會社不同意，沒實現這種收購措施（參照前述「世界大戰結束後的本國財界動搖史」，四一九頁）。

㉒ 據説，製糖會社因此而不得不慎重選擇銷售時期來處理砂糖出貨，這樣才好不容易獲得一些利潤。例如，台灣製糖會社的情形是：「我會社爲了能使精製糖和分蜜糖適應時機，鑒於日本國內市場進口糖猛漲而乘機盡力輸出，因而與對日本國內的銷售同時，獲得

好成績」（該會社「第二十四次營業報告」，一九二〇年四月至九月，九頁）。

㉓ 林本源製糖會社轉賣給鹽水港製糖會社時，其資本為三〇〇萬圓，實收資本為一五〇萬圓，其它各種準備金共有一八六萬圓，但借款卻高達三二九萬圓（前述「製糖會社要覽」，一八六頁）。此外，其工廠生產能力為七五〇英噸；原料採購區域內的耕地面積為二六，〇〇〇甲，其中適合於種蔗地有一八，六八七甲，每甲平均甘蔗產量為全島第一位。最早覬覦林本源製糖會社的企業是擁有東洋製糖會社的鈴木商店。該商店總經理金子直吉有意收買林鶴壽所持有的股票，但遭其家族林熊徵的强烈反對，甚至成了林氏家族的內部糾紛，致使收買工作告吹。此外，林本源製糖會社的大債權者台灣銀行，為解決其本身的金融危機，亦有意併吞該會社，並就此事與大日本製糖及明治製糖兩會社商量。但不論是大日本製糖還是明治製糖，都未能在收買價格上達成協議。此時，鹽水港製糖會社突然以一，四五〇萬圓收買了林本源製糖會社。所謂「斷然拋出現金一千萬圓，强行收購成功」（前述「槙哲」，一五〇～一五一頁），即指此事。鹽水港製糖會社一方面籌措收買資金，另一方面又因合併東京精糖和恆春製糖會社，前者需要一〇〇萬圓，後者需要二〇〇萬圓，因而於一九二七年六月一日，將其二，五〇〇萬圓的資本一舉增加到二倍的五，八〇〇萬圓。但由於鈴木商店的破產，此項增資反而成了迫使鹽水港製糖會社陷入悲慘困境的一個關卡（以上詳情，請參考「製糖企業聯合讀本」，一二四～一二八頁）。

㉔ 參考前述「日糖最近二十五年史」，一五〇～一五三頁。

㉕ 參考前述「新高略史」，四一頁。

㉖ 圍繞爭取鹽水港製糖會社的產品銷售權一事，三菱商事會社所進行的活動是錯綜複雜的。首先，它看到鹽水港製糖會社因鈴木商店衰落而陷入資金窘困的狀態，藉機以增資新股的失權股與其交換銷售權，從而將手伸向日本國內的銷售，也就是說，鹽水港製糖會社被迫於一九二七年八月與其關係深厚的代理店安部幸商店斷絕合作關係，而將銷售權讓給三菱商事。三菱商事則僅銷售鹽水港製糖會社產品中的精糖，而將分蜜糖及耕地白糖的銷售權讓給明治製糖會社直屬的明治商店（參考「朝日新聞」經濟部「朝日經濟年史」一九二八年版，四一七頁）。

但是，在同年十二月，鹽水港製糖會社的整頓告一段落時，圍繞上述銷售權問題，該會社與三菱商事會社之間由於情況與轉讓當時大不相同而發生糾紛。結果，通過井上準之助的協調，鹽水港製糖會社的產品銷售權終究歸於原先的銷售代理店——安部幸商店（參考「朝日新聞」經濟部一九三六年編「昭和財界史」，四一〇頁），而銷往海外的部分業務則委託三井物產會社（參照前述「砂糖調查書」，一四三頁）。因而有人說，三菱商事只是暫時的，但「幾乎是（將鹽水港製糖會社）納入該（三菱）系統」（前述「朝日經濟年史」，四一七頁。上述括弧內的字係引用者所加）。

㉗如前所述，東洋製糖會社雖與大日本製糖會社合併，但並未將在台灣的南靖、烏樹林二工廠併入，而以一，六五〇萬圓轉賣給附近的明治製糖會社。明治製糖會社認爲收購價格有過高之嫌，故在一九二七年八月，創設資本爲一，七五〇萬圓（全額實收）的新明治製糖會社，使其收買此二工廠，並以委託方式自行經營，其後於同年十月將該會社合併（參閱前述「明治製糖三十年史」，二四～二五頁）。

㉘參閱前述「昭和財界史」，四〇八～四〇九頁。該書說砂糖供給工會是一九二九年（昭和四年）一月一日開始活動的，但實際上是進入三月才開始活動的。請參考注㉙。

㉙該糖業產業資本的優勢，可從製糖會社進行商業交易組織的活動中看出。亦即由大日本、明治、台灣、鹽水港、新高、北海道等六家會社組成的砂糖供給組合，自一九二九年三月起，爲維持精糖的市場價格，採取分配供給數量及價格協定的方式，同時也廢除了各會社過去使用的產品商標，而改爲以共同的商標，進行共同銷售的商業交易組織。如斯，製糖會社在實現托拉斯式經營的同時，選擇有影響的批發商，由其擔任指定商人，並將之納入配給組合活動的一環（參考商工者商務局一九三〇年編「關於商業交易組織及系統的調查（砂糖）」，七五～七八頁）。

㉚根據台灣總督府殖產局特產課的記載，「稱爲林氏（本源）家族代表的林熊徵，不僅是鹽水港製糖會社的大股東，並兼任董事之職」（前述「台灣糖業概觀」，一九六頁）。但當時的該會社各期營業報告書中，並未提出在林氏家族有一人當董事者。但提到該會社於一九二七年三月增加資本時，林熊徵得到認購新股二萬股的權利（參考鹽水港製糖株式會社「第三十次營業報告書」，一九二六年十月至一九二七年三月，七～九頁）。

㉛一九一八年時，七五%的存款來自日本國內，但於一九二七年，則遽減爲二六%。這種存款形勢不安定的背景，主要是以籌措短期通融資金爲中心的短期的外來資金（參考日本銀行調查局一九六九年編「日本金融史資料」昭和篇，第二四卷，二一四頁）。

㉜參閱前述「台灣銀行四十年誌」，七〇頁。

㉝請參考同上資料三一〇頁。順便提一下，從鈴木商店及鈴木合股的二家會社的負債總額，以及其在台灣銀行放款總額中所佔的比率看，直至一九二二年，前者爲三二，六〇〇萬圓，後者則是前者的五三%，但到一九二三年底，負債金額各爲三六，〇〇〇萬圓，佔銀行放款比率爲五六%，一九二四年時，負債總額達三九，六〇〇萬圓，佔銀行放款比率達六二%，二者負債金額均逐漸增加，所佔銀行放款比率也均上升（請參考前述「日本金融史資料」明治、大正篇，第二二卷，九一三頁）。此外，據說一九二七年四月，與鈴木商店有關企業的借款總額達四五，〇〇〇萬圓（銀行論叢「昭和金融恐慌史」第九卷，臨時增刊，一九二七年七月出版，八二頁）。如將其與台灣銀行放款餘額三四，八〇〇萬圓相比，則佔銀行放款比率的八〇%。

㉞ 其具體內容爲：貸款七，七二〇萬圓，活期貸款七〇萬圓，匯兌活期貸款二四〇萬圓，貼現票據二七，一四〇萬圓，押匯票據一四〇萬圓（台灣銀行「第五十六次半季度營業報告書」，一九二七年一月一日至同年六月三十日，六頁）。

㉟ 係台灣銀行召開第五十六次股東大會時，島田茂總經理的致會詞（同上，八頁）。

㊱ 台灣銀行的重建，最終還是依賴日本銀行的貸款，震災票據貸款，法律第五十五號特別融資法貸款及第五十六號台灣融資法貸款等，共計達四二，二〇〇萬圓的國家大規模「援助」，才使其營運步上軌道（參閱前述「台灣銀行四十年誌」，三〇六～三〇八頁）。在此期間，對台灣銀行的處理詳情，「日本金融史資料」昭和篇，第二四卷，二一一～三一二頁有詳細記載。

㊲ 參考「台灣銀行四十年誌」，三一五～三二七頁。

㊳ 台灣銀行發行的公司債，一九二九年之前共有五次，分別爲一九〇四年的二五萬圓，一九一八年的五〇〇萬圓，一九二七年的一，〇〇〇萬圓，一九二八年以及一九二九年均爲一，〇〇〇萬圓。其中，第二、三、四次的全額以及第五次的一部分，由三井銀行負責認購（參考上述「台灣製糖株式會社史」，二九三頁）。

㊴ 參考上述「日糖最近二十五年史」，二五九頁。

㊵ 明治製糖會社的擔保貸款並非始自一九二八年。但在此以前的貸款數目都很小，最多是一九二三年的七〇〇萬圓（參考前述「製糖公司要覽」，二〇～二五頁）。

㊶ 例如，台灣銀行因掌握了通貨及金融的季節性變動因素，故將米價關係放在第一位。作爲其理由，說「米價的高低會左右下一期肥料、棉織品類等農村購買物品的進口，是本島經濟景氣興衰消長的一大原因」（「台灣金融經濟月報」一九三五年六月號，二頁）。

㊷ 參考前述「台灣銀行四十年誌」，一八三頁。

㊸ 無庸贅言，台灣銀行的破產是引發昭和金融恐慌的導火線，但台灣銀行的破產並非是造成金融恐慌的主要原因。關於這一點，從在當時的特殊銀行中，必須整頓的不只是台灣銀行一家這一事實看，也是很清楚的。昭和金融恐慌之所以無法避免，必須從日本資本主義的各個矛盾中去謀求解決。請參考前述「本國銀行史論」，二五三～二六一頁。

㊹ 參考與鈴木商店有關係的各企業一覽表（前述「日本金融史資料」明治大正篇，第二二卷，九一〇～九一二頁）。

㊺ 關於原料糖的進口，鈴木商店除與東洋、鹽水港二會社有關外，與大日本製糖、大正、台灣、新高等四家會社也有關係。而在產品銷售方面，鈴木商店除東洋、鹽水港及林本源各會社之外，亦與大日本製糖、新興、台東及台南等四家會社也多少有關聯（參考前述「朝日經濟年史」，四一六頁）。

㊻ 根據前述「與鈴木商店有關係的各企業一覽表」。

第四節　日本資本投資領域的多角化

一、糖業資本的多角化投資

1. 投資事業的多角化

以一九三一年九月爆發九・一八事變爲開端，相應於日本資本主義將戰略重點置於對外軍事膨脹，糖業資本亦隨之正式地向糖業以外的產業伸出觸手。而有新興壟斷企業聯合或新興財閥之稱的日本資本，則以化學工業爲中心而蓬勃興起，並也侵入了台灣。而這些侵入台灣的日本資本，不同於迄今專心於糖業的企業，其在投資領域呈現多樣化傾向。而從資本系統的觀點看，除上述糖業資本與新興財閥資本之外，又加上了國策會社（國家資本）及台灣本地的日系中小資本等，日本資本本身也顯現出多樣化趨勢。日本資本的這種新動向，正與本書第二章所述及「工業化」開始的一種新局面遙相呼應。

首先將問題的焦點置於糖業資本的內容。引人注目的是，進入一九三〇年代，糖業資本年勝一年地賺取高額利潤。正如第156表所示，東京的批發價自一九三三年以降，相隔八年才超過砂糖的生產費用，做爲這種情況的反映，糖業資本自一九三四年開始，明顯地表現出其利益在急速增加，所需鹽水港製糖會社從這一時期開始由赤字轉爲黑字即爲其象徵①。趁著日本軍國主義的對外擴張，糖業資本受專於擴大其砂糖市場，附隨著砂糖生產而發展了酒精、紙漿原料及酵母劑等相關商品，並得以與軍需市場結合起來而不斷增產②，使糖業資本迎來獲得巨額利益的機會③。無庸贅言，這基本上是以糖業資本對市場進行鼎立式的壟斷控制，以及犧牲台灣蔗農而進行掠奪爲背景的。

糖業資本以其所獲取的巨額利潤爲基礎，形成內部保留資本的累積性增加④，從而得以提高其自身的金融能

第156表　砂糖價格，生產費用及會社收益(1930～41年，分蜜糖)　（每100斤）

	東京市場批發價(1)	砂糖生產費(2)	左項中之原料費及原料雜費	該年利益(1000圓)			
				台灣製糖	明治製糖	大日本製糖	鹽水港製糖
1930年	6.20	8.326	5.473	5,686	4,392	3,807	28
31	4.76	7.063	4.505	4,706	4,007	3,913	-1,886*
32	5.47	6.607	4.295	6,428	4,355	4,305	1,983*
33	7.50	6.529	3.265	8,170	5,507	4,947	1,809
34	6.49	6.331	3.198	9,366	8,476	6,661	1,543
35	6.75	6.241	3.672	10,437	10,851	8,009	1,597
36	6.95	6.915	4.099	14,215	13,593	11,137	2,040
37	9.74	7.279	4.170	15,810	14,091	12,790	3,150
38	11.22	9.174	5.036	15,147	10,874	12,973	4,077
39	—	—	—	17,119	12,939	15,458	4,769
40	—	—	—	15,183	15,577	14,490	4,972
41	—	—	—	—	—	—	—

根據「製糖會社要覽」，1933年，前揭「砂糖年鑑」，1941年，大阪屋「株式年鑑」各年次計算而成。
1)、2)與前揭第144表同。畫"—"者無資料。

第11圖　糖業資本內部保留來源泉*之變遷(1918～41年，半年期單位)

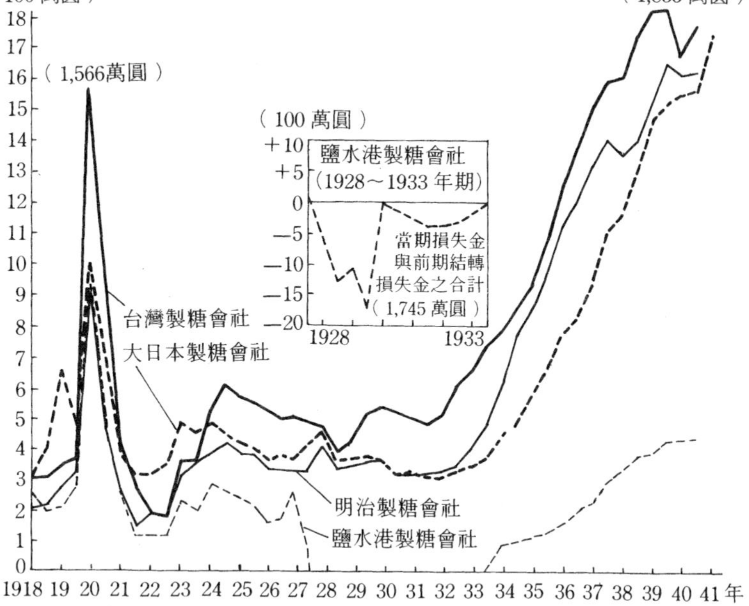

引自前揭「製糖會社要覽」，(三版)，及各社之各期營業報告書。
*當期利益金與前期滾存金合計額。

第157表　製糖會社資產總額(A)、融資比率(B)、自有資本(C)之變遷
（1921～40年）　　（1000圓，%）

會計年度		台灣製糖			明治製糖			大日本製糖			鹽水港製糖		
		A	B	C	A	B	C	A	B	C	A	B	C
1921年	上	83,093	25.63	60.07	47.115	21.01	56.25	50,293	23.11	59.70	52,088	42.67	46.34
	下	83,017	28.13	60.49	40,809	12.16	65.30	47,534	22.70	63.75	50,533	43.93	51.09
25年	上	82,958	25.02	65.52	70,807	20.01	47.66	63,731	15.80	55.01	70,544	31.92	53.09
	下	79,667	23.97	68.05	67,020	20.36	50.66	71,536	23.30	49.42	70,290	29.21	29.73
29年	上	111,481	24.51	49.37	103,594	27.23	43.98	114,353	25.25	48.07	111,480	48.71	32.13
	下	108,539	20.66	51.09	90.974	19.46	50.56	107.130	22.28	51.35	106,753	51.04	34.03
33年	上	96,592	13.25	68.80	66.637	10.80	78.00	109,086	17.94	56.60	95,066	58.32	19.28
	下	93,991	11.99	71.05	67,369	11.54	77.83	104,848	9.77	73.99	90,178	64.18	19.83
36年	上	103,585	10.88	74.20	90,862	10.74	68.46	109,511	12.98	73.88	90,180	54.56	21.33
	下	111,254	11.80	72.60	95,140	10.77	69.37	111,253	14.62	73.99	90,234	48.33	22.51
40年	上	153,642	12.45	74.40	140,651	3.25	69.65	162,927	18.27	66.09	126,032	35.99	34.47
	下	158,187	11.81	74.15	140,906	4.42	72.30	158,706	16.64	69.76	127.908	39.27	34.00

根據前揭「製糖會社要覽」（三版），及各製糖會社營業報告作成。

A　欄是根據實收資本之總資產額。

B　欄爲融資借款／總資產額之比率。融資借款部分包含應付票據、借款及未繳納之消費額。

C　欄爲自有資本／總資產額之比率。自有資產部分包括實收資本、法定準備金、他途準備金等各種準備金。但明治製糖會社沒有員工準備金，另鹽水港製糖會社沒有存款。

力。關於其內部保留資本狀況，正如第11圖所示，在一九三七年至一九三八年左右，其規模已達到超過一九二〇年代的最高峯，結果使其自有資本比率上升到七〇％左右（第157表）。相反，其從金融機構貸款的比率却大幅下降。以明治製糖會社爲例，其貸款比率下降到四％左右。糖業資本以自身的金融能力大幅提高爲背景，具有既可與以台灣銀行爲中心的金融機構確保其相對獨立性的能力；也可向傳統糖業部門以外的其他產業伸出觸手的能力。

有關糖業資本的投資規模問題，只能從其證券的持有量來加以探討，正如第158表所示，四大

第158表　有價證券保有狀況

（1930年，1940年）　　　　（1000圓，%）

	年期別		實收資本	有價證券	比　率
台灣製糖	1930年	上	43,034	1,577	3.66
		下	43,080	1,454	3.38
	40年	上	43,080	15,885	36.87
		下	43,080	16,173	37.54
明治製糖	1930年	上	34,800	8,760	25.17
		下	34,800	7,929	22.78
	40年	上	45,200	32,682	72.31
		下	45,200	32,486	71.87
大日本製糖	1930年	上	37,749	7,176	20.65
		下	37,749	6,989	20.11
	40年	上	66,707	24,833	37.23
		下	66,709	23,604	35.38
鹽水港製糖	1930年	上	17,437	2,234	12.81
		下	17,437	1,745	10.01
	40年	上	36,937	9,586	25.95
		下	36,937	13,555	36.70
以以上四大會社之合計	1930年	上	130,020	19,747	15.19
		下	130,066	18,107	13.91
	40年	上	191,924	81,986	43.24
		下	191,924	85,818	44.71

依各製糖會社之營業報告書而作成。

製糖會社的證券持有量，均佔其已繳資本的三分之一以上，其中明治製糖會社甚至達到七二%。四大製糖會社的有價證券投資，在三〇年代即由二千萬圓增加到八千六百萬圓，約增加四倍以上，其追加投資額達六千六百萬圓。這一追加投資額甚至超越同一時期所增加的六千二百萬圓實收資本。換句話說，糖業壟斷資本在整個三〇年代使其所持有的有價證券超過新增的實收資本。結果，四大會社所持有的有價證券佔實收資本的比率，由一九三〇年的一五%左右，上升至一九四〇年的四四%，幾乎上升三倍。

若與四大會社的資產總額五億八千六百萬圓相比（第157表），所持有價證券的數額僅爲一三%，所佔比例並不

第 159 表　製糖會社主要資產項目
（1000 萬圓以上，1940 年下期*）　（1000 圓）

	台灣製糖	明治製糖	大日本製糖	鹽水港製糖
土地	38,761	20,615	27,017	26,346
存款・現金	17,356	17,027	18,775	−
下年度・下下年度科目	17,281	−	**15,275	***10,111
機械	16,854	11,363	17,975	19,587
有價證券	16,173	32,486	23,604	13,555
產品科目	11,847	14,518	−	−
建築物	−	−	−	10,631

摘自大阪屋商店株式會社「株式年鑑」1941 年，506～511 頁。
＊大日本製糖會社一家到 10 月，其他至9月。
＊＊表農業用暫付款，＊＊＊表貸款，－爲 1000 萬圓以下。

太大。但如詳細加以試探，正如第159表所示，明治製糖及大日本製糖會社所持有的有價證券，在其資產科目中佔最高位，而在台灣製糖及鹽水港製糖會社，其有價證券數額則可與其製糖機器及建築物相匹敵，甚至有所超過。而且，其持股規模的巨大化，是在三〇年代的十年之內形成的，如前所述，其增加額甚至超過了新增的實收資本。不可否認，糖業資本在整個三〇年代發生了巨大改變。因而如果說糖業資本可做爲一個獨立的企業聯合而成立，那麼就必須從三〇年代著手對其進行研究⑤。

爲了更加明確的弄清其實際情況，應儘量將其一九三〇年以後的事業投資加以整理，第160表即是這樣做的。該表雖未包括全部投資情況，但可探知糖業資本事業投資對象的廣泛性。雖難以用一句話說清其情況，但大致可將其歸納爲下列幾個特徵。第一，從行業種類看，在廣義上不僅包括與砂糖業有關的食品工業及農工產業，而且也在向著橡膠、紙漿及化學品等製造工業的領域發展。第二，從地域看，對日本國內、中國大陸及南洋地區等島外的投資傾向，甚至高於島內。從投資性格看，如前所述，其與第一次世界大戰後的島外投資者有所不同。簡單地說，相對於後者主要是鑽了歐美勢力在東南亞暫時衰退的空子而乘機侵入的，而前者則具有與日本軍國主義向東南亞的擴張相勾結，一面與歐美勢力相抗衡，一面展開對外擴張的色彩。第三，與前述第二項有關聯，即糖業資本開始與國策會社即國家資本產生多

第160表　1930年以後之事業投資會社（按成立順序）　（1000圓）

會社名稱	資本金（轉帳額）	總會社所在	成立或加入年度
明治製糖系			
朝日牛乳	250 (250)	北海道	1933
明治乳業	1,500 (1,500)	東京	1933
明治橡膠工業	500 (200)	東京	1933
日本再生橡膠	500 (500)	東京	1934
滿州製糖 ※	20,000 (15,000)	滿州	1935
極東煉乳	1,500 (1,200)	東京	1935
大島煉乳	75 (75)	東京	1936
明治農產	20,000 (5,000)	東京	1937
昭和橡膠	10,000 (6,542)	東京	1937
北陸煉乳	170 (170)	石川	1937
酒精運送 ※	2,000 (2,000)	東京	1938
滿州明治煉乳	1,000 (1,000)	滿州	1938
滿州明治製菓	5,000 (4,250)	滿州	1939
明華產業	5,000 (2,500)	中國	1940
明治油脂	2,100 (－)	－	1940
東京共同牛乳	3,000 (3,000)	東京	1941
台灣製糖系			
森永糖果會社	1,500 (936)	東京	1933
滿州製糖 *	20,000 (15,000)	滿州	1935
森永食品工業	2,000 (700)	東京	1936
森永東北農產工業	500 (400)	福島	1937
森永關西牛乳	500 (125)	大阪	1937
酒精運送	2,000 (2,000)	東京	1938
台灣不動產	3,000 (3,000)	台灣	1938
南日本鹽業	10,000 (9,300)	台灣	1938
大日本製糖系			
滿州製糖 *	20,000 (15,000)	滿州	1935
台灣拓殖 *	30,000 (30,000)	台灣	1936
福大公司	6,000 (6,000)	中國	1937
日東化學	20,000 (17,000)	東京	1937
酒精運送 *	2,000 (2,000)	東京	1938
台灣紙漿工業	10,000 (2,500)	台灣	1938
恆豐麵粉	300 (300)	中國	1939
三葉精機製作所	500 (250)	東京	1939
台中州自動車運輸	2,000 (1,334)	台灣	1941
台灣煤炭	7,000 (3,500)	台灣	1941
台灣三立製菓	100 (50)	台灣	1942
興亞商會	160 (80)	滿州	?
鹽水港製糖系			
第二花蓮港木材	500 (125)	台灣	1933
滿州製糖 *	20,000 (15,000)	滿州	1935
北滿產業	1,000 (250)	滿州	1936
開洋興業	500 (500)	滿州	1936
台灣農工產業	1,000 (250)	台灣	1936
新榮產業	2,000 (1,000)	東京	1937
日本砂糖工業	1,000 (500)	東京	1937
新日本砂糖工業	25,000 (625)	東京	1938
鹽水港紙漿	25,000 (10,000)	台灣	1938
橋爪精工所	500 (500)	東京	1939

摘自「台灣經濟年報」1942年，東京興信所「全國銀行會社要錄」1936年，42年，上下卷，小野文英「製糖企業聯盟讀本」1938年，及其他。

※指糖業資本之共同投資事業或是參與共同投資。

多少少的直接投資關係。以台灣拓殖會社（資金三千萬圓。其中，五〇%由台灣總督府出資）爲例，大日本製糖、明治製糖及台灣製糖的三家會社認購了相當於該國策會社發行股數一成的約十萬股⑥。此外，對「開發北支那」及「振興中支那」（譯註：日本侵略中國時期，對我華北及華中的稱呼）兩家國策會社所發行的股票，亦各認購七萬五千股。

關於事業投資，如將各個製糖會社的特徵分別加以簡單闡述，明治製糖會社系統最值得注目的特徵是，進行規模最大的多角經營投資。在一九四〇年九月底，該會社將相當於已繳資本的七二%，即三，二五〇萬圓用來進行事業投資（保有有價證券），約佔四大會社事業投資總額的三八%（第158表）。其投資事業如第160表所示，達十六家之多。若從其內容看，大致可分爲砂糖關係事業及橡膠關係事業二大系統。明治製糖之所以被稱爲「連鎖式經營的典型」⑧，其主要原因即在於所經營的投資事業不出此二大系統。其次，從大日本製糖會社系統看，其最大的特色是，堪稱以藤山壟斷企業聯合的家族系統爲中心所形成。但從其下屬福大公司等看，其與文化性活動及國家權力之間具有較密切的聯繫⑨也是一個特色。而關於鹽水港製糖會社系統，正像其具有借款的壟斷性企業聯合之稱那樣⑩，其內容並不充實。但以槙哲社長爲中心而漸次鞏固其基礎，一九三七年十一月將其資本由二，九二五萬圓增加到六，〇〇〇萬圓，恢復到超過其減資經營時期的規模，並修改了會社的章程，而致力於對相關事業的投資⑪。同年二月，該會社成立直屬持股企業新榮產業會社（資本二〇〇萬圓），使其成爲有力的發展據點。如斯，鹽水港製糖會社的事業投資雖起步稍遲，但發展相當迅速。儘管如此，卻沒在鹽水港製糖母會社的資產上反映出這一情況⑫。在四大會社中，一直固守糖業的，唯有台灣製糖會社一家，因而它佔有特殊地位。台灣製糖會社的特色是，在這一時期由森永集團爲中心，伺機擴大砂糖市場，以著手從事事業的投資（第160表）。

那麼，糖業資本爲何如上所述，加强了對砂糖之外的事業投資，以及向島外的投資，而不繼續將投資重點置於

糖業部門及島內事業呢？對此，擬首先探討其將投資重點置於糖業之外的問題。一般認爲，其最大原因之一是，從當時的時局條件考慮，製糖資本必須響應軍需產業的需要。亦即，爲因應國家的課題，必須超越個別的私人資本而符合總資本的緊急需求。不可否認，這一點有其合理之處，但從個別資本的立場看，則與一般的宏觀情況不同，肯定是存在直接原因的。其一就是「糖・米相剋」的矛盾關係。關於蓬萊米的普及，如前所述，因這一時期在嘉南大圳强制推行蓬萊米的輪耕制度，使糖業資本面臨嚴重威脅。這意味着，由於「糖・米相剋」關係，即使糖業資本將其更多的利潤投到砂糖部門，亦難以獲取更多的壟斷利潤⑬。尤其是在一九三〇年代末，作爲殖民地的台灣農業，必須根據日本軍國主義的需要，進行適應時尚的多樣化生產，而由於對農作物面積的分配規定，必然使糖業資本受到限制而難以再對砂糖進行擴大投資，由此可以理解糖業資本對砂糖以外的其他事業擴大投資的原因。

其次，擬進一步探討糖業資本對島外事業大量投資的原因。這就必須掌握四大製糖會社的資本系統，包括其背後的日本財閥的動向。在這裏不可能進行太深入的研究，但可以說，台灣製糖會社投資於森永集團（三井財閥系統），明治製糖會社投資於明菓集團（三菱財閥系統），大日本製糖會社則向藤山集團投資。而從各個都向自己所屬系統進行大量投資看，這也是必然的趨勢。也可以說，糖業資本本來就被作爲大財閥乃至壟斷聯合企業的一環而被安排在所需要的位置上的。

除了與上述資本系統相關聯的情況外，尚須注意下列幾點。第一，糖業資本，特別是明治製糖及台灣製糖會社，它們爲了擴大砂糖商品的市場，已於一九二〇年代即在日本國內發展與食品及製乳業的密切關係。從歷史看，它們與日本國內的食品工業早已具有相當深厚的關係。例如，台灣製糖會社早在一九二五年初即與森永集團有瓜葛⑮；而明治製糖會社更早，已於一九一七年即在日本國內發展乳製品事業，並以此爲開端，於三〇年代擴大了勢力⑯。第二，糖業資本靈活利用在台灣累積的多年經驗，並意欲進一步向「南洋」擴張，在那裏開拓新事業。明治製

第 161 表　糖業資本之獨佔情形(1942～43 年)

	資本金額		砂糖生產量2)(1938～39年)	工　廠　數　(1943年)			
	登記資本(1943年)	實收1)(1942年)		甘蔗糖	甜菜糖	精製糖	酒精
台灣製糖	64,200	44,280	5,479	14	—	1	4
明治製糖	61,000	45,200	5,137	8	2	2	7
日糖興業(原大日本製糖)	96,170	85,083	5,300	23	—	2	6
鹽水港製糖	60,0000	36,937	2,893	8	—	1	2
合計	281,370	211,500	18,709	53	2	6	19

摘自東洋經濟新報社「昭和產業史」第二編，1950 年，406～407 頁，及同「株式會社年鑑」1942 年，275～279 頁。
(1)除此之外尚有一名爲三五會社之蔗糖工廠（資本 335 萬圓）。
(2)含蜜糖工廠。

糖會社的橡膠栽培事業就是最具有代表性的事例⑰。在一九三三年九月設立的明治橡膠工業株式會社（資本爲五〇萬圓），即旨在實行從原料到製品的橡膠工業流水作業的合理化經營。而於一九三七年六月，設立昭和橡膠工業株式會社（資本爲三〇〇萬圓，後又增加到一，〇〇〇萬圓），就是爲了吸收蘇門答臘興業（資本金爲一〇〇萬圓）和明治橡膠工業二會社，並爲了進一步併吞在馬來西亞半島從事橡膠栽培事業的森村系統的株式會社南亞公司（資本爲三五〇萬圓）以及其傍系東京橡膠工業株式會社（資本爲二〇〇萬圓）二會社而做的佈置⑱。這樣，明治製糖自第一次世界大戰開始的對島外橡膠事業的投資，在整個三〇年代即沿著這一延長線而不斷地加以擴大。

2.第三次合併運動的展開

上述糖業資本向島外事業投資的轟轟烈烈展開，並未緩和島內糖業資本重新分割的鬥爭。如前所述，糖業資本在島內面臨著「糖・米相剋」關係的激化，以及政府對耕地面積的限制，圍繞爭奪糖業利潤的鬥爭愈益激烈化。因此，進一步提高資本集聚和生產集中程度的第三次合併運動，將不可避免地隨之展開。而此次合併運動則是，除了鹽水港製糖會社之外的其他三大製糖會社幾乎是合併、收買了既存的所有中小製糖企業，進而完全控制了台灣的整個製糖業。

具體地說，一九三五年四月，大日本製糖會社正式將迄今受託經營的新高製糖會社加以合併。以此為開端，又於一九三九年九月合併了昭和製糖會社（資本為五〇〇萬圓）；一九四一年二月併吞了帝國製糖會社（資本為二，七〇〇萬圓）。這樣一來，大日本製糖會社將其資本由六，二〇〇萬圓增加到九，六〇〇萬圓，一舉提高五〇％，終於爬上了台灣製糖業資本規模最大的企業位置（參照第161表）。對此，台灣製糖會社於一九四一年十月，將其原料採購勢力範圍區內的、唯一本地人經營的現代製糖會社新興製糖（資本為一二〇萬圓）加以合併⑲，時過二十年，好不容易將其資本由六，三〇〇萬圓稍微提高到六，四二〇萬圓。一九四三年四月，明治製糖會社則於一九四三年四月合併了台東製糖會社（資本為一七五萬圓），將資本增加為六，一〇〇萬圓⑳。如斯，台灣製糖會社於一九四三年被總資本達二八，一〇〇萬圓的四大製糖會社所瓜分，完全被日本企業所掌握。

這個第三次合併運動，不外是由於糖業資本本身的發展受到前述各種原因的限制，做為打開這種局勢的對策，而出動大資本之結果。但當時，砂糖的生產及分配結構，均隨著戰爭的進展，在戰時統制下發生了重大的變化，也使製糖事業比過去發生了質的變化。隨著戰爭日益嚴酷和激烈化，日本國內精製糖事業的運營日益困難。而台灣的糖業資本也在一九四〇年左右，因砂糖公定價格及材料的漲價，遭到不小的打擊，從而淪為不得不由製造粗糖為主的生產結構，轉變為專門生產耕地白糖以求生路的境地㉑。在一九三九年至一九四一年期間，白糖工廠所佔比率，已由三〇％擴展為六〇％，而其整體設備能力的五七％轉為生產白糖㉒。此外，隨著第三次合併運動的展開，促進了砂糖生產的一貫作業。這就是日本糖業資本第三次合併運動的一大特色。

如上所述，一九三〇年代，特別是後半期，糖業資本的面貌大不同於以前。現擬就這種變化對台灣殖民地的經濟以及本地社會具有什麼意義的問題，進行簡單的分析，以下幾點是最值得注意的。

第一，此次糖業資本投資領域的多樣化，並不像第一次世界大戰後的糖業黃金時代那樣，給台灣殖民地經濟帶

來巨大的刺激。第一次大戰結束後的砂糖景氣，是由於日本資本主義的異乎尋常的好景氣與企業的勃興互相重疊，如下一章中所詳述，給台灣殖民地經濟帶來了一時性興盛局面，但到三〇年代就看不到這種形勢了。其原因之一是，與二〇年代相比，糖業資本尤其是明治製糖及台灣製糖會社的事業投資，更偏向於台灣島外領域的投資。如參考前述第160表㉓即可發現，台灣島內的較大投資，只是設立了台灣紙漿及鹽水港紙漿會社。紙漿產業的設置，可以視為台灣新興產業的崛起而加以注目，但從擴大事業投資的規模看，其對紙漿產業的投資並不算多㉔，而與後述被稱為新興財閥或新興壟斷企業聯合等新進日本資本對台灣的投資規模相比，捷足先登台灣的糖業資本對台灣島內的投資規模，至此而呈頹弱之勢者，蓋亦由糖業資本這樣的投資內容而來。

第二，糖業資本趨向多樣化發展，意味著日本資本對台灣製糖業的控制力已達極限。在第三次合併運動中，整個糖業完全集中於四大會社即為其表現。而唯一剩下的本地資本系統新興製糖會社，亦被三井系統的台灣製糖會社所合併，這也是一種象徵性的表現。此事深刻顯示了日本資本在台灣的稱霸，是建築在對本地資本或本地勢力的徹底的壓迫及犧牲之上的。而日本糖業壟斷資本向台灣的擴張給台灣經濟帶來的深重的瘡痍，也表現在這種使本地勢力的衰退上。

就糖業壟斷資本的在台發展而言，如果將四大製糖會社上層系統的大股東列出而加以研究，則可發現當時的日本資本，系以人壽保險和損害保險企業居壓倒地位。正如第162表所示，台灣製糖會社系統中有七家人壽保險公司；明治製糖會社則有八家；大日本製糖會社為六家，甚至鹽水港製糖會社也有二家。而且在製糖會社中，排在前頭的十二名大股東，都是經營人壽保險企業的，而且與銀行關係聯繫起來考慮，則前述三大會社的三六名大股東中，辦理人壽保險、損害保險的銀行即達二六家，持有股票七七萬股，約佔持股比率的一八％。這些人壽保險、損害保險和銀行，通過對台灣製糖的投資，在島內擁有很大勢力㉕。無庸贅言，其中大都屬於日本國內的財閥資本系統。而

第162表　製糖會社之大股東排名（1942年3月末）

台灣製糖		明治製糖		大日本製糖		鹽水港製糖	
大股東	持股數	大股東	持股數	大股東	持股數	大股東	持股數
三井物產	59,560	第一人壽	75,700	藤山同族	89,190	新榮產業	152,968
內國儲蓄銀行	48,040	內國儲蓄銀行	42,173	明治人壽	79,930	岡田幸三郎（社長）	29,249
內藏頭	39,600	明治商店	33,000	台灣銀行	70,785	富國徵兵	15,050
帝國保險	32,960	日本徵兵	32,233	帝國人壽	48,576	安部幸商店	11,400
日本徵兵	26,035	富國徵兵	20,898	日本人壽	47,049	中島鐵哉	11,010
益田太郎（社長）	20,893	千代田人壽	17,100	安田儲蓄銀行	41,820	東株代行	10,960
第一保險	19,420	帝國人壽	17,000	鈴木祥枝	31,700	林夔龍	8,860
林博太郎	17,210	大正海上火災	15,900	山口誠太郎	19,611	山二股份公司	8,500
千代田人壽	15,500	三菱海上火災	13,596	富國徵兵	19,415	日本人壽	8,000
富國徵兵	13,780	明治人壽	13,226	住友人壽	17,328	沖光次郎	7,754
三菱海上火災	12,500	相馬半治（社長）	13,220	藤山愛一郎（社長）	16,589	西崛佐助	6,300
第百人壽徵兵	12,400	安田儲蓄銀行	11,655	生保證券	14,130	楨合資	6,190
以上計	277,898		305,701		496,123		276,241
股票發行總數	1,284,000		1,160,000		1,923,400		1,200,000
股東數（名）	10,515		6,469		16,172		11,699

摘自東洋經濟新報社「株式會社年鑑」1942年，275～278頁。

從製糖會社的大股東結構看，糖業壟斷資本的稱霸以及投資事業的多樣化，對本地人或本地勢力來說，只不過是日本勢力的滲透強化及制霸事業的完成。

第三，與上述第二點也有關聯，當討論日本對台灣的投資時，不能忽略糖業資本對台灣島外的投資，而且這種島外投資，其本質是以糖業資本掠奪台灣蔗農所獲巨額利潤爲基礎的。關於日本經營殖民地台灣投入了多少資金一事，不準備在此討論，但多數學者則以日系企業的已繳資本或其內部保留爲基準㉖。但如前所述，以島外投資爲主的四大製糖會社，其有價證券的持有率達已繳資本的四四%（見第158表）。由於本地人的出資比率低，因而日本糖業資本對島外的投資數額越高，對台灣的投資就必然越少。根據前面的研究，糖業資本的利潤來源本係對台灣農民的勞力剝削，而從這一點看，其對島

外投資的擴大，即意味著台灣本地社會所累積的財富被轉移島外。也就是說，「帝國主義爲了追求壟斷的利潤，不但對殖民地投資，也會從殖民地吸收資金」㉗。總之，糖業壟斷資本的對島外投資，也存在着上述雙層意義。

二、日本財閥資本的新擴張

下面擬就糖業資本以外的日本財閥資本的動向進行探討。一般來說，這一時期的財閥資本大致可分爲原有財閥、新興財閥以及新興企業聯合。後者主要以一九三一年九・一八事變爲契機，趁着軍需用品的物價膨脹而急速發展，與三井、三菱及住友等原有財閥相抗衡，以化學工業爲中心而勃興的。日本的原有財閥對發展重化學工業一事，直至三〇年代初期仍舉棋不定，而且當時出現了法西斯潮流，以三井爲中心的財閥預測到一九三一年會再度禁止黃金出口而搶購美元，遂發生搶購美元事件，迫使原有財閥不得不「轉變方向」㉘。可能是做爲這種情況的反映，新興財閥在重化工業部門的活動非常明顯，活用其企業聯合的手段，組成聯合獨佔體而迅猛崛起。正值當時日本政府鼓吹在台灣發展軍需「工業化」，新興財閥便直接與軍需品生產相結合，並將資本對殖民地擴張做爲其重要手段㉙。由此特性看，新興財閥資本向台灣發展是必然的趨勢。

這些日本財閥資本的國內情勢並未引起新興財閥立即向台灣擴張。倡導台灣「工業化」的呼聲，主要是在一九三七年七月中日戰爭爆發之後，這與朝鮮相比，是相當晚的。而且是在三〇年代後半期，原有財閥，特別是三菱系統，正式參與軍需品的生產。在這種大潮流中，除了新興財閥外，尚有古河、安田等財閥也加入了向台灣擴張的行列，這就使日本資本在台灣的活動，呈現出多角性的發展。

如將日本資本的事業會社，按財閥資本系統分門別類地加以整理，則如第163表所列。該表顯示，向台灣擴張的日系資本有：三井、三菱、安田、淺野、古河、日產及日碱等各個方面的財閥及聯合獨佔體。將這些財閥以及聯合

第 163 表　日本財閥資本在台之主要支會社（1945 年左右）　（1000 圓）

系統別	資金	成立年代	持股會社及其持股率
三井財閥系[1]			
基隆煤礦	7,000	1918	三井煤礦，三井本社 61%(57%)
日本樟腦	6,000	1918	三井物產　31%
日本拓殖農林	(10,450)	(1918)	
支店設立		1941	
東京芝浦電氣	(279,900)		
松山工場		1942	三井本社，三井物產投資 200 萬圓
台灣麻油	500	1941	三井物產　50%
台灣電化	2,000	1935	三井本社，電氣化學工業　64%
三井農林	(46,871)		三井物產 } 10%
台灣投資	(推定)		三井礦山
南方林業	3,000		三井木材工業　15%
南日本汽船	15,000	1940	三井船舶　1.5%
台灣拓殖	60,000	1936	三井物產，灣糖　3%
台灣煤炭統制	10,000		基隆煤礦，三井物產　15%
台灣電力	154,800	1919	三井人壽　0.7%
明治製糖	61,000	1906	三井人壽　1.3%
三菱財閥系[2]			
日本鋁業	90,000	1935	三菱礦業，三菱本社，明治人壽，東京海險，三菱重工業　34%
台灣船渠	5,000	1937	三菱重工　71%（65%）
國南產業(合)	600	1932	三菱本社　100%
大成火災	10,000	(1920)	東京海險　30%
台灣化成	10,500	1939	三菱商事　15.7%
明治製糖[3]	61,000	1906	
東台灣電力興業	30,000	1939	日本鋁業
台灣產業	1,000	(1941)	日本郵船　10%（增資時開辦）
高雄交通	500	1941	日本郵船　50%
新興氮氣	5,000	1939	朝鮮化學
東邦金屬煉製	10,000	1938	古河系
南日本汽船	15,000	1940	日本郵船　35%
東亞海運	73,000	1939	日本郵船　49%
台灣拓殖	60,000	1936	三菱本社　2%

系　統　別	資　金	成立年代	持股會社及其持股率
日糖興業	150,000	1943	東京海險、明治人壽 3.7%（原大日本製糖）
台灣石油販賣	1,000		三菱商事　20%
台灣煤炭統制	10,000	(1941)	三菱商事，日本郵船 9%
台灣電力	154,800	1919	明治人壽　2%
台灣製糖	64,200	1900	明治人壽，東京海險　2%
安田財閥系			
高雄製鐵	5,000	1943	安田保善社 9.7%（48%）
台灣製麻	1,400	1912	安田保善社 50%，合併於 1942 年
帝國纖維	6,400	1941	安田保善社 30%
台灣投資		1943	台灣事業部設置
台灣黃麻	5,000		不明
台灣拓殖	60,000	1936	安田保善社 9%
台灣電力	154,800	1919	安田人壽 0.3%
日糖興業	150,000	(1943)	安田儲蓄銀行，安田人壽 2.1%
明治製糖	61,000	1906	安田儲蓄銀行 1%
淺野財閥系			
台灣建築工程	1,200	1910	淺野本社 100%（1937 年）
台灣水泥	5,000	1937	淺野本社 100%
日本石油		1921	關東興業 3.2%
台灣投資	5,000		
日本道路舖設		1934	
台灣投資	300		
淺野物產	36	1918	
古河財閥系			
東京金屬煉製	10,000	1938	古河電工，古河礦業 32.2%（29%）
旭電化工業	(20,000)	(1917)	古河系 52%所有
高雄工場		1939	
台灣有機合成	8,000	1941	旭電工，高砂化學 12%
台灣礦石煤炭	(5,000)		台灣有機 15%
（台電系）	3,000		
高砂化學工業	2,500	1939	旭電化，藤堂艮讓 9%

系　統　別	資　金	成立年代	持股會社及其持股率
台灣電力	154,800	1919	帝國人壽 2.8%
日糖興業	150,000	(1943)	帝國人壽 1.6%（原大日本製糖）
台灣製糖	64,200	1900	帝國人壽 2.6%
明治製糖	61,000	1906	帝國人壽 1.4%
日產企業聯盟			
台灣肥料	2,000	1910	日本礦業 55%
台灣化學工業	10,000	1937	日產化學 100%
台灣油脂	620	1939	日本油脂 49.4%
台灣礦業	30,000	1925	日本礦業 99.7%（1937 年合併於日本礦業）
日立製作所			日立製造所
投資額	1,500		
日本水產開發	93,000		日本水產 50%
台灣投資	200		
東部振興水產	1,100		日本水產 88%
新高水產開發	1,000		日本水產 50%
台灣水產物	10,000		南日本漁業 68%
日本水產			
台灣投資	1,000		
台陽礦業	10,000	1918	日本礦業 31%
開洋磷礦	1,000	1937	不明
日碱企業聯盟			
台灣製鹽	5,000	1920	日本碱業 58%，1937 年取得支配權
南日本化學(台拓系)	15,000	1939	日本碱業 50%
南日本鹽業(台拓系)	10,000	1939	大日本鹽業
鐘淵製碱工業	10,000	1938	鐘淵工業 100%
須田製船鐵工（須田系·資本參加）	500		台灣製鹽 15%
台灣鹽運輸裝卸	3,000		台灣製鹽 20%
其　他			
住友財閥系			
台灣有機化合成			住友本社 10,000 股

系統別	資金	成立年代	持股會社及其持股率
帝國壓縮瓦斯		(1943)	
台灣投資	500		住友本社
大阪商船			
台灣投資	11,133		
東亞特殊海運	300	1939	大阪商船 34%
(資本參加)			
台灣拓殖	60,000	1936	住友本社 1%
日糖興業	150,000	(1943)	住友人壽 0.6%
大倉財閥系			
大倉土木	500	1924	預測之投資額
大倉產業	13	1939	
野村財閥系			
台灣水泥	5,000	1937	淺野證劵 98.7%
台灣纖維工業	10,000	1935	野村殖產，敷島紡織，山內貢 69%
台灣興業(大川系)	17,000	1935	野村人壽 7%
台灣電力	154,800	1919	野村人壽 0.3%
日糖興業	150,000	(1943)	野村人壽，野村信託 1.3%
大川財閥系			
台灣興業	17,000	1935	大川合股公司29%(轉帳 9,000)
台灣油脂工業	300	1935	大川合股公司 30%
(滿重系經營參加)			
台灣油脂	620	1939	大川欽雄，大川合股公司 4%
(滿重系資本參加)			
台灣木材統制	5,000		台灣興業 5%
鐘淵企業聯盟			
鐘淵製鹼工業	10,000	1938	鐘淵工業 100%
台灣紙漿		1938	鐘紡 5%
(日糖系資本參加)			
日窒企業聯盟			
台灣氮氣肥料	4,000	1943	日本氮氣肥料 100%

系統別	資金	成立年代	持股會社及其持股率
日扇興業	1,000	1941	日本氮氣肥料 46%
東洋重工業聯盟			
大豐煤礦	1,200		南海興業 48%
南海興業	4,000	1941	東洋重工業，山內卓二 33%
台灣重工業	7,500		東洋重工業，山內卓二 24%
南方水泥	4,000	1942	東洋重工業，山內卓二 40%（轉帳 1,000）
(台電系資本參加)			
台灣石灰石礦業	3,000		南方水泥 16%
其他			
台灣橡膠(石橋系)	6,000		石橋正二郎等 86%
台灣松下無電(松下系)	500		松下電氣100%
台灣紡織(大建系)	4,000	1941	大建產業，伊藤竹之助 72%（轉帳 1,000）
興亞製鋼(大建系)	400	1939	大建產業 35%（轉帳 400）
台灣化學工業(台拓系)(經營參加)	20,000		大日本啤酒 25%
台灣玻璃	3,000	1940	大日本啤酒，高砂啤酒 37%（轉帳 1,500）
高砂啤酒	3,000	1919	大日本啤酒，遠山二郎 71%

摘自惜遺「日本財閥之台灣投資」，台灣銀行「台灣經濟史二集」1955 年，台北，130～139 頁。持股會社整理委員會「日本財閥及其解體」1950 年，244～281 頁及 344～417 頁。東洋經濟「株式會社年鑑」（第 20 回），1942 年，465 頁。東洋經濟「索引政治經濟大年表」1971 年，『台灣金融經濟月報』各期，及其他。

出資率（ ）內之數字摘自台灣銀行資料，兩者並不一致，故併記。

(1)此外另有福大公司（1,000 股），高雄造船（1,000 股），台灣有機合成（10,000 股），台灣電化（3,600 股），台灣聯合鳳梨（3,000 股），台灣倉庫（2,000 股），台灣港灣振興（2,000 股），台灣製鹽（2,000 股）等 18 個法人或團體出資。

(2)此外另有福大公司（7,000 股），高雄造船（2,000 股），台灣電力（160 股），台灣製糖（300 股），台灣倉庫運輸（7,200 股），高雄港灣振興（6,000 股），等 13 個法人或團體出資。

(3)明治製糖持三菱系的股票數目不詳，但根據三菱合資公司之雜誌（1944 年，2341～45 頁），明治製糖並未持有三菱系之股票。

獨佔體的擴張內容概括起來，則可發現三井財閥很早就將觸手伸入礦山、樟腦及製茶等產業㉚，而在新興產業領域，則並無值得注意的創業。一般來說，三井財閥在重化工業領域的發展，較其他原有財閥落後㉛，這在台灣的表現尤爲明顯。對此，三菱財閥的動向頗引人注目。在三井財閥

統治日東拓殖農林、基隆煤礦及日本樟腦等企業時，三菱財閥僅擁有一家圖南產業㉜。但隨著三菱在一九三五年六月創立日本鋁業會社，三菱資本即開始居於優勢的地位㉝，從而對向台灣的擴張突然變得積極起來。亦即，三菱財閥通過日本鋁業會社的設立，控制東台灣電力興業會社㉞，從而掌握了東台灣的動力產業。此外，三菱重工業會社開始覬覦顏氏家族的基隆船渠會社，將該船渠會社改組為台灣船渠會社，並將其資本額由五〇萬圓增為一〇〇萬圓，後又增為五〇〇萬圓㉟。此外，由於三菱財閥系統的日本化成會社併吞了朝鮮化學會社，其子公司新興氮肥會社亦被納入三菱系統企業。如斯，三菱財閥以三菱商事及日本郵船會社為一軸㉟，又以日本鋁業及台灣船渠會社為另一軸，奠定了以商業資本及重化工業資本為兩大支柱的壟斷企業基礎。

有若要與三菱相抗衡，古河、日產及日碱等財閥資本系統也對其在台灣的擴張採取了積極的活動。古河財閥獲得了藤山財閥及台灣當地日本資本的協助，先於一九三八年七月創設東邦金屬製鍊會社，著手從事花蓮港一帶的鎳及稀有金屬鈷的生產。之後，又在高雄設立旭電化工業工廠㊳。此外，其所設高矽化學工業及台灣有機合成兩會社，亦被做為島內的一流產業而受重視。日產與日碱財閥同屬於新興聯合獨佔體而引人注目。前者於一九二九年四月，由鮎川義介改組久原礦業會社（一九一二年設立）而創設日本產業會社，並將日本礦業、日立製作所及日立電力等會社納入旗下。後者則以中野友禮為中心，於一九二〇年二月創立日本碱業會社（資本為七五萬圓）後發展迅速。日產聯合獨佔體本身即擁有許多小公司，其事業內容相當雜瑣，其特徵就是「沒有系統」㊴。其特點反映到對台灣的事業投資上，也是顯得雜亂無章。首先，其所屬的日本礦業會社，除繼承當地日系資本（即後宮系，見後述）而經營金瓜石礦山之外，也插手竹東油田及凍子腳油田等的經營。而台灣化學工業則係日產化學的子公司，因而只能從其母公司領取原料後才能製造硫酸銨。另外，日本水產會社則將台灣畜產興業及拓洋水產兩會社納入其傘下，向食品、冷凍工業及漁業方面擴張勢力㊵。此外，日產還將台灣肥料及台灣油脂等化學工業會社收入它的旗

下。而值得注意的是，它還進一步將勢力伸展到顏氏家族的台陽礦業㊶。日產康采恩在台灣的歷史短淺，但其所擴及的範圍卻甚爲廣泛。促其成爲這種可能的最大原因之一是，日產康采恩全面偏重於軍需工業㊷，故得以巧妙地利用九・一八事變之機，急速發展時局性產業。

與此相反，日碱聯合獨佔體的活動範圍大多侷限於鎂、氯及碳化物等化學工業。尤其主要的企業中，南日本化學工業會社（資本一，五〇〇萬圓）是由日碱財閥與住友財閥系統的台灣拓殖會社共同出資，於一九三九年在高雄設立；台灣製鹽會社（資本爲五〇〇萬圓）創立於一九一九年，但於一九三七年被納入日碱系統，同年三月即在台南安平設立苦汁處理工廠；南日本鹽業會社（資本一，〇〇〇萬圓）創設於一九三九年六月，係由日本鹽業與台灣拓殖會社共同出資，其工廠設於台南㊸。但由於日碱聯合獨佔體的膨脹過速，使其經營過於鬆弛、散漫，因而使其未能建立起統轄龐大旗下各企業的中央機關㊹。因此，其統治體制遠比新興聯合獨佔體日本氮肥及森等公司脆弱。因此，日曹財閥在台灣的三大主要會社都是中野友禮親自出來擔任社長或會長㊺，這一點是值得注意的。

最後，擬對安田及淺野等二大財閥進行探討。二者的關係是表裏一體的。亦即，淺野財閥負責將重心置於金融的安田財閥的產業經營部門的運營，因而被視爲已形成合二爲一的財閥㊻。但衆所周知，安田財閥的經歷是，一開始即以帝國纖維會社爲主力，以此起家，再將其勢力擴及大正製麻、東洋麻工業、日本麻紡織及滿州製麻等會社，發揮其在纖維工業上傳統的長處。與此相配合，安田財閥向台灣發展的人壽保險及損害保險企業外，亦染指台灣的製麻業，將台灣製麻及台灣黃麻兩家會社納入自己製麻事業的勢力翼下。由於台灣製麻會社是「本島唯一最大而優良的製麻會社」㊼，因而在製造米袋及砂糖袋方面尤爲佔有優勢地位㊽，而安田財閥對該企業的控制，意味着安田在台灣的製麻業已佔居優勢。此外，淺野財閥則發揮其作爲水泥業鼻祖的作用，因而於一九三七年九月在高雄設立台灣水泥會社，並委任淺野水泥會社高雄工廠負責經營㊾。

第 164 表　新興工業會社資源取得地（1940～41 年左右）

會社名	原料	地域	資源地及資源名稱
日本鋁業	鋁	高雄，花蓮港	印尼平達島所產之水礬土，及中國大陸出產之礬土頁岩再加以轉換。
台灣電化	合金礦	基隆	旅順、大連出產的矽，加上日本八幡產的鐵屑，合成矽化鐵。
台灣化學工業	硫酸銨	新竹	台灣新竹州產的天然瓦斯。
東邦金屬	鎳	花蓮港	南非羅德西亞產的砷化鎳（後來則用塞勒貝斯產之矽砂鎳，緬甸產之砷化鎳。
開洋磷礦	磷酸肥料	新南羣島	新南羣島之磷礦石
東洋電化		花蓮港	南洋安高魯島產之磷礦石。
南日本化工 旭電化	金屬鎂	高雄	滿州產之鎂土及台灣工業鹽。
新興氮氣工業	尿素、石膏	花蓮港	花蓮港廳產之石灰石。
台灣電力	電氣製鐵	松山	法屬印尼產之鐵礦石及菲律賓島所產之錳礦所形成之低磷鐵。
台灣水泥	水泥	高雄	高雄附近所產之石灰石。
台灣化成		台北	蘇澳附近所產之石灰石。
台灣電力	發電	日月潭	日月潭、東部水系
東台灣電力興業		花蓮港	

摘自「台灣經濟年報」1942 年，377 頁。

以上按各財閥的系統，將日本資本的事業會社進行了簡單的介紹，但對台灣來説，如將這些新興產業資本與原有的糖業資本加以比較，具有以下幾個特徵，第一，糖業資本的投資傾向偏重島外，而新興產業資本則是新擴張到台灣島內來的。從這一點看，新興產業資本的擴張將不能不對台灣殖民地經濟帶來新的刺激。在這一時期，台灣當地的日系資本相當活躍，可以認爲，這即是表現受到刺激的一個側面。在前述第二章第五節中所述工業工人的增加也與此有關。第二，糖業資本的事業投資多爲副產品工業（酒精、酵母、紙漿製造），以及與砂糖消費有關的產業（製糕菓、煉乳）；而新興產業資本的事業投資重點，則是偏重於電氣化學、金屬及窰業等。對台灣經濟來説，幾乎都是屬於新興工業。從這一點看，新興產業資本向台灣的擴張，意味著爲台灣開拓了新的工業領域。第三，從糖業資本的生產過程看，主要是採取由原料到成品均在島內完

成的流水作業體制；而新興產業資本則是以台灣的電力資源與島外資源相結合的生產結構爲基礎開展生產的。第164表即說明這一情況。而從這一點看，新興產業資本的活動具有較糖業資本更加複雜的內容。究其原因，一方面是由於台灣的地下資源極其有限，但更重要的是，日本國內資本向台灣的新擴張，是與日本軍國主義對外膨脹及其勢力的擴大結合起來才有可能的⑸。人們不應忘記，這又會成爲新興產業資本在台灣發展的一個限度。

但也還需注意，這些新興產業資本對台灣的擴張方式，與原有糖業資本沒有什麼不同。亦即二者均係通過對本地資本的利用、吸收及壓迫來擴大其本身的勢力的。安田財閥系統的台灣製麻會社即是一個例證。該會社原以本地資本的林獻堂家族爲中心，從事土地整頓工作之後成立的。林獻堂本人也長年擔任該會社的社長，但卻於一九四二年六月被迫讓位⑸。姑且不論新興產業資本在三〇年代所設立的新會社，但經由其合併、吸收或收買而設立的會社，大多數係以本地資本參與的原有會社爲基礎的。台灣製麻會社的情況如此，日碱財閥所併吞的台灣製鹽、三菱財閥所併吞的台灣船渠和大成火災海上保險等會社也爲其明顯的例證。只是其中也有不少是台灣當地的日系資本。換言之，新興產業資本是通過台灣當地的日系資本對本地資本進行吸收或合併而成的。由此可以說，日本財閥資本對台灣的新擴張，既導致了本地資本的買辦化，又使其地位更加降低。日本財閥資本對台灣的新擴張，從根柢上牽動著本地資本勢力，使其面臨大衰退的深刻局面。

三、國策會社——台灣拓殖會社的登台

台灣拓殖會社，即國策會社，是這一時期日本資本向台灣擴張所使用的另一個形態，因而受人注目。該會社成立的目的是，除在台灣島內從事開墾和殖民事業之外，還進行與此有關的貸款業務，並進一步促使中國大陸南部地區和南洋一帶的日本人開墾和殖民事業的發展，以開發當地資源爲目標⑸。該會社與以南洋爲基地、旨在發展南方

第165表　台灣拓殖會社之投資關係（1942年左右）

（1000圓，%）

會社名	登記資金	實收資金	台拓持股率	會社名	登記資金	實收資金	台拓持股率
(1)拓殖關係				(4)礦業關係			
台灣棉花	3,000	750	100	台灣煤炭	7,000	3,500	14.3
台灣野蠶絲	500	250	50	台灣產金	2,000	500	50
台灣單寧興業	190	190	263	帝國石油	100,000	25,000	0.25
星規那產業	1,000	772	62	飯塚鐵礦	3,000	3,000	3
台灣畜產興業	5,000	250	35	開洋磷礦	1,000	1,000	50
拓洋水產	2,000	2,000	50	台灣石棉	1,000	1,000	50
南日本鹽業	10,000	9,300	30	印度支那礦業	1,000	1,000	100
台東興業	150	66	6.7		越南元	越南元	
				(5)運輸・通信關係			
(2)工業關係				台灣海運	650	325	8.6
南日本化學	15,000	7,500	25	南日本汽船	5,000	2,500	3
新興氮氣	5,000	3,750	5	開南航運	600	600	5.8
東邦金屬精煉	10,000	5,000	2.5	台灣通信工業	1,500	750	10
台灣紙漿	10,000	5,000	0.25				
台灣化成	7,500	6,250	34.87	(6)興業關係			
台灣國產自動車	500	500	10	福大公司	6,000	4,500	16.7
				中支那產業	100,000	45,000	0.1
				印度支那產業	5,000	5,000	100
(3)商工業關係				菲律賓產業	500	200	100
南興公司	450	450	16.7				
IZNA商事建築	220	220	100	(7)證券關係			
				日本協同證券	50,000	25,000	0.015

摘自企畫院研究會「國策會社之本質與機能」，1944年，155～157頁。

的南洋拓殖會社並列爲日本兩大南方國策會社。也就是說，台灣拓殖作爲國策會社，除可獲得政府的一半出資之外㊴，還可以擁有根據台拓法（即台灣拓殖法）第七條的規定，發行三倍於已繳資本的台灣拓殖會社債券，並得到政府的本利支付保證和免除向政府上繳股息（民間股息爲年息六分）等特權。但在另一方面，其在事業的經營上，從任命董事分配紅利等，均須受政府多方面而又嚴格的監督㊵。因此說，該會社之所以被規定爲國策會社，正由於要它原封不動地按國家意向辦事而組成的。

擁有此種特殊性格的台灣

拓殖會社，以三，〇〇〇萬元的資本於一九三六年十一月正式成立。之後又經過三次繳納股金和倍額增資，其已繳資本達四，八七五萬圓⑯，其規模甚至超過台灣製糖和明治製糖兩會社（參照第161表）。另外，以發行台灣拓殖會社債券而籌措資金，也自一九三九年九月起進行四次，共得八，〇〇〇萬圓的巨資⑰。由於根據預算外國庫負擔契約，台灣拓殖會社債券可獲日本政府的本利支付保證，故可視爲擁有國家信用保證的間接籌措資金方式。因而台灣拓殖會社以國家的信用爲背景，在成立後短短數年之內便飛躍爲擁有超過一億圓資金力量的拓殖會社。

如觀察一下該會社的投資情況，正如第165表所示，其投資範圍非常廣泛。在一九四二年左右即有：與拓殖有關的會社八家；與工業有關的六家；與工商業有關的二家；與礦業有關的七家；與運輸、通信有關的四家；與興業有關的四家，與證券有關的一家，總計三二家，投資總額高達一六，七〇〇萬圓。其中，與島內有關的會社爲二二家，投資一〇，七〇〇萬圓；與島外有關的會社爲一〇家，投資爲五，九〇〇萬圓⑱。在該會社成立後滿三年的一九三九年十一月，台灣島內外的二一家會社的投資爲七〇〇萬圓⑲，上述數目顯示其在三年之內增加兩倍以上。而在二次大戰結束後的一九四六年二月底，其對島內二七家的投資共達三四，八〇〇萬圓，對島外十三家的投資爲一九，四〇〇萬圓，共四〇家總計達五四，二〇〇萬圓（第166表）。這種事業投資的急速增大，說明該國策會社在島內外所進行的活動是範圍廣泛的⑳。而不可忘記，形成這種可能的最大原因，係在金融上得到以國家信用爲背景發行該會社債券以籌措資金的特權。

從台灣拓殖會社對各企業投資股票持有率的差異看，如第165表所示，台灣拓殖會社並未將進行事業投資的全部企業納爲自己的直營企業。其投資型態大致可分爲幾種：第一，幾乎認購其所有的股票，將該事業會社完全納入自己傘下，即直接經營投資型。第二，與日本國內財閥及台灣當地日系資本合作，使其在資本和技術上進行協助，在業務上分擔責任和監督，即以台灣拓殖會社爲主要股東的合作投資型。第三，從時局需要培育的企業考慮，以援助

方式進行投資的培養投資型。上述三種投資類型，足以顯示台灣拓殖會社的投資方針[62]。台灣拓殖會社通過上述各種投資類型與許多民間會社發生了關係，尤其是表現在最重要的化學工業領域。如第166表所示，其對南日本鹽業、台灣化成工業、南日本化學工業、台灣石棉、台拓化學工業、稀有元素工業等六家會社，共投入二五〇〇萬圓資金，即將對島內事業投資總額的七〇%投入該六家會社。另外，除經由這種資金關係之外，還通過人事關係來加強其自身的勢力。即第167表所示，由社長加藤恭平擔任重要職位的有關會社達十五家，其中甚至有十二家係由加藤一人身兼社長和代表董事。這說明人事關係的强大[63]。

總之，台灣拓殖會社的設立及其飛躍的發展，意味著日本資本的對台灣的統治又邁入了一個更高的層次。無庸贅言，不論是台灣拓殖會社直營的事業會社，抑或是合作和培育的投資事業對象，幾乎全部是日本資本[64]。正如前述，三〇年代後半期向台灣擴張的日本財閥資本，其背後有一個在進行廣泛地、積極地活動的國策會社，即台灣拓殖會社。由此可以說，台灣拓殖會社的活躍過程，即是日本帝國將台灣經濟納入其所謂「東亞共榮圈」之一環的過程，該會社的出現及其蓬勃發展完全是根據日本資

第166表　台灣拓殖會社之投資狀況(1946年2月28日)

（1000圓）

台灣島內		台灣島外	
會社名稱	出資金額	會社名稱	出資金額
台灣棉花	1,050	福大公司	1,250
台灣畜產興業	2,413	中支那振興	1,210
南日本鹽業	4,500	印度支那產業	2,550
台灣化成工業	1,744	印度支那礦業	990
南日本化學工業	1,845	克勞姆礦業	1,000
台灣石棉	1,100	台拓海南產業	10,000
台拓化學工業	15,000	印度支那磷礦	500
稀元素工業	1,000	南興公司	900
南日本漁業統制	1,800	開洋磷礦	500
台灣木材統制	1,327	其他　4社	519
台灣煤炭統制	571	小計　13社	19,419
其他　16社	2,414		
小計　27社	34,794	總計　40社	54,213

摘自台灣拓殖財產目錄，前揭「台灣銀行史」1964年，320頁。

第167表　加藤恭平之職員關係　（1000圓，%）

會社名	職稱	成立年代	資金	（實收額）	持股率
台灣拓殖	總經理	1936	30,000*	(30,000)	50
台灣棉花	董事長	1937	3,000	(750)	100
福大公司	董事	1937	6,000	(6,000)	16.7
開洋磷礦	董事兼總經理	1937	1,000	(1,000)	50
星規那產業	董事兼總經理	1938	250	(250)	62
台灣畜產興業	董事兼總經理	1938	5,000	(2,500)	35
南興公司	董事兼總經理	1938	450	(450)	16.7
南日本鹽業	顧問	1938	10,000	(9,300)	30
印度支那產業	不明	1938	170	(170)	100
台灣產金	董事兼總經理	1939	2,000	(500)	50
拓洋水產	董事兼總經理	1939	2,000	(2,000)	50
台灣化成工業	董事	1939	7,500	(6,250)	34.87
台灣石棉	董事兼總經理	1941	1,000	(…)	50
克勞姆礦業	董事兼總經理	1942	2,000	(2,000)	…
稀元素工業	董事兼總經理	1943	1,000	(500)	100
新高運卸倉儲	董事兼總經理	1943	1,000	(500)	…

摘自圖南協會「工商業者名鑑」1942年，台灣銀行「台灣金融經濟月報」1942年，12月號，東京興信所「全國銀行會社要錄」1942年，台灣篇，台灣拓殖株式會社「事業要覽」1940年，東洋經濟新報社「南方事業特集號」1942年2月7日，台灣總督府「台灣商業統計」1942年等。
*後來增資至6,000萬圓。畫"…"者表無資料。

本主義的需要而製造出來的產物，絕對不是為了台灣本地人民。國策會社的登台所具有的重大意義即在於此。

四、台灣當地日系資本的抬頭

在討論日本資本的投資領域多樣化時，最後還需觀察一下當地日系資本的活動情況。

從當地日系資本的發生歷史看，主要是以第一次世界大戰的爆發為契機，受到異乎尋常的景氣刺激而開始形成的⑯。而在三〇年代，特別是在三〇年代後半期之後，隨著台灣積極推行「工業化」，又使其碰上新的機會。對此，如從當地日本系統資本規模最大的，即有內地型財閥之稱的赤司（初太郎）、後宮（信太郎）系統的關係會社設立時期看，即可清楚。正如第168表所示，其直系會社的創立初期均集中在一九一八年至一九一九年之間。而從該表看，可歸納出下列幾個特點：第一，在一

第168表　赤司、後宮系之投資事業（按成立順序）　　（1000圓）

會社名	赤司氏職稱	成立年代	登記資本額	實收資本額	發行股數(1000股)	赤司持股數(股)	後宮氏持股數(股)	後宮氏職稱
赤司直系會社								
赤司礦業	總經理	1918	2,000	…	…	…	—	—
雨龍煤礦	總經理	1918	250	250	5	200	—	—
高砂啤酒	總經理	1919	3,000	3,000	60	…	…	…
台灣軌道	總經理	1919	600	600	8	7,160	—	—
東邦煤礦	總經理	1919	33,000	20,625	660	14,200	10,000	監事
台灣電燈	總經理	1919	3,000	1,875	60	13,594	—	—
內外營造	總經理	1922	1,000	1,000	20	6,900	—	—
內外商會	總經理	1922	500	500	10	2,500	—	—
昭和製糖	總經理	1927	15,000	11,250	300	13,410	—	—
茅沼煤礦	總經理	1930	2,000	2,000	40	2,300	—	—
東邦採礦	總經理	1934	3,000	2,100	60	4,000	—	—
台灣合同鳳梨	總經理	1935	7,200	7,200	144	1,505	1,000	董事
台灣纖維工業	總經理	1935	2,000	1,200	40	5,000	1,000	監事
滿州製糖	總經理	1935	10,000	2,500	200	20,750	20,000	董事
深坂煤礦	總經理	1936	1,500	1,500	30	200	—	—
櫛形煤礦	總經理	1937	550	550	11	4,750	—	—
東邦紙漿	總經理	1937	30,000	22,500	600	19,700	10,000	董事
滿州造酒	總經理	1938	1,000	800	20	4,383	—	—
新竹州自動車運輸	總經理	1938	1,000	500	…	…	…	…
台灣紙漿工業	總經理	1938	10,000	2,500	200	1,000	1,000	董事
東邦金屬煉製	總經理	1938	10,000	8,000	200	5,000	5,000	監事
台灣化成工業	總經理	1939	7,500	7,500	150	20,130	…	…
台灣玻璃	總經理	1940	3,000	1,500	60	…	…	…
赤司旁系・關係企業								
台灣土地建築	顧問	1908	1,500	1,500	30	…	…	董事
沖繩製糖	董事	1913	7,500	7,500	150	…	—	—
日本紡織	董事	1918	11,000	8,800	220	1,535	—	—
台灣皮革	董事	1919	100	25	2	…	—	—
台灣造紙	董事	1919	240	240	4,800	100	656	社長

會社名	赤司氏職稱	成立年代	登記資本額	實收資本額	發行股數(1000股)	赤司持股數(股)	後宮氏持股數(股)	後宮氏職稱
大成火災海上保險	董事	1920	5,000	1,250	100	…	…	監事
安部幸商店	顧問	1921	1,000	750	20	200	－	－
第一土地建築	監事	924	181	122	3.61	…	…	董事
湘南電氣鐵道	監事	1925	11,350	9,500	227	1,000	－	－
東杵島煤礦	董事	1927	3,300	3,300	66	3,300	43,305	社長
東海自動車運輸	董事	1931	800	200	16	1,000	3,000	社長
金井礦業	董事	1933	5,000	3,500	100	6,000	51,960	社長
日本電氣冶金	董事	1934	9,000	4,500	180	9,000	9,000	監事
東滿州人造絲紙漿	董事	1934	7,500	7,500	150	－	…	社長
東邦人造纖維	董事	1934	15,000	7,250	300	30,000	78,000	…
台灣拓殖	理事	1936	30,000	30,000	600	…	…	－
國產羊毛研究所	監事	1936	500	500	10	500	5,000	社長
新興化學工業	董事	1937	350	350	7	250	2,650	社長
京濱地下鐵路	董事	1937	10,000	10,000	200	500	1,000	－
昭和飛機工業	監事	1937	30,000	7,500	600	15,000	30,000	社長
東台灣電力興業	董事	1939	20,000	15,000	400	…	…	－
後宮系・關係企業								
台灣紅磚	－	1913	3,000	1,335	60	－	…	社長
日本拓殖	－	1919	2,000	1,500	40	－	…	董事
後宮煤礦	－	1921	1,000	…	…	－	…	社長
後宮合股會社	－	1921	700	…	－	－	－	代表職員
台北中央市場	－	1929	400	160	8	－	…	監事
台灣瓦斯	－	1934	1,000	675	20	－	1,000	董事
日本鋁業	－	1935	60,000	52,410	1,200	…	…	董事
台灣野蠶絲	－	1937	500	250	10	－	…	董事
南日本汽船	－	1940	5,000	3,750	…	…	…	社長

摘自小野文英「製糖企業聯盟讀本」1938年，附錄，圖南協會「工商業者名鑑」1942年，台灣銀行「台灣金融經濟月報」各期，東京興信所「全國銀行會社要錄」下，1942年，台灣編，及其他。
…表不明，－表無。

九四〇年左右，直接或間接隸屬於赤司、後宮系統的會社最少有五五家，其資本額共高達三九，〇〇〇萬圓，即使已繳資本亦達二七，一〇〇萬圓，可見其規模之龐大。第二，將其他會社納入其旗下的時期，主要集中在三〇年代、特別是在三〇年代後半。尤其是赤司的二三家直系會社中佔一半以上的十二家，創設於一九三五年以後。第三，其事業的網絡極其廣泛。相關企業超過五〇家的情況即爲說明。其中，包括製糖業、煤礦業、礦業、紙漿、製紙業、纖維業、金屬冶鍊業、電燈電力業、電鐵軌道業、罐頭製造業、不動產產業、化學工業等超過十種以上的行業。第四，其骨幹企業逐漸朝向時局性產業轉移。即過去從事和平產業生產的昭和製糖、台灣電燈、台灣軌道等主力事業，由於從九・一八事變（一九三一年）到中日戰爭等，隨著戰爭的擴大而轉爲煤炭礦業以及紙漿產業，最後甚至轉爲軍事產業的鎳、鈷等金屬冶鍊業⑥⑦。第五，其事業區域不止於台灣島內，也已擴大到日本國內、滿州與中國大陸。關於赤司、後宮系統與日本國內財閥資本及糖業資本的瓜葛問題，擬於後面詳述。在這裏只談該兩系統雖是台灣當地資本，但在日本國內經濟舞台亦嶄露頭角，雖屬暫時性的，但表面上卻儼然形成一股巨大勢力。第六，其存在的基礎主要是靠人的結合而非資本控制。從第168表可以看出，赤司個人所擁有的股票比率，通常僅佔事業會社發行股票總數的僅僅百分之幾到百分之二十幾。可能是因爲這個緣故，赤司除與後宮合作之外，也常與望月軍四郎合作，使其擔任事業會社的董事⑥⑨。第七，其事業會社多與財閥携手合作⑦⓪。這種合作關係彷彿給人一種赤司係各財閥、各大產業共同事業的事業技師的印象。這種情況表示台灣當地日系資本缺乏牢靠的資本積累基礎，需要通過人際關係才能生存的本質。由此可以說，台灣當地日系資本的發展是有其界限的。

從以上內容看，赤司、後宮系統雖係台灣當地資本，但在三〇年代，特其是三〇年代後半期之所以能叱咤一時的原因，大致可歸納爲以下兩點：其一、其中心企業經常是隨世局性產業而轉。其二，通過與日本國內財閥的合作而使其實現。換言之，台灣當地的日系資本的興起，不是靠自己的力量，而靠的是與日本內地財閥資本的合作。這

才是關鍵，當地資本不具備獨擔時局產業的財力，因而唯有依附於日本國內財閥資本或大產業會社才得以發展，從此意義講，可以說當地的日系資本是屬於日本國內財閥資本旗下的。

但從另一方面看，不容忽視的是，當地日系資本所具有的將本地人資本吸引進來而加以利用的一面。以第168表所列會社爲例，台灣磚瓦和日本拓殖兩會社以林本源家族的林熊徵爲董事；台灣化學工業和台灣土地建築會社以顏雲年家族的顏欽賢爲董事；台灣瓦斯會社以林獻堂家族的林獻堂爲董事；台灣鳳梨拓殖會社以辜顯榮家族的辜顯榮爲董事⑺，台灣當地日系資本的這種與本地人資本之間的聯繫，正表明了它所具有的雙重性格，及其所居之中間地位。也就是說，當地日系資本一方面與日本國內財閥資本或大產業會社結合，也可以說是從根本上依附他們，但另一方面又謀求利用本地人的資本來擴大其本身的勢力。而日本國內財閥資本則企圖通過這種當地日系資本的所處位置，更廣泛地將台灣本地人資本納入自己傘下⑻。因而在論及當地日系資本的存在基礎乃依靠人際關係和對於財閥的依附時，還必須將這個方面的情況也一併考慮進去，才能更好地理解其意義。

無庸贅言，在當地日系資本中，除了赤司、後宮系統之外，也談到許多地方的中小企業⑼。其中，稍具規模的有中辻系統企業。正如第169表所示，中辻系統於一九三一年以後設立的會社達十一家。中辻系統的事業網全部在台灣島內，但其資本稍多一些的會社都被日本國內財閥或大事業會社所籠絡，如台灣製鹽會社受日碱系控制、台灣肥料會社受滿洲重工業會社（日產）系控制、台灣油脂會社由日產系控制、台南製麻會社由東亞製麻會社控制⑽。面對上述情況，中辻系也只能依賴這種結合的關係而存在。看來，當地日系資本的規模越大，就越加明顯地表現出其雙重性格乃至中間性地位。

第169表　中辻系之事業會社（按成立順序）　（1000圓）

會社名	職稱	成立年代	資本額	其他
台灣商工銀行	監事	1909	5,000	台灣銀行・島內日系
台灣肥料	董事長	1910	2,000	滿重（日產）系
台灣紅磚	董事	1913	3,000	後宮系
台北鐵路	董事	1919	1,000	
台灣製鹽	董事	1919	5,000	日曹系
台灣勸業無限公司	顧問	1920	500	
(股份)盛進商行	董事長	1921	1,000	
東光(股份)	社長	1925	500	肥皂業
東海自動車運輸	董事	1931	800	
盛進商事(株)	常務董事	1932	300	印刷業
台灣瓦斯	監事	1934	1,000	台電系
共同商事	監事	1934	500	
台南製痲	監事	1935	2,000	東亞製痲系
東光興業	董事長	1936	600	壓縮瓦斯
台灣精械工業	常務董事	1938	1,000	精密機械
台灣油脂	社長	1939	150	日產系
台灣高級玻璃工業	董事長	1939	180	
台灣鐵鋼製品統制	董事長	1942	1,00	
台灣高密工業	董事長	1943	180	影印機器

摘自前揭「工商業者名鑑」及「台灣金融經濟月報」及其他。

五、日本資本統治的全盛時期

如上所述，自一九三〇年代，特別是其後半期之後，日本資本在所謂的「工業化」過程中，除以往的糖業資本之外，還有日本國內財閥資本，特別是新興財閥和國策會社大量向台灣擴張，將台灣經濟重重包圍，並遍及各個領域，頗有使其統治勢力達到頂峯之勢。

這些環伺著台灣經濟的日本資本勢力，主要是在日本國內設置本部，而將生產工廠設在台灣，即推行所謂「內地會社」爲中心的方式。當然這裏指的是日本國內的財閥或康采恩。戰後，台灣銀行整理了日本財閥對台灣的投資（包括糖業），並將前述「內地會社」和在台灣當地以獨立法人身分設置投資事業的「當地會社」加以分開，其結果正如第170表所示。此表雖未完全涵蓋台灣的日

第170表　日本財閥資本在台灣投資之情形*（1945年）

（1000圓）

資本系統別	台灣總會社（本地會社）		日本總會社（日本國內會社）		合計
	會社數	投資額	會社數	投資額	
三菱系	11	21,619	4	102,949	124,568
日產系	10	28,757	3	56,660	85,417
三井系	14	20,981	4	54,349	75,330
古河系	8	11,575	1	12,230	23,805
日糖系	8	19,502	—	—	19,502
住友系	3	6,959	3	11,933	18,892
鹽糖系	6	17,809	—	—	17,809
大建產業系	2	3,184	1	10,000	13,184
安田系	5	6,149	1	6,400	12,549
明糖系	7	10,327	—	—	10,327
大日本啤酒	4	7,845	—	—	7,845
野村系	4	7,811	—	—	7,811
淺野系	1	1,250	4	6,336	7,586
日鹼系	4	7,095	—	—	7,095
東洋重工業系	5	6,776	—	—	6,776
鐘淵系	2	5,375	—	—	5,375
石橋系	1	5,160	—	—	5,160
大川系	4	4,151	—	—	4,151
日窯系	2	1,230	—	—	1,230
大倉系	—	—	2	513	513
松下電氣系	1	500	—	—	500
合計	102	194,055	23	261,370	455,425

依據「日據時代日本財閥之台灣投資」，台灣銀行經濟研究室編「台灣經濟史」第二集，1955年，130～139頁而作成。
*同一家會社因有多家財閥資本共同參與，故會社數比實際多出許多。

本民間資本投資⑮，但其所載日本財閥的事業投資，二三家會社的投資額共達二六，一〇〇萬圓，約佔全台灣投資總額四五，五〇〇萬圓的六〇%。其中，三菱、三井和日產康采恩等三大資本即高達二一，四〇〇萬圓，約佔「內地會社」投資額的八二%。由此可知，日本財閥的對台灣投資，主要是由「內地會社」形態的少數大財閥甚至是康采恩所定奪的。

如前所述，這些大財閥以及康采恩，不論是國策會社或者是統制會社，也包括當地日系資本，它們之間都在資本上和人事上存在瓜葛關係，而其統治勢力也具有多面性與廣泛性，因而應該認為，這些少數大財閥或康采恩從根

本上將台灣的產業及經濟完全置於自己的統制之下⑯。其結果，台灣殖民地經濟是被置於日本壟斷資本的統治之下的，這就是準戰時體制下的台灣殖民地經濟的實際情況。

① 在當時那種大蕭條的期間裏，製糖會社家家的經營狀況都在好轉，其原因之一是，成立了糖價企業聯合。前述砂糖供給組合開始活動後，製糖會社的出貨價格就回升到一擔二三圓，與一九三一年跌至二〇圓相比，一擔至少可獲得三圓以上的利潤。即「實際情況是，儘管經濟界一般都處於不景氣之中，但大體上各會社都能獲得一成以上的紅利」（前述關於「商業交易組織及系統的調查〈砂糖〉」，七六～七七頁）。另外，一九三三年糖價下降時，企業聯合對有關規約作了根本性的修改，以此爲基礎，製糖公司採取了下述統一行動：「限制出倉時間、擱置原糖不賣、義務出口過剩糖等，做出了機敏的市場控制措施」（前述田中著「明日的台灣」，二七頁）

② 例如，從酒精生產看，「根據時局，對酒精的需求日益增加……使得日本內地、專賣局的收入額迅即增加」（臺灣製糖會社「第六十二次營業報告書」，一九三九年四月至同年九月，七頁）。附帶一提的是，臺灣的酒精生產在一九三〇年時爲二六二，〇〇〇石，一九三五年增爲三六六，〇〇〇石，一九四〇年甚至增至六三五，〇〇〇石。特別是進入三〇年代後半期，酒精的產量激增（參考臺灣銀行金融研究室一九四九年出版的「臺灣的糖」，臺灣特產叢刊第一種，台北，八九頁）。

③ 但是，這些相關商品雖做爲砂糖生產的副產品而製造出來的，其原料成本早已被包括在甘蔗收購價格之中。由於在砂糖生產時已核算在內，因而對糖業資本來說，不再能構成什麼負擔，也就算是免費供應。雖然如此，其生產價額仍遠比同一面積的稻米收穫價額高。（參考日本砂糖協會一九四一年出版的「砂糖年鑑」，一二頁）

④ 臺灣製糖、明治製糖、大日本製糖等三家會社，直到三〇年代後半期，始終將其分紅比率壓在股票面額的一二%，鹽水港製糖會社甚至壓到比上述會社還要低的九%。（參考大阪屋商店一九四一年出版的「股份年鑑」，五〇六～五一一頁。）

⑤ 矢內原將糖業資本的康采恩（「聯合獨佔體」）視爲一種「混合企業形態」而加以研究（參考「帝國主義下的臺灣」二九三～三〇〇頁），但卻未明確指出其成立的時期。他認爲，混合企業形態是壟斷資本主義的必然產物。但從製糖會社看，他却把原有企業經營的原料栽培、鐵軌、白糖製造與販賣等視爲混合企業形態之一。若依此看法，糖業資本自侵入臺灣市場開始即已屬於混合企業的形態。但很明顯，這種看法是錯誤的。從常識看，康采恩是通過股票的持有、資金的借貸和人員的參與等，將許多企業統一在一個資本的統治下而形成的資本集中，即資本本身的壟斷形態。（參考柴垣和夫一九六五年編著的「日本金融資本分析」，二一四～二

一六頁）。因此，嚴格地說，不能把臺灣的糖業資本稱爲聯合獨佔體。因爲，糖業資本並沒有從製糖業蛻化出來而去設立將所有投資企業的股票加以集中購置的那種控股公司。在這裏，雖然稱糖業資本的康采恩，但可以認爲，這是指以投資領域多面化爲特徵的企業發展的一種型態。大日本製糖會社的情況給人的印象，即以此爲理由，於一九四二年十一月增資，並更名爲日糖興業株式會社。（參考前述「日糖六十五年史」，七二～七三頁）

⑥ 參考櫻田三郎著「臺灣拓殖株式會社事業概觀」，一九四〇年出版，一四三頁。

⑦ 當初，全部製糖會社所認購的股票數爲八萬一千股。其中，臺灣製糖、明治製糖及大日本製糖三會社各佔二萬五千股（參考「中外糖業時報」第四卷第八號，一九三八年八月，一六頁。）

⑧ 參考前述小野著「製糖康采恩讀本」，二四頁。

⑨ 福大股份有限公司係以藤山愛一郎爲社長，於一九三七年十一月設立，資本爲六〇〇萬圓。該公司的營業目的共爲七項，範圍極其廣泛：(1)承包華南及其他接近台灣地方的文化事業以及交通和產業各種設備的建設。(2)與上述同一地區的礦山業和電力事業。(3)同一地區農林、水產和其他拓殖事業。(4)同一地區的金屬機械工業和其他各種工業。(5)同一地區的一般商品交易。(6)有關上述事業的調查、介紹和居間斡旋。(7)承辦有關上述事業的短期貸款投資、共同經營及委任經營，以及其他與此相關的事業（參考圖南協會一九四二年出版的「銀行商工業者名鑑」，七六頁。）

⑩ 參考前述「製糖康采恩讀本」，一八二頁。

⑪ 鹽水港製糖的章程修正，主要是在第五十二次定期股東大會上進行的。在該章程的第一項中，加進了對紙漿和脫色炭的製造和銷售；在第四項中追加了「關於對各項營業事業的投資」。（參考該社「第五二次營業報告書」，二頁。）

⑫ 例如，新榮產業會社雖然至少持有日本砂糖工業和臺灣農產工業兩會社的四成甚至過半的股份，但鹽水港製糖會社的資產表內僅記載持有新榮產業的股份（共二萬八千股，佔其全部的七成，金額達七〇萬圓）。

⑬ 舉例而言，明治製糖之所以向旁系事業投資，其主要理由是「臺灣糖業已沒有擴張的餘地，而日本內地的精製糖業幾乎亦呈現走投無路現象。」（參考前述「明治製糖株式會社三十年史」，一一二頁）

⑭ 有關日本財閥資本的動向，目前可參考桶口弘一九四〇年著書「日本財閥論」上下卷，高橋龜吉、青山二郎一九三八年合著「日本財閥論」，以及前述柴垣著「日本金融資本分析」等書。

⑮ 當時擔任臺灣製糖會社董事的益田太郎（常務董事，後爲專務董事）和武智直通（常務董事，後爲專務董事，一九二七年四月就任社長）兩人，以「個人資格」分別擔任森永食品會社的董事和監事（參見益田太郎曾於一九二五年七月十日在森永食品會社召開的

臨時股東大會發表就任致詞）。「嗣後因關係進一步發展」，迨一九二六年四月，臺灣製糖會社已持有森永食品會社發行股份總額的三成（參考一九五四年出版的「森永五十五年史」，一九七～一九九頁）。

⑯ 早在一九一七年四月，明治製糖會社即出資一半，參與千葉縣的房總煉乳會社（資本爲一百萬圓）的經營，這即是明治製糖企業參與乳業事業經營的開始。其後，房總煉乳會社將房州一帶的製乳事業會社逐個加以合併。早於一九一七年十二月即擴充了瀧田工廠；再於一九一八年三月新設主基工廠；又於一九一九年五月創設館山工廠；最後房山煉乳會社於一九二〇年十二月被明治製糖會社的旁系企業「東京點心」（一九二四年九月改稱爲明治食品會社）合併。一九二八年九月，明治食品會社爲響應明治製糖向北海道發展的號召，創設了旭川工廠，之後又於一九三三年與山陽煉乳會社（岡山縣）合作，參與該會社的經營，同年十月又創設朝日牛乳會社，十二月進一步合併了北海道的大日本乳製品會社。接着於一九三五年十二月又與北海道的極東煉乳合作。此時，明治製糖會社已認購極東煉乳會社的過半數的股票。如上所述，明治製糖會社以其明治食品會社爲中心，積極地向乳業事業擴張勢力。一九三五年底，明治食品會社的乳製品產量已佔全國產量的七〇％（請參考明治商事株式會社一九五七年出版的「三十五年史」，四〇五～四〇六頁）。

⑰ 即明治製糖「活用在臺灣所得的經驗，積極策畫南進的方針，以經營熱帶產業」（同上，四一一頁，以及前述「明治製糖株式會社三十年史」，一一二頁）。此外，爲妥善運用準備金，著眼於在荷領的蘇門答臘島栽培橡膠，並已在一九一八年九月創立了擁有五〇〇萬圓資本的蘇門答臘興業株氏會社（同上）。

⑱ 前述蘇門答臘興業、明治橡膠工業、南亞公司、東京橡膠工業等四家會社，皆於一九三七年九月被昭和橡膠工業株式會社所吸收合併，後者還以此爲契機，進一步將其資本由三〇〇萬圓增加到一，〇〇〇萬圓。（參考同上「三十五年史」，四一一頁）。

⑲ 有關合併的條件，請參考第五章第三節注⑲。

⑳ 此外，隨著第三次合併運動的展開，大日本製糖會社進而掌握了帝國製糖會社旗下的北海道製糖（資本五〇〇萬圓，已繳資本三七五萬圓）和中央製糖（資本二八二萬圓，全額實收）兩會社的經營權。但在一九四四年三月，又將前者的經營權轉移給明治製糖會社。同年九月，北海道製糖會社改稱爲北海道興農工業會社；十二月，又接掌明治製糖會社旗下的一個工廠，使資本達到一，二〇〇萬圓（參考東洋經濟新報社一九五〇年出版的「昭和產業史」第二卷，四〇七頁）。另外，日糖興業會社（原大日本製糖會社）約在同一時期開始經營滿州製糖會社（參考前揭「日糖六十五年史」，七〇頁）。由此可見，糖業資本在臺灣島外，也乘著島內合併運動的餘波，進行着匆忙的重新改組。

㉑ 由於戰爭的日益激烈化，對電力、煤炭、工業藥品等的消費限制，使日本國內的精製糖工廠受到很大壓力，使其利益大幅減少，從

而促使臺灣耕地白糖的加速製造。（參考前述「日糖六十五年史」，六六～六七頁）。

㉒同上。一九四三年在總數四二家作業工廠中，耕地白糖工廠達三五家，佔工廠總數的八〇％。其產量達一，三九九萬擔，約佔產糖量的七六％（前述「臺灣統治概要」，二九五頁，以及「臺灣糖業變遷概況」、「臺灣金融經濟月報」一九四四年五月號，封面後二頁之數據計算而得）。

㉓須加補充說明的是，在第160表所示島內投資事業中，由於劃歸給臺灣製糖會社的原料採購區域的高雄市急速發展，使該會社所有種蔗土地難以經營。爲整頓及提出對策，設立了臺灣不動產會社（參考前述「臺灣製糖株式會社史」，三四二頁）。因此，臺灣不動產會社的設立，並非代表臺灣製糖會社的新興投資。此外，擬於後述的南日本鹽業會社，其大股東是大日本鹽業、臺灣拓殖以及臺灣製鹽三會社，並非單由臺灣製糖會社創設。從這一點看，南日本鹽業會社儘管是島內的投資事業，但對臺灣製糖會社來說，並無多大意義。

㉔臺灣紙漿工業會社的資本爲一，〇〇〇萬圓，已繳資本爲兩五〇萬圓，發行股票達二〇萬股。其中，大日本製糖持有七萬股，投資額爲八七五，〇〇〇圓（參考千種康允一九三九年著書「臺灣縱橫觀」，三三六頁）。其後，當其已繳資本提高到五〇〇萬圓時，大日本製糖會社的持股數亦增加到七三，五〇〇股，但金額卻僅爲一八四萬圓（參考證券交易公司一九四一年出版的「株式會社年鑑」，一〇四五頁）。另外，鹽水港紙漿工業會社登記的資本爲二，五〇〇萬圓，已繳資本爲六二五萬五，〇〇〇圓。其中，鹽水港製糖會社出資額佔九六．四％，相當於五九二萬五，〇〇〇圓，但主要是企業所有地（約二十萬坪，價值三六〇萬圓左右）（參考前述「臺灣縱橫觀」，三三七頁；「株式會社鑑」，一〇四四頁）。最重要的是，這兩家紙漿工廠均係以製糖殘留的渣滓爲紙漿原料，主要是屬於副產品性質的工廠，做爲糖業資本的新投資企業，其意義不大。

㉕參考村井大三著「臺灣工業化問題之一斷面」、「高雄經濟年報」第五卷、第二期（一九四二年九月），六七～六八頁。根據村井的推算，如以股票計算人壽保險企業的臺灣投資額，則達八四二，六二六股，尚不到人壽保險投資總額的三〇％。

㉖例如，前述「帝國主義下之臺灣」，一五六～一五八頁（一九二六年底，推算日本人對臺灣的投資額是十三億圓左右）；前述，大藏省管理局總「歷史調查」第三部「臺灣的經濟」（其二），一二二頁、一三〇～一三一頁、一四四～一四五頁、一六〇～一六一頁。（參考一九四四年底，日本中央政府負擔的歲入額爲三六，一〇〇萬圓，而事業會社爲一五七，六〇〇萬圓）；前述「臺灣銀行史」，七一～七二頁（政府爲二二，〇〇〇萬圓，民間法人爲六五，五〇〇萬圓）；東洋經濟新報社一九五五年出版的「會社銀行八十年」，四六頁（一九三八年底僅已繳資本即達四二，九〇〇圓）等，以上均漏計或忽視島外投資部分。

㉗參考前述「帝國主義下的臺灣」，一五四頁。

㉘ 關於這一點，請參考前述大內力等共著「日本資本主義之没落Ⅲ」，七三四～七三九頁。

㉙ 與軍需產業相結合及向殖民地擴張，被稱爲是日本新興財閥的兩大特徵（參考儀我壯一郎一九六二年著書『現代日本之壟斷企業』，八七頁）。

㉚ 三井財閥以臺灣製糖會社爲中心，於一九一三年與高雄酒精、又於一九一八年與基隆炭礦、日本樟腦、臺灣拓殖製茶等會社建立了深厚的關係。高雄酒精（資本三〇萬圓，全額已繳）係三井系統財閥大日本賽璐珞會社的下屬事業，對三井財閥來說，可說是一個孫公司。一九一九年的企業合併運動也波及到這裏，三井資本與岩井商店共同成爲該會社的主要股東（三井的持股率爲一七％弱，岩井爲一三％弱，此外三菱、住友財閥系統的持股率爲三％左右）。臺灣拓殖製茶會社（資本四五萬圓）原屬三井財閥的直系事業之一，但日東拓殖農林會社（一九三六年七月設立，資本一，〇〇〇萬圓）以繼承三井合股會社的事業之機而成立時，於一九三七年七月將該會社合併。基隆炭礦（資本五〇〇萬圓）原爲賀田組所有，但在一九一八年三井企業介入，並與本地資本顏氏家族共同創設，因而三井財閥系統確保了六〇％的持股數。翌年一九一九年，又進一步收買木材礦業，將資本一舉倍增爲一，〇〇〇萬圓，成爲三井礦山的重要一環。其後，由於經濟蕭條而減少了資本。曾一度減爲三，八七五，〇〇〇圓。但在一九三一年，又由於時局性軍需熱而獲得復甦，使其已繳資本達到七〇〇萬圓。第一次世界大戰結束時，在總數十四萬股之中，三井總社和三井礦山合佔六一％（請參考本書第163表）。有關日本樟腦株式會社（資本六〇〇萬圓，全額實收），因昭和金融恐慌而導致鈴木商店的倒閉，使三井物產會社乘機獨佔樟腦供給權，並增購該會社的股票到總數的三〇％。但由於鈴木財閥系統的東山再起，三井又被鈴木系統的中樞會社太陽產業（前身爲太陽曹達）及日商壓在下面。一九四〇年左右，三井系失掉優勢而被鈴木系控制了四三％的持股率（以上請參考大山綱武著「三井財閥之臺灣資本」，詳見「臺灣時報」一九四一年十月及十一月號。）

㉛ 對外地，三井財閥當時所熱中的是化學工業領域，特別是通過新興工業、人造石油工業等進行擴張，但它將擴張重點置於滿州（參考持股株式會社整理委員會一九五一年出版的「日本財閥及其解體」，五二一～五二四頁）。

㉜ 三菱在臺灣的事業，初期有明治製糖會社，以及經營三菱製紙會社的竹林事業。在經營後者時，三菱製紙會社曾以三七，〇〇〇圓向臺北的企業家購買申請權利，而爲解除當地的林地使用權，又向本地人支付三四，〇二二圓的補償金。由此，該會社於一九〇八年從總督府獲得一萬五千町的大竹林利用權。但在經營該事業不久即不斷發生阻礙，終於一九一六年四月損失一三四萬圓而被迫停業。由於圖南產業合資會社願意原封不動地繼承其經營失敗的竹林事業及負債資產，於一九三二年重新設立（詳見三菱製紙株式會社一九六二年編出的「三菱製紙六十年史」，一三一～一八一頁、三六六～三七八頁）。

㉝ 日本鋁業株式會社（資本一，〇〇〇萬圓）是一個將總社設於東京而在臺灣的高雄設置工廠的規模巨大的企業。一九三五年創立之

初，三菱在該合資公司發行的二十萬股股票中，僅佔有二萬五千股。但在其後的一九三八年，該會社將資本增加爲三千萬圓時，三菱系財閥同其三菱礦業及三菱總社，在六十萬股中，取得了九萬八千五百股，加上古河電氣工業會社（三菱的旁系）所持股，總計有十二萬二千九百股。（前述「全國銀行會社要錄」一九三六年出版，東京編、七〇頁）該會社的另一個主要股東三井系企業，在同一時期只不過由二萬五千股增至七萬五千股。此外，還有三井系與南洋拓殖會社合營的「南洋鋁業」；三井與南洋鋁業共同經營的「東洋鋁業」；古河電工與東京電燈會社合營的「日本輕金屬」；住友財閥獨自經營的「住友鋁業」，以及住友鋁製金屬冶鍊廠等。但各會社都在專心致力地經營自己所辦行業的意圖明顯。因而三菱財閥系統在日本鋁業的地位日益穩固。有關這些會社的動向，可參考大山綱武著「臺灣的事業及（日本）內地資本之動向」（「臺灣時報」，一九四〇年三月號）。

㉞ 東臺灣電力興業株式會社（資本二，〇〇〇萬圓，實收一，五〇〇萬圓，一九三九年六月設立）發行的四十萬股中，日本鋁業株式會社持有二十萬股，約佔五〇%。其他的大股東，包括新興氮肥工業（六萬四千股）、東邦金屬冶鍊（同上）、東洋電化工業（同上）、鹽水港製糖（五千八百股）等。日本鋁業株式會社社長井坂孝還兼任該會社會長（見一九四一年出版的「全國銀行會社要錄」，上卷，臺灣編，四一～四二頁及同書東京編，八八頁）。

㉟ 臺灣船渠株式會社（資本一〇〇萬圓，全額實收，一九三七年五月設立）爲原基隆船渠會社改組成立，一九四〇年左右增資爲五〇〇萬圓（已繳資本三〇〇萬圓）。其發行的十萬股中，三菱重工會社擁有六萬六千股，其餘分別爲臺灣銀行、大阪商船、臺灣電力、臺陽礦業等會社所擁有（參考前述一九三八年出版的「全國銀行會社要錄」，臺灣編，一一頁；同一九四〇年出版的上卷，臺灣編，一五頁；前述「日本財閥及其解體」，三六〇頁等）。

㊱ 日本郵船會社的對臺灣投資，特別是以一九四一年十二月爆發太平洋戰爭爲契機而活躍起來。如本書所載第163表所示，日本郵船所投資的企業，除臺灣產業（一九四一年一月增資時認購股票）、高雄交通（一九四三年六月吸收並合併了屏東交通株式會社後，將其資本由三〇萬圓增資至五〇萬圓之際認購股票）、南日本汽船、東南海運、臺灣石炭統制等會社外，尚向下列十家企業投資。即⑴日東運輸株式會社（資本二〇〇萬圓，總股數四萬股，日本郵船於一九四二年四月認購七千股，下同）、⑵高雄港灣振興株式會社（資本四〇〇萬圓、總股數八萬股，一九四三年一月認購八千股）、⑶高雄造船株式會社（總資本四〇〇萬圓，總股數八萬股，一九四三年二月認購一千股）、⑷昭和運送株式會社（資本二〇〇萬圓，總股數四千股，認購二千四百四十五股，一九四四年八月及一九四五年一月，分二次認購）、⑸新高都市開發株式會社（總資本四八〇萬圓，總股數九萬六千股，一九四三年一月認購三千股）、⑹新高荷役倉庫株式會社（資本二〇〇萬圓、總股數爲四萬股、一九四三年六月認購三千股）、⑺臺灣船用品統制株式會社（總資本五〇萬圓，總股數一萬股，一九四三年九月認購三百五十股）、⑻臺北航空旅館株式會社（資本六〇萬圓，總股數爲一萬

二千股，一九四三年九月認購二百股）、(9)臺灣拓殖株式會社（資產總額六，〇〇〇萬圓，總股數是一百二十萬股，認購二千股係一九三六年設立時、及一九四二年六月增資時認購）、(10)株式會社福大公司（資本一，二〇〇萬圓，總股數二十四萬股，一九四二年十二月認購五千股）（以上參考日本郵船株式會社一九五六年出版的「七十年史」，三七六～三七七頁）。

㊲ 東邦金屬冶鍊株式會社（資本一，〇〇〇萬圓，已繳資本五〇〇萬圓、總股數二十萬股）的主要股東，除古河系（古河電工四萬股、古河合股會社五千股）之外，還有大日本製糖（二萬股）、台灣電燈（一萬股）、兼松商店（九千股）、赤司初太郎、後宮信太郎、臺灣拓殖（以上各五千股）等會社（參考前述「株式會社年鑑」，七五七頁；大山綱武著「古河財閥和臺灣（三）——旭電化、東邦金屬冶鍊」，載於「臺灣時報」，一九四三年三月號，特別是五〇～五一頁）。

㊳ 當時，高雄工場得到臺灣總督府許可時的計劃是年產金屬鎂一，二〇〇噸及苛性鈉六，〇〇〇噸。但因缺乏材料，遂將前者改爲六〇〇噸，後者改爲四，〇〇〇噸，但在一九四一年十月才投入生產（參考鑽石會社一九六八年出版的「旭電化工業」，九八頁）。此外，工廠的建設費約需六〇〇萬圓，從而使旭電化工業的資本倍增至一，〇〇〇萬圓（參考前述大山論文，載於「臺灣時報」，一九四三年三月號，四四頁）。

㊴ 見前述「日本財閥及其解體」，一五二頁。

㊵ 參閱「臺灣經濟年報」，一九四二年，三九一頁。

㊶ 關於與臺陽礦業的瓜葛問題，請參考第五章第三節注㉟。

㊷ 日產康采恩的已繳資本達三五，二〇〇萬圓，但僅重化學工業領域即佔八一・二%，爲二八，五〇〇萬圓（參考前述「日本財閥及其解體」，三六頁）。

㊸ 關於上述問題，請參考前述大山論文，載於「臺灣時報」，一九四三年三月號，四五頁）。

㊹ 「日本財閥及其解體」，五一五～五一六頁。

㊺ 中野友禮同時兼任南日本化學會社的代表董事、臺灣製鹽會社的社長。南日本鹽業會社的董事長（參考「全國銀行會社要錄」，上卷，一九四一年版，臺灣編，二四頁、三八頁。

㊻ 參考前述「日本財閥及其解體」，一三六～一三七頁。

㊼ 參考中外每日新聞社一九三七年出版的「躍進臺灣大觀」，三八三頁。

㊽ 參考中外產業調查會一九三七年出版的「財閥安田新研究」，二五七頁。

㊾ 參考臺灣銀行的「臺灣的水泥工業」一文，載於「臺灣金融經濟月報」，一九四三年二月號，一四頁。

⑩ 使殖民地臺灣的「工業化」成爲實際可能的諸條件中，日本軍國主義的對外擴張，特別是對南洋地域的勢力擴張，是重要的前提條件之一。向來的研究水準停留在或者將臺灣的「工業化」說成是由於島內的農業開發已達到極限（例如，細川嘉六一九四一年所寫「殖民史」，一七六頁），或者說日本國內加强了工業開發，需要殖民地的資源（例如，前述高橋著書「臺灣經濟論」，四一七～四一八頁）等。但他們多爲羅列一些表面的條件，而我們所應該重視的是，使台灣正式開始「工業化」的日本南進政策在經濟上所具有的意義。

⑪ 參考羅萬俥一九六〇年所寫「林獻堂先生年譜」，臺北，六九頁。要附帶提一下，一九四〇年九月底林獻堂名下的股數，僅爲三百六十四股，而其子林雲龍名義的股數爲二百五十九股。對此，安田保善會社在二萬八千股中約佔有五〇%，達一萬三千六百零八股（見前述證券承辦會社的「株式會社年鑑」，九七五頁。）此外，依據根岸的研究，在臺灣製麻會社中臺灣人在股東總數上雖佔六七・六五%，但其股數持有率僅爲一五・〇一%，（參考根岸勉治一九六四年著書「熱帶農業企業論」，五二一頁）。由於該書未明記資料出處，使學術價值受到損失。

⑫ 關於大成火災海上保險會社的情況，請見後注⑫。

⑬ 見「臺灣拓殖株式會社設立宗旨書」（參考前述「事業概觀」，一六四頁）。

⑭ 臺灣拓殖株式會社總股數爲六十萬股，其中臺灣總督府佔三十萬股，製糖會社約十萬股，其他資本團體約十萬股，公開募集的爲十萬股（參考同上「事業概觀」，一三四頁）。

⑮ 參考企劃院研究會一九四四年出版的「國策會社的本質及機能」，一四九～一五〇頁。

⑯ 一九四一年八月，臺灣拓殖株式會社的股東總數達二，七一八名。其中，持有五千股以上的大股東，除上述臺灣總督府及大日本製糖、明治製糖、臺灣製糖等會社外，尚有三井物產會社、三菱總社、愛久澤文、鹽水港製糖會社、住友總社、東洋拓殖會社及臺灣銀行、安田銀行等（見同上資料，一四八頁）。

⑰ 即一九三九年九月及一九四〇年十一月各一，〇〇〇萬圓，一九四一年二，〇〇〇萬圓，一九四三年四，〇〇〇萬圓等四次（參考一九四一年出版的「日本經濟年報」第三輯，四四～四六頁；加藤恭平（臺灣拓殖株式會社社長）著「南方建設與臺拓事業」，載於「臺灣時報」，一九四三年十月號，七三頁）。此外，該會社發行的公司債，由日本興業銀行與臺灣銀行以幹事銀行的身分共同認購。臺灣銀行也曾單獨認購過，但僅限於臺灣島內發行的二，〇〇〇萬圓（參考前述「臺灣銀行史」，三二一頁）。

⑱ 見前述「國策會社的本質及其機能」，一五四頁。但該書指出島內關係會社的總數爲二十三家，但第165表所記載的僅爲二十二家，或許是印刷上的錯誤，其原因不明。

59 見前揭「臺灣拓殖株式會社事業概觀」，一三八～一三九頁。

60 臺灣拓殖株式會社除對前述各會社進行事業投資外，還對林業投資二三，七八六，〇〇〇圓，對土地投資二〇，五〇一，〇〇〇圓，對特殊事業投資一八，五〇七，〇〇〇圓，對關係會社投資一二，〇〇六，〇〇〇圓，對礦山事業投資五，一三七，〇〇〇圓，開墾事業爲四，三五三，〇〇〇圓，排水開拓事業三，四五九，〇〇〇圓，栽培事業一，三〇三，〇〇〇圓（全部係帳面價格）等投資總額達九五，〇〇〇，〇〇〇圓（資料出自一九四六年二月二十八日出版的「臺拓財產目錄」；前述「臺灣銀行史」，三二〇～三二一頁）。

61 除此之外，臺灣銀行在資金上給與臺灣拓殖株式會社的方便亦不容忽視。據臺灣銀行稱：，臺銀對臺拓採取了「在資金上極力設法給予方便」（見前述「臺灣銀行史」，三一九頁），一九四五年十月三十日，對其放款餘額已達二四，〇〇〇，〇〇〇圓（資料來源同上）。

62 參考前述「國策會社的本質及其機能」，一五四～一五五頁。

63 值得注目的是，這種人事關係强烈地反應出其與臺灣銀行的關係。例如，臺灣拓殖株式會社副社長宗久董（其後成爲臺灣拓殖化學工業株式會社社長），同副社長大西一三，同理事越藤恆吉，臺灣化成工業會社常務董事村上康三郎、台灣拓殖化學工業會社常務董事大野義忠，臺灣石棉會社專務董事久具弘勝等人，全部出身於臺灣銀行（參考前述「臺灣銀行史」，三一九～三二一頁）。

64 由前述可知，開洋燐礦會社屬於鮎川財閥（日產康采恩），南日本鹽業、南日本化學二會社屬於日碱康采恩，臺灣紙漿會社屬於日糖・藤山康采恩，臺灣化成會社屬於三菱財閥，東邦金屬冶鍊會社屬於古河財閥。亦即，其合作對象全是日本財閥資本。

65 一九四二年六月第一次倍增資本時，即明確地指出這一點，即「在南方共榮圈中，我國必須開發重要的資源……爲順應時局所需，且爲達成創立之使命，有必要將資本增加一倍」等（見前述，大藏省管理局「歷史性調查」、「臺灣統治概要」，三八三頁）。

66 當地日系資本的產生，在很大程度上是與總督府權力機構相結合的結果。有關這一點，請參考本文第五章第二節注㊽中的有關敍述。

67 有關這一動向，也可從對砂糖、煤炭、紙漿三種事業投入資本規模的不同中看出。即赤司、後宮系向兩家砂糖會社投入的資本爲二，五〇〇圓（已繳一，三七五，〇〇〇圓，以下同），而對五家煤礦業則投入四，〇〇〇萬圓（已繳二，七四七，〇〇〇圓），對四家紙漿工業投入六，二五〇萬圓（已繳四，三七五萬圓），可看出從砂糖業、煤炭業發展到紙漿工業的路線（參考前述「製糖康采恩讀本」，二七四～二七五頁）。此外，在金屬冶鍊工業方面，則是向東邦金屬冶鍊會社投資（參考本文第168表）。

68 在臺灣的日本財界人中，後宮信太郎是第一個擔任臺灣商工會議所主席一職的。他是在一八九五年日本佔領臺灣時，以二十三歲之

弱冠來臺灣的。先在名爲「鯨島商會」的雜貨商店充當店員，後被鯨島提拔爲其所主宰的臺灣磚瓦會社的經理。鯨島死後，後宮繼承該磚瓦會社，並以此爲地盤，進入了商工業界行列。首先經營高砂證券和臺灣製紙會社。一九〇七年左右，繼承田中礦山（後改稱金瓜石礦山）而得到向礦業擴張的機會。第一次大戰期間以及戰後出現的異乎尋常的好景氣促使著他的躍進，但其後的反彈也給後宮以不小的打擊。後來，由於犬養內閣再次禁止黃金出口，抬高了後宮所經營的金瓜石礦山的價值。由於該礦山的產品幾乎全被日本礦業會社所購買，以此爲緣，遂將礦山轉賣給日本礦業會社。將二〇〇萬圓資本（已繳五〇萬圓）的金瓜石礦山轉讓日本礦業會社時，後宮得到日本礦業會社的每股時價值七五圓的股票及五〇〇萬圓現金作爲補償。如斯，後宮一舉得到二，〇〇〇萬圓的巨額財產。如果說赤司是積極型事業家，那麼後宮便是守成型富翁，一個資金提供者。由此看來，在赤司經營的事業中，沒有後宮的資本做背景是不可想像的（參考前述，千種所寫「臺灣縱橫觀」，四八〇～四八三頁；橋本白水一九三〇年所寫「臺灣統治及其功勞者」，第五篇，五〇～五二頁，前述，樋口弘所寫「日本財閥論」（下），二四三～二四八頁等）。

⑲ 望月軍四郎任職的會社有東邦炭礦（董事）、昭和製糖（監事）、滿州製糖（同上），東邦金屬精鍊（同上）、臺灣紙漿工業（同上）、東邦採礦（董事）、昭和飛行機工業（監事）、湘南電氣鐵道（董事長）、京濱地下鐵道（社長）、日本電氣冶金（董事）等（見前述小野所寫「製糖康采恩讀本」，附表，「赤司康采恩全貌」）。

⑳ 例如，東邦紙漿工業，東邦人造纖維、臺灣紙漿工業、臺灣苧麻紡織和東邦煤礦等會社，則與鐘紡會社合作；滿州造酒、東邦金屬冶鍊、臺灣合同鳳梨等會社，則與鈴木味之素會社合作；東邦煤礦、內外建築等會社，則與藤山的大日本製糖會社合作；東邦金屬冶鍊會社與古河財閥及日本鋼管會社合作；臺灣苧麻紡織會社則與野村財閥合作；再者，臺灣合同鳳梨又與東洋製罐會社合作、昭和飛機會社與三井總社合作等。由此看來，這些企業都各與一、二家財閥資本相瓜葛（見前述樋口所寫「日本財閥論」，（下），二四四頁；小野所寫「製糖業康采恩讀本」二六九～二七三頁，二九二～三〇六頁，三一四～三一六頁，以及「日本財閥及其解體」資料，三四五頁）。

㉑ 關於臺灣當地家族資本的動向，見本文第五章第三節。

㉒ 其中最恰當的事例是，赤司和後宮等當地日系資本强行擠進大成火災海上保險株式會社，進而加以統治的過程。該會社的資本爲五〇〇萬圓，已繳資本僅爲其四分之一，於一九二〇年一月成立。成立當時，在其二二名高級職員中，當地日本人只佔六名（該會社「第一次事業報告書」，一九〇二年一月至十二月，一～二頁）。做爲本地人的會社，由各家族資本聯合參與的情況還是罕見的。此外，該會社也是爲臺灣島內唯一擁有總社的保險會社。首任董事長爲臺灣人李景盛。赤司初太郎則在該會社創立時任董事，一九二三年二月因任期居滿而卸任。（該會社「第四次事業報告書」，一九二三年一月至十二月，三頁）。但在一九三三年二月，赤司

再任董事，因而在該會社十三名高級職員中，日系人員佔六名。一九三九年二月，第三代社長位置被日系資本所控制。其後，後宮信太郎於一九四一年二月再任監事。如斯，在十五名高級職員中，日系人員已佔九名之多（該會社「第二十二次事業報告書」，一九四一年一月至十二月）至此，該會社不論是從名義上還是從實際看，均受日系資本（三菱財閥系）控制。此外，該會社在一九四二年十二月末，其資產總額爲五二七萬圓，但其中私人資本尚不足一四〇萬圓。

⑬ 例如，中辻系，重田系、高橋系（以上被稱爲商業資本型）、杉原系、阿久澤系、櫻井系、梅野系（以上被稱爲產業資本型）等均屬此例。詳見一九四二年出版的「臺灣經濟年報」，三八〇～三八三頁。

⑭ 一九三七年四月，臺灣製鹽會社（資本二五〇萬圓，已繳資本一五〇萬圓，一九二〇年創設）將統治權轉讓給日本碱業會社（參考生司務編「日本碱業工業史」改訂版，一九三八年出版，一二九頁）。一九一二年八月，臺灣肥料會社（資本三〇萬圓）很快即成爲大日本人造肥料會社（當時爲東京人造肥料會社）的旁系企業，但於一九二三年九月，它又將中辻・後宮等財閥的東亞肥料會社（資本二〇〇萬圓，一九二〇年設立）合併，使其成爲擁有一〇〇萬圓資金的會社（見山下三郎編「大日本人造肥料株式會社五十年史」，一九三六年出版，三〇九～三一二頁）。此外，一九三九年七月，由中辻系的東光株式會社與日本油脂株式會社合資，設立臺灣油脂會社。於一九四三年十月合併了臺灣油脂工業會社，使其資本增加十二萬圓而達到二七萬圓（見一九六七年出版的「日本油脂三十年史」，三八九～三九〇頁）。臺南製麻會社於一九三五年三月，其資本爲二〇〇萬圓（已繳資本爲二分之一），在其總股數四萬股中，東亞製麻會社佔二萬五千八百零七股，超過半數。在其全體股東中，本地人僅佔六・八%（一九四一年出版的「全國銀行會社要錄」，上卷，臺灣編，二五頁；前述根岸所寫「熱帶農業企業論」，五二一頁）。

⑮ 從本文前述情況中可知，並未將東洋製罐（小野系）、林兼（中部系）等小財閥的投資計算在內。此外，製糖會社也很少將總社設於日本國內，但實際上，其經營者的上層人物大多呆在日本國內，因而被視爲實質上的「（日本）內地會社」。

⑯ 一九四一年末，在資本超過二〇萬圓以上的株式會社中，日本資本所佔位置爲：從已繳資本看，爲九一・一%；而從資本在五〇〇萬圓以上的企業看，其佔有率達九六・九%。其中，屬「（日本）內地會社」形式者爲七六・六%（參考前述，大藏省管理局編「歷史性調查」，臺灣篇，第四分册「臺灣的經濟」之二，九〇頁）。

I：1895－1905 反抗．整頓　III：1915－1931 劇烈變動
II：1905－1914 從屬化　IV：1931－1945 衰退期

第五章　台灣本地資本的對應與變化

台灣的本地資本勢力，在日本資本主義向台灣擴張的過程中，以及相應而推行的殖民地政策統治下，受到很大的限制。在歷經了半個世紀的期間，歷盡艱辛，遭遇到各式各樣的變化。這一期間大致可分爲四個時期。

第一期：從日本進入統治的一八九五年到其確立統治權的一九〇五年左右的約十年間。在這一期間的台灣本地資本，雖也表現出對日本的新控制性統治的强烈反抗，但經過一段時間之後，逐漸地被整頓到新秩序的統治之下。因此，這一段期間可稱之謂台灣本地資本的反抗與被整頓期。

第二期：自確立日本統治權的一九〇五年左右到第一次世界大戰爆發的一九一四年，前後約十年間。這一時期，日本已大致完成了對台灣資本主義化的「基礎工程」，而日本資本主義也由於經過日俄戰爭的勝利，名符其實地進入了帝國主義階段。爲適應這一形勢，以糖業爲中心的日本資本，便積極地向台灣擴張。這一時期的台灣本地資本勢力也只能應付這種形勢，被編入日本帝國主義的統治之下而甘居於從屬地位。因而可以說這一時期是台灣本地資本的「從屬化」階段。

第三期：自第一次世界大戰爆發後的一九一五年到爆發九・一八事變的一九三一年，前後共十六年。這一時期，台灣本地資本被納入日本資本主義的再生產結構之中。這雖然是屬於他律性的，但也因受到第一次世界大戰後的經濟景氣的刺激，而曾呈現興盛局面。而在一九二〇年代中葉，又由於蓬萊米種的移植成功而使經濟受到新的刺激。但另一方面，由於戰後的世界性不景氣和金融恐慌等，卻給這些成簇生成的台灣本地資本帶來莫大的打擊。而在這種激烈動盪而又變幻莫測的形勢下，台灣本地資本勢力基本上仍然受日本統治勢力的控制而處於從屬地位。但

同時其內部也出現了分化趨勢。亦即，部分本地資本與日本統治勢力相勾結，加强了向買辦轉化的傾向；另一部分則與民族運動相呼應，志向政治改革。在此期間，這種兩極分化傾向表現明顯。對本地資本勢力來說，這一時期是動盪和分裂的時期。這也是長達半個世紀的日本帝國主義統治期間變化最爲劇烈的重要的時期。

第四期：從爆發九．一八事變的一九三一年到日本帝國崩潰的一九四五年，大約十五年。一九三〇年代初期的世界性不景氣帶來的影響，使農產品特別是米及甘蔗的價格暴跌，給本地地主階級帶來不小的打擊。加之，一九三〇年代後半期，以軍需工業爲中心的日本新興財閥資本的擴張及統制經濟的强化等，使本地資本勢力大受壓迫，經濟活動的餘地也大被縮小。由此可說，這一時期是台灣本地資本勢力的退潮期，甚至是衰退期。儘管是這樣，也不能否認仍有一部分被買辦化了的階級依附在日本勢力的身上，享受著新刺激的恩惠。

以下，擬按本地資本生存的形態順序，加以探討。

第一節　台灣本地資本的生存形態及特徵

一、本地資本勢力的形成和生存形態

1.共同體式的莊堡（村落）組織

台灣的本地資本勢力與中國大陸自古就有密切的關係，因而其生存與發展亦起源於此。台灣的土地開墾，主要是從中國大陸來的移民進行的，而其所從事的對岸貿易經濟活動，也係由中國大陸渡海而來的商人的承擔。據說，一七六〇年到一八一一年，從中國大陸湧進大批移民，估計其人數多達二百萬人①。在這些移民當中，大部分從佃戶那裏承租耕地，成爲現租現耕的農戶。在這一土地開墾過程，使台灣的土地所有形態形成了大租戶、小租戶、現

租現耕農戶等三種階級關係。其中而以小租戶爲中心的地主勢力遂得以發達（參考本書第一章第一節）。

然而，這些以土地生產爲經濟基礎的大陸移民，也將他們在大陸的那一套鄉土組織，即共同體式莊堡（村落）組織移植到台灣。亦即，他們在台灣也經常是以在大陸出生相同的籍貫（縣、府）或氏族（姓、血統）爲基礎形成一個部落（莊、村）②。這說明在台灣已存在中國大陸村落社會對土地的共同體意識，即保持著「出入相友、守望相助」的共同體式協調觀念。而從當時的現實情況看，土地開墾者爲防禦原住民的襲擊，需要成立一個保衞自己的組織。從這一方面看，移民也有必要形成集團式的部落以及協調的共同體③。無庸置疑，在這一形勢下，開墾戶自然就居於封建領主地位。加之，清廷對統治台灣的消極態度④，也提高了共同體莊堡組織的自治性。

總之，清朝行政制度的慣例是，大致將縣及州府以下的地方行政事務委任給當地的行政機關，即地方自治設施處理，台灣也不例外。清朝政府對於海外島嶼的統治，首先是將其大分爲城市和鄉村兩種地區⑤。對後者，除設置官方職員（地保）之外，還設有自治人員（如總理、莊正、董事、老大（即莊耆）等。其職位，主要是由墾戶（大租戶）、業主（小租戶）、殷戶（資產家）及耆老（德高望重者）等經廳、縣認可後擔任。其職責由維持莊堡、街莊的治安到戶籍、稅務、公共事業等，工作範圍相當廣泛⑥。在執行職權方面，則由於實施及加强了保甲制度⑦，在莊堡及街庄明顯地加强了他們的職權。墾戶（大租戶）、業主（小租戶）和殷戶（資產家）們與這些基礎官僚組織結合在一起，擴大並加强了其本身的勢力。

但是，這種共同體莊堡組織，具有更加重要的一面。亦即，藉由宗教力量構成其共同意識的基礎。具體地說，即是建造莊廟或寺廟，以及一些宗教活動。通常移民們在形成一個莊堡時，即就建造莊廟，致使台灣「各府、縣、村落無一處不見莊廟」⑧。移民們不僅上莊廟祈求豐年，還每年定期舉行祭典，就連初冠、治病、懲罰和宣判等有關日常生活和執行莊堡的習慣性規則，也在莊廟舉行儀式，確立共同體意識。從這一點看，莊廟甚至可說是莊堡共

同體活動的中心組織⑨。大部分莊廟除擁有廟堂和廟地之外，也有專供日常活動經費所用的財產。但這些財產在法律上是屬於全體移居莊堡的人們所共有。

這種共同體式的莊堡組織，由於是出自中國大陸的鄉土地區主義或氏族血統主義，因而隨類這種組織的發展，在共同體莊堡之間圍繞着開墾地和水源使用權的問題，頻頻發生紛爭，亦即「分類械鬥」⑩。不可否認，這種勢力紛爭對形成統一的本地社會帶來了重大的障礙。但在另一方面，這種勢力紛爭也表示台灣的本地社會成立了自己的勢力範圍。另一不容忽視的問題是，經過這種傾軋、械鬥，使所有的土地逐漸趨於集中⑪。本地人社會即是經過這種傾軋與混亂，以共同體式莊堡組織爲基層，逐漸地踏踏實實地發展起來的。

2.郊商組織的發達

以共同體式莊堡組織爲基礎的台灣本地人社會，並非是單純的自給自足社會，許多日常生活必需品，依賴於從對岸的中國大陸進口，台灣也向大陸出口各種農產品，特別是米⑫。此事意味著本地人經濟勢力的承擔人，並非限於開墾土地的地主階級，商人階級也做爲本地社會的經濟勢力，藉助於與大陸的貿易而快速成長。

一七二二年左右，台灣的土地開墾受清朝正式肯定不久，台灣府（台南）即於一七二五年（清朝雍正三年）迅速成立了旨在發展海峽兩岸商業活動的所謂「三郊」，即說明這一情況。三郊即是通過與對岸的貿易，出口台灣的米、青糖、黃薑、樟腦、硫黃等商品作爲回頭貨，從大陸進口棉布、磁器、藥材、雜貨等商品。一七八〇年至一七九五年（清朝乾隆年代末期），這種貿易格外興盛，一八〇七年（清朝嘉慶十二年）形成全盛期⑬。另外，這一潮流也與由南向北的土地開墾發展相呼應，就連中北部的商業城市也隨之發達興旺，從而繼續發展著「一府、二鹿、三艋」這種三郊盛況⑭。當時的清朝政府，並未限制此種對岸貿易，反而想藉此謀求對岸地區的民生安定，因而有時還派遣護衛船隻來保護海上的運輸安全⑮。由於這種對岸貿易與土地開墾的進展，直至十九世紀中葉，大體上是

第12圖　移入品之島內交易路線

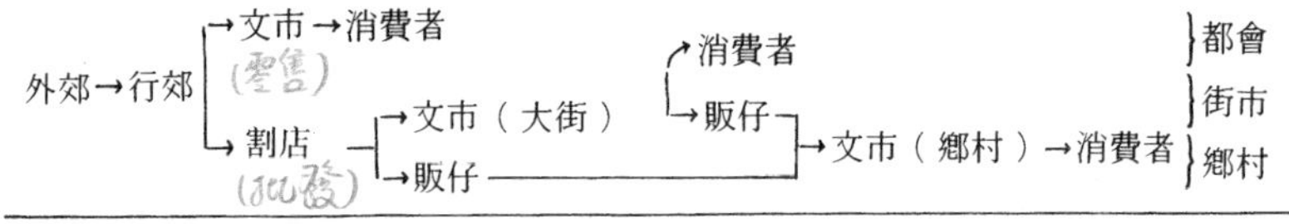

參照「台灣私法」，第3編上，100頁。

向著興盛的方向發展⑯。在這一發展過程中，使台灣本地社會一方面因商品經濟的滲透而導致大租戶没落和小租戶興起的階級關係變化（參照第一章第一節），另一方面也爲商人勢力的抬頭打下了經濟基礎。

這種新興的商業勢力，即郊商組織，主要是由壟斷對岸貿易及台灣各地貿易的商人集團爲中心而形成。前面所提台南「三郊」⑰便是其最明顯的例子。這主要是由家住台南，以經營對岸貿易及台灣島內各港貿易爲目的的商人團體組成，將其勢力範圍分爲北郊、南郊、港郊等三郊⑱。他們爲了利用「郊」的集體勢力來對抗島內外的商人，還訂立郊規，以維持內部團結和信用。十八世紀後半期，他們每年進行數百萬圓的進出口貿易，獲得巨額利潤⑲。這種郊商組織之所以能壟斷對岸貿易，是因爲清朝實施的鎖國主義對外貿易政策。這種郊商組織不僅在台南，甚至遍及到中部的鹿港和北部的淡水等商業都市㉑。

這樣一來，台灣島內以郊商組織爲中心，派生出銷售百貨的各種小郊組織。例如，在台南有布郊、魚郊、香鋪郊、六條街公所㉒等；在鹿港則有布郊、簸郊、池郊、染郊、糖郊等；在斗六街有布郊、米郊、藥郊、簸郊等，均係在三郊下邊產生的小郊組織。前者，即從事對岸貿易的郊商，一般被稱之爲外郊，主要是以同一交易地點爲基礎的商人團體；後者，即經營島內銷售的郊商，大體上被稱之爲內郊或行郊，主要是進行相同商品交易的商人團體。從對岸進口的商品，其交易途徑通常是如第12圖所示，首先是由外郊通過行郊，再直接交給零售商「文市」，或由批發商「割店」轉交給零售商「文市」，或者是經由旅商「販仔」之手交給零售商「文市」，然後才能到消費者手中㉔。這種流通過程因城市或鄉村而有

所不同，但他們與外郊不同，專門在台灣島內從事商業活動，因而爲本地勢力打下了札根的基礎。

另外，通過出口商品交易過程，也爲本地商人帶來了發展的機會。對日出口商品在島內的交易過程雖與自入進口商品稍有不同，但也形成了向島外出口，在島內集聚貨物的一種分工過程。後者係以港郊爲中心，利用「辦仲」，即中間商來集中出口商品㉕。中間商即係以專門賺取手續費爲目的，承辦港郊商人委託的地方的批發商。港郊以與島內其他商港進行貿易爲主要業務，這是其與行郊的區別所在。

與對岸貿易相關聯，使島内派生許多商人階層。無庸贅言，他們都是從中國大陸渡海而來的商人，但其中也有不少是大陸内地的殷商富豪㉖。正如將租佃關係移植到台灣那樣，他們在土地開墾過程中，也將鄉土性商人團體組織搬到台灣的商業活動領域。也就是前述稱之謂「郊」的同行或地區性商業組織。他們在「郊」的統一領導下，協商并規定商業章程，以謀求全部成員的團結和維護其組織的信用㉗。由於中國社會尚無有關商品交易所不可或缺的法規，因而各郊需要自行訂定一般性商事規約。而有關處理商業性的郊務，大多係由會員中篩選擔任董事等負責成員，並組成事務所運籌業務㉘。有關郊的經費，主要是來自會員的會費，但有時也公開地從各地徵收地區稅加以補足㉙。

從本質看，這種團體組織係以保護商人本身利益和伸張其權利爲目的而成立，而且與中國社會特有的鄉土特點息息相通，故得以在同業之間迅速普及㉚，並形成一股統治性的勢力。這股勢力不僅限於經濟方面，甚至在宗教和治安方面也具有巨大影響。例如祭祀，各「郊」的商人奉祀與其各自商業有關的神佛㉛，並將其稱爲公佛，每年舉行若干次祭典，並在城市中修建寺廟，恰如同農民在莊堡内建築寺廟以表示其統一的共同意識㉜。此外，在維持治安與公益事業活動方面，各「郊」的實力也是不容忽視的㉝。不可否認，這些活動構成了各「郊」主要事業的一環，對郊商自我防衛的動機和抬高財界作爲實力者的形象，發揮著很大的作用。而郊商做出的上述實際成績，正顯

示出它已是在社會上擁有强大勢力的一個階級。一八八四年中法戰爭時，台南三郊曾於台南設立團練分局，以董事爲局長，培養勇士以備邊防；而台北三郊爲防禦法軍偷襲，並制定法律極力保衛地方安全㉞。上述活動明顯地表現出郊商組織具有抵禦外來勢力侵入的一種防衛組織性格。

3.本地資本的存在形態

如前所述，隨着台灣土地開墾的進展及對岸貿易的發達，從中國大陸接踵而至的大量移民形成了本地人社會。換言之，這主要是以地主制爲基調的商業性農業社會。在以地主制爲基礎的土地開墾的發展，使台灣的地主勢力滋生，並以這種商業性農業爲背景，促成對岸貿易的發達，從而培育出商人勢力。如斯，在台灣的本地資本勢力大致可分爲兩個階級。前者即地主勢力，主要是以搾取佃租維持其地位；後者即商人勢力，主要是依賴高額商業利潤生存。例如，台灣的佃租率，雖各地不盡相同，但大致上大租戶爲收成的十分之一，小租戶爲收成的十分之四至十分之六（參照第一章第一節）。另一方面，從郊商被稱之謂「各擁巨資、以操勝算」的情況看，其做爲商人，肯定其手中掌握着高額利潤。然而，這兩種勢力無法純粹地加以嚴密區分。在前述從事土地開墾的所謂「擁有財力權勢者」或「富豪紳襟」，並非自中國大陸來台灣時就是地主㊱，而且他們即使在大陸是多年的地主，也不會是單純的地主，他們兼有兼當商人、高利貸者的複雜性格。對這一點，也可從商人與高利貸資本又擁有大量土地一事深刻地得到體會。但可以認爲，台灣的土地開墾，是由於中國大陸的商人及高利貸資本的流入而促成的㊲。事實上，台灣的本地社會，具有以家族共同體爲核心，將財產分別投資於各種行業的習慣㊳，或者利用農業產品商品化的發展，對農民發放高利貸，或者以商人的立場，兼營高利貸式農村金融機關。因而台灣的本地資產家階級具有既是地主、商人，又是商業性高利貸者三位一體的性格。

然而，這種以高額地租和商業利潤，以及高利貸爲基礎累積的本地資本勢力的財富，根據由中國大陸移植到台

灣的家族制，世襲性的集中與分散仍在起著作用。自古以來，中國社會的構成單位是家，聚集家而成為社會[39]，從其經濟面看，家形成財產權的主體，原則上係以財產不屬個人所有而屬於家族所共有的所謂家產制度為特徵。換言之，儘管財產是由家族各成員通過個人的辛勞所獲得，但原則上是歸全體家族所共有而委由家長去管理處置[40]，而且對財產的繼承問題，一般在家長逝世後才開始處理，並採取以直系男系為中心的均等主義[41]。而在台灣社會過去就不存在像日本傳統社會那種由家庭長子繼承的嫡男主義或宗祧繼承，而原則上是嫡子、庶子均等分配，但旁系親屬在任何情況下均不得繼承。這種家產制度，對本地資本的形成具有不容忽視的影響。亦即，一方面具有積極的作用，即可能以家族為中心使財富集中與增加，從而促成族系資本的形成與發展；但另一方面也具有消極作用，即由於在大家族制度[42]下進行均等繼承制，因而分家必然會導致資本的分散或零細化。可以說同時具有這兩種作用。無庸贅言，家產的分散受嫡子的人數與家長在世期間長短的影響。因此，本地資本勢力除受一般經濟規律的制約外，基於家產制的家族結構和世代交替，也左右其資本的集聚與分散。

總之，本地資本勢力的擴大與發展，並非是台灣島內的生產力發展的必然結果，而是與對岸貿易的關係造成的。從這一點來說，不論是商人資本或是地主資本，從本質上均未超出前期資本的範疇。但由於它深深地札根於台灣農村社會，並與鄉土性共同體組織相結合而生存，使得其勢力從內部牢牢地掌握着台灣經濟。直至十九世紀後半期，台灣被迫開港而闖入外國貿易資本，本地資本即以這種形態，深深地將根子札在台灣社會內部。

二、强制開港以後

從鴉片戰爭（一八四二年）開始，對於連續不斷吃敗仗的結果，清朝遂於一八六〇年被强迫開放台灣北部的淡水和南部的安平兩港。進而又於一八六三年被强制開放了北部的基隆和南部的打狗（高雄）兩港。藉着這種被迫而

向外國勢力開放的契機，台灣開始與外國市場接觸，從而導致北部茶業和南部砂糖業出現勃興局面。

首先是，茶業於一八六九年與美國市場發生聯繫，作爲出口產業而急速發展。由於外國商社競相購買粗茶而刺激了茶葉的價格，遂誘使農民擴大了種茶的規模㊸。另外，進入一八七〇年代，由於澳大利亞的墨爾本砂糖公司訂購大量砂糖，使台灣製糖業迎來了一個興盛期（參考前述第1表）。一八八六年以後制定了砂糖釐金稅，使砂糖貿易稍受影響，但砂糖依然是台灣南部的主要出口項目。

由於茶、糖兩大出口產業的發達，使台灣的對外貿易自一八六五年至一八九三年的前後約三十年間，進口約增加三．五倍，出口增加十倍。特別是淡水和基隆兩港，由於茶葉的出口，使其同期的對外貿易增加三十四倍㊹。然而，隨着對外貿易新的飛躍和外國勢力的新擴張，使深深札根於台灣社會的本地資本勢力的生存基礎發生什麼樣的變化呢？

首先闡述對它的結論，即本地資本勢力並未遭受嚴重打擊，反而由於對岸貿易的相對衰退和台灣島內商品經濟的進一步發展，一邊受著外國貿易資本的控制，一邊加强了其本地資本的性格。亦即，由於外國商人的登台，使迄今以對岸貿易爲基礎的北郊、南郊商人的權力，不得不大爲衰弱，但以島內交易爲基礎的內郊商人勢力，不僅未垮台，反而得以藉茶、糖等出口商品爲中心而活躍。這是由於進入台灣的外國資本，其本質並非屬於產業資本，而僅是一般的商業資本。而它作爲一個商業資本，不可能深入島内的交易過程而突破既存的强大本地勢力，直接與生產者進行交易。以下擬對台灣的糖、茶出口交易過程進行簡單的探討，以便進一步說明上述結論。

1.茶的出口過程

茶的出口過程，自茶農到出口商人之間，尚有茶販子、茶棧、茶館、經手人，買辦等各種商人，分別扮演著各自的角色㊺。在初期，外國商人即洋行主要是接受香港上海銀行提供的資金，利用買辦制度㊻，進行箱茶和袋茶的

買賣。對他們來說，利用在島內擁有經濟基礎的本地商人進行交易，比自己直接插手來得既安全又能多獲利，可說是萬無一失。其後，洋行於廈門設置總辦事處，承辦茶葉的收購事宜，而其茶葉資金則經由媽振館㊼籌措。而在這裏所說的媽振館與買辦不同，並非完全聽命於洋行的指示而去進行買賣的仲介者。他們有時亦接受茶館的委託，承辦茶葉的販賣業務，甚至親自前往廈門輸送茶葉，具有某種程度的自主性㊽。

這樣，由洋行流入的茶業資金，首先以媽振館爲媒介流入茶館，再由茶館以預先付款形式交給生產者。這種流通形式已遍及台灣島內。從事茶商業者大多係中國大陸人，特別是廈門、汕頭、廣東出身的商人。他們每年均在四、五月左右來台灣，待茶葉的製造與登市結束，再束裝返回大陸，相沿成習。因而不能將茶葉的勃興與培育及壯大本地資本勢力看成直接的因果關係。但在此期間，本地經濟勢力亦逐漸對茶的培養感興趣。例如北部，特別是台北，隨著一般商業的發達，一八五三年（清咸豐三年）結成的台北三郊業組織㊾生意極其興隆，一八八五年在茶業界成立稱爲茶郊永和興的組合㊿等，即爲其繁盛之一斑。在日本佔領台灣之前，本地人業已開設了專門負責金融的滙兌館（滙兌商）。根據媽振館的委託，亦承辦滙至廈門三日付款的茶葉信用支票(51)。在這些商人中，也有像林本源家族那樣在台灣擁有相當多的土地和財力的地主和資本家。在日本佔領台灣初期，這些地主和資本家即已擁有可利用對岸滙兌金融獲取巨額平價利益的極大勢力(52)。本地經濟勢力崛起的另一個原因是，隨著茶園的開拓與擴大，茶園主即地主的勢力的伸張。一八七七年左右，從台北的大稻埕向周圍的山岳望去，所能映於眼簾中的，幾乎全部變成了茶園。對地主來說，種茶的收益遠較其他作物更能帶來利潤(53)。無庸贅言，當時被稱爲台灣最大地主的林本源一族，係最大的茶園主(54)，該族同時也是滙兌館的經營者，在台北與廈門兩地設置了幾家滙兌館，從事金融滙兌與高利貸活動(55)。

總之，在日本佔領台灣時，台灣本地商人業已取代了大陸商人，紮紮實實地具備了經營茶館的實力(56)。

2.砂糖的出口交易

從砂糖出口交易的過程看，正如第13圖所示，在被强制開港之前，雖根據地方的情況而有些不同，但其過程大致與茶葉的出口同樣複雜。亦即，由糖廍，即砂糖生產者到北郊即出口商之間，尚存在「鈷脚」、「出庄」、「糖割」、「糖行」以及「港郊」等各類商人[57]。而被强制開港後，儘管增加了外國商人的勢力，但這一交易路線並未大幅改變，買辦們依然是通過鈷脚、出庄、糖割、糖行、以及港郊進行收購。只是，雖然原以大陸對岸貿易爲基礎的北郊商人，因其對日出口的糖業被剝奪泰半而衰落下去[58]，但他們的衰落並未造成對島內本地商人的重大打擊。而從島內砂糖交易看，由於砂糖交易不存在茶葉交易機構那種由大陸商人直接交易或介入貿易金融的情況，而不管交易多少都是由本地商人承辦，因而本地人在在砂糖業方面的經濟勢力遠較茶業爲强[59]。亦即，砂糖金融多爲由洋行親自兼任外國銀行的代理店來進行，也有由本地人經營的糖行兼任的情況[60]。

在砂糖出口的交易過程中，大陸商人的勢力爲何遠不如其經營製茶業時的光景而衰退，這是值得探討的極爲重要的問題，但其原因至今尚不明確。一般認爲，主要是由於在砂糖交易的過程中並不需要像茶葉那種對粗茶再製加工的茶館，雖也存在類似的糖間，但其在交易過程並不居重要地位[61]。同時，砂糖的出口規模亦不比茶葉，且其價

第13圖　砂糖出口之交易路線

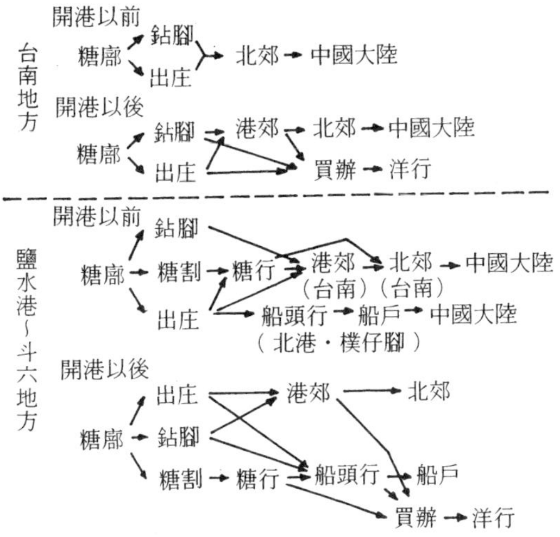

引自「台灣糖業舊慣一斑」，76～79頁。

格易受氣候左右的收成情況影響而出現大波動，但資力雄厚的外國商人的傾向是，多爲追求投機性利潤而積極活動[62]。此外，砂糖出口交易不像茶葉那樣各自形成獨立的交易系統，而經常是與島內各種產品，特別是與米的出口兼營[63]，因而本地商人在已有的基礎上進行砂糖的交易機會就多。從這些情況看，大陸商人進行砂糖交易就比發展茶葉貿易困難。即使是外國糖商，由於一八八六年五月起需繳砂糖釐金稅而使砂糖貿易受到困擾，也出現了相繼退出島內市場的傾向[64]，這使本地糖商迎來了出頭的機會。例如，很快於一八七三年在橫濱設置順和棧的和興公司，將其勢力大幅擴大到佔居從打狗港出口砂糖的三分之一的程度[65]。

總之，因被强制開港而帶來的茶業、糖業的勃興，以及因外國資本的擴張而導致出口貿易的發達，均對本地資本勢力產生了極大的影響。對此，具有兩點值得探討。其一是，從本地性質這一點看，隨著對岸出口貿易的衰退和外國貿易資本的進入，與中國大陸的經濟關係逐漸淡化，而作爲本地資本勢力的台灣本地性格愈益濃厚。以台灣三郊爲例，特別是專管對岸貿易的的北郊和南郊，從一八六二年至一九七五年（清朝同治年間）以後，由於出口量的大幅減少而不得不走上衰落之途，即是具有代表性的事例。此外，還有如前述和興公司那種由本地商人親自從事輸出而與對岸商人分離營業的傾向[66]。總之，本地資本勢力雖仍處在外國貿易資本勢力之下，但反而加强了它的本地性格，逐漸脫離與中國大陸的裙帶關係。

另一個值得探討的問題是，從財力方面看，本地資本勢力亦明顯地出現了幾個族系資本系統。前述林本源家族不僅是北部最大的茶園主，同時也從事茶業金融和滙兌金融；而陳中和家族則通過和興公司，以橫濱、香港及打狗爲舞台，以從事砂糖貿易爲中心，而逐漸成了富商[67]。在日本佔領台灣之前不久的一八九五年時，擁有一千萬到四千萬銀圓以上的台灣本地資產家至少有四家，而擁有一百萬圓以上者，則達十七家之多[68]，這表示本地經濟勢力已相當强大[69]。當然，他們的這些財富都是因從事對外貿易而累積的[70]。

① 正確地說，人口數為二，〇〇三，八六一人；戶數為二四一，二一七戶（前述連橫著「台灣通史」，一五五～一五七頁）。另有一說是，一八一一年台灣人口數為一九五萬人（參考台灣省文獻委員會一九五三年在台北出版的「台灣省通志稿」，第三卷，人民志，一五八～一五九頁）。

② 參考高拱乾著「台灣府志」。係台灣銀行經濟研究室複製版，載於台灣文獻叢刊第六五種，一九〇六年於台北出版，一八五～二〇六頁；周鍾瑄著「諸羅縣志」（第二冊）。同前複製版，載於台灣文獻叢刊第一四一種，一九六二年出版，一三五～一五三頁；王瑛曾著「重修鳳山縣志」（第一冊）。同前複製版，載於台灣文獻叢刊第一四六種，一九六二年出版，五一～五八頁等。

③ 請參考以下檄文，即「時居深秋，草枯水涸，正生番出没之時。邊界巡防宜極嚴密……其零星散戶，既盡押歸大莊……易於巡防，更宜守望相助」（莊年「飭零星散戶歸併大莊檄」、「使署間情」第三卷所收，台灣銀行複製版，台灣文獻叢刊第一二二種，一九六一年台北出版，八九頁）。另參考富田芳郎著「台灣村落研究」；「台灣文化論叢」第一輯，一五九頁。此外，須附帶說明的是，此文對原先住民具有攻擊性的描繪。

④ 簡言之，清朝對台灣的統治方法，只有徵收租稅及鎮壓暴動，其他則全部交由本地人自治。台灣被劃為一個行政區，分成三府、四廳、一直隸州和十一縣的情況，則直到清朝統治末期的一八八五年（光緒二年）才正式落實。在此之前，地方基層行政組織的負責人，則全由地方的上層挑選其中德高望重的人士來擔任。詳情請參考戴炎輝著「清代台灣鄉莊之建立及其組織」，載於一九六二年九月出版的「台灣銀行季刊」，第十三卷第三期，二六七～二九六頁，以及台灣銀行經濟研究室編印的「台灣經濟史」，第九集（重新收集），一九六三年台北出版，五六～八三頁。

⑤ 詳情請參考前述伊能著「台灣文化誌」，上卷，六四七～六四八頁。

⑥ 參考前述戴炎輝著「建立及其組織」，特別是二七四～二七九頁所載內容。

⑦ 關於保甲制度何時在台灣開始推行一事，目前尚不清楚。據戴炎輝說是康熙年間（一六八三年至一七二二年）（前述論文二八〇頁），但伊能則說是雍正十一年（一七三三年）（前述「台灣文化誌」，上卷，六七六頁）。但無疑台灣是正在進行土地開墾的過程中推行保甲制度的。

⑧ 參考台灣總督府一九一九年出版的「台灣宗教調查報告書」，第一卷，五〇～五二頁，以及陳文達著「台灣縣志」（台灣銀行複製版），載於台灣文獻叢刊第一〇三種，一九六一年出版，五六頁。

⑨ 參考戴炎輝著「清代台灣鄉莊的社會考察」，載於「台灣銀行季刊」第十四卷第四期，一九六三年十二月號，二二三～二二七頁。

⑩ 所謂的「分類械鬥」，是指遷居到台灣的漳州人、泉州人，或者福建人（閩）及廣東人（粵）之間產生的種族性亂鬥。這種種族性

紛爭，最後其鄉里或姓氏不同者也都捲入，其爲私利而鬥的不和情況相當嚴重。其中最激烈的事例是，一七八二年的莿桐腳事件及一八二六年的李通事件。關於械鬥事件，可參考山崎、野上一九二七年合著的「台灣史」，二二〇～二二二頁；以及前述「台灣文化誌」，上卷，九二九～九五三頁。

⑪ 據說在一八五一至一八五八年（咸豐年間），發生漳泉的分撥格鬥時，台灣北部的大業主林維源，曾乘機掠奪泉州人的田園，並將其納爲自家的田產（前述台灣總督府民政部殖產課編「台北縣下農家經濟調查書」，一三一頁）。

⑫ 台灣與對岸大陸進行貿易，最早應是一六六一年（清朝順治十八年）鄭成功佔領台灣之時。據下述資料載稱：「鄭氏來台，漳泉之民附島寄居，蓋以此爲營商之始」（一九〇九年出版的「台灣私法附錄參考書」，第三編，上卷，五頁；台灣銀行複製版「台灣私法商事編」，第一册，載於台灣文獻叢刊第九十一種，一九六二年出版，一一頁）。

⑬ 請參考同上「台灣私法附錄參考書」，六頁，及台銀複製版「台灣私法商事編」，一二頁。

⑭ 請參考本論文第一章第一節注釋⑩。

⑮ 約爲一八一〇年左右。此事係根據福州將軍賽冲阿入覲的奏言（前述連橫著「台灣通史」，第四册，六二七～六二八頁）。

⑯ 如從「三郊」貿易活動的變化看，其情況爲：「道光初年（一八二一年）至咸豐末年（一八六一年），其商業大興，同治（一八六二年至一八七五年）時爲中興」（前述「台灣私法附錄參考書」，第三編，上卷，六頁）。此外，艋舺（台灣北部）在道光年間（一八二一年至一八五一年）仍是「商船聚集，闤闠最盛」期（姚瑩著「台北道里記」，係「東槎紀略」收錄，爲台灣銀行複製版，載於台灣文獻叢刊第七種，一九五七年出版，九〇頁）。

⑰ 簡言之，所謂「郊」的組織，即是指帶有同業組織性質的商人團體組織（參考前述「台灣私法」，第三編，上卷，五一頁）。

⑱ 北郊專門與上海、天津、牛莊等中國大陸的中、北部海港城市進行交易，共有蘇萬利等二十餘家商店參加。南郊則是專門與廈門、香港、汕頭及南澳等中國大陸南部的各海港城市從事貿易，其成員有金永順等三十多家商店。港郊則是和東港、旗後、基隆、鹽水港、朴仔腳等台灣西部海岸的各海港城市有貿易關係，成員係由李勝興等五十幾家商店構成（參考「台南三郊的組織、事業、沿革」；載於「台灣私法附錄參考書」，第三編上，五～八頁，以及台南州共榮會一九三四年出版的「南部台灣誌」，三八一～三八三頁）。

⑲ 例如，請參考如下敍述：「洎乾隆間貿易甚盛，出入之貨歲率數百萬圓，而三郊爲之主。三郊……各擁巨資，以操勝算」（前述連横第四册，六二七頁。

⑳ 參考前述東嘉生著「台灣經濟史」，二九五頁。

㉑ 鹿港有泉郊、廈郊、南郊等三郊，而淡水則有北郊、泉郊（或稱頂郊）及廈郊等三郊（參考周璽寫「彰化縣誌」，台灣銀行複製版，載於台灣文獻叢刊第一五六種，一九六二年出版，二九〇頁；以及陳培桂寫「淡水廳誌」，同前複製版第二冊，載於台灣文獻叢刊第一七二種，一九六三年出版，二九八～二九九頁）。然而，這些地區的「郊」究竟成立於何時，至今尚無可相信的資料。這是因爲日本佔領台灣時，「在紛擾之際，喪失其一切相關資料」（「台灣私法」，第三編上，五五頁）。根據臨時台灣舊習慣調查會的記載，關於鹿港的泉、廈二郊，約設立於「距今一百五、六十年以前」（見同上，五二頁）。如果確實如此，那就是一七六〇年以前成立的。至於淡水的泉郊、北郊，「至少有一百四、五十年的歷史」（同前，五三頁）。如這一記載屬實，則其設立時間應該是一七七〇年以前。但如前所述，正式承認鹿港與大陸對岸進行貿易的，是一七八四年，淡水則是一七九二年。因而在此以前如果存在進行對岸貿易的郊商組織，則只能認爲它是屬於民間的走私貿易。關於這一點仍有探究的餘地。

㉒ 所謂「六條街公所」，係指設店於六條商店街，即竹仔街、武館街、大井頭街、帽仔街、下橫街及武廟街的文市商人（後述）所組織的商業團體（同上，「台灣私法」，五五頁）。

㉓ 參考前述台南州共榮會編「南部台灣誌」，三八五頁；以及前述東嘉生著「台灣經濟史」，三一〇頁。

㉔ 如12圖所示，行郊是一種批發商。他們是從「外郊」購入大陸的商品，再零售給當地的小盤商或文市的商人團體。一般來說，「行郊」從「外郊」處進貨時，賺取商品銷售額二%的居間費，而其餘的九八%則交給「外郊」。此外，關於向島內其他地區銷售的商品，亦以相同方式與港郊交易。因此，「行郊」也被稱爲「九八行」，而諸行郊旗下各有三、四家盤商，諸盤商之下又各有一百間左右的文市。對「行郊」來說，將獨家銷售權交給有信用的盤商比較安全，也可省下零售之麻煩。對文市來說，直接向「行郊」採購少量貨品價格較貴，不如與大量採購的盤商交易較爲有利。這即需要小盤商存在的原因。此外，在島內交易的過程中，除了行郊、盤商及文市之外，另有出擔，即直接拜訪消費者加以零售的小商人；路擔，即在廟前或城門附近擺攤賣水果及食物的小商人；整船，即搭乘自用船隻在各港口間往來販賣商品者；水客，即攜帶商品，乘坐他人船隻往來於各港口銷售的商人，以及番割，即與原住民交換商品的人等。（參考前述「台灣私法」，一〇三～一〇四頁）

㉕ 參考同上「台灣私法」，第三編，下冊，二七九～二八〇頁。

㉖ 參考前述「彰化縣志」，二九〇頁。根據該縣志記載：「遠賈以舟楫運載米粟糖油，行郊商皆內地殷戶之人」，並指出行郊商人中，有許多中國大陸的殷商。

㉗ 例如，交易所使用的度量衡、通貨的種類、商品的規格、結算條件的交易規定、運費、決定商店破產與否、仲裁、交易手續費的基準等，在郊規中規定了廣泛的有關商業上的章程。（參考清朝「同治年間（一八六二年至一八七五年）的鹿港泉郊規定」，「台灣

私法附錄參考書」，第三編，上冊，一七～一九頁）。

㉘ 例如，台南三郊曾於一八二七年在西門外的外宮後宮設置了三益堂辦事處，即俗稱三郊議事公所。此外，鹿港的泉郊則擁有較為宏偉的辦事處，稱之謂泉郊會館。媽宮（澎湖）的台廈郊，則在媽宮澎湖街設辦事處，稱之謂公所。只有台北的郊商並未特別設置辦事處，而採取在爐主（後述）及媽祖宮（寺廟）設臨時辦事處的方式（參考「台灣私法」，第三編，上冊，六二頁）。

㉙ 例如，台南三郊在一八九〇年（光緒十六年）之前，對出入安平港的貨物，按「每糖一簍一點、每貨一捆一點」的比率，徵收三郊捐金抽釐稅。如此，每年的收入額亦幾達四至五千元（參考「台灣私法附錄參考書」，第三編，上冊，五頁）。

㉚ 按「台灣私法」的說法，「各市街的主要商人，未加入該街的「郊」組織者，幾乎是不存在的」（見「台灣私法」第三編，上冊，五九頁）。

㉛ 例如，文市店（零售商）奉祀關公；行郊業者及與海上有關的商人則拜祭海神水仙尊王和天上聖母。此外，米商拜神農氏，藥商拜神農吳真人，布商拜葛仙王，裁縫師拜黃帝等，各祭各的神。（參考臨時台灣舊習慣調查會一九〇六年出版的「第二次報告書」第二篇，第一章第三節第二款）。

㉜ 例如，台南的水仙宮、天后宮、義民祠等三座寺廟，就是由台南三郊所建（一九一〇年出版的「台灣私法」，第一卷下冊，三四八～三四九頁），並將其祭祀稱為「過爐」。在過爐當天，「郊」必須大擺宴席，並請戲團表演（參考「台灣私法」第三篇上冊，七四頁）。祭祀時，則從會員中選出爐主主祭。爐主除祭祀之外，初期的主要任務是處理郊務。但在十九世紀中葉開始，除爐主之外另設董事一職，專門處理郊務，而爐主則專門從事主祭該郊的神佛（參考同上資料，一六一～一六二頁）。

㉝ 例如，台南三郊在一七八六年（乾隆五十年）十一月林爽文之亂時，曾募集資金招集「義民」。由於鎮亂有功而獲得清朝政府的軍功賞賜。一八〇六年（嘉慶十一年）也曾奉地方政府諭令，幫助官兵平定蔡牽之亂（參考「台灣私法附錄參考書」，第三篇上冊，五頁）。此外，鹿港的泉・廈郊，由於中國大陸的天津地區稻米歉收，自願漕運台灣米穀前往救濟，因而受到朝廷褒賞。而澎湖的媽宮街郊商，亦曾於一八一九年（嘉慶二十四年）因救濟水災難民有功，而受到官廳的表彰（參考「台灣文化誌」，一〇頁）。

㉞ 參考「台北三郊的沿革及其事業」「台灣私法附錄參考書」，第三篇上冊，二一頁。

㉟ 參考注⑲有關敘述。

㊱ 例如，根據「遊說商人林志通為墾戶」（前述連橫著「台灣通史」，第三冊，四三三頁）、「文武官各備資本，召佃墾荒，以為己業」（同上，四二六頁），以及「水沙連隘首黃林旺貪其地腴，與嘉泉二邑人陳大用、郭百年謀墾」（同上，四三一頁）等記錄看，可知墾戶之中包括商人、官僚及軍人等。附帶說明一下，所謂「隘首」即是為防禦番族侵襲，而特別設置的政府機關行政首長

（參考「台灣私法」，第一卷上冊，四六一頁）。

㊲ 參考前述東嘉生著「台灣經濟史」，八六～八七頁。

㊳ 參考一九〇九年出版的「台灣私法」，第三篇下冊，七一頁。

㊴ 關於中國社會的家族制度，可參考仁井田陞一九四二年著書「中國身分法史」及一九六三年著書「中國法制史」，二二二～二四〇頁。

㊵ 參考前述「台灣私法」，第二卷下冊，五四七～五四八頁。關於家產管理權問題，有兩種說法，一是：如果家長在世，則原則上屬於家長；一是：家長只是名義上擁有此權，但未必能按自己的意思去處理家產。「台灣私法」採用前者的說法（同前，五五〇頁）。支持後者的，則有戴炎輝（「近世中國及台灣的家族共產制」，載於「法學協會雜誌」，五十二卷十號，一九三四年十月所收）及矢野仁一、西山榮久（「支那的社會和經濟」，一九四二年出版，九〇～九一頁）。對此問題，如果按照台灣的舊習慣，擬重視前者（參考「台灣舊習慣記事」，第一卷十號，一九〇一年一月，四〇、五〇頁；同雜誌第三卷一號，一九〇三年一月，三五頁；及同雜誌第四卷六號，一九〇四年六月，三三頁各篇「關於遺產繼承方面的問答」）。

㊶ 雖說採取均等主義，但根據家長的意見及繼承人之間的協議，也多少有些差別。此外，根據嫡子、庶子及養子等不同的身分，也多少有些差別。一般說來，嫡子和庶子所得比例是六比四（參考「台灣舊習慣記事」，第一卷十號，四七頁，及第三卷一號，四二頁）。

㊷ 一般地說，台灣本地人的大家族制度，根據家長的在世時間長短而有所不同，但大都是三、四世同堂，平均每戶有四至六人（參考戴炎輝「清代台灣之家制及家產」，台灣省文獻委員會編「台灣文獻」，第十四卷第三期，一九六三年九月「台灣家族研究專號」，一～一九頁中收錄的一～二頁）。

㊸ 據說，茶業急速發展的原因，主要是外商競相收購粗茶，刺激了茶葉的價格，誘使農民擴大了種茶的規模。一八七二年時，除Dodd & Co.之外，另有Tait & Co.; Elles & Co.; Brown & Co.; Boyd & Co. 等四家公司加入茶葉出口的行列，從而加强了茶葉的採購競爭。（James. W. Davidson, op. cit., 三七四頁）

㊹ 詳情參考「中國各港口貿易年表」（前述東嘉生著「台灣經濟史」，三五一～三五三頁）。另外根據H. B. Morse的淡水海關報告，在一八八二年到一八九一年這十年間，該海關的出口貨物中，茶葉佔了九四%，其餘的則是，樟腦佔一・五%，煤炭佔二%等，至於「其他出口商品，不論是數量上或金額上都很少」（「一八八二年至一八九一年台灣淡水海關報告書」，台灣銀行經濟研究室一九五七年在台北編印的「台灣經濟史」六集，八八頁）。

㊺ 其中，耕種茶園者亦係製造粗茶者，而製造粗茶者至少可分爲以下三類。第一類是，擁有土地及茶欉者；第二類是，沒有土地但有茶欉者；第三類是，既沒有土地也沒有茶欉，完全爲他人耕種茶園的佃農（參考前述「經濟資料報告」上卷，七六頁）。因此，製造粗茶者未必是擁有茶園者。這些茶農每年在一定的季節裡，雇用採茶女來採摘生葉，並製造成粗茶。茶葉商即爲中間人，作爲專門掌管集聚粗茶上市的商販，介入茶園主即山方生產者與茶棧之間，有的則自己出入山地收購粗製茶，有的雇請中間工或「稱腳」（也被稱爲「短販仔」）前去收購粗製茶，然後再將其轉賣給「茶棧」。「茶棧」是一種以茶袋買賣爲目的的交易場所，具有固定的店舖，將自茶販那裏收購來的粗製茶，在店內進行好壞摻合後，再賣給茶館。茶館屬於精製茶業者，將茶葉加工後裝入箱內，再通過買辦將箱茶轉賣洋行，或是通過買辦由洋行收購（關於以上敍述，可參考「經濟資料報告」，上卷，七一～七三頁、八二～八三頁、八九～九一頁；以及台灣銀行一九一一年出版的「烏龍茶業的概況及其與茶業金融的沿革」，二〇～三六頁）。

㊻ 這裏所說的「買辦制度」，是指隸屬於洋行或外國商人，繳納保證金，爲洋行和銷售者接洽關係，設法使其交易達成協議，藉此獲取一定數額報酬。係本地商人所積極從事的一種交易組織。衆所周知，買辦制度是一八四二年簽署南京條約之後才顯露頭角的。關於這一點，可參考根岸佶一九四八年所著「買辦制度的研究」，三四～一一六頁。

㊼ 這裏所說的「媽振館」，起源於英文的 merchant，係以前的茶業者之間的金融機構。如深究其業務形態，他們本來既非單純的茶商，亦非一般中間商。換言之，他們的身分雖然是茶商，但也介於其他洋行與茶商之間，運營製茶的委託與販賣，同時將製茶做爲抵押，進行通融資金的工作（參考前述「台灣銀行二十年誌」，九頁）。

㊽ 媽振館曾於廈門設置總行，將自台北分行出口的茶葉，經過交涉，讓廈門當地的洋行加以收買。在此情形下，媽振館並不單純是買辦仲介商，也伺機將茶葉囤積於庫房，然後再乘機慢慢賣給洋行（參考前述台灣銀行編「烏龍茶業的概況……」，五四～五五頁）。

㊾ 參考前述「台北三郊的沿革及其事業」，二一一～二一二頁。

㊿ 永和興茶業組合的設立目的之一，雖係摧毀外商勢力，但事實上並非僅止於此。首先提出恢復茶業界的信用，謀求同業之間的和睦。詳細內容請參考永和興規約（台灣總督府民政局殖產部一八九六年出版的「台灣產業調查錄」，五三～六〇頁）。

51 參考前述台灣銀行編「烏龍茶業的概況……」，五六～五七頁。

52 亦即，日本於一八九七年三月公佈貨幣法，將過去的金銀複本位制改爲金本位制。根據該法規定，過去可以換銀幣的紙幣，自同年十月起立即可以其兌換金幣。而早已洞察此情況的香港外國商人，遂於該年八月左右預先購入大量日本紙幣，在台灣反而造成日本紙幣價格遠高於銀幣的怪現象。如斯，滙兌館便由香港運進銀幣，買進日本紙幣，再將其帶往香港，轉賣給外國商人。因此，滙兌

館在每百圓的滙兌中即可賺取五圓以上的暴利。據說，由於這種緣故，使一八九九年流入台灣的銀幣，高達一千五百萬圓以上（同上，六〇～六一頁）。

(53) 前述「經濟資料報告」，上卷，七四頁。

(54) 參考J.W. Davidson, op. cit., 三九三頁。作者雖未明示林本源茶園面積的具體數據，但指出日本佔領台灣後的一八九六年，該家族擁有八九六，四四七欉茶樹（台灣總督府民政局一八九八年出版的「殖產報文」，第一卷，第一冊，八頁）。

(55) 林本源家族所經營的滙兌館情況大致如下：台北建祥的林鶴壽出資，資本為四〇～五〇萬圓；與裕記謙棧的王蒙春、許論潭等人合資，資本約一〇萬圓（「經濟資料報告」，上卷，一〇三頁）。在廈門除上述兩家之外；另有與鴻記的邱祥合資，資本為六萬圓；與萬記的邱岸合資，資本五萬圓；與滙源的邱祥合資，資本四萬圓，以及謙記資金六萬圓的獨資（根岸佶一九〇七年編「清國商業綜覽」，第四卷，三九一頁）。

(56) 其中，最顯著的事例是，山方茶館取代大稻埕茶館一事。事實上，山方茶館早於一八九六年於水返脚興起，而大稻埕茶館衰退的原因之一，在於「地方上本島茶商的增加」（前述台灣銀行編「烏龍茶業的概況……」，二八頁）。

(57) 其中，「出庄」乃是糖行的雇工，在製糖期間經常到各地的莊堡，向糖廍採購砂糖。「鈷腳」則屬於特定糖行，受糖行委託採購砂糖，是賺取中間手續費的商人，「糖割」係比鈷脚稍有資財的商人，但並不像鈷腳那種專屬二、三家特定糖行，或專門從事其委託採購，而是可以自由選擇交易對象，從事本身交易的商人。（參考前述「台灣糖業舊習慣一斑」，八四～九〇頁）。此外還有「糖販子」、「託買人」、「辦仲」等仲介商，以及分棧、居棧及倚棧等交易所或糖行分店（同上，九〇～一〇〇頁）。但由於這些商販在交易過程中的地位並不明確，因而在此加以省略。

(58) 但洋行具有在遠東市場銷售砂糖的力量。大部分出口交易都被他們奪過去（參考同上資料，七八頁）。

(59) 與茶業不同，當外國商人為購買砂糖而在台灣開設洋行時，他們必定會帶著照會狀（推薦信）來台灣。該照會狀即係通過他們在香港或廈門等中國沿岸商館的有信用的中國人，為其在台灣的友人所寫。然後再由其台灣友人斡旋，擔任買辦或雇人（大川仁兵衛所著「台南商業史」及「講農會會報」，第三十一號，一八九七年九月出版，三一頁）。此外，本地人直接進行砂糖出口的情況，可以陳福謙為例。一八七一年（同治九年），他曾自行向橫濱出口二、三萬擔砂糖。也是一八七四年（同治十三年）在橫濱設立順和棧貿易會社的先驅者。同年，陳福謙又成功地向英國倫敦出口三萬擔砂糖。在此之前，向英國出口的砂糖都必須經由香港轉運（參考前述連橫著「台灣通史」，第四冊，六二九頁）。

(60) 例如，德記洋行是印度特許銀行的代理店；怡記洋行是香港上海銀行的代理店；而海興公司則是國家銀行的代理店，而陳中和（後

述）所經營的順和號亦兼營金融業務（前述「經濟資料報告」，上卷，二一五～二一六頁）。

(61) 白糖出口額佔砂糖出口額的比率是，最高爲一八八五年的一〇・四%，最低是一八七五年的一%强（J. W. Davidson, op. cit., 四五七頁）。附帶提一下，在「台灣糖業舊習慣一斑」書中，並無關於糖間的敘述。白糖出口所佔地位的逐漸提高，是在一八九一年之後（參考台灣總督府民政局殖產部一八七七年出版的「殖產部報告」，第二卷，第一冊，四八～四九頁）。

(62) 前述東嘉生著「台灣經濟史」，三四三～三四五頁。

(63) 前述「經濟資料報告」，上卷，七三七頁。

(64) 有關徵收釐金稅，從外國市場，特別是相隔遙遠的歐美市場來說，增加了其購買台灣糖的不利性。砂糖不振的另一個原因是，這些地區性的不景氣變得更加嚴重（PH. S. Mont Genery 著「一八八二～一八九一年台灣南海關報告書」，及台灣銀行經濟研究室編「台灣經濟史」，六集，一一九頁）。當時，「英國糖商亦離本島市場而去」（前述東嘉生著「台灣經濟史」，三四六頁），也是由於這種原因。

(65) 前述大川著「台南商業史」，以及「講農會會報」，第三十一號，一七頁。據說，當時在橫濱或神戶的外國商人或中國大陸商人，並無以銷售砂糖爲目的而開設分店的。

(66) 參考前述「經濟資料報告」，上卷，七三八頁。亦即「本島商人已分開而各自營業」。

(67) 一八七三年（明治六年），陳中和首次前赴橫濱，開始與大德堂及增田屋進行台灣紅糖的交易。其後，遂在橫濱與其弟維馨設立順和棧店舖（「陳中和翁傳」，七頁，以及糖業協會所出上述書，三〇七頁）。前注(59)中曾提到陳福謙，此人亦於橫濱設立順和棧。從時期看，陳福謙的出身地是旗後（前述連橫著「台灣通史」，第四冊，六二九頁）。因而可以認爲，陳福謙不是陳中和的別名，就是其同族。根據前述傳記，陳中和不斷將橫濱的砂糖盈餘滙送香港，其本人亦曾乘船到該地，採購鴉片、石油、雜貨等等，而後再回到打狗（高雄）販售，反覆不斷，遂積有巨款。陳中和於橫濱設置順和棧後，於一八八三年（明治十六年）返回台灣，與島內有志者組織和興公司，進一步擴大將台灣砂糖和稻米輸往橫濱的業務（同上）。

(68) Albrecht Wirth, Geschichte Formosas bis Anfang 1898, Bonn, 1898。曹永和譯「台灣之歷史」，台灣銀行經濟研究室編「台灣經濟史」，六集，一～八四頁，七〇頁。

(69) 其最明顯的事例即是，在一八八五年至一八九二年間統治台灣的巡撫劉銘傳，此人建立了很大的功績，但因無法徹底實施而被迫辭官。深受矚目的是，伊能對此評爲「劣紳土豪之徒，陰陽倒錯，以造謠、誹謗阻擾爲能事」（前述「台灣文化誌」，中卷，五八九頁，傍點是引用原文）。

⑺ 在本項，省略了台灣的最重要物產樟腦及金礦二項商品經濟的發達情形。這是根據下列二個理由：一是樟腦和金礦生產的規模不如茶、糖；另一較重要的原因是，此二大特產屬政府專賣，民間勢力無法插手。關於此二大特產的發達過程，在 J. W. Davidson. op. cit, 三九七～四四三頁及四五九～四七五頁中有詳細的敘述。

第二節　本地資本的「整頓」和從屬化

一、「整頓」的內容

1.地主階級的「整頓」

日本帝國主義統治勢力在台灣的出現，很快即遭到壓迫的是本地地主階級，即土地所有者。在全島性抗日游擊活動極其活躍的形勢下，台灣總督府決定在台灣開始適用「六三法」（第一章），即律令制定權（一八九六年三月三十日）。同年八月又發佈「台灣地租規則」（律令第五號），並以此爲基準（府令第二八號「台灣地租規則施行細則」），在承認「舊慣」的前提下，決定對農田徵收地租，以小租戶爲納稅義務者①。尤有甚者，於一八九八年七月分別發布「台灣地籍規則」（律令第十三號）及「台灣土地調查規則」（同第十四號），開始著手進行對地主階級的整頓。亦即，通過前者令「業主」登記土地帳册，再根據後者使其各自申報所有的土地。經由這種辦法，核定土地的「業主」、境界和種類等②。這些針對地主階級，即土地所有者所施行的一連串措施，其直接的意圖在於讓本地人承擔日本在統治台灣初期，因島民的激烈抵抗而大幅增加的財政支出③。從客觀上看，係以法律來明確本地地主階級的主體，從而將其納入新秩序範疇的一個開端。

以此爲前提而着手進行的土地調查，正如第一章第二節已有所詳述，是進入了整頓舊有的大租權（戶）。在此不再重複敍述，但需指出三點值得注意的問題。

第一，對大租戶來說，近三七八萬圓的大租權補償金（前述第5表），絕非是一個大面額的補償。從內容看這筆補償金的審查仍有許多難解之處④，但與日本統治以後的年均一，〇七六，四三六圓⑤的大租額相比，則該補償

金只不過相當於它的三・五倍。如再考慮當時的大租率約佔年間收成的一〇%，則補償金即等於僅佔年間收成額的三五%左右⑥。而且幾乎都是皆以「帝國五分付息證書」和「台灣事業公債證書」加以捐贈，因而大租戶實際上是轉而變爲公債證書的所有者。而不久這些公債就會被以台灣銀行爲首的日本人勢力低價收購，從而使他們中間的多數人在困境中掙扎。（第一章第二節）

尤有甚者，台灣總督府在進行土地調查時，發布了「無主土地歸國有」的原則⑦，即將未申告土地之「業主權」劃歸國庫所有。因此，本地人對這一新政策極感惶恐不安，爲能確實掌握土地的私人所有權，遂主動地向新政府爭取對其土地所有權的確認。爲此，第一次的地租徵收對他們正是一大良機，實際上，他們之中的多數人毫不猶豫地完成了地租的繳納工作⑧。一九〇三年十二月，在土地調查和登記都告一段落之際，總督府發布了「有關大租權案」（律令第九號）。翌年五月，又公布「有關大租權整理案」（律令第六號），不折不扣地開始了廢除大租權的工作。

在整頓大租權的問題上，第二個值得注意的要點是，其整頓工作實際上是將負擔加在農民身上，特別是現耕佃人即佃農身上。亦即，根據「台灣地租規則」（一九〇四年十一月公布，律令十二號），決定了新地租比率⑨，結果使原先一年間九〇萬圓左右的地租徵收額，驟然增加三倍以上。這也是由於進行土地調查時，農民未申報的隱田被揭發，使需要課稅的耕地面積較劉銘傳時代增加七一%之多⑩。因而實際上，小租戶和現耕佃農即佃農來說，廢除大租權不僅未減輕他們的地租負擔，反而由於國家權力代替了大租戶而大幅地增加了負擔。而且這種負擔是沒有什麼期限的，甚至是日益加重的一種永久性的負擔。換言之，整頓大租權只不過是將小租戶（地主）和佃農納入日本國家權力統治過程中的一個場面而已。

第三點是，在上述的納入過程中，不容忽視的重大問題是，總督府並未制定有關小租（地主）權和佃租比率的

法令規定。亦即地主制在維持舊習慣的前提下仍繼續存在，而小租戶就名符其實地坐到地主的位置上。但從當時的台灣社會經濟形勢看，如對小租權和佃租加以規制，明顯會搞亂日本的殖民地經營⑪。而從日本資本主義的落後性格看，也無必要摧毀台灣的地主制而去積極推行農業的資本主義式經營。而保留台灣的地主制，通過苛刻的地租徵收關係，坐收農民的勞動剩餘價值，才是對日本資本主義最爲有利的體制。

另一方面，對本地資本勢力來説，整頓大租權的「改組」起了不容忽視的作用。在此擬指出以下兩點。第一，由於對大租權的整頓，使得本地大地主階級或多或少獲得向現代產業和金融投資的機會。例如，在這一時期設立了彰化銀行（資金二二萬圓）、嘉義銀行（二五萬圓）、台灣製麻會社（二〇萬圓）等本地系統的銀行及會社⑫。這些都是根據國家的意圖，在其强有力的行政指導下實現的。台灣的地主階級也因此而得到參與現代化產業和金融組織的機會，亦即開拓了自上而下的「現代化」道路。以此爲開端，一九〇六年以後，本地地主和資產家受日本資本的誘邀而進一步擴大了投資對象。第二點是，台灣的土地所有規模日益零碎化。由於缺乏整頓大租權當時的土地所有規模資料，無法準確地掌握其實際情況，但從約爲三九，八〇〇人的大租權利者及其對立約三〇萬人義務者（小租戶）的構成情況（第5表）看，大致可推定爲一比七⑬。如果是這種情況，則可以認爲，過去在名義上屬於大租戶的具有一定水平的土地所有規模，通過對大租權（戶）的整頓，以小租戶爲主體而被分割與零細化了。這種情況也意味著台灣的許多地主階級被驅逐出僅依賴地租收入的生活。一九〇五年之後，市街上出現許多個人經營的各種雜貨舖，令人聯想到上述情況的關連。而一度恢復平靜的島内治安狀態，一九〇七年左右又變得那麼不穩定。可以認爲，這與那些受大租權整頓餘波衝擊而生活陷入困境的「不滿份子」的蠢動有關⑭。如上所述，大租權的整頓對台灣的社會經濟帶來了各種的衝擊。

2. 對商人階級的限制

其次，擬探討對另一個本地資本勢力，即商人階級的整頓情況。這一點尤爲明顯地表現在糖業組合成立及對其所進行的統制。台灣總督府在發布「台灣糖業獎勵規則」（律令第五號）後的翌年（一九〇三年），即着眼於「留意從糖業得到的啓發作爲手段，依靠組合加以鼓勵較爲有利」⑮，暗示各地方官廳新設糖業組合。如斯，鹽水港帶頭公佈了糖業組合規則（一九〇三年二月，廳令第一號），接著嘉義廳（同年六月，廳令第七號）和阿猴廳（同年七月，第十三號）也公佈了同樣規則⑯。如根據這些規則及其後發布的糖業組合規約標準告示，稍加深入地探討其內容，則可察覺各地雖多少有些不同，但大致可歸納出以下幾點：第一，糖業組合的設置地區是按照廳長的指示決定的，而未加入同一地區組合者禁止營業。第二，組合成員包括砂糖販賣者、甘蔗栽培者及製糖業者。第三，組合成員在營業上必須接受嚴格的管理等。例如對銷售商，限制其資金借貸的利率、禁止其依據舊習慣交易而抬高價格、組合可設置特約店及進行販賣活動⑰。對於這些營業上的管理，廳長擁有「隨時要求組合提出業務報告，並派遣官吏視察組合情況」的權限⑱。特別是在選定組合會長、副會長甚至常務會議成員時，必須事先得到廳長的認可。不可否認，糖業組合帶有強烈的國家權力外圍機構的性格。

通過這種官制組合的成立，本地糖商過去自己組織的白糖業組合⑲及士商公會⑳遭到破壞，從而失去了其自律性的有利地位㉑。其中如嘉義廳屬下的糖業組合，由於組織連合體而進行共同銷售，使島內本地糖商幾乎喪失活動的餘地。亦即製糖人必須將其所製蔗糖全部委託組合銷售，而組合又是聽從一個理事長（日本人）的指示進行砂糖銷售，從而使「舊習慣中的交易方法被全盤否定，糖商和糖廍的交流渠道被切斷，使辦仲、糖行和輸出商皆蒙受重大打擊，變成唯有預先付款才能進行交易的狀態」㉒。這種方法限制了大多數業者的自由銷售，迫使他們委託給少數壟斷販賣者。乍一看，似乎是爲了保護生產者的利益，但其實質是使蔗糖製造業者不得不附屬於三井物產會社及增田屋等日本大糖商的一種計謀。從這種糖業組合的成立看，本地糖商勢力在日本資本尚未正式侵入台灣之前，即

已遭到日本國家權力的限制而被「整頓」。特別是在一九〇八年到一九〇九年以後，現代化製糖場在產量上已經淩駕於舊式糖廍，本地糖商的衰落已成爲難以扭轉的趨勢。

然而，對日本的國家權力經營殖民地的角度看，正如其在土地整頓過程中必須保留地主制那樣，也必須利用土著商人勢力。從糖業關係看，其典型的事例是，誘導陳中和家族創設新興製糖會社和林本源家族建立林本源製糖會社。值得注意的是，這兩系家族資本均以某種形式與日本統治階級有著較深的瓜葛。亦即，陳中和在甲午戰爭中曾幫助過日本軍，因此而於戰後害怕遭「匪徒」侵襲而逃往廈門，直至一八九七年秋才在台灣總督的規勸下返回台灣㉔。他之所以能成爲台灣製糖的大股東，並創設新興製糖，實際上是由於與總督府密切勾結的緣故。另外，留在台灣的林本源，必須依靠總督府來「保護」其林氏家族和家產，而總督府也認爲台灣銀行要在廈門開設分店，必須依靠在當地有根基的林家協助。因而以一九〇〇年四月雙方接觸㉕爲契機，「可以說林本源全家即被置於台灣民政長官的保護之下」㉖。林本源製糖會社即是在這種背景下創設的。

與此相當不同的是，本地商人資本在日本資本勢力尚未染指的出口商品，或是國家專賣品（鴉片、食鹽、樟腦、香烟等）之外的島內商品交易方面，堅守著長年鞏固下來的地盤。例如，前者指的是茶；後者主要是米、食油、中草藥等，以及農產品和由其加工的日常用品。關於製茶交易的國家限制，一九二三年設置台灣茶共同販賣所之前，幾乎没有什麼規定㉗，本地茶商係在洋行的控制下，遵循舊的習慣進行交易。另外，在有關米、食油、中草藥等日常用品方面，也不存在排斥本地商人的交易規定。從第171表中可了解本地商人的活躍情況。由於當時的統計數字不十分完備，不易掌握全面的實際狀況，但根據該表的數據看，以合股組織經營的商店，僅北部地方即有二三六家，股東（出資者）超過八百名，出資額達三七萬圓。中部六街共有二七七家，加上私人經營的共達九四六家㉘。這些本地人經營的商店，其規模一般多在三、四千圓或兩、三萬圓左右，雖可視其爲零碎出資的合作，但不能

第 171 表　北部主要市街之合股狀況(1904～05 年左右)

市街別	商店數	股東人數	資本額(圓)	平均每店資本額(圓)
大稻埕 (1	58	206	130,770	2,255
艋舺 (2	22	66	37,550	1,707
基隆	35	110	67,700	1,934
宜蘭	31	105	29,060	937
其他（17 地方） (3	90	322	105,950	1,177
計	236	809	371,030	1,634

根據「台灣私法」第 3 篇上，1909 年，187～203 頁而作成。
1) 1905 年 5 月之調查，欠缺 3 家資本額資料。
2) 1903 年 12 月之調查，欠缺 1 家資本額資料。
3) 推測 1904 年曾進行調查，欠缺 5 家資本額資料。

因此而認爲那是由於本地商人的財力薄弱所致㉙。必需指出，因爲在當時的社會經濟情勢下，即使是小額出資，也足以經營商業，以及「顧慮到恐慌的情況，而將資金全力投注於唯一的商業，從而分別投入各種事業」㉚的特有行爲方式；還有容易形成共同商業組織的家產平均繼承制度；發達的共同體式鄉土組織。總之，在日本勢力尚未染指台灣之前，本地商人便以上述方式活躍於島內的商業領域。

3. 本地新興勢力的萌芽

在上述的「整頓」過程中必須注意的是，與日本的政治經濟勢力相結合而崛起的新興本地勢力。這種新興本地勢力大致可分爲兩種類型。一種是與日本國家權力相勾結而暴發起來的特權階級，另一種是與日本民間資本相結合而富裕起來的寄生性承包商階級。前者以辜顯榮家族爲代表；後者以顏雲年家族爲代表。如前所述，辜顯榮曾是經營煤炭出口爲主的貿易商人。他風聞日軍迫近台北城後，即挺身而出充當日軍的嚮導，並成爲日軍的承辦商人，在平定「土匪」和日本統治的施政方面，不斷地做出積極的貢獻㉛。由於他立了功，在日本佔領台灣的一八九五年十二月，年僅三十歲即得日本的嘉獎，被封爲勳六等。一八九六年批准他製造和銷售樟腦，奠定了大和行的基礎，使其具備了後來在實業界嶄露頭角的實力㉜。一八九九年，他又被任命爲官鹽銷售組合會長，授與他後日開設鹽田的特權㉝。

顏雲年作爲台灣北部礦山的承包商而開始與日本資本發生聯繫。過去台灣的礦山均屬國有，一直施行鑑牌制度㉞，即向政府繳納一定的費用而換取採掘和冶金作業的認可。由於台灣總督府改變了過去的作法而在礦業權方面採行許可制，以合股公司藤田組爲首的日本資本，在獲得許可之後即向台灣北部一帶的礦區擴張。自從採行許可制之後，迄今向政府繳納許可費而進行採掘和冶金作業的本地人，遂不得不向這些擁有礦業權的日本會社承包工作。而從日本公司的角度看，在廣大的礦業區直接採掘，存在著勞動管理和風俗習慣方面的許多困難，因而將其一部分採掘工作轉交本地人承包較爲妥當。如斯，本地人中間便出現了以承包事業爲生的寄生階級。顏雲年的情形是，承包了藤田組所屬瑞芳礦山的一部分和荒井泰治經營的四脚亭炭坑的

第172表　台灣五大資產家（1900年左右）

（甲，1000圓）

所有人	所在地	土地（評價）	地租	其他	會計(約)
林本源	台北·板橋	5,300 (3,000)	30	150	3,120
林烈堂（林獻堂）	台中，阿罩霧	1,500 (720)	3.8	280	1,000
阿如蘭	新竹	500 (521)	3	148	669
吳鸞旂	台中、新庄仔庄	800 (480)	2	100	500
林季昌	台中，霧峯庄	700 (400)	1.3	100	500

摘自「台灣舊慣記事」第一卷第12號，1901年，64頁。

第173表　主要砂糖輸出商（1902年左右）

商店名	負責人	組織形態	營業資本額
和興公司	陳中和	獨資，本地人	10萬圓
捷興號	孫明輝	獨資，本地人	3萬圓
順源號	陳升冠	獨資，本地人	5萬圓
新德記	盧潤堂	獨資，本地人	2萬圓
怡記	張清輝	獨資，本地人	1萬圓
德昌號	王雪農	獨資，本地人	5萬圓
德記號	方慶佐	獨資，本地人	5萬圓
怡記	亞倫·貝怡	獨資，外商	不明
泰得	阿爾·海斯·翁利	獨資，外商	不明
海興號	哈利·貝斯琴古	台資，外商	4～5萬圓
香野	大板香野支店	獨資，日本人	不明

摘自臨時台灣糖務局「第二次糖業記事」1903年，101頁。

一部分㉟，並以此爲契機，後日從藤田組借到全套設備而大獲其利。由於他進一步加深了與日本資本的勾結，便在台灣北部日益展現出其作爲新興財閥的姿態。

隨著這種新興勢力的形成和抬頭，使台灣呈現出新舊勢力並存的狀態。上述辜顯榮及顏雲年兩家族屬於新興勢力，而林本源、林獻堂、陳中和三族則屬於舊勢力的一部分。林本源和林獻堂兩家族系統被稱爲「台灣素封之家」（引自「史記貨殖列傳」），係台灣屈指可數的大地主及大資產家（見第172表）。此外，陳中和家族系統則因掌握台灣的砂糖出口而成爲首屈一指的富商巨賈（見第173表）。如從地理分佈來觀察這五大家族，林本源和顏雲年兩家族則淵源於台灣北部區域，林獻堂和辜榮顯兩家族則起源於中部地域，而陳中和家族則起源於南部地域。這五大家族系統大致可代表台灣本地資本財閥系統和重要地區的主流勢力。從上述情況看，截至一九〇五年的十年間，在本地社會中出現了過去的舊資產階級粉墨登場與新崛起的處於萌芽期資產階級的並存的狀態。

二、從屬化的實際情況

日俄戰爭（一九〇五年）後，本地資本勢力不得不面臨以糖業爲中心的日本資本的擴張。如本文在第四章所述，一九〇七年至一九一一年間，日本資本入侵之前建立的本地製糖會社大都遭到被合併的命運（第140表），而與現代製糖業有關的本地資產家，只是被做爲投資人而加以利用㊱。根據臨時台灣舊慣調查會的記述，在一九一〇年前後的狀況是：「製糖業逐漸脫離本島人之手，甚至小規模的製糖會社或機器廠（改良糖廍），也有不少已由（日本）內地人經營」㊲。看來，本地資本勢力最多只能從事砂糖的零售業。

然而，隨著日本的殖民地經營，即殖產興業（譯按指發展生產，振興事業）的推行，在本地人資本中出現了以合股組織形式進行事業投資的動向。根據舊習慣調查會的資料（第174表），一九一〇年左右，合股會社的數目高達

第174表　本地人所從事之民事合股規模（1910年左右）

	製糖	製酒	其他工業	開墾	埤圳	養魚池	林業	合計
事業數（組）	121	33	21	51	63	141	4	434
資本金總額（千圓）	731.22	329.11	319.51	515.17	126.22[1)]	141.23[2)]	112.00	2,274.44
每組合之資本金（千圓）	6.04	99.70	15.21	10.10	2.00	1.00	28.00	5.24
最多組合員人數（人）	109	43	38	185	120	43	131	185
最少組合員人數（人）	3	2	2	2	2	2	4	2
最大組合資本額（千圓）	100	102	150	150	10	10	100	150
最小組合資本額（圓）	360	400	200	100	50	20	200	20

依據「台灣私法」第三卷下，259～267頁而作成。
1) 3組合不明，1組合欠缺　2) 1組合不明
本表爲走訪各廳，依口頭回答所製作的，其中部份地方只報告國內著名之合股，所以並不能代表全島正確之數目。

四三四家，投資金額達二二七萬圓。值得提出的有以下幾個問題：第一，合股組織並不限於商業合股會社即經營商店；而已擴展到民事合股會社，即事業投資，而且受到合股投資更加積極的利用㊳。第二，投資事業的對象不僅包括製糖業或養殖業等舊有事業，而且擴大到釀酒業、開墾業等新興事業。第三，合股組織的規模逐漸擴大，特別是釀酒業，平均每一組的資金就近十萬圓，而在開墾業方面，對一個事業的投資就有一八五名組合成員參加。這些都凌駕於製糖業或養殖業等合股組織之上。第四，在這樣的背景下，相應於日本殖民地經營的島內市場之發達、及事業經營的性質，當然有其所必要的客觀條件，但更應該知道日本殖民政策對島內市場與企業的制約與促進作用，遠大於此。合股釀酒和合股開墾事業的發達即是證明。有關前者，總督府基於開源生利的方針，雖於一九〇七年十一月開始徵收被視爲「大好財源」㊴的酒稅，但隨著各地方官廳積極誘導創設釀酒業的風氣漸盛，使本地人逐漸加强了合股釀酒的趨勢㊵。合股開墾亦如此，因爲開墾對象的土地大部分是官有森林原野，首先必須獲得總督府的許可㊶，而且要在一定期限内開墾完畢。這就需要投入大量資本，因而參加的組合成員（股東）也必然是人數衆多的。

此外在會社組織中的本地資本勢力，正如第175表所示，可能有時間性的誤差，但較合股形式僅多出一一〇萬圓，不過是三三七萬圓，尚不及全

第 175 表　本地人會社（股份・合股・合資）組織之投資狀況（1912 年 12 月）　（1000 圓）

業種別	全部		其中本地人經營之會社	
	會社數	實收資本	會社數	實收資本
製糖業	20	54,935	3	2,065
銀行業	4	7,113	2	470
各種製造業	23	1,701	7	194
土地及信託業	6	1,604	0	–
各種商業	20	823	3	125
礦業	1	750	0	–
農業	14	702	4	38
製冰業	8	823	1	63
水產業	5	539	1	51
輕鐵運輸	12	594	4	162
承包業	3	320	0	–
新聞發行業	3	320	0	–
運輸・倉庫業	7	130	2	33
製酒業	9	216	6	143
製樟腦業	2	160	0	–
電氣業	3	88	0	–
雜業	6	169	1	30
計	146	70,987	34	3,374

依台灣銀行「台灣產業及金融統計摘要」1913 年，25～36 頁而作成。
*者表負責人爲本地人之會社。
此表的會社數及實收資本數字，和下面之 176 表皆根據台灣銀行之調查，雖多少有些出入，但此處照刊。

部會社組織的五%。而其中還包括受政府慫恿和指導而設立的一家製糖業（林本源製糖會社，已繳資本一一五萬圓），和兩家銀行業（彰化銀行及嘉義銀行，資本共四七萬圓）。如扣除上述三家會社，則私人自發創設的會社組織，其資本只有一七五萬圓。從這一統計數字看，本地資本勢力的會社組織完全被日本資本所壓倒，因而說它是以合股形態爲主要的生存方式。

本地資本主要採取合股方式的原因，有其本身的前期性運動形態，以及執着於歷來的習慣而難以轉化爲現代會社組織等，但必須指出的是，其與日本殖民地政策的强力干預有關。亦即，自一九一〇年前後開始，本地資本或多或少地設立了稱之謂合股會社、組合或商會等團體營利的組織，但不論是商業合股或民事合股，總督府則一律禁止使用會社行號㊷。一九一二年二月，其發布的府令第十六號規定：「本島人、清朝人或本島清朝

第176表　不同組織之會社・銀行歷年來之變遷（1906～14年）　（1000圓）

年別	株式(股份)會社		合營會社		合資會社		合計	
	社數	實收資本	社數	資本額	社數	資本額	社數	實收資本
1906年	13	8,432	4	183	14	640	31	9,255
07	16	15,244	5	212	18	798	39	16,254
08	24	19,079	8	512	15	635	47	20,226
09	27	25,652	12	2,628	21	3,868	60	32,148
10	40	39,091	12	2,603	26	4,403	78	46,097
11	58	51,567	10	2,590	34	4,843	102	59,000
12	93	63,534	10	1,196	41	2,248	144	66,978
13	99	66,805	12	1,301	47	2,773	158	70,879
14	102	73,610	15	1,250	59	3,090	176	77,950

摘自台灣銀行「台灣金融事項參考書」第12次，1918年，198頁。
本表不包括在台灣有支店、出差所的日本及外國會社。

人所設立的團體，不得在商號中使用『會社』的字眼」㊸。根據此府令，禁止本地人或擁有中國籍之本地人單獨組織合股會社。這顯然是爲了抑制本地資本勢力的抬頭，並以强權手段將本地資本趕進日本資本所設圈套之中。可以認爲，本地資本在這種國家强權手段之下，將會逐漸地從屬於日本資本。

如從以上關係來探討這一時期的會社組織，特別是株式會社的變化，則正如第176表所示。在一九一一年至一九一二年間，株式會社的數目雖從五八家急增到九三家，增加率高達六〇%。但其已繳資本則僅從五一六萬增到六三五萬圓，約只增加二五%。由此可知，零星規模的株式會社在此時期大量增加。與此相反的，本地人較多的合資會社㊹，在此期間的資本却從四八四萬圓減到二二五萬圓，減少率達五〇%以上，而會社數目亦出現停滯趨向。這意味著本地資本由於上述强權手段，不是被日本資本所吸收，就是暫時退出資本市場。

三、五大族系資本的動向

最後，根據上述情況再對前述五大家族系統的資本動向加以探討。如對一九〇六年至一九一四年内創設或參與經營的會社、商店

以家族系統分類整理，則如第177表所示。該表雖未涵蓋全部產業，但仍可大致看出以下幾點。第一，從五大家族系統的事業投資活動看，各族系之間具有顯著的差異。概括地說，林本源家族、辜顯榮家族、顏雲年家族等三家族系統的活動最爲活躍，而林獻堂（烈堂）家族和陳中和家族等兩家族系統幾乎沒有什麼活動。陳中和家族雖以新興製糖業起家，但受日俄戰爭後的經濟反彈影響，糖價跌落而遭虧損，大致上只能堅守原先的商業活動基盤；林獻堂家族，雖參加過帝國製糖會社㊺，但除參與以大租權整頓爲契機創立的彰化銀行㊻和台灣製麻會社的投資外，看不出在其他事業方面有多少投資。然而，林本源家族卻參與了以台灣土地建築會社爲首的八家以上的會社。被稱爲台灣最大資產家的該家族展開如此積極的活動，值得注意。而在這一時期，辜顯榮家族及顏雲年家族也擁有很多獨資商號，從這一點看，可說他們尚處於萌芽階段。但重要的是，辜顯榮家族着眼於土地投資（開墾）㊼和糖廍方面，而顏雲年家族則將手伸向煤礦、冶金方面。從以後的發展情況看，他們均以此爲基礎，飛躍地擴大著其勢力範圍。第二，將上述五大家族系統資本的動向，與日本資本加以對照，則可顯示本地資本所處的位置及其性格。也就是說，家族系統資本的崛起多與日本資本，特別是當地日本資本相結合的，而當地的日系資本一般都是與總督府的權力相勾結，利用本地資產家的財力來投資或開拓新興事業㊽。因而從林本源家族的情況看，雖說是加入了會社這個組織，也不過是掛了個董事的名位。如前所述，自從公布禁止本地人使用會社名稱的府令之後，家族系統資本向事業投資越多，就越被日本資本利用，到後來就只有從屬於日本資本。從這一點看，雖都是大地主階級，但北部的林本源家族系統與中部的林獻堂家族系統卻展開著相反的投資活動，令人頗感興趣。關於這一點擬在下一節探討，但如欲了解台灣的民族運動主要是由後者所指導，則不可忽視兩大家族系統具有截然不同的經濟活動的背景。

在有關本地五大家族系統資本的活動方面，第三個值得注意的問題是，他們或多或少地都插足於金融界。林本源家族除創設華南銀行（一九一九年）之外，也插手台灣商工銀行㊾。而在此時，林獻堂家族和辜顯榮家族在彰化

第 177 表　台灣五大家族之出資會社（按成立順序至 1914 年止）　（1000 圓）

會社(商店)名	負責人	職稱	成立年代(或加入)	資本額	(實收額)	關係者，其他
林本源家族						
台灣土地建築(股份)	林熊徵	發起人	1908	1,000	1,000	本地日資(赤司，後宮)
林本源製糖(合股)	林鶴壽	社長	1909	2,000	1,146	林族系，副社長爲林熊徵
台北製油(股份)	林熊徵	董事	1910	150	37.5	本地日資(後宮，木村)
台北製糖(股份)	林熊徵	董事	1910	3,000	1,050	本地日資(邨松一造，涉谷嘉助)
台北肥皂(股份)	林嵩壽	發起人	1911	200	50	本地日資(荒井泰治，谷信收)
埔里社製糖(股份)	林嵩壽	董事	1911	2,000	860	本地日資(桂二郎等)
台灣日日新報社(股份)	林熊徵	監事	1911	200	150	政府系，成立於 1900 年
台灣物產(股份)	林嵩壽 林彭壽	發起人	1912	200	50	本地日資(小林勝民)
大同米穀	林熊徵	董事	1913	3,000	…	本地日資(後宮系)
台灣紅磚	林伯壽	社長	1914	500	500	林族系
顏雲年家族						
金裕豐號(獨資)	顏雲年	自設	1898	…	…	採礦，顏家獨資
金盈豐號(獨資)	顏雲年	自設	1899	…	…	採礦，顏家獨資
金盈利號(獨資)	顏雲年	自設	1900	…	…	採礦，顏家獨資
雲泉商會(合股)	顏雲年	自設	1903	…	…	和蘇源泉合資
三瓜仔礦坑	顏雲年	自設	1904	…	…	取得礦權
猴硐，瑞芳礦坑	顏雲年	自設	1906	…	…	取得礦權
石底，五堵，三峽礦坑	顏雲年	自設	1909	…	…	取得礦權
台灣水產(股份)	顏雲年	董事	1911	300	…	本地日資(近江時五郎，木村久太郎)
基隆輕鐵(股份)	顏雲年	專任董事	1912	200	…	本地日資(近江時五郎，木村久太郎)
台灣興業信託(股份)	顏雲年	常務董事	1912	1,000	…	本地資本(谷信收)
義合商行(合股)	顏雲年	自設		…		顏系合資
辜顯榮家族						
大和行(獨資)	辜顯榮	社長	1897	…	…	製樟腦，製鹽(因共同經營而收購，後成自設)
台灣官烟販賣(合股)	辜顯榮	代表	1899	180	180	官方承包

商工公司（合股）	辜顯榮	社長	1900	…	…	土木建築承包（王慶忠等人共同出資），1900年官方許可
鹿港鹽田開設	辜顯榮	總幹事	1900	300	300	
台北大稻埕鹽務支店	辜顯榮	指定人	1900	…	…	
鴉片煙膏推廣人	辜斌甫	負責人	1900	…	…	官方承包
大和製糖工場等18所	辜顯榮	社長	1901～14	300	300	糖廍及改良糖廍
大租公債買收所	辜顯榮	社長	1905	…	…	
彰化銀行	辜顯榮	監事	1905	220	220	台銀系，1907年起成爲董事
大豐館開墾事務所（獨資）	辜顯榮	指定人	1907	…	…	開墾，灌溉
台灣地所建築（股份）	辜顯榮	董事	1908	1,500	900	本地日資（木村、荒井，柵瀨）
台灣日日新報社（股份）	辜顯榮	董事	1910	200	150	政府系，1900年設立
大正拓殖（股份）	辜偉甫	董事長	1910	80	…	
大和興行	辜振甫	社長	1913	1,000	500	
林獻堂家族						
台灣製麻（股份）	林獻堂	董事	1905	2,000	500	之後轉到安田系任社長
彰化銀行（股份）	林獻堂	監事	1911	220	220	設立於1905年，1935年起任董事，發起人林烈堂
帝國製糖（股份）	林烈堂	發起人	1911	500	175	自己的台中製糖被收買後改組
製樟腦業者	林烈堂	指定人	…	…	…	政府認可
陳中和族系						
順和棧	陳中和	代表職員	…	…	…	輸移出入貿易商社
和興公司（合股）	陳中和	代表職員	1883	…	…	輸移出入貿易商社
打狗南興公司	陳中和	代表職員	…	…	…	輸移出入貿易商社
中興精米所	陳中和	代表職員	…	…	…	獨資，土壟間
台灣製糖（股份）	陳中和	董事	1900	1,000	1,000	三井系，任董事至1906年
新興製糖（合股）	陳中和	社長	1903	240	240	陳族系

林氏家族（本源）：摘自台灣總督府「工商月報」第5、18、26各號，大觀社「台灣產業之現狀」1913年、146、189、210、366頁，台灣銀行「台灣產業及金融統計摘要」1913年，30頁，台灣通訊社「台灣讀本」1928年，182頁，台灣新民報社「台灣人士鑑」1934年，231頁，日人千種縱「台灣縱橫觀」第六篇（事業界）1939年，及其他。

顏氏家族：摘自「台灣礦業公司四十年誌」1958年，台北，2～4頁，「工商月報」第25號，8頁，79號，26頁，「台灣產業之現狀」75、113、398頁，「台灣人士鑑」及其他。

辜氏家族：摘自「辜顯榮翁傳」1939年，86～100頁，台灣工商社「台灣民間職員錄」1923年，台灣經濟研究會「台灣株式年鑑」1931年，台灣通信社「台灣年鑑」1925年等。

林獻堂族系：摘自「林獻堂先生年譜」，「林獻堂先生紀念集」卷一，1960年，台中，「台灣產業之現狀」，「工商月報」20號，2頁等。

陳中和族系：摘自「台灣工商十年史」1921年，「工商月報」等。

…表資料欠缺或不足。

銀行，顏雲年家族則在台灣興業信託會社，都進行了投資，並擔任董事㊿。這些金融組織雖都是在政府指導下設立的，但家族系統資本無疑亦藉此得到利益。此外，通過金融組織加强了與台灣日系資本的連繫也不容忽視。

總之，這一時期而言的家族系統資本，在本質上多是受台灣總督府或日系資本的誘引而向各種事業投資，其本身並不擁有做爲經營者的自主性。可以認爲，是在日本勢力的動員之下逐漸步入從屬地位的。概括起來說，一方面藉保留地主制而使舊有的地主勢力健在無恙；另一方面則與日本國家權力及台灣的日系資本加强連繫。在此情況下，一部分舊勢力則在逐漸陷於從屬地位的過程中，爲謀求生存而發展成新的特權階級和寄生階級。如上所述，本地資本勢力爲對付日本的統治，採取了各種多樣的對策和展開了複雜的活動。

① 參考台灣總督府財務局一九三六年出版的「台灣稅制的沿革」，二～五頁。
② 參考日本外務省條約局法制課一九六〇年編製的「律令總覽」「外地法制誌」第三部之二，一〇一～一〇二頁。
③ 在台灣恢復民政時，日本的帝國議會已在其公布的預算案中編入八七九，〇八六圓的台灣地租收入。而在台灣的日本官僚，則在尚未對台灣土地所有制制定明確的法律規範情況下，不得已公布了「台灣地租規則」，並不得不依據「舊習慣」而急速徵收地租（參考照前述「台灣土地制度考查報告書」，台灣銀行複制版，二二～二三頁）。
④ 關於核定大租權補償金問題，在繳納糙米的大租權方面，主要是參考大租權市場價格、官廳的預估價格及小租權市場價格的半價等三部分，但其審核內容卻有許多難解之處。其原因之一，可能由於當時的貨幣制度不統一。關於其計算內容，可參考一九〇五年出版的「臨時台灣土地調查局事業報告書」第五回，一二八～一二九頁。
⑤ 同上資料，九九頁。
⑥ 如此寒磣的大租權補償內容，也可從大租戶每人平均僅得一百圓左右的小錢中看出。此外，當時做爲大租權補償金的公債，其面額在一百圓以下的有五五，四〇三枚，約佔總數五七，六六〇枚的九六％（根據同上資料，一三九頁算出）。
⑦ 即一九〇〇年三月卅一日公布的律令第九號「台灣土地調查規則中的改正」（參考前述「律令總覽」，一〇二～一〇三頁）。
⑧ 關於這一點，請看下述記述，即「人民繳納地租，則可得到屬於自己的業主權。因而出現了意料不到的結果，（地租的徵收）確實

獲得好成績」（台灣總督府稅務職員共慰會一九一八年編「台灣稅務史」上卷，九六頁）。其結果實際徵收的地租額，約達七五二，六九八圓。

⑨ 即將水田、旱田各分爲十等，養魚池則分爲七等。水田地租率爲收穫量的六%到八%，旱田則是五%到七%，養魚池的地租率則是四%到六%。一九〇四年下半期起，台灣即根據此新地租率，開始徵收地租（參照日本外務省條約局法規課一九六四年出版的「日本統治下五十年的台灣」「外地法制誌」第三部之三，一九六四年，三六八頁）。

⑩ 參考第一章第二節注㉚。

⑪ 關於這一點，就連當時的民政長官後藤新平也承認「統治台灣是很困難的」（後藤新平的講演「日本殖民政策一斑」，一九一四年，二二頁）。

⑫ 擔任彰化銀行重要領導職務的本地人爲：吳汝祥（常務董事）、吳德切、辜顯榮、楊偉修（以上爲董事）、陳賢芬、施來、陳紹年、吳鸞旂、李崇禮及林獻堂（以上爲監事）等人；而台灣製麻會社的發起人有呂鶴巢、林烈堂、林獻堂、林汝言、林肅卿、林萬選、賴清標、蔡蓮舫及蔡惠如等人（台灣大觀社一九一三年所編「台灣產業之現勢」，七一～七三頁、一九三頁）。台灣製麻會社是在一九一二年十二月收買了同名的企業而又重新建立的。嘉義銀行的首批要員有王朝文（總經理）、徐德新（副總經理）及林寬敏、葉永徵、黃靖卿、黃有章、張演澄及黃連興（以上理事）等人（參考一九七〇年在台北出版的「第一銀行七十年」，二一頁）。

⑬ 在繳納大租的義務者（小租戶）中，包括典胎權者（擁有抵押權者），因而事實上不足三〇萬人。

⑭ 其主要事件有：新竹廳北埔分廳襲擊事件（一九〇七年十一月）、南投廳林杞埔分廳頂林派出所襲擊事件（一九一二年三月）、台中廳東勢支廳襲擊事件（一九一三年十二月）及羅福星等「革命事件」（一九一三年六月至一九一四年六月）等。關於各事件的詳細內容，只有官廳資料。可參考前述「日本統治下的民族運動」上卷，七七七～八三五頁。警察當局認爲，這些事件的共同原因是「本島人不滿份子對本島的施政不滿」（同上資料，七九二頁）。同時指出，其中某些人是因「其祖父一代有相當多的資產……但在分家之後……家產逐漸減少」（同上資料，八一三頁）。

⑮ 前述臨時台灣糖務局「第二次糖業記事」，一六五頁。

⑯ 參考同上資料，一六五頁。

⑰ 對一般組合成員而言，其管轄事項包括：決定甘蔗栽培時的蔗苗選擇及插秧時間，並將插植後的種蔗面積、插植蔗苗的種類及數量等，向組合辦事處報告。此外，還要申報每年投撒蔗園的肥料種類、數量、價格，以及每甲地的施肥量及價格。在砂糖製造方面，

則在每年製造結束後，申報本期的製造量、販賣量、銷售價格、消費蔗莖的數量、蔗莖的出糖汁比率及製糖比率等（參考同上資料，一六六～一七五頁）。值得注意的是，其內容包含製造量、銷售量和銷售價格的申報，此種營業上的管制，將會給銷售量造成極大的影響。

⑱ 同上資料，一七五頁。

⑲ 該白糖業組合係由粗白糖製造商、白糖製造業者及製瓶業者共同召開集會議，自行決定商業事務。目的在於維持商業的發達。其成立時間約在一八九五年十二月（參考台灣總督府民政局一八九七年編製「殖產部報告」第二卷第一冊，一〇三～一〇七頁。及「第二次糖業記事」，一六〇～一六三頁）。

⑳ 該士商工會係因本地糖商王雪農對糖業前途深深感憂慮而聚集同業共同成立，但其成立日期不詳（參考前述「第二次糖業記事」，一六三～一六五頁）。

㉑ 從以往糖業組合及士商公會所訂規約內容看，其重點均置於對製造業者的管理，因而對糖商非常有利。例如，其管理內容包括：容量準確化、包裝堅固、品質的標示，接受檢定及禁止糖漲價等，主要是對製造業者的限制（同上）。

㉒ 前揭「台灣糖業舊慣一斑」，一八一頁。

㉓ 但組合本身不能直接從事出口業務。事實上，當時的組合成員均不贊成這種經營方式。其理由之一是：「產品僅售予兩、三家大糖商，則必然形成壟斷之勢，不應受其束縛」（同上，一八五頁），而組合成員也指出，儘管接受出口商的預付款，但共同銷售機關存在於其間，還需承受不合理的利息負擔（同上資料，一八四頁）。

㉔ 「陳中和翁傳」第七頁（根據前揭「現代日本糖業史」上，三〇七頁）。關於陳中和在此之前的活動，請參考前節注㊼。

㉕ 參考前述鶴見著「後藤新平傳」第二卷，四三七～四四三頁。後藤新平在一九〇〇年四月視察對岸的福建，並展開「與林維源的秘密交涉」。

㉖ 南溟漁人（西村才介）一九一二年著書「被解剖的台灣」，二〇八頁。附帶一提，繼後藤新平擔任民政局長的祝辰已，讓林家招聘若森久高擔任主事。接任祝辰已的大島久滿，則罷免了若森，再將里見義正以林家總管事的稱呼送進林家。然後，又要求林家在台北後菜園街一帶，興建一棟達官貴人都堪使用的豪華住宅（參考同上資料，二〇八～二〇九頁）。南溟漁人將文章的這一段的題目標爲「被當成食物的林本源」。

㉗ 總督府在民政策轉變的一八九六年十月，緊急發布「製茶稅則」（律令第九號），決定自一八九八年一月起徵收製茶稅，但這不過是沿襲清代的釐金稅制。順便提一下，製茶稅自一九〇五年五月起被編入官制關稅項目，因些該稅制成爲海關的掌管事項（參考

㉘ 前述「台灣稅務史」上卷，四三七～四四〇頁）。

㉙ 前述「台灣私法」第三編上，一八六～一八七頁。但文中並未明示中部六街商店的投資金額。
例如，竹越與三郎將零星出資的合股形式視爲台灣本地人的資本薄弱現象。他認爲「即使小商業一個人經營」也相當困難（前述「台灣統治誌」，四四二～四四三頁）。

㉚ 前述「台灣私法」第三編上，二四三頁。

㉛ 參考辜顯榮翁傳記編纂會一九三九年編「辜顯榮翁傳」，二七～二八頁。

㉜ 參考同上「翁傳」，八六～八七頁。

㉝ 發布「台灣食鹽專賣規則」（律令第七號）即爲此。據說，食鹽的專賣及權利的授與，係因辜顯榮向後藤新平建議所致（參考前述「辜顯榮翁傳」，五五頁，以及鶴見所著前述書，中卷，二六四～二六五頁）。

㉞ 參考前述「台灣稅務史」上卷，二六一～二六二頁。

㉟ 參考前述台灣大觀社編「台灣產業之現勢」，一一九、一二六頁及下節注⑧有關部分。

㊱ 關於向現代製糖會社投資的台灣主要本地資產家，除前述的新興製糖（陳中和）及林本源製糖外，還有林熊徵（台北製糖）、林嵩壽（埔里社製糖）、林季商、林烈堂（帝國製糖）、王雪農（鹽水港製糖、斗六製糖）、吳鸞旂（中央製糖）及陳中和（台灣製糖）等人（參考台灣總督府的「商工月報」第一八號，第九頁；同雜誌第一九號，一二～一三頁；同雜誌第廿號，一二頁；同雜誌第二六號，第八頁；同雜誌第二九號，第六頁，以及前述「台灣產業之現勢」，二一〇、二一四、二二四及二三六頁）。

㊲ 一九一一年出版的「台灣私法」第三卷下（請注意「卷」和「篇」的不同），二五七頁。

㊳ 商事合股會社的股東人數（組合成員即是股東）即使到一九一〇年左右，最多也不超過十幾人；而資本，「通常也很少，最低者僅一百圓左右，最高者超過一萬圓的也很少」（「台灣私法」第三卷下，一二八頁）。此外，根據該調查會的調查，一九一〇年左右的商事合股，僅佔六，五〇九家商店中的五一八家（根據「台灣私法」，一二八～一四六頁計算得出）。

㊴ 前述「台灣稅務史」上卷，三九五頁。過去台灣未曾對酒類徵收課稅金。總督府爲籌措財源，於一九〇七年八月發佈「台灣釀酒稅規則」（律令第六號），並於同年十一月開始課稅（同上）。

㊵ 根據「台灣私法」所載規定稱，自「台灣釀酒稅規則」及施行規則（一九〇七年十月公布，府令第八〇號）發布後，由於「受到各地方官廳的勸導，（製酒業合股會社）逐漸增加」（「台灣私法」第三卷下，二五七頁）。

㊶ 「官有森林原野預約轉賣規則」（一九一一年九月，府令第六十四號）第二條即對此加以規定。

㊷ 參考手島兵次郎「台灣習慣大要」一九一三年，二一八～二一九頁。

㊸ 這個府令第十六號扭曲了一九〇八年發布的律令第十一號台灣民事令。因爲，該民事令規定「關於民事事項，都根據民法、商法、民事訴訟法及其附屬法律」（第一條）。正如矢內原所指出的（前述「帝國主義下的台灣」，一三五頁），在台灣，總督府權限極大，甚至可監督法院。而且在警察政治强權統治下，前述府令第十六號，對禁止本地人成立會社顯然曾起作用。該府令在一九二三年與台灣民事令同時被撤廢。

㊹ 參考「台灣私法」第三卷下，二五一～二五六頁，以及前述手島著「台灣習慣大要」第三卷下，二〇九～二二四頁。

㊺ 林烈堂屬於林獻堂家族系統，其加入帝國製糖會社，主要是因爲其所擁有的台中製糖會社被該會社併吞的緣故（參考前述「台灣製糖業概觀」，二〇六頁）。

㊻ 簡單地説，從林獻堂和彰化銀行的關係看，一九〇八年他曾係該銀行的股東，一九一一年時被選爲監察人，一直擔任到一九三四年。自一九三五年升任董事。而在二次大戰結束前的一九四五年，從時局考慮，推薦他爲董事長（參考王金海所寫「灌園先生與彰化銀行」、「林獻堂先生紀念集」卷三，一九六〇年在台中出版，七四～七五頁；以及「彰化銀行六十年史」一九六七年台北出版，五六～五七頁，「彰化銀行改組前歷年董事、監察人名單」）。

㊼ 參考本書第177表。一九〇〇年，辜顯榮於牛埔厝設立大豐館開墾事務所。該事務所開設了自二林上堡竹頭仔庄到馬芝堡崁仔脚庄的埤圳。一九〇二年他又投資八萬圓，在二林鹿港一帶的一千五百甲荒地上，興建開墾灌溉工事。該工事於一九一六年完成。此外，辜顯榮還在台灣南部的阿猴（屏東）一帶，買進擁有一萬甲的纖維栽培地和開墾地。由於這些事業的發展，樹立了日後被稱爲「全台灣島最大地主」的地位（參考「辜顯榮翁傳」，九二～九三頁，以及前述杉野著「台灣商工十年史」，四六〇頁）。此外，辜顯榮也獲得許可面積達四六四甲的鹽田（同上傳記，九一頁）。

㊽ 如對代表當地日本資本創始者日本企業家的出身加以簡單的分析，則可做出如下分類：⑴從台灣總督府承包土木建築工程而建立自己的事業者，有古賀三千人、後宮信太郎（參考前述第四章第四節注㊳）、柵瀨軍之佐及賀田金三郎等；⑵進入日本銀行台北分行或台灣銀行，並以此爲踏板而進入實業界者，如坂本素魯哉、邨松一造及桂二郎等；⑶從事樟腦、木材及採礦等須經總督府許可的事業而致富者，如赤司初太郎及近江時五郎等；⑷從御用新聞社轉向事業界者，如木村泰治（原在台灣日日新聞社工作，後轉進建築會社）等；⑸從外商代理人轉向實業界者，有荒井泰治（由原先的沙米耶魯商會轉任鹽水港製糖會社社長）。關於上述人的經歷與所經營事業內容，可參考前述橋本著「台灣的統治及其功勞者」第五編以後；前述南溟（西村）著「被解剖的台灣」，一五八～一五九頁，以及前述杉野著「台灣商工十年史」，四五四頁等資料。

⑲ 林本源家族究竟何時參與台灣商工銀行，由於資料不足，無法加以確定。但在該銀行創設時（一九一〇年），在發起人或董事等重要職務的名單中，並沒發現他們的名字。因而有人認爲，林本源家族是在該銀行創設之後才加入的（參考前述「第一銀行七十年」台北，四三頁）。此外，關於該銀行創設當時的名稱，原預定爲台灣興業銀行，但由於與台灣儲蓄銀行的關係，故在創立大會上改爲台灣商工銀行（資料同上）。

⑳ 參考前述台灣大觀社編「台灣產業的現勢」，七二、七五頁。此外，本地資本投資多的金融機構，主要有嘉義銀行（一九〇四年創立，資本二五萬圓，全額實收）及新高銀行（一九一四年創立，資本五〇萬圓，已繳資本二五萬圓）。（詳情請參考前述「第一銀行七十年」台北，二一、三三頁）。

第三節　本地族系資本的分化和變貌

一、投資活動日見旺盛

1.第一次世界大戰帶來的繁榮

第一次世界大戰的爆發，給日本資本主義帶來了空前的繁榮，這一形勢也傳到殖民地台灣，使其出現了異乎尋常的好景氣，亦即，一九一六年前後日本國內發生激烈的戰爭經濟熱潮，這一熱潮不久即蔓延到台灣，導致輸出貿易的旺盛，及物價的飛騰。

如第178表所示，台灣的輸出貿易自一九一六年起即開始增加，除一九一八年曾出現一時停滯外，直到一九二〇年持續增長。物價指數也自一九一六年開始急遽上漲，出現了與日本（東京）相同的漲價速率。對日出超雖不一定意味着匯兌資金的流入①，但當時台灣銀行爲向島外貸款而施行的通貨膨脹政策，無疑會大大地刺激台灣的物價②。物價急速上漲的情形一直持續到戰後，受此影響，自一九一八年起新建工場的數目急遽增加，新設會社自一九一九年至一九二〇年間多達二七一家。此即所謂「隨著日本國內財界的繁榮興旺，台灣財界也出現一派繁榮景象，企業的熱潮高漲，產業界企業也呈現空前盛況」③。

在整個第一次大戰期間，台灣殖民地經濟所受到的刺激之大，可從上述指標均膨脹兩倍以上的記錄中看出。然而，這不僅是給整個殖民地經濟帶來了量的擴大，同時亦爲本地族系資本帶來巨額財富的積蓄。關於這一點，重要的是列舉下述積蓄的來源。首先是，土地價格的急遽上昇，土地價格的飛騰，可使本地地主不勞而得龐大的財富。如將地價的上昇與米價的變動相比較，再加以判斷，其結果正如第179表所示。當然，米價的變動未必能直接與地價

第 178 表　物價指數・工廠，員工指數及貿易規模之變遷（1914～24 年）

（100萬圓）

	批發物價指數		工廠[2]		員工		貿易額	
	台北[1]	東京	實數	指數	實數	指數	移出額	移入額
1914年	100	100	1,309	100	21,859	100	45.7	39.9
15	106	102	1,323	101	28,548	131	60.2	40.6
16	125	123	1,371	105	24,046	110	80.7	49.6
17	152	155	1,493	114	28,227	129	105.6	67.8
18	196	203	2,244	171	40,005	183	106.0	70.7
19	223	248	2,424	185	40,727	186	142.2	90.6
20	257	273	2,695	206	48,460	222	181.1	112.1
21	200	211	2,841	217	45,042	206	128.9	93.5
22	200	206	2,791	213	40,525	185	127.3	82.2
23	193	210	2,027	231	41,247	189	169.4	71.0
24	196	217	3,462	264	43,633	200	221.1	86.6
25	201	212	3.983	304	48,464	222	215.2	129.9

摘自台灣總督府殖產局「台灣工商統計」1929 年版，32、157 頁，貿易額部份，前揭，台灣行「日據時代台灣經濟史」第 1 集，136～137 頁，149～150 頁。
(1)取 35 種重要商品之批發價格平均後之指數，以 1914 年 7 月爲 100。
(2)本表爲全職員工 5 人以上（包含使用原動力之工廠）之工廠（礦業及公營工廠除外）。

第 179 表　土地價格之推測（1914～20 年）

（每甲：圓）

年別	台北			台中			台南		
	米價指數	水田價推測	旱田價推測	米價指數	水田價推測	旱田價推測	米價指數	水田價推測	旱田價推測
1914年	100	2,340	1,250	100	2,100	875	100	1,330	570
15	82	1,920	960	83	1,740	725	82	1,090	470
16	92	2,160	1,150	92	2,020	875	92	1,230	530
17	133	3,120	1,660	145	2,950	1,200	132	1,750	750
18	195	4,560	2,430	217	4,560	1,900	197	2,630	1,130
19	254	6,000	3,200	285	6,000	2,500	263	3,500	1,500
20	223	5,220	2,780	240	5,040	2,100	226	3,010	1,290

米價指數：摘自「台灣工商統計」1935 年，149 頁（「糙米批發價格」，在來米，年平均）。
地價推測：摘自「台灣農業年報」1927 年，144 頁（依照 1919 年殖產局調查價格〈最高價格〉）。

第 180 表　主要農作物之生產額（1914～20 年）　（1000 圓）

年別	稻米		甘蔗		茶		農產物全體*	
	金額	指數	金額	指數	金額	指數	金額	指數
1914年	44,313	100	7,891	100	4,435	100	80,490	100
15	37,243	84	11,801	150	5,313	120	76,083	92
16	42,530	96	17,504	222	5,188	117	88,499	110
17	64,778	146	25,923	329	5,516	124	130,637	131
18	93,306	211	22,627	287	6,942	157	175,017	217
19	132,228	301	22,430	287	6,628	149	252,440	313
20	108,981	246	26,313	333	3,171	71	201,726	251
1914～19年增加額	87,915		14,539		2,193		171,950	

摘自台灣總督府殖產局「台灣農業發達之趨勢」1930 年，7～9，17，30，96 頁。
※包括畜產

的起落相關聯，但對商品經濟已相當發達，而米價又在强烈影響甘蔗價格（製糖會社的收購價格）的殖民地台灣，如果其生產成本基本不變，而在一定的利率下，米價的變動導致的土地利潤增減，勢必反映到土地價格上。由此看來，該表所示推定地價，大致可說是便宜的④。亦即，若與第一次大戰爆發時的一九一四年相比，一九一九年大約上昇了二・五倍以上。第二，值得指出的（積蓄來源）是，地主的高額地租和農產品，特別是米價的飛漲。稻米的產量在一九一四年時爲有四六一萬石，一九一九年爲四九二萬石，可說相差並不多，但同一時期的產值却由四，四三一萬圓，增至一三，二二三萬圓，增加三倍，純增八，七九〇萬圓。在整個農產品的增加額中，米幾乎是佔了五〇％（見第180表），若以地主的分配率約佔米穀生產的三四％來計算（見第83表），則地主階級在這一期間的佃租增收額，僅米穀生產一項即約達三千萬圓⑤。而如果佃租至少佔農產生產的二五％⑥，則台灣的地主階級僅在一九一九年一年之間即撈到了六，三〇〇萬圓的財富。總之，在徵收高額地租的情況下，農產品價格，特別是米價的暴漲，可能使他們急速地積蓄財富。

以上所提積蓄財富來源的兩點，都是與地主制結合而實現的。

第 181 表　地租率計算基準之收益額修正比較　（每甲，圓）

區別	1904 年 改正地租	1919 年 修正地租	扣除差額後 之增加額	增加比率 （％）
水　田	240	231	91	38
旱　田	200	280	80	40
養魚池	170	245	75	44

摘自外務省條約局法規課「日本統治下 50 年之台灣」1964 年，369 頁。

下述第三點的財富積蓄來源，則是出自商人活動的。亦即，在商品市場進行投機性交易而積續的財富。最明顯的事例是，辜顯榮於一九一八年至一九一九年間進行投機性地囤積台灣的分蜜糖，而獲得一千多萬元的巨額利潤⑦。此外，顏雲年家族系於一九一四年十月繼承經營不善的藤田組瑞芳礦山，全部設備，實行分區開礦⑧，截至一九一八年，其所獲金礦較前增加三至四倍⑨。其在煤炭方面的經營也如此。一九〇四年八月得到總督府的許可，獲得台北三瓜仔區域的煤炭礦業權，便插手煤炭業。第一次世界大戰爆發後，由於煤炭價格暴漲而撈到巨額財富。到一九一八年，控制了幾家煤礦會社。

總之，上述家族系資本積蓄財富的來源都是借助於戰爭的熱潮，基本上未脫離地主及商人式的蓄積模式範疇。從這一點看，可說是其蓄積樣式具有極其濃厚的前期性性格。但必須注意的是，其通過上述手段所獲取的龐大財富，多用於對事業的投資。當時，修改地租對土地投資相對地不利，而修改租稅（所得稅令）則相對地有利於事業投資。亦即，根據一九一九年八月公佈的新修定地租規則（律令第三號）作爲地租率算定基準，其收益額正如第181表所示，共計增加四〇％左右⑩。此外，根據一九二〇年八月台灣總督府公佈的所得稅令，又有了可通過合法的減稅手段，由個人經營改爲會社組織的新機會⑪。實際上，受這一租稅改正的影響，僅台北市一地就出現了許多個人形態的商店或企業改變爲會社組織的形態⑫。不可忽視的是，這一時期促使台灣到處設立各種會社的背景，在於日本殖民地政策的需要。

紅利盈餘 → 資本額

過度階段，故不需補足資本金

第 182 表　林本源家族投資之事業會社(1915～30年)(按成立順序)　(1000 圓)

會社名	負責人	職稱	加入年代(或成立)	資本金	(實收額)	其他
直系會社						
台華興業信託(股份)	林崇壽	社長	1919	500	(125)	
建興公司(股份)	林熊祥	社長	1919	不明	(125)	
大永興業(股份)	林熊徵	社長	1921	5,000	(1,250)	不動產，商品買賣，農林礦管理
林本源柏記產業(股份)	林柏壽	社長	1922*	2,000	(500)	土地房屋，農林，有價證券買賣
朝日興業(股份)	林熊光	社長	1922*	1,000	(350)	土地，房屋，有價證券買賣
大有物產(股份)	林熊祥	社長	1923**	3,000	(750)	土地，房屋，有價證券買賣
林本源松記建業(股份)	林松壽	社長	1923*	1,000	(250)	土地房屋買賣，農業造林信託
林本源維記興業(股份)	林祖壽	社長	1923*	2,000	(500)	土地，房屋，有價證券買賣
林本源彭記產業(股份)	林　忠	社長	1925	500	(250)	不動產買賣，借貸，其他
鶴木產業	林鶴壽	社長	1925	1,000	(250)	
旁系關係會社						
中國漢冶萍煤鐵工廠	林熊徵	董事	1915	不明	(不明)	
台灣倉庫(股份)	林熊徵 林熊鶴	股東 發起人	1916	1,000	1,000	日系資本，林氏家族737股，1916年成立(全部萬股)
新高銀行(股份)	林熊徵	監事	1916	500	(250)	台灣茶商，台銀系，1916年設立
九州安川製鐵(股份)	林熊徵	董事	1917			日系資本，製鐵業
保路內歐護膜(股份)	林熊徵	監事	1917			橡膠業
台灣煤礦(股份)	林熊徵	監事	1918	1,000	(250)	本地日資，1917年設立
台灣紡織(股份)	林熊徵	監事	1918			
台灣商事	林熊祥	董事	1918	200	(－)	機械，五金等買賣
華南銀行(股份)	林熊徵	董事 總經理	1919(1919)	10,000	(5,000)	本地．華僑資本，台銀系
台灣製鹽(股份)	林熊徵	董事	1919(1919)	2,000	1,000	本地日系，1937年轉日曹系
台灣紅磚(股份)	林熊徵	董事	1919(1913)	3,000	(1,335)	本地日系(後宮系)

會社名	負責人	職稱	加入年代(或成立)	資本金	(實收額)	其他
日本拓殖(股份)	林熊徵	董事	1919(1919)	10,000	3,000	本地日系(木村氏)
台北商事	林熊徵	董事	1919	100	(50)	
台陽礦業(股份)	林熊徵	董事	1920(1918)	5,000	(2,360)	顏族系
內外製糖(股份)	林熊徵	董事	1920			
南洋倉庫(股份)	林熊徵 林熊祥	董事 顧問	1920(1920)	5,000	(1,250)	台銀系
大成火災海上保險(股份)	林柏壽 林熊光	董事 監事	1920(1920)	5,000	(1,250)	台灣人民，本地日系
台灣興業信託(股份)	林熊徵	董事	1920(1912)	1,000	(250)	顏族系
大安製糖	林鶴壽	董事	(1920)	2,000	(500)	赤司·後宮系
台灣商工銀行	林柏壽	董事	1923(1910)			本地日系
台灣製冰	林熊祥	監事	1924	250	(62.5)	
興南新聞社	林柏壽	董事	1929			
子會社						
淡水信用組合	許丙	理事	1918			林氏家族出任經理的許丙氏之關係企業，亦視爲子會社
新高釀造(股份)	許丙	監事	1919			
有恆產業(股份)	許丙	董事	1920			
新高商事(股份)	許丙	董事	1920			
高雄興業製	許丙	董事	1920			
宏文社(股份)	許丙	董事	1920			
協成土地建築(股份)	許丙	監事	1923			
日星商事	許丙	副社長	1929			林熊徵氏爲監事
永昌產業(股份)	許丙	(社長)	1929			資金10萬圓，實收5萬圓(爲1939年8月資料)

摘自東京興信所「銀行會社要錄」(全國)1926年，台灣部份。台灣新民報社調查部「台灣人士鑑」1934年，台灣工商社「台灣民間職員錄」1923年，台灣經濟研究會「台灣株式年鑑」1931年，台灣通信社「台灣年鑑」，1925年，「南洋倉庫株式會社15年史」1936年等，及其他。

*「台灣年鑑」中，成立年代爲1927年。

**同，1922年。

第183表　辜顯榮家族之投資事業會社(1915～30年)(按成立順序)　(1000圓)

會社名	負責人	職稱	加入年代(或成立)	資本金	(實收額)	其他
直系會社						
高砂鐵工所(股份)	辜顏氏碧霞	社長	1917	120	(120)	器具鑄造
台灣漁業	辜振甫	社長	1919	200		
大和製糖(股份)[1)]	辜顯榮	代表董事	1920	5,000	(5,000)	1921年合併於明治製糖
大和商行(股份)	辜顯榮	董事	1920	2,000	(500)	爲大和行組織變更，在東京設出差所
集成材木商行	辜顯榮	社長	1920			木材業
大豐拓殖(股份)	辜顯榮	社長	1922※	5,000	(2,000)	土地開墾，米、麥、肥料之輸出入
大豐精米工場	辜顯榮	社長	1922			
中部漁業(股份)	辜顯榮	社長	1922	55	(30)	
大和農鐵	辜顯榮	社長	1923			
大和興業(股份)[2)]	辜顯榮	社長	1925	1,000	(500)	農業
鹿港製鹽	辜斌甫	監事	1925	500	(125)	
大和製冰	辜顯榮	董事	?	300		
食鹽運送人[3)]	辜顯榮		1926			
旁系(關係)會社						
台灣製麻(股份)	辜顯榮	股東	1912(1905)			總股數40,000股之中，保有180股。
台灣倉庫(股份)	辜顯榮	發起人股東	1915(1915)	1,000	(1,000)	總股數20,000股之中，保有200股
台灣製鹽(股份)	辜偉甫	董事	(1919)	5,000	(250)	1920年代起才有關係
南洋倉庫(股份)	辜顯榮	發起人股東	1920	5,000	(1,250)	台銀系50,000股之中，保有1000股
大成火災海上保險(股份)	辜皆的	董事	1920	5,000	(1,250)	本地日資系
台洋漁業(股份)	辜顯榮	董事	1921	200	(50)	1924年出任社長，之後變更爲台陽漁業
明治製糖(股份)	辜顯榮	監事	1922(1906)	32,500	(14,500)	被大和製糖(株式)合併，故保有2,977股
台灣商工銀行	大豐拓殖	股東	1926			
大龍峒信用組合	辜顯榮	組合長	1929(1918)			在台北

和前表同，摘自「辜顯榮翁傳」1939年，「台灣倉庫株式會社二十年史」1936年，圖南協會，「會社銀行工商業者名鑑」1942年等。

(1)依「傳記」成立年代爲1920年7月，而「明糖三十年史」則爲1919年10月。

(2)依「傳記」成立年代爲1925年(594頁)，「台灣株式年鑑」(1931年版)，則說成立於1927年(303頁)。

(3)1926年8月，廢除了官鹽推銷館及再製鹽推銷人制度，並將鹽之販賣改爲二級制的販賣機關。同時，辜顯榮氏亦被指定爲食鹽運送人。(「傳記」第91頁)。

*按前揭「台灣年鑑」爲1921年。

第184表 顏雲年家族之投資事業會社(1915～30年)(按成立年代)

(1000圓)

會社名	負責人	職稱	加入年代(或成立)	資本額	(實收額)	其他
直系會社						
台陽礦業(股份)	顏國年	常務董事	1918	1,000	(250)	台北煤礦(股份)藤田組出資60%
雲泉商會(股份)	顏國年	社長	1918	1,500	(1,500)	物品販賣，土木承包，委託經營
台洋漁業(股份)	顏國年	社長	1921	200	(50)	和辜氏家族有投資關係
海山輕鐵(股份)	顏國年	社長	1921※	500	(125)	
瑞芳營林(股份)	顏國年	董事長	1921	1,000	(250)	
台陽拓殖(股份)	顏欽賢	董事長	1922	1,000[(1)]	(250)	
禮和商行(合股)	顏國年	代表職員	1923※	1,000	(1,000)	土地建築，買賣(雜項)
義和商行(合股)	顏國年	代表職員	1923※	500	(500)	
旁系(關係)會社						
海山煤礦(股份)	周碧	社長	1915	1,000	(500)	
台灣倉庫(股份)	顏雲年	發起人股東	1915	1,000	(1,000)	
基隆煤礦(股份)	顏國年	常務董事	1918	250	(250)	三井礦山出資60%
基隆船渠(股份)	顏國年	董事	1919	1,000	(500)	本地日資
大正醬油(股份)	顏國年	股東	1920			2萬股中，持有1,500股，本地日資
南洋倉庫(股份)	顏國年	副總經理	1920	5,000	(1,250)	台銀系
彰化銀行(股份)	顏雲年	監事	1921			1923年因逝世而退出其職位
基隆商工信用組合	顏國年	理事長	(1922)			參加時期不明
華南銀行(股份)	顏國年	監事	1923	10,000	2,500	台灣人民，華僑系，台銀系
台灣水產(股份)	顏國年	董事長	1,925	727.5	(363.8)	本地日資(木村)
大成火災海上保險(股份)	顏國年	董事長	1926	5,000	(1,250)	1926年2月因人事改選而進人
中台商事(股份)	顏德修	董事長	1926	200	(50)	台灣(本地)人民
德興煤礦(股份)	顏窗吟	董事長	?	?		台灣(本地)人民

前揭，同第182表。

(1)1942年4月。*按前揭「台灣年鑑」爲1921年。**同，爲1922年。

第 185 表　林獻堂家族之投資事業會社(1915～30年)(按成立年代)　（1000圓）

會社名	負責人	職稱	加入年代(或成立)	資本額	(實收額)	其他
直系公司						
三五實業(股份)	林獻堂	社長	1923	500	(125)	建築物買賣
大安產業(股份)	林獻堂	社長	1930	2,000	(1,240)	農業，作物買賣
旁系(關係)企業						
台灣製麻(股份)	林獻堂	社長	1912			1905 年成立，經歷了董事及監事，安田系
台灣製紙(股份)	林獻堂	董事長	1919	1,500	(450)	本地日資(赤司・後宮系)
華南銀行(股份)	林烈堂	董事長	1919	10,000	(5,000)	
海南製粉(股份)	林獻堂	董事長	1919	2,000	(500)	本地日資(坂本等)
台灣電力(股份)	林獻堂	發起人	1919	30,000	(28,200)	
台灣鐵路(股份)	林烈堂	監事	1919	1,000	(—)	輸送等
南洋倉庫(股份)	林烈堂 林獻堂	總經理 發起人 股東	1920	5,000	(1,250)	獻堂 1,000 股，階堂 200 股 烈堂 1,000 股
大成火災海上保險(股份)	林獻堂	董事	1920	5,000	(1,250)	
禎祥拓殖(股份)	林烈堂	社長	1922※	1,000	(1,000)	土地開墾
台灣商工銀行(股份)	林烈堂	監事	1923	10,000	(5,180)	被新高銀行合併
大東信託(股份)	林獻堂	社長	1926	2,500	(625)	台灣本地人民
五郎合資公司	林階堂	代表	1926	100	(100)	土地・有價證券買賣
東華名產	林階堂	社長	1926	350	(82)	物品販賣業
台灣新民報社	林獻堂	社長	1929			1932 年 1 月辭職

同第 182 表，再加上「林獻堂先生年譜」。
一爲不明。*依台灣年鑑爲 1921 年。

2. 族系資本的投資活動

欲掌握第一次世界大戰爆發後的五大家族系資本的全部投資活動，當然不易，但本文擬在此列舉其所投資的事業會社（見第 182～186 表）。這些表將各家族系資本在會社創設之初是否投入主力，以及其家族成員是否出任該會社社長（有時或例外地擔任董事），做爲一個探討的尺度。爲此，將嫡系和旁系（關係）加以區分⑬，並按照參與（設立）的年次順序排定。由此表可清楚地看到，一九一九年至一九二〇年前後，林本源、辜顯榮、顏雲年等三族系的活

第186表　陳中和家族之投資事業會社(1915～30年)(按成立年代))　(1000圓)

會社名	負責人	職稱	加入年代(或成立)	資本額	(實收額)	其他
直系會社						
陳中和物產(股份)	陳中和	董事長	1922※	1,200	(1,200)	農產物買賣，土地建物借貸
烏樹林製鹽(股份)	陳中和	董事長	1923	300	(240)	
旁系(關係)企業						
台灣倉庫(股份)	陳中和	股東 發起人	1915	1,000	(1,000)	持有600股
華南銀行(股份)	陳中和	董事	1919	10,000	(5,000)	
大成火災海上保險(股份)	陳啓貞	董事	1920	5,000	(1,250)	
高雄製冰(股份)	陳啓峯	董事	1925	500	(125)	
台灣商工銀行(股份)	新興製糖	股東	1926	10,000	(5,180)	持有2,536股，加入年爲暫定
台灣新民報社	陳啓川	顧問	1929	362.5	(272)	
興南新聞社(股份)	陳啓川	董事	1929	300		
東港製冰(股份)	陳啓川	董事	1930	100	(98)	本地日資

同第182表　。
*依台灣年鑑爲1921年。

動尤爲明顯。亦即，林本源家族在一九一九年至一九二五年間共設立直系會社十家，另於一九一五年至一九二五年向二十家會社投資，加上七家子會社，共插足於二十七家會社。再看辜顯榮家族，如將其迄今所建糖廍的合併體大和製糖會社也算在內，約有十二家商社爲其直系，另外九家會社係共同投資。顏雲年家族也同樣，其所設立的直系投資會社共計八家，也向十三家旁系會社投資。在上述會社內，雖也有後述的在日本資本或國家權力的指導下而進行的投資，但總起來看，受第一次世界大戰後的異常好景氣刺激而積極插足於投資活動是屬實的。以下擬按各族系類別，將其投資內容加以簡單地陳述。

(1)林本源族系：從其投資內容(參考後述第14圖)可看出以下幾點。第一，以旁系會社爲中心，廣泛地進行各項事業投資。例如，九州安川製鐵會社的製鐵業、婆羅州橡膠會社的橡膠製造業、華南銀行的金融業，以及台灣製鹽會社的化

學水產業等，其投資對象相當廣泛。這一點正顯示出該家族作爲台灣首屈一指的大豪族的雄厚實力，而令人注目。另外也表明，對台灣總督府及當地日系資本等日本勢力來說，也是一個極其理想的誘致目標。

第二，主要是以直系會社爲中心，而將投資事業集中於土地、不動產與信託業。以林本源柏記產業爲首的松記建業、朝日興業、大永興業、維記興業等各直系會社，均係以土地、不動產、信託業爲營業目的。從這一點看，應該說林本源族系仍屬於地主形態，即以土地所有爲基礎的投資形態。也就是說，該族系採用了所謂的雙重性投資形態，即一方面通過旁系會社與日本勢力結合，向近代事業投資插手；另一方面，對於獨自投資的直系會社，仍不超出地主性投資範疇，同時展開了兩種對照性的投資形態。如將前者歸類於近代性投資形態，後者即是歷來的家產保護形的前期投資形態。

第三，日益加深與日本勢力的勾結。例如，創設台灣倉庫會社時，即在總督府和台灣銀行的指揮下創設了商討會（一九一六年七月），而林氏則作爲「本島人方面」的代表，被邀請參加，並與陳中和家族同爲擁有該會社多股份的本地人⑭。此外，他抓住華南銀行勢將以日本勢力南進政策的一環而成立的動向時，立即去總督府進行活動⑮，並主動地搶當大股東，還撈到了總裁的寶座⑯。進而於一九二〇年一月，他看到對華南、南洋貿易起重要作用的南洋倉庫株式會社，將在總督府和台灣銀行的策劃下成立時，林氏家族認購了四千一百個股，成爲本地族系中最大的股東⑰（見第187表）。這種與日本勢力勾結日深的族系，在後日抗日民族運動白熱化的形勢中，遂逐漸呈現出其發展的限度。

(2)辜顯榮族系及顏雲年族系：從第183及184表看，可指出以下幾點。第一，辜、顏兩家族系均係作爲新興勢力參加投資活動，而迅速崛起，並在逐漸充實其作爲一個族系勢力的內容。如前所述，辜家族系與總督府的瓜葛極深，從而獲得食鹽、鴉片、香煙等的專賣權，同時取得了開墾土地的許可，以便其插足當地的建築業。一九一八年至一

九一九年，他飽嘗了米、糖商品漲價及地價飛騰之利，後來又因壟斷、囤積分蜜糖而其賺取巨額的投機性財富。該家族系的直系會社大致是在一九二〇年之後設立的。這說明其財富的積累，是在這一時期發展起來的。

另一方面，顏氏家族系經營的主力是煤炭、礦山等原始採掘產業，但由於一九一五年至一九一八年出現了煤炭熱潮，使其早於辜氏家族，而於一九一八年即首創了直系會社⑱。由此可見，新興族系資本的投資活動，多受惠於商品市場的熱潮。

第二，其族系投資事業的主力，在於拓殖產業、原始採掘產業及其產品的銷售。辜氏家族以其直系會社大豐拓殖爲中心，將手伸向鹽業、漁業和土地開墾，同時以大和商行⑲爲另一直系，致力於物品的銷售。而顏氏家族則以直系會社雲泉商會⑳爲中心，致力於對煤炭、礦山的投資。總之，這兩大新興族系資本的積蓄來源，均仰賴於特權及利權，並以此爲根基而從事拓殖，原始採掘產業的生產與產品銷售。就這一點看，他們與前述林本源或林獻堂家族等主要以發展商業性農業而擴展其直系會社的大地主系資本大不相同。而新興家族系資本基本上是帶有濃厚的商人資本性格的。

第三，在資本關係方面，新興家族系資本與當地日系資本的勾結極其密切。在這一點上，顏氏家族系比辜氏家族系更爲明顯。顏氏家族系不僅廣交當地日系資本，繫結投資關係，也與日本國內財閥資本，即三井財閥系統淵源

第187表　南洋倉庫株式會社成立時各家族之持股數
（1920年1月15日）

家族別	持股數	家族別	持股數
林本源家族	**4,100**	林獻堂家族	**2,200**
林熊祥	1,000	林獻堂	1,000
林熊徵	1,000	林烈堂	1,000
林熊徵（華銀）	1,000	林階堂	200
林鶴壽	500	辜顯榮家族	**1,000**
林熊光	300	辜顯榮	1,000
林嵩壽	300	顏雲年家族	**1,000**
		顏雲年	1,000

摘自仁田利助「南洋倉庫株式會社十五年史」1936年，12～16頁。
以上4家族（11人）之持股數爲8,300股，全體5萬股（130名股東）之中，在台股東（44人）之持股數爲30,950股。

第188表　台陽煤礦及基隆煤礦二會社之主要股東
（1930年10月末）

基隆煤礦（旁系會社）		台陽煤礦（直系會社）	
資本金 登記(1000圓)	10,000	資本金 登記	5,000
資本金 實收(1000圓)	7,750	資本金 實額	2,360
股數　(1,000股)	200	股數	100
主要股東(株式會社)			
三井礦山	57,137	義和商行	48,498
義和商行	56,000	雲泉商會	31,962
三井物產	51,037	大永興業	6,700
禮和商行	10,119	賀田組	5,500
		台灣製糖	2,000

摘自前揭「台灣株式年鑑」251～255頁。
(1)　在大永興業中含有林熊徵個人名義之1,900股。
(2)　基隆煤礦在目前（1930年10月）向三井礦山借入83萬3000圓貸款。
(3)　台陽礦業同樣在此時，向三井物產貸款22萬圓。

很深。如第188表所示，居顏氏家族系投資事業核心地位的台陽礦業（直系）和基隆煤礦（旁系）會社，都有三井財閥系統的資本參與投資。與當地日系礦業資本相對立的，三井財閥系統所窺視的是，使顏氏家族系與三井系統在資本關係上密切結合㉑，而第一次大戰後鈴木商店的衰落，助長了三井物產會社在煤炭輸出上的勢力，使顏氏家族系更傾向於三井系，即加强了其對三井的從屬關係㉒。從這一情況看，辜氏家族系可說是與權力的勾結更爲密切。總之，新興家族系資本的特徵即在於，在它的買辦化即從屬化的過程中，主要是依附於日本帝國主義而得以膨脹起來的。

(3)陳中和家族系：該家族除原有的新興製糖會社外，在這一時期僅擁有陳中和物產和烏樹林製鹽兩家直系會社。由於（一九〇四年到一九〇五年）日俄戰爭的影響，使砂糖市場發生了極大的變動，造成和興公司及新興製糖會社的經營不善，使該家族受到很大的打擊㉓。該家族的東山再起是在一九一二年以後，新興製糖會社逐漸轉虧爲盈之時。一九一九年到一九二〇年發生的砂糖熱潮，使該製糖會社獲利一五八萬圓，紅利即有六成（相當於五二萬五千圓）之多（第189表）。該家族能東山再起而重新創業，即是以此積蓄爲基礎的。如與其他家族資本相比，陳中和家族的發展不能算是一帆風順的。或可能因此而使該家族系的投資活

動較為保守，與當地日系資本的聯繫也不明顯。

但值得注意的是，自一九二〇年代中期開始所進行的積極的土地投資。從第189表可以看出，在一九二四年至一九二九年五年間，其土地投資大約增加八十萬圓，在其同期所得一百零三萬圓利潤中，約有八〇%均再投注於土地投資㉔。另外，陳中和物產會社在鳳山街赤山一帶至少也擁有七十多甲的土地㉕。陳氏家族亦因此而由糖商轉變成製糖業又變成了大地主，成為所謂的商業性地主。從結果看，陳氏家族所採取的路線是，先依附於日本政府的地主制保存政策，再走向膨脹的道路。因而在一九二〇年代中期農民運動蓬勃發展時期，陳氏家族系成為農民鬥爭的目標，這也是不奇怪的。

第189表　新興製糖會社之土地科目(該年6月底)（1000圓）

年期	土地	盈利	股利	實收資本
1917年	130	459	60	600
18	168	363	113	750
19	176	693	180	750
20	176	1,583	525	900
21	180	33	94	1,200
22	181	111	96	1,200
23	181	149	120	1,200
24	185	296	156	1,200
25	394	376	168	1,200
26	552	110	96	1,200
27	561	124	96	1,200
28	662	57	84	1,200
29	973	64	0	1,200

摘自前揭「製糖會社要覽」97～103頁。

(4) 林獻堂家族系㉖：如與前面幾個家族系資本相比較，此家族有所不同。其大部分投資事業均屬於該家族的傍系，而屬於直系經營的事業，僅有三五實業和大安產業兩家會社（見第185表）。同時，這兩家會社都係以土地所有為基礎的收納佃租管理為主要經營內容，實際上是屬於一種地主性法人形態㉗。此外，這兩家會社設立的時期是一九二三年和一九三〇年，因而可以說，並非是受第一次世界大戰後異常景氣的刺激而創設的。很可能是因為一九

第 190 表　林（源）・顏・辜三大家族間之關係企業

關係企業		投資關係			
公司名	股數（100股）	家族別	持股數（股）	職稱	時期
台陽礦業（股份）	100	顏族系	80,460	社長	1925 年
		林本源族系	6,700	董事	
台灣興業信託（股份）	20	顏族系	8,525	社長	1930 年
		林本源族系	800	董事	
台洋漁業（股份）	?	顏族系	?	社長	1919～23年
		辜族系	?	社長	1924～29年

摘自東京興信所「全國銀行會社要錄」1926 年，台灣部份，台灣經濟研究會「台灣株式年鑑」1931 年及「辜顯榮翁傳」1939 年。

二三年廢除「禁止本地人使用會社名稱的府令」（第十六號，一九一二年頒佈），而設立的本地系會社㉘。從林獻堂創設該會社的經緯看，他將其經濟基礎基本上置於地主制，即獲取佃租。這與同爲地主出身的林本源家族系相比，其所保持的舊有的地主體質更爲濃厚。

但該家族系更大的特徵是，其本身帶有强烈的民族資本意識。亦即，他參與根據總督府與台灣銀行的指示而創設的南洋倉庫株式會社的投資，乃着眼於增進中日兩國的親善而就任該會社總裁，就職時也表明爲此而「鞠躬盡粹」的決心㉙。此外，爲使大東信託株式會社成爲民族金融機構，還親自就任董事社長，致力於爲該會社獲取合法地位㉚。林獻堂家族系的投資活動，並未與日本勢力發生很深的關係，其原因或許就在其民族意識。如斯，該家族系一面帶有强烈的地主階級性格；另一方面則心懷明確的民族資本自覺性，因而將它歸類爲帶有地主性格的民族資本。

以上就本地家族資本的概況，分別進行了闡述，如從其整體看，則可指出下列特點：

第一，林（本源）氏家族、顏氏家族、辜氏家族三家係以顏氏家族爲中心，相互接近。如第 190 表所示，林氏家族曾參加顏氏家族的台陽礦業和興業信託兩家會社，而辜氏家族則參加台洋漁業會社㉛。這三系家

族都與日本勢力關係密切，因而彼此之間相互接近是可能的。

第二，所有的家族都或多或少地向金融機構投資。如林（本源）氏家族向華南銀行和台灣興業信託投資，顏氏家族向台灣興業信託會社和基隆商工信用組合投資，辜氏家族向彰化銀行和大龍峒信用組合投資，林（獻堂）氏家族向大東信託，陳（中和）氏家族向台灣商工銀行投資等（參照前揭，第182～186表），均與金融機構發生關係。此外，五大族系都參與國策性的大成火災海上保險的投資。

儘管如此，台灣族系資本基本上還是以族系爲中心，具有極强烈的孤立性、閉鎖性的性格。就這一點來看，他們與同處於日本帝國主義統治下的朝鮮本地資本恰好形成明顯的對照。（朝鮮本地資本係以京城紡織會社爲據點，由各個財閥資本進行相互交錯的投資，以擴大其投資關係㉜。台灣的家族系資本卻與其不同，由於它們長期地經歷了前期性商品經濟的刺激，並以發達的家產制爲背景，各自都擁有其可稱霸一方的小規模事業，故在資金或人力上看不出有什麼大的困難。而從前述族系資本對金融機構强有力的配置看，也是令人頗感興趣的。

3. 族系資本發展的界限

然而，台灣的族系資本並未以第一次世界大戰後的異常繁榮爲跳板而獲得持續性的膨脹。究其原因，大致可舉出以下兩點。其一是，施行以家產制爲基礎的家產均等分配制度；其二是，戰後的異常繁榮不過是一種變態性的、暫時性的情況。

首先從第一點看，台灣的最大族系資本林本源一族分家時形成三房，產生了家產繼承者十人（第14圖）㉝。儘管是規模巨大的財閥，如將其家產一分爲三，而又由十人共有，則勢必是各個都變得少了起來。從該族系所設立的會社情況看（第182表），十家直系會社的社長，都由不同的人擔任，如實地表現出分割家族後的分散化傾向。如再加上該家族各房之間的家族紛爭㉞，以及前述林本源製糖會社被合併而產生族系資本產業資本化的失敗，致使該家

族鬧獨立及叛離的傾向加强，從而大大地削弱了其凝聚力。由於這種家產均分制而產生的分散傾向，在其他家族資本中亦有所發生㉟。

但更重大的原因是其第二點，即異常的好景氣恰似曇花一現，不久後即告結束。這可從兩個方面加以探討。一方面是，異常景氣中斷之後，大大地減少了族系資本的財富積蓄來源。從米價看，一九二一年至一九二四年與居高峯的一九一九年相比，一九二二年至一九二四年下跌三〇%至四〇%，而一般物價亦跌落近二五%（見第191表）㊱。另一方面是，投資事業也因不景氣而未獲所期收益。

第14圖　林本源家族人脈

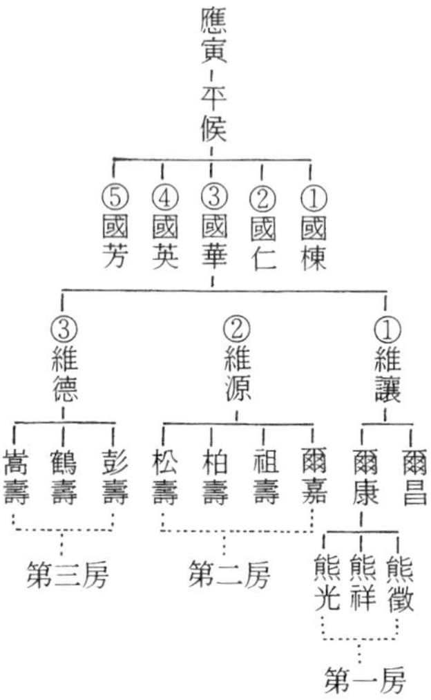

劉克明「台灣古今談」，1930年，116頁。

對族系資本的所辦會社的業績，因資料不全無法進行全面調查，但僅就手邊幾家會社的資料看（見第192表），在一九二〇年前後新設的會社中，除大成火災海上保險會社之外，其餘各家均有虧損。其中值得注意的是，在總督府和台灣銀行指導下而成立的華南銀行和南洋倉庫兩家的虧損㊲。它充分顯示出日本殖民地政策的一個側面。也就是說，它展現了帝國主義政策的本質。具體地說，首先是透過大租權公債動員本地資本，進一步則在形式上讓本地人充當企業的經營者，但實際上卻將經營的損失全部推由本地人承擔。應該注意的是，這是日本資本主義進入壟斷資本階段，在作爲其特徵的慢性蕭條過程中所推行政策的必然結果。

儘管如此，日本的國家權力及其壟斷資本仍然在戰後這種暫時性經濟異常繁榮的過程中，將過去以土地所有爲中心的本地資本，經動員而轉移到官營或日本系統的民營會社，通過這種作法加强了其統治體制。這才是重要的關

第 191 表　在來米價及一般物價之變遷(1919～24 年)

(糙米批發)

	米價			物價
	台北	台中	台南	
1919年	100	100	100	76
20	87	84	86	100
21	64	62	61	78
22	63	61	59	78
23	64	63	61	76
24	79	77	76	76

根據「台灣工商統計」1935 年，149 頁而作成。
1919 年爲米價之最高點，故以之爲 100。另，物價之高峯點在 1920 年。

第 192 表　事業投資會社之損益狀況(1920～29 年)

(1000 圓)

年別	台陽礦業會社(1920年)	林本源製糖會社(1909)	新興製糖會社(1903)	華南銀行(1919)	彰化銀行(1905)	大成火災海上保險(1920)	南洋倉庫會社*(1920)
1920年	—	902	1,583	599	576	37	−140
21	13	96	33	510	496	58	5
22	73	6	111	541	409	93	56
23	38	374	149	522	341	74	−5
24	−51	778	296	−3,584	280	85	6
25	10	209	376	179	132	93	5
26	−104	166	110	179	289	107	3
27	−94	—	124	−1,894	296	107	6
28	−182	—	57	—	353	108	2
29	−102	—	64	—	389	109	−19
計	−302	2,531	2,904	−2,949	3,561	371	−81

摘自前揭「台陽礦業股份有限公司四十年誌」33～34 頁，「製糖會社要覽」97、185 頁，「台灣之金融」161～163、173～174 頁，「南洋倉庫株式會社 15 年史」附錄，「大成火災海上保險株式會社」各期營業報告書等。
*含 1920～30 年間總督府支付之補助金 441,800 圓，( )爲成立年代。

鍵問題。而很多地主則置身於企業熱潮或股票熱潮之中而飄飄然，但最終均因股票狂跌而陷入窮途末路㊳，此事表現出上述問題的一個側面。此外，本地系新高銀行於一九二三年七月被日系台灣商工銀行合併一事，也表現了這種情況㊴。再者，屢因增加資本或減少資本而被日本勢力侵蝕的彰化銀行，亦爲其一例㊵。

經這種情況而日見衰落的本地資本勢力㊶，還要遭受日本殖民地政策的追擊。也就是說，台灣總督府雖於一九二三年廢除了「禁止本地人使用會社名稱」的府令，但同時又在台灣施行日本的民法、商法。當時，由於台灣的特殊情況而設立了前述法律特例，但實際上卻爲台灣舊有的祭祀公業創立了改廢的機會㊷。所謂祭祀公業，係以祭祀祖先爲目的而設定的獨立財產，它意味着族系資本的世襲性集中㊸，此公業在日本民法適用於台灣之後，即面臨着被破壞的命運。由於公業財產是以不動產，特別是土地爲主體的財產㊹，因而廢棄祭祀公業勢必造成土地所有零細化的結果㊺，從而迫使族系地主勢力不得不後退。看到這種本地人資本勢力的衰落之後，自一九一八年至一九一九年以後，日本殖民地政策將警察政治管理統治，改換爲所謂內地延伸主義的文治同化政策。但這對本地資本勢力來說，不過是「新瓶裝舊酒」，日本帝國主義統治的本質並無太大變化。

二、民族運動出現分化

如上所述，本地族系資本在大戰後雖曾一時膨脹，但不久即陷入衰退局面，受到日本更加強硬的統治。日本的殖民地經營，從初期的土地整頓和掠奪林野，發展到對現代化主要企業和金融的壟斷與稱霸。隨著日本這種殖民地經營統治的變化，在台灣的族系資本中也隨之出現了標榜民族主義的改良主義者。這當然應歸結爲帝國主義統制的必然結果。同時，台灣族系資本的分化，也隨之表面化。本文擬就此動向與殖民地民族運動的發展變化相對比，進行若干探討。

1. 殖民地民族運動的展開

在台灣展開現代式的民族運動，可說是自一九二一年的第一次要求設置台灣議會的請願運動正式開始的㊻。該請願的宗旨在於：第一，針對總督府的專制政治，提出參政權的要求；第二，針對日本的同化主義，內地延伸主義，主張台灣應有其特殊性㊼。日本的殖民地政策，約自一九一八年至一九一九年期間開始，其統治基調出現了變化。亦即要從以前以警察政治式統治爲基調的兒玉——後藤路線轉變爲內地延伸主義的文治同化政策㊽。第一次世界大戰末期抬頭的民族自決主義思想的蓬勃發展，恰似一九一九年三月在朝鮮亦發生「萬歲騷動」那樣，已波及日本的殖民地，使其武斷專橫統治難以維持下去。在台灣發生的要求設置議會的請願運動，即是在這種形勢下展開的。

然而，要求在台灣設置議會的請願爲中心的民族運動，並非是自始至終都能統一展開的。民族主義統一戰線運動自一九二一年的第一次請願到一九二六年的第七次請願，前後雖僅爲五年時間，但在台灣島內的知識階級及在東京和中國大陸的青年留學生團體等都積極支持的「台灣議會促進同盟會」的領導下，展開了極具有節制的運動㊾。但自一九二七年的第八次請願後，民族運動陷入分裂局面。究其原因，主要是作爲請願運動的支持團體，台灣文化協會㊿的領導被連溫卿、王敏川、鄭明祿等主張無產階級運動的左派所佔據，而文化協會的創始人蔣渭水、蔡培火一派舊幹部，則於一九二七年七月分裂出來，成立政治社團台灣民衆黨，與文化協會的新幹部相對抗。請願運動則在台灣民衆黨的支持下，根據林獻堂的意志，由蔡培火、林呈祿、蔡式穀、蔣渭水、陳逢源等人來持續運行，但他們卻與連續六年對運動起重要作用的文化協會斷絕了關係。從此，台灣的民族運動便分裂成兩派，即强調無產階級運動的階級性民族運動一派，以及致力於設置議會的自治性民族運動的一派(51)。

轉向之後的台灣文化協會，即與台灣農民組合接近，謀求向工人運動方向發展。台灣的農民組合，主要是在全

島各地反對總督府將土地放領給日本在台退職官吏的運動過程中[52]，與日本的農民組合及勞動農民黨互通聲氣而左傾，從而使文化協會能與之形成共同戰線，但其對勞動組合的工作，則因被台灣民衆黨制其機先而顯著落後。另外，文化協會本身也自一九二七年末到一九二八年初，受到日本國內及中國大陸左翼運動發展的影響，由於戰略上的見解不同而發生內訌。亦即，以具有上海留學經歷的王敏川爲代表的上大派與以連溫卿爲代表的非上大派的對立表面化。後者大致以山川主義爲信仰方針；前者則主要是以一九二七年的日本共產黨黨綱和台灣共產黨上海黨綱爲主導思想[53]。兩者的對立，由於受到在日本國內山川主義的沒落和左翼陣營內部盛行清算的影響，終於發展到排擠非上大派的運動。一九二九年一月，文化協會譏諷該派爲「左翼社會主義者」，並將其加以除名。如斯，該協會便被置於台灣共產黨的勢力之下，但經過一九三一年六月和十一月兩次對共產黨進行大檢舉的結果，該會實際上已被消滅[54]。

另外，台灣民衆黨內也自成立開始即存在蔣渭水派和蔡培火派利害關係的對立，從而在戰略方針上即不相同。亦即，蔡培火一派無疑以中產階級民族自決主義爲理想，並以此爲基本目標，考慮內外各種形勢的變化，尚未敢於提出脫離日本統治的主張，專門從事訴諸於內外輿論，啓發島民，謀求得到它們的支持，從而達到殖民地自治。因而可稱其爲體制內的合法政治運動。與此相反，蔣渭水一派則受中國大陸國民黨革命運動的很大影響，主張將全台灣人組織起來，同時進行民族運動和階級運動，以謀求台灣脫離日本統治，達成民族獨立爲目標。蔣、蔡兩派在台灣民衆黨內的主導權之爭，自一九二八年六月起呈現白熱化，結果蔣派掌握了主導權。該派通過民衆黨與文化協會相互抗爭，積極參與工人運動及農民運動。如前所述，當時具有全島性規模組織的台灣農民組合，與文化協會組織共同戰線，因而民衆黨除將既設勞動團體拉進自己身邊外，還使那些未參加組織的勞動者組織起來，並更進一步使他們參加工友總聯盟（一九二八年二月），以便置於自己的旗下[55]。

對蔣派的這種左傾化，作爲民衆黨有產階級代表的蔡培火等右派㊺，則於一九三〇年七月結成「台灣地方自治聯盟」，採取了與民衆黨有別的立場，提出「在本島統治上當前最有可能的一大改革問題即是地方自治改革」主張，展開了「合法的政治運動」㊼。對此，蔣派則於同年十二月，將除林獻堂（後來自動退出）之外的蔡培火、陳逢源等十六名自治聯盟幹部除名，使民衆黨完全陷於分裂狀態。一九三一年二月，蔣派所掌握的民衆黨向革新的方向修改了黨綱、政策，但由於收到禁止結社的命令，被迫解散。

如斯，台灣有組織的民族運動，由於民衆黨和台灣文化協會的被消滅，而實際上已於一九三二年之後銷聲匿跡。殘留下來的台灣地方自治聯盟，則以林獻堂、楊肇嘉等爲中心，除了把已經「窮中止之理由的運動」㊽，即上述台灣議會設置運動，推動到一九三四年的第十五次之外，徒然繼續其「哀求叩頭的請願・陳情運動」㊾，顯著地傾向於地主階級的保護運動㊿。這已失去了原來做爲民族運動的本質，而淪落爲一般利益團體的活動了。

2.與殖民地社會經濟的關聯

如上所述，殖民地台灣的民族運動，經過了統一戰線（一九二一年至一九二七年）到分裂（一九二七年至一九三一年），以至變質、徒具形骸（一九三一年至一九三七年）的三個時期。究其背景，當然是中國大陸的革命形勢的發展；第一次世界大戰後世界各地風起雲湧的殖民地民族運動，以及在日本國内興起的社會運動等，但不可忽視的是，與島内殖民地社會經濟的變遷關係密切。概括地說，主要是：日本的殖民地經營從初期掠奪性的土地林野整頓，轉變爲培育資本主義產業；由於日本壟斷資本，特別是糖業資本的集團式的强制收購土地，嚴重地威脅到本地地主和封建資產家的地位。此外，以第一次世界大戰後的異常好景氣爲契機，使台灣的社會經濟環境的流動性增大。過去，本地地主和封建資產家在通過土地整頓，保存地主制的政策下，其經濟基盤得到了保障，但由於一九〇九年發生林本源製糖會社的那種集團性土地强制收購事件，以及其後糖業資本擴大其會社有地（前揭、第70表）

等，表明其地位已不如從前穩固，這也是迫使他們參加抗日運動的原因。因而在民族運動初期，即要求設置議會的請願運動時，各階級並未產生利害衝突㉛。

然而，爆發第一次世界大戰直到戰後，在地主階級中，有人因米價或地價的暴漲而致富，但相反，一般農民則因物價的激烈變動而使其生活陷入極端不安的狀況，導致殖民地台灣社會經濟狀況出現前所未有的流動性。一九二〇年至一九二一年以後，台灣農民開始要求製糖會社提高甘蔗收購價格，並發起廢除原料採購區域制度的團體運動。同時，對台灣總督府將官有土地廉價賣與退官人員、地主回收土地，以及過度地保護日本資本等情況，都表示出相當敏感的反應㉜。此外，以受大戰景氣刺激而勃興的工礦業爲中心，也發生了工潮。一九二〇年代初期，由於物價騰貴、生活不安而發生過初步的、自發性的工潮，但從一九二六年前後開始，發動了要求糾正與日本工人的工資待遇及勞動條件的差別等有組織的工潮㉝。

台灣的民族運動，與這些戰後興起的農民運動及工人運動不無關係。這些階級運動的主要爭議對象，是日本人的大資本家，是總督府。但儘管如此，民族運動和階級運動兩者之間並不存在相互結合的必然性。階級運動並非以驅逐在台灣的日本資本勢力爲最終目標，而是進一步要打破以民族資產階級爲基礎的私有制，具體地說，即是要打破地主制㉞。因此，台灣的民族運動發展到與階級運動互相競爭的局面時，即面臨以民族（本地）資產階級爲中心的有產階級與以農民工人爲中心的無產階級之間的利害衝突，統一戰線即形成自我分裂狀態。一九二七年至一九三一年的第二期，可說是兩者的利害衝突表面化時期。而即使是民族運動，也由於其與帝國主義者利害關係的深淺厚薄不同，而會在參與者之間產生不同的目標和手段，難免不產生分裂局面。一九三〇年時，由台灣民衆黨轉爲自治聯盟的封建資產家和地主一派的分裂，即表現出這種情況。

3. 族系資本的動向

第193表　林獻堂一派之民族運動結社關係

	分裂以前台灣文化協會	(股份)台灣雜誌社	第1次台灣議會期成同盟	第2次台灣議會期成同盟	新台灣聯盟會員	分裂前之民衆黨 1)	台灣地方自治聯盟 2)
林獻堂	總理	顧問	－	－	－	顧問(一時)	顧問
林幼春	協理	社長	專務理事	專務理事	普通會員	顧問(一時)	不詳
林子瑾	評議員	－	普通會員	普通會員	－	不詳	不詳
蔡培火	專務理事	董事	專務理事	專務理事	普通會員	顧問(一時)	不詳
林資彬	理事	顧問	普通會員	普通會員	－	不詳	不詳
林階堂	普通會員	顧問	普通會員	－	－	不詳	不詳

摘自前揭「政治運動」160～161，337、513頁。
(1)顧問人數不詳，但確定不詳者一定不是黨之高層人員。（參照「政治運動」435～436頁）
(2)本表不包括評議員85名（第二次大會，1932年8月有148名）。

通過上述民族運動的展開過程，本地族系資本在對與日本勢力之間的關係上採取了什麼態度？概括地說，可分爲以林獻堂爲中心的資產階級民族運動派，以及以辜顯榮、林態徵爲首的御用紳士民族運動反對派，出現了相反的活動。前者以台灣文化協會爲母體，積極參與並推動要求設置台灣議會的請願運動。當台灣文化協會爲左派勢力佔據之後，便設法與民衆黨，後又與台灣地方自治聯盟接近，並逐漸轉化爲地主式自我保護運動。現擬以林獻堂一派的結社關係爲例，對其在民族運動期間的經過加以探討（見第193表）。由此可知，在二者分裂以前，曾積極地參與文化協會以及「台灣議會期成同盟」，而對民衆黨和自治聯盟則採取較消極的態度。

由於林獻堂一派對後二者之所以冷淡，是由於民衆黨的左傾化，以及自治聯盟自成立當時其經濟狀況嚴重惡化有關㉟。而與林獻堂一派的活動相反，辜顯榮、林熊徵一派則以辜氏爲中心，於一九二三年十二月組織與台灣文化協會對立的名爲「台灣公益會」的團體。該公益會會長是辜氏、副會長是林氏。正如台灣總督府自己招認的那樣，加入者沒有任何見解與熱情，都是爲了迎合官憲而入會的，因而在舉行一兩次講演會之後，便自然消滅。

辜、林一派御用紳士的民族運動反對派的活動之所以會如此迅速衰落，正强有力地顯示了當時台灣的民族運動，在統一戰線的形式下，開展

得何等的轟轟烈烈。然而，在民族運動的展開過程中，族系資本勢力所採取的相對立的行動，從前項各族系的投資活動看也能充分理解。即辜、林（本源）兩家族系藉由與日本勢力緊密勾結而積極進行熱絡投資活動的，從政治上看，很快即被任命爲總督府御用諮詢機關——台灣評議會的評議員⑰，並以地主或製糖資本家的身分榨取農民⑱。他們作爲資產家，與總督府和日本大資本家利害一致，一方面從屬於它們，寄生於它們，一方面苛刻地壓迫農民，因而壓根就被摒棄於民族運動之外，而他們則堅持民族運動反對派的立場。與此相反，林獻堂一派的投資活動主要限於地主性質的貸款業，因而與日本資本的關係較淺，與總督府的關係亦並不密切⑲。因此，林氏等始得以成爲糾集台灣中小地主階級和中產階級知識分子的民族運動旗手⑳。

如上所述，在台灣現代民族主義意識的形成過程中，本地族系資本在民族運動中的明顯分化，是値得注意的。從台灣族系資本的歷史性格看，不可忽視其所具有濃厚的買辦性以及兩面性。從林本源家族的情況看，它一方面在廈門設置根據地，一方面在台灣與日本勢力勾結而從事許多的事業投資，當民族運動激化時，則派人到反對民族運動的「公益會」擔任副會長，而當民族運動蛻變爲穩健的地方制度改革運動而徒具形骸時，又立即表示贊同㉑。此外，辜顯榮則是一方面親自擔任公益會的會長，一方面又捐錢給作爲民族運動一環的「台灣」雜誌社，同時也對東京的台灣青年會進行資助㉒。而且，他以「日中親善」爲自己的信念，也與中國大陸的「要人」接觸㉓。這種買辦性的、兩面的性格，與東南亞的華僑資本，一方面與當地政府勾結，一方面又保持作爲華僑的獨特性格㉔的特點，具有相似之處。從這一點看，可說台灣的族系資本帶有濃厚的華僑性格。在探討二次世界大戰後本地資本的動向時，上述看法將成爲極其重要的論點。

第194表　台灣・日本國內・朝鮮米價之比較（1925～35年）　（價格，圓）

年別	日本糙米		蓬萊糙米		在來糙米		朝鮮糙米		台北市物價(批發)指數 1914年＝100		
	價格	指數	價格	指數	價格	指數	價格	指數	穀類	中部米	總平均
1925年	38.83	100	32.19	83	24.16	62	35.66	84	208	222	201
26	36.89	100	27.83	75	22.47	61	33.11	82	189	209	188
27	34.62	100	25.52	74	18.09	52	30.22	87	166	169	178
28	30.99	100	21.83	70	18.84	61	29.37	95	181	176	180
29	29.02	100	21.10	76	19.09	66	25.64	88	186	179	177
30	24.24	100	18.45	76	14.53	60	21.80	90	141	136	151
31	19.65	100	12.81	65	10.07	51	16.77	85	97	96	134
32	23.95	100	17.38	73	14.33	60	20.99	87	132	135	140
33	23.98	100	15.98	67	13.51	56	21.23	89	150	127	152
34	26.62	100	19.57	70	15.58	59	23.88	90	127	146	151
35	30.46	100	23.17	76	20.88	69	28.19	93	171	195	156

米價：摘自「台灣金融經濟月報」1936年3月號，13，21頁。
物價：摘自台灣總督府殖產局「台灣商工統計」1941年。
日本米是以大阪期貨米平均（攝津之中等糙米）；蓬萊米是以基隆倉庫交貨之現物（三等合格糙米）；在來米是以高雄倉庫交貨之現物（三等合格糙米）；朝鮮米是以仁川之定期貨米之平均市場行情（三等合格糙米）。

三、族系資本勢力的衰退

1.積累來源的枯竭

其次，本文擬將論點移至一九三〇年代，特別是在後半期以後開始「工業化」時期，本地的族系資本動向。首先值得注意的是，由於受到世界經濟大恐慌的狂流衝擊，本地族系資本陷入空前的窘境。這一世界性大恐慌係通過日本經濟而給台灣經濟，特別是農業帶來了嚴重的打擊。這種打擊使族系資本以往的積蓄泉源即農業生產急遽陷入停滯狀態。如將此間情況以米價及一般物價的變化加以比較，則如第194表所示。例如，一九三一年時的蓬萊米價，僅爲日本國內米價的六五%，也較朝鮮米的價格指數低二十點。再者，二〇年代中期，較一般物價水準偏高的米價，自一九二七年起的七年間（一九二九年除外）則反而出現偏低情況。這一點，與穀類的價格水準相比，也大致吻合。這種米價的跌落，使過去依靠

地主制即佃租收入爲積蓄泉源的地主族系資本，必然遭到重大打擊。

第一個打擊是，迄今的佃租收入大幅減少。對於佃租收入的急遽減少，只有從米、甘蔗等主要種植商品的生產額遽減中加以推察。儘管稻穀的產量增加，但一九三一年的總生產額卻落到八千五百萬圓，僅約爲一九二五年的一半（見第195表）。甘蔗的生產額也同樣如此，一九三三年的產量與一九二八年幾乎相等，但其生產額卻爲後者的一半左右，僅爲二千九百萬圓。直到一九三五年，全部農作物才恢復到二〇年代中期的水準。這種農作物，特別是米、甘蔗的價格狂跌，不僅使前述林獻堂等個人陷入窘況，其後也爲以收取佃租爲目的的會社造成重大打擊。

關於佃租收入的銳減，下述兩點需要附加說明。其一是，當時盛行的農民運動使地主很難以提高佃租來轉嫁負擔⑦⑤。其二是，一九三五年公布的、第三次地租修正案，即「台灣地租法規修正」（律令第5號）。如將此次地租修正與前述一九一九年的第二次修正相比，不僅提高了租稅率和使地則等級細分化而大幅加重單位面積的租稅負擔，同時也將山林、雜種地納入課稅對象而更擴大了租稅的範圍⑦⑥。因此，地租負擔即從一九三五年的五千八百萬圓，遽增爲一九三七年的八千二百萬圓，急增四一％⑦⑦。從

第195表　米・甘蔗・農產品之生產額（1925～35年）

	稻米		甘蔗		農產品合計*
	生產量（1000石）	金額（1000圓）	生產量（10000斤）	金額（1000圓）	（1000圓）
1925年	6,443	162,438	8,340	47,873	308,040
26	6,214	144,081	8,610	51,990	291,891
27	6,899	130,797	7,412	45,718	272,441
28	6,795	133,953	9,697	57,718	293,938
29	6,481	127,872	12,292	72,906	301,868
30	7,371	107,189	11,618	67,053	259,361
31	7,480	85,187	10,945	56,549	209,973
32	8,949	134,935	13,415	65,565	278,963
33	8,362	124,935	8,811	29,034	237,988
34	9,089	165,175	8,884	30,343	299,910
35	9,122	197,288	13,477	55,233	361,046

摘自「台灣農業年報」1930年，22～41、48頁，同1938年，22、26～27、44頁，同1943年，10～11頁。

*包括畜產。

當時的物價水準看（第178、194表），一九三五年僅約爲一九二〇年前後的六〇％，因而此一地租負擔的增加，實質上意味著農民實際上增加的負擔，遠大於地租的增加率⑱。一九三五年以後，農作物價格，特別是米、甘蔗的價格稍有提高，但對地主來説，只是加重了其預付的地租負擔，而未必能立即增加佃租的收入，亦即增加地主的積蓄。

另外，從族系資本的商人積蓄來源看，它已經喪失了像在第一次大戰期間和戰爭結束後在商品市場進行投機交易而積蓄財富的餘地。一九三〇年代後半期所發生的通貨膨脹，正如第二章第四節中所探討的，是由於財政支出增加、金融機關承銷國内公債，以及台灣銀行增發鈔票等的政策性通貨膨脹，而並非因商品市場的供求關係所造成的通貨膨脹。而且，在通貨膨脹激化的一九三八年以後，政府發布了許多經濟統制令⑲，也縮小了商人的活動餘地。因此，本地族系資本的商人積蓄來源也遭逢各種困難，已得不到像一九二〇年代初期那種豐富的利潤了。

2. 一九三〇年代以後的投資活動

反映了上述情況，本地族系資本三〇年代以後在設立會社的投資活動，已不如第一次大戰期間和戰爭結束後的那般活躍。根據前文所列情況，將各族系資本的投資活動分爲直系和傍系會社，再按年次順序加以整理，則正如第196表所示。由於資料不足，雖不能説包括了所有的會社，但就其直系會社來説，林（本源）和林（獻堂）兩家族分別設立三家和一家，陳氏家族設立三家，顏氏家族設五家，辜氏家族爲九家。此外，傍系（關係）會社除顏氏家族外，最多的有六家，最少的有一家。顏、辜氏二家族在當時比較活躍的原因容後再敘。但即使包括這兩個家族，其全部本地族系的投資活動也較二〇年代初期，明顯處於停滯狀態。特別是直系會社的已繳資本規模很小，這充分地表現出其所處停滯狀態。

辜氏家族在設立直系會社時較爲活躍的主要是原因是，一九三七年十二月辜顯榮逝世，但一九三八年以後才進行家產的繼承活動。從第196表可以看出，該家族的直系會社有一半是一九三八年以後設立的，而且其經營負責人也

第 196 表　五大家族之投資事業會社(按成立順序)(1931～45 年)　(1000圓)

家族別・會社名	負責人	職稱	成立年代	資本額 (實收額)	其他
林本源家族					
直系會社					
大同米穀(股份)	林柏壽	總經理	1931	200 (60)	
福興建業(股份)	林熊光	總經理	1934	200 (50)	出租土地業
東陽護膜(股份)	林熊徵	總經理	1934	62.2 (62.2)	
旁系(關係)企業					
高雄興產(股份)	林熊祥	董事	1933	100 (100)	煤炭製造販賣，本地系 1942 年資本爲 20 圓，實收爲 20 萬圓
台灣麻袋(股份)	許丙	顧問	1939	180 (45)	顏永福一族
常盤住宅(股份)	林柏壽	董事	1940	180	住宅建築，本地日資
台北交通(股份)	林熊徵	監事	1940	350 (350)	交通業，本地日資(中辻系)
顏雲年家族					
直系會社					
和隆木材(股份)	顏欽賢	董事	1936	200 (200)	林木業
台陽拓殖(股份)	顏欽賢	總經理	1936	1,000 (250)	
德大公司(股份)	顏德修	總經理	1938	100 (25)	
顏斗猛興業(股份)	顏德修	總經理	1940	100 (40)	不動產業
東陽窯業(股份)	顏德修	總經理	1944	180	窯業
旁系(關係)企業					
台灣電化(股份)	顏欽賢	董事	1935	2,000 (1,000)	台灣電力，電氣化學系
台灣船舶・溝渠(股份)	顏欽賢	董事	1937	5,000 (5,000)	三菱重工業系
台北州自動車運輸(股份)	顏欽賢	董事	1938	1,500 (750)	中辻系(本地日系)
台灣化成工業(股份)	顏欽賢	董事	1939	7,500 (6,250)	台拓，赤司系
金包里開發(股份)	顏欽賢	董事	1939	150	休閒，本地日資和合資
昭陽礦業(股份)	顏德修 顏滄波	董事	1940	1,000 (700)	日系共同，向朝鮮擴張
台灣煤礦(股份)	顏欽賢	監事	1941	700	日系，煤炭業
蘇澳造船(股份)	顏欽賢	監事	1943	1,000	和本地日系共同出資
辜顯榮家族					
直系會社					
大和興業(股份)	辜顯榮	董事兼總經理	1932	1,000 (500)	農林業，位於屏東(台灣南端)
大和拓殖(股份)	辜顯榮	董事兼總經理	1933	1,200 (1,200)	不動產，製糖業，本總會社在鹿港
台灣製帽(股份)	辜顯榮	董事兼總經理	1936	300 (75)	
集大成材木商行(股份)	辜偉甫	董事兼總經理	1938	300 (180)	木材販賣
大裕茶行(股份)	辜振甫	董事兼總經理	1938	300 (150)	製茶，輸出入業

家族別・會社名	負責人	職稱	成立年代	資本額	(實收額)	其他
顯明商行(股份)	辜斌甫	董事兼總經理	1939	100	(25)	債券買賣
大查殖產(股份)	辜振甫	董事長	1931	160	(40)	農場經營
大和物產(股份)	辜振甫	董事長	1942	180	(90)	農林業
有邦工業(股份)	辜斌甫	董事長	1943	180	(90)	木材，纖維製造
旁系(關係)企業						
彰化第33區煙草匿名	辜顯榮	公會監理人	1931			香煙推銷
台灣鳳梨罐頭販賣(股份)	辜顯榮	董事	1932	320		之後，合併於台灣鳳梨拓殖
台灣合同鳳梨(股份)	辜顯榮	董事	1935	7,200		東洋製罐，第一生命，明糖系
台灣鳳梨拓植(股份)	辜顯榮	董事	1936	2,200		其後，與台灣合同鳳梨合併
天然水泥(股份)	辜偉甫	董事	1940	195	(49)	與日系資本共同出資
台灣植物纖維興發(股份)	辜斑甫	董事	1941	150		與日系資本共同出資
林獻堂家族						
直系會社						
三茶拓殖(有股)	林樊龍	總經理	1942	195	(195)	不動產業
傍系(關係)企業						
台灣瓦斯(股份)	林獻堂	董事	1934	1,000	(512.5)	台電系之後，林獻堂退出
三五興業(有股)	林階堂	總經理	1942	196	(196)	不動產，造林
陳中和家族						
直系會社						
烏樹林製鹽(股份)	陳啟貞	總經理	1937	500	(240)	經營劇場之後，被併於日系資本
三文興業(股份)	陳啟雲	董事兼總經理	1939	100	(44)	1939年8月底，資金及實收額共爲2.5萬圓
興南製作所(股份)	陳啟安	董事兼總經理	1941	120	(60)	木材，製材業
旁系(關係)企業						
民報商事社(股份)	陳啟川	董事	1936	4,000		文具用品之進出口販賣

摘自前揭「會社銀行工商業者名鑑」（東京興信所），「全國會社銀行要錄」1931～42年，各年版台灣篇，台灣銀行「台灣金融經濟月報」各期，竹本伊一郎「台灣會社年鑑」1940年，其他「傳記」等表。

※該會社「傳記」之102頁，若照「全國銀行會社要錄」，爲同樣之會社名，但設立於1930年，且辜氏家族並沒有任職於該會社。（1936年版、台灣篇14頁），另，若照「名鑑」的話，亦爲同樣會社名、設立於1941年，且職員全爲日本人（同，參照267～268頁），在此則摘自前揭之「台灣會社年鑑」。

各都掛了不同的名義⑧⓪。而從顏氏家族看，活躍的傍系會社比較多，而其中居關鍵地位的台陽礦業會社，曾是趁當時的局勢熱潮而獲得巨額利益的。亦即，該會社從一九三二年前後起，其經營成績便日見好轉，到一九三四年，不僅彌補了過去的周轉虧損，還淨賺九萬七千多圓⑧①。當時，日本國內軍需工業興盛，以及出口旺盛導致海運界生意興隆，從而造成煤炭需求的激增，台灣的煤炭業界也受其影響，市場情況好轉。該會社確實隨之而獲利匪淺。在解除黃金禁運後，金價暴騰，而使其從一九三五年起的五年間，約賺淨利六三二萬圓，接近於其已繳資本的七百萬圓⑧②。

顏氏家族則以台陽礦業會社的起飛爲背景，進行了活躍的投資活動。在研究一九三〇年代本地族系資本時，得到了幾點重要的啓發。其一是，族系資本的積累來源，基本上是依靠既有事業會社的收益。如前所述，在地主或商人的積累都大受限制的這一階段，族系資本的投資活動只能依賴現有會社的收益。在既有的會社當中，如前所述，其營業內容多爲：商人的積累即來自商品交易；地主的積累即來自佃租收入。關於這一點，雖沒有任何變化，但不可能得到大筆投資利潤。現在手頭的資料雖然不多，但可看出本地族系資本直系會社的財務狀況。如第197表所示，顏氏家族僅擁有一家台陽礦業會社，其財力即比其他族系還大。其二是，若不與日本資本勾結，本地資本即根本不可能積極地進行投資活動。換言之，只有在高一級的買辦化的情況下，才能有投資活動的餘地。顏家族系儘管是在旁系（關係）會社的投資活動，也呈現生機勃勃的局面正說明了這一點⑧③。尤其是昭陽礦業會社的向朝鮮擴張一事值得注意⑧④。其三是，顏氏家族與日本勢力的勾結，不外乎是該族系自日本統治以來長年作爲買辦性的承包階級而積累了經驗的結果。亦即，台陽礦業在一九三六年至一九三七年前後，經台灣銀行介紹，取得部分日本礦業會社的股票，以此爲契機，該會社被置於日本勢力的統治之下⑧⑤。有關第二次世界大戰後的管理層構成情況，如第198表所示，以兩名常務董事爲首，該會社的要職半數以上被日本人所佔據。

第 197 表　直系會社之財務狀況（1942年期）　　（1000圓）

家族別・會社名	實收資本	準備金	純益金	紅利金	純損失金
林本源家族					
林本源柏記產業（股份）	700	308	100	70	–
大有物產（股份）	700	245	184	90	–
顏氏家族					
台陽礦業（股份）	7,000	999	378	245	–
台陽拓殖（股份）	250	1.5	15	–	–
顏斗猛興業（股份）	40	–	0.4	–	–
南方交通（股份）	600	119	121	48	–
辜氏家族					
大和物產（股份）	90	–	–	–	–
台洋漁業（股份）	50	–	–	–	–
高砂鐵工所（股份）	135	20.6	14	6.5	–
大裕茶行（股份）	150	86	–	9	68
大集成材木行（股份）	180	2.7	4.4	–	–
大查殖業（股份）	40	1.4	7	4	–
中部漁業（股份）	16.5	–	1	–	–
大和拓殖（股份）	1,200	274	89	72	–
大和興業（股份）	500	31	35	–	–
陳氏家族					
陳中和物產（股份）	1,200	140	116	84	–
興南製作所（股份）	60	1	6	3.5	–
三文興業（股份）	44	0.6	2.3	1.3	–
烏樹林製鹽（股份）	300	48	–	–	8.6
林獻堂家族					
三榮拓殖（股份）	195	–	–	–	–
禎祥拓殖（旁系）（股份）	1,000	352	169	100	–
大安產業（股份）	1,240	73	81	68	–
五郎合資會社（旁系）（股份）	150	21	9.6	7.5	–

摘自台灣總督府農商局「台灣商業統計」，第 22 次，1944 年，100～165 頁。

第198表　台陽礦業之幹部構成情形（1945年）

職稱	姓名	家族別 日台人數	在任期間
董事長	顏欽賢	顏氏家族	1937年下半期～1945年下半期
常務董事	尾家重治	日人	1941年下半期～1945年下半期
常務董事	渡邊三郎	日人	1943年下半期～1945年下半期
董事	林熊徵	林本源家族	1920年下半期～1945年下半期
董事	顏德修	顏氏家族	1941年下半期～1945年下半期
董事	顏滄海	顏氏家族	1941年下半期～1945年下半期
董事	三毛菊次郎	日人	1940年下半期～1945年下半期
董事	戶田貢	日人	1943年下半期～1945年下半期
常務監事	地主三郎	日人	1940年上半期～1944年上半期
監事	德萬秀三	原住民	1944年下半期～1946年下半期
監事	周碧	本地人，顏系	1936年下半期～1945年下半期
監事	陳逸松	本地人	1941年下半期～1945年下半期

摘自「台陽礦業股份有限公司四十年誌」，16～20頁。

與顏氏家族系的活動相反，林本源族系的既有事業會社或關係會社，大部分都陷入一蹶不振狀態。例如，林本源柏記產業和大有物產兩家會社，雖於一九四二年時將純利從十萬圓提高到十八萬圓，但設立後的二十年間，其準備金僅為三十萬圓或者是至二十五萬圓（見第197表）。在此期間，由於兩家會社的已繳資本分別增加二十萬圓和十五萬圓（請與第182表加以比較），故兩會社合計共累積九十萬圓，簡單平均每家一年可積累兩萬二千五百圓。其中尚不包括紅利。但從該系家族在這一期間並未從事投資活動看，可推測即使分配了紅利，其規模亦不過是補貼日常生活的程度⑧⑥。如此看來，該系家族的地主性事業投資積累是很低的，只不過是為了進行單純性再生產的投資。另外，從該系家族所擁有的、現代投資形態濃厚的華南銀行和日本拓殖會社兩家投資事業來看，後者於一九一九年以一千萬圓（已繳資本三〇〇萬圓）的資本而創設（見第182表），但於一九三一年三月即很快陷入生意蕭條局面，從而不得不大幅縮減資金為二〇〇萬圓（已繳資本一五〇萬圓）⑧⑦。而且，即使到一九四二年，該會社的準備金亦僅為二八萬圓⑧⑧。此外，華南銀行以一千萬圓資本（已繳資本五〇〇萬圓）於一九

第 199 表　華南、彰化二銀行之收益及內部保留狀況(1920～44年)　(1000圓)

年期	華南銀行			彰化銀行		
	該期利益	各種準備金	實收資本	該期利益	各種準備本	實收資本
1920年	366	530	6,465	262	520	3,550
23	321	213	7,500	172	1,726	3,550
26	97[1)]	23	3,750	146	83	2,840
29	–	–	1,875	196	214	2,840
32	–	–	1,875	144	535	2,840
34	44	–	1,875	161	699	2,840
35	89	23	1,875	169	778	2,840
36	150	61	1,875	175	863	2,840
37	158	157	1,875	200	973	2,840
38	152	302	1,875	207	1,103	2,840
39	128	438	1,875	257	1,233	2,840
40	157	523	1,875	343	1,421	2,840
42	299	757	1,875	693	2,072	2,840
44	232	936	3.750	420	2,861	2,840

摘自台灣銀行「台灣之金融史料」，1953 年，台北，133−136 頁。
1) 出處爲 696,559 圓，但實爲 96,559 圓之誤（「台灣之金融」，1930年）

一九年創辦，但其後受到中國大陸和南洋各地猛烈的反對日貨運動影響，加上戰後的反彈性不景氣及昭和金融恐慌的脅迫，終於一九二五年四月不得不將資本減爲五〇〇萬圓，而在一九二七年二月再次減爲二五〇萬圓。爲了闖過金融恐慌的難關，該銀行最後還是仰仗國家權力（台灣融資法），給予三〇〇萬圓的特別貸款（後來成爲無償貸款），才勉强渡過難關。但自一九二七年起的七年間創下了持續零收益的紀錄，並用光了各種準備金（見第199表）。該銀行後來稍有起色，是在進入一九三〇年代後半期以後的事。但其財力與舊有的本地系彰化銀行相比，則顯得非常單薄。

如上所述，林（本源）系家族的經濟地盤，由於其設立會社的業績不振，在整個三〇年代大爲下沉。尤其是該系家族的代表性產業林本源製糖會社，於一九二〇年代被迫合併，恰似顏系家族失去台陽礦業那種中心機構一般，受到重創。

第200表　存續中之投資事業會社（1941年左右）

（1000圓）

會社名	責任者	職稱	設立年	資本額	(實收額)	營業內容・其他
林本源家族						
直系會社						
大永興業(股份)	林熊徵	社長	1921	5,000	(1,250)	出租土地業，買賣業
林本源柏記產業(股份)	林柏壽	社長	1922	2,000	(700)	出租土地業，買賣業
大有物產(股份)	林熊徵	社長	1922	3,000	(900)	出租土地業，買賣業
朝日興業(股份)	林熊光	社長	1922	1,000	(350)	出租土地業，買賣業
林本源興殖(股份)	林柏壽	社長	1923	1,000	(250)	出租土地業、社債・有價證劵買賣
林本源維記興業(股份)	林祖壽	社長	1923	2,000	(500)	出租土地業，買賣業
福興建業(股份)	林熊光	社長	1934	200	(50)	出租土地業，買賣業
新集興益商行(股份)	林祖謙	社長	1940	198	(148.5)	和洋雜貨採購・販售
小計			(推定)	14,398	(4,148.5)	
旁系(關係)企業						
高雄土地(股份)	許丙	監事	1907	500		
台灣商工銀行(股份)	林柏壽	董事	1910	5,000	(2,590)	
台灣興業信託(股份)	林熊徵	董事	1912	1,000	(250)	顏氏族系，許丙爲顧問
台灣紅磚(股份)	林熊徵	董事	1913	3,000	(1,335)	後宮系
高砂鐵工所(股份)	許丙	顧問	1917	180	(120)	辜氏族系
台灣日日新報社(股份)	林熊徵	監事	1898	1,000	(700)	1911年參加
台陽礦業(股份)	林熊徵	董事	1918	10,000	(7,000)	顏氏族系
日本拓殖(股份)	林熊徵	社長	1919	2,000	(1,500)	本地日系
華南銀行(股份)	林熊徵	總理	1919	2,500	(1,875)	台銀行
大成火災海上保險(股份)	林熊祥	董事	1920	5,000	(1,250)	三菱系
興南新聞社(股份)	林柏壽	董事	1929	302.5		依1941年2月11日變更之名稱〔本爲「台灣新民報」(1930年3月～1941年2月)其前身爲「台灣民報」(1923年4月～1930年3月)〕
高雄產業(股份)	林熊祥	董事	1933	100	(100)	煤炭製造販賣，本地系
台灣麻袋(股份)	許丙	顧問	1939	180	(45)	顏永富社長

會社名	責任者	職稱	設立年	資本額	(實收額)	營業內容・其他
常盤住宅(股份)	林伯壽	董事	1940	180		住友建築，本地日系
台北交通(股份)	林熊徵	監事	1940	350	(350)	中辻系
顏雲年家族						
直系會社						
台灣興業信託(股份)	顏欽賢	常務董事	1912	1,000	(250)	
南邦交通(股份)	顏德修	社長	1912	600	(600)	和本地日系共同出資
台陽礦業(股份)	顏欽賢	社長	1918	10,000	(7,000)	顏德修爲董事
台陽拓殖(股份)	顏欽賢	社長	1922	1,000	(250)	出租土地業
和隆木材(股份)	顏欽賢	社長	1936	200	(200)	所有幹部均爲家族
德大公司(股份)	顏德修	社長	1938	100	(25)	海運，開墾業
基隆輕鐵(股份)	顏欽賢	社長	1912	600	(450)	運輸業
顏斗猛興業(股份)	顏欽賢	社長	1940	100	(40)	不動產業
蘇澳造船(股份)	顏欽賢	社長	1943	1,000		
東陽窯業(股份)	顏欽賢	社長	1944 (推定)	180		
小計[(1)]				14,780	(6,945)	
旁系(關係)企業						
台灣土地建物(股份)	顏欽賢	董事	1909	1,500	(1,500)	不動產業
基隆煤礦(股份)	顏欽賢	董事	1918	7,000	(7,000)	董事中有一人爲日人
大成火災海上保險(股份)	顏欽賢	董事	1920	5,000	(1,250)	成爲三菱系
華南銀行(股份)	顏欽賢	監事	1920	2,500	(1,875)	台銀系
瑞芳營林(股份)	顏欽賢	董事	1921	1,000	(350)	和日系共同出資
基隆商工信用組合(有限)	顏欽賢	組合會長	1922	—	—	立川滄海等人爲監事
中台商事(股份)	顏欽賢	董事	1926	1,000	(750)	採煤炭及販賣、日系芳川、立川氏等
台灣電化(股份)	顏欽賢	董事	1935	2,000	(1,000)	台電，電化系
台灣船舶溝渠(股份)	顏欽賢	董事	1937	5,000	(5,000)	爲基隆船舶溝渠(股)之改組，爲三菱重工買下
台北州自動車運輸(股份)	顏欽賢	董事	1938	1,500	(750)	中辻系
金包里開發(股份)	顏欽賢	董事	1939	150	(90)	休閒、顏滄海、顏德修二人爲監事
台灣化成工業(股份)	顏欽賢	董事	1939	7,500	(6,250)	採石灰石，販賣，台拓，赤司系

會社名	責任者	職稱	設立年	資本額	(實收額)	營業內容・其他
昭陽礦業(股份)	顏德修 顏德波	董事	1940	1,000	(500)	日系共同，向朝鮮擴張
台灣煤炭(股份)	顏欽賢	監事	1941	700		日系
蘇澳造船(股份)	顏欽賢	會長	1943	1,000		和本地日系共同出資
辜氏家族						
直系會社						
高砂鐵工所(股份)	辜顏氏碧霞	社長	1917	180	(135)	許丙（林本源家族）爲顧問
台陽漁業(股份)	辜振甫	社長	1919	200	(50)	董事爲辜振甫及辜湉松二人
台洋漁業(股份)	辜振甫	社長	1919	200	(64.5)	
中部漁業(股份)	辜振甫	社長	1922	55	(30)	董事爲辜振甫及辜湉松二人
大和興業(股份)	辜振甫	社長	1925	1,000	(500)	土地開墾，栽培
大和拓殖(股份)	辜振甫	社長	1933	1,200	(1,200)	製糖業，土地建築買賣，借貸
集大成材木商行(股份)	辜偉甫	社長	1938	300	(180)	木材販賣
大裕茶行(股份)	辜振甫	社長	1938	300	(150)	辜偉甫爲常務董事、製茶輸出入，大連市有支店
大查殖產(股份)	辜振甫	社長	1941	160	(40)	農場經營
顯明商行(股份)	辜斌甫	董事長	1939	100	(25)	債券買賣
大和物產(股份)	辜振甫	社長	1942	180	(90)	農林業
有邦工業(股份)	辜斌甫	社長	1943	180	(90)	木材，纖維製造
旁系(關係)企業						
台灣痲袋(股份)	辜顏氏碧霞	董事	1939	180		本地人民
天然水泥(股份)	辜偉甫	董事	1940	195	(49)	日系會社
台灣植物纖維興發(股份)	辜斑甫	董事	1941	150		植物纖維業，和日系合資
台灣紅糖同業組合	辜偉甫	評議員	?	—		
林獻堂家族						
直系會社						
大安產業(股份)	林獻堂	董事長	1930	2,000	(1,240)	土地建築買賣
三榮拓殖(有限)	林樊龍	社長	1942	195	(195)	土地開墾及買賣
旁系(關係)企業						
彰化銀行(股份)	林獻堂	董事	1905	4,800	(2,840)	自 1935 年起就任董事，到戰敗爲止

會社名	責任者	職稱	設立年	資本額	(實收額)	營業內容・其他
台灣製麻（股份）	林獻堂	社長	1912	1,400		1942年6月退任
海南製粉（股份）	林獻堂	監事	1919	750		日系資本
華南銀行（股份）	許丙	監事	1919	2,500	(1,875)	台銀系
大成火災海上保險（股份）	林獻堂	董事	1,920	5,000		三菱系
霧峯信用購販公會	林幼春	理事	1921		—	
禎祥拓殖（股份）	林烈堂	董事長	1922	1,000	(1,000)	土地開墾
大東信託（股份）	林獻堂	董事長	1926	2,500	(625)	1944年8月被台灣信託合併
五郎合資會社	林階堂	代表	1926	100	(100)	土地，有價證券買賣
三五興業（有限）	林獻堂	顧問	1929	302.5		林雲龍爲董事
興南新聞社（股份）	林階堂	社長	1942	196	(196)	造林，開墾
陳中和家族						
直系會社						
陳中和物產（股份）	陳啓川	常務董事	1922	1,200	(1,200)	社長爲日人熊野啓藏
三文興業（股份）	陳啓安	董事長	1941	120	(60)	木材・製材業
興南製作所（股份）	陳啓雲	董事長	1939	100	(44)	經營劇場
旁系(關係)企業						
華南銀行（股份）	陳敏峯	董事	1919	2,500	(1,875)	台銀系
大成火災海上保險（股份）	陳敏貞	董事	1920	5,000	(6,250)	三菱系
興南新聞（股份）	陳啓川	董事	1929	302.5		本地新聞社
民報商事社（股份）	陳啓川	董事	1936	4,000		文具紙張，進出口買賣

摘自前揭「台灣金融經濟月報」會社部份，「會社銀行工商業者名鑑」，「全國銀行會社要錄」，台灣篇，「台灣商業統計」，「台灣會社年鑑」等。

1) 資本投入之預測，台陽礦業爲69%，台灣興業信託爲62%。欠實收資本時，以資本之25%視爲該資金。

即使進入一九四〇年代，該系家族亦無任何可觀的活動。正如第200表所示，只有以繼續出租土地爲主的林熊徵和林柏壽兩個旁系稍微令人注目。

其次，再談談有關另外三家，即辜系家族、陳系家族和林（獻堂）系家族的情況。該三系家族資本的積累，均主要依靠地主式的積累，例如辜系家族依存於大和拓殖會社，陳系家族依存於陳中和物產會社、林（獻堂）系家族依存於大安產業會社（見第197表）。此外，他們的最大特徵是，其直系會社的準備金至多不過是已

繳資本的四分之一。如此低水準的積累，大大限制了此三系家族資本的投資活動能力。實際上，正如第196表所示，除了辜系家族設立的分家式會社之外，該三系家族的投資活動，不僅會社的數目少，而已繳資本的規模亦小，處處呈現停滯狀態⑻。因此，一九三〇年代以後的本地系家族資本勢力的衰退，亦可從成立會社活動的停滯現象中看出其特徵。

3.族系資本勢力的衰落

作為上述情況的總結，擬列舉五大系家族資本所設立或參加的會社中迄至一九四〇年初仍繼續存在的，加以探討。第200表即為其具體情況。該表顯示日本統治台灣末期本地族系資本的現狀，從某種意義上說，它顯示日本殖民地統治的最後階段，本地族系資本的殘存勢力。就此意義講，該表提出了以下幾點值得注目的問題。第一，買辦式寄生階級的新興勢力已經趕上了地主式大資產階級的舊勢力，而且有凌駕其上的趨勢。後者林（本源）系家族的八家直系會社的已繳資本為四一五萬圓。而前者顏系家族十家直系會社的已繳資本已達六九〇萬圓⑼。如將這種情況與一九二〇年代（第181、183表）相比，則可知林（本源）系家族的已繳資本幾乎未曾增加，但顏系家族則約增加三〇〇萬圓，即增加八〇％。由此可清楚地看出舊勢力在維持現狀，而新興勢力在不斷躍進⑽。另外一個不同的情況是，舊勢力族系因分家而每一個會社就有一個社長，但新興勢力則大致集中為一人（顏欽賢）負責，因而從資力集中的角度看，亦佔優勢。這種新舊勢力的逆轉，顯示出日本殖民地統治所獲「成果」的一個側面。

第二，族系資本間的提攜關係非常薄弱，表現出本地資本以家族為中心的孤立性格。從族系之間的合作關係看，林（本源）系家族的林熊徵雖參與顏系家族的台陽礦業會社（已繳資本七〇〇萬圓），以及台灣興業信託會社（已繳資本二五萬圓），並擔任這兩家會社的董事，但作為股東，其出資比率卻不算高⑾。此外，以台灣麻袋會社（資本十八萬圓）為例，林（本源）系家族的旁系許丙和辜系家族的辜顏碧霞兩人均出任該會社的董事，但該會社

的資本規模很小，而且與其主流之間的關係已相當疏遠。族系資本比較集中的，要算大成火災海上保險這一家會社，但實際上該會社也已被日本勢力所吸收（前揭）。族系資本所具有的以族系爲中心的强烈孤立性格，招致了下述嚴重後果，一是妨礙其族系資本本身加速資本積累，難以蛻變爲現代化產業資本。另一是對日本資本主義的新經濟和政治勢力喪失了與之對抗或應付的能力。一九三〇年代以後，在新向台灣擴張的日本國內新興財閥所建會社中，族系資本雖身爲當地代表，卻幾乎沒有獲得董事等重要職位的人⑨³。結果進一步隔斷了本地族系資本和外來日本資本之間的關係，並擴大了差距。

第三，本地族系資本勢力的衰退，是由於遭受日本國家權力或日本國內資本的直接壓迫所致。其作爲國策會社的南洋倉庫會社，以及具有金融、保險會社性質的大東信託，或大成火災海上保險會社，加上具有壟斷產業性質的台灣製鹽、製麻、新興製糖等會社的改組及合併，即說明了這種情況。有關南洋倉庫會社，其於一九三五年四月改組之後，便全部免除了以林獻堂（社長）爲首的林熊徵和顏國年（顏系家族）等董事，出現了負責人員清一色由日本人擔任的情形⑨⁴。大東信託會社系以林獻堂爲社長的屬於舊文化協會的最大會社（資本二五〇萬圓），但自一九二六年創設以來，根據信託法的規定而未給予其合法地位，因而未能完全發揮其作爲金融機構的機能。一九四四年八月，終於將其與台灣興業（資本一〇〇萬圓，屬顏系家族）、屏東信託（資本一〇五萬圓，本地系）一道，重新統歸於台灣信託會社（資本一千萬圓），受台灣銀行的統治⑨⁵，此外，大成火災海上保險會社亦在屢次改選重要職務過程中，增大日系勢力。尤其是在一九四一年以後，實際上完全陷入日系資本控制⑨⁶。再者，以台灣製鹽會社（資本二五〇萬圓，已繳資本一五〇萬圓）於一九三七年四月，被日本碱業會社控制爲契機，本地鹽業的大和拓殖會社（資本一二〇萬圓，全額已繳，屬於辜系家族）和烏樹林製鹽會社（資本二一〇萬圓、全額已繳，屬於陳系家族），也於一九三八年六月被日本碱業會社和台灣開拓會社系統日本資本所合併⑨⁷。這以前，台灣製鹽會社的董事

林熊徵業已失去其所居重要職位⑱。而台灣製麻會社日本亦於一九四二年以「軍事需要」爲名，被日本安田財閥的直系會社帝國製麻所合併⑲。同時，擔任該社社長達二十六年之久的林獻堂亦被趕出這一職。新興製糖會社（資本一二〇萬圓、全額已繳、屬於陳系家族）於一九四一年九月被台灣製糖會社（日本三井財閥系）合併。以此爲契機，陳系家族完全脫離了製糖業⑳。

如上所述，到日本統治台灣的末期，本地族系資本幾乎完全喪失了其原先所擁有的勢力，從而衰退。這是日本帝國主義統治的必然結果。然而，這種衰退趨勢並非意味著本地族系資本本身的全面崩壞。本地族系資本雖遭受日本勢力的壓迫，但仍因擁有土地而維持著一定勢力，在金融機關亦保存著部分勢力㉑。這些本地族系資本保留下來的勢力，在第二次世界大戰之後仍然被繼續下來。可以說，在某種意義上這表現了本地人在經濟勢力方面擁有根深蒂固的基礎。對此應該予以確認。

① 從一九一六年到一九一八年間的台灣匯兌收支看，儘管對日本國內的出超達一〇，四〇〇萬圓，但其中的五，二三〇萬圓是匯入國庫的，因而勉强維持了下來。參考前述「台灣銀行二十年誌」，三三九頁，這表示台灣的對日進出口和日台間的匯兌收支未必一致。此外，從一九一九年到一九二六年間的日台匯兌交易量，則由於資料缺乏而不明。（參考前述「台灣銀行史」，六六～六七頁）。

② 根據本書第178表所載資料，儘管在一九一七年至一九一八年間對日輸出額幾乎停滯，但物價指數卻從一五二點升爲一九六點，上升四十四點。其間，台灣銀行的放款額由一七，三〇〇萬圓（包括一九一六年下半期餘額和折扣票據，以下亦同）增爲四五，七〇〇萬圓（一九一八年下半期餘額），增加達二·五倍以上，特別是對日本國內的放款增加尤多（由六，四〇〇萬圓增爲二三，九〇〇萬圓，增加三·七倍）（參考前述「台灣銀行二十年誌」，二七二～二七三頁及本文第148表）。台灣銀行之所以出現一一，七〇〇萬圓的超額放款，主要是由於對日本國內的放款增加。這正是刺激台灣島內物價升高的一個主要原因。

③ 參考台灣通信社一九三一年編「台北市史」，二六四～二六五頁。

④ 從地價的投機性看，第179表所斷定的地價是相當保守的。關於一九二四年的地價，如將由米價指數推定的價格與勸業銀行台北分行

附表　推測地價及調查地價之比較(1924年)(第五章、P447)　(圓／甲)

	台北		台中		台南	
	照米價指數所推測之地價①	勸銀所調查之地價②	照米價指數所推測之地價①	勸銀所調查之地價②	照米價指數所推測之地價①	勸銀所調查之地價②
田	4,740	6,000	4,620	5,000	2,260	3,200
旱田	2,460	4,000	1,930	3,000	1,140	2,000

本文資料同第179表。

調查資料的現實價格相比較，則其結果正如上列附表所示。亦即各地的現實價格均大大超過推定價格。

⑤ 關於這一點，擬於後文詳述。但由於一九一九年五月進行了地租規則的修改，因而使一九一九年至一九二〇年間的水旱田地租，共約增收一五〇萬圓。即使此數額均由地主負擔，那麼由於米價暴漲而使地主的地租增收，也隨之增加二，六〇〇萬圓以上。

⑥ 參考台灣產業研究會一九三四年編「產業組合和農村經濟的研究」，二七頁。

⑦ 見前述杉野著「台灣商工十年史」，四六〇頁。此外，辜顯榮的傳記亦記載：「一舉成為千萬圓的巨富」（「辜顯榮翁傳」，九五頁）。據說，一八九八年左右，辜顯榮的資產僅為二、三萬圓（見台灣總督府編「台北紳士人物月旦」，以及前述鶴見著「後藤新平傳」中卷，一〇一頁），而其經營鹽務總館的一九〇一年至一九〇三年間，總資產約為四萬圓（「辜顯榮翁傳」，五〇二頁）。

⑧ 參考一九二五年出版的「台灣事情」，三四四頁。他以分期付款方式支付三〇萬圓租金，從而取得該金礦的礦業權。但為防止金礦的流出，遂廢止過去藤田組所採用的集中管理制，除其「金興利號」（會社）所直營的部分外，將礦業區劃分為七區，全部委託他人管理，而他自己則在上面從事採掘的監督。因此方式收效，金礦不久即迅速增產。（參考台陽礦業公司四十週年慶典籌備委員會編輯組「台陽礦業公司四十年誌」，一九五八年在台北出版，二一一頁九二頁）。

⑨ 瑞芳礦山的產金量，由一九一三年的二三一，〇〇〇克增至一九一七年的七八九，〇〇〇克，同一時期的產銀量，則由九九，〇〇〇克增至四三二，〇〇〇克（見前述「台陽礦業公司四十年誌」，一〇九頁）。

⑩ 通過該地租規則的修訂，總督府所徵收的地租額，從過去每年三七〇萬圓躍升為五三〇萬圓，約增五成左右（見「台灣總督府稅務年報」，一九二二年出版，三頁）。這一地租的增加，由於米價於一九二〇年至一九二三年間下降，實際上意味著農民的負擔還要加重。

⑪ 過去，台灣一直應用日本國內的所得稅法。但到一九一〇年實施了課徵法人所得的所得稅法

（一八九九年法律第十七號）以及非常特別稅法（一九〇四年法律第三號）中關於法人的所得稅的規定（所得稅法第三六條乃至第三八條除外）。但後者於一九一三年四月被撤廢，前者亦於一九二〇年七月重新修訂。由於不適用台灣的部分增多，因而重新發布了僅適用於台灣的「台灣所得稅令」（律令第七號）。根據這一律令，將迄今二五‰的所得稅率，又按所得種類再加以細分，對超額所得（超過資本金一％的金額），則由四％提升至二〇％（詳見前述條約局法規課編「日本統治五十年的台灣」，三七二～三七三頁；前述，「台灣稅制的沿革」，三二頁，三七～三八頁）。

⑫ 例如，在台北市「除稅金之外，將資本集中，以大資本進行活動，有不少人將本身經營的事業收爲會社」（前述「台北市史」，二六六頁）。

⑬ 當然，這種尺度將無法避免主觀的判斷。但其重點在於：各系家族對其自主經營的會社，究竟有多少的控制力量。另外，從林本源系家族的人際關係看，許丙係以林本源家第一任庶務總管的身分而活躍，因而與該家族的關係極爲密切。從這一點分析，遂將許丙的關係會社視爲林本源系家族的子會社。許丙於一九一一年畢業於總督府的國語學校後，立即進入林本源總事務所，一九一六年十月成爲此家族第一任的庶務總管（參考台灣新民報社調查部一九三四年出版的「台灣人士鑑」，四〇頁）。

⑭ 作爲「本島人一方」而被邀請的代表，除林鶴壽之外，還有顏雲年，余長風，李景盛等三名（參考三卷俊夫編纂的「台灣倉庫株式會社二十年史」，一九三六年，第五頁）。此外，創立當時的本地人股東中，陳中和一族以七九二股獨佔鰲頭，林本源一族爲七三七股居第二位，辜顯榮爲二百股，顏雲年及李景盛各有一百股（同上，七四～七五頁）。該企業發行的總股數爲二萬股。

⑮ 參考台灣銀行調查課一九三九年出版的「台灣的金融機關」，一〇頁。

⑯ 在華南銀行發行的十萬總股數中，由林熊徵擔任社長的大永興業株式會社保有二萬二千一百股，台灣銀行保有九千五百股，各佔股東中的第一、二位（參考「全國銀行會社要錄」台灣篇，一九二六年出版，一頁）。

⑰ 在該會社發行的五萬股總股數中，由於大股東台灣銀行僅有二千四百五十股，因而從數量看，林本源便成了最大的股東（參考「南洋倉庫株式會社十五年史」一九三六年出版，一二頁）。

⑱ 顏系家族的主力會社爲台陽礦業，該會社之前身爲台北煤礦株氏會社。台北煤礦設立於一九一八年六月。當時係由顏系家族與日本合股會社藤田組的代表藤田太郎共同出資（顏系家族佔四〇％，藤田系佔六〇％，資本一百萬圓）。由於第一次世界大戰後的反彈性不景氣，導致藤田的衰落，而使顏系家族抬頭。亦即顏系家族全部收買了藤田所持股份，並與當地日系商人賀田金三郎、木村久太郎及林本源系家族的林熊徵等協商，將該會社資本增至五〇〇萬圓，買下雲泉商會（後述）的瑞芳礦山。接著又將會社名稱改爲台陽礦業株式會社，成爲採掘黃金及煤炭兩大礦產的企業。當時的出資比率並未明確，但社長係由賀田就任，業務則實際以株式會

社委託雲泉商社的形式進行（參考前述「台陽礦業公司四十年誌」，四～五頁）。

⑲ 株式會社大和商行係由大和行之東京辦事處改組而成（參考「辜顯榮翁傳」，五七四頁）。一八九七年一月，該大和商行買下辜顯榮曾參與經營的合股會社，使其轉爲個人經營。總行設於鹿港街，台北分行在艋舺，以經營樟腦、鹽的製造與銷售爲營業目的（參考同上資料，八六頁）。

⑳ 雲泉商會爲向藤田組提供本地人勞動力，遂於一九〇三年一月，由顏雲年與蘇源泉等數人合資設立經紀（broker）會社，從而於一九〇七年以後在牡丹坑礦山，一九〇八年以後在金瓜石等各礦山，爲這些礦山斡旋工人。其後，該會社又兼營運輸業及五金行業。一九一八年三月改爲株式會社，同年九月又將同一資本系統的金興利、金裕利、新舊義成、義益、義隆、義和、勝興等諸會社，以及煉子寮的土地事業、輕便鐵道事業等聚攏起來加以集中經營。同時，雲泉商會買下了藤田組的瑞芳金礦所有礦業權，將資本增爲一五〇萬圓。該瑞芳金礦後又轉讓給台陽礦業，但台陽礦業將一切經營管理交由雲泉商會代行。這種情況一直繼續到一九三六年二月雲泉商會被解散（參考前述「台陽礦業公司四十年誌」，二～五頁，以及林朝棨著「台灣之金礦業」；台灣銀行金融研究室編「台灣之金」，台灣特產叢刊第六種，一九五〇年，台北出版，三六頁）。

㉑ 三井物產因介入當地日系資本的煤礦受讓問題，決定與顏氏家族合資設立基隆煤礦。顏雲年除原已向藤田組承攬前述瑞芳礦山之外，還承攬了當地日系礦商荒井泰治的台灣北部四脚亭三坑及其附近一帶的礦山開採。但因經營成績不佳，礦業權遂由荒井氏移至賀田氏。顏雲年則於一九一七年承攬全部礦區。但由於對台灣炭礦株式會社（社長芳川寬治）賀田組的四脚亭炭礦受讓問題，而發展到追究顏氏家族的權益糾紛，致使事態日益嚴重。最後則發展到三井財閥打入該事業的局面。亦即，一九一八年經賀田與小林（三井物產會社煤炭部長）調停的結果，決定由三井繼承芳川氏所有的權利，然後將炭礦估價爲二五〇萬圓。其中，顏氏家族的權利爲一〇〇萬圓，三井財閥系則爲一五〇萬圓，經此辦法法好容易解決了問題。而後於同年三月進一步設立資本爲二五〇萬圓（已繳資本）的基隆炭礦株式會社。在其總數五萬股之中，三井物產與三井礦山會社共佔三萬股，顏氏家族則爲二萬股。詳見大山綱武著書「三井財閥的台灣資本」；「台灣時報」一九四一年十月號，以及竹本篁處著書「台灣炭業論」，一九二一年出版，一三九、一四〇頁。

㉒ 台陽礦業會社所產的煤炭，迄至一九二二年全都在島内銷售。但自一九二三年起，因產量增加（年均十三萬噸以上）而通過鈴木商店向外出口。其後，自一九二五年起，又由三井物產會社取代鈴木商店，直至一九三五年（參考前述該公司所編「四十年誌」，一一九～一二〇頁）。

㉓ 正如本文第三章第二節所述，新興製糖會社向台灣銀行以及其他三十四銀行貸款五七九，〇〇〇圓。而陳中和系家族的另一家重要

會社和興公司，亦負有上述兩銀行二五萬圓的債務（參考前述杉野著書「台灣商工十年史」，四〇〇頁）。

㉔ 一九二七年六月，該會社持有耕地約一，四九八甲；租借耕地則爲三六六甲（參考前述「台灣糖業概觀」，一五八頁）。

㉕ 目前尚無資料記述陳中和物產會社在這一時期的資產情況。其所發表的私有地七〇餘甲，只不過是從佃農那裏回收的一部分（參考「台灣總督府警察沿革誌」第二篇「佔領台灣以後的治安狀況」（中），一九三九年出版；台灣史料保存會複刻版「日本統治下的民族運動」下卷，一九六九年出版，一，〇三〇頁。該文以下簡稱爲「政治運動」。該文另有複刻版，其題目爲「台灣社會運動史」，一九七三年由龍溪書舍出版）。此外，新興製糖會社亦於大寮庄下擁有七三〇餘甲的土地，其中的二七〇甲爲佃耕地（參考同上資料，「政治運動」，一，〇三一頁）。

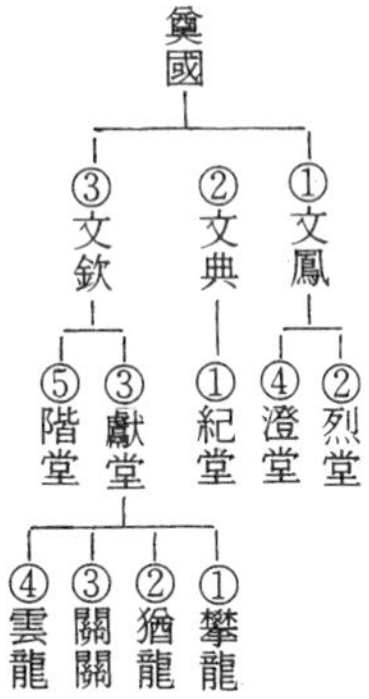

㉖ 林獻堂家族的世系表，請見附圖（「林獻堂先生年譜」自第一頁開始，號碼表示出生順序）。

㉗ 大安產業是一個擁有三二六甲土地而興建的會社，其主要收入項目爲：米穀交易、旱田佃租，利息收入，而其支出項目爲：各種稅金，土地整頓費及薪資（參考台灣經濟研究會編「台灣株式年鑑」，一九三一年出版，二八五～二八七頁）。此外，三五實業會社亦係以土地建築、土地買賣出租爲營業目的而設立（參考「全國銀行會社要錄」一九二六年出版，台灣篇，一六頁）。

㉘ 三五實業及大安產業會社的上層領導全爲林氏家族成員。前者的代表董事爲林獻堂，董事爲林階堂、林攀龍，監事爲林猶龍、林涎生等（同上「全國銀行會社要錄」，一六頁）；後者的社長爲林獻堂，董事爲林階堂、林猶龍，監事爲林瑞騰、林根生等（見前述「台灣株式年鑑」，二八五頁）。

㉙ 此爲林獻堂在南洋倉庫株式會社創立大會上的致詞（該會社編「十五年史」，一〇五～一〇七頁。）此外，林氏在該會社所持股份減少一事，也應加以注意。亦即一九三五年一月十五日，林獻堂所持股份，即使包括林攀龍名義下的二十股，亦減至一八〇股（一九二〇年該會社創立時，林氏家族所持股份爲二千二百股。請參考本書第187表）。與此相反，林本源系家族如加上華南銀行名義下的一千四百股，則共保有二千零三十股（同上資料，一七～一八頁）。值得一提的是，林獻堂民族意識的萌發，主要是一九一〇年在東京會見了清代的「百日維新」元勳梁啓超，大受其啓發所致。有關這一經過，請參考甘得中所寫「獻堂先生與同化會」，以及前述「林獻堂先生追思錄」，二四～四〇頁。

㉚ 大東信託株式會社在遭受總督府及銀行方面（日系）干涉的情況下，終於一九二六年二月得以得以成立。但因台灣當時尚未施行信

託業法，該會社没有法律地位，因而也未能充分發揮作爲金融機構的機能。而且在稅務上未受到優惠，因而在營業上也多受制約。因此，以林獻堂爲中心，在本地人間發起了要求在台灣施行信託業法的申請（參考「林獻堂先生年譜」，五二頁；「台灣民報」第一九二號，一九二八年一月二十二日，一一頁）。

㉛ 台灣漁業係將一九一九年八月所設立，台灣戎克漁業株式會社更改名稱而設立的、顏氏家族所佔有的會社。辜顯榮所以參加此會社，是由於其同鄉（鹿港街）出身的原股東施留氏的懇請（參考前述「辜顯榮翁傳」，一〇〇頁）。

㉜ 參考樋口弘著書「日本財閥論」下册，一九四〇年出版，二六一～二六四頁。

㉝ 關於林本源系家族圖，目前並無其準確情況的資料。第14圖不過是一般屬於常識的情況。與此稍有不同的族系圖，在井出季和太一九四三年所著「南進台灣史考」的一書四一〇頁中有所展示。但後者亦未標明出處。

㉞ 林本源一系的家族糾紛發生於一九一〇年左右，到一九一七年，則因林本源製糖會社的内部紛爭擴大而表面化。其情況正如一般所描敍的，是「一種不可化解的家族糾紛」（前述，南溟（西村）所著「解剖台灣」一書，二〇三頁），其詳情恰似令人墮入五里霧中而難解。其後一度由法院裁定，但後來經調停而和解。從其和解過程看，其說合工作，係以民政長官内田爲中心，以台北廳長井村大吉和台灣銀行首腦柳生一義爲仲裁人而進行的。不可否認，日本的官、財界人士已公然介入此次紛爭。關於其概略情況，請參考上述南溟著書，二〇八～二一六頁。

㉟ 關於這一點，也可從本書第一八三～一八六表所載各家族系譜中已出現其第二代的情況中了解。陳中和係於一九一四年逝世（前述杉野著書，四〇〇頁），但陳家兄弟圍繞遺產分配的紛爭，直到一九三〇年五月才算告一段落。當時的新聞報導曾指出，陳氏家族的財產淨額（扣除負債）達六〇〇萬圓以上（「台灣新民報」第三一三號，一九三〇年五月十七日，第三頁）。其所負債款，有台灣銀行的四一二萬圓（同上述報，第三五三號，一九三一年二月廿八日，一三頁）。但陳家的内部紛爭主要是以新興製糖會社爲中心。翌年的一九三一年三月爭鬥再起。由於高雄州知事平山等的介入，以及台灣銀行方面的壓力，使其糾紛内容更趨複雜化（參考上述「台灣新民」報，第三五七號，一九三一年三月廿八日，第四頁；以及同報，第三七一號，同年七月四日，第三頁）。林獻堂逝世的時間是一九五六年九月。其同族人林澄堂於一九二九年十二月留下田地一三，五〇〇石，有價證券一七萬圓，現金五三萬圓的財產。林系家族係圍繞這筆財產而發生紛爭（參考上述報，第三一一號，一九三〇年五月三日，第一〇頁；同報，第三二九號，同年九月六日，第三頁；前述「林獻堂先生年譜」，五九頁）。顏雲年於一九二三年逝世，有關會社的經營暫交由其弟顏國年。顏欽賢就任台陽礦業會社社長時，已是十四年以後的一九三七年後半期（參考前述「台陽礦業股份有限公司四十年誌」五，一六～一八頁）。

辜顯榮於一九三七年十二月逝世，因而其產業的分配一直拖至一九三〇年代後半期。（請參考後述第196表）。一九二七年，台灣最强有力的「土壟間」瑞泰、泉和組宣佈破產，象徵性地顯示了此一事實。只是還必須補充説明日本資本在台灣對日輸出過程中的壟斷性控制。現將這一時期的情況稍加詳述如下：

㊱瑞泰合資會社於一九二二年三月成立，資本爲三〇萬圓。雖對其出資者情況不明，但從其重建的動向看，可能是許雨亭、許招春、陳紹裘等人（請參考「台灣民報」第一九六號，一九二八年二月十九日，第四頁）另外，株式會社泉和組係一九二三年九月，以五〇萬圓資本（已繳資本四分之一）而設立的貿易會社。其代表董事爲劉蘭亭，董事爲黃江柳、柯秋江，鄭賜發，邱姉螺等人（見「全國銀行會社要錄」一九二六年出版，台灣篇，一九頁）。據説，泉和組係因囤積稻米而倒閉，瑞泰合資會社則是因「無法交割」而破產（參考「台灣民報」第一八五號，一九二七年十二月四日，第四頁）。姑且不談泉和組，關於瑞泰合資會社由於它在「土壟間」之間的聲譽頗高，出現了重建的動向。亦即舊瑞泰會社老闆許雨亭召集了三五七名本地人爲股東，於一九二八年二月創設了資本爲一〇〇萬圓（已繳資本三〇萬圓）的瑞泰商事株式會社（「台灣民報」第一九六號）。但至一九三〇年五月，由於出現二四五，〇〇〇圓的虧損，被迫自動停止營業。這次由於三井、杉原等日本商社的壟斷囤積，使其無法重建事業（參考「台灣民報」第三〇五號，一九三〇年三月二三日，第五頁）。值得注意的是，起步較晚的三菱商事會社卻在此時與林本源系家族的林伯壽經營的大同商行掛上了勾，打入台灣米穀市場，並於一九二九年左右設立台北分店，發展自身勢力。這一動向正好與瑞泰、泉和組的破產形成對照（參考「台灣新民報」第三七九號，一九三一年八月二十九日，一四頁。

㊲華南銀行於一九二四及一九二七年共虧損六四八萬圓，遂使其資本由原來的一，〇〇〇萬圓降爲五〇〇萬圓，其後又大幅降至二五〇萬圓。這與彰化銀行減資五分之一，即由六〇〇萬圓減爲四八〇萬圓（一九二五年四月）相比，可謂是極爲明顯的衰退（參考台灣總督府財務局一九三〇年編「台灣的金融」，一五八～一七一頁）。此外，南洋倉庫會社雖於一九二〇至一九三〇年間，獲得總督府四四一，八〇〇圓的補助金，但仍不得不於一九三〇年由資本五〇〇萬圓一舉降至五〇萬圓（後因發行優先股份，而升爲八〇萬圓）（參考前述該會社「十五年史」，一二二～一二三頁，一二六頁，一三二～一三四頁）。

㊳由於一九一九年至一九二〇年的股份投資及其後的股價暴跌，本地人多數陷入窮困情況可由以下敍述看出。「地主當中的農業者多捲入此次漩渦之中。」（前述「台北市史」，二六五頁）以後他們「因股價暴跌而蒙受重大打擊……陷於窮困，也有不少人將土地讓予佃農……是悲慘的」（同上，二六七頁）。此外，「一九二〇年至一九二一年之間，因受好景氣之煽惑，台灣人對證券投機大有風起雲湧之勢，一九二一年後卻因景氣反動（彈）無不焦頭爛額，叫苦連天」（前述「彰化銀行六十年史」，七六頁）。同時，「至大正八、九年，由於經濟反動（彈），股票暴落的時候，這些急進的股票大戶（台灣有產階級），全然没有善後的方案，唯有

大聲呼叫，坐以待斃而已。考查台灣人一、二流的富戶，除却二、三的例外，現時大多是財產不夠償還債務的狀態。對這没落中的有產階級，把握著生殺與奪之權者，要算是台灣銀行。這些人若再不籌謀別策，恐怕是要永久做台銀的奴隸而受其牽制了！」（「台灣民報」第二百號，一九二八年三月十八日，第二頁，括孤內爲引用）。也就是說，台灣人的有產階級，由於股票暴跌而逐漸變成了台灣銀行的奴隸。

(39) 株式會社新高銀行係以供給茶業資金爲目的，以五〇萬圓的資本（已繳資本二分之一）於一九一六年一月設立。一九一八年九月，其資本增加爲二〇〇萬圓（已繳資金八七萬五千圓）。此銀行的總經理爲李景盛。其父爲李春生，可謂台灣產業界的先驅，年輕時曾任職於台北寶順洋行、和記洋行等外國商社，其後又親自與上海、香港、呂宋、新加坡及美國各商埠從事貿易。因銷售石油、茶葉而致富。這樣一來，李春生即成了繼林本源系家族之後的大資產家。但李景盛逝世後，其胞弟李延禧成了新高銀行的常務董事，但因第一次世界大戰後的不景氣，而被台灣商工銀行所合併，幾乎放棄所有的事業，最後移往於東京（參考前述「第一銀行七十年史」台北，三二～三三頁，以及（「台灣銀行二十年誌」，二三六頁～二三七頁）；「台灣古今談」，一一七～一一九頁等）。

(40) 彰化銀行係本地人首次以株式會社組織設立的企業，但由於受到前述府令第一六號的限制，因而在設立當初，必須讓台灣銀行台中分店長奥山章次加入。在股東當中，他是唯一的日本人。但一九一九年七月進行第二次增資時，日本人股東的人數卻大量增加，日系資本家佔總股東數的二六％。同時，日本人擔任要職者也由一人一舉增至四人，與本地人的人數相同。而關於該銀行的重要人員，根據章程第二十條規定，必須先在股東總會裏，在擁有二百股以上（董事）或一百股以上（監事）的股東中，由台中州知事監督，選出定額於二倍的候選人。此外，在章程第二十四條規定，不論總經理或常務董事，都必須獲得台中州知事的承認。從這一點看，可以說銀行的經營權自創設時即已被日本官僚所掌握。對此二條章程的修正，是在日本股東佔過半數的一九二六年以後（參考前述「彰化銀行六十年史」，三二～三四頁、五九～六四頁；「株式會社彰化銀行存款」一九二五年七月，五～七頁）。

(41) 關於一九二〇年代本地人全部經濟勢力的統計資料，可說是幾乎没有。在此情況下，後宮信太郎所提出的一九二九年的數據令人注目。他指出在該年的會社組織中，本地人的出資額爲六，八〇〇圓，約佔全部會社組織投資額的二二％（後宮著書「台灣事業界的特徵」台灣經濟第一卷；台灣銀行編「台灣經濟史」第一册；台北，七五～七六頁）。由於他未註明出處，其可靠性可能有問題。但「彰化銀行六十年史」亦提出與他同一數據（同上書，七三頁）。此外該書亦指出，在本地人的出資比率中，礦業爲二〇％，農業與商業爲五〇％。但亦未註明出處（同上）。同時，將於後述根據台灣民衆黨第三次全體黨員大會宣言（一九二九年十月十七日）稱：「現在島內資本達五〇萬圓以上的會社代表者，共九五名，其資本爲四億八千萬圓。其中，台灣人佔五七名，資本爲七，七〇〇萬圓」（參考前述「政治運動」，四八二頁，以及警務局保安課編「台灣民衆黨之運動（民族運動）」，一九三一年出版，

第六十次會議說明資料，謄寫版，一二頁）

㊷ 一九二一年，台灣總督府為配合法律第三號的制定旨趣（以在台灣施行日本國內法為原則），並為適應形勢的發展，廢止了以前的台灣民事令，而以在台灣施行日本國內法律為原則。因此，總督府於一九二二年根據勅令第四〇六號，公布自一九二三年一月一日起，在台灣施行民法、商事法、民事訴訟法等日本國內法。同時，又根據勅令第四〇七號，公布「關於在台灣施行法律的特例文件」，設立了在某種程度上施行台灣的特例。其中，關於祭祀公業方面，則有如下之規定：「現存之祭祀公業仍依習慣加以保存」（第十五條）；或「現今擁有獨立財產之團體，若不具有民法第三十四條所揭示之目的（祭祀、宗教、慈善、學術、技藝、其他公益——引用者）者，其財產視為會員所共有」（第十六條）（全文參考前述「台灣的委任立法制度」，二九頁）。然而以此為契機，本地人在民法上祭祀公業的規定未必有必要繼續存在，從而改廢了本地家族之間的祭祀公業，但均分其財產的動向突然活躍起來。據說，「民法一旦在台灣實施（改廢祭祀公業，圍繞財產分配），則各系家族人們之間的鬥爭勢必日愈激烈」（一九六七年在台北出版的「楊肇嘉回憶錄」上冊，一七二頁）。

㊸ 祭祀公業之所以發達，與台灣的家產繼承制度大有關聯。亦即，從台灣的家產繼承制度來說，如前所述，與日本式的「家督繼承」制不同，而是由子孫均等繼承。因而只說是由嫡長子、長孫負責祭祀祖先，不符合事實。此外，如將所繼承的財產全部分配，則會因家產散逸而均輕忽對祖先的祭祀，甚至棄而不顧。在此情形下，遂首先在總家產中撥出祭祀祖先的資產部分，將其設定為獨立財產。如斯，祭祖費用則可以此設定財產的收益供給（參考「台灣私法」第一卷下，四〇一～四一二頁）。這樣一來，祭祀公業即屬於家族全員的任務，各族屬下均無權獨自處理（關於祭祀公業的詳細論述，請參考坂義彥所寫「祭祀公業的基本問題」，載於「台北帝國大學文政學部政學科研究年報」第三輯）。

㊹ 總督府已決定不予承認僅握有動產或權利的祭祀公業（參考前述條約局法規課編「日本統治下五十年的台灣」，八五頁）。

㊺ 關於祭祀公業方面，至今没掌握比較徹底的調查資料。臨時台灣舊習慣調查會以總督的名義，做了如下報告：「一九〇八年，以土地設立的祭祀公業為一五，六二一個，而以土地之外的財產成立的，有二，四一三個，而以土地及其他財產成立者，為三，六三六個，總計為二二，一九九個祭祀公業（前述『台灣私法』第一卷下，三九八～四〇〇頁）。一九二八年二月的調查為：祭祀公業數為二，四七一個，土地所有面積為一七，八一八甲，價值共為三，五四二萬圓（坂義彥的前述論文，七六〇頁）。以楊肇嘉系家族的情況為例，楊系家族之祭祀公業，有楊同興號（年收四千石米穀）與楊同益號（年收三千石米穀），但其下子孫有七百名之多。因而廢止祭祀公業，即等於導致土地的分散（參考前述「楊肇嘉回憶錄」上，一七二～一七三頁）。

㊻ 據說，台灣現代民族運動的序幕，是由一九一四年十一月訪問台灣的明治維新元勳——板垣退助所提倡，林獻堂與之相呼應成立所謂

的「台灣同化會」而拉開的。但該同化會卻於一九一五年一月因總督府發布解散令而被消滅（參考前述「政治運動」，一九～二三頁）。之後，又以留學東京的台灣留學生爲中心，組成「應聲會」、「啓發會」、「新民會」等組織。

⑰ 有關這一點，在申請設置台灣議會的第一次及第二次的請願旨趣中有明示（見「政治運動」，三四一～三四七頁）。

⑱ 這一名爲「內地延長主義」的文治同化政策，係由作爲文官總督而首次被派來台灣的田健治郎，在其一九一九年十月所做施政方針中，明確地有所指出。亦即：「台灣既爲構成帝國領土之一部分，則當然是從屬於帝國憲法統治下的版圖……。因而其統治方針全部以此大精神爲出發點，進行各種設施及經營，使本島民衆成爲純粹之帝國臣民，忠誠地效忠於我朝廷，涵養其對國家之義務觀念，且善盡教化順導之責（田健治郎傳記編纂會一九三二年出版「田健治郎傳記」，三八四頁）。這點充分地表現出「內地延長主義」的精神。此外，田健治郎亦表明要通過教育完成文化同化政策的目的。他說：「務先致力於教育之普及，一面啓發其智能德操，一面使其感念我朝廷撫育蒼生之精神及一視同仁之聖旨，將其醇化融合，使其達到與內地人民在社會接觸方面毫無任何差異，最後進入政治平等之域。於此，吾人應教化善導之」（同上，三八五頁）。有人稱田健治郎上任後的第一次訓示爲「極其簡單，在此首次聲明了關於帝國統治台灣的大方針」（同上，三八六頁）。有人說，在台灣的公學校桃太郎登台了，因而本地人便戲稱其爲「桃太郎主義」（「台灣新民報」第三三五號，一九三〇年十月十八日，一五頁）。

⑲ 對「台灣議會期成同盟會」，一九二三年十二月以所謂「台灣治安警察法違反事件」，開始進行大量檢舉及彈壓。翌年的一九二四年二月收到總督府之禁止命令。當時居領導地位的蔡培火等人，遭到被投牢獄之厄運。蔡培火在第二次世界大戰結束後回顧當時的情況而發表了以下的談話：「本人在日本佔領時代追隨全台同志作台灣民族運動，感覺民氣最旺而人心最能一致，莫若此時期」（見蔡培火談「日據時代台灣民族運動」（座談會），載於「台灣文獻」一九六五年六月，第一六卷第二期，一七七頁）。

⑳ 台灣文化協會係作爲島內民族運動的領導團體，以及本地人的啓蒙團體，於一九二一年十月十七日在台北成立。該協會共有會員一千餘名，林獻堂爲總理，林幼春爲協理，蔡培火爲專務理事，蔣渭水等主要幹部爲理事或評議員。詳見前述「政治運動」，五八～一三七頁；「台灣省通志稿」九卷，一三一～一三六頁。

51 一九二七年一月，連溫卿一派修改「台灣文化協會」會章，而以「實現大衆文化」爲綱領，將過去的民族主義啓蒙文化團體形式，轉換爲無產階級啓蒙文化團體形式。另外，蔣渭水等舊幹部亦成立「台灣自治會」，之後又將會名改爲「台灣同盟會」、「解放協會」，最後又在「台灣民黨」之後，決定組織台灣民衆黨（一九二七年七月）（參考前述「政治運動」，一九二～二〇三、四一一～四三一頁）。

52 一九二四年十二月進行行政整頓時，總督府對在一九二六年十一月以底前退官或退職的三七〇名日本人，給予三，八八六甲的「官

有地」預約轉賣許可。對此，當地本地人的反對運動刺激了農民，使他們也開展了反對運動。詳見「政治運動」，一〇三三～一〇三九頁。

(53) 參考同上資料，二四四頁。

(54) 詳見同上資料，二四四～二八六頁、七六六～七九九頁。此外，最近關於這方面的研究開始受人注目。在此可舉出若林正文所寫「台灣革命和共產國際」，載於「思想」六一〇號，一九七五年四月。

(55) 參考同上資料，四五六～四五七頁、一二四四～一二六三頁。

(56) 根據蕭友山的分析，蔡培火一派是「代表封建土地財產家、地主及土地資本家之立場」；蔣渭水一派則「代表小資產階級知識分子及民族主義者」（見蕭友山著書「台灣解放運動的回顧」，一九四六年於台北出版，五三頁）。其觀點相當接近於台灣共產黨的見解（請參考「政治運動」，六〇六、六〇七頁）。

(57) 請看「政治運動」，四八六頁。此外，該地方自治聯盟的三百多名發起人，乃由大地主，總督府市、州、市、街、協議會員，街庄長，信用組合社長及常務，庄幹事，昭和新報社社長及支局長，醫師，律師及中小地主，資產家等等……所構成。……當然，此聯盟公然拒絕婦女大衆、學生、教員及被褫奪公權之無產階級大衆加入。」（打倒反動團體鬥爭委員會的「台灣全島巡迴演說會之報告」；「農民鬥爭」第一卷、第一〇號，一九三〇年十二月，四四頁）。

(58) 見「政治運動」，三二五頁。

(59) 見同上資料，五六頁。

(60) 地主的保護運動，主要有「對制定甘蔗搬運用土地收用規則的反對運動」（一九三二年三月）、「對台灣米向內地進口制限的反對運動」（同年七月）、「對總督府的農村救濟案反對運動」（同年八月）；此外，尚有「台灣公共組合的自治化」、「台灣農會改革之要求」、「台灣水利組合改革之要求」「台灣青菓同業組合及聯合會改革之要求」（以上，皆在一九三一年二月）。該保護運動的前提是追求商人性地主的利益（參考「政治運動」、五五一～五五七頁，五五九～五六〇頁；以及山邊健太郎編「現代史資料」，二一，台灣㈠，御鈴書房一九七一年三月出版，一六二～一六七頁，一七三～一七七頁）。

(61) 參考前述蕭友山著書「台灣解放運動的回顧」，二～三頁，以及台灣新生報編「台灣年鑑」抗日運動篇，一九四七年台北出版，二一～二四頁。

(62) 參考「政治運動」，一〇二五～一〇七〇頁，特別是一〇六三～一〇七〇頁。此外，當時的農民糾紛在一九二七年至一九二八年間達到高峯，涉及的地主約一五九～三五九名，佃農有二，一二七～三，一四九名；發生糾紛的面積達八，二六九甲到一三，二七八

甲，糾紛事例爲一三四～四三一件（參考，同上資料，九九七～一〇〇六頁）。

⑬ 參考同上資料，一二一五、一二一七，一二二九頁。當然，台灣的勞工糾紛由於階級分化尚未形成，如果「工人」歸農或轉業，該紛爭便多爲自然消滅。因此，不能將其視爲純粹的工人運動。

⑭ 關於這一點，連溫卿在台灣文化協會所做「一九二七年的台灣」爲題的報告文中很清楚地表現出來，（見「政治運動」，二〇三～二〇四頁）。此外，民衆黨於一九三〇年十二月修改黨的綱領政策時，其三條綱領全部以「勞工、農民、無產市民」爲主體（同上資料，五〇九頁）。這與該黨於一九二七年七月結黨時的黨綱大相徑庭，當時是「確立民本政治、建設合理的經濟組織及消除社會制度的缺陷」（同上資料，四二九頁）。由此可知，台灣民族運動與階級運動的最終目標是大不相同的。請參考本書第五章第四節注解末付記。

⑮ 三〇年代初期，林獻堂因米價暴落及股票資產慘跌，損失達三〇萬圓以上（參考前述「林獻堂先生年譜」，四九、五二頁）。此外，林獻堂敢於暫時接受左傾化了的台灣民衆黨顧問一職，其原因之一是，因執拗於民族運動的統一化（參考「林獻堂先生年譜」，四二、四三頁）。另一原因是民衆黨制定新綱領時，希望能發揮自己的影響力（參考「政治運動」，五一三頁）。

⑯ 參考鷲巢敦哉一九三八年著書「台灣警察四十年史話」，七六～七七頁；「政治運動」，一八一頁。

⑰ 一九二一年六月，總督府根據勅令第二四一號，創立了御用諮詢機關台灣評議會。其構成人員爲：官吏七名，日本人九名，台灣人九名。由此看來，其第一期（任期二年）成員有林（本源）系家族的林熊徵，顏系家族的顏雲年，辜系家族的辜顯榮及林（獻堂）系家族的林獻堂（參考杉山靖憲著書「台灣歷代總督的治績」一九二二年出版、三三二～三三三頁）。此外，另一陳氏家族成員陳啓貞，亦於一九二八年成爲評議員，雖然起步較晚，但終亦成爲其中的一分子（參考台灣通訊社編「台灣讀本」一九二八年出版，二三頁）。

⑱ 一九二七年三月，辜顯榮經與鹽水港製糖會社締結租耕契約，無視以往耕種這塊七〇〇甲土地的佃農意向（參考，「政治運動」，一〇六七～一〇六八頁，以及「台灣民報」第三〇二號、一九三〇年三月一日、一一頁）。此外，他收買了東港郡鹽埔庄大道關福德祠的祭祀公業一二六甲，踐踏了原有佃農的佃耕權（參考「台灣新生報」第三八八號，一九三一年十月三十一日，第五頁）。同時，陳中和系家族亦於一九二五年一月，向佃農發出徵收新興製糖會社用地二七〇甲的通告；同年五月，亦針對陳中和物產所有地七〇甲發出同樣通告。以此爲契機，使台灣地區首次成立農民組合（參考「政治運動」，一〇三〇～一〇三二頁）。此外，林本源家族因爲同族系的製糖會社刻意壓低甘蔗收購價格，從而招致一九二五年六月發生的所謂「二林事件」（參考同上資料，一〇二八～一〇二九頁；「台灣省通志稿」，九卷，一四九～一五一頁）。

⑲ 如前所述，林獻堂被任命爲總督府評議會第一屆評議員，但於一九二三年三月十日，在任期居滿之前被免職（見前述「林獻堂先生年譜」，三三頁）。

⑳ 在林獻堂竭力爲之奮鬥的設置台灣議會請願運動中的署名人士，有不少是在日本國內留學的學生、市街庄協議會會員和保甲高級職員。詳見高日文所寫「台灣議會設置請願運動始末」，以及「台灣文獻」第一六卷、第二期，一九六五年六月出版，九二～九四頁。

㉑ 一九三〇年結成台灣地方自治聯盟時，林本源家族的林伯壽曾與林獻堂等一道，聯名向旅居東京的楊肇嘉寄出請願書，要求協助結社（參考前述「楊肇嘉回憶錄」下，二四七頁，以及「政治運動」，五二四頁）。此外，台灣人經營的台灣新民報社，亦由林伯壽與林熊光兩人擔任顧問（同上回憶錄，下，四三〇頁）。

㉒ 辜顯榮曾向「台灣」雜誌社捐贈一次創設資金，金額爲三，〇〇〇圓（根據蔡培火在前述座談會中，對某人質詢的回答。參考「台灣文化」第十六卷，第二期，一八五頁）。此捐款額，在所有捐款中是最多的。此外，在「台灣青年會」左傾之前，林熊徵、林獻堂、林階堂等亦對其進行過資助（參考「政治運動」，四一頁）。

㉓ 辜顯榮「爲調整日中兩國邦交」，於一九二五年前訪北京，會見了段祺瑞等要人。其後，又於一九三四年及一九三七年兩度前往中國大陸。詳見前述「辜顯榮翁傳」，一五〇～二〇二頁。

㉔ 關於華僑資本的性質，首先介紹游仲勳的優逸研究，即他所著「華僑經濟的研究」（亞洲經濟研究所，一九六九年出版）。

㉕ 參考泉風浪一九二八年著書「台灣的民族運動」，一二四頁。

㉖ 參考前述「台灣稅制的沿革」，二一～三一頁，以及前述「日本統治下五十年的台灣」，三七一～三七二頁。修改地租規則的理由之一，據總督府說，「主要是因爲物價的變動」（上升）（參考台灣總督府編「台灣事情」，一九三九年版，六九二頁）。

㉗ 參考「台灣總督府稅務年報」，一九三八年版，九九頁。

㉘ 此時，總督府不得不設法緩和因修改地租而造成的稅賦加重現象。亦即對於一定土地的地租額，其增幅超過以前的兩倍時，則其超出額在修訂令施行後，三年內無需繳納（參考前述「台灣經濟事情」，一九三九年版，六九二頁）。

㉙ 主要有一九三七年的「外國匯兌管理法」，一九三八年的「關於輸出入商品等有關臨時措置的法律」，一九三九年的「米穀配給統制令」、「貿易統制令」，一九四〇年的「宅地建築等價格統制令」等。（參考山本登美雄著書「增補非常時經濟法令大集成」，一九三八年版，以及「台灣經濟年報」一九四三年版，五〇〇～五一九頁）。

㉚ 附帶提一下，在家產分配以前設立的大和興業會社（一九三二年創立，資本五〇萬圓），以及大和拓殖會社（一九三三年創立，資

本一二〇萬圓)。一九三九年以後，該兩會社的代表董事長，分別由辜振甫及辜偉甫二人繼承(見「全國銀行會社要錄」台灣篇，一九三九年出版，二三頁)。

㉛ 前述「台陽礦業股份有限公司四十年誌」，三一～三五頁。

㉜ 同上資料。其中，雖約分配到四二八萬圓的紅利，但由於一九三八年的倍額增資，遂使過去五年間所支付的紅利又都投回公司。

㉝ 例如，台灣電化是在一九三五年五月，由電氣化學工業會社(三井系)和台灣電力會社合作設立的(電氣化學工業株式會社編「電器化的道路五十年」，一九六五年出版，一五七頁)。台灣化成工業會社則是在一九三九年三月，由台灣拓殖會社及赤司初太郎爲大股東而設立。台灣拓殖有三四，一二〇股，赤司有二〇，一三〇股，若加上赤司系株式會社及其國內外會社所擁有的一七，〇〇〇股，則此三者的總數就佔總股數十五萬股的一半(「全國銀行會社要錄」，台灣篇，一九四二年出版，一七頁)。此外，三菱重工業會社亦在一九三七年乘機收買顏系家族的基隆船渠會社，增資後名爲台灣船渠會社(參考本書第四章第四節，以及注㉟)。

㉞ 一九四〇年四月，昭陽礦業會社設立於朝鮮的京城府，其營業目的是：開採、提煉和買賣黑鉛及其他礦物。其董事長爲日本人時津米七、虎口之行，董事除顏氏家族的顏德潤、顏滄波之外，還有日本人菅原薰，監事則是日本人小宮修一(根據「全國銀行會社要錄」，下，朝鮮篇，一九四二年版，八一頁)。其中，虎口曾在一九三六年至一九三七年間擔任台陽礦業會社秘書股股長，而時津則在一九三七年至一九四〇年間擔任該會社的金礦部部長。在這之前，時津亦曾在一九三六年擔任董事，一九三七年至一九三九年之間擔任常務董事(「台陽礦業股份有限公司四十年誌」，十七、十九，二四～二五頁)。

㉟ 一九三三年四月，日本礦業會社收購了後宮的金瓜石礦山，設立資本爲一，〇〇〇萬圓(同年十月增資到二，〇〇〇萬，一九三六年時再增資到三，〇〇〇萬圓)的台灣礦業株式會社，並在一九三六年改爲日本礦業會社台灣分社。而在一九三六年至一九三七年之間，由於台灣銀行總經理的介入，使其取得相當於台陽礦業股票三一%的四萬三千四百股(參考前述台灣銀行金融研究室編「台灣之金」，台灣特產叢刊第六種，三九頁；「台陽礦業股份有限公司四十年誌」，一六頁；台灣銀行經濟研究室編『台灣經濟史』第二集，一九五五年出版，一三〇頁等)。此外，值得注意的是，山一證券及台灣製糖會社，其各自擁有台陽礦業股票二千股及四千股(一九四〇年三月底的數字)(前述證券交易會社「株式會社年鑑」，四八二頁)。

㊱ 在時間上或許略有出入，但據說在一九二五年左右，林本源家族系的土地收入約爲十八萬石，而林獻堂系家族則爲十二萬石(田川大吉郎一九二五年著書「台灣訪問記」，二五頁)。

㊲ 一九三一年三月底，日本拓殖會社雖擁有佃耕水田一，九〇一甲，但卻產生一五四萬圓的滾存損失。因而日本拓殖會社不得不大幅度地減少資本(「台灣株式年鑑」一九三一年版，二七七～二七九頁)。一九三二年一月底，在該會社總股數四萬股中，華南銀行

持有八千七百六十股；而大日本製糖會社則有三千七百六十股，均爲該會社數一、數二的大股東（「全國銀行會社要錄」一九三三年版，台灣篇，第二頁）。

⑧⑧ 台灣總督府農商局一九四四年編「台灣商業統計」，一二四～一二五頁。此外，該會社的登記資本及已繳資本自一九三一年減資後沒有變動。

⑧⑨ 其中，與顏系家族並列爲新興勢力的辜系家族，最後也陷於一蹶不振狀態，這與他們以前的活躍情形相比，確有天淵之別。究其原因，擬先提出兩點。其一，辜系家族不似顏系家族擁有原始產業的積累基礎，而是以特權階級的地位，偏向於從事地主兼商人式的經濟活動。其二，被稱爲辜系資本家的辜顯榮，一直親自從事買辦式投資事業。而他卻正好在有許多機會進行買辦性投資時去世。因他於一九三七年十二月去世，使之與他有關係的會社，均開始降低與其合作的層次。因而辜系家族不得不被迫使明治製糖（監事）、台灣合同鳳梨（董事長）、彰化銀行（董事）等企業衰退（參考第200表）。由於世代交替，終於迫使辜家的根基發生動搖。

台灣合同鳳梨株式會社設立於一九三五年六月，當時的資本爲五〇〇萬圓（全額實收）。一九三七年三月，該會社合併了辜系家族的台灣鳳梨拓殖會社（資本金二二〇萬圓，全額實收）。其大股東係以東洋製罐（四萬八千多股）爲首，包括第一生命、明治製糖、鈴木三榮（味之素財閥）等（都有一萬股以上），但如與其總股數十四萬四千股相比，任何一家都沒有超過半數。社長先由勝田禮吉（其後任內務省政務官）擔任，後改由赤司初太郎（台灣當地日系財閥）擔任（參考中外產業調查會編「人的事業大系」，飲食工業篇，一九四二年出版，五四〇～五四七頁）。

⑨⓪ 雖說屬於直系會社，但家族資本未必佔百分之百的股數。例如，從公布的大股東名單看，顏系家族在台灣興業信託會社的持股率僅佔六二%（一九四一年四月三十日的數字。請參考「全國銀行會社要錄」，台灣篇，一九四一年版，二〇頁）。本書第200表即是儘量考慮這種持股率，而對各系家族的直系會社所有資產加以推計的。

⑨① 林（本源）家族當然不會將其資產，特別是土地，全部用於組織會社方面。而由於對於其旁系會社及關係會社的投資額及持股率的資料亦不完整，因而不能僅就其直系會社的持股率及投資額來推斷顏系家族的綜合財力大於林本源系家族。

⑨② 對林熊徵在此兩家會社的投資額，現手頭沒掌握具體資料。而在這兩家會社的大股東名單中，也未發現林氏的名字或其關係會社（請參考台陽礦業會社所編「株式會社年鑑」，一九四一年版，二八二頁，以及關於台灣興業信託會社所編「全國銀行會社要錄」，台灣篇，一九四一年版，二〇頁）。由此可知，林氏確實不是這兩家會社的前幾位大股東。

⑨③ 實際上，一九三〇年代末葉以後，在向台灣擴張的日本國內財閥會社中，給予本地系資本以當地代表而就任重要職務者，除了顏氏家族的台灣電氣化學會社之外，幾乎是不存在的。然而，在台灣化成工業會社的大股東中，是沒有顏系家族的（參考注⑧③。此外，

顏系家族在日本鋁業株式會社設立的第一年，即一九三五年，曾由顏國年擔任董事，但在第二年的一九三六年，就見不到他的名字了（參考「全國銀行會社要錄」東京篇，一九三六年版，五二頁，以及同書東京篇，一九三七年版，五四頁）。

⑭ 前述，「南洋倉庫株式會社十五年史」，七八～七九頁。

⑮ 台灣銀行在成立台灣信託株式會社時，將原先三家信託會社的合計資本由四五五萬圓，增爲一，〇〇〇萬圓，並承擔了其增資額五四五萬圓中的四〇〇萬圓。此外，商工銀行和彰化銀行各承擔五〇萬圓，華南銀行承擔四五萬。而新設立的台灣信託株式會社社長，則由日本人菊地真卿擔任（參考「台灣金融經濟年報」，一九四四年七月號，七頁，以及八月號，八頁）。

⑯ 參考本書第四章第四節，注⑫。

⑰ 即南日本鹽業株式會社的創立（參考碳酸鈉粉同業公會編「日本碳酸鈉工業史」，一九三八年出版，一二九頁）。

⑱ 林熊徵不再擔任台灣製鹽會社董事一職的時期，約在一九三五年前後（參考「全國銀行會社要錄」，台灣篇，一九三四年版，一三頁，以及同書一九三五年版，一三頁）。

⑲ 請參考帝國製麻株式會社編「五十年史」，一九五九年出版，二三頁。

⑳ 陳系家族在其新興製糖會社被台灣製糖會社合併時，除了以一對一的方式換得二萬四千股（已收取，面額每股爲五〇圓）外，還得到重要職員、社員、在職作業員等的解散補貼退職金，以及有關解散的各項費用，總計三〇〇萬圓（參考「台灣金融經濟月報」，一九四一年六月號，第四頁。）結果，陳系家族除獲得作爲「諸費用」而支付的三〇〇萬圓之外，僅收到面額爲一二〇萬圓的股票。

此外，陳系家族的另一重要會社陳中和物產，亦於一九四〇年左右被迫撤回包括社長在內的三名董事（參考「全國銀行會社要錄」台灣篇，一九四一年版，第九頁；同上一九四二年版，請與上述第九頁加以對比）。由此，在陳中和物產會社的五名董事中，就有三人是日本人。

⑪ 彰化銀行的本地人持股比率約爲四〇％（一九四五年十二月末，在總數九萬六千股中，本地人持有三萬八千二百二十三股。請參考前述「彰化銀行史」，三五頁）。

第四節　地主制的殘存與地主勢力的衰退

一、土地所有分布的變化

本節擬將探討的重點由家族系資本擴大到一般地主勢力，來繼續研究本地勢力的消長情況。台灣的一般本地地主勢力的經濟基礎，由下述兩個方面形成：其一是作爲地主本來面貌的徵收佃租、即土地所有的實現形態；其二是資本主義前期性商人資本的高利貸形態、即進行農村金融。本節對前者，將以土地所有的分布之變化爲焦點進行探討；而對後者，則以日本勸業銀行在台灣的擴張情形爲焦點，進行綜合研究。

1. 一九二一年到一九三二年之間的變化

關於台灣全島的土地所有情況，僅曾於一九二一年、一九三二年及一九三九年進行過三次土地的分布情況調查（有關這種調查，容在後頁詳述）。但該調查除其調查基準不一致之外，後兩次調查又欠缺土地所有規模的耕地面積資料，因而很難連貫起來掌握所有土地的集中傾向。特別是將台灣人與日本人區別開來的資料，除一九三九年的調查外，更是欠缺的。這就使掌握本地地主階級的實際狀況更加困難。而在既缺乏一九二一年以前的土地所有規模分布資料，其後資料又殘缺不全的情況下，爲掌握其傾向，就不得不引用更多的媒介項目。

然而，在一九二一年以前，特別是第一次大戰之前，台灣不會進行急遽的土地集中運動。因爲：第一，通過大租權的整頓，使土地所有零碎化，導致一般地主的積累能力大爲降低，特別是一九〇四年以後進行的地租修改，增加了地租的負擔，更加妨礙其對土地的購買能力。第二，第一次世界大戰以前的台灣，並未形成足以令投機商人感興趣的農產品市場。亦即，由於引進了現代製糖場，使本地資本的糖業部門衰落，而在米穀市場，則由於與日本國

第 201 表　各種規模之土地所有者之分析(1921年)

（戶，%）

規模別	戶數 實數	戶數 構成比率	面積 實數	面積 構成比率
未滿0.5甲	172,931	42.68	40,987	5.68
0.5～1.0	86,711	21.40	62,513	8.67
1.0～2.0	70,739	17.46	100,140	13.88
2.0～3.0	28,412	7.01	69,749	9.67
3.0～5.0	23,276	5.74	88,672	12.29
5.0～7.0	8,989	2.22	52,176	7.23
7.0～10.0	5,902	1.46	48,890	6.78
10.0～20.0	5,454	1.35	73,722	10.22
20.0～30.0	1,353	0.33	32,995	4.57
30.0～50.0	842	0.21	31,837	4.41
50.0～100.0	376	0.09	25,497	3.54
100甲以上	196	0.05	94,072	13.06
合計	405,181	100.00	721,252	100.00

摘自台灣總督府殖產局「耕地分配及經營調查一農業基本調查書」，第 2，1921 年，2～3 頁。
按「台灣農業年報」，1920 年底農家戶數爲 417,642戶、耕地總面積爲 772,661 甲（照 1920 年版）

內的關係尚淺，也未出現可能成爲出口商品的勢頭①。根據上述情況來看，本地中、上階級的經濟狀況不佳②，土地的兼併亦不旺盛。從土地的開墾、造林或其他允許利用的土地情況看，一九一三年十二月底，擁有土地總面積達一百甲以上者，只不過一四一件③。總之，在土地所有方面，尚未出現明顯的兩極分化，因而甚至有人說，農村經濟情況處於「極爲良好的狀況」④。

由於本地人買賣土地而造成的土地所有集中現象，大約是在第一次大戰後的景氣復甦時急遽展開的。大戰期間以及戰後的米、糖價格騰貴，以及隨之而起的佃租的大幅增收，或多或少地克服了由於修改地租（一九一九年）而造成的土地投資的相對不利因素，從而刺激了對土地的壟斷性購買，推動了土地兼併的旺勢。根據第一次調查資料（見第201表），擁有土地一百甲以上的大地主，共一九六戶，其佔地總面積達九萬四千甲。亦即一三%的土地集中於佔全體農戶〇．〇五%的地主手中。僅以這種情況尚不足以說明台灣的土地所有集中度很高，但從六四%的農戶僅擁有不足於一五%的耕地看，則明顯地表現出台灣的土地所有分布是極不均衡的。如按照前面所提一九一

第202表　各種規模之土地所有者之分析

（1932年4月1日）　　（戶，%）

規模別	戶數	構成比率	和1921調查相比之增減
0.5甲未滿	130,732	38.37	-42,199
0.5～1.0	71,181	20.89	-15,530
1.0～2.0	63,851	18.74	-6,888
2.0～3.0	27,673	8.12	-739
3.0～5.0	22,641	6.65	-635
5.0～7.0	9,181	2.69	192
7.0～10.0	6,143	1.80	241
10.0～20.0	5,852	1.72	398
20.0～30.0	1,594	0.47	241
30.0～50.0	1,051	0.31	209
50.0～100.0	514	0.13	138
100甲以上	261	0.09	65
合計	340,674	100.00	-64,507
面積（甲）	780,227	—	58,975

摘自台灣總督府殖產局「耕地分配及經營調查書」，第31，1934年，2～3頁。
按「台灣農業年報」，1932年底農家戶數爲404,002戶，耕地總面積爲839,730年，（照1943年版）

三年的土地開墾、造林及其他許可利用的土地看，一九一三年土地規模在一百甲以上者爲一四一件，而如果以一件一戶來進行計算，則到一九二一年時，大地主將增爲一九六戶，可說是增加得相當之多⑤。

然而，焦點仍在於其後土地所有集中的進展狀況。在第二次調查中（一九三二年），欠缺耕地面積所有的分布情況，僅羅列所有戶數的階層分布（見第202表），但表中土地超過一百甲者已達二六一戶。若與一九二一年的調查相比，則五甲以上的上層階層均有所增加，其增加戶數達一，四八四戶。相反，五甲以下的，即所謂下層土地所有者，則約減少六萬六千戶。如從下層所有者的大量減少和上層所有者的平均增加看，則一九三二年前後的台灣土地所有狀態，可說較一九二一年更進一步集中。

但對這一點，仍有值得探討的餘地。因爲，在第一次調查和第二次調查中，對共同使用土地的共有者的統計不同。亦即，當對共有者所屬分額不明時，第一次調查將共有者全列爲土地所有者，而第二次調查則將其列爲一戶

第 203 表　台北州土地所有之分布狀況(1932 年)　(戶，甲，%)

規模別	戶數 1921年 實數	戶數 1921年 構成比率	戶數 1932 實數	戶數 1932 構成比率	面積 1921 實數	面積 1921 構成比率	面積 1932 實數	面積 1932 構成比率
未滿0.5甲	26,079	48.83	22,747	46.06	5,391	5.72	4,513	4.64
0.5～1.0	9,674	18.11	9,126	18.46	7,113	7.75	6,643	6.83
1.0～2.0	8,267	15.47	8,106	16.40	12,050	13.12	11,566	11.89
2.0～3.0	3,380	6.33	3,261	6.60	8,742	9.53	8,054	8.28
3.0～5.0	2,817	5.27	2,826	5.72	10,919	11.92	10,923	11.23
5.0～7.0	1,214	2.34	1,167	2.36	6,653	7.25	7,099	7.30
7.0～10.0	827	1.54	862	1.74	6,978	7.25	7,119	7.32
10.0～20.0	785	1.47	856	1.73	10,700	11.65	11,494	11.82
20.0～30.0	194	0.36	232	0.47	5,151	5.61	5,344	5.49
30.0～50.0	90	0.16	145	0.29	3.319	3.75	5.565	5.72
50.0～100.0	52	0.08	74	0.15	3,440	3.74	4,969	5.11
100甲以上	27	0.04	36	0.07	11,329	12.35	13,923	14.32
合　計	53,406	100.00	49,438	100.00	91,785	100.00	97,212*	100.00

摘自台北州「台北州佃耕情形及其改善設施概要」，1937 年，12～13 頁。及前揭台灣總督府殖產局「耕地分配及經營調查」，1921 年，6～7 頁。
※按出處爲 97,301 甲，因認爲是計算錯誤，故加以訂正。

⑥。而且前者將所有耕地以共有者人數加以平均計算，從而導致所有土地規模的零碎化。由於這種不同的統計方式，很可能在一九三二年的調查資料中，發生土地所有戶數的絕對性減少和上層階層戶數增加的偏向。

因此，不能因第202表所示五甲以上的上層階層戶數有所增加，即斷定台灣的土地所有集中度亦有所增加⑦。關於這一點，令人注目的是，一九三二年附有土地所有面積分布態勢的台北州的情況(見第203表)。根據此表，如將一九三二年與一九二一年相比，則七甲以上的上層戶數確有增加，但從每戶平均所有面積看，則一百甲以上的大地主階層，反而由四二〇甲降爲三八六甲。換言之，就增加的九戶大地主來說，每戶平均的土地面積也不過是二八八甲。如斯，大地主階層的戶數有所增加，所有土地面積所佔比率亦由一二·三五%略增爲一四·三二%，但每戶的平均規模反而縮小

第 204 表　各州耕地所有者戶數之增減變化（1921～32 年）　（戶）

規模別	台北州	新竹州	台中州	台南州	高雄州
未滿0.5甲	-3,332	-9,500	-5,363	-13,123	-15,554
0.5～1.0	-548	-2,044	-1,488	-9,970	-5,794
1.0～2.0	-116	-1,358	129	-3,889	-3,142
2.0～3.0	-119	-454	531	-467	-697
3.0～5.0	9	-423	211	-300	-120
5.0～7.0	-47	36	151	38	-116
7.0～10.0	35	-98	75	128	14
10.0～20.0	71	-95	94	167	92
20.0～30.0	38	112	0	68	3
30～50.0	55	60	79	-2	2
50.0～100.0	22	49	45	14	2
100甲以上	9	19	-3	16	14
合計	-3,968	-13,696	-5,539	-25,320	-25,296

摘自前揭「農業基本調查書」第 2,2～3 頁，同第 31，2～3 頁。

第 205 表　佃耕地之增減情況　（%，甲）

州別	水田			旱田		
	1921年	1932	增減實數	1921年	1932	增減實數
台北州	72.44	73.26	3,809	53.53	43.24	-3,113
新竹州	75.88	76.40	12,322	63.10	54.07	-2,387
台中州	75.05	68.67	3,803	50.39	43.70	-1,755
台南州	64.90	59.52	597	45.30	36.11	-9,835
高雄州	61.91	61.99	8,142	43.70	39.02	-1,154
全島	69.12	66.64	30,560	47.68	40.05	-14,781

摘自前揭「農業基本調查書」第 24 頁，同第 31，2～3 頁。

了。如將台北州的這種狀況類推於台灣全島，則很明顯地，一九三二年調查所示大地主戶數的增加，決非意味著本地大地主每戶平均耕地所有面積的增加。

爲求得更加切實的情況，可進一步觀察西部五州的狀況，特別是其一九二一年至一九三二年間各州各階層戶數的增減情況（見第204表）。據該表所示，擁有一

百甲以上的大地主戶數，與台北州增加九戶相比，新竹州則增加十九戶，台南州增加十六戶，高雄州增加十四戶，除台中州減少三戶外，均超過台北州的增加戶數。其次，如從各州水旱田佃耕地的比率看，則可發現各州的旱田佃耕面積均普遍減少，其比率亦有所下降，但各州的水田均有所增加。而從總佃耕地面積看，台北州和新竹州略有增加，但其餘三州則或無變動，或大幅減少（見第205表）。如一大地主戶數的增加情況與佃耕地比率的增減情況看，則可明顯地看出本地大地主對土地權限的擴大支配，僅侷限於以水田爲中心，而且其範圍也只出現在新竹州和台北州的北部地方。

以上係根據統計資料所作的推測，而從歷史的角度看，這種推測也有一定的根據。第一，如前所述，自一九二〇年代後半期開始，由於米、甘蔗等主要農產品的價格下跌，使本地大地主積累的步調緩慢，從而大大地削弱了其購置土地的能力⑧，再加上土地均分世襲制度的發展，更加使其無力購置土地⑨。第二，必須指出的是，蓬萊米的登台及現代製糖會社所有地的增加。正如本書第二章所述，蓬萊米的單位面積產量較在來米高出一七％至二〇％，且其價格也約高出二〇％至三〇％，因而對地主來說，蓬萊米的收益較大。而在以生產蓬萊米爲主的台北州及新竹州，其佃耕地比率之提高，與這種經濟情況不無關聯。另外，也如第二章所述，現代製糖會社的所有地自一九二〇年代以後大爲增加。以一九二九年與一九二〇年相比，增加面積高達七〇％，即七萬二千甲（第70表）。上述會社的所有地，約有五〇％轉租給佃農。因而在製糖會社集中的中南部地區，對本地大地主形成了極大的壓力⑩。從第205表看，台中、台南二州的佃耕地佔水田耕地面積的比率降低，即反映出製糖會社所有地的擴增現象。

總之，根據一九三二年的調查，本地大地主雖在戶數上較一九二一年有所增加，但每戶所有土地的平均規模反而縮小。從這一點看，可以認爲，其對土地的控制勢力已在逐漸減弱。當然，除上述理由之外還必須考慮一九三二年發生世界性經濟恐慌的特殊情況。另外，可能由於嚴重惡化的經濟不景氣，迫使地主拋售部分土地，以求維持生

第 206 表　各種規模之土地所有者之分布情形(1939 年)

	1939年＊		和1932年增減情形比較(戶)	和1921年增減情形比較(戶)
	實數(人)	構成比率		
0.5甲未滿	186,423	43.22	55,691	13,492
0.5～1.0	90,024	20.87	18,843	3,313
1.0～2.0	74,151	17.19	10,300	3,412
2.0～3.0	32,114	7.44	4,441	3,702
3.0～5.0	24,238	5.62	1,597	962
5.0～7.0	9,801	2.27	620	812
7.0～10.0	6,210	1.44	67	308
10.0～20.0	5,416	1.26	-436	-,32
20.0～30.0	1,489	0.35	-105	136
30.0～50.0	845	0.19	-170	3
50.0～100.0	383	0.09	-131	7
100甲以上	272	0.06	11	76
合　計	431,366	100.00	90,692	26,185
面積(甲)	853,561	—	73,334	132,309

摘自台灣總督府殖產局「耕地所有及經營狀況調查—農業基本調查」，第 41，1941 年，5～7 頁。
※依 1939 年之調查，是以「人」爲單位，實際上可視爲「戶」。
另，1939 年底之戶數及面積實數，依「台灣農業年報」，是 428,492 戶及 886，225 甲（1943 年版）

活。也有可能對共同經營的土地，做出暫時性的平均劃分。此外，不斷發生的農民運動亦造成購買土地的慾望降低。但由於資料不足，無法繼續進行深入的探討，因而只能就此作罷。

2. 一九三二年至一九三九年之間的變化

其次，擬對一九三二年以後的土地所有集中情況進行探討。關於一九三九年的調查，就連前述台北州那種一州的土地所有面積分佈情形都找不到，因而只能以規模大小來區分戶數的分布狀況。以此與前兩次調查加以比較，正如第206表所示。在一九三九年的調查中，對共業地的計算方式，與一九三二年相同⑪，因而兩者可直接加以比較。此表顯示，一九三二年至一九三九年之間，十甲以上而未滿一百甲的戶數已減少（總計減少八四二戶）。與此相反，一百甲以上和未滿十甲的戶數卻有所增加。換言之，如將一百甲以上的大地主戶數另計，則可明顯地看出，上層地主戶數減少而下層地主戶數增加的傾向。此外，土地所有者的總戶數則比一九三二年增加九萬戶以上。如將這兩種狀況加以綜合分析，即可察覺一九三九年土

地均等繼承的方式仍在急速發展⑫。由於土地所有規模的分散化本地人地主勢力在進一步衰退。

關於這一點，如從各階層戶數構成比率的變化看，則更容易理解。亦即，從一九三九年耕地所有者的構成分布看，未滿一甲的戶數佔全部戶數的六四・〇九%，而五十甲以上的比率是〇・一五%。這與一九二一年的六四・八%與〇・一四%（第201表）幾乎相同。這意味著一九三九年的所有規模，較第206表所顯示的分布狀態更加分散。究其原因，在於一九三九年的調查，它將難以劃分的共業地歸爲一戶，這與一九二一年根據實際加以平均，計算爲數戶的調查相比，當然會高估每戶平均的土地所有規模。如果再依據一九三九年的調查，其處理共業地的方式與一九二一年相同，則上層地主的戶數就要比第206表列出的少，而下層的地主數必然會進一步增加。

再者，如依據第206表的資料，在一九三二年至一九三九年之間，一百甲以上的大地主增加十一戶之多。現擬對其內容稍加詳細探討。如以各地區加以分類（見第207表），則台北州及新竹州共計減少二〇戶，而台中州與台南州共增加二七戶。換言之，北部地區的大地主日漸減少，而中南部地區則在增加。由於北部地區是蓬萊米的主要產區，該地區大地主戶數的減少，與蓬萊米價格的變動不無關係。再者，若以郡爲單位，對中南部地區的大地主數稍加詳細考察，（第208表）則可歸納以下兩點。其一，市街上的大地主普遍減少，尤爲突出的是台中市

第207表　100甲以上所有者之戶數（1932～39年）

（戶）

	1932年	1939年	增　減
台　北　州	36	30	−6
新　竹　州	55	41	−14
台　中　州	47	58	11
台　南　州	74	90	16
高　雄　州	37	37	0
花 蓮 港 廳	4	8	4
台　東　廳	8	8	0
合　計	261	272	11

摘自前揭「農業基本調查」第31，2～3頁，同，第41，5～6頁。

第 208 表　各郡大地主(100 甲以上)戶數之增減狀況(1932～39 年)　(戶，甲)

地方別	1932年戶數	1939年戶數	1932～39年增減情形	1939年日本人所有面積	地方別	1932年戶數	1939年戶數	1932～39年增減情形	1939年日本人所有面積
台中州	47	58	11	17,549	台南州	74	90	16	41,900
台中市	8	0	−8	50	台南市	15	11	−4	216
彰化市	1	0	−1	202	嘉義市	3	1	−2	95
大屯郡	15	13	−2	1,555	新豐郡	0	4	4	3,992
豐原郡	4	7	3	681	新化郡	1	6	5	4,136
東勢郡	0	0	0	36	曾文郡	8	4	−4	1,137
大甲郡	8	7	−1	727	北門郡	3	3	0	1,679
彰化郡	4	7	3	952	新營郡	12	12	0	3,265
員林郡	1	0	−1	623	嘉義郡	5	7	2	5,787
北斗郡	3	9	6	6,125	斗六郡	6	7	1	4,060
南投郡	2	5	3	3,440	虎尾郡	14	21	7	4,626
新高郡	0	3	3	1,082	北港郡	5	6	1	6,153
能高郡	1	6	5	1,731	東石郡	2	8	6	6,754
竹山郡	0	0	0	346					

摘自前揭「農業基本調查書」第 31，26～30，40～45 頁，同，第 41，34～41 頁。

減少八戶與台南市減少四戶。此外，即使是在嘉義市和彰化市也在減少。上述市街中「日本人」的耕地面積均較少，因而可以認爲，這些減少或消失的大地主應爲本地人。其二，大地主戶數的增加大抵集中在郡庄地區，而且這是一九三二年大地主的所在地區（新豐郡與新高郡除外）。這一點明確地說明，郡庄地區大地主的增加，即使有些既存的大地主擴大了土地，但由於均分的家產繼承方式，將未免會造成土地的分散化，因而地主戶數的增加，大部分是增加了較小規模的地主⑬。由此可知，在台中州與台南州，即使一百甲以上的大地主戶數有所增加，也不過是由於族系共業地劃分所造成的形式上的增加。這一點必然會導致族系經濟勢力的分散。

3.日本殖民地統治的結果

通過上述考察，可明顯得知，自一九三二年以後，上層本地地主勢力在繼續不斷地衰落。十甲以上不滿一百甲的地主戶數在減少，而一百甲

第 209 表　日本人及日本會社所有之土地面積（1939 年 4 月 1 日）　（甲,%）

州　別	水田			旱田			合計	
	實數	分布	佔同州之比率	實數	分布	佔同州之比率	實數	佔同州之比率
台北州	1,927	3.57	3.28	3,118	5.45	8.94	5,045	5.39
新竹州	1,015	1.88	1.16	3,104	5.45	5.14	4,119	2.79
台中州	8,622	10.60	8.22	8,927	15.32	16.13	17,549	10.95
台南州	26,668	49.41	14.13	15,232	26.71	19.44	41,900	15.80
高雄州	12,156	22.52	16.56	16,992	29.94	33.25	29,148	23.41
全　島	53,966	100.00	10.17	56,978	100.00	18.76	110,943	13.29

摘自前揭「農業基本調查書」第 41，2～3 頁。

第 210 表　製糖會社之土地支配規模(1930～40年)　(甲)

區　別	1940年10月	1935年12月	1930年1月
社有地　合　計	94,572	76,121	65,637
(1)自耕地	53,214	41,096	36,171
(旱田)	(46,327)	(24,402)	(23,949)
(2)贌耕地	41,358	35,025	29,466
(旱田)	(29,979)	(21,031)	(21,691)
租借地　合　計	27,031	16,015	20,408
(1)自營地	12,946	11,072	14,663
(旱田)	(6,298)	(5,148)	(4,618)
(2)轉贌地	14,085	4,943	5,745
(旱田)	(8,698)	(2,266)	(2,614)
全　體	121,603	92,136	86,045

摘自「台灣糖業統計」第 29，1943 年，70～71 頁，同，第 24，1936 年，70～71 頁，同，第 18，1930 年，72～73 頁。

以上的大地主戶數之所以增加十一戶，實際是均分繼承制所造成的名義上的增加。因而可以說，台灣傳統的均分繼承制，導致土地所有者難以繼續維持土地的集中，相對地造成了地主的積累亦十分有限。但將本地大地主勢力的衰落僅歸咎於傳統的、舊的家產繼承制也並不恰當，更重

要的原因則是日本的殖民地統治。有關這一點，可從以下兩個方面加以探討。其一是，代表日本資本的現代製糖會社對土地控制的增加；其二是，以總督府集約式政策爲主軸的日本殖民地經營方式。

首先，所謂「内地人」（按指日本國内人，下同）的土地所有規模，僅在一九三九年進行過一次調查，其總面積共計一一〇，九四三甲，佔全島耕地面積的一三・二九％（第209表）。就其詳細内容看，第一，「内地人」共獲取種稻水田五萬甲以上，此面積可與栽培甘蔗的旱耕地相匹敵⑭；第二，其所有耕地明顯地集中在特定區域。例如，在台南州的耕地佔一五・八〇％，在高雄州佔二三・四一％等，即爲明顯的事例。這種「内地人」所有地幾乎都屬於台灣製糖等四大製糖會社，而且自一九三五年以後，這種會社所有地在急遽地增加。如參考第210表，即可一目瞭然⑮。根據評論家的看法，這種製糖會社所有土地的擴大，係作爲向台灣這塊殖民地移殖並鞏固日本地主制的先導，因而被評價爲半國家性質的會社的土地所有⑯。

下一個要探討的是，本地大地主的勢力衰退與日本殖民地經營有密切的關係問題。如前所述，日本的殖民地經營與其說是要摧毀台灣的地主制，不如說是採取了保留政策。但這決非意味著要擁護台灣地主階級的利益。不論是所謂的「原料採購區域制」，還是爲解決「糖・米相剋」問題而開鑿嘉南大圳等，從本質看，均有損於本地地主的利益，但基本上是爲了糖業資本而制定的政策⑰。可以說，保留地主制的目的，只不過是利用他們作爲日本殖民地經營者掠奪及加强剝削本地農民的手段。日本的殖民地經營消滅了舊有的大租權，確立了以小租戶爲中心的「單一所有權」，而對土地所有及經營形式則依照舊有習慣未改⑱。其結果，使代表日本資本的現代製糖會社增加了控制土地的力量。後來又由於勸業銀行向農村的擴張（於後詳述），導致既存土地所有形態的崩潰，並招致殘存地主的寄生化。關於寄生化問題，只有一九三二年的調查資料，但可看出不在村的地主高達八四，二〇〇戶，幾乎佔耕地所有者戶數的二五％。特別是擁有三〇甲以上的上層地主更加明顯，其數目甚至超過在村的地主數（第211表）。從

第211表　寄生地主戶數之分析（1932年4月1日）

（戶・%）

規模別	寄生地主		在村地主	
	戶數	構成比率	戶數	構成比率
未滿0.5甲	35,165	41.75	95,567	37.27
0.5～1.0	15,464	18.36	55,717	21.73
1.0～2.0	13,123	15.58	50,728	19.78
2.0～3.0	5,782	6.86	21,891	8.54
3.0～5.0	5,703	6.77	16,938	6.61
5.0～7.0	2,687	3.19	6,494	2.53
7.0～10.0	2,065	2.45	4,078	1.59
10.0～20.0	2,461	2.92	3,391	1.32
20.0～30.0	764	0.91	830	0.32
30.0～50.0	576	0.68	475	0.18
50.0～100.0	292	0.35	222	0.09
100甲以上	152	0.18	109	0.04
計	84,234	100.00	256,440	100.00

摘自「農業基本調查書」，第31,2～3頁。
所謂寄生地主爲地主住在該市街區中，而佃耕地及佃耕農在他處之意。

台北州看，寄生地主的耕地所有面積爲四四，一〇〇甲，佔台北州耕地總面積的四五%⑲。這種不在村地主的數字之龐大以及土地所有的日益潰崩，表現了這些地主已非往日的將生活基盤建立於農業上的舊式地主⑳。他們中的大多數正像往日的大租戶那樣，將佃耕地視爲收佃租的場所，而自身則不參與經營管理。尤其甚者，他們對佃農的住址、姓名，佃耕地在那裏，其面積有多少也沒有個準數㉑。可以認爲，這是日本殖民地經營保存地主制的一個側面。所說的日本殖民地經營的「片面的便己主義」，即是：爲便於日本資本的擴張，對土地所有權進行單一化的整頓，以及爲了財政目的而加强對地租的徵收，一方面得以藉此逐漸限制作爲地主積累的基盤；另一方面迅速地促成地主的寄生化。在這種情況下，本地地主的勢力不論從經濟上還是從社會地位不得不逐漸地衰退下去。

二、日本勸業銀行在農村的擴張㉒

1.勸業銀行的性質及其政府的保護措施

日本勸業銀行向台灣的擴張，係該行設立（一八九六年七月）六年後的一九〇二年，接受台灣總督府對供給拓殖台灣會社（國策會社）資金的要求㉓，一九〇五年以在台灣銀行開設窗口進行代理貸款方式開始營業。由於這種來頭，勸業銀行向台灣擴張的一開頭，就被認爲是日本殖民地經營的一環，是一個帶有强烈國家性格的特殊的政府金融機關㉔。而且正因它是受託於台灣總督府的，因而具有濃厚的殖民地經營者，即統治者的性格，這就使它的貸款活動與日本國內大異其趣。

具有上述特殊性格的勸業銀行，其在台灣的貸款活動，不僅要靈活運用日本國內的資金，還要進一步將台灣的本地資金納入其原始貸款資本的一環而加以利用。亦即勸業銀行通過台灣銀行發行其本身的債券，並以「在券面上挖空心思，而且用漢文書寫」方式，圖謀吸收本地人的資本㉖。由此可知，這即是利用本地人的經濟力量，以資其本國殖民地經營的日本殖民地政策的一個組成部分。

而且，勸業銀行在台的貸款活動，係按照一八九六年所制定的勸業銀行法的規制，以憑物授信，即以不動產抵押爲原則㉗，而且其抵押品必須是最重要的土地抵押。爲此，勸業銀行在向台灣擴張的當初，就遭到一些困難。因爲台灣自過去即存在大租權、小租權這種複雜的所有制關係，而且在所謂的「王土觀念」支配下，認爲地主的所有權，無非是使用他人土地進行收益之權的「業主權」。而在抵押權問題上，爲確保優先抵押的土地登記規則就成爲必要，而且。在設定抵押權所需之權利催告公示上，亦難於找到本地人地主及資產家的協助㉘。而對相當於日本國內水利組合的台灣公共埤圳進行貸款，因必須將數百乃至數千的利害關係人，一個一個地作爲債務對象，實際上是困難的。

然而，這些難點均在政府的强權介入下迎刃而解。就複雜的土地所有關係看，如前所述，經一九〇四年五月實施的土地整頓消滅了大租權（戶），同時亦確立了以小租權（戶）爲中心的單一土地所有制。關於「業主權」，由

於勸業銀行於一九〇三年六月斷然修改了勸業銀行法，使其有資格成爲擔保對象㉙。而關於抵押權的設定問題，在土地整頓告一段的一九〇五年五月，立刻公布了「台灣土地登記規則」（律令第三號）。在此之前，總督府爲使勸業銀行落實在台灣的債務清還，公布了「日本勸業銀行進行貸款與土地有關問題」規定（一九〇三年八月、律令第二號）㉚。此外，有關公共埤圳問題，一九〇三年九月修改了公共埤圳規則（律令第三號），將與公共埤圳利害關係人組織成法人組合，並將其作爲管理者，賦與公共埤圳組合的代表地位；同時賦予該組合具有徵收水租及其它費用的課稅權，而在借貸資金方面，也給予必要的財政協助㉛。由於總督府的無微不至的保護及培育㉜，勸業銀行在台灣的擴張更加活躍。

2.對台灣貸款的內容

勸業銀行在台灣的貸款活動，可區分爲前期與後期。前期迄至一九二三年，約十八年間。這一時期所採取的形式是，通過台灣銀行進行代理貸款。後期則是自此以後，所採取的形式是由勸業銀行的分行進行直接貸款。這一時期由於台灣銀行的財務狀況惡化而導致了勸業銀行直接向台灣擴張㉝。從此，勸業銀行不斷地成立分行。一九二三年一月首先設立了台北分行，一九二八年十月設立台南分行，一九三五年九月是台中分行，一九四〇年十一月是高雄分行，一九四三年五月是新竹分行。可以認爲，勸業銀行向台灣的擴張，自進入後期便正式化了（參考第212表）。

關於該銀行分行的直接貸款內容，只有一九二六年與一九三六年所公布的資料。如將其加以整理，正如第213表及第214表所示情況㉞，從表中可清楚地看出，這一期間，年底的貸款餘額由四，六七〇萬圓倍增爲九，二七六萬圓，出現極其急速的膨脹。其中，在與本地地主勢力的關係方面，具有兩點值得注意的問題。一是，以旱田爲中心的抵押貸款，自一九二六年的一，九九三萬圓提高至一九三六年的五，六九二萬圓，增加近三倍，佔抵押貸款的八

第 212 表　勸業銀行在台灣放款之規模（年底結餘）（1000 圓）

	台銀代理放款		勸銀支店直接放款		合計		長期放款	
	件數	金額	件數	金額	件數	金額	件數	金額
1905年	7	73	—	—	7	73	4	40
10	150	2,083	—	—	150	2,083	45	689
15	1,793	9,202	—	—	1,793	9,202	714	3,038
19	3,868	10,481	—	—	3,868	10,481	946	3,539
21	4,946	17,728	—	—	4,946	17,728	922	5,627
23	5,392	32,918	1,145	18,967	6,537	51,885	1,071	1,013
25	4,994	30,036	2,625	32,499	7,619	62,535	652	8,818
27	3,710	23,211	4,369	40,439	8,079	63,650	1,290	6,625
29	1,909	6,924	10,727	50,252	12,636	57,176	3,695	18,764
31	662	3,826	22,174	71,317	22,836	74,143	8,264	23,411
33	136	1,599	32,832	79,181	32,968	80,780	6,671	12,256
35	85	801	41,489	83,684	41,574	84,485	6,021	16,773
36	45*	318*	45,952	87,935	45,997	88,253	9,467	28,782
38	31	201	—	—	—	—	—	27,767

* 1937 年之數字
台銀代理放款部份，前揭「台灣銀行四十年誌」，1939 年，148 頁。
勸銀支店直接放款部份：乃日本勸業銀行四十年誌附錄，參考統計資料，1938 年，26～29 頁。
長期放款部份：「日本勸業銀行統計資料」，（日本勸業銀行史資料，第四集），1953 年，44～51 頁，但，1938 年之數字摘自「日本勸業銀行史」，1953 年 655 頁。

三%㉟。這一趨勢仍在不斷地發展，因而對本地地主所賴以生存的基礎，即土地所有體制，構成了極大的威脅。二是，與上述情況關係極深，即抵押貸款的對象主要是務農者。亦即務農者的抵押貸款，其比率雖然較低，但從金額看，自一九二六年的一，七一四萬圓提高到一九三六年的四，二五三萬圓，幾乎增加二・五倍。而從件數看，在同一時期，自五，六〇〇件躍至三三，〇〇〇件，約達六倍。勸業銀行的在台灣的貸款，最初的方式是「仔細查清請求者的資產及其信用情況，尤其是要考慮其收入，而後再決定貸款與否」㊱，由此可見，其所謂務農者抵押貸款的對象，基本上是指上層農家的。此外，還需注意的是，無抵押貸款的對象則以產業組合爲對象而大爲發展。

再者，關於勸業銀行在台灣以抵押貸款業務爲中心而發展的原因，除其在台灣貸款的收益高及貸款利息低之外㊲，還有下述兩點重要

第 213 表　勸銀直接放款之明細　A. 對象別（年底結餘）　（1000 圓）

	業別	1926年 存戶數	1926年 金額	1926年 平均每戶金額	1936年 存戶數	1936年 金額	1936年 平均每戶金額
抵押貸款	農業者	5,618 (87.6)	17,144 (71.9)	3.05	33,034 (72.9)	42,529 (62.3)	1.29
	工業者	356 (5.6)	3,182 (13.3)	8.94	256 (0.6)	5,918 (8.7)	23.12
	水產業者	29 (0.5)	50 (0.2)	1.72	311 (0.7)	410 (0.6)	1.32
	交通運輸業者	3 (－)	3 (－)	1.00	14 (0.03)	38 (0.06)	2.71
	其他業者	406 (6.3)	3,470 (14.5)	8.55	11,698 (25.8)	19,426 (28.4)	1.66
	計	6,412 (100.0)	23,849 (100.0)	3.72	45,313 (100.0)	68,321 (100.0)	1.51
無抵押貸款	公共團體	137 (61.4)	22,086 (95.7)	161.21	235 (36.6)	13,101 (53.6)	55.75
	產業組合	85 (38.1)	750 (3.3)	8.82	396 (61.6)	11,285 (46.2)	28.50
	漁業組合	1 (0.5)	9 (－)	9.00	12 (1.9)	57 (0.2)	4.75
	計	223 (100.0)	22,846 (100.0)	102.45	643 (100.0)	24,442 (100.0)	38.01

1926 年部份：摘自「日本勸業銀行三十年誌」附錄，「有關營業之各項統計」，1927 年，27,30～31 頁。
1936 年部份：摘自「日本勸業銀行四十年誌」附錄，「參考統計資料」1938 年，35,40～41 頁。
( )爲構成比率。

的問題。其一，隨著日本資本主義的發達，日本的殖民地經營需要在台灣進行大規模的水利灌溉工程，即土地改良事業。一九二〇年開工的嘉南大圳即爲其明顯事例。如前所述，修建該工程，主要是爲了大量供給台灣的糖、米兩大出口商品之所需，因而勸業銀行的貸款，主要以埤圳組合爲對象而獲得快速發展。這不僅是對埤圳組合貸款本身的膨脹，也是通過此次貸款所進行的土地改良事業，即土地生產力的飛躍性增大，帶動農耕地即不動產擔保力的增大。因而此次勸業銀行對埤

第 214 表　勸業銀行直接放款之明細B. 形態別（年底結餘）　（1000 圓）

類別	項目	1926年 存戶數	1926年 金額	1926年 平均每戶金額	1936年 存戶數	1936年 金額	1936年 平均每戶金額
種類別	直接放款	2,259 (34.0)	20,132 (43.1)	8.91	45,895 (99.9)	92,252 (99.5)	2.01
	有保證放款	4,376 (36.0)	26,562 (56.9)	6.07	61 (0.1)	512 (0.5)	8.39
	計	6,635 (100.0)	46,695 (100.0)	7.04	45,956 (100.0)	92,764 (100.0)	2.02
有無抵押	抵押放款	6,412 (96.6)	23,849 (51.1)	3.72	45,313 (98.7)	68,321 (74.1)	1.15
	無抵押放款	223 (3.4)	22,846 (48.9)	102.45	643 (1.3)	24,442 (25.9)	38.01
	計	6,635 (100.0)	46,695 (100.0)	7.04	45,956 (100.0)	92,764 (100.0)	2.02
抵押放款之明細	田或園	6,129 (95.6)	19,927 (83.6)	3.25	43,548 (96.1)	56,918 (83.3)	1.31
	鹽田	2 (—)	95 (0.4)	47.50	137 (0.3)	127 (0.2)	0.93
	限制地 *	216 (3.4)	2,659 (11.1)	12.31	1,328 (2.9)	5,670 (8.3)	4.27
	住宅建築物	64 (1.0)	1,161 (4.9)	18.14	13 (0.03)	329 (0.5)	25.31
	工廠財團	1 (—)	8 (—)	8.00	2 (—)	2,844 (4.2)	1,442.00
	漁池	— (—)	— —	—	285 (0.6)	433 (0.6)	1.52
	計	6,412 (100.0)	23,849 (100.0)	3.72	45,313 (100.0)	68,321 (100.0)	1.15

1926 年部份摘自「日本勸業銀行三十年誌」附錄，25～26、28～29 頁。
1936 年部份，摘自「日本勸業銀四十年誌」附錄、33～34、36～37 頁。
※所謂限制地，指勸銀法第 14 條第 2 項之住宅建築物。即「除了工廠財團及屬於工廠之用地及建築物外之市制施行地及因命令而存在市街地之住宅或建築物。
( )為構成比率。

圳組合貸款所引起的作用，恰似台灣銀行在台灣糖業上給予日本資本萬般周到的金融援助同樣，卓有成效。結果，勸業銀行的在台灣的貸款，以日本的殖民地經營，即控制水利灌溉事業的「成果」為基礎，獲得了大步的進展。其二，本地地主階級及有產農家因不斷地受日本殖民地經營的控制而陷於貧困狀態。日本資本的新擴張及商品經濟的滲透進入三〇年代更進一步地加强了。如前所述，以糖業為中心的日本資本向台灣的擴張，在此一時期呈現了投資領域的多樣化，使本地資本勢力遭到極大的壓力。另外，以糖、米出口商品為中心的農產品價格低迷不振，水利灌溉事業的發展及增强軍備造成的通貨膨脹，均使地主階級及有產農家陷入窮迫之地。根據一九三三年及一九四〇年的農村金融調查，情況很清楚，有八七%的農家處於借貸狀態，甚至八四%的地主，以至自耕農及自耕佃農均陷於這種狀態（第215表）。其多數的借款均用於貼補家用或投注於農業經營。為擺脫這一窮迫狀態，他們不得不將祖宗留下的唯一不動產，即土地加以抵押。以抵押貸款為主體而向台灣擴張的勸業銀行之所以能在台灣獲得發展，主要是出自日本殖民地經營的控制而造成本地人窮困化的結果㊳。

三、農村高利貸地主勢力的衰落

以下所要探討的焦點是，勸業銀行向台灣的擴張，給農村高利貸地主勢力帶來了何種影響問題。首先值得注意的是，在利息方面給本地勢力帶來的威脅。如第216表所示，勸業銀行的貸款利息是台灣全島最低的利息，約為個人經營貸款業者的一半。隨著農耕地的擔保力提高（由於水利灌溉事業的發達，導致土地生產力的飛躍增加，地價亦因之而上升），使勸業銀行的低利貸款更具威力。套用在勸業銀行史上所寫的一句話，亦即「過去一直屬於本地高利貸資本的務農者，現其地位已升格為（勸業）銀行的交易對象」㊴。實際上，依據農村金融調查資料，高利貸款資本佔農家債務的比率，自一九三三年的五二%左右已降為一九四〇年的二五%。與此相反，在這一段期間，勸業

第 215 表　農家負債之普遍化　（戶，%，圓）

	1940年				1933年			
	調查戶數①	負債戶數②	負債戶數比率②／①	平均每戶負債額	調查戶數①	負債戶數②	負債戶數比率②／①	平均每戶負債額
地　主	325	272	83.69	3,442	—	—	—	—
自耕農	1,483	1,296	87.39	699	10,580	8,632	81.59	606
自佃農	1,492	1,369	91.76	835	10,934	9,825	89.86	599
佃　農	2,695	2,334	86.60	387	16,029	14,363	89.61	299
計	5,995	5,271	87.92	733	37,543	32,820	87.42	470

摘自台灣總督府殖產局「農業金融調查」第 33，2～3、82～83、116～117、150～151 頁，同，第 143、2～3、62～63、70～71、78～79、86～87 頁。

第 216 表　不動產抵押利率之比較（1937 年 4 月）

放款處	地域別	利率	以勸銀台灣利率爲 100 之指數	各放款處利率與勸銀台灣利率之比率
勸業銀行	日本	5.64	94	106
	台灣	6.00	100	100
台灣銀行	台灣	6.97	116	86
普通銀行	台灣	7.08	118	85
信用組合	台灣	8.83	147	68
無限公司	台灣	9.10	152	66
個人借款	台灣	11.26	188	53

勸銀日本放款利率摘自「日本勸業銀行史」第 6 篇，未定稿,1952 年，101 頁。
此外，尚有日本勸業銀行「第 1 次台灣個人不動產抵押借款狀況調查」1937 年，12 頁。
勸業銀行放款利率爲 1937 年上季之財團放款利率。

銀行的比率，卻自一六%左右躍升至二四%左右（第220表）。

本地高利貸地主勢力受勸業銀行在農村發展的另一個壓迫是，抵押貸款的大增。極其一般的情況是，抵押貸款將使抵押物所有者喪失對其抵押物的處理權，其所有權受到極大制約，並因此而造成其下次貸款的信用大爲降低。同時，對過去立足於土地生產的高利貸地主勢力來説，其活動的根基亦大受動搖。如前所述，勸業銀行抵押貸款的八十三%係以旱田爲對象，僅此即對本地地主勢力是一個極大的壓

迫。從當時旱田抵押貸款的規模看（第217表），一九三六年以後仍在繼續增加，至一九四二年已高達九，二二八萬圓，其膨脹幅度近一九二六年的四倍，勸業銀行在日本國內貸款的四五%。那麼，勸業銀行的貸款在旱田面積所佔比率是多少，在本地人所有耕地中佔有多大比率，這是需要探討的問題。

由於資料的限制，只能推計出一九三六年的狀況（第218表）。不論是水田還是旱田，本地人所有耕地的一五%均已成爲勸業銀行的貸款對象。從一九三六年以後該項貸款的急速增加看，這一比率無疑還會提高。一九三六年底，勸業銀行的旱田抵押面積爲一一二，六六三甲，已比一九三九年的日本人耕地所有面積一一〇，九四二甲多出一，七二〇甲。可以認爲，這一差距其後還要擴大。勸業銀行的這種土地所有的潛在性擴增，是從本地人地主勢力的內部進行大侵蝕。如前所述，就法律層次來說，勸業銀行的抵押貸款爲第一（優先）抵押。據此，勸業銀

第 217 表　勸銀台灣水旱田抵押放款業務之增大

（年底餘額）　　（1000 圓，%）

	水旱田抵押放款額	同指數	佔日本國內田放款餘額之比率
1926年	19,927	100	12.4
31	46,740	235	16.8
36	56,918	286	24.8
38	69,821	350	23.6
40	79,330	398	31.5
41	87,347	438	37.4
42	92,288	463	45.8

1926年部份，摘自「日本勸業銀行三十年誌」，28頁。
1931 年以後部份：摘自「日本勸業銀行史」（未定稿）第 6 篇，108 頁。

第 218 表　勸銀抵押放款中水旱田抵押之比率

（1936年6月底）

	水田	旱田	合計
抵押面積 (1)（甲）	71,965	40,696	112,663
台灣人所有耕地面積(2)（甲）	471,638	270,202	741,840
抵押比率 (1) ／ (2)（%）	15.26	15.06	15.19

摘自「日本勸業銀行四十年誌」，44 頁。
以 1 甲＝0.978 町來計算。

行的抵押權可與出高價的拍賣商或其特定繼承人相對抗㊵。從這一點看，不斷發展的勸業銀行的水旱田抵押貸款，嚴重地扭曲著本地的地主制，亦即土地所有本身的基盤被不斷地加以腐蝕。對勸業銀行推行抵押貸款所蘊藏的這一深刻目的，應特別加以注意。

如前所述，本地地主勢力除因勸業銀行的擴張而大受侵蝕外，還遭受製糖會社的租用地、農村信用組合的旱田抵押貸款，以及以製糖會社爲主的日本人直接擁有耕地情況的發展等而遭受嚴重的壓迫。一九三九年左右，包括勸業銀行在內的這些日本勢力所有以及所控制的土地面積，至少有三一七，○○○甲㊶，佔該年台灣全島耕地面積八三五，○○○甲的三八%。原本即業已因製糖會社的擴張而受侵蝕的本地人的土地，現又受到以水旱田抵押貸款爲主要形態的勸業銀行急速擴張而再度被侵淩，使其佔全島耕地的

第 219 表　農家負債中自銀行貸款之情形

	戶數		負債額		平均每戶負債額
	實數（戶）	構成比率（%）	實數（1000圓）	構成比率（%）	（圓）
	1933年				
自耕農	8,632	26.30	1,366	53.92	158
自佃農	9,825	29.94	1,086	42.87	111
佃農	14,363	43.76	81	3.20	6
計	32,820	100.0	2,583	100.00	77
	1940年				
地主	272	5.16	398	41.83	1,464
自耕農	1,296	24.59	267	28.05	206
自佃農	1,369	25.97	253	26.58	185
佃農	2,334	44.28	34	3.54	14
計	5,271	100.00	952	100.00	181

摘自「農業金融調查—農業基本調查書」第 33，同，第 43，4～5、62～63 頁。

比率亦降低至六○%左右。

然而，由於勸業銀行的擴張係以抵押貸款爲主，因而對幾無抵押物的下層農家及無產佃農來說，是不起作用的。從這一點看，勸業銀行的擴張仍然是有界限的。如從農家的負債情況來看勸業銀行的貸款，如第219表所示，一

九四〇年平均每一戶地主的貸款總額高達一，四六四圓，其規模係佃農的一百倍，自耕佃農的八倍、自耕佃農的七倍。同時，在自耕農、自耕佃農及佃農之間，平均每一戶的貸款金額具有自二五倍（一九三三年）至十三倍（一九四〇年）的差距。勸業銀行的貸款活動幾乎與佃農無關。這明顯地表現出勸業銀行在台灣所貫徹的，「豪農第一」主義㊷。這也是勸業銀行貸款的一大特點。如斯，本地的高利貸地主勢力雖因勸業銀行的擴張而受壓迫，但這些下層農家及佃農仍然是進行本地高利貸地主勢力進行貸放活動的對象。因此，這些地方仍有生存的餘地。

第 220 表　在農家負債中勸銀所佔之地位※（該年 11 月 15 日）

（%）

階級別		勸業銀行	普通銀行 (1)	產業組合 (2)	地主個人放款業者 (3)	製糖業者	各種中盤商業者 (4)	合計
地主年	1933	—	—	—	—	—	—	—
	1940	43.82	19.17	6.73	18.87	9.92	1.24	100.00
自耕農	1933	26.09	7.34	12.55	46.37	4.73	2.93	100.00
	1940	29.48	13.09	25.96	19.27	10.21	1.49	100.00
自佃農	1933	18.44	5.89	16.12	49.69	6.42	3.43	100.00
	1940	22.15	12.48	26.77	14.77	15.21	0.90	100.00
佃農	1933	1.89	0.70	14.00	67.38	9.54	6.49	100.00
	1940	3.73	2.64	32.49	41.49	16.48	3.27	100.00
合計	1933	16.43	4.94	19.32	52.49	6.71	4.11	100.00
	1940	24.66	11.89	23.38	25.31	13.09	1.67	100.00

摘自「農業金融調查—農業基本調查」第 33，4～5、82～83，116～117、150～151 頁，同，第 43，4～5、62～63、70～71、78～79、86～87 頁。

※有關調查戶數及負債戶數，請參考前揭第 215 表。

1940 年之調查對象，地主只限於年度所得 500～5000 圓資產狀況之普通地主，自耕農則限於年度所得 300～3000 圓資產狀況之農業生產者，佃農爲年度所得 300～800 圓資產狀況之農業生產者，但自耕農雖沒有明白限定，但也應該是普通資產狀況之農業生產者。

1) 包含信託會社，2) 包含農會，3) 包括土壟間、茶葉中盤商及其他、4) 包括豬隻中盤商，甘藷中盤商，肥料商及雜貨商。

不容忽視的是，這些本地地主階級或資產家之中，仍有一些得勸業銀行抵押貸款之方便，多多少少受惠於土地投機的利益。在一九二〇年代中期，勸業銀行所施行的一份一百萬圓的大宗水旱田抵押貸款，這在日本國內也屬史無前例，但卻以「本地財閥」㊸為對象。而進入一九四〇年代，特別是以台南州為中心出現了土地投機㊹，該州的地主將貸款的四分之三全部投入所謂的「土地費」，而其大部分的資金均依靠勸業銀行的貸款㊺。再者與此有關的是本地人之間以不動產抵押貸款的活動，也以

地主爲中心逐漸發展㊻。這一趨勢明顯地表示出，通過抵押貸款，本地地主及資產家與勸業銀行的勾結趨於緊密，即形成所謂的投機性買辦勢力。其結果是，勸業銀行在台灣的擴張並沒能傾覆本地地主制的根基。亦即並沒給予本地高利貸地主勢力以致命的打擊。

總之，農村社會中的高利貸地主勢力，在日本勢力的擴張及壓力下逐漸衰退，但也殘留了下來。如將這種情況以農家負債的貸款來源構成，再對總體進行分析，則如第220表所示。從該表看，由地主、個人貸款業者及各種經紀業者構成的本地勢力，整個地在大大衰退，其佔農家負債的比率亦自一九三三年的五六％左右，降至一九四〇年的二六％左右。與此相反，由勸業銀行、產業組合、製糖業者（會社，甚至普通的（城市）銀行等構成的日本勢力則大爲擴展，其比率亦由四四％躍至七三％。其中，較爲明顯的例子是勸業銀行躍升爲八個點、城市銀行爲七個點、製糖會社爲六個點。日本勢力的擴張主要是以地主、自耕農及自耕佃農爲對象。相反的，本地勢力則以佃農爲中心，佔負債的四五％。當時的政策性通貨膨脹導致日本勢力的擴張，迫使本地勢力的衰退等，在此已無須贅述。然而，日本的殖民地經營、統治對本地勢力的壓迫，越到其統治末期就越加强烈。

從上述情況可知，日本的殖民地經營及統治保留了本地地主制。但是它絕非是要保存以及保育本地地主的經濟勢力。因而本地地主勢力進入一九三〇年代後半期以後即無可奈何地大踏步後退。對本地資本勢力來說，這是日本帝國主義統制半個世紀以來所遭受的最嚴重的打擊。

① 關於一九〇八年至一九一四年之間的台灣經濟的景氣狀況，請參考前述杉野著書「台灣商工十年史」，七～一三頁。

② 參考持地六三郎一九一二年著書「台灣殖民地政策」，四一一～四一三頁。

③④ 東野實一九一四年著書「台灣農民殖民論」，四八五頁。

⑤ 在此需要注意許可地與所有地的差別。許可地不僅是農耕地，也包括造林地等非農耕地部分。此外，尚須考慮的是，在一四一件

中，同一戶的申請者可能獲得數件許可地的情況，因而不能把一四一件看成是一四一戶。由此可知，一九二一年的大土地所有者（一百甲以上）已達一九六戶，較以前略爲增加。此數據中無疑也包括日本系大地主。如從資料加以推敲，日本系在大土地所有者中佔二四戶（社），其所有耕地達五二，〇〇〇甲左右。其詳細情況如下：製糖會社九家，（林本源、新興除外），共三九，八〇〇甲（「台灣糖業統計」，一九二一年出版，四四頁），改良糖廍二家爲二，八六〇甲（同上，四六頁），以及一九二七年左右的日系拓殖企業者和個人大土地所有者（水、旱田總計一百甲以上）。如將此類會社限於一九二一年以前所設立的十三家，則約佔八，八五〇甲（參考台灣總督府一九二九年編「在台灣之母國人農業殖民」，二五六～二五七頁。但將台東開拓株式會社的水旱田所有耕地以五八三甲計算。參考上述同書，二〇三頁）。綜合上述，共有廿四家會社（戶），佔五一，五一〇甲。

此外，在一九二三年左右，擁有一百甲以上的本地人大地主至少有一一二名，其所有的土地多達四二，〇〇〇甲（見台灣總督府殖產局編「台灣佃耕情況」（預報之一），一九二五年出版，七一頁），或可是偶然現象，如將這一面積加上前述日本人的土地所有面積，則非常接近第201表所列舉的、擁有一百甲以上全部地主的土地面積九四，〇〇〇甲。

⑥ 第一次調查指出，「每人分得的部分則由其自己利用，不然則與共業者平分」（參考台灣總督府殖產局編「耕地分配及經營調查——農業基本調查書」第三一，一九三四年出版，「凡例」三）。與此相反，第二次調查則說，「可與共業者分開的，則依共業者個人計算，不然則視爲團體所有地」（參見台灣總督府殖產局編「耕地分配及經營調查——農業基本調查書」第二，一九二一年出版，「凡例」三之㈢）。

⑦ 因資料奇缺，對日本系土地所有狀況無法加以區別考察，暫且以此爲前提，進行下一個考察。

⑧ 據說，一九三一年九月末，因農產品價格暴跌，導致收入減少，使以土地爲擔保的銀行及信用組合的貸款，超過了二億日圓。（參考「台灣新民報」第三九三號，一九三一年十二月五日，六頁。）

⑨ 據說，台灣北部的林本源家族及中部的林獻堂家族，一九三〇年因分家而不再擁有一千甲以上的土地。本地人中，擁有如此多的土地而又没分家的，大概只有辜顯榮家族（參考謝春木一九三〇年著書「台灣人這樣看」，一六五頁。）

⑩ 參考前述書，以及台灣總督府殖產局編「各州佃耕慣例調查」，二四六、三一五、三一九頁。

⑪ 參考台灣總督府殖產局編「耕地所有及經營狀況調查要錄——農業基本調查書」第四一，附錄一二三頁。

⑫ 因爲，均等繼承越多，耕地所有者戶數就增加，但耕地所有的零碎化情況也隨之增加。此外，一九三九年土地所有者總數急增之另一原因是，在市街庄（區）之外的所謂不在地主的數目增加所致。該耕地所有調查認爲，此乃因技術上的問題，將這些不在地主重覆地計算在內。

⑬ 關於這一點，在大土地的戶數增加七戶的虎尾郡可清楚地看出。亦即，郡增加的七戶中，五戶住在西螺街，而西螺街的「日本人」所有地不過是七七甲。因而此次增加的五戶全爲本地人（請對照「農業基本調查書」第三一，二九～三〇頁，以及同書第四〇、四一、六八頁）。

⑭ 以街庄（區）爲單位，耕地面積三分之一以上爲「日本人」所有的街（區）數，一九三九年四月一日，水田是九個街庄（區），旱田則是三七個街庄（區），總計達四六個街庄（區）（自「農業基本調查書」第四一冊，三〇～四三頁算出）。此外，台灣西部則有五個州、九個市、四五個郡、二四六個街庄（區）。

⑮ 製糖會社的水田所有面積之所以增加，係由於嘉南大圳的峻工，使旱田轉爲水田所致。在一九三二年至一九三九年之間，台南州的水田增加了二九，八九二甲，但旱田反而減少了二〇，六二四甲（參考「農業基本調查書」第三一，二～三頁。以及同書第四一，六～七頁）。嘉南大圳開鑿的目的在於解決糖．米相剋問題，這已在第三章第三節中指出。

⑯ 例如，淺田喬二一九六八年著書「日本帝國主義和舊殖民地地主制」，二五九頁。關於對這一評價，淺田敍述得非常詳細。但另外，他的「在台灣的半國家會社」的定義，是以什麼爲根據，並未加以說明。

⑰ 這種指摘，在近藤康男著書「農業經濟論」（資本主義和農業）一九三四年出版，四一一頁中也可看到。但近藤卻把一九三三年發布的台灣米輸出限制令，說成是一九一九年發布的（同上）。

⑱ 關於這一點應注意，台灣總督府刪除了本地社會舊有的家族制適用日本國內民事法等的規定。亦即，自一九二三年起，台灣開始適用日本國內法律，但有關本地人的親族及繼承關係，仍按舊有習慣而不採用日本的民法之規定（參考前述大藏省管理局的歷史性調查「台灣統治概要」，三四頁）。

⑲ 參考前述「台北州的佃耕情況及其改善施設概要」，一二～一三頁。

⑳ 關於這一點，台北州政府做了如下敍述，即「大部分大地主居住於台北市，主要經營工商業，而將從農業所得利益投資於工商業或其他行業等，即所謂的不在地主」（前述「台北州的佃耕情況及其改善施設概要」，一頁）。

㉑ 前述「台灣佃耕情況」（預報之一），七一頁。此外，在一九二一年的耕地所有分配調查中也指出這種狀況，即「頗多業主對其自耕及佃耕地面積不很清楚，有的業主甚至連佃農的地址姓名都說不清楚……，佃耕地的移轉變甚爲頻繁」（參考「農業基本調查書」第二，「凡例」第一條）。其中，亦有委任於稱之爲佃頭的中間人的。只關心徵收佃租的寄生地主（參考前述，梶原通好著書「台灣農業論」，一〇九頁）。辜顯榮系家族亦不例外。而二林將其所有約三百甲的佃耕地委任於稱之謂林爐的中間人。據稱，林爐即利用其小租戶的地位，每年淨收二萬餘圓之純利（參考「台灣民報」第三〇二號，一九三〇年三月一日，一一頁）。

㉒ 除勸業銀行外，還應舉出表現日本勢力滲透的另一重要機構——農村信用組合，但限於篇幅只得省略。

㉓ 參考日本勸業銀行調查部一九五三年編「日本勸業銀行史」（以下稱「勸銀史」），二二〇頁。

㉔ 實際上，在勸業銀行與台灣銀行締結代理契約時，視察台灣的勸業銀行副總裁志村，在當時的重要幹部會議上做以下的說明：「此業務（台灣代理貸款事業）兩行（勸業銀行和台灣銀行）並非基於利益，而實際上無非是履行國家事業所應盡的義務」。他明確了台灣銀行的代理貸款，是根據實施殖民地拓殖金融的國家需要，超越了盈虧而進行的宗旨。（參考「勸銀史」，二二〇頁。括弧內文字爲引用者所加）。此外，對於勸業銀行性格的若干考察，可參考前述加藤俊彥所著書，六八、一七六～一七七頁。再者，勸業銀行與台灣銀行所締結的代理貸款契約只有五條，其條文重新錄於「明治大正財政史」第一五卷，一九三八年出版，七九四頁。

㉕ 該代理貸款契約第五條即是注㉔所引用的資料。

㉖ 勸業銀行債券分爲大券（無補助金）及小券（包括補助金）兩種。在台灣，大券的消化額除一九二二年的二，〇〇〇萬圓及一九四二年至一九四五年間的一，〇一三，〇〇〇圓至九七〇萬圓之外，其他幾年則最多爲數十萬圓，大部分是數萬圓。小券的消化額除一九三六年的八三二，〇〇〇圓及一九三七年的二五五萬圓之外，每年最多不超過四〇萬圓，大部分是數萬及數千圓（參考日本勸業銀行調查部的，勸銀史研究會編「日本勸業銀行統計資料」、「日本勸業銀行史資料」第四集，一九五三年出版，六四～七五頁）。在「勸銀史」中幾乎未提其在台灣的受信業務。由此可知，勸業銀行的本地人資金吸收政策尚無大的成果。

㉗ 但在府縣市町村或其他合法組織的公共團體，仍承認無抵押貸款（勸業銀行法第15條、前述「明治大正財政史」第十五卷，四八三頁。

㉘ 台灣銀行及勸業銀行均承認這一點（參考「台灣銀行二十年誌」，三〇四頁，以及「勸銀史」，二二二頁）。

㉙ 前述「明治大正財政史」第十五卷，四九四頁。當時的提案者作了以下說明：「在台灣的農業中，重要的是，對從事砂糖及稻米的耕作者，以年賦償還方法給予資金貸款，使其改良發達。在仰賴外國輸入大量砂糖的今天，最要緊的是向內地供給砂糖」（該提案者的說明，係於一九〇三年六月二日在貴族院日本勸業銀行法修正法案委員會上所做，請見「勸銀史」，二二頁）。值得注意的是，此點說明明確地顯示出勸業銀行貸款的殖民地經營意圖。

㉚ 參考前述「明治大正財政史」第一五卷，四九五頁。

㉛ 參考前述「台灣銀行二十年誌」，三〇三頁。

㉜ 此外，日本政府也給勸業銀行以資金援助。例如，一九二三年一月，勸業銀行設立台北分行而開始從事直接貸款時，日本政府專爲台灣貸款事業撥出小額低利長期貸款資金約二千萬圓及低利長期資金約一千萬圓。此外，勸業銀行亦代營台灣銀行的不動產貸款約

三千萬圓，政府還認購勸業銀行的債券等，給予勸業銀行不少援助（詳見前述「田健治郎傳」，四八四～四九〇頁。

㉝ 從個別資本的情況看，台灣銀行本應不喜歡勸業銀行插手台灣。但台灣銀行卻又强烈希求勸業銀行設立分行，這是出自下述考慮：可藉勸業銀行的低利長期貸款，償還以前固定化了的舊債，從而改善台灣銀行的財務狀況（參考日本勸業銀行調查部「勸銀史」編集室編「日本勸業銀行史」第四篇，（未定稿），一九五二年六月，一六三～一六四頁）。

（附表）　地主階級之負債及土地費（1940年11月15日）

	平均每戶之土地費(圓)	勸銀借入款(1000圓)	勸銀借入款佔總借款之比率(%)
台北州	310	21	22.8
新竹州	1,101	13	60.8
台中州	782	39	29.1
台南州	6,615	318	75.3
高雄州	627	8	35.8

摘自「農業金融調查」第43，62～63、328～309頁。

㉞ 第214表中一九三六年的貸款剩餘額九二，七六四，〇〇〇圓，與第212表所顯示八七，九三五，〇〇〇圓的數字不同的原因没弄清楚。這是由於勸業銀行的台灣貸款統計史料缺乏，且其出處又常有不同所致。例如，關於台灣銀行的代理貸款，同爲台灣銀行刊行出版的「台灣金融事項參考書」（第十三次，一九一九年，三八頁，一九〇九年至一九一八年之間）與「勸銀史」（四三二頁，一九一四年至一九二二年之間）的數字，即與一九一四年出版的同參考書第九次，一二三～一二四頁有一些出入，即是證明。

㉟ 這一抵押貸款可視爲勸業銀行對台灣另一種具有特色的貸款。勸業銀行的對台灣貸款有以下三個特色。即貸款利息高；貸款回收情況非常良好，很少有拖延者；對改良土地的貸款多（參考「勸銀史」，四三七頁）。此外，台灣佔勸業銀行對日本水旱田土地抵押貸款面積的比率是，水田爲二六%，旱田爲三一．三%（一九三六年底的數字。見「勸銀四十年誌」附錄「參考統計資料」，四四頁）。

㊱ 參考豊田久和保一九二七年編纂「日本勸業銀行三十年誌」，二一七頁。

㊲ 參考「勸銀史」，六五七頁。當時在高利息的台灣，勸業銀行貸款利息低廉，以台灣銀行爲首的各銀行均無法趕上勸業銀行的低息。

㊳ 一九三三年以後，因產業組合的抬頭，勸業銀行在日本國內的貸款業務面臨蕭條局面。唯有台灣的貸款業務係「唯一的特殊營業地盤」（前述「勸銀史」第六編，（未定稿），一〇五頁），即「最大的美元錢箱」（同上）和「寶庫」（同上，第四編，一七二頁）。這實際上是建築在殖民地本地人的窮迫化基礎之上的。

㊴ 「勸銀史」，六五六～六五七頁。

㊵ 關於這一點，請參考「勸銀史」，二三二頁。

㊶其計算的詳細情況如下，即將現代製糖會社的徵借地一六，〇一五甲（一九三五年末「台灣糖業統計」第二四，七一頁。同徵借地面積於一九四〇年十月末已達二七，〇三一甲。同上統計第二九，七一頁。請參考本節第二一〇表）與農村信用組合的擔保貸款四六，二〇九，〇〇〇圓（一九三九年度的「台灣產業組合要覽」，二七頁，換算爲本地人所有地面積爲七七，九七四甲（46,209,000圓×83.3%÷56,918圓＝77,947圓），加上一九三九年所有地調查的日本人所有地一一〇，九四三甲（第209表。一九四五年日本戰敗時，日本人的水、旱田所有面積，包括政府、公司、個人及其他共爲一八一，四九〇甲。其資料依據爲：Hui-Sun Tang, Land Reform in Free China, Taipei, 1954, P. 66），以及與勸業銀行擔保貸款的抵押土地面積一一二，六六三甲（參考本節第二一八表），總計爲三一七，五六八甲。

㊷關於勸業銀行「豪農第一」主義的確立過程，請參考「勸銀史」，九五～九六頁，一四一～一四二頁。

㊸勸業銀行在台北開設分行當時，對其農業貸款，向全島聲明了「小宗貸款」主義（「台灣日日新聞」一九二三年一月十七日），但在水旱田抵押貸款上，台灣卻有特殊的大宗貸款。勸業銀行的有關人員做了以下敍述，即「這是針對本地財閥的貸款，一宗約爲一百萬圓的水旱田抵押貸款，這在（日本）內地是絕無僅有的大宗貸款。」（「勸銀史」，四三六頁，「座談會紀錄」）。

㊹參考台灣銀行「本島水旱田買賣價格及佃租調查（上）」（一九三八年至一九四三年之間），以及「台灣金融經濟月報」一九四四年十月號，一四頁。

㊺從前述附表看即可一目瞭然。亦即，台南州的地主投入的「土地費」最多，將其七五・三％的貸款投注於土地費。

㊻例如，根據勸業銀行的調查，一九三七年至一九四一年之間以個人的不動產做爲抵押貸款的借主，六二％以上是地主（勸業銀行調查課「第五次台灣的個人不動產抵押貸款情況調查」一九四一年四月版，八～九頁）。在本地人之間其利息約爲年率一一％左右，但一九四一年降爲一〇・三四％（資料同上，各年次調查，附錄第1表「個人不動產抵押貸款利息情況表」）

附記：

順便提一下，在最近發掘的資料中，有一篇被認爲是實踐家論述當時階級運動的珍重而又「充滿臨場感的證言」文章（戴國煇「台灣抗日左派指導人連溫卿及其稿本」，立教大學「史苑」第三五卷二號，一九七五年三月，六〇頁），該文係連溫卿所寫，題爲「展望在台灣的日本殖民政策」（一九三〇年八月十三日記），載於上述「史苑」（六一～八三頁）但其題目改爲「台灣的日本殖民地政策的實態」）。

第五節　台灣農村高利貸的金融活動

一、台灣農村高利貸金融活動的類型

1.三種類型

要把握台灣農村本地高利貸金融活動的情況，首先必須指出依賴高利貸而存在的社會基礎是什麼。直截了當地說，這一社會基礎，無非是在過去土地開墾過程中形成的，即移植來的地主土地所有制和以對外經濟關係爲前提而發展起來的前期性商品經濟。儘管前者的地主土地所有制的形成，是經過了淵源於中國大陸的複雜途徑移植而來，但是，還是帶來了台灣本地地主勢力的形成和發展，使他們獲得了處在苛刻的佃耕關係地位的現耕佃人（即佃農）之上的高利貸金融活動的基礎。另一方面，由於與後者的對外貿易有關的前期性商品經濟很發達，迫使農民必須要有現金。這種苛刻的佃耕關係（即舊的地主制）和對外經濟關係的發達（前期性商品經濟的强行滲透），殘酷地壓迫農家經濟。這就是本地地主以及商人勢力能夠開展高利貸農村金融活動的基礎條件①。

自然，在日據時期，台灣本地地主——商人階級的高利貸農村金融活動也基本上在繼續著。因爲日本殖民地統治（即經營）繼續利用和保存著本地地主制，對苛刻的佃耕（地主關係）沒有進行大的改革，而且，資本主義向島内移植也只有極少部份。因此，廣大的農村社會仍然處在前期性的商品經濟關係之下。當然，這並不意味著台灣本地地主勢力在長達半個世紀之久的日本殖民地統治（經營）下，沒有出現過衰退。如後文所述，由於日本國家權力的强制和資本控制的滲透，使本地地主金融活動的餘地不斷縮小，在農村經濟中的影響和作用不斷減弱。

然而，要把握本地資本所開展的高利貸農村金融活動的實況，並不容易。因爲高利貸農村金融不僅有地主階級

的活動網，而且與舊的商業組織勾結的商人高利貸活動也很活躍。另一方面，本地地主本身的性質不明確（後述），其中有很多是不在地主和商人性質的寄生地主。可見，這些地主也把手伸向商業高利貸，並且在農村社會具有強大的勢力。因此，就從這些地主來看，高利貸農村金融也與高利貸城市金融相勾結。可以說，商人地主階級有利地壟斷著台灣農村金融。

正因爲如此，所以應該説台灣農村高利貸金融活動具有很復雜的內容。因此，很難全面地把握其實情，因爲幾乎得不到研究資料。本文只能將其存在的背景作爲一個基準，將有關的農村高利貸金融活動劃分爲三種類型。第一種類型是把面向外銷的商品作物的交易系統作爲背景的高利貸農村金融活動。屬於這一類型的高利貸農村金融活動主要是通過外銷的茶、砂糖、大米等主要商品的生產——流通渠道來展開的。因爲對於商人地主來說，外銷的商品作物是最容易現金化的融資擔保物（可以説是期貨）。另外，從貧困的農家來看，這也是可以作爲還債保證的唯一估計資產了。在這一點上，外銷的商品作物具有使高利貸農村金融順利運營的機能。可見，在這一點上，後者自然是以前者的交易系統作爲背景來展開的。這也是必然趨勢。

第二種類型上文已有提及，它是以舊的商業組織作背景的。台灣農家不僅在經營農業上需要很多現金，在農家生活上同樣也需要很多現金。舊的商業組織通過銷售這些農業用品以及日用品，在農村經濟中扎下很深的根。可見，有一部分農村高利貸金融與舊商業組織勾結在一起，暗地裡活動著。雖然沒有資料可以知道舊的商業組織中，地主的金融活動達到何種程度，但是，從台北州的不在地主的情況看，從事工商經營的地主很多。從這裡可以肯定以舊的商業組織爲背景的商人地主的農村高利貸金融活動是相當活躍的③。

第三種類型與前兩種類型不同，它不是以商品交易系統爲背景，而是以舊的傳統社會的共同體庄堡組織關係或地主——佃耕階級關係爲基礎而形成的。如過去的研究中明確指出的那樣④，台灣農村社會中的共同體庄堡（村

落）組織是在土地開墾過程中，從中國大陸移植而來的。地主在那裡佔領了庄主的社會經濟地位。從形成這樣的歷史過程開始，具有經濟實力的地主以共同體關係爲基礎，開展庄堡内的金融活動。另外，地主爲了長期維持高地租的收入，有必要借給佃農一部份耕作資金和生活費用。因此，應該可以認爲這種高利貸金融活動滲透到農村社會的各個角落。

如上所述，根據台灣高利貸農村金融存在的背景，大致可以劃分爲上述三種類型。當然，在金融活動的實況中，要明確劃分和把握這三種類型是很困難的。但是，本地地主和商人的高利貸農村金融活動，一定會隨著日本殖民統治（即經營）的擴大，而出現逐步縮小的過程，我們可以把這個過程歸屬到這三種類型來分析。

2.第一種類型：外銷商品作物中的高利貸金融活動

(1)茶業金融

首先分析第一種類型，即以外銷商品作物的交易系統爲背景的高利貸農村金融活動。筆者把它歸屬到茶、糖、大米等三大不同商品中去分析。不過，在歷史上，茶業金融幾乎全部是在廈門形成的。即通過在廈門的外國銀行，尤其是通過香港上海銀行貸款給媽振館⑤，又經過茶館，由茶販借給茶作農。本地人的商人地主在日本佔領台灣前後，設立了兌換店代替媽振館，也經營類似外匯事業的高利貸款業務⑥。因爲日本的經濟勢出現在茶業金融上，是一九〇五年以後，即在金券流通勉强充足之後。也就是說，台灣銀行於一九〇五年開始購買歐美外匯，對本地人兌換商的三日付票據允許延長爲七日或十四日付⑦。此外，以一九一〇年開設台灣與南洋之間直通航線爲契機，台灣銀行開始把手伸到面向南洋的茶匯兌業務上，開始提供以船貨證券作擔保的長期低利息資金。這樣，茶葉外銷金融被台灣銀行壟斷了。烏龍茶是一九〇五～一九〇六年；包種茶是一九一〇～一九一一年期間被壟斷的。現在將台灣銀行的茶業貸款規模與茶葉外銷作個比較，如第221表所示。從第221表上可以清楚地看到：台灣銀行從一九一〇年左

第 221 表　台灣銀行對茶葉業貸款規模與其比率

（1,000圓，%）

年別	台灣銀行貸款①	其中押匯匯票	茶葉業外銷額②	台灣銀行的比率①/②
1905	2,620	4	6,349	41.27
1910	5,229	196	6,426	81.37
1915	8,780	4,883	8,209	106.96
1919	11,122	5,088	8,511	130.68
1925	6,123	2,581	11,711	52.28
1929	13,085	5,427	9,518	137.48
1935	3,199	847	9,367	34.15
1937	6,556	2,716	12,851	51.02

注：台銀押匯匯票中，1914年以後包括買入外匯在內。
資料來源：「台灣銀行二十年誌」，上揭書第292～293頁，「台灣銀行四十年誌」第188～189頁，台灣銀行「日據時代台灣經濟史」（第1冊），1958年，台北，第140～141頁。

右開始，貸款規模超過茶葉外銷金額⑧。

另一方面，台灣銀行另外通過產業組合，也對茶園茶農或粗茶業者貸款。即如後文所述，根據律令（日本法令）第二號，於一九一三年一月發布了台灣產業組合規則。從此，在茶園茶農和粗茶業者之間開設事業信用農會。根據第一次公布的資料看，一九三三年二月僅新竹州就有七十二個茶業農會⑨。以台灣銀行為首的現代金融機關，當然是想通過農會對茶農進行安全的貸款。但是，這一貸款規模不清楚。然而，可以說，用這種方式向茶農提供資金，只是借給經濟收入達中等水平以上的茶農⑩。從這一點看，向茶園茶農提供資金的現代金融機關的融資能力，自然有其局限性。因為底層茶作農家沒有相應貸款的擔保資產。

此外，對於茶業金融還必須分析一下台灣總督府所採取的措施。最早，台灣總督府所採取的措施並不是以茶業金融本身為對象的，而是為達到維持和擴大外銷銷路，使島內交易過程合理化之目的的對策。即一九二〇～一九二一年由於杜絕出口，造成茶業十分蕭條。由於儲藏設備不夠，出現了很多茶葉發霉的問題，對確保台灣茶葉外銷銷路帶來了很大的障礙。因此，台灣總督府管制了茶業的發展。一九二三年六月不僅發布了台灣茶葉檢查規則，還設置了以茶業組合或公司為組合成員的自由組合，即台灣茶共同販賣所⑪。總督府企圖通過販賣所排擠掉從山方生產地到中央市場的過去所有

第222表　共同販賣所營業額佔粗茶產量之比率（1923～29年）

（1,000斤，%）

年別	粗茶生產量 (A)	共同販賣所的營業額 (B)	營業額的比率 (B)／(A)
1923	21,264	140	0.66
1924	20,627	395	1.91
1925	20,094	601	3.00
1926	19,895	1,112	5.58
1927	19,317	1,812	9.37
1928	18,343	2,013	10.97
1929	18,340	2,762	15.06

資料來源：根據台灣總督府殖產局「台灣茶葉」，1930年，第7～8頁。

第15圖　台灣茶葉交易系統

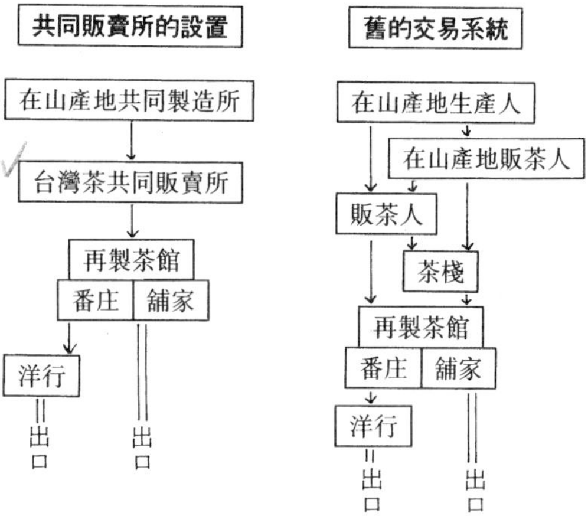

注：茶棧：茶販宿棧、倉庫、仲介業。
番庄：小規模烏龍茶再製茶館。
舖家：大規模包種茶再製出口茶館。
資料來源：台灣總督府殖產局「台灣茶葉業一班」，1929年，第77～79頁。

的交易經紀商⑫。如第15圖所示，共同販賣所不需要茶棧以下的交易途徑，由茶園生產者的製造所來進行委託銷售，使其與中央市場有密切的關係。這一共同販賣所一九三七年度有組合成員二〇〇人，到同年度末負擔借款四二四，〇〇〇日圓。在產業組合中，它本來就是受惠於資金融通的組合之一⑬。並且，自從開始營業以來，共同販賣所的營業額穩定增加，一九二九年佔粗茶產量的六分之一（第222表）。

如上所分析，在茶葉外銷交易的過程中，以台灣銀行爲首的現代金融機關和置於總督府統治之下的共同販賣所抬頭，並不斷地滲透到舊的茶業金融系統中去。尤其是通過外貿貸款的製茶金融處在日本勢力之下⑭。反過來說，

第 223 表　粗茶生產狀況累計年表　（1900～1942年）

年別	栽培面積		粗茶產量			粗茶生產額		每1,000斤價格	
	實數（甲）	指數	實數（1,000斤）	指數	每甲產量(斤)	金額（1,000圓）	指數*	價格（圓）	指數
1900	27,435	100	17,348	100	632	−	−	−	−
1905	32,899	120	22,232	128	676	−	−	−	−
1910	33,582	122	22,943	132	683	3,837	222	167.30	100
1915	38,770	141	25,432	147	695	5,313	308	208.90	125
1917	46,551	170	28,608	165	643	5,516	320	192.81	115
1920	38,979	142	15,066	87	407	3,171	184	243.10	145
1925	47,675	174	20,094	116	452	7,243	420	210.50	126
1931	45,949	167	16,038	92	349	3,229	187	360.40	215
1935	46,109	168	17,803	103	386	6,377	370	201.30	120
1939	46,188	168	23,383	135	506	15,325	888	358.20	214
1942	44,166	161	19,309	111	459	17,360	101	653.80	391

*以1906年產值1,725千圓爲100來計算的

資料來源：1990～1925年期間是根據「台灣茶業統計」，1927年，第2頁；1931～39年期間是根據「台灣農會」（台灣農會刊行），1941年，第74～75頁；1942年是根據「台灣統治概要」（大藏省管理局），1946年，第332頁來製作的。

這種形勢意味著本地地主和商人的舊勢力不得已被迫撤退了。但是，如上所述，就台灣銀行和共同販賣所所代表的日本新經濟勢力來說，在茶業金融方面也有很大的局限。也就是說，因爲信用組合和共同販賣所對茶業的融資，是以有關信用組合與共同販賣所組織的、有一定面積以上的既成茶園條件爲基礎而開展的⑮，所以，這種融資對於底層的零星茶農來說，幾乎無緣。因此必須看到：對於這些底層的零星茶農來說，即使信用組合和共同販賣所成立以後，舊的商人地主的高利貸金融活動仍然存在⑯。

但是，從面向茶農的商人地主高利貸金融活動在粗茶生產規模上出現撤退傾向看，可以說其活動基礎也在不斷縮小。如第223表所示，二〇年代中期開始，茶的栽培面積沒有增加。確切地說，其產量在一九一七年達到頂峯，以後出現減少傾向。這與茶園老化引起單位面積的產量減少有關。但與其他的商品作物相比較，粗茶業的收益性相對在不斷惡化⑰。事實上，如該表所示，粗茶價格有很大變動。二〇年代中期和三〇年代後半期，

粗茶價格大幅上漲。但是，這是因爲茶農戶數減少。也就是說，一九一九年有茶農二四，一八〇戶，而一九二五年減少到二〇，七八七戶，減少了二〇％。一九二九年維持原有的水平，但是，一九三九年又進一步減少到一四，二七四戶，迅速減少了三〇％以上⑱。從茶農如此不斷迅速地減少的情況看，可以說，以茶農爲對象的高利貸金融活動的餘地自然也在不斷縮小。尤其是一九二八年三井財閥資本開始參與茶園經營，更進一步衝擊歷來由商人地主支配茶農的狀態。從這一方面也可以看到商人地主支配基礎在縮小，總之，這個問題很值得注意⑲。

(2) 糖業金融

下文主要分析一下糖業金融。原來，在日本人佔領台灣前後，糖業金融是由如陳中和、王雪農等人，即南部台灣屈指的糖商——地主商人爲本地金融活動中心，開展各種貸款活動的⑳。在砂糖交易系統的主要承擔者糖行與糖廍之間，交易時，採取後糖（即預付款購買）和賑糖（即按預貸款領取的砂糖）的方法來開展金融活動。可以說，這是權估主義的高利貸金融，即蔗作農向製糖業者〔即糖廍（頭家廍）〕或砂糖批發店（即糖行）預借資本，等甘蔗（原料）成熟後，再把甘蔗交給債主扣除預借款。這樣，收成的甘蔗必需交給債主㉑。在這種商品作物的交易行爲下的農村糖業金融活動，在日本糖業資本（即現代製糖公司）參與和稱霸的過程中，自然不得不大步撤退。

這是因爲台灣糖業的日本資本初期壟斷（即本地資本被驅逐，一九〇九～一九一六年）㉒，使舊的糖業本地勢力根本無法收購到甘蔗的緣故。由於作爲還債擔保對象的甘蔗作物必須直接交給按「原料採取區域制」㉓的區域內壟斷的日本糖業資本，所以權估主義的高利貸金融，幾乎完全失去了活動的基礎。事實上，如台南州北港郡所看到的那樣㉔，隨交易行爲而出現的地主蔗作金融是受蔗作地主的牽制的。另外，對蔗作小農的貸款條件也達到了現代製糖公司的同一水準。從這一點上看，可以說糖業金融的農村高利貸活動較之茶業金融，撤退得更快、更徹底。

本來，台灣的日本資本稱霸的意思並不是要使本地地主勢力無法開展以甘蔗交易作爲背景的金融活動。但是，

日本糖業資本爲了奪取原料（即甘蔗），一九一二年開始採取了重要手段，積極地利用耕種資金、肥料費、蔗苗費等蔗作預付貸款辨法，使地主的農村高利貸金融活動受到了一定的影響。總之，現代製糖公司爲了吸引一般農民從事蔗作，在農民最需要資金的季節提供預借款，尤其是提供耕種資金（包括佃耕貸款）。也就是說，耕種資金貸款每年分兩次進行，第一次在農歷正月前；第二次在中元節前後（即農曆七月左右）㉕。自然，前者是爲了趕上農歷正月的祭典消費，但後者即第二次耕種資金貸款是在第一季稻子收割期和第二季水稻種植交界的時候。抓住這時期農民陷於繳納地租和第二季水稻種植費用以及舊習慣的中元節費用等困境的農家經濟弱點，而進行貸款的。因此，農村高利貸金融活動多少都受到現代製糖公司參與的預借制度的影響。

但是，蔗作金融中的現代製糖公司的預借制度，並沒有把舊的農村高利貸金融勢力徹底驅逐掉。其原因有以下幾點：第一，因爲製糖公司把預借款提供給地主—佃耕關係的蔗農時（這一情況很重要），並不是要排除地主而直接借給佃耕人。耕種者名義是地主時，預借款首先是對地主而進行的，如果地主不需要貸款，才借給佃耕人㉖。第二，因爲製糖公司的預借款始終是作爲獲得原料的手段，並不是要有力地改善農家經濟的，這一點很重要。對於蔗作農家經濟本文無法作詳細的分析㉗，但可從預借款的規模變化（第224表）有所了解。在開始耕種蓬來米的二〇年代中期，預借款達到了巨額化。三〇年代初，由於稻作不景氣，預借款有所縮小。一九二八年～一九二九年借款達到頂峯，達一，八七九・二萬日圓記錄，以後出現減少的傾向。第三，因爲這些預借款受到蔗作條件的限制，所以主要集中在台南州一帶。根據第一次開展的台灣農業金融調查，如第225表所示，來自包括舊式糖廍在內的製糖公司的貸款，只佔作爲調查對象的全島農家負債總額的六・七一％，可以說台南州最高，但只有十一・七％。根據第二次一九四〇年的調查，從第5表中可以看到，包括地主在內，製糖公司的貸款擴大到台中州和高雄州。但儘管如此，台南州只達二〇％。台北州和新竹州較之台南州以及台中州和高雄州，製糖公司的貸款勢力尚影響不及。

第 224 表　現代製糖會社的預借款貸出金額（1920～34年）　（1,000圓）

年　期	合計	耕種資金	肥料費	蔗苗費	其他
1920/21	8,458	3,867	4,137	455	－
1921/22	11,207	5,586	5,190	431	－
1922/23	9,342	4,453	4,425	464	－
1923/24	9,706	4,390	4,948	367	－
1924/25	13,307	5,884	6,797	626	－
1925/26	15,974	5,749	8,894	786	545
1926/27	13,467	4,679	7,122	1,409	257
1927/28	16,294	5,941	8,618	1,450	285
1928/29	18,792	6,947	10,067	1,479	299
1929/30	17,551	6,540	9,675	1,048	288
1930/31	14,524	6,182	7,268	785	290
1931/32	13,814	6,700	5,632	1,069	413
1932/33	6,602	2,750	3,112	413	328
1933/34	7,547	3,251	3,609	417	270

資料來源：「台灣糖業統計」，第24期，1936年，第72頁。

第 225 表　製糖會社*貸款佔農家負債的比率

州別	1933 年 調 查			1940 年 調 查**		
	負債戶數(戶)	負債金額(1,000圓)	佔本州農家負債的比率 %	負債戶數(戶)	負債金額(1,000圓)	佔本州農家負債的比率 %
台北州	4,127	39	2.13	904	11	2.07
新竹州	4,747	6	0.24	841	16	3.47
台中州	8,349	200	5.75	1,747	109	11.67
台南州	9,383	441	11.70	1,419	294	20.76
高雄州	7,831	120	3.83	1,084	76	13.96
全　島	37,543	1,035	6.71	5,995	506	13.09

*包括舊式糖廍。**包括地主負債戶數272戶。

資料來源：台灣總督府殖產局「農業金融調查」，農業基本調查書，第33，1935年，第4～5頁；同一資料，第43，1941年，第4～5頁。

以上大致是將糖業金融的地主勢力之撤退歸屬於日本糖業資本參與農村所致。概括起來說，本地地主農村高利貸金融勢力在台灣糖業日本資本的稱霸下，不得不從通過以交易行爲爲背景的金融活動中完全撤手。但是，這種做法決不意味著要全面地停止本地地主農村高利貸活動。如上所述，因爲日本壟斷資本（即現代製糖公司）也有很大的局限。

(3) 稻作金融

要把握以外銷商品作物的交易系統爲背景的農村高利貸金融勢力的變化，最後還想簡單地分析一下稻作金融。不過，稻作商品與上述的砂糖、茶兩大商品有些不一樣。它並不是面向外銷的商品，而是具有濃厚的島內市場商品性質的商品㉘。並且，交易系統的本地勢力也因此而形成了堅固的基礎。也就是說，面向稻作農家的稻作金融，主要是靠碾米業者的土壟間㉙來展開的。土壟間爲了收購稻穀，通過貸款的方式使稻作農和自己結合起來，並使借貸農家受其支配。另一方面，爲了收購到稻穀，土壟間一旦經營預借業務，爲不使預借農家經濟破滅，也必須經營耕作資金貸款業務。從這一點上，可以說土壟間是中小農民的簡易農村金融機關。對土壟間本身，可以理解爲由高利貸農村金融業者形成的㉚。它是做爲兼有碾米業者和經紀業者的，可以說是三位一體的存在而形成的。從歷史上看，其性質極其複雜。在此，以出口貿易系統爲背景的一點上，我們認爲本地地主的稻作金融，是以土壟間來代表的。

以土壟間碾糙米產量佔大米產量的比率，分析一下本地地主稻作勢力。如第226表所示，本地地主的勢力在二〇年代中期顯著擴大，一九三五年達到頂峯，以後出現縮小的傾向。即到一九二〇年以前，土壟間碾米最多也不過是大米產量的三分之一，但從一九二五年開始，碾米量超過了其產量的一半，一九三五年達八〇％。當然，這並不一定說農家銷售的所產大米全部直接由土壟間交易。根據一九三三年的調查，台北州爲最多，達七五％，台南州爲最

第 226 表　土壟間礱米發展的各個指標　（1914～1937年）

年別	礱米戶數	職工人數	礱糙米量	收成量	佔收成量的比率
	（戶）	（人）	（千石）	（千石）	（%）
1914	610	2,268	778	4,531	17.17
1916	637	2,371	1,070	4,987	21.46
1918	737	2,928	1,442	4,792	30.09
1920	828	3,068	1,635	4,890	33.44
1922	743	2,860	1,618	5,202	31.10
1924	845	2,979	2,548	5,246	48.57
1926	878	3,164	3,381	6,101	55.42
1928	1,136	3,674	3,816	6,841	55.78
1930	1,588	3,917	3,974	7,111	55.89
1931	1,656	4,052	4,856	7,516	64.61
1932	1,656	3,927	5,358	8,073	66.37
1933	1,612	3,918	6,136	8,666	70.81
1934	1,557	4,066	6,742	8,934	75.46
1935	1,700	4,435	7,114	8,906	79.88
1936	1,060	3,206	5,473	9,532	57.42
1937	1,108	3,533	5,283	9,231	57.23

注：1934年以後是以糙米1石＝143公斤的換算率來計算的。另外，收成量是以上一年第二季收成量加上當年第一季收成量來計算的。

資料來源：「台灣工商統計」，1924年，第73頁；同一資料，1933年，第50～51頁；同一資料，1937年，第54頁。

少，僅有六一%㉛。但是，這些數字都充分說明，台灣的任何地方都是由土壟間碾米的。因此，稻作農家直接或間接地置於土壟間的交易系統之下。可見，由於二〇年代中期蓬萊米的引進和其生產迅速普及，土壟間才獲得擴大活動規模的機會。

土壟間在農村向農家收購稻穀時，其交易信條有以下四種㉜，即現物買賣，寄倉買賣，結價買賣和依時買賣。高利貸金融活動主要是以結價買賣方式來體現的。總而言之，結價買賣是長期期貨交易，是一種青田買賣。這種交易是在比較貧困的村落裡進行的㉝。土壟間在農家插秧後不久，估計收穫時的行市，與農家達成交易契約。這種情況下，農家爲了多獲得預借款，期貨稻穀價都比較低地被評估了。因此，農家越貧困，銷售交易就一定越不利。另外，台灣零星經營的農家很多，大

第 227 表　土壟間的組織規模*　（1932年）

資本規模別	股份公司	合資公司	個人經營	共同經營	組合經營	計	構成比(%)
1～未滿 5 千圓	1	9	63	2	1	76	8.65
5 千～未滿 1 萬圓	2	27	178	16	3	226	25.71
1 萬～未滿 2 萬圓	1	56	222	34	7	320	36.41
2 萬～未滿 3 萬圓	1	24	81	8	7	121	13.77
3 萬～未滿 4 萬圓	1	9	59	8	15	92	10.47
5 萬～未滿 10 萬圓	0	2	16	2	15	35	3.98
10萬～未滿100萬圓	3	1	1	0	4	9	1.01
計	9	128	620	70**	52	879	100.00
%	1.02	14.56	70.53	7.97	5.92	100.00	100.00

資料來源：前揭書，根岸「南方農業問題」第72頁。
*只限於外銷經營者，農業倉庫也包括在內。
**除4家資本額不明的經營者。

約有四五％乃至五〇％的農家是耕地面積在一甲以下的零細經營者㉞。因此，土壟間有大力開展青田買賣的金融活動之餘地㉟。

土壟間之所以能夠繼續存在，首先是因爲日本資本無法徹底消滅本地地主制。土壟間與本地地主制結合，繼續保存下來。第二，是因爲日本資本（即出口業者）通過土壟間公開享有日本內地市場經濟的優越性㊱。所以，可以說土壟間以後也還繼續發展，並不滿足於現狀。一九二四年總督府開始發佈和施行直接管理島內米穀交易的「台灣正米市場規則」㊲。由於台灣正米市場要取代本地向來的交易習慣爲時過早，因此，開業後不久只好停業了。但是，一九二七年六月又再次開業，第二年（一九二八年）的交易達一，〇〇〇萬袋的記錄，一時佔居「買入市場的中樞地位」㊳。另一方面，從土壟間的資本規模和經營形態來看，資本規模在二萬日圓以下的佔總數的七〇％。同樣，經營形態爲個人經營的超過七〇％（第227表），也沒有出現很大的發展現象。由於零星經營佔絕大部分，因此，「這是單方面地利用本地人特有的臨機應變的經營方式獲取了零細的遺利的便宜。或者如根岸氏說的那樣㊴，更爲重要

的是通過景氣變化和根據需求關係，自由、輕易地考慮其經營規模的擴大與縮小、以及如何轉換，使其擁有牢固的基礎」的理論不能成立。這個問題要從日本殖民地統治上作根本的探討。因爲日本殖民地統治（即外銷過程中的日本資本壟斷支配）使土壟間根本無法開展自身的資本積累。一九二七年本地最有實力的土壟間瑞泰合資公司和泉和組破產，日本資本乘此機會確立了大米外銷交易的壟斷支配地位。正好有力地說明了這一問題㊵。

在對日輸出過程中，隨著日本資本確立了壟斷的支配地位，土壟間的發展自然出現了侷限。反過來說，這個問題意味著：在以米穀交易爲內容的土壟間的農村金融活動中，自然也有局限。但是，農村的土壟間勢力並不因此而大大地衰退。總之，土壟間一方面受到日本外銷商壟斷購買的統治；另一方面，也可以獲得日本大銀行機關提供的金融，可以把這一金融作爲從事農村金融業務的資金㊶。土壟間遭到挑戰是在三〇年代中期以後。因爲這時期產業組合的農業倉庫很發達，總督府又加强米穀檢查事業，並且還實施一連串的米穀統制政策。始於二〇年代的農業倉庫的各種活動，三〇年代後改由產業組合經營後，更爲活躍。三〇年代後半期，其經營佔外銷米檢查數量的二三%㊷。從這一點上看，土壟間的活動餘地縮小了很多。另一方面，由於修改了一九三一年開始實施的米穀檢查，一九三五年開始實施米穀商標和加强等級細分化的檢查，土壟間要經營外銷米就更困難了。尤其是一九三九年十一月台灣米穀外銷管理令，更進一步削減了土壟間的利益。一九四一年十二月發布的台灣米穀應急措施令，可以說是一種强制配給制度。在這一點上，是要在交易的過程中全面限制土壟間的活動。自然，這種國家統制的强化，隨著戰爭的進展更加徹底化了，終於使土壟間成爲一個空架子。另外，還應該指出：農村的土壟間高利貸金融活動因此而陷入窒息的狀態。總而言之，較之茶業金融和蔗作金融，若說本地勢力最强大的稻作金融，也由於國家權力的全面介入，地主高利貸金融活動在三〇年代中期以後，迅速衰退下去，實不爲過。

以上是爲了理解以外銷商品作物的交易系統作爲背景的農村高利貸金融勢力的變化，舉出茶作金融、蔗作金

第 228 表　不同借款處（舊的商業組織）的台灣農家負債結構

（1933年11月15日）　　（1,000圓，%）

項　目	雜貨商	肥料商	甘藷乾經紀人	豬經紀業者	計
總額	452	115	1	66	634
佔農家負債總額的比率	2.93	0.74	0.01	0.43	4.11
自耕農（8,632戶）	118	21	0.2	13	139.2
自耕兼佃耕（9,825戶）	136	45	0.5	20	183.5
佃農（14,363戶）	197	48	0.3	33	278.3

資料來源：「農業金融調查」（農業基本調查書，第33。）
上揭書，第5，83，117，151頁。

融、稻作金融三者爲例加以説明。通過對上述三者的分析，可以得出一個結論：無論哪一種舊的農村高利貸金融勢力，遲早都會受到日本殖民地經營（統治）的影響而撤退。特別值得注意的是，稻作金融的土壟間勢力佔地主高利貸金融活動的很大部分，但三〇年代中期以後卻明顯撤退了。這一點很值得注意，因爲從某種意義上説，這反映出本地人的經濟勢力長期堅守的稻作農村社會舊基礎，由於受到日本殖民地的經營（即統治）影響，經過長達四十年之久的變化，開始動搖了。

3.第二種類型：舊的商業組織之高利貸金融活動

要把握高利貸農村金融活動的變化，其次分析一下第二種類型，即以舊的商業組織爲背景的部分。但是，我們很難把握住這種金融活動，甚至連概括其貌都有困難。一般來説，舊的商業組織滲透到農家經濟，是採取兩種方式的。第一，通過銷售農業用品和日用品；第二，通過購買商品作物。前者主要是銷售化肥和日用雜貨；後者主要是收購加工農產品（主要有蕃薯乾、花生、麻）和家禽類（豬等）。對農家來説，買這些商品都需要現金，並且，這些是能夠現金化的商品。從農家負債結構情況看，如第228表所示，一九三三年農家負債總額的四・一一%來自這些舊的商業組織。這一比重決不爲高，但該表可以證明與農村有關高利貸金融活動之存在。另外，從該表還可以看到以下幾點：第一，雜貨商的金融勢力較之肥

料商、豬經紀業者以及蕃薯乾經紀業者佔很重要的地位。第二，其金融活動主要是以佃農以及自耕兼佃耕農爲對象的。這說明雜貨商中有商人地主參與㊸。爲什麼呢？因爲可以認爲對自我信用很差的佃農以及自耕兼佃耕農要認可信用交易，只有生產關係上與他們本來就有很大利害關係的商人地主是最合適的。地主爲了繼續掠奪自己的佃農或自耕農的地租，多少要關心他們的日常生活。

然而，這種以舊的商業組織爲背景的農村金融勢力，與上述其他勢力一樣，無法逃脫撤退的命運。即其比重從一九三三年的四・一一%下降到一九四〇年的一・六七%，下降幅度很大（請參看後文第17表）。對於第二種類型的農村金融活動的低落傾向，可以指出以下幾個原因，這是很重要的。第一，如下文所分析，在總督府的政策下，進入三〇年代後，農村信用組合迅速普及化了，有力地破壞了舊的商業組織。第二，由於戰時統制經濟的加强，舊的商業組織的活動餘地受到很大的限制。尤其是設立了各種配給統制團體和機關，給予舊有的商業組織以決定性的打擊㊹。第三，是日本殖民地經營的結果。日本經濟勢力對台灣農村經濟也佈滿了滲透網，設立香蕉交易的青果同業公會是最明顯的例子。即從一九二一年開始，總督府在主要的產地設置了有關的公會，後來從同一農會中排除舊的外銷經紀商人勢力㊺。另一方面，一九二四年設立了以日本人爲中心的台灣青果股份公司，由同業公會一手掌握銷售權㊻。

總之，以舊的商業組織爲背景的農村金融勢力，由於有關的商業組織本身受到日本殖民地經營（即統治）的干涉，而被壓縮和破壞了，其數量也大大地減少了。這是事實。最後，我們要論及第三種類型的農村金融活動。

4. 第三種類型：傳統庄堡社會中的農村高利貸金融活動

第三種類型的農村金融活動是以舊傳統的社會共同體關係和地主——佃農階級關係爲背景的。這種金融活動只要與其背景有關的關係還沒有徹底崩潰，就不會滅亡。如上文所分析，日本殖民地經營（即統治）與本地地主制之

第229表　地主和個人貸款業者佔農家負債的比率（1933年11月15日）

（戶，1,000圓，％）

構成別			台北州	新竹州	台中州	台南州	高雄州	全島
總數	總負債	戶數	3,724	4,098	7,667	8,092	6,862	32,820
		金額	1,037	1,458	1,821	1,733	1,461	8,027
		佔有率	66.90	58.96	52.33	45.93	46.50	52.08
	固定負債	戶數	3,084	2,982	5,686	6,335	4,834	24,165
		金額	1,000	922	1,469	1,404	1,148	6,173
		佔有率	76.43	74.43	67.21	69.41	65.54	69.28
自耕農	總負債	戶數	900	837	1,762	2,931	1,139	8,632
		金額	330	554	512	625	237	2,391
		佔有率	68.04	51.30	46.42	41.17	29.01	45.67
	固定負債	戶數	677	568	1,291	2,270	773	6,021
		金額	248	270	414	535	181	1,735
		佔有率	76.07	80.84	62.63	68.59	45.82	65.82
自耕兼佃耕	總負債	戶數	1,171	785	2,234	2,883	2,235	9,825
		金額	542	355	683	689	518	2,860
		佔有率	64.52	53.71	50.04	42.64	40.44	48.57
	固定負債	戶數	677	568	1,291	2,270	773	6,021
		金額	444	231	557	535	395	2,216
		佔有率	76.42	84.31	66.71	66.54	54.63	67.27
佃耕	總負債	戶數	1,653	2,476	3,671	2,278	3,488	14,363
		金額	364	548	625	418	606	2,777
		佔有率	69.47	74.97	61.82	65.41	57.93	64.73
	固定負債	戶數	1,441	1,886	2,748	1,841	2,534	11,010
		金額	307	421	497	334	571	2,221
		佔有率	77.33	87.16	72.13	76.08	74.45	74.56

資料來源：「農業金融調查」（農業基本調查書第33），前揭書，第2～5，82～83，116～117，150～151頁。

間相互溫存，並以庄堡組織為基礎，利用保甲制度㊼。在這一點上，吾人可見有關的共同體關係和階級關係，在順應日本殖民地統治上，獲得了在台灣農村社會根深蒂固的、繼續保存下去的條件。並且，地主高利貸農村金融活動也因此而受惠，滲透到農村各個角落。從這一意義看，這一種農村金融活動是依靠地主勢力的，也

是農村金融活動中最具備堅固基礎的一種。這一動向很值得注意。

事實上，迨日本在台殖民地經營（即統治）近四十年的一九三三年，以地主爲中心的個人貸款業者在農村社會的勢力還很强大。如第229表所示，作爲調查對象的三七，五四三戶農家中，負債總額達一五，四〇〇萬日圓。其中農家的八七%即三二，八二〇戶，和佔負債總額五二%的八〇〇萬日圓，是屬於以地主爲中心的個人貸款業者的金融活動爲對象的。另外，有關這種金融活動，從該表中可以指出以下幾點：第一，這種金融活動在農家固定負債中打下了很深的基礎。其金融比重佔負債總額的五二%，相反，佔固定負債總額的比例卻近達七〇%。這明顯地反映出：這種高利貸金融持續吸附在農家以及自耕兼佃耕農中，仍然保持著堅固的基礎。無論是農家負債總額，還是固定負債，其所佔金融地位，是以佃耕農、自耕兼佃耕農和自耕農的順序維持著的。即在負債總額上爲六四・七三%、四八・七五%、四五・六七%，並且在固定負債上爲七四・五六%、六七・二七%、六五・八二%。尤其是在佃耕農家的固定負債中，這種金融活動大約佔了四分之三。這一點很值得注意。第三，從地域分布情況看，北部地區比南部地區佔更高的比例。特別是在新竹州，無論哪一個階層，這種金融活動都佔固定負債的八〇%以上。另外，南部以及北部地區的有關金融勢力的差距，較之佃耕農，自耕兼佃耕以及自耕農中顯得更爲明顯。本地金融分布有如此之大的不同，這與日本勸業銀行之類的日本新金融勢力集中在台灣南部以及北部，並把自耕農和自耕兼佃耕農作爲投資對象有關。

但是，就第三種類型的高利貸農村金融活動看，隨著持續多年的日本殖民地經營（既統治）的擴大，本地勢力終究被迫要走上衰退的道路。對於這一點，我們應該從日本殖民地經營（即統治）的發展和加强方面來分析。但是，本文暫且從農村信用組合（合作社）發展的方面來加以分析㊾。

二、農村信用組合與高利貸金融活動

1.農村信用組合的發展

台灣的農村信用組合成立於一九一三年，即第一次世界大戰開始的前一年。它是以公佈台灣產業組合規則（律令第二號）爲契機，在「當局狂熱的指導獎勵」[50]下成立的。以該組合規則看，除了有關產業組合聯合會以及產業組合中央會的規定外，還採用了日本内地產業工法（第一條）。但有以下幾點不同[51]。第一，主管大臣是台灣總督，地方長官相當於廳長。第二，組合社員投資人數超過十人（後改爲三十人）時，必須獲得台灣總督（後改爲知事或廳長，下同）的認可。第三，組合的理事和監事的選任和罷免，要獲得台灣總督的認可。第四，組合會員的表決數是根據巨額出資來決定的，必須要有台灣總督的認可。此外，按該組合施行細則決定分配率的界限[52]。從上述幾點看，台灣的農村信用組合（市街信用組合也不例外）在人事方面和資金運用方面，都不得不處在總督府的强行指導下。較之日本國内的農村信用組合，可以說台灣的農村信用組合更帶有明顯的國家官僚組織體的性質。

再者，農村信用組合不外是作爲一個統治者日本國家農業政策下承包集體的產物而已。以日本資本主義發展史來看，一八九〇年左右進入產業資本階段，積極實施扶持產業政策的農業政策。一八九六年制定的勸業銀行法以及農業銀行法，便是其具體反映之一。在這一背景下，有必要提高農業生產力，加强農家有關的扶持產業政策的負擔能力。即在高價工業品、重地租、消費税（如酒税）、以及巨額的軍事費用等農村負擔中，要達到推行扶持產業政策之目的，日本政府就必須提高農業生產力。作爲其政策的一環，在農業金融方面形成農村信用組合組織，通過這一組織，從農村趕走殘酷壓迫中小農業的農村高利貸資本[53]。一九〇〇年制定的日本產業組合法便是其產物之一。此外，在第一次世界大戰前的初期階段，日本產業組合活動是以信用事業爲主，從事銷售和購買事業。可以說，這

也是以扶持產業爲本位的日本農業增產政策的反映。

如上所述，不僅台灣產業組合是按日本内地產業組合法來制定的，而且台灣農村信用組合也完全是官辦的。再則，從組合人事並不是像日本内地那樣經由公開選舉，而是當局派任產生的方面看，可以說，台灣的組合也是殖民地組合。這個問題還有兩點很重要，第一，台灣的農業信用組合不僅僅是作爲下級金融機關，而且是作爲政府教育活動的一環組織起來的。一九二三年七月，總督府明顯地普及了產業組合，設立了官僚機關的台灣產業組合協會⑭。組合不僅設立獎勵、斡旋，業務指導，還開辦社會教育的講習會。或者派遣組合有關人員到日本内地講習會去，開展表彰優秀組合和有功勞者等各種活動，使台灣信用組合更明顯地具有官辦的殖民地組織的性質。第二，從其他方面看，台灣農村信用組合成爲日本資本主義再生產結構的一環。這一點可從台灣產業組合的組織與活動是根據日本資本主義發展階段而運用的事實上看得很清楚。日本資本主義在日俄戰爭（一九〇四～一九〇五年）結束後，由於在帝國主義階段所特有的農業問題的暴發和長期農業恐慌，導致農業問題激化，不得不從過去具有產業扶持政策性的保護農業政策，轉向具有社會政策性的農業保護政策。也就是説，日本農業政策的中心，不得不從過去只考慮增產政策轉向價格政策。因爲只要農產品價格還處在長期低迷的狀態，只有生產增長並不一定會與提高農業收益直接結合起來，反而增進農村的貧困化。日本農業的轉換，是在第一次大戰結束後明顯地反映出來，農業政策下的各承包團體，也不得不順應其變化⑮。台灣產業組合把日本農業政策的轉換作爲主流，如後文所述，以向來的信用事業爲中心的產業組合也在銷售和購買事業上擴大其活動範圍，使其機能從信用組合擴大到信用兼營組合。此外，一九一七年又制定了市街地信用組合制度，一九二四年十二月依修正事務分掌規定，除市街地信用組合外，其他產業組合全部改爲置予殖產（發展生產）局的管轄之下⑯。並且，政府以及台灣銀行對信用組合的貸款，從一九一八年開始顯得很積極，一九三一以後，作爲殖民地大米統制政策的一環而開始經營⑰。這一動向反映出：台灣農

村信用組合（包括兼營信用的組合的農會在內，下同）始終是官辦殖民地的性質的東西。因此，顯示了其根本上是以日本農業政策的變化，以及在它的基礎上存在的、做爲日本資本主義發展過程與再生產構造之一環而發揮其機能這樣一個事實㊽。

在明確指出這種農村信用組合的性質與其所處的地位的基礎上，下面根據統計資料，概觀一下農村信用組合的發展過程：從第230表看，台灣農村信用組合是在第一次大戰中和第一次大戰後不久的一九一六～一九一九年期間迅速發展起來的。即這期間組合有一二九個，組合會員爲六二，〇〇〇人，投資額爲五一〇萬圓，存款額爲五〇〇萬圓，運轉資金爲一，二五〇萬圓，貸款額爲一，二一〇萬圓，均有增加。與一九一五年的規模相比較，增加了三至十四倍。第二次增加是在二〇年代後半期，儘管這時期組合和組合會員人數都持續增加，但這時期的特點是，借款和貸款迅速增加。即借款從一九二七年的一九〇萬圓增加到一九二九年的五二〇萬圓，兩年增加了近三倍。貸款從一九二五年的二，二二〇萬圓增加到一九二九年的三，九九〇萬圓，增加了近一倍。也就是說，這時期農村信用組合積極參與金融事業，在後來所面臨世界性經濟極度不景氣中，能夠鞏固、擴大勢力的基礎。第三次增加是在三〇年代中期以後。自然，這時期組合會員和金融事業都進一步擴大了，並且在銷售事業和購買事業上也擴大了勢力。這一點很值得注意。即在一九三六年至一九三九年期間，組合會員從一七三，〇〇〇萬人增加到四七五，〇〇〇人，運轉資金從七，二二〇萬圓增加到一，六五六，〇〇〇萬圓。此外貸款也達到九，五四〇萬圓，銷售額及購買品售出額也從過去的幾百萬圓和幾十萬圓分別增加到三，三四〇萬圓，二，四〇〇萬圓。運轉資金的擴大除了一九三九年農作物豐收的因素外，還有通過作爲動員民間資金之一環的收購黃金運動的作用，使六，七〇〇萬圓的通貨從農村回流㊾。另外，有關銷售額的增加問題，如上所述，應該注意進入三〇年代後，產業組合開始兼營農業倉庫的問題。因此，應該看到：在上述的農村信用組合發展過程中，充分地體現出日本國家政策。

第 230 表　農村信用以及兼營信用組合的周轉資金和事業規模

（1913～1939年）

年別	組合總數①	組合會員人數（人）	投資總額(1,000圓)	借款(1,000圓)	存款(1,000圓)	運轉資金合計②(1,000圓)	貸款(1,000圓)	銷售額(1,000圓)	收購品批發額(1,000圓)	事業營業額合計③(1,000圓)	剩餘款④(1,000圓)
1913	15	2,353	936	114	85	695	695	−	−	695	28
1915	54	21,924	2,354	232	335	2,214	2,115	149	9	2,273	258
1917	109	44,626	4,402	670	2,408	6,956	5,688	242	−	5,930	1,092
1919	183	83,544	7,447	2,848	5,219	14,715	14,261	818	1	15,080	2,470
1921	216	104,927	9,759	3,013	5,108	19,496	18,283	798	6	19,093	3,604
1923	242	118,449	9,535	2,308	7,517	22,031	18,581	974	24	19,583	1,304
1925	267	145,796	9,566	1,501	17,643	31,831	22,181	718	54	22,983	1,472
1927	294	176,233	10,304	1,875	20,833	37,371	29,351	935	266	30,602	9,863
1929	306	209,768	12,016	5,239	24,986	47,282	39,893	687	578	41,235	9,099
1931	317	223,595	12,459	7,669	24,797	51,107	43,262	1,780	715	45,862	8,639
1933	343	254,140	12,511	8,059	35,489	63,128	47,771	9,074	2,470	59,494	13,856
1935	375	301,968	13,350	14,059	58,103	93,376	60,852	23,694	8,307	93,253	26,227
1937	401	361,180	14,244	24,192	63,484	111,353	81,897	24,478	13,467	120,459	18,566
1939	417	475,239	17,621	18,432	119,710	165,596	95,400	33,389	24,042	153,873	48,071

注：①整個組合數不是調查的結果，每年有1～10個組合是調查外的對象。
②包括付託投資金，預備款，公益金，借入金，存款在內。
③包括貸款金，銷售額，購買品批發額，利息費以及加工費在內。
④是存款與現金剩餘款的合計。

資料來源：根據台灣總督府《台灣產業組合要覽》，1939年度，第4～5頁作成。

2.農村信用組合的金融活動

然而，我們的論點不是停留在概觀這種農村信用組合的發展過程上。我們的課題是，研究農村信用組合的發展，對以舊的共同體莊堡組織和地主—佃耕關係爲背景而形成的農村高利貸金融勢力，產生了多大的影響。這樣，農村信用組合的經營內容，尤是是貸款內容和其不同階級的構成，以及利息水準，都成了分析的焦點。因此，我們要對上述各點從內容上多少作些分析。下面首先分析貸款內容。

從農村信用組合貸款額看，如第231表所示。按年間累計看，其貸款額從一九三七年的一五，八○○萬圓增加到一九三五年的二七，○○○萬圓，一九三九年又增加到三五，三○○萬圓，一直持續穩定增加。從該表還可以指出兩點，第一，貸款用途並不限農業資金，商業資金也擴大到與此相匹敵的規模。即兩者貸款累計額達四○%左右。從這一點看，可以知道農村信用組合在農產品流通的過程中，具有强大的勢力。第二，農業資金每件貸款金額的規模在逐步縮小。這一點充分反映出：從整個規模的平均數看，農業資金每件貸款金額出現下降的傾向，與商業資金的貸款有差別。即一九二七年農業資金貸款規模每件相當於整個規模平均的八三%，而一九三五年卻下降到七九%，一九三九年又下降到七四%。與此相反，商業資金貸款規模每件從同一時的一三○%增加到一五○%以後又增加到一五五%。可見，農業資金總貸款相對衰退了。爲什麼會出現農業資金貸款低落的傾向呢？這與當時的時局性「工業化」政策使投資重點從農村轉移到工業上有關。但應該指出，這從另一方面反映出對農業資金的農村信用組合的貸付之侷限。如後文所述，台灣的農村信用組合變成了以地主爲中心的有產階級的勢力鬥爭場地，使其貸款成爲與其是對人信用，更傾向於是對物信用（即擔保貸款）⑥⓪。因此，在對沒有擔保物權的底層農家貸款時，農村信用組合自然就受到一定的制約。

從農業資金上也可以看到農村信用組合貸款活動的侷限。年間貸款累計逐年增加，一九三九年達三五，二○○

第 231 表　農村信用組合（兼營信用）貸款用途別的細目　（年間累計）

資金用途別	項別		1927年（286組合）實數	1927年 %	1935年（362組合）實數	1935年 %	1939年（403組合）實數	1939年 %
農業資金	金額	(1,000圓)	65,976	41.78	115,390	42.71	138,013	39.07
	件數	(件)	301,744	50.28	653,345	54.39	675,273	52.46
	每件金額	(圓)	218	83	176	79	204	74
商業資金	金額	(1,000圓)	63,739	40.36	101,668	37.63	141,497	40.06
	件數	(件)	184,796	30.79	301,792	25.12	333,347	25.90
	每件金額	(圓)	344	131	336	150	424	155
工業資金	金額	(1,000圓)	4,969	3.15	6,270	2.32	12,869	3.64
	件數	(件)	18,114	3.02	25,207	2.10	33,490	2.60
	每件金額	(圓)	274	104	248	111	384*	140
漁業資金	金額	(1,000圓)	1,932	1.22	3,067	1.14	4,445	1.26
	件數	(件)	10,121	1.60	18,043	1.50	17,788	1.38
	每件金額	(圓)	190	72	169	75	250	91
林業資金	金額	(1,000圓)	234	0.15	120	0.05	160	0.05
	件數	(件)	919	0.15	1,004	0.08	612	0.05
	每件金額	(圓)	254	97	119	53	262	96
其他資金	金額	(1,000圓)	21,070	13.34	43,676	16.16	56,255	15.93
	件數	(件)	84,541	14.09	201,929	16.81	226,653	17.61
	每件金額	(圓)	249	95	216	96	248	9.1
合計	金額	(1,000圓)	157,920	100.00	270,191	100.00	353,239	100.0
	件數	(件)	600,235	100.00	1,201,320	100.00	1,287,163	100.0
	每件金額	(圓)	263	100	224	100	274	100

*資料來源上是132圓，筆者認爲有計算錯，給予糾正了。
注：%欄的數字是表示以合計實數爲100的比重。
資料來源：根據「台灣產業組合要覽」第15次，1928年，第18～19頁；同一資料，第23次，1937年，第24～25頁；同一資料，第27次，1941年，第24～25頁來製作的。

萬圓。僅從這一點也看到農村信用組合的發展對舊的農村高利貸金融勢力一定造成很大的威脅。下面我們再分析一下農村信用組合的利息水準：如第232表所示，農村信用組合的利息一九二四年達最高水準，爲五錢，普通爲四錢。但從一九二八年開始，普通爲三錢五厘，一九三五年普通爲三錢。從一九三八〜三九年開始下降到普通爲二錢五厘至二錢二厘。值得注意的

第 232 表 農業信用組合和台灣銀行降低利率的變化 （單位，厘）

年別	放款					存款					借入款					
	農業信用組合			台灣銀行①		農業信用組合			台灣銀行②		農業信用組合			市街地信用組合③		
	最高	最低	普通	最高	最低	最高	最低	普通	最高	最低	最高	最低	普通	最高	最低	普通
1924	50.0	14.0	40.0	32.0	24.0	40.0	7.0	20.0	13.0	13.0	40.0	16.0	26.0	35.0	17.0	26.0
1927	50.0	13.6	40.0	27.0	21.0	40.0	6.0	17.0	13.0	11.0	37.0	8.0	24.0	26.0	18.0	23.0
1930	60.0	10.0	35.0	24.0	20.0	40.0	6.0	15.0	10.0	10.0	34.0	10.0	22.0	28.0	16.0	18.0
1933	60.0	8.0	35.0	24.0	15.0	39.0	4.0	15.0	9.0	8.0	42.0	4.0	22.0	26.0	12.0	18.0
1935	50.0	7.0	32.0	24.0	13.0	39.0	3.0	12.0	7.0	6.0	46.0	3.0	16.0	22.0	11.0	13.0
1937	45.0	7.0	30.0	23.0	12.0	33.0	1.0	10.0	5.0	5.0	35.0	2.0	14.0	17.0	5.0	12.0
1939	43.0	7.0	22.0	23.0	11.0	30.0	1.0	8.0	5.0	5.0	50.0	5.0	14.0	16.0	5.0	12.0

注：由於沒有①票據抵押貸款，②特別活期，③台灣銀行有關的項目，爲了參考，列入了市街地信用組合的項目。

資料來源：「台灣產業組合要覽」，第27次，1941年，第30～31頁。

是，三〇年代中期到後期，其利率迅速下降。其原因是，以三〇年代中期開始爲了積極地推動「工業化」和籌措軍需費用，消化公債，政府必須實行低利息政策。這對農村信用組合的低利息產生了很大的作用。事實上，如該表所示，農村信用組合的貸款利率如實地反映出，從三〇年代中期開始順應台灣銀行的利率，利率已有變動。政府低利息政策通過銀行機關，對農村信用組合也產生極大的影響。

在統治者日本殘酷的國策干預下，台灣農村信用組合的高利貸率逐步地被否定了，其利率從初期的高利貸水平下降到接近政府銀行的國策利息水平。如上所述，低利息水平隨著貸款金額的擴大而逐步得以實現了。因此農村信用組合貸款額增加，僅從量上看，吞噬了舊的農村高利貸金融勢力。從質上看，也反映出通過低利息的辦法，嚴重地威脅舊的高利貸本身生存的條件。

然而，農村信用組合的貸款資金擴大和利息水平下降，對舊的農村高利貸資本帶來了極大的威脅。但是，也不要忽視農村信用組合的貸款的活動也有相對的侷限。如上所述，因爲其貸款的對象主要限於擁有耕地的地主和自耕農以及上

第233表　農家信用組合貸款佔農家負債比率的結構

階層別	總負債					固定負債				
	戶數	%	負債額 (1,000圓)	%	平均每戶 (圓)	戶數	%	負債額 (1,000圓)	%	平均每戶 (圓)
1933年										
自耕	8,632	26.30	624	31.27	72	6,021	24.92	458	30.99	76
自耕兼佃耕	9,815	29.94	862	43.18	88	7,134	29.52	635	42.94	89
佃耕	14,363	43.76	510	25.55	35	11,010	45.56	386	26.08	35
計	32,820	100.00	1,997	100.00	61	24,165	100.00	1,478	100.00	61
1940年										
地主	272	5.16	61	7.96	225	123	3.97	32	7.00	261
自耕	1,296	24.59	214	27.91	165	717	23.15	151	33.06	211
自耕兼佃耕	1,369	25.97	269	35.06	197	764	24.67	144	31.34	188
佃耕	2,334	44.28	223	29.08	96	1,493	47.56	131	28.59	88
計	5,271	100.00	768	100.00	146	3.097	100.00	458	100.00	148

資料來源：「農業金融調查」（農業基本調查書第33），第4～5，82～83，116～117，150～151頁。同一資料；第43，第4～5，62～64，70～71，86～87頁。

層的自耕兼佃耕農。我們根據一九三三年和一九四〇年農村金融調查，對這一點從內容上作若干探討。不過，一九三三年的調查省略掉地主階級，而一九四〇年的調查把其調查對象的農家戶數也大大地縮小，因此，要直接把前後兩個調查作個比較，有一定的困難⑥。儘管可以擱下這一點不談，但根據第233表，還可以指出兩點：第一，這兩次調查的結果發現，農村信用都是把自耕兼佃耕農以上的階層作爲貸款的重點。這一點可以從佃農每戶貸款額特別小的方面得以證實。尤其是一九四〇年的調查，是選擇年間所得收入爲三〇〇圓至八〇〇圓的「資產狀態一般的農業者」⑫的佃農。可見，也把這一低收入佃農歸屬到中等以上的階層。儘管如此，平均每戶貸款額中，佃農的貸款數最小。可見農村信用組合的貸款分布有很大的偏向。但與另一種參與台灣農村社會的現代金融——勸業銀行的貸款分布相比較時，農村信用合作社的貸款分布還比較能採取接近均衡的方法。第二，在其貸款內容上，固定性的．長期性的貸款佔很大比重。即每

戶固定貸款金額幾乎與總貸款相匹配（個戶的情況），或超過其規模（地主、自耕農以及自耕兼佃耕農的情況）。有關農村信用組合把手伸到固定貸款的問題，後文再作詳細論述。但值得注意的是，農村信用組合把重點放在固定貸款上，這與勸業銀行的貸款狀態有很大的不同。但是，結果這一固定貸款也是以中等收入水平自耕兼佃耕以上的農家和地主作爲主要的對象。

如上所述，台灣的農村信用組合的貸款金融活動的主要對象是地主以及中等收入水平以上的自耕和自耕兼佃耕農家。並且，其金融活動偏重於固定貸款。應該把這種貸款內容與上述的農村信用組合具有對物信用機關化的傾向結合起來考慮，並結合以下的問題加以分析。即由於三〇年代初期，世界性經濟不景氣，農產品價格暴跌，連台灣上層農家的信用能力也明顯下降。農村信用組合對這種新情況採取不同的對策，即對不提供物資擔保的農家採取控制提供資金的辦法。這簡直意味著通過信用組合來清理農家負債。同時也說明要把過去無擔保貸款改爲長期有擔保貸款。此外，在三〇年代所謂的「工業化」過程中，農家經濟由於生產成本提高而惡化了⑬，農村信用組合便進一步擴大長期擔保貸款活動。農家經濟如此惡化，可以說爲農村信用組合提供以長期擔保貸款的形態，繼續擴大貸款金融的餘地。與此相反，值得注意的是，舊的農村高利貸地主勢力是如何對應這一形勢的呢？下文便著手分析這個問題。

3.農村高利貸地主勢力的對策

對於這個問題，首先應該指出：在一部分舊的農村高利貸地主勢力中，出現了與農村信用組合結成深刻利害關係，使其經濟勢力得以繼續保存下去的動向。回顧一下在制定台灣產業組合規則初期，是處在一邊承諾向組合投資，一邊開始組合事業的，甚至時常發生拒絕交付組合投資款的社會形勢⑭。經過第一次大戰中和大戰後不久經濟異常景氣以及以後的反動過程，社會形勢發生了變化。人們對信用組合的社會關心提高了。如上文指出的那樣（第

230表），在這一時期，農村信用組合迎來了第一次擴大的時機，這裡也體現出這個問題。從此，有一部分舊的農村高利貸地主勢力開始接近信用組合。很值得注意的是，在農村高利貸地主勢力接近信用組合的動向中，是政府的指導與獎勵在背後起作用的。上文已經指出，信用組合的發展，存在著統治當局的「狂熱指導獎勵」。但是，這是「地方富翁或有勢力的人擔任組長」⑥⑤的方式，即是要把商人地主勢力吸引到信用組合中的日本殖民地政策在起作用。因此，在舊的農村高利貸地主勢力與信用組合的利害關係加深的過程中，一開始就存在著日本殖民地統治的意圖。如後文所述，台灣的信用組合與日本內地的不同，離「共存同榮、協力一致」的組合理想太遠，成爲地方御用資本家個人勢力競爭的場所，並具有深厚的地主金融機關的色彩。這也與日本殖民地統治有關⑥⑦。

可見，在這種形勢下，舊的農村高利貸地主勢力要接近信用組合，同時要與其結合成很深刻的利害關係，並沒有多大困難。另一方面，也應該指出：農村高利貸地主階級通過與信用組合結合，獲得了很多經濟利益。這是「引我田水流往我田」的貸款方式；是利用組合資金通過高利貸貸款而獲得套利的典型例子⑥⑧。這裡還要提及的是，台灣農村信用貸款具有特別的高利益性。如上文第232表所示，到一九三七年中日戰爭暴發前夕，農村信用組合的貸款利息最高日利達五錢六厘，普通爲三錢二厘至三錢五厘和四錢。與此相反，存款利率最高四錢，普通爲一錢二厘至二錢三厘，套利相當大。可見，台灣農村信用組合比日本的信用組合的內部留成更多⑥⑧。從高利益方面看，可以說台灣信用組合在三〇年代中期以前是高利貸變形的金融機關⑥⑨。唯利是圖的本地商人地主是不會放棄具有如此高利益的農村信用組合的⑦⓪。這樣，從經濟方面看，也同樣具有農村高利貸地主階級與農村信用組合勾結形成很深的利害關係的必然性。

正因爲如此，所以農村高利貸地主階級中出現了與農村信用組合勾結的階層。但是，要把握其規模究竟達到什麼程度，卻不容易。從台灣社會的經濟關係看，地主階級幾乎全部加入了農村信用組合，並且，一般來說，組合的

第 234 表　農村信用組合的農業者階級別存款額結構

階層別	台灣						日本
	1937年			1940年8月			1937年
	戶數分布（%）	存款額分布（%）	每戶存款額（圓）	戶數分布（%）	存款額分布（%）	每戶存款額（圓）	存款額分布（%）
地主	18	43	181	15	43	210	19
自耕	30	30	72	25	27	80	37
自耕兼佃農	28	16	41	28	17	46	28
佃耕	24	11	33	32	13	27	16
合計	100	100	72	100	100	73	100

注：日本：根據日本內地產業工會統制調查。
台灣：調查戶數，1937年爲552戶，1940年8月爲1,421戶。
資料來源：台灣銀行「台灣金融經濟月報」，1941年2月號，(「農村產業組合存款的實體與農村積累資金的現階段」)，第14～15頁。

第 235 表　台灣本地地主的簡歷分類

（1933年）（人）

出　身　別	台北州	新竹州	台中州	台南州	高雄州	累計
農村信用組合幹部	22	7	7	12	9	57
業佃會幹部	16	8	2	9	－	35
保正、甲長、庄長、庄協議員等	29	22	15	27	14	107
經營商業	7	9	0	3	1	20
其他	6	11	1	9	6	33
地主數（累計）	54	42	21	45	27	189

＊由於一個地主有兼數職，有重復，所以與合計數不一致。
資料來源：根據台灣農友會「本島地主之愛佃設施狀況」，1933年，第5～52頁來合計的。

董事大部分由當地地主階級所擔任⑰。但這裡要論及的並不是信用組合地主金融化了的問題，而是要問舊的農村高利貸地主勢力被捲到哪裡去了？對於這個問題，可以從農業信用組合存款額中的農業者階級別構成、以及從因改善佃耕關係而受到表彰的地主們的簡歷構成上來推測。關於前者，如根據台灣銀行的調查資料所製作的第234表所示。每一戶地主的存款額比自耕農以下的階層大二・五倍到七倍，地

主佔存款額的比例竟達四三%。這與該表中列示的日本內地的一九%相比，應該說達到了非常高的水準。從這一高水準看，在某種意義上可以說明顯地反映出台灣本地地主階級的富裕性和佃耕農家的貧困性。但是，總的來說，地主資金大量地流入農村信用組合，完全說明農村高利貸地主勢力大量地被農村信用組合吸收了。這個問題可以從組合存款利息顯著下降的三〇年代後半期的情況加以分析。

另一方面，從地主簡歷構成來推測他們成爲信用組合董事的可能性。如第235表所示，有三分之一的人數入選，即在一八九人中，有五七人是信用組合的董事。這一比例僅次於擔任保正等庄堡級下層公職可能性的高水準。假設這一水準能適合擴大到整個台灣，那麼，可以說大部分地主都具有擔任過農村信用組合董事的經歷，並完全有與其組合密切利害關係的可能性。

因此，吾人可以認爲農村信用組合的發展，對舊的農村高利貸地主勢力產生了極大的影響。高利貸地主階級成爲信用組合的董事，並想方設法地保存自己的勢力。事實上，衆所周知，在台灣農村信用組合中，時常可以看到董事或組合理事長企圖利用職權爲自己謀利和個人派系爭鬥的現象。此外，如總督府自己承認的那樣，到一九三九年底，台灣信用組合（包括市街組合在內）還存在著「從經營動向看，偏重於經濟方面，缺少農業合作運動的根本精神，即共有同榮協力一致的精神」⑫的特殊現象。這一點如上所述，與日本殖民地政策有關。另一方面，可以從本地商人地主階級以獲得信用組合董事的地位爲目標，企圖以之保存自己的勢力而明爭暗鬥的現象上加以分析。組合成了地主御用紳士、高利貸商人的地主階級與地方官僚勾結的新溫床，使台灣社會產生了寄生階層。但如上所述，儘管農村信用組合本質上是官辦的殖民地信用組合組織，御用紳士、御用商人地主階級企圖把它變成地主信用組合，但這決不意味著他們的勢力具有自主性，可以無限地擴大。換言之，儘管高利貸地主階級已深入到農村信用組合之中，但他們始終是置於日本資本主義新勢力之下⑬。

但是，從其他方面看，並不能說整個農村高利貸勢力完全被日本資本主義勢力包圍而敗退了。這一點很值得注意。如上所述，因爲農村信用組合的貸款金融主要是以中農以上的階層爲對象，而經濟狀況最差的下層小農卻被置於貸款對象之外。此外，應該很重要地指出幾點。第一，如台灣銀行調查資料中論及的那樣㉔，由於信用組合推動低利率運動，高利貸地主階級鑽其空隙，撈取了套利，因此，反過來容易出現助長他們高利貸勢力的傾向。這一傾向在一九三九年以後實施的總督府全面管理米穀政策下，更加嚴重了。爲什麼呢？因爲這一米穀管理政策大大地妨礙了過去中小農家的簡易農村金融機關和土壟間與中小農家的舊的金融關係，加上由於戰時經濟的農具、生產資料和肥料等經營農業的生產資料缺乏，大部分採用現金交易的方式，佃耕農家較之過去陷入更深的貸款困難的困境，因此，只好又更嚴重地依賴於個人高利貸。第二，從本質上看，農村信用組合原就不是要大力改善農家的經濟狀態。如上所述，農業信用組合始終是日本農業政策的產物，是爲適合殖民地經營而營運的。其目的在於擴大、穩定農業生產，但並沒有大力改善農家經濟之意。因此，對高利貸地主勢力仍然留下以佃農等下層農家爲基礎的活動餘地。第三，這一點特別重要，即農村信用組合並沒有從根本上砸掉本地地主制。農村高利貸地主勢力基本上是紮根於本地地主制的，而且，只要地主制本身沒有被推翻，即使農村高利貸地主勢力撤退了，也沒有滅亡。應該考慮到殘存勢力經常也還具有起死回生之力。

4. 農家借款經濟的窘迫

以上我們把農村金融的一般本地地主勢力撤退的過程，按照可能形成其高利貸金融活動的基礎，劃分爲三種類型來考察，即以外銷商品作物的交易系統爲背景的第一種類型；以舊的商業組織爲背景的第二種類型；以舊的傳統社會共同體庄堡組織關係或地主——佃農階級關係爲基礎的第三種類型。不論屬於哪一種類型，一般的本土勢力都受到日本殖民地經營（即統治）而被迫撤退了。因此，我們要最後總的概括一下這三種類型。即站在整個金融的角

第 236 表　農家負債戶數和平均每戶負債額

階層別	1940年				1933年			
	調查戶數(1)	負債戶數(2)	負債戶數比率(2)／(1)	平均每戶負債額（圓）	調查戶數(1)	負債戶數(2)	負債戶數比率(2)／(1)	平均每戶負債額（圓）
地主	325	272	83.69	3,442	－	－	－	－
自耕農	1,483	1,296	87.39	699	10,580	8,632	81.59	606
自耕兼佃耕農	1,492	1,369	91.76	835	10,934	9,825	89.86	599
佃耕	2,695	2,334	86.60	387	16,029	14,363	89.61	299
合計	5,995	5,271	87.92	733	37,543	32,820	87.42	470

資料來源：「農業金融調查」第33，上揭書，第2～3，82～83，116～117，150～151頁。同一資料，第43，2～3，62～63，70～71，78～79，86～87頁。

第 237 表　借入處不同的農家負債階級構成※

（當年11月15日，%）

階層別、年別		勸業銀行	普通銀行①	產業組合②	地主個人借貸業者③	製糖業者	各種經紀業者	合計
地主	1933	－	－	－	－	－	－	－
	1940	43.82	19.17	6.73	18.87	9.92	1.24	100.00
自耕農	1933	26.09	7.34	12.55	46.37	4.73	2.93	100.00
	1940	29.48	13.09	25.96	19.27	10.21	1.49	100.00
自耕兼佃耕	1933	18.44	5.89	16.12	49.69	6.42	3.43	100.00
	1940	22.15	12.48	26.77	14.77	15.21	0.90	100.00
佃耕	1933	1.89	0.70	14.00	67.38	9.54	6.49	100.00
	1940	3.73	2.64	32.49	41.49	16.48	3.27	100.00
合計	1933	16.43	4.94	19.32	52.49	6.71	4.11	100.00
	1940	24.66	11.89	23.38	25.31	13.09	1.67	100.00

注：※有關調查戶數和負債戶數，請參考第16表。1940年的調查對象只限於地主年度收入爲500～5,000圓的資方狀態一般的地主。自耕農限於年度收入爲300～3,000圓的資產狀態一般的農業者，佃農限於年度收入爲300～800圓的資產狀態一般的農業者，雖然自耕兼佃耕沒有明確表明。但是，自然是限於資產狀態一般的農業者。

①包括信托公司，②包括農會，③包括土壟間、茶經紀業者，其他在內，④包括豬經紀業者、甘藷經紀業者、肥料販賣業者、雜貨販賣業者在內。

資料來源：「農業金融調查」農業基本調查書第33，第4～5，82～83，116～117，150～151頁。同一資料，第43，第4～5，62～63，70～71，78～79，86～87頁。

度上，概觀一下高利貸地主勢力佔農家負債的比例。

首先，從農村金融調查資料整理出來的農家負債的整個狀態看，如第236表所示。包括地主在內，處在借款達八七%的狀態之中，但其中自耕兼佃耕農家的借款普及率最高，每戶借款額在一九四〇年超過自耕以及佃耕農家。儘管如此，地主階級和自耕農家的借款普及率也分別達到八三%、八七%，這一比例決不爲低。可以說整個農村被借款經濟嚴重地覆蓋著。日本殖民地經營（即統治），通過日本資本的參與和進一步滲透到商品經濟，使整個台灣農村陷入貧困化狀態。以糖業爲中心的日本資本投資到台灣，由於三〇年代中期以後推行「工業化」，使其投資又擴大到其他產業，出現了投資領域多樣化，從此使本地資本受到壓迫。另一方面，由於以糖和大米外銷商品爲中心的農產品價格低迷、開展水利灌溉事業、增加軍費而引起的通貨膨脹，使農村經濟深深陷入貨幣（即商品）經濟之中，並導致了農村經濟的貧困化。農村經濟借款普及化，只能清楚地說明：這是日本殖民地經營（統治）的結果。

因此，在下文要分析一下借款經濟的資金提供來源之前，如第237表所示：一九四〇年的調查是以年間所得收入（收入內容不清楚）達中等水準的，資產狀態一般的地主或農業者爲對象。但是，一九三三年的調查並不是這樣設定的。對於這一點，從該表來看，可以指出以下幾點：第一，地主、個人貸款業者以及各種經紀人佔整個農村金融的比例明顯下降。即前者從一九三三年的五二%下降到一九四〇年的二五%，減少了一半以上。後者從四%下降到一%。尤其是自耕農、自耕兼佃耕農兩者的減少情況更爲明顯。這顯然是產業組合和勸業銀行的金融大幅度地吸收了這些階層的資金的結果。第二，但他們仍然保有以佃農爲中心的一股很大的勢力。即佃農負債的四一%仍然是依靠地主和個人貸款業者。這一比例較產業組合持有的三二%超過了九個百分點。第三，勸業銀行之類的日本資本和產業組合之類的政府轉包集體組織的投資十分顯著。即從整個農村金融看，勸業銀行所佔的比例，從一九三三年的一六%提高到一九四〇年的二五%，上升了九個百分點。普通銀行上升了七個百分點，產業組合上升了十四個百分

第 238 表　原因別農家負債的階級構成　（當年11月15日，%）

階層別、年別		舊償償還	土地費	租稅其他負擔	購買肥料	其他農業經營費	家庭開支費	其他
地主	1933	－	－	－	－	－	－	－
	1940	5.42	56.80	1.68	2.19	10.94	8.63	14.34
自耕農	1933	17.67	29.07	2.30	3.35	14.83	23.81	8.97
	1940	14.90	28.19	3.12	6.93	20.53	18.68	7.65
自耕兼佃耕農	1933	14.67	24.33	1.91	5.74	19.27	26.50	7.58
	1940	12.70	22.36	3.16	10.66	24.92	18.84	7.36
佃耕農	1933	11.75	4.92	1.48	8.72	29.25	34.60	9.29
	1940	6.01	6.48	3.51	18.54	36.42	23.62	5.42
合計	1933	14.88	20.53	1.92	5.76	20.54	27.84	8.53
	1940	9.94	28.12	2.88	9.64	23.29	17.52	8.61

注：負債戶數請參考第16表。
資料來源：「農業金融調查」農業基本調查書，第33，第8～9，286～287，304～305，322～323頁。同一資料，第43，第14～15，308～309，316～317，324～325，332～333頁。

點，製糖業者上升了六個百分點。值得注意的是，產業組合和製糖業者在各個階層普遍提高了其比例。尤其是前者的投資十分顯著，當然可以着重指出，這是與本地地主勢力結合起來的投資。

總之，高利貸地主勢力全面地被迫撤退了，但爲了進一步弄清高利貸地主勢力的撤退狀態，筆者想分析一下農家負債的原因。

第238表列示了農家負債不同原因的結構。根據第238表，可以指出以下幾點：第一，在負債原因中，所謂的土地費佔最高的比例。即土地費佔農家負債的比例，從一九三三的二〇·五三%上升到一九四〇年的二八·一二%，超過其他農業經營費和家庭開支費的比例。土地費提高到如此的比例是有其特殊原因的。其一，一九四〇年左右以台南州爲中心出現了土地投機，該州的地主把借款（勸業銀行）的四分之三加到「土地費」中⑮。其二，一九三三年的調查沒有把成爲土地投機主體的地主階級列爲對象。由於這兩個原因，所以我們才看到一九四〇年農家負債中的土地費比例增大。因此，土地費如何壓迫農家經濟，尤

其是壓迫下層農家的問題，仍然是很值得探討的。

第二，家庭開支費所佔的比例下降，而其他農業經營費、購買肥料以及租稅等其他負擔都大幅度提高。這一點對哪一個階層都一樣，但是，尤其是在佃耕農家中更爲明顯。即家庭開支費所佔的比例從一九三三年的三四・六〇％下降到一九四〇年的二三・六二％，而包括購買肥料在內的農業經營費卻從三八％迅速上升到五五％，負債超過一半。另外，租稅以及其他負擔卻從一・四八％增加到三・五一％，增加了一倍多。如上所述，一九四〇年的調查僅以中等資產狀態的農家爲對象。可見下層農家的經濟狀況一定比該表中列示的狀況更惡化。

這裡值得注意的是，農家負債中，家庭開支費比例下降和農業經營費以及租稅負擔比例迅速提高，這明顯地說明農家經濟處於以下的狀況之中：一九三三年受世界性經濟蕭條的影響，台灣農家即使是上層農家也無法依靠農業收入來維持家庭開支，因此，只好靠負債（借款）來維持生活⑯。一九三三年家庭開支費佔農家負債的比例最高，正好充分地說明了這一點。然而到了一九四〇年，台灣農家又處於開始軍需性「工業化」，嚴重地受到政策性通貨膨脹波及的狀態之中。農業生產成本的提高超過農產品價格上漲的幅度⑰。因此，農家爲維持家庭開支，只好借款，但還是陷入農業經營費暴漲的陷阱裡，使大部分的借款用於騰貴的農業經營開支。並且，較之家庭開支更爲嚴重的是，租稅負擔的增加，使農家所處的狀態更爲惡化。日本帝國的權力性掠奪使台灣農家陷於更爲貧困的狀態。第238表十分明顯地反映出這個問題。

台灣農家處於如此貧困的狀態，對於農村信用組合以及勸業銀行、製糖公司之類的日本統治勢力來說，便成了他們對台灣農村社會投資的條件了。也就是說，對於日本統治勢力，農村金融的目的並不是補充農家生活費的不足，而是要促進農業生產，增加農家負擔，要把這些作爲「工業化」的一環。因爲這一點最符合日本資本勢力對農業經濟費貸款的目的。可見，日本統治勢力是以政策性通貨膨脹爲背景，拚命地投資於台灣農村社會的。反過來

說，農村高利貸地主勢力，是受日本帝國政策性通貨膨脹的滲透而被迫遠遠地撤退。

如上所述，農村高利貸地主勢力一直是依附在本地地主制而開展以農家、尤其是以下層農家的貧困經濟爲基礎的高利貸活動。但是，到了三〇年代後半期，由於激烈的政策性通貨膨脹的影響，農家負債結構發生了變化，危及他們過去依靠農村而活動的基礎。一九三〇年以後，農村高利貸地主勢力的撤退就更爲明顯。總之，日本殖民地經營（統治）對地主的壓迫和打擊，隨著統治末期的到來，顯得更殘酷、更嚴重了。

① 關於台灣的地主土地所的形成過程以及前期商品經濟的發達的問題，請參考拙著「日本帝國主義下的台灣」，原文第一九～二七頁中有作詳細的歸納。原出處是臨時台灣舊習慣調查會第一部調查第三次報告書「台灣私法」，第一卷上，一九〇九年；同「台灣私法」第三編上，一九〇九年以及臨時台灣土地調查會「台灣舊習慣制度調查一斑」，一九〇一年；詹姆斯·W·戴維森「台灣島的過去與現在」（「歷史概觀」一四三〇～一九〇〇年」），紐約，一九〇三年版。

② 請參考「台灣的金融情況㈣、資料」（「月刊大阪銀行通錄」，第六十號，一九〇二年十月，日本銀行調查局編「日本金融史資料」，明治大正編，第六卷，一九五七年，第一一六三頁）。

③ 這一點，如台北州內務部勸業課所指出：「大部分的地主居住在台北市，主要經營工商業，把農業獲得的收入投資到工商業及其他產業上，這類地主稱爲不在地主」（同課「台北州的佃農情況與其改善設施概要」，一九三七年，第一頁）。

④ 請參考拙著「日本帝國主義下的台灣」，原文第三七〇～三七七頁。

⑤ 這裡說的媽振館是按英語的 Merchant 而得名的，長期以來，它是作爲茶業者之間的主要金融機關。從其經營情況看，本來他們既不是純粹的茶商，也不是經紀商。而是位於別的茶商與洋行之間的茶商，他們經營委託製茶、銷售，同時經營抵押製茶融通資金的業務（台灣銀行「台灣銀行二十年誌」，一九一九年，第九頁。以及「烏龍茶業的概況和該茶業金融上的沿革」，一九一一年，第五四～五五頁）。

⑥ 兌換店貸款方式可分三種類型，⑴對地券的貸款，⑵對信用的貸款，⑶對提貨單的貸款（押匯）。這些貸款中的利率（月利率）大致在一分五厘至二分五厘（臨時台灣舊習慣調查會第二部，「調查經濟資料報告」上卷，一九〇五年，第一〇三頁）。

⑦ 請參考「台灣銀行二十年誌」，第九一頁。

⑧ 台灣銀行的茶業貸款中，對出口業的貸款約佔三分之二，對製茶資金的提供只佔三分之一（同注⑦，第三九三頁）。

⑨ 台灣總督府茶葉檢查所「台灣茶檢查年報」，一九三三年，第一〇三～一〇六頁。

⑩ 請參考馬場宏景「台灣產業情況（農產品）」（附交易關係），一九三四年，第三三頁。

⑪ 爲此，台灣總督府拿出補助款派日本人鈴木恒藏專程送到台灣茶葉共同販賣所。此外，茶葉共同販賣所於一九二四年更改組織，成爲產業組合（澀谷平四郎「台灣產業組合史」，一九三四年，第一八三～一八四頁）。順便提一下，一九二三年以後，茶葉共同販賣所接受總督府的補助款每年達二萬圓或一萬七千圓（台灣總督府「台灣的茶業」，一九三〇年，第四七頁）。

⑫ 在此之前，即一九一四年十二月，台灣總督府根據「重要物產同業工會法」第十四條，把郊商的同業公會的台灣茶商公會（一八九七年設立）改爲台北茶商公會。組織了茶館、茶棧、茶販、經手人、茶箱商等（「台灣的茶業」，同上，第五三頁）。因此，共同販賣所的設立意味著政府的統制力量干涉到茶農了。

⑬ 請參考台灣總督府「第二十五次台灣產業工會要覽」，一九三七年度，第五四～五九頁。

⑭ 台灣本地人組織起來的合資公司於一九二三年與嘉義銀行一起合併到台灣工商銀行，這象徵性地反映出茶業金融中的本地人金融勢力的沒落。但新高銀行卻是「本島人（台灣本地人——引用者注）中幾個有勢力的人」「計劃用自己的雙手……設立，經營以中小茶業者爲對象的金融機關」（台灣銀行「台灣銀行四十年誌」，上揭，第一三一頁）。可見，新高銀行是本地人唯一的現代茶業金融機關。此外，新高銀行設立的經過、內容，請參考拙著「日本帝國主義下的台灣」，原書第四五四頁的注㊴。

⑮ 請參考「台灣的茶業」，上揭，第四四頁。另外，製茶機械的貸款只限在具有五十甲茶園的會社或組合。

⑯ 有關茶業的金融活動除了信用組合在開展外，茶販和地方富翁的貸款活動到了一九三〇年還在暗地裡開展著。也就是說茶販爲了優先收購到粗茶，開展預借款活動，預借款的利息爲一％至一．二％。地方富翁開展的金融以一個月或三個月爲一期，借給茶農現金或糧食（茶工的糧食），並且由茶農用製茶賣出的貨款還清（馬場，上揭書，第三三～三四頁）。

⑰ 茶園一代的壽命短的十五年，長的三十年。而台灣是開展掠奪性的經營，所以「年年地力消耗，不斷地衰退荒廢下去」（「台灣的茶業」，上揭，第四五頁），並且「荒廢的茶園要種植其他作物也很困難」（同上）。

⑱ 看不到有關茶農戶數變化的連貫調查資料，這裡是根據兩個資料來源。即二〇年代「台灣的茶業」，上揭，第六頁；一九三九年台灣農會刊「台灣的農業」，台灣總督府殖產（發展生產）局編，一九四一年，第七六頁。另外，根據「台灣工商月報」，一九一四年五月茶農戶數爲二〇，七〇二戶（同「月報」，第八一號，一九一六年一月，第三～四頁）。

⑲ 日本三井資本開始經營茶園大農場，大約是在一九一七～一九一八年，開始時將一部分拍賣的樟腦原料的造林地轉用於經營茶園用

地。這樣，三井農林公司在台灣的茶園規模達一，八〇〇甲（一甲約等於〇．九七公頃），其中一，〇〇〇甲爲自營，剩下的八〇〇甲則供佃耕（請參考根岸勉治「熱帶農企業論」一九六二年，河出書房新社，第五五七～五五八頁）。

⑳ 請參考眇田熊右衛門「有關糖交易的舊習慣㈤」（「台灣舊習慣記事」，第七卷，第八號，一九〇七年八月，第六～二五頁），以及「調查經濟資料報告」上卷，上揭，第二一五～二一六頁。

㉑ 請參考「台灣金融情況㈤，資料」（月刊「大阪銀行通信錄」，第六二號，一九〇二年十二月，日本銀行調查局，上揭，「日本金融史資料明治大正篇」，第六卷所收，第一一六八頁。但該資料雖有「還本金的利息非常低，年利率只不過是一至二分」（第一一六八頁）的論說，但這有疑問。因爲上文例舉的「台灣舊習慣記事」中的調查說：每月利息在一分五厘至二分之間（眇田，上揭文，同「記事」第七卷，第八號，第一九頁）。另外，本文中也有論述，從本地地主商人的金融性質看，他們是不會開展低利息的金融活動的。

㉒ 關於台灣糖業中日本資本開展的合同運動的發展，請參考拙著「日本帝國主義下的台灣」，原書第二八二～三〇一頁。

㉓ 根據一九〇五年六月府令第三十八號制定的「取締製糖場規則」是作爲其一環而設立的制度。即爲了「制止各工廠之間爭奪原料」，「避免蔗價攪亂」，指定域內的甘蔗要在「許可後才能將甘蔗運往其區域外，但不能把甘蔗作爲砂糖以外的製造用原料」（臨時台灣糖務局「台灣糖業一斑」，一九〇八年，第五三～五四頁）。也就是說，其結果，區域內的蔗作農負有必須把自己栽培的甘蔗銷售給總督府指定的域內製糖廠的法律義務。

㉔ 請看台灣農友會「台南州北港郡下的分紅（該得的份）佃農慣例」，一九二九年，本島佃農問題研究資料第七輯，第一二頁（台灣總督府殖產（發展生產）局「關於台灣佃農問題的資料」，一九三〇年，第一三五～一五九頁再次收錄）。

㉕ 請參考良相捨男「從經濟上看台灣的糖業」，一九一九年，第四〇～四一頁。

㉖ 請參考台灣農友會，上揭書，第一二頁。

㉗ 拙著「日本帝國主義下的台灣」，原書第二二七～二四九頁對蔗作農家經濟作了詳細的考察。

㉘ 用五年平均值來看外銷量佔台灣米產量的比重，一九〇〇～一九〇四年佔七%，一九〇五～一九一九年爲一六%至一九%，一九二〇～一九二四年爲二一%，一九二五～一九二九年爲三六%，一九三〇～一九三四年爲四二%，一九三五～一九三八年達五〇%。可以認爲產量的近一半是用於島内消費的（拙著，上揭書，原書第八七頁）。

㉙ 土壟間如文面所示，土壟是土製碾米的臼，間是房間的意思。因此，所謂的土壟間是碾米工場的意思，從這一意思轉爲泛指碾米業者。「關於台灣碾米業」（土壟間），農務局「米穀時報」，第十六號，一九二五年九月，原書第二一頁）。

㉚ 請參考臨時台灣舊習慣調查會第二部「調查經濟資料報告」上卷，上揭，第二八～二九頁。另外，關於土壟間各種論說的探討，請參考拙著，上揭，原書第二一三～二一四頁的注㉖。

㉛ 請看台灣總督府殖產局（發展生產局）「關於台灣農家大米銷售的調查」，一九三六年，第一四～一七頁。

㉜ 下面簡單地說明一下這四種形態的交易條件。⑴現物買賣—訂契約時有現物，有現物契約便成立，並同時決定價格的方式。⑵寄倉買賣—同樣，只要有現物契約便成立，但訂契約時並沒有決定價格，在賣出時才決定價格的方式。⑶結價買賣—這是一種期貨買賣，訂契約時並沒有現物，但訂契約時便決定價格的方式。也就是說，這是先於收穫的交易，稱爲「青田買賣」。⑷依時買賣—這是沒有現物，也不定價格的訂制買賣契約的方式（請參考台灣總督府殖產局「關於台灣農家的大米銷售調查」，一九三六年，第一八頁）。要注意的是，這四種交易形態都是直接銷售，而不是委託銷售。關於蓬萊米上市以前米穀交易情況，可以參考一戶正米「內、外台鮮定期米穀交易情況及統計」，一九二〇年。以及台灣銀行總務部「中部產米的交易與金融沿革」，一九一一年。

㉝ 請參考森忠平「蓬萊米的交易」「台灣時報」，一九三五年一月號，第六九頁。

㉞ 台灣農家經營規模的調查只進行過一九二一年、一九三二年、一九三九年三次，根據這些調查資料，耕地面積在一甲以下的農家戶數佔整個農家戶數的比例分別爲五三·一四%、四四·四九%、四五·七%（根據台灣總督府殖產局「耕地分配及經營調查」，農業基本調查書第二，第三一，第四一各書）。但各年次調查農戶的情況，內容上並不一致，因此，上述的比例很難作直接的比較。

㉟ 關於台灣米穀交易的詳細調查不多，除了過去提到的各種文獻外，短篇的文章還有：「有關台灣米交易的調查」（同上，一九二六年，第四三～八〇頁）；三浦敦史「關於土壟間與稻穀的交易」（「台灣農事報」，一九三二年六月號）；東京米穀商品交易所檢查課「台灣米」，一九三四年。這些都是缺乏實證分析的資料。另外，川野重任「台灣米穀經濟論」（有斐閣，一九四一年）對台灣米穀的研究取得了實證性的業績，這一業績達到了相當的高水平。對該書的評價，請參考拙著，上揭書，原書第八～一〇頁。

㊱ 東細精一博士很早就指出台灣米的經濟優勢，他說：「台灣米之類的『外地米』作爲商品，價格很便宜，在市場上具有較强的競爭能力」（東細精一「外地米的經濟優越性」《帝國農會報》，一九三四年六月號，第一七～二五頁）。但值得研究的問題是，東細把有關的經濟優越性放在「外地米作農業較之內地的情況更具有明顯的資本主義因素」上來探討。倒不如說台灣根深蒂固地存在著高地租的本地地主制（拙著，上揭書，原書第一九〇頁）。另外，還應該指出：東細忽視了「有關優越性的經濟利益被日本外銷米商·財閥全部吸收」的問題。

㊲ 請參考台灣總督府殖產局「台灣米概說」，上揭，第九四頁。

㊳ 馬場宏景，上揭書，第六七頁。

㊴ 根岸勉治「南方農業問題」，一九四二年，第一二三頁。

㊵ 瑞泰合資公司是一九二二年三月以資本金三〇萬圓設立的商社。股份公司泉和組是一九二三年九月以資本金五〇萬圓設立的貿易公司。有關這兩家公司破產和重建失敗的詳細情況，請參考拙著，上揭書，原書第四五二頁注㊱。另外，從台灣外銷米營業額中日本資本系所佔的比例看，一九二四年只佔一三．三七％，其餘的八六．六三％爲本地資本系（貝山好美「有關台灣米和米穀統制」，第四二頁，根岸上揭書，原書第三六～三七頁）。但是，一九三五年～一九三七年日本資本系開始佔八七％～九二％（根據台灣總督府殖產局「台灣米」，一九三八年，第五八～五九頁計算出來的）。此外，從整個貿易交易來看勢力分布的情況如下所述，在進出口額九七，七二八，〇〇〇圓中，本地系佔二八％，爲二九，六七六，〇〇〇圓，日本系佔二六％，爲五〇，五〇九，〇〇〇圓，二四（其餘的是外資系一六％和官廳系四％）。並且，在轉口收支的三七九，〇七五，〇〇〇圓中，本地系佔一九％，爲七〇，二四一，〇〇〇圓，日本系佔七七％，爲二九三，二九九，〇〇〇圓（其餘的外資系一％，官廳系三％）。也就是說，大約整個轉口收支的七二％是由日本系控制的（「台灣新民報」，第三四五號，一九三一年一月一日，第二四頁）。自然，到了三〇年代，其比重更大，但至今尚未看到證明這個問題的資料，很遺憾。

㊶ 銀行機關的融資究竟直接貸給土壟間多少呢？這個問題不清楚，但確實已涉及到土壟間、地主、信用組合。有關這個問題，請參考台灣總督府財務局「台灣的金融」，一九三〇年，第六七頁。

㊷ 據說農業倉庫或產業組合倉庫在一九三四年只佔轉口米總量的二．六六％（甲本正倍「有關土壟間」「台灣農事報」，一九三五年六月號，第二三頁），但到了一九三八年卻佔轉口米檢查數量的二二．九％（入鹿山成樹「有關台灣米穀檢查」「台灣農事報」，一九三九牛年六月號，第二〇頁）。

㊸ 有關這一點，我們看看下文的農村信用組合活動，可以得到具體的證實（請看第15表）。

㊹ 例如，肥料交易系統中，過去島内銷售業者一九三〇年超過四，〇〇〇戶，但是，以一九三七年實施臨時肥料配給統制法爲契機，銷售業者迅速減少，同年下降到一，九四九戶，一九四〇年又進一步減少到一，三九七戶（台灣總督府肥料檢查所「肥料要覽」，一九三七年，第一四頁，以及同一資料，一九四三年，第一四頁）。此外，肥料進出口業的本地商人戶數，一九三六年以前大約有一〇戶，但到了一九三九年一戶也沒有了（同一資料，一九四〇年，第一五頁）。

㊺ 例如，在台灣具有悠久歷史的（一九一五年十二月設立）、會員達一三，〇〇〇人的中部台灣青菓品外銷同業公會，於一九二六年五月再次改組爲台中州青菓同業公會。這時，外銷經紀人獲得失業補償金，退出同業公會。與此同時，生產者全部加入同業公會，公會强調商品共同上市。另一方面，一九二五年高雄州與台南州的青菓品同業公會合併，設立了台灣青菓同業公會聯合會（台灣總

督府殖產局「台灣的香蕉產業」，一九三四年，第三一～三六頁；同一資料，熱帶產業調查會「有關香蕉產業的調查」，一九三五年，第三四～四二頁）。

㊻ 台灣青菓股份公司有資本金一五〇萬圓（繳納四分之一），但是，總股份的三萬股中，日本內地佔六千股，台中州佔一萬七千股，台南州和高雄州各佔三千五百股。台灣青菓股份公司就是按以上股份佔有開始經營的。但一九三五年八月，股東中日本人七七人，本地人二一四人。持股數日本人七，五五四股，本地人三，〇〇二股。公會和聯合會的股份下降到一九，四四四股。本地人勢力在持股數上淪落為少數派（「有關香蕉產業的調查書」，上揭，第四六～四七頁）。另外，該公司的董事選任和定款的改正必須要得到總督府的承認，並且，股份買賣和轉讓必須得到公司的承諾（參考同一資料，第四四頁）。

㊼ 有關這一點的詳細考察，請參考拙著，上揭書，原書第三六～四三頁，三七〇～三七二頁，三九二～三九五頁。

㊽ 所謂農家的固定負債，該調查中是指以下的負債。即⑴借款中超過還債日期或尚未到還債日期時，還債相當困難。⑵未付款與上述情況相同。⑶超過還債日期的未付利息。⑷與上述情相同的未付借債。⑸與上述情況一樣的未付佃耕費。⑹包括類似的未付現金、未付現物在內（請看台灣總督府殖產局「農業金融調查」，農業基本調查書，第三三，附錄「農業金融調查綱要」，第四頁）。

㊾ 除了農村信用組合外，還有一種不可忽視的日本統治勢力，即勸業銀行的貸款事業活動。要把握和考察這一活動情況，請參考拙著，上揭書，原書第四七四～四九〇頁，有詳細論說。

㊿ 澀谷，上揭書，第四頁。

51 請參考台灣產業研究會「產業組合與農村經濟的研究」，一九三四年，第一〇〇～一〇一頁。產業組合史刊行會「產業組合發展史」，第二卷，一九六五年，第六～六二頁。產業組合中央會「台灣的產業組合」（「產業組合講座㈠」，一九二九年，第一九八～一九九頁所收錄）。另外，日本政府在台灣組織產業組合，是採用產業組合法第六條，使台灣產業組合受惠減免所得稅和營業稅。

52 股息率原則上為年利率六％，特殊情況下也不能超過年一二％。工會利用非組合會員的設備只限制於電氣設備、自來水、種畜方面。

53 請參考八木芳之助「農村產業組合之研究」，一九三六年，第四四～四六頁。

54 台灣產業組合協會會長是總督府總務長，副會長是殖產局、財務局兩個局長。幹事分別由工商課長和金融課長擔任。該協會在地方也設置各州、廳的分社。知事、廳長或產業部長擔任分社社長（「台灣產業組合要覽」，一九三五年度，第二頁，以及上揭書，第九三～九六頁）。

⑮ 請參考八木，上揭書，第四七頁，以及「產業組合發展史」，第三卷，上揭，第四二～六〇頁，一五九～一六四頁，三七一～四〇〇頁。

⑯ 請參考「台灣金融」，一九三〇年，上揭，第二三五～二三六頁，以及台灣總督府「台灣情況」，一九二六年，第四三二頁。

⑰ 請參考「台灣銀行四十年誌」，上揭書，第一三五～一三九頁。

⑱ 日本內地在一九三二年三月修改了產業組合法。日本政府承認組合為振興農山漁村經濟，組織產業組合，使其發揮機能作用。台灣總督府也順應其潮流，同年在台灣以法律第三十號修正了產業組合，除了「農事實行組合」外，決定同意設立村莊單位的產業組合（請看台灣產業研究會上揭書，第一〇一～一〇二頁）。

⑲ 歷來，本地人中有用黃金裝飾的習慣，如戒指、耳環、手鐲等都是用黃金加工的，總督府著眼於此，以加強黃金儲備為由，提倡收購本地人擁有的黃金。一九三八年度開始以此作為國民精神總動員的一環而實施了。因此，僅一九三八年、一九三九年兩年，總督府收購了民間擁有的黃金達六，七〇〇萬圓（「台灣經濟年報」，一九四一年，附錄「台灣經濟日記」，第三六頁）。大部分因此而得到的通貨又作為農村信用組合的存款而回流了。

⑳ 擔保貸款佔信用組合貸款額的比例，從一九三六年的四五．六%上升到一九四〇年的五二．二%，與此相反，既擔保貸款從五四．四%下降到四七．八%「（台灣經濟年報」，一九四三年，第二四三～二四四頁）。但是，其中也包括市街地信用組合的貸款。

㉑ 但是，一九四〇年的調查有關「調查庄」中應該調查的大寫數字，是選用一九三三年調查中出現的大寫數字（農業基本調查書，第三三，上揭書附錄，「農業者金融及負擔調查綱要」，第三頁）。因此，從這一點看，一九四〇的調查與一九三三年的調查內容有關。

㉒ 同㉑注，附錄，第三頁。

㉓ 根據台灣銀行的調查，在一九三七年～一九四〇年期間，農業經營費以飼料上漲一六七%為最高，農具上漲一〇〇%，肥料上漲五九%，家畜上漲五二%，工資上漲五〇%，地租上漲一六%。「當今生產收入沒有增加，而只有農業經營費膨脹，使佃農經濟更加明顯地惡化下去」（「本島農家經濟貨幣收益的實況與其變化」「台灣金融經濟月報」，一九四〇年八月號，第三頁）。農家經濟惡化並不僅僅是佃農，視同地主的自耕農也一樣（同上，第二～四頁）。

㉔ 澀谷，上揭書，第六二頁。

㉕ 同注㉔，第八頁。

㉖ 澀谷氏說明這一傾向存在於「具有濃厚的個人主義觀念的本島民情」（上揭書，第四八八頁），並說明其原因，但即使沒有錯的

話，也未必談到問題的本質。

㊼ 這個列子當時的「台灣民報」中有很多報導，該報一九三一年一月四日題為「產業組合的本質與精神」的社論中說：「現在各地的信用組合只限於官廳勾結的有產階級……，而無產者的投資卻被有產者作為借款使用，因此，失去了組合本來的目的。董事非法借出和不正當的貸款現象，在各地組合普遍發生（原文是中文，同報，第三四八號，第二頁）。

㊽ 請參考澀谷止揭書，第四八六頁。

㊾ 請參考「台灣經濟年報」，一九四三年，上揭，第二四〇～二四一頁。

㊿ 甚至連台灣總督府也有本地人的「經濟觀念很發達」的感覺，是導致信用組合發展的一個很大原因（「台灣產業組合要覽」，一九三九年，第一頁）。

(71) 請參考「台灣經濟年報」，上揭，第二三九頁。

(72) 「台灣產業組合要覽」，上揭，第一頁。

(73) 有關這一點，請看總督府的如下指責：「近幾年，信用組合發生了不少的不正當事件，這是由於官廳檢查、監督不徹底，使其擔任職務的人（董事）思想惡化。因此，將來要嚴格監查組合內部，官廳的檢查監督也要越來越嚴肅。在杜絕不正當事件的同時，要慎重選任董事」（台灣總督府）「台灣產業調查書」（有關金融問題），謄寫鋼板版，一九三〇年，第一五五～一五六頁）。這是總督府加強信用組合權限的對策，明確規定工會的理事、監事的選任以及罷免，改為必須由總社決議。

(74) 台灣銀行「農村產業工會存款的實體與農村積累資金的現階段」（「台灣金融經濟月報」，一九四一年二月號，第一九頁）。

(75) 台灣銀行「本島田地買賣價格及地租調查（上）」（一九三八年～一九四三年期間）（「台灣金融經濟月報」，一九四四年十月，第一四頁；以及「農業金融調查」，第四三，上揭，原書第六二～六三頁，三〇八～三〇九頁。

(76) 拙著，上揭書，原書第二二四～二三七頁對台灣米作農家作了詳細的考察。

(77) 請看注㊺；也可以參考張漢裕「台灣人民生計之研究」（國立台灣大學法學院「社會科學論叢」，第六輯，一九五五年五月，第一八五～二二八頁；「台灣銀行季刊」，第八卷，第四期，一九五六年十二月，第四七～八〇頁）。但是張漢裕的論文主要是把焦點放在戰後，以恩格爾係數重點地比較分析農家經濟。

終章　總結與展望

一、對關鍵問題的再確認

正如以上所闡明的，台灣的殖民地經濟遭受日本帝國的統治之後，發生了很大的變化。由於一九〇〇年代後半期的現代製糖業的勃興，二〇年代中期的蓬萊米登台及普及，進而由於三〇年代後半期開始的「工業化」的推動，使整個台灣經濟被牢牢地納入日本資本主義再生產結構的一環，使其其殖民地化的程度愈益加深。在這種殖民地化過程中的台灣經濟，一方面在結構上受制於以糖、米爲中心單一作物生產型態的張力控制，不可避免地出現一種特殊偏頗現象；另一方面從階級看，本地資本勢力由於遭到强大的壓迫而日趨衰落。舊時台灣所遺留的前期性、傳統的社會經濟結構，例如，以共同體式莊堡組織爲背景的保甲制度，以及前期性商品經濟的發達，即剝削高額佃租的本地地主制等。這些都被日本帝國主義加以積極地利用了。然而，日本帝國主義的這種作法非但没給本地資本勢力帶來任何好處，反而讓日本帝國主義將他們套進所設圈套而加以控制。在本地資本勢力當中，除少數特權買辦階級之外，大多數均遭受日本帝國主義的壓制而大爲衰落。從而台灣經濟的殖民地化，不論從其結構看，或是從其階級性看，並非是一個單純的問題。

經過上述研究而清楚的是，台灣經濟的殖民地化，與序論中所探討的矢内原忠雄的所謂「資本主義化」或者「全盤資本主義化」，在旨趣上是不相同的。台灣的本地社會經濟，由於遭受日本的殖民地經營和控制，並没達到全面資本主義化的程度。而其殖民地化，也不像矢内原所説的，僅限於日本的資本家企業——台灣糖業——的發展

局面。三〇年代後半期開始的工業化的推進，儘管是矢內原所難以預料的事態，但二〇年代中葉已明顯化了的蓬萊米的普及，已表現出以本地地主制，即小農式零碎經營爲根基的殖民地化的另一種重要局面。而且，即使是在台灣糖業方面表現的資本主義化的展開，也絕非是本書在序論中所引用的、矢內原所說「資本型態的（歷史性）發展」。亦即，絕對不是一般性的資本本義發展。該問題在第四章已有所闡述，應將其視爲由於受到了日本資本主義發展階段的各種規律影響，因而形成了與其各個發展階段相適應的特殊形態。也就是說，日本資本對台灣糖業的擴張及控制，從一開頭就受到日本資本主義的後進性與早熟性的限制，而必須依附於以台灣銀行爲中心的金融機關①。而在一九一〇年代，日本資本主義進入壟斷資本的形成期，台灣糖業擴張的日本資本也作爲壟斷資本而得以發展並膨脹。進入二〇年代，日本資本主義進入壟斷資本的發展期，控制台灣糖業的日本資本亦因此而出現重新改組的活動，謀求加强其壟斷性。如斯，控制台灣糖業的日本資本的發展，決不是其本身具有獨自一套的歷史性發展形態。而且在台灣糖業表現出來的資本主義化，也不可能脫離日本資本主義發展階段的規律範圍。

我們在序論中提出的有關矢內原在方法論方面存在的問題，基於上述分析，再次確認其應受到批評之處。然而，對研究史進行批判性的研究，並非本書工作的全部目的。在此似有必要對台灣殖民地經濟的特徵，進行通盤性探討。

二、台灣殖民地經濟的特徵

如欲概括地指出可稱之謂台灣殖民地經濟的特徵，必須明確地區別下述兩者，一即日本在台灣的殖民地經營統治，以及其殖民主義的特色；二即台灣傳統的社會經濟的歷史性特徵。但是，台灣殖民地經濟的特徵必須是以後者爲基礎，而前者則是騎在後者頭上作威作福爲特徵的。

如欲從後者，即台灣傳統的經濟社會歷史特徵來掌握殖民地經濟的特徵，則需要探討的問題是，從歷史上發展下來的前期商品經濟，以及立足於這一基礎的台灣本地資本勢力，在日本的殖民地經營、統治下，究竟被强迫推行了何種新的規定。關於這一點，由於與後述日本殖民地經營、統治的特點以及日本殖民主義的特徵密切關連，因而只有對這些進行研究之後，始能具體地得到明確的答案。而如果先從結論說，則大致情況如下：即一方面傳統的社會經濟結構被保留、利用，但本地資本勢力仍在日益衰退；另一方面在單一作物的生產形態下，被强力推行資本主義化，使本地社會經濟深深地被資本主義合理性滲透。因而台灣殖民地經濟的一大特徵是，既繼承了歷史上發展下來的前期性商品經濟，又使立足於這一基礎的台灣本地資本勢力在殖民地化的進展中衰落。從前者看，其前期性商品經濟的發展與同爲日本殖民地朝鮮經濟的後進性②大相逕庭。而從後者，即本地資本勢力的後退看，它又與台灣南部近隣的美國殖民地菲律賓民族資本的發達③形成鮮明的對照。相比之下，即可看出台灣殖民地經濟的特色。

其次，我們要對日本的殖民地經營、統治以至其所推行的殖民主義給台灣經濟帶來了哪些特點問題，進行總括性的探討。關於這一點，必須從宏觀上加以認識。亦即其一是，從世界史的角度看日本帝國主義的特殊性，另一是，在日本帝國主義的歷史發展中，台灣所處的特殊地位。直截了當地說，問題的關鍵在於，前者即日本帝國主義是作爲資本主義最後一個帝國而登上世界史舞台的。而後者即台灣經濟之關鍵，乃在於其爲受到各種特殊條件所制約的日本帝國主義最初的殖民地這一點。換言之，日本帝國主義在世界史上的「最後帝國」地位，以及台灣經濟在日本資本主義史上作爲「最初的殖民地」的地位，決定了在台灣的日本殖民地統制體制的一切歷史特殊性。

關於這一點，擬進行稍加具體的闡述。也就是說，在世界史上被定位爲「最後帝國」的日本帝國主義，其驅體不可避免地要帶着「後進性」及「早熟性」的烙印。這種情況表現在，在日本經濟上，國家所起作用的比重非常之大，而相應地，在殖民地的台灣，則集中地表現出以總督府爲代表的專制的拓殖制度，即「六三法」、「台灣事業

公債法」，還有「專賣事業法」④等殖民地法制化。而這對後進的日本帝國主義來說，經營台灣這塊殖民地，從一開始就成了一個負擔，甚至出現了誰給一億圓就把它賣出去的想法。而從其後進的性格看，日本的殖民主義，或說是殖民政策，直到明治末期也未能打下一個固有的體系基礎，因而不得不效法法國或德國的殖民地政策⑤。當時，對清朝仍懷有恐懼感，而對處於不平等條約之下進行「文明開化」能否取得進展抱有焦慮情緒的日本人來說，則對統治台灣這塊殖民地抱有一種暴發戶一般的優越感⑥。而從其後進的性格看，這也是不奇怪。

總之，從其作爲「最後的帝國」身份而躋身於資本主義世界的日本帝國主義的性格看，它從下述兩個方面控制了台灣的殖民地經濟，即其一是，以總督府爲代表的國家權力深深地滲入了殖民地經濟的所有部門。如對糖業經營採用「原料採購區域制」，在稻穀經濟方面掌握「對水源的控制」、在推進「工業化」方面的台灣拓殖國策會社的活動，以及在台灣財政方面「專賣」事業的地位等，均顯示國家權力在台灣殖民地經濟中所扮演的決定性角色。台灣的殖民地經濟長期被置於這種以總督府爲核心的日本殖民地統制體制下，遂具有濃厚的受日本中央集權官僚統制的經濟性格⑦。而對本地人勢力，則這種統治制度係通過保甲制度及警察統治制度併用而加以鞏固，因而其鎮壓及控制是更加嚴厲的。其二是，日本資本主義强加與的重重負擔。在日本佔領台灣初期，讓其完成砂糖原料、粗糖供應基地的任務。一九二〇年代中期以後，又加上了供給米穀的任務。到了一九三〇年代後半期之後，更要求台灣供給軍需用品及時局性作物。這些壓下來的各種負擔，係日本資本主義在其發展過程中所衍生的新問題需要轉嫁予殖民地來解決所致。因而台灣的殖民地經濟，面對這些紛至沓來的負擔，就不能限定於單一商品作物，而變成更加複雜的經濟結構。

在此情況下，不可忽略的是前述台灣地位的歷史特殊性。亦即，在日本帝國主義的歷史發展過程中台灣所具有的特殊地位。台灣對日本帝國主義來說，是一個「最初的殖民地」，而在其佔領台灣時期，正值日本製糖業的重新

改組時期。而台灣具有在漢族殖民地時期發達了的商品經濟基礎，加之在地理上處於南洋熱帶地區，對現代製糖業的移植並無多大困難。從這些情況分析，殖民地台灣的地位與同屬日本殖民地的朝鮮大相徑庭。台灣在移植現代製糖業之後，與朝鮮同樣被迫推行種植稻米與「工業化」。從其起步比朝鮮晚，但其「成果」反而凌駕於朝鮮的情況看，其原因基本在於台灣在歷史上所處的殊性地位。

因此，台灣的殖民地經濟，即受制於其本身的歷史、地理的特殊性，又受日本資本主義在世界史上的特殊地位所制約。因而帶有與其它殖民地所不同的台灣本身的特徵。例如，高度發達的商品經濟、本地資本勢力的大幅衰退、强大官僚統治的中央集權式國家權力機構的紮根，以及殖民地經濟結構的多元化等。

三、對戰後經濟的展望

如將上述台灣殖民地經濟的特徵視爲殖民地遺留的制度乃至「遺產」，那麼去研究它對戰後的經濟帶來了什麼影響，以及對其發展方向做何引導等，頗有意思。現擬試做若干展望。

首先，日本殖民地的經營、統治所帶來的最重大而又深刻的問題是，本地資本勢力所受到的大幅衰退乃至弱體化的影響。而在農地改革即創設自耕農問題上表現尤爲露骨。亦即，自一九四九年開始所實施的一連串農地改革時，由於本地地主階級對新政府已不能進行强有力的抵抗，只能是逆來順受，從而蒙受了決定性的打擊。關於台灣戰後的農地改革，由於篇幅的限制，無法對其內容深入探討。但從總的情況看，舊地主只能在其以往所擁有的農地中，保有水田三甲，旱田六甲；而且如將土地佃租他人，則其地租最多不得超過年收穫量的三七・五％⑧。這顯然是意味着全盤否定以本地資本爲基盤的地主積累方式。從此，舊有的本地勢力便處於歷史的最大轉捩點。

由於該農地改革對構築戰後體制具有極爲重大的意義，因而戰前的本地資本勢力，即地主階級的弱體化所具有

的意義也很大。特別是本地地主階級所處條件，不能與戰後的中央政府權力機構發生直接聯繫，更加增加了其戰前弱體化的重大意義⑨。從反面看，戰後的農地改革之所以能夠順利進行，在殖民地時代，特別是殖民地時代的末期，即已爲此整備了前提條件。即在戰前，台灣佃耕地的水田面積比率下降（見第79表），日本人所有土地面積的增大，但本地人地主所有土地却趨於零碎化並減少，加上戰爭時期對地租的壓制及自耕農的增加等傾向，即爲戰後農地改革得以順利展開奠定了基礎。

再者，戰後給本地資本積累形態帶來的變化也很重要。由於農地改革而使地主式資本積累遭受挫折，因而本地資本勢力不得不採取另一種積累形態，即傾向於商人式的積累形勢。也就是說，由於地主式積累形態被否定而全面轉向了依存於外資的商人積累形態。這雖然是在日本殖民地統治下弱體化了的本地資本勢力，爲保存自己而採取的求生之道，但更主要的是，他們對戰後的政府過於軟弱無力的緣故。總之，這種資本積累形態的單純化，是戰前以來日本殖民地統治所造成的本地資本弱體化的必然結果。

另外，舊日本資本所擁有的大規模的事業企業團體，戰後均被允許國有化，也是本地資本弱體化對戰後經濟帶來的另一重要影響。關於這一點，將與下面所談的殖民地經濟結構的戰後重新編改組有關，但本地資本的弱體化，對由其本身來繼承在台灣的日本企業帶來了困難。此外，從台灣經濟看，對戰後巨大壟斷性國營（官營）企業的突然出現，當然不能忽視戰後的特殊條件，但戰前本地資本的弱體化，也確實成了使這種形態的重新改組成爲可能的潛在因素。

其次擬探討與本地資本衰退情況相反的的一個側面，即日本戰前在台灣確立的堅固的官僚制中央集權機構的勢力問題。從其在戰後的情況看，可以直截了當地說，其從事殖民統治的權力機構，在戰後的特殊條件下，被原封未動地繼承了下來。爲加强糖米經濟政策的水利組合制度，原料採購區域制，原料獎勵委員制，以及對土壟間即碾米

業者的營業統制等，戰後也基本上原封不動地被繼承，並加以運用。同時，在保甲制度與警察制度方面，也巧妙地進行了脫胎換骨的改造後，被重新編爲爲戰後體制的一環。因此可以說，戰前的殖民地官僚專制的中央集權機構，從上述情況看，没有什麼大的變化而被戰後體制所沿用。

有關這方面的研究，應該讓給專門從事戰後經濟的研究者來進行，本人擬就此擱筆。但需要説明的是，作爲日本官僚專制中央集權的國家權力牢固統治的表現，也在於其上級機構與司法機構極少錄用本地人。而在台灣殖民地的統治機構幾乎看不到有本地人就任上級官吏的⑩，這也可以説是本地資本勢力軟弱無力，缺乏政治基礎的一種表現。加上戰後發生不幸事件⑪，使其這種軟弱體質更加不利。而經過戰後體制的重新改組，舊本地資本勢力的這種低弱地位更加難以改變。從這一點看，日本殖民主義對戰後台灣人的階級形成所帶來的影響，不可謂之不大。

殖民地經濟的另一個特徵，亦即殖民地經濟結構的相對多樣化之戰後的展望，有以下兩個方面。一是日本資本的巨大企業與本地零細工商業並存的所謂二重結構對戰後經濟的影響。二是糖、米單一生產形態對戰後經濟的影響。關於前者，這種雙重結構在戰後的經濟結構重新改組過程中，由於日本資本的龐大企業被國有（官營）化而轉換爲公營與民營的雙層結構⑫。在三〇年代後半期以後推行「工業化」的過程中進入台灣的日本民間大企業，均與製糖會社及政府公營企業同樣，在戰後的經濟結構重新改組過程中，無補償地被編入國有官營經濟體系。從這一點看，日本殖民地的企業羣成了戰後形成國有官營企業的前提。另一方面，有關糖、米的生產形態，則被戰後經濟繼承下來，但在其發展過程，人爲地使其形成跛足狀態。特別是其跛足式的貿易結構，在整個一九五〇年代都原封未動，使戰後經濟深深地依附於日本與美國，加强了其本身的殖民地從屬性⑬。加之，戰後受到特殊政策機構支撐該糖、米兩大商品作物，在戰後的體制支配下，作爲中心物作，扮演了强制剝削農民剩餘價值的角色⑭。簡言之，過去的以糖、米爲中心的殖民地式生產形態，在戰後一方面强化了其對外經濟關係的從屬性，另一方面則扮演着支撐

新政府生存基礎的機能。如斯，則與上述「雙重構造」的偏頗狀態相配合，在糖、米經濟上表現出來的殖民地遺留制度，形成了指引前後台灣經濟走向的骨架。

如上所述，殖民地經濟的各種特徵，做爲殖民地遺留制度而在戰後經濟的內部再次產生新的偏頗。與此相反，下述殖民地經濟的另一個特徵，即商品經濟的高度發達，作爲戰後經濟順利發展的一個因素而起了作用。以一九二〇年代中期積極推進的水利灌溉事業爲例，雖說它是日本資本主義爲「控制水」而建設的基幹事業，但不可否認它提高了台灣的土地生產力。農業生產效率的提高，加重了農家的負擔，而貨幣經濟的衝擊，促進了農民層的加速分化。此外，一九三〇年代後半期所推進的「工業化」，雖偏重於軍需性的基幹性工業，但多多少少爲台灣本地社會創造出工業勞動者階層，並爲戰後推進工業化提供良好了基礎條件。總之，日本的殖民地經營，雖然由於日本資本主義本身的自我矛盾，給台灣的社會經濟帶來了像「糖、米相剋」問題、便已主義，以及「工業化」的必要性等偏頗，但也將台灣過去業已發達的商品經濟提上更高一層的水平。可以認爲，就因爲繼承了上述種種，戰後的經濟才有了「順利發展」的基礎。另外，台灣經濟的這種特徵，在戰後也起了增加殖民地遺留制度影響的作用。

正如以上所述，日本帝國主義的統治下的台灣殖民地經濟的特徵，不僅沒有滅絕，反而被戰後體制繼承下來。戰前殖民地經濟所具有的歷史意義也正在這裡。

① 在此需要指出的是，矢內原忠雄所忽略的另一點是，他缺乏對以台灣銀行爲中心的金融機構的分析。矢內原忽略了日本資本，特別是糖業資本向台灣的擴張，以及與台灣銀行之間的緊密關係。

② 參考前述鈴木武藏著書「朝鮮的經濟」，五二～六〇頁。鈴木說：可以稱朝鮮農業社會的結構爲「亞洲的封建制」。然而，最近在日本學界仍有人完全忽略並誤認台灣經濟的這種前期性商品經濟的發達所具有的重大歷史特徵。例如，井上清一九六八年所著「日本帝國主義的形成」一書即爲其例。他說：「在日本的殖民地中，台灣的資本主義開發最爲成功……這基本上是由於本島人在社

會、經濟、政治發展上，較朝鮮、滿洲低一截……只有在這種情況下始有可能」（同書二八八頁）云云，可以清楚地看出，該氏對台灣殖民地社會經濟的歷史認識，具有重大之錯誤。

③ 如衆所周知，在菲律賓經濟中，被稱爲「土豪資本」的菲律賓民族資本，它是十九世紀後半，關別是蘇伊士運河開通（一八六八年）後形成的。有關這一點，請參考隅谷三喜男編「菲律賓的經濟構造及勞動構造」，亞洲經濟研究所參考資料、第三十二集，一九六二年出版，九～一六頁，以及川田侃著書「菲律賓經濟的發達及其特徵（事例研究）」，「現代國際經濟論」，一九六七年出版，二四七～二八〇頁，二六二～二六五頁。

④ 台灣總督的專賣事業，始於日本佔領台灣第三年（一八九七年）的鴉片專賣，此後逐漸擴張專賣對象，除鴉片外，還有食鹽（一八九九年開始）、樟腦（一八九八年）、煙草（一九〇五年）、度量衡（一九〇六年）、酒、酒精（一九二二年）、火柴（一九四二年）、石油（一九四三年）、鹽滷（一九四四年）等十餘種物品。在台灣特別會計經常收入中，專賣收入所佔比率，最高曾達五五%，最低也有三六%，（參考台灣總督府「台灣統治概要」，一九四五年刊行，一九七三年復刻再刊，四六〇～四九八頁，以及前述條約局法規課編「日本統治下五十年的台灣」，三九六～四〇七頁。）

⑤ 日本統治台灣當時，日本處於這樣一種狀況，即：「吾輩誠嘆、治殖民之智識、尚未能使民知之」（根據田口卯吉著「台濟的的新政」，載於「東京經濟雜誌」一八九八年；墨田謙一寫文章，載於「日本殖民思想史」，一九四二年出版，二二二頁起。田口氏被認爲是日本自由主義（甚至至個人主義）殖民思想的確立者。請參考墨田寫文章，載於上述同書，二二二頁）。日本正式言明台灣爲殖民地的文件，出現於一九〇五年日俄戰爭期間召開之第二十一居帝國會議。當時在有關第二十三號法律案的第三次修正質詢中，由官方公開提出。此原委亦曾反映在後藤新平的演講內容中。後藤說：「乘日清戰爭之勝利，（日本）偶然決定樹立殖民地政策，又幸運地有機會步入世界殖民地政策興隆之軌跡」，但日本「佔領台灣之初，先以爲法國統治阿爾及利亞政策爲最佳，遂模仿之，但遭失敗」（前述後藤新平著書「日本殖民政策一斑」，五一～五二頁）。而對有關明治時期日本殖民主義之形成，整理得很體的是福田新吾的文章，題爲「明治時期的殖民主義形成」，載於「思想」五一一號，一九六七年一月，八五～九八頁。

⑥ 例如，請見竹越教授的下列記述：「及至明治二八年，始制令清廷而領有台灣、此係自景行天皇以後、一千八百年來首次擴張我領土。……我國民血脈爲之沸騰，我國民自敬自信之心亦因而昂然、此實非偶然」（前述竹越著「台灣統治誌」，一五頁）。又稱：「吾人之前途，維繫於成爲太平洋女王之大事業、此念猶如南極星一般指引著吾人」（同上，三八頁）。

⑦ 衆所周知，矢內原認爲日本的殖民地政策的內容爲「基於中央集權式內地延伸主義的官僚行政」。（矢內原忠雄著「軍事性質的及同化性質的日法殖民政策比較一論」、「帝國主義研究」一九八四年出版，二八七～三二〇頁，以及「矢內原忠雄全集」第四卷，

一九六三年出版，二七六～三〇六頁）。只是矢內原忠雄的所說，是與法國比較之後，則從其思想的角度加以論述，將日本的殖民政策，特別是同化政策說成是「基於日本國民精神優越性之信念」。（同上，三一五頁）。對此，我們應將其與日本帝國主義殖民地統治的性格聯繫起來加以考慮。而日本開始積極推行同化政策，正如本文第二章第五節所述，係始於三〇年代後半期的「工業化」時期。而「皇民化」運動則是更爲明顯的表現。這始終是日本軍國主義對外擴張的產物。應該認爲日本殖民政策的特殊性，是日本資本主義的歷史特殊性所決定的。

⑧ 有關戰後台灣的農地改革問題，首先例舉下述著述：Hui-Sun Tang, op cit; Land Reform in Free China, Taipei 1954；大和田啓氣編「台灣的土地改革」及「亞洲的土地改革Ⅰ」，亞洲經濟研究所、調查研究報告雙書第四四集，一九七三年出版，三一一～三八七頁。值得一提的是，設立這一三七・五％（年單位）的地租，與日本統治初期整頓大租權（第二章第二節以及第五章第二節）時所給與大租戶的補償金相近。當時，日本統治當局給予大租戶的補償金，約爲年間收穫量之三五％。而且，二者均將負擔轉嫁於佃農，諸如此類相似之處頗多，值得研究。

⑨ 與這一點有關，迦克利教授的下述指摘令人注目，即「在台灣，其統治階級並未掌握土地（所有）之既得利益，因而農地改革是在政府領導下，以最小限度的爭論而急速地推進」（Noil H.Jacoby, U.S.Aid to Taiwan, a Study of Foreign.Aid, Self-help, and Development, New York, 1966,p.110）。他稱本地地主階級爲「統治階級之外的少數（者）」（op. cit.p.82）。此外，可參考筆者對該書迦克利教授的主張所作書評（「亞洲經濟」，載於亞洲研究所的雜誌，一九六八年十一月號）。

⑩ 根據戰爭結束不久，一九四五年九月一日的調查，在台灣一六七位簡任官中以天皇的命令任命，本地人僅爲一人，而且此人係與行政機關毫無關聯的醫療人員。此外，在二，一二〇名薦任官中，本地人佔二九名，但大部份爲技術人員。而在地位最低的二一，一九八名判任官中，本地人雖佔三，七二六人，但也不過是佔一四％（參閱鹽見俊二著書「日本佔領時代台灣的警察與經濟」，以及台灣銀行經濟研究室一九五四年在台北編印的「台灣經濟史初集」，台灣研究叢刊第二五種，一二七～一四七頁）

⑪ 即一九四七年二月二十八日爆發的所謂「二・二八事件」。在這一事件中，以知識分子與中產階級爲主的本地人，有數千人乃至數萬人喪生（參照 U.S. Department of States, Memoran a aum on the Situation in, Taiwan, United States Relations with China, p.23～38,1949（The China white paper, Ⅱ volumes. standford University press.1967年再刊）朝日新聞社譯「美國國務院中國白皮書」，一九四九年，三七一～三七二頁，以及 Formosa, The March Massacres, Far Eastern Survey No.5,1947）。

⑫ 請參考拙稿「台灣經濟的發展及其機構」（載於山田秀雄一九六九年編著「殖民地社會的變化及國際關係」，一八一～二四三頁，特別是二〇七～二一五頁）。關於這一方面的資料，最近較受矚目的研究有：劉進慶所寫「戰後台灣經濟的結構—公業與私業一

（「思想」雜誌五七六號，一九七二年六月）。劉進慶關於戰後經濟的近作有：「戰後台灣經濟分析」（東京大學出版會）。

⑬ 關於戰後台灣的對外貿易發展與其性格，請參考拙稿「台灣的工業化及其對外貿易的展開」（亞洲經濟研究所所內資料，海外客員研究室，No. 44～69，一九七〇年）。

⑭ 亦即，種稻米係根據米穀肥料交換制的不等價集聚形式上市的。而在製糖方面，則根據分糖率及經由差別性匯率的分糖計價法進行剝削。二者對政府的財政及物質基盤起着很大的支撐作用。詳情請參閱拙稿「戰後台灣經濟的資本積累過程——特別將農業部門作爲重點」，（載於東京大學「經濟學研究」第八號，一九六七年一月，一～二二頁）。

⑮ 綜觀一九三〇年代的台灣土地生產力，如以稻米生產爲例，幾乎提高四〇％。而與日本內地相比，維持着較可靠的穩定性，即爲其一大特點（參考前述書「日本勸業銀行史」六五六頁）。

新刊《人間台灣政治經濟叢刊⑵》

劉進慶著

定價三五〇元

台灣戰後經濟分析

旅日台灣省籍學者劉進慶重大貢獻。是中國第一部以政治經濟學的視野，對台灣戰後資本主義的本質、形成、社會構造體進行基礎分析的著作，以「公業」、「私業」雙重構造、官商資本的支配，與對美日經濟之從屬化，把握台灣戰後資本主義的構造⋯

第一章　起點：戰後社會經濟的重組過程
歷史前提／戰後接收與國家資本的形成／經濟混亂與大陸資本之移入／農地改革與本地資本的抬頭

第二章　公業過程：國家資本及國家財政的收奪過程
公業之概念／專賣經營：公營企業／地主的經營：米糖經濟／軍事性經營：國家財政

第三章　私業過程：民間資本的累積過程
私業發達的契機／調整期(1950－53)：大陸資本之形成／相對安定期 (1954－59)：本地資本之進出

終　章　總過程：官商資本的結構與運動
官商資本之概念／基軸：官商金融資本之支配／階層底部零佃農民及低工資勞動者之結構／依賴美援及對日依賴的經濟

涂照彥

1936年　生於台灣。

1959年　台灣大學法商學院商學系畢業

1972年　日本東京大學大學院經濟研究科博士班修畢

歷任：

日本長崎縣立國際經濟大學、佐賀大學、新潟大學教授

現任：

名古屋大學經濟學教授

經濟學博士。

主要著作

《日本帝國主義下之台灣》，東京大學出版會，1975。

《土著和現代的NIC's・ASEAN》，御茶之水書房；

《發展中國家的政治經濟學》，東京書籍；

《NIC's》、《東洋資本主義》，講談社。

漢譯者

李明峻

台灣大學政治學系畢業，淡江大學

日本研究所碩士

日本京都大學法學部博士課程修業中

《人間台灣政治經濟叢刊系列》①

日本帝國主義下的台灣

著　　者／涂照彥
漢　　譯／李明峻
校　　訂／于闐閑
責任校對／鄭翔飛
封面設計／許南村
出 版 者／人間出版社
發 行 人／陳映真
社　　長／陳映和
地　　址／台北市潮州街91之9號5樓
電　　話／(02) 23222358 · 23418265
郵撥帳號／11746473 · 人間出版社
印　　刷／承印實業股份有限公司
總 經 銷／聯經出版事業股份有限公司
地　　址／汐止鎮大同路一段三六七號三樓
訂書專線／(02) 26418661
登 記 證／局版台業字第三六八五號
初版五刷／二〇〇八年三月
定　　價／四八〇元

ISBN 957-8660-00-6